光泽县志

（光绪）

[清]李麟瑞　钮承藩　增修　何秋渊　增纂
中共光泽县委党史和地方志研究室　整理
胡志明　点校

海峡出版发行集团
THE STRAITS PUBLISHING & DISTRIBUTING GROUP
福建人民出版社

《光泽县志》（光绪）整理委员会

主　任：赵大建

副主任：陈高宏　王春莲

审校、整理：王建成

成　员：张善铮　官茂友　黄薇

点　校：胡志明

序

国有史，地有志，家有谱。在中华传统文化中，地方志自成一脉，独具魅力，是中华民族特有的文化瑰宝。地方志与国史、家谱一起，共同传承着中华民族悠久而宝贵的历史文化财富。

一邑之典章文物，皆系于志。习近平总书记指出：了解历史的可靠方法就是看志。一部志书就是一段历史、一脉文化，是一个地方经济、政治、文化、社会发展轨迹的真实记录，承载了前人的实践经验和历史智慧。光泽，居闽西北，山益峻、水益驶，历史悠久、文化深厚。千百年来，勤劳智慧的光泽人民在这里生息繁衍，留下了光辉的足迹，创造了不朽的业绩。这些都镌刻在历代县志中。

以志为鉴，鉴往知来。习近平总书记指出，历史是最好的教科书，要把历史智慧告诉人们。县委党史和地方志研究室积极响应，主动作为，整理集结国内外出版、影印的清同治、光绪间所修县志。所谓开卷有益，愿与全县干部群众一起读志用志，不负韶华，为决胜全面建成小康社会、坚持绿色发展推动高质量发展落实赶超而努力奋斗。

读志明史，来者可鉴。是为序！

光泽县人民政府县长 赵大建

2020 年 12 月

整理说明

一、本志为清光绪《光泽县志》，纂修于光绪二十二年（1896）至二十三年，李麟瑞、钮承藩增修，何秋渊增纂；是对道光《光泽县志》（曹衔达、盛朝辅修，高澍然纂）的续修。全志三十卷，分四纲三十目（表四、略十、传十二、录四），每目先列道光志内容，再记光绪间增修内容。

二、本次整理以光绪二十三年（1897）增刊本为底本，以标点为主，少及校勘、注释。

三、每一篇章名末注明增修、重纂，另底本中篇幅较长的文字，根据文意、志书体例和现代阅读习惯适当分段；因古代帝王、国朝、诏令等字样而作的抬头、空格或断码等格式不再保留，统一按现代文版式排版；双行小字格式不再保留，一般改为楷体五号字，并视情况加注圆括弧号。

四、底本中的繁体字一般改为简体，个别地名、人名用字及改后易引起歧义的保留原字形；文字缺漏、重复、笔误、模糊者，尽量补正，或用“□”表示。

目　录

丁酉志序（增修）

余不敏，承乏兹邑。既下车，与绅耆接，询及此邦纪载，则以志书进，且出其增修刊稿。谓前书成于道光季年，距今垂五十余稔，咸丰间邑经寇躏者屡，其官绅士庶战守死难，村夫闺媛遭暴，贞烈者不可胜数；至于陵谷沧桑，亦月异而岁不同矣，今不纪恐随逝波矣；爰集里人，纂成斯稿，请裁定而序其端。

余维郡邑之有志，犹国之有史也。史有重纂之举，何况于志。如《三国志》之有补注，《宋书》之有补略，《唐书》之有新有旧。且如梁、陈遗书，至赵宋始校定。或义例未纯而久乃更正，或风霜屡易而始事订残。光泽之增修邑志无二者之弊，故经事简而成功速。盖前志为邑乡贤高雨农孝廉手笔，体制精详，无庸点窜，且数十年中屡经兵火而不罹摧残，虽冥冥呵护之灵，亦此邦士大夫什藏珍卫之力也。余喜前书之美善完固，更喜此邦士大夫微显阐幽之心之无已也，故不以不文辞。至刊稿秉笔精严，检校详密，方之前志，如竹箭之有筠，羚羊之挂角，余何赘焉！

光绪二十有三年岁丁酉夏日，知县事乌程钮承藩序。

庚子志序

古今方志，新旧相积，如涂涂附，而传者益少，由方志例萃众手成焉也。其间亦设总纂统一之，岂能如人气脉输贯百体，其受质顺令由合而分哉？即以史论，成于一人者，《史》《汉》《三国》《五代史》尚矣；下至南北史，亦自成一家言，虽李延寿沿六朝之靡，要有不可诬者。在成于众手者，《晋书》、宋、辽、金、元史，固多驳杂纰漏；昌黎修《顺宗实录》，中有沈传师诸人笔，不得为完书；欧阳公修《新唐书》，以宋子京同为刊修官，又有范景仁等同编，书成上表，不肯循例独署名，后之纠谬者谓不如旧史。旧史故刘昫笔，昫岂欧、宋敌？论者往往劣新而优旧，专不专之别也。然方志欲成于一人，其势不行有二。一，方志官书也，每见邑有兴建，董役多至十数人，况秉笔名美而俸重，邑之荐绅孰肯让一人专之？一，修志有笔有削，以邑人修邑志，居嫌地为怨府，又孰肯身丛疑怨，独任而不辞？是方志必萃众手成焉者，势也。

今重纂《光泽县志》，为邑举人内阁中书高君雨农专笔。君自言："志即史也，其笔其削一以史法为断。往者接办通志总纂时，书已粗成且浩博，当事以赀乏，责期集事，不克如其志。是役不设分编，委成一人，差足尽吾心，故不辞。"于是古今病二不行之势，至君而一空之也。余谓中一邑而任一人，众情帖然。既成，无一议之者，固由君有以压服人心，亦此邦人澹名利，让而善下，乃俾高君得行其志也。其士风醇美，又岂他县所有哉！余之来也，属志规模已定。因思韩魏公居政，府或询公，曷不事文章？答曰："某为相，欧阳永叔为学士，天下文章尽在是。"是即"人之有技，若己有之"之度，《秦誓》"一个臣"，再见魏公矣。故余于是志，窃希风魏公之于欧阳，各尽乃守，不复相侵；虽为相为令，所守悬殊而虚中无我，当官者何可一日无此抱也？宓子贱宰单父，逸于任人，非县令乎？志末叙录，列余总裁。嗟乎！是即余之善总裁也。

赐进士出身敕授文林郎知光泽县事安化盛朝辅序。

增修县志姓氏

总裁

五品衔前署光泽县知县　南城李麟瑞
同知衔署理光泽县知县　乌程钮承藩

总理

拣选知县掌教紫阳书院举人　傅朝旭
同知衔前署贵州清平县知县掌教杭川书院优贡　何秋奚
候选训导岁贡　上官纪云
五品衔升用知县前署浙江大荆县丞监生　高士铨
候选训导岁贡　高秉忠
府同知衔附贡　黄　均
六品衔候选从九监生　何秋颢

纂修

中书科中书衔廪贡　何秋渊

誊校

分发广东后补从九增贡　何秋闽
廪生　上官承周

各都采访兼督经费

一都

周泰本（八十七寿，从九）　何　炎（岁贡）

二都

黄文彬（附生）　邓上斌（武生）

三都

龚贤林（从九）　揭锦魁（监生）

四都

官鹤年（俊秀贡）　曾肇基（附生）　陈国士（附生）

五都

曾载湘（拔贡）　曾以鼎（廪生）　曾道传（廪生）

六都

聂日旸（附生）　元宗孟（增生）

七都

邓诗炳（附生）　邓承烈（附生）　李松喜（□□）　李星荧（□□）

八都

何龙光（附生）　何飞鹏（武生）　黄抡元（附生）　周少成（□□）
周礼芳（□□）

九都

吴鸿恩（附生）　黄光辉（附生）　上官明（附生）

十都

李杜文（廪生）　元汉昭（附生）　寇锡恩（附生）

十一都

傅文壎（廪生）　高昌良（□□）

十二都

陈廷璧（岁贡）　陈　暹（廪生）　蔡元焕（监生）

十三都

黄殿邦（廪生）　封　桐（附贡）

十四都

胡玉华（附贡）　高步梯（廪生）　上官诰（附生）

十五都

李标英（廪生）　上官英（附生）　上官枢（附生）

十六都

王国桢（岁贡）　元超俊（廪生）　元日襄（附生）

十七都

黄树勳（岁贡）　邱济川（附生）

十八都

傅衍均（廪生）　叶钟秀（附生）　丁焕文（附生）

十九都

王光黼（恩贡）　裘章镐（拔贡）　龚紫阁（附生）

二十都

黄懋勳（附生）　黄忠理（附生）　邱闰林（附生）

二十一都

蔡　㸌（廪生）　李效曾（廪生）　李忠炳（增生）

二十二都

傅耀墀（廪生）　黄玉堂（附生）　邱世臣（附生）

二十三都

邱道高（附生）　邱道潍（附生）　高绍俨　黄孙宇（从九）

二十四都

毛乘驹（岁贡）　何　调（增贡）　雷　洪（附生）

二十五都

伊光培（附生）　刘子瑜（浙江候补通判）

二十六都

邱鸿文（拔贡）　邱鸿藻（增生）

二十七都

黄流瓒（廪贡）　叶高栋（廪生）　杨景尧（附生）　黄士桢（增生）
元青云（附生）　李增荣（附生）

二十八都

王作霖（附生）　黄思兰（附生）　王宗曦（州同衔）　何昌弟

二十九都

龚浚儒（岁贡）　毛炳垣（附生）　吴赞襄（附生）

三十都

元长睦（附生）　李太乙（附生）

表卷一　时事表（重纂）

宋	大事	灾祥	饥穰	寇警
太祖朝	邵武县财演镇领二乡，西曰光泽，北曰鸾凤。			
太宗朝	大平兴国四年，升邵武县为军，即财演镇置光泽县隶之。（据《宋史·太宗纪》）			
真宗朝	大中祥符五年，赐被水家钱粟。（据《府志》）	大中祥符五年七月，大水。（据《武阳志略》）		
仁宗朝	天圣四年，赐被水家米二石。（据《府志》） 庆历四年建学。（据《柯潜学记》） （按：《宋史·仁宗纪》，是年诏天下州县建学，未必光泽建学即在奉诏本年，而《柯潜学记》云尔，从之。）	天圣四年六月，大水。（据《府志》）		
英宗朝		治平四年秋，地震。（据《府志》）		

神宗朝	元丰初，知县事上官均立义社。（据《宋史·上官均传》）			
哲宗朝	元祐中，知县事江逌定经界。（据《通志》）			
徽宗朝				
钦宗朝				
高宗朝	绍兴元年十月，知军事吴必明、统制李山率师拒建贼范汝为，兵溃。李山退保光泽。十一月，汝为来寇，山走信州。（据《宋史·高宗纪》《建炎以来系年要录》） 二年五月，统制韩世忠破贼建州，汝为焚死。（据《宋史·韩世忠传》）	绍兴八年，旱。（据《府志》）	绍兴二年春，饥，斗米千钱。 六年春，饥。（并据《府志》）	绍兴元年十一月，范汝为遣兵犯光泽。二年，陷邵武军。（参据《宋史·高谈传》《建炎以来系年要录》）
孝宗朝		乾道三年八月，霖雨害稼。六年，旱。 淳熙十六年，大霖雨。（并据《府志》）	淳熙十二年，饥。（据《府志》）	
光宗朝	绍熙初，知县事张訢建社仓。（据朱熹《光泽新建社仓记》） 三年，建举子仓。（据旧志）	绍熙二年，自四月雨至于五月。 五年，自九月雨至于十月。（并据《府志》）		

宁宗朝		庆元六年，大旱，井泉竭。 嘉定二年，自六月雨至于七月。 十四年，旱。（并据《府志》）		
理宗朝	绍定二年，主簿包恢起平寇走之。（据《宋史·包恢本传》） 三年，招捕使陈韡击群盗，获晏头陀，复邵武军。（据《刘后邨大全集》《真文忠公集》） 端平二年，知军事王埜率师捣贼巢，破之，日未缢死。（据《宋史·王埜传》） 淳祐七年，诏发运司米给被水家。（据《府志》） 十二年，制使陈昉、漕使饶虎发钱米赈灾。（据《府志》）	端平十二年六月，大水冒城。死者万数。 淳祐七年正月，大水。 六月，大旱。 十二年七月，大水冒城，死者万数。（并据《府志》）	景定四年，饥。（据《府志》）	绍定二年，汀州盗晏头陀作乱，邵武、南剑诸盗起应之。初陷沙县，招捕使陈韡破之于高桥。贼逐趋邵武，分扰诸县。（据《后邨集》《文忠公集》） 三年，贼陷邵武军。戍将胡斌死之。（据《宋史·胡斌传》） （按：此即前盗，《府志》作建昌蛮，误。） 端平二年七月，建阳贼龚日未犯邵武军。（据《宋史·王埜传》） （按：郡人严羽作《平寇颂》，言丑类鸱环数百里。知光泽亦被寇也。）

理宗朝				淳祐十一年，盗王若曾犯邵武军，诸县骚动。（据《文文山集》）
庆宗朝				
恭宗朝	德祐元年，江西制置使黄万石兵败，走邵武。以邵武叛，降于元。（据《元史·世祖本纪》）	德祐元年，大疫。（据《府志》）		
端宗朝	景炎元年七月，右丞相文天祥开府南剑州，遣将吕武领兵复邵武军。（据《宋史》） 十一月，元将阿剌罕破邵武军。（据《元史·世祖本纪》） 二年七月，张世杰遣将高日新复邵武。（据《宏简录》） 九月，元将也的迷失取邵武。（据《续宏简录》）			

元	大事	灾祥	饥穰	寇警
元世祖朝	至元十六年，宋亡。前三年，升邵武军为路，仍辖光泽。（据《元史·世祖本纪》） 加邵武路为总管万户府。（据元魏天祐《府记》） 二十年三月，免归附后未征苗税。（据清邵远平《续宏简录》）			
成宗朝	元贞二年九月定令：秋税输粮，夏税输木、棉、布、绢、丝、绵、土物。（据《续宏简录》）			
仁宗朝				
英宗朝				
泰定帝朝	泰定三年五月，罢福建诸县岁供蔗糖。（据《续宏简录》）			
明宗朝				
文宗朝	天历元年，知县况逵建云岩书院。（据虞集《虞道园集·书院记》）			
宁宗朝				

顺帝朝	元统元年，建杉关驿。 至正五年，移大寺寨巡检司于止马市。（并据旧志） 十二年七月，本路总管吴按摊不花领兵由顺昌追讨涂佑等，破之于郡城北。千户魏淳擒佑、必达，槛宋元帅府，斩以徇。（据黄镇成《克复城池记》） （按：黄记载，按摊不花至郡城东，歼贼前队，忽报贼拥众至城北，当是分据光泽赴援者。） 二十二年八月，汀州总管陈友定破邓克明，悉复邵武诸城。克明等由杉关遁。（据《闽大记》） （按：《府志》载，是年三月，陈友定屯兵邵武。考《闽大记》，友定以是年八月奉行省檄，统兵由建宁路破克明，始复邵武、延平诸属县，安有三月便屯兵邵武事？） 二十七年福建行省平章陈友定遣部将赖政守杉关。（据同上） 十一月，吴（是年为明太祖吴元年）将胡廷瑞督师入杉关，略光泽，下之。（据同上） 十二月，廷瑞降邵武守将李宗茂，取邵武路。改路为府。	至元元年，大旱。 四年六月，大水。 八月，大旱。 五年七月，大水。（并据《府志》） （按：段志作至正五年，误。） 至正十一年，邵武属雨黍，人取以食。（据《元史·顺帝本纪》） 十三年秋，陨霜杀稼。（据《段志》） 二十二年三月，大水。（据同上）	至元元年，饥。 至正五年，饥。 十四年，大饥，人相食。（并据《府志》）	至正十二年四月，江西宜黄贼涂佑与建宁贼应必达攻陷邵武路。（据《续宏简录》） 十八年四月，陈友谅遣将邓克明、康泰、赵琮寇邵武路。（据《元史·陈友谅传》） 冬，邑贼龚永结千户魏刘家奴构乱，焚学宫。（据《府志》） 二十一年春，克明陷邵武路。（据《闽大记》《明文海》） （按：《府志》载，十九年十一月，陈友谅兵陷杉关。考《友谅传》，方康泰等趋邵武，友谅自以兵取吉安、建昌、抚州诸路，未尝至福建，何有兵陷杉关事？即云遣将非亲临，而克明陷邵武，在二十一年非十九年也。）

顺帝朝	（同上，参《明史·太祖本纪》） （按：《府志·灾祥》载，二十七年，明太祖遣汤和由杉关定闽中。考《明史·汤和传》，汤和由海道取福州，与廷瑞由杉关截然两路。由陈有定扼守延平，须两路进兵方搤其吭，是当时庙算也。《府志》但闻汤和定闽中，不知为海道一路，故有此误。）			
明太祖朝	吴元年，征南将军胡廷瑞既下光泽，以便宜用南昌卫镇抚洪忠镇之。 洪武元年，镇抚洪忠建县署。（并据佚名《建县记》、明令钟华《重修公署记》） 三年，知县刘克明重建学。（据《段志·学校》） 是年，奉诏旨建养济院，处孤贫废疾。（据《段志·建制》） 大寨寺巡检胡永忠由止马市迁巡检司于杉关。（据《段志·学校》） 六年，知县庐充间建际留仓。（据《段志·建置》） 十九年，知县林孔孙建东西二城门，东曰朝宗，西曰宣德。（据《段志·建置》） 二十年，知县姚伯和建预备仓四。（据《府志》）			

惠帝朝				
成祖朝		永乐十四年七月，大水冒城。 八月，大疫。（并据《府志》）		
仁宗朝				
宣宗朝	宣德元年，主簿沈宗重建谯楼。（据《段志·建置》）			
英宗正统朝	正统十三年九月，命都御史张楷讨邓茂七。楷遣将刘得新领江西兵自杉关入，而己由浙入，会于邵武。（据《明史·张楷传》） 十四年三月，保定伯梁瑶统兵讨贼，诸将先后斩获贼首，沙寇平。（据《延平府志》）	正统九年十一月，地震。（据《府志》） 十四年，疫。（据《府志》）	正统九年，饥。（据《府志》）	正统十三年，沙寇邓茂七据杉关，大略光泽，顺流下邵武、延平，再攻邵武。会刘得新兵至，退保陈山寨。（据《延平府志》） 十四年二月，茂七中流矢死。（据同上）
景泰朝				
英宗天顺朝	天顺四年，置漏泽园。（据旧志）	天顺二年四月，大水。 四年夏秋，大疫。（并据《府志》）		

宪宗朝	成化三年，知县屈伸发米一千一百二十八石，赈饥民二千二百五十七口。（据《段志·禨祥》） 五年，移学宫东南向。（据《段志·学校》） 十一年，分巡道童懋策擒卢春，戮之。（据《段志·盗警》） 是年，县丞杨鹏发预备仓粮七千四百五十四石，赈饥民一万四千九百九十口。 十三年，知县陈纪发预备仓粮八千四百五十八石，赈饥民一万六千九百一十口。 十八年，知县何昌言发预备仓粮四千二百六十九石，赈饥民八千五百七十九口。 十九年，知县何昌言发预备仓粮六千五百四十石，赈饥民一万三千八十一口。 二十二年，县丞王谦发预备仓粮一万八百九十四石，赈饥民二万一千七百口。（并据《段志·禨祥》）	成化二年，疫。 十年正月，地震有声。 是年旱，害稼。 十一年四月，大疫，至冬乃止。（并据《段志》）	成化三年，饥。 十一年，大饥。 十三年，饥。 十八年，饥。 十九年，饥。 二十二年，饥。（并据《段志》）	成化十一年，泰宁贼卢春犯光泽境。（据《段志》）
孝宗朝	弘治[1]元年，知县刘俊改建石谯楼。（据《段志》）		弘治三年，饥。	

①底本作“宏治”，避讳。全书同。

孝宗朝	是年，俊复移际留仓南郭内山上（旧在县南后街），改名常丰。（参据《段志·建置》） 三年，知县魏默发粟赈饥。（参订《段志·禨祥》） 十六年知县邱世乔建丞、主簿、典史三署于县署东。（参订《段志·建置》）		七年，饥。（并据《段志》）	
武宗朝	正德二年，知县余宗凤请发仓，恤死疫家一百七十五户，去仓谷一百五十石。 四年，知县王俨发仓赈饥。（并据《段志·禨祥》） 十一年，知县钟华创修县志。（据《段志》） 十二年，华改学南向。（据《段志·学校》）	正德二年七月，大疫。 十二年春夏旱。 秋大疫。 冬有虎患。（并据《段志》）	正德四年，饥。（据《段志》）	正德五年九月，大帽山贼张番坛等掠建宁，遂入光泽。（参订《府志》）
世宗朝	嘉靖三十九年，知县吴国器建城，周六百四十一丈一尺，增南北二门，四水门。（据《段志·建置》） 四十五年，迁学西门外龙兴观，北向。（据《段志·学校》）	嘉靖三年十月，甘露降。 六年三月，甘露降。（并据《段志》） 三十九年，有虎患。（据同上）		嘉靖三十九年十二月，山贼据西门，焚庐舍。 四十年正月，大掠西乡，出杉关。（据旧志，参《江西新城志》） （按：《府志》作广东贼，误。） 四十年，贼蔡石峰等据西乡水口牛田，转掠江西去。（据《新城志》）

穆宗朝		隆庆四年，大水。（据《段志》）		
神宗朝	万历十二年，迁学城内杭川驿（即今址）。是年，移杭川驿龙兴观（即旧学址）。（并据《旧志·学校》） 二十四年，知县程寰立义仓、义学。（据《府志·名宦》） 三十七年，知县罗希尹详发仓谷赈灾。（据《段志·禨祥》） 四十年，知县汪正谊扩建学宫，规制粗备。（据《段志·学校》） 四十二年，知县汪正谊详发常平仓粮五千石赈饥。（据《段志·禨祥》）	万历五年十一月，彗星见。 二十一年六月，大水由西路入城，坏田庐，死者无算。 三十一年二月，大雨雹，牛鸭多死，麻麦不收。 八月十七日，地震。 三十七年夏，大水，灾民满道。 四十二年秋，大旱，八月，大风雹。（并据《段志》）	万历四十二年，饥。（据《段志》）	万历三十二年，邵武盟香贼作乱，四邑响应，寻平。（据《府志》）
光宗朝				
熹宗朝	天启二年二月，免带征钱粮二年。（据《明史·熹宗本纪》）			

怀宗朝	崇祯间，知县王道昆单车入贼营，谕以利害，皆解散。（据《府志·名宦》） 十年，设武学生员。（据《明史》） 十四年，杉关守将元体中讨平邵武七台山寇。 十五年，元体中讨擒李东球，余党解散。（并据《府志》） 十六年，裁主簿。（据旧志） 十七年三月，明亡。 圣清受命，福建属县尚为残明守。（据《府志》）		崇祯九年，大饥。（据《段志》）	崇祯九年，无为教倡乱。 十四年，七台山寇掠光泽。 十五年，邑贼李东球自号百花英，与同里号赛花英者，各聚众数千分掠，一邑大震。（并据旧志）

国朝	大事	灾祥	饥穰	寇警
顺治朝	顺治三年，征南将军贝勒孛统师入仙霞关，定闽。别将李成栋徇邵武，以八月二十六日至，即日辫发归命。（据旧志） 前数月，残明知县谢申之、县学生饶世淳与江西贼战于马鞍亭，世淳死之。（据《世淳家传》） 五年，除无征额银六千八百一十两七钱一分。（据《藩档》） 七年春，提督杨名高、总兵官王之纲分道击四营，获贼首张自盛，四营兵溃，入建宁。（据《府志》） 八年，右布政摄建南道周亮工单骑入贼营，谕耿虎，降之。（据《周亮工传》） 十二年，知县边靖筑堤埠卫城。（据旧志） 十六年，改杉关税务归县（旧系藩委各府首领佐贰）。（据《段志·赋役》） 是年，裁县丞，裁杉关驿丞。 十七年，裁杭川驿丞。（并据旧志）	顺治五年，大疫。 十四年春，虎入城。（并据《段志》）	顺治三年秋，大熟。 六年至九年，连岁大饥。 十二年，大饥。（并据旧志）	顺治三年春，江西贼入杉关。光泽守将宵遁，贼遂薄城。（据《府志》） 四年二月，江西曹大蛟举兵犯北乡，屯火烧岭。（据旧志） 五年三月，江西巡抚金声桓、总兵王得仁据南昌叛，遣其将杜承芳、祝（失名）分兵，一由泸溪入铁牛关，一由新城入杉关，遂陷光泽，寻趋建宁。 六年五月，四营贼张自盛（四营之一，其三营曰洪国玉、曹大镐、李安民），大掠光泽，已率众出杉关。 九月，江西叛帅耿虎领众自建昌犯杉关，鼓行而东，屯邵武。（据《周亮工传》）

康熙朝	康熙元年，蠲兵荒后无征田九百五十四顷。（据《段志·赋役》） 四年，裁教谕。（据《藩档》） 新作明伦堂。（据《段志·学校》） 五年，知县刘祖向增崇城堞五尺。（据《段志·城池》） 十年，新建大成殿。（据《段志·学校》） 十二年，知县柯永新请兵剿贼，入贼巢，尽俘斩之。（据《府志·名宦》） 十三年，山贼李宏龙等十三人诈称领伪吴命入署。知县柯永新与把总黄志远伏兵两庑，擒戮之。（据同上） 十五年十二月，都统厄穆吴胡差义旅总兵饶君采领兵平光泽贼。贼首陈许来归，伪藩朱统錩见杀。（据旧志） 是月，提督许贞追寇耿继善至杉关。（据《许少保战功记》） 十六年，知县金鸣凤剿除山寇。（据《府志·名宦》） 十八年，除民田赋六百三十五顷五十亩五分。（据旧志）	康熙元年六月，天雾暴涨，沿溪居民溺死无算。 三年秋，旱。 九年秋，大旱。 十年五月，大水。 十一月，大雨雪，平地深三尺。 二十一年七月七日，烈风、震电、大雨雹。 二十二年六月，大水，决田无算。十一都、十六都、二十三都、二十四都，被灾尤剧。 三十四年五月，大水。 秋，大旱。 三十七年正月，东城火毁平济桥。（今名利济桥） 四十一年四月，有熊自西越城入。 四十九年夏，有虎患。	康熙四十三年，饥。 五十五年，大有年。 五十六年，冬大熟。 五十八年、五十九年，连岁大熟。（并据《段志》）	康熙十二年，贼董子亮阴引江西徐仲常、周正所潜迹十一都，造伪印，扎军器，招集亡命，克期为乱，未发就缚。（据旧志） 十三年四月，耿逆伪前军都督易明领兵到县，屯四十余日。 八月，伪藩朱统錩由杉关遁归南康。（据《南康府志》） 十四年，耿逆括粮横征，檄伪知县陈宗禹三日严刑追比，民苦之。（据《段志·禨祥》） 十五年五月，伪将军李懋珠从江西兵败遁归，驻光泽。（据《段志》） 十六年，郑党、江几、杨一豹作乱县北乡，焚掠一空，历三年乃已。

康熙朝	十九年，巡抚吴兴祚招降江几，知县金鸣凤降杨一豹。（同上） 二十一年，复设教谕。（据《藩档》） 四十一年，知县苏迴奉文除大当编户，催征不责现里。 四十三年，奉文发谷赈饥。（据《段志·禨祥》） 四十六年，知县马玙创滚单法，尽去差扰陋例。（据《府志·名宦》） 五十七年，知县吴堂创立天知户。无田有粮者，官为代输。（据《府志·名宦》）	闰七月，大水。 五十五年，禾一茎三穗。 五十六年五月，旱。 六十年，自四月不雨至于七月。 八月八日，大雨。是岁有收。（并据《段志》）		十七年，毛粟人、杨一凤结伪弁，胡祥家人李标谋陷郡城，未发就捕。（据《府志》） 六十年，铅山小警，北乡民多窜徙。（据《段志》）
雍正朝	雍正元年，建忠义孝悌祠。 是年，并奉文建育婴堂。 二年，建烈女祠、节孝祠。（并据《段志·建置》） 八年，奉文建正音书院。（据《府志》） 九年，知县谢绍仁请发常平赈饥。（据《段志·名宦》） 十年，盐课改归水客销办。（据《段志·赋役》） 十三年，清军田。（同上）	雍正元年至四年，连年虎患。 五年四月，大水。（并据《段志》）	雍正五年，盐阙产，民食淡。（据《段志》） 九年，大饥。（据《谢绍仁传》）	

乾隆朝	乾隆二年，知县李光祚建紫阳书院。（据《段志·学校》） 四年，加盐课额三百篷。 十一年，加带销盐额八百篷。（据《段志·赋役》） 十七年至十九年，知县蒋廷芳、柯钦锦修坍城一百一丈一尺，垛口二百一十一所，建四城楼，瓮老仓后水门，门各镌石，东西门仍旧名，南曰见龙门，北曰杭川门，水门曰光化门，沿溪护石堤，以固城根。（据《段志·建置》） 二十四年，知县段梦日修县志。（据《本志》） 二十五年，知县王瑶建杭川书院，就两廊扩以民居，建考棚。邑有考棚自是始。（据《府志》） 二十九年，发常平仓粮赈饥。 三十四年，发常平仓粮赈饥。（并据《府志·食储》） 三十八年，重建大堂。 四十二年，建洪光塔。 四十九年，饥民将为乱，知县任讃下为首邓九保等于狱，乱乃已。 五十三年，以林爽文乱台湾，知县单去非接运江西、湖北军粮，三年而毕。	乾隆元年七月二十四日，奎阁上梁有彩云，形如飞凤，良久始散。 八年秋，疫。 九年春，彗星见。 十四年四月朔夜半，大水冒城五尺，坏西北城，决田庐，淹人无算。 二十四年三月，大雨雹。 夏，疫。 秋，城乡多火灾。（并据《段志》） 三十年六月十九日，大水，东西桥圮，决田无算。（据《偶记备考》） 三十四年春、夏，淫雨，无麦禾。 三十五年六月十四日，雷震奎阁。 三十七年十二月十七日，县署火，毁大堂，延内宅及六房，卷宗多焚。	乾隆八年，饥。 九年，饥。 十六年，饥。（并据《段志》） 二十四年，大有年。 二十九年，饥。 三十四年夏，大饥。（据《府志》） 四十九年四月，大饥。 六十年五月，饥。（并据《山居闻见录》）	四十九年四月，莠民藉饥纠众，哄县署，县官不敢出。四乡抢劫日报，乡人挈男妇奔避城中，日数十筏，且有相携出境者。而邓九保等起城中，抢铺米，并抢平粜米。居民汹汹，群缚九保等送县，乡莠亦以次就捕，逾月，民始复业。（据《山居闻见录》）

乾隆朝	五十六年十二月，新大成殿。 五十七年，建尊经阁。（并据《山居闻见录》）	三十八年六月初十日，大风三日夜。禾半偃，大木拔，石柱起，桥亭飞。 四十一年十二月五日，大雪平地，深二尺。 四十八年六月，大水坏禾稼，自四月至六月，苦雨。 五十五年元旦，大雪平地，深二尺。七日乃霁。 二月十七夜，大风雹。自西数十里，大木拔，桥亭飞，墙屋倾。 七月十四日，大水浸城，人多淹死。（并据《偶记备考》）		
嘉庆朝	嘉庆十一年，建文昌宫，移奎阁于宫右。 十二年动帑修城。 十八年六月，知县张文彬履勘水灾，赈恤灾民。 二十年春，知县张文彬请兵平双刀会，获贼首丰三、陈上元等五人，流远恶地，余党解散。（并据《山居闻见录》）	嘉庆二年八月二十四日，地震。 五年元旦，大雪三日。 四月十五日，北城楼火。 七月，大水。	嘉庆十年夏，大饥。（据《山居闻见录》）	嘉庆十九年，贼首丰三、陈上元倡双刀会，聚众千余人，肆虐近乡。 二十年春，双刀会匪谋为乱，未发就捕。（据《山居闻见录》）

嘉庆朝		七年七月十五日，大水坏田，淹人无算。 十一月十六日，东门火，毁城楼及东桥。 十一年二月朔日夜分，雷震大成殿二门外，中左柱及横梁有劈痕。 十三年五月，大水，决北门城堞。 十六年秋，彗星见。 十八年六月三日，北乡大水，坏田庐无算，所在堤坝并决。 十九年正月六日，杭川书院火。 三月朔日，雷震奎阁。 二十一年二月七日，大雪，水冰。 四月，大水。 二十五年六月，大旱。水泉竭，人多渴死。 七月十四日，大雨。三日，复旱。二十五日，大风，禾秀不实。（并据《偶记备考》		

道光朝	道光二年，广乡会试，资田租二千余石。知县周琦详请咨部。 七年，重新学宫，规制大备。 八年六月，权知县事陈鳌带兵平盐枭乱。王孔明伏诛，余党军流有差。 九年，权知县事金涛设法置书院生膏火。书院生有膏火自是始。 九年十二月，民竞出资新县署。两月而竣。时旧令周琦差回，方接任也。 十四年，钦加州权县事滕子玉悉力赈饥，不足，捐赀买米江西铅山，会绝粜。一日所买六百石米适至，饥民获苏。（并据《山居闻见录》） 十七年春，知县觉罗永安奉文建城乡义仓。 十八年秋，知县盛朝辅倡复洪光塔顶。 十九年夏，知县盛朝辅倡民捐资修城，视前加固。 八月丁祭，初用乐舞，诸礼器并依制新造，有修复《春秋释奠仪制录》，颁示城乡。 二十年秋，重纂县志成。	道光二年除夕，西桥灾。 五年，螽伤稼十之四。 六年，大旱。（并据《偶记备考》） 九年十月，县署火，内宅俱烬。 十五年春、夏，大疫。 是年闰六月，大旱。 十六年四月，大水。（并据《山居闻见录》）	道光六年，饥。 十四年五月，大饥。 是年春、夏，苦雨，盐与米价争翔，民兼食淡。 七年，大有年。（并据《山居闻见录》）	道光八年六月，盐枭王孔明纠众千余人哄县署，破门篡取权知县事陈鳌，置三里外，移时散去。（据《山居闻见录》）

卷之一

表卷一 时事表（增修）

国朝	大事	灾祥	饥穰	寇警
道光朝	二十年，初建育婴堂于县署东。（据《育婴堂录》） 二十二年，改建节孝祠、贞烈祠于明伦堂外。（据《改建碑记》）			
咸丰朝	三年，知县区天民建成义祠。（据采访册） 是年，粤匪洪秀全等陷金陵。上宪谕办联甲，募义勇，开局团练，督民修理关隘。 四年，建双溪书院，今圮。 五年，粤匪窜扰江右，我邑戒严。（俱据采访册《湘军记》） 七年二月十三日，庐溪贼薄城，知县蒋仁瑞大败之，遁出铁牛关。 五月十三日，西北乡同日诛各伪官。（并据《闻见录》）	四年，西城外火灾。自税关延至寺前街。 五年四月，雨雹。 冬大雪，平地深三尺。 六年夏，欃枪星昼见，自未至申，起西北没东南，光芒十余丈。 七年元旦，黄雾四塞。二月二十九夜，星陨如雨。	九年秋，大熟。 十年，大熟。（并据采访册）	七年正月三十日，庐溪土贼引粤匪陷黄石口。二月十一日，攻陷铁牛关，千总李宪章等死之。十八日，复引粤匪石达开。贼号三十万，由铁牛关进。十九日，围城数匝，屡以开围诱溃，城守益固。乃从西城外穴地实硝磺。至三十日辰刻，火发城陷。知县蒋仁瑞、前任马炳章、典史

咸丰朝	十五日，西北乡联丁复城，追贼至大乾，斩馘甚众，旋以驻郡城。贼大至，城复失。（据采访册） 闰五月初七日，联丁合宜春勇复县城，贼由杉关遁走。（据《彭钟华杀贼记》） 八年六月初七日，联丁合官军复县城，贼遁出杉关。（据采访册） 九年，修复各奉祀典，庙宇重新木主。 十年，知县陈源豫修复县署。 是年，修复杭川书院。 设委员专理盐务。（均据采访册） 奉文蠲免十一年以前无征钱粮。（据县档）	是年秋、冬，大疫，死者无算。 八年秋，大疫，死者无算。 十一年夏，彗星见。 是年五月，大水。（以上均据采访册）		章于藩、千总周连标等皆死之。军民巷战至午，死者五千余人，无一从贼者。是役也，各乡救围，日与贼战，死者又六千余人。三月，贼分一支杀掠，走出山头关。 三月十八日，粤匪杨甫清众十余万入云际关趋城。石、杨两贼不睦，一走攻建宁府，一走攻汀州府。石贼分党据城，设伪官，四出索饷。 八年三月二十二日，粤匪号黑旗兵入铁牛关，进踞县城，分党掠郡城。四月立夏日，又一支由孔坑隘入。合三月，粤匪盘踞县城。每日出乡焚掠，较七年贼尤毒。（据采访册）
同治朝	三年九月，粤匪三千余窜入云际关，走崇仁市。知县沈茂荫闻报，领兵驻镇岭市。贼闻之，绕金陵山，	元年十月朔，地震。 二年冬，大雪。		

同治朝	过止马，逸出杉关。（据《闻见录》） 杉关税务特设委员征收。 是年，知县沈茂荫倡民捐资修城。 四年，奉文永远广学额四名。 是年，建昭忠祠。 五年，教谕徐为崧捐资修复学宫。 建复养济院。 改建关帝庙于城内。（以上均据采访册）	三年四月，大水，北溪被害尤剧。 八年夏，大水。 十年五月，大风，拔木，瓦石皆飞，墙屋倾颓者甚多。（均据采访册）	九年，大饥。（据采访册）	
光绪朝	七年，修复文庙礼器，丁祭仍用乐舞。（据采访册） 十五年，奉文蠲免十三年以前无征钱粮。（据县档） 十七年，知县李子茂倡民捐资修城。（据采访册） 十九年，知县周有基建复谯楼。（据《谯楼碑记》） 二十二年秋，知县李麟瑞增修县志。 二十三年秋，增修县志成。	二年，螽伤稼十之五。 七年六月，彗星见。 是年七月，大水冒城。至夜，舟自西北城堞上流入，西乡决田庐，淹人畜无算。 九月，西城外火灾。 八年五月，大寒，高山积雪。 八月，长星见，如匹练亘天。 是年，西城外火灾。 九年，大旱。	二年，大饥。 六年，大有年。 十九年，大饥。（并据采访册）	

光绪朝		是年秋、冬，早晚天色如焚，照地皆赤。 十一年，西城外火灾，自万寿宫延至接龙桥。 十二年七月，北溪大水，决田庐，淹没人畜无算。同日，城堞四隅各圮十余丈。 十三年元旦，雷电。 十八年七月，雨雹。 十九年，城乡火灾。 七月，东城外火延烧朝宗门城楼。 是年，大饥。 冬，大雨雪，水木皆冰。 二十年秋，大疫。 二十一年，西城外火灾。 二十二年秋，疫。 二十三年正月，大雪，木冰。 春夏淫雨，自正月至五月，晴不满一月。 五月，大水。（以上均据采访册） 秋，大疫。		

表卷二　官师表（重纂）

宋	知县事	丞	主簿	尉
太祖朝	未置县			
太宗朝				
真宗朝	王垂象 祥符间任。（据《武阳志略》）			
仁宗朝	尹　洙 河南府洛阳人，天圣二年进士，天圣中任。（据《宋史·本传》）祀名宦。 （按：《六一集·洙墓志》不言知光泽，而《宋史》后出，宜从墓志削去。然洙久祀光泽名宦，不可不存录之。而《府县志》《通志》以为康定间任。考洙偕范仲淹同贬在天圣七年，吕夷简当国时，本传系于知光泽后，则任光泽当在天圣中，乃越天圣而明道而景祐而宝元而康定，显与本传悖矣，正之。）			

仁宗朝	崔　修 景祐间任。（据《八闽通志》） 许良辅 嘉祐间任。（据《八闽通志》）（按：旧志作嘉定任，今刊正。）			
英宗朝	范迪简 剑浦人，庆历六年进士，治平间任。（据《八闽通志》）		张伯孙 滁州全椒人，治平间任。（据《王临川集·伯孙父瑗墓志》） （按：旧志无，今补。）	
神宗朝	上官均 邵武人，熙宁三年进士。元丰元年以监察御史言事，责光禄寺丞任。（据《续通鉴长编》）有宦绩，祀名宦。 曹　格 沙县人，熙宁六年进士，元丰末任，元祐元年按察福建。张汝坚奏格当盐法初行，因缘趁卖，责人稍多，请黜。（据《续通鉴长编》） （按：诸志均无，今补。）			

哲宗朝	江　逌 开封府陈留人，元祐间任。（据《闽书》）有宦绩。 （按：诸志均作绍兴间任，今据《闽书》刊正。） 魏　闳 元祐间任。（据《闽书》）（按：诸志亦作绍兴间任，而哲宗一代无一知县，其不可据明矣。今据《闽书》刊正。） 谢　焘 建安人，绍圣元年进士，元符间由邵武军推官改任。（据《闽书》）（按：旧志无，今补。）			
徽宗朝	赵士畋 政和间任。（据《八闽通志》）	利养善 政和间任。（据《府志》）		
钦宗朝				
高宗朝	王以咏 建安人，宣和六年进士，绍兴间任。（据《建宁府志》）有宦绩。 王聿求 连江人，建炎二年进士，绍兴间任。（据《三山志》）	林　育 闽清人，绍兴二十一年进士，绍兴间任。（据《八闽通志》）		

高宗朝	赵不困 汉龚宪王元佐裔孙。（见《宋史·世系表》）绍兴间任。（据《闽书》）	徐　詧 绍兴间任。（据《八闽通志》）		
孝宗朝	张　硕 饶州德兴人，绍兴二十七年进士。（据《江西通志补注》）乾道间任。（据《八闽通志》）有宦绩。 周明仲 建阳人，乾道五年进士，淳熙间任。（参订《闽书》） （按：《闽书》作嘉定任，《府志》、旧志作淳祐任。考朱子撰明仲母陈太孺人墓志注，明仲光泽知县，若嘉定，朱子已没，无论淳祐也。而墓志作于淳熙，则淳熙任无疑。又明仲倒作仲明，亦误。今并刊正。） 江　默 崇安人，淳熙五年进士，淳熙末任。（据《闽书》） （按：《府志》、旧志并作光泽尉，今刊正。）	陈自强 闽县人，淳熙五年进士，淳熙中任。（据《宋史·本传》） （按：《府志》、旧志均无，今补。）	熊以宁 建阳人，淳熙五年进士，淳熙中任。（据《郝志》即《雍正通志》） （按：《府志》、旧志均无，今补。）	

光宗朝	张　訢 常州武进人，绍熙间任。（据《闽书》）有宦绩。 （按：《旧志·名宦传》作绍兴间任，而《秩官志》次王聿求前。聿求乃建炎间任，訢又在前，并不知绍兴为谁年号，可怪也。）		张彦清 浦城人，绍熙间任。（据《闽书》） （按：旧志无，今补。）	
宁宗朝	谢少连 台州临海人，嘉泰二年进士，嘉定间任。（据《浙江通志》） （按：《府志》、旧志均无，今补。） 赵善珏 宗室子，嘉定间任。（据《闽书》） 徐　杰 嘉定间任。（据《八闽通志》） 陈观奕 嘉定间任。（据《八闽通志》）	阮　幡 闽县人，庆元二年进士，嘉泰间任。（据《闽书》） （按：《府志》、旧志均无，今补。）	邱　和 崇安人，庆元二年进士，嘉泰间任。（据《闽书》） （按：《府志》、旧志均无，今补。） 彭　晚 崇安人，开禧间任。（据《闽书》） （按：《府志》、旧志均无，今补。）	
理宗朝	潘　梅 绍定间任。（据《刘后邨集·林埏墓志》） （按：《府志》、旧志均无，今补。） 赵善烛 宗室子，淳祐间任。（据《闽书》） （按：《府志》、旧志均无，今补。）	王介雍 闽县人，绍定间任。（据《闽书》）有宦绩。	包　恢 建昌军人，嘉定进士，绍定间任。（据《宋史·本传》）有宦绩。	诸葛图 南安人，绍定间任。（据《闽书》） （按：《府志》、旧志均无，今补。）

度宗朝				
恭宗朝				
年任无考			窦　沔 徐州萧县人。（据《万姓统谱》） 王元琳 （据《八闽通志》）	
元	达鲁花赤（无考） 县尹（可考者三人）	教谕（可考者一人） 训导（无考）	主簿（可考者一人） 巡检（可考者一人）	县尉（无考） 典史（无考）
	沈　该 至治中县尹。（据旧志） 况　逵 泰定间县尹。（据旧志）有宦绩，祀名宦。 朱万初 至正中县尹。（据旧志）	陈文通 至正初教谕。（据旧志）	明日新 至元初主簿。（据旧志） 沈兼善 至正间大寺寨巡检。（据旧志）	

明	知县	丞	教谕 训导	典史 主簿 （大寺寨）巡检	杭川驿驿丞 税课局大使 杉关驿驿丞
太祖朝	刘克明 洪武二年任。（据《闽书》） 庐充闾 六年间任。（据《闽书》） 林孔孙 洪武中任。（据《八闽通志》。《段志》有传，以泛删去。） 姚伯和 临江府新淦人，二十年任。（据《八闽通志》）		**训导** 邹　启 吉安府庐陵人，洪武二十六年任。（据旧志）	**主簿** 李　祥 洪武七年任。（据《八闽通志》，参旧志） 曹士原 八年任。（据《八闽通志》，参旧志） 张　睿 开封府夏邑人，洪武末任。（据旧志） **巡检** 胡永忠 洪武初任。（据旧志）	**杉关驿丞** 何祖坚 洪武初任。（据旧志）
惠帝朝					
成祖朝	曾成烈 永乐初任。（据《八闽通志》）	赵德润 永乐中任。（据《八闽通志》）	**教谕** 陈子良 邵武人，永乐间任。（据旧志）有宦绩。	**主簿** 郭永安 饶州府鄱阳人，永乐二十二年任。（据《八闽通志》，参《府志》）	

成祖朝	马伯 绍兴府人，永乐中任。（据《郝志》） 朱　幹 杭州府钱塘人，监生，永乐末任。（据《府志》）	商　仁 常州府宜兴人，监生，二十年任。（据旧志）	符添健 琼州府人，建文元年举人，永乐中任。（据《广东通志》）（按：诸志无，今补。）	**训导** 刘　钦 南昌府丰城人，永乐九年举人，永乐间任。（据《江西通志》参订）（按：旧志作永乐二年任，以得举在九年，可决其误也。）	
仁宗朝					
宣宗朝	陈　度 肇庆府高要人，监生，宣德六年任。（据旧志）	张　履 嘉兴府海盐人，宣德三年任。（据《八闽通志》，参《府志》）	**教谕** 尹　安 广信府上饶人，永乐十九年进士，宣德元年任。（据《江西通志》参订） 段　永 饶州府余干人，永乐二年进士，五年任。（据旧志）有宦绩。	**主簿** 沈　宗 杭州府仁和人，宣德元年任。（据《八闽通志》，参《府志》） 曹　士 苏州府吴县人，六年任。（据《八闽通志》，参《府志》） **典史** 陆　纯 绍兴府山阴人，宣德六年任。（据《八闽通志》，参《府志》）	

宣宗朝				**训导** 朱　徽 建昌府新城人，宣德初任。（据旧志）有宦绩。 史　澴 温州府瑞安人，宣德元年举人，五年任。（据《浙江通志》参订） 余　俨 南昌府南昌人，永乐二十一年举人，宣德八年任。（据《江西通志》参订）	
英宗正统朝	盛　埙 杭州府钱塘人，永乐十五年举人，正统初任。（据《浙江通志》参订） 徐　晋 常州府宜兴人，监生，十二年任。（据旧志）	曹　孟 镇江府丹徒人，监生，正统六年任。（据旧志） 王　清 宝庆府邵阳人，永乐十五年举人，正统十四年任。（据《湖广总志》参订）	**教谕** 万守真 抚州府临川人，正统二年任。（据旧志） 叶　清 嘉兴府崇德人，监生，七年任。（据旧志）	**主簿** 郑　浚 衢州府龙游人，监生，正统七年任。（据《八闽通志》，参旧志） 黄　旒 德安府应山人，监生，十年任。（据《八闽通志》参订）	**杭川驿丞** 江　靖 凤阳府临淮人，正统二年任。（据旧志） 陈世的 交趾人，三年任。（据旧志）

英宗正统朝			邱　纯 建昌府南城人，永乐十五年举人，正统十三年任。（据《江西通志》参订）	（按：《通志》《府志》并作县丞，《县志》独作主簿，初未详孰是。而《八闽通志》在诸志前，可以为据，从之。） **典史** 马　训 济南府陵县人，正统五年任。（据《八闽通志》参订） （按：旧志作冯驯，与诸志异。今据《八闽通志》刊正。） 侯　隆 临江府清江人，九年任。（据旧志） **巡检** 朱　纯 镇江府丹徒人，正统元年任。（据旧志） 尹　希 五年任。（据旧志）	**杉关驿丞** 武宗任 交趾人，正统三年任。（据旧志） 周　瀹 常德府武陵人，九年任。（据旧志）

景泰帝朝	李　纲 瑞州府上高人，监生，景泰二年任。（据《八闽通志》） 庞　敬 嘉兴府嘉兴人，监生，三年任。（据《八闽通志》，参旧志） 赵　袒 处州府丽水人，监生，五年任。（据《八闽通志》）	李　琳 池州府石埭人，监生，景泰四年任。（据旧志） 蒲　裕 顺庆府南充人，监生，五年任。（据旧志）	**教谕** 陈　奂 吉安府泰和人，宣德七年举人，景泰三年任。（据《江西通志》参订） 张　贯 吉安府吉水人，六年任。（据旧志） **训导** 杜　伦 建昌府南城人，景泰二年任。（据旧志） 余　吉 南昌府丰城人，三年任。（据旧志）	**主簿** 毛　宁 广信府上饶人，景泰六年任。（据旧志） **典史** 何原广 瑞州府新昌人，景泰四年任。（据旧志） 孙周胜 金华府武义人，五年任。（据《八闽通志》） 陈　巽 饶州府乐平人，六年任。（据旧志） **巡检** 时　泰 永平府滦州人，景泰二年任。（据旧志） 毛　恕 南昌府新建人，六年任。（据旧志）	**税课局大使** 唐　智 淮安府盐城人，景泰二年任。（据旧志） 李　顺 肇庆府四会人，五年任。（据旧志） 何　广 高州府茂名人，七年任。（据旧志） **杭川驿丞** 关　英 惠州府海丰人，景泰四年任。（据旧志） 胡　远 南康府星子人，景泰六年任。（据旧志）

英宗天顺朝		楚　䌹 开封府杞县人，监生，天顺八年任。（据《八闽通志》）	**教谕** 陈　原 吉安府永丰人，监生，天顺八年任。（据旧志） **训导** 康　迪 吉安府泰和人，天顺三年任。（据旧志）	**主簿** 孙　迅 宁波府奉化人，天顺七年任。（据《府志》） **典史** 孙　埙 台州府黄岩人，天顺七年任。（据旧志） **巡检** 陈　庸 苏州府人，天顺五年任。（据旧志）	**税课局大使** 丁尚玉 天顺间任。（据旧志） **杭川驿丞** 秦庆祥 桂林府人，天顺四年任。（据旧志） **杉关驿丞** 江　淮 琼州府琼山人，天顺元年任。（据旧志）
宪宗朝	屈　伸 宝庆府邵阳人，景泰四年举人，成化元年任。（据《湖广总志》参订） （按：诸志并作湖广衡阳举人，今据彼志刊正。） 侯　骥 松江府上海人，监生，二年任。（据《八闽通志》）	陈　隆 南昌府宁县人，监生，成化五年任。（据《八闽通志》，参旧志） 杨　鹏 嘉兴府平湖人，八年任。（据旧志） 熊　显 南昌府丰城人，监生，十四年任。（据旧志）	**教谕** 叶　瑛 广州府东莞人，成化四年举人，十年任。（据《广东通志》参订） 陈　琏 宁波府慈溪人，成化七年举人，十二年任。（据《浙江通志》参订）	**主簿** 陆　义 绍兴府上虞人，成化五年任。（据旧志） 江　澄 严州府建德人，监生，十一年任。（据旧志）	**税课局大使** 张宗宏 宁波府象山人，成化七年任。（据旧志） 祝　茂 广信府贵溪人，十六年任。（据旧志）

宪宗朝	陈 纪 绍兴府余姚人，景泰元年举人，成化五年任。（据《浙江通志》参订） 何昌言 池州府建德人，监生，成化十六年任。（据《闽书》参订）有宦绩。 （按：《旧志·名宦传》作严州建德人，不知池州亦有建德，故误，今刊正。） 刘 俊 真定府深州人，成化二年进士，成化末由监察御史左迁任。（据《畿辅通志》参订）有宦绩，祀名宦。	王 谦 湖州府归安人，监生，二十年任。（据旧志）	周 济 杭州府海宁人，监生，二十年任。（据旧志） **训导** 祝 安 太平府当涂人，监生，成化元年任。（据《八闽通志》） 陆 时 杭州府余杭人，监生，七年任。（据《八闽通志》《府志》） 姚 朴 杭州府余杭人，监生，十一年任。（据《八闽通志》《府志》） 赵 谏 温州府永嘉人，监生，十二年任。（据《八闽通志》，参旧志）	罗 焘 应天府上元人，贡生，成化中任。（据旧志） 郭 训 吉安府庐陵人，监生，十七年任。（据旧志） 顾 华 广州府增城人，监生，二十年任。（据旧志） **典史** 周孔传 绍兴府山阴人，成化八年任。（据《八闽通志》，参旧志） 金 彝 金华府东阳人，十一年任。（据《八闽通志》，参旧志） 陈 瑄 二十三年任。（据旧志）	吴 全 常州府无锡人，二十三年任。（据旧志） **杭川驿丞** 傅拱南 金华府金华人，成化七年任。（据旧志） 邹 震 绍兴府余姚人，八年任。（据旧志） 顾 拳 嘉兴府秀水人，十二年任。（据旧志） 徐 海 苏州府吴江人，十七年任。（据旧志） **杉关驿丞** 周 远 凤阳府临淮人，成化三年任。（据旧志）

宪宗朝			王　杞 饶州府余干人，监生，十二年任。（据《八闽通志》《府志》）	**巡检** 曾长荣 抚州府乐安人，成化十一年任。（据旧志） 张　谦 宁波府定海人，十六年任。（据旧志） 刘　江 二十一年任。（据旧志）	刁　荣 宁波府慈溪人，五年任。（据旧志） 赵　显 宁波府慈溪人，十六年任。（据旧志） 林　俊 广州府新会人，二十三年任。（据旧志）
孝宗朝	魏　默 南昌府新建人，成化十年举人，弘治三年任。（据《江西通志》参订）有宦绩。 岳　山 松江府华亭人，成化十三年举人，弘治九年任。（据《江西通志》参订） 李　麟 广州府顺德人，成化十六年举人，弘治十四年任。（据《广东通志》参订）	白朝宗 四川永宁宣抚司人，弘治五年任。（据《府志》，参旧志） 钱　堂 绍兴府诸暨人，监生，九年任。（据《府志》，参旧志） 范　镆 嘉兴府秀水人，监生，十三年任。（据《府志》，参旧志）	**教谕** 王　忠 杭州府仁和人，弘治四年任。（据《郝志》，参旧志） （按：府县志并作仁和举人，不见《浙江通志·选举》。而正统元年进士有王忠，注临海人，时代亦不合。今据《郝志》注，仁和不注举人，删之。）	**主簿** 沈　讵 严州府遂安人，监生，弘治四年任。（据旧志） 叶　聪 严州府分水人，七年任。（据旧志） 林士俊 琼州府会同人，监生，十年任。（据旧志）	**税课局大使** 庞　膺 弘治元年任。（据旧志） 谢　宣 太平府当涂人，三年任。（据旧志） 徐　麟 饶州府乐平人，八年任。（据旧志）

孝宗朝	邱世乔 潮州府海阳人，弘治九年进士，十六年任。（据《广东通志》参订） 章　侃 抚州府临川人。弘治二年举人，十七年任。（据《江西通志》参订） （按：《闽书·府志》并作章侃，注临川举人，独旧志作张侃。考《江西通志·选举》，知旧志误也，正之。）	聂　和 南昌府丰城人，十四年由吏员任。（据《府志》，参旧志）	俞　福 嘉兴府嘉兴人，监生，九年任。（据《府志》，参旧志） 陆廷玉 杭州府仁和人，十二年任。（据《府志》，参旧志） **训导** 朱　澂 吉安府万安人，监生，弘治二年任。（据《府志》，参旧志） 吴　经 潮州府海阳人，弘治二元举人，六年任。（据《广东通志》参订） 赵　济 苏州府人，监生，九年任。（据《府志》，参旧志）	张　遂 河间府吴桥人，监生，十一年任。 （按：《县志》作张璲，今据《府志》合《通志》刊正。） 裴　进 广信府贵溪人，监生，十三年任。（据旧志） 唐　原 嘉兴府海盐人，监生，十五年任。（据旧志） **典史** 鲍　芳 杭州府仁和人，弘治五年任。（据旧志） 缪　纶 嘉兴府平湖人，十年任。（据旧志）	卢盛宗 兖州府鱼台人，十一年任。（据旧志） 吴　良 琼州府琼山人，十三年任。（据旧志） 黄　镗 广州府东莞人，十七年任。（据旧志） **杭川驿丞** 陆　善 弘治元年任。（据旧志） 郎　震 杭州府仁和人，九年任。（据旧志） 潘本清 东昌府武城人，十三年任。（据旧志）

孝宗朝			潘　祥 广州府顺德人，弘治五年举人，十年任。（据《广东通志》参订） 陈　选 瑞州府高安人，监生，十三年任。（据《府志》，参旧志）	**巡检** 范　佐 苏州府吴县人，弘治六年任。（据旧志） 朱　芳 徐州府宿迁人，十二年任。（据旧志） 顾　端 苏州府吴县人，十三年任。（据旧志） 何　聪 荆州府江陵人，十五年任。（据旧志） 汪节昂 绍兴府萧山人，十七年任。（据旧志）	鲁文举 广州府新会人，十八年任。（据旧志） **杉关驿丞** 陈　实 宁波府鄞县人，弘治十年任。（据旧志） 杨　沂 南昌府丰城人，十三年任。（据旧志） 王　贤 十七年任。（据旧志）

			教谕	主簿	税课局大使
武宗朝	佘宗凤 柳州府马平人，弘治五年举人，正德四年任。（据《广西通志》参订） 锺　华 广州府顺德人，弘治十一年举人，正德十一年任。（据《广东通志》参订）有宦绩，祀名宦。 徐　泰 嘉兴府海盐人，弘治十七年举人，正德十四年任。（据《浙江通志》参订） （按：诸志作浙江海宁举人。考《浙江通志·选举》乃海盐人。虽初系刻误，而浙江适有是县，诸志遂因之，不可不辨。）	徐　隽 金华府武义人，监生，正德六年任。（据《府志》，参旧志） 邱　桧 赣州府雩都人，监生，十一年任。（据《府志》，参旧志） 梁　拱 广州府番禺人，十五年由吏员任。（据《府志》，参旧志）	顾　钦 台州府黄岩人，监生，正德三年任。（据《府志》，参旧志） 方　兰 处州府龙泉人，六年任。（据《府志》，参旧志） 赵　镜 绍兴府萧山人，十一年任。（据《府志》，参旧志） 招文选 广州府南海人，正德二年举人，十五年任。（据《府志》，参旧志） 何　达 惠州府博罗人，监生，正德二年任。（据《府志》，参旧志）	李　暕 金华府永康人，监生，正德元年任。（据旧志） 张　玫 肇庆府新兴人，监生，六年任。（据旧志） 吴　廓 饶州府余干人，十二年由吏员任。（据旧志） （按：旧志作吴廓，今据《府志》合《通志》，刊正。） **典史** 沈　纪 常州府宜兴人，正德元年任。（据旧志） 鄢　王 绍兴府诸暨人，三年任。（据旧志）	谭　庸 韶州府曲江人，正德四年任。（据旧志） 应宗行 宝庆府武冈人，十年任。（据旧志） 莫　输 韶州府曲江人，十三年任。（据旧志） **杭川驿丞** 刘　相 正德元年任。（据旧志） 冯　道 宁波府慈溪人，六年任。（据旧志） 土廷宝 十年任。（据旧志）

武宗朝			周　道 　　襄阳府南漳人，贡生，四年任。（据《府志》，参旧志） 唐　云 　　湖州府归安人，监生，九年任。（据《府志》，参旧志） 刘　鏓 　　处州府松阳人，十年任。（据《府志》，参旧志）	李　常 　　高州府茂名人，九年由吏员任。（据旧志） **巡检** 张　兴 　　正德元年任（据旧志） 吴继祖 　　庐州府合肥人，四年任。（据旧志） 张显宗 　　临清州人，八年任。（据旧志） 张文渊 　　宁波府定海人，十一年任。（据旧志） 杨　友 　　登州府文登人，十二年任。（据旧志） 陈　松 　　松江府华亭人，十五年任。（据旧志）	**杉关驿丞** 欧阳林 　　吉安府泰和人，正德三年任。（据旧志） 张　魁 　　南昌府丰城人，七年任。（据旧志） 旷　逵 　　广州府番禺人，十一年任。（据《府志》，订旧志） 　　（按：旧志作“广逵”，当是误字，今据《府志》刊正。）

			教谕	主簿	税课局大使
世宗朝	赖　暹 南昌府丰城人，正德五年举人，嘉靖二年任。（据《江西通志》参订） 曾　忭 吉安府泰和人，嘉靖五年进士，六年任。（据《江西通志》参订） （按：府、县志并作“汴”，从水。今据《进士题名碑》合《江西通志·选举》刊正。） 李　玧 南昌府丰城人，贡生，八年任。（据《闽书》，参旧志） 廖廷臣 广州府顺德人，正德十四年举人，嘉靖十二年任。（据《广东通志》参订）	邓梦麟 宝庆府邵阳人，嘉靖四年，由吏员任。（据《府志》，参旧志） 李　锦 南昌府南昌人，嘉靖八年，由吏员任。（据《府志》，参旧志） 王廷赞 池州府建德人，监生，十四年任。（据旧志） 王　模 宁波府慈溪人，十八年由吏员任。（据《府志》，参旧志） 黄　相 广州府南海人，监生，二十三年任。（据《府志》，参旧志）	柴文元 嘉兴府嘉兴人，监生，嘉靖九年任。（据《府志》，参旧志） 陈　镒 高州府化州人，监生，十四年任。（据《府志》，参旧志） 翟中立 广州府东莞人，嘉靖间任。（据《郝志》） 杨　集 高州府人，嘉靖间任。（据《郝志》） 徐　科 抚州府临川人，嘉靖间任。（据《郝志》）	何　玺 建昌府广昌人，嘉靖元年任。（据《府志》，参旧志） 黎　政 肇庆府封川人，监生，五年任。（据《府志》，参旧志） 陈经才 温州府平阳人，十一年由吏员任。（据《府志》，参旧志） 彭　韶 临江府清江人，十八年由知印任。（据《府志》，参旧志） 罗　玠 柳州府洛容人，监生，二十二年任。（据《府志》，参旧志）	张　宏 广州府新会人，嘉靖四年任。（据旧志） 马　钊 九年任。（据旧志） 是天祐 常州府江阴人，十四年任。（据旧志） （以后至崇祯末并阙。） **杭州驿丞** 陈孟瑀 池州府铜陵人，嘉靖六年任。（据旧志） 吴本陵 饶州府浮梁人，十三年任。（据旧志）

世宗朝	庐金润 广州府东莞人，正德五年举人，嘉靖十五年任。（据《广东通志》参订） 鄢　高 南昌府丰城人，正德八年举人，嘉靖十八年任。（据《江西通志》参订）纪穆　广信府永丰人，嘉靖元年举人，二十年任。（据《江西通志》参订） 向　缟 应天府上元人，嘉靖二十三年任。（据《闽书》，参旧志） 萧廷相 广州府南海人，嘉靖十年举人，二十三年任。（据《广东通志》参订） 徐恒锡 绍兴府余姚人，嘉靖十年举人，二十九年任。（据《浙江通志》参订）	陈　爵 庐州府合肥人，二十七年由知印任。（据《府志》，参旧志） 李　桂 常州府宜兴人，监生，三十一年任。（据《府志》，参旧志） 高　鹤 绍兴府山阴人，嘉靖二十九年进士，三十四年由给事中谪任。（据《浙江通志》参订） 何守礼 廉州府合浦人，监生，三十六年任。（据《府志》，参旧志）	陈宗鲁 潮州府揭阳人，嘉靖二十二年举人，嘉靖中任。（据《广东通志》参订） 汪　梓 安庆府桐城人，嘉靖中任。（据《郝志》） 张　岩 吉安府人，嘉靖二十四年任。（据旧志） **训导** 张嘉祥 松江府华亭人，监生，嘉靖三年任。（据旧志） 郭　章 吉安府泰和人，监生，九年任。（据旧志）	倪　汝 周宁波府鄞县人，二十七年任。（据《府志》，参旧志） 姚狭麟 严州府桐庐人，监生，三十三年任。（据《府志》，参旧志） 程文贯 琼州府定安人，监生，三十六年任。（据《府志》，参旧志） 张思忠 池州府石埭人，监生，三十八年任。（据《府志》，参旧志） 徐　淙 南昌府丰城人，四十一年由知印任。（据《府志》，订旧志） （按：旧志作“徐深”，今据《府志》合《通志》刊正。）	彭　端 杭州府钱塘人，十八年由吏员任。（据旧志） 韩　华 绍兴府山阴人，二十三年由吏员任。（据旧志） 蒋维垣 宁波府定海人，二十七年由承差任。（据旧志） 黄世荣 广州府南海人，三十七年由吏员任。（据旧志） 严文翰 扬州府江都人，三十八年由吏员任。（据旧志）

世宗朝	张大会 潮州府海阳人，嘉靖十三年举人，三十四年任。（据《广东通志》参订） 吴国器 南安府上犹人，嘉靖二十二年举人，三十八年任。（据《江西通志》参订）有宦绩。 黄　楷 嘉靖四十二年任。（据《闽书》，参旧志） （按:《通志》作横州人，府县志作贵溪举人。考《江西志》，贵溪无此举人。《广西志》横州亦无，而《闽书》有此知县，故录其名而已。）	张　点 绍兴府上虞人，监生，四十一年任。（据《府志》，参旧志） 吴天恩 武昌府兴国州人，四十五年由吏员任。（据《府志》，参旧志）	刘　显 广信府玉山人，十年任。（据《郝志》，参旧志） 锺　杂 嘉兴府海盐人，监生，十四年任。（据《郝志》，参旧志） 林载腾 广州府东莞人，监生，十五年任。（据《府志》，参旧志） 汪廷圭 徽州府婺源人，嘉靖中任。（据《郝志》） 刘　锡 广信府玉山人，嘉靖中任。（据《府志》）	黄　燦 庐州府遂昌人，四十三年由吏员任。（据《府志》，参旧志） **典史** 余　高 南昌府丰城人，嘉靖三年由吏员任。（据《府志》，参旧志） 谈　振 广州府新会人，十年任。（据《府志》，参旧志） 单廷辅 柳州府马平人，十七年由吏员任。（据《府志》，参旧志） 孙　言 绍兴府山阴人，二十四年由吏员任。（据《府志》，参旧志）	吕　遇 广州府新会人，三十八年由吏员任。（据旧志） 林朝凤 四十二年由吏员任。（据旧志） **杉关驿丞** 钱桂馨 绍兴府余姚人，嘉靖九年任。（据旧志） 郑　镇 十八年任。（据旧志） 李　元 二十四年任。（据旧志） 叶　俅 二十六年任。（据旧志）

世宗朝			蔡士贵 广州府南海人，嘉靖中任。（据《府志》） 余培基 韶州府曲江人，嘉靖中任。（据《郡志》） 李守约 韶州府曲江人，嘉靖中任。（据《郡志》） 袁　表 广州府南海人，嘉靖中任。（据《郡志》） 李　潜 滁州人，嘉靖中任。（据《郡志》） 邱　汴 建昌府南城人，嘉靖中任。（据《郡志》）	赵　诚 南安府上犹人，三十年由吏员任。（据旧志） （按：《府志》作山阴人，缘上，孙言籍山阴，重写不可据。） 颜允证 广州府南海人，三十三年由承差任。（据《府志》，参旧志） 徐　显 金华府永康人，三十七年由吏员任。（据《府志》，参旧志） 邵　劲 肇庆府四会人，四十三年由吏员任。（据《府志》，参旧志）	沈　启 三十三年任。（据旧志） 王　翔 凤阳府定远人，三十六年由吏员任。（据旧志） 黄　坤 临江府清江人，四十年由吏员任。（据旧志） 李　秉 梧州府苍梧人，四十五年由吏员任。（据旧志）

世宗朝			邬　用 德安府安陆人，嘉靖中任。（据《邵志》） 刘　荣 宝庆府新化人，嘉靖中任。（据《邵志》） 邓　选 衢州府桂阳州人，嘉靖四十四年任。（据《邵志》，参旧志） 梁　卓 广州府新宁人，四十五年任。（据《邵志》，参旧志） 汪　镇 广信府弋阳人，四十五年任。（据《邵志》，参旧志）	**巡检** 郭　锐 扬州府江都人，嘉靖六年任。（据旧志） 左　恂 南昌府丰城人，八年任。（据旧志） 冯　尧 广州府顺德人，九年任。（据旧志） 田　胜 嘉靖间任。（据旧志） 陈　启 嘉靖间任。（据旧志） 陈　昇 嘉靖间任。（据旧志） 马　瑞 嘉靖二十三年任。（据旧志）	

世宗朝				傅潜 建昌府泸溪人，三十三年任。（据旧志） 邱万周 潮州府大埔人，三十四年任。（据旧志） 锺禋 宁波府鄞县人，三十七年任。（据旧志） 韩元 绍兴府山阴人，四十一年由吏员任。（据旧志） 吕文宿 瑞州府新昌人，四十三年由吏员任。（据旧志）	

穆宗朝	朱明臣 南宁府宣化人，嘉靖二十八年举人，隆庆元年任。（据《广西通志》参订） 卢大元 广州府新会人，嘉靖二十五年举人，隆庆二年任。（据《广东通志》参订） 王性祥 桂林府全州人，嘉靖三十四年举人，隆庆三年任。（据《广西通志》参订） 潘　侃 徽州府歙县人，隆庆六年任。（据《闽书》，参旧志）	骆万石 韶州府乐昌人，监生，隆庆三年任。（据《郝志》，参旧志） 杨　栋 德安府应山人，六年任。（据《郝志》，参旧志）	**教谕** 田　麟 六安州人，隆庆元年任。（据《郝志》，参旧志） 姚德申 绍兴府诸暨人，二年任。（据《郝志》，参旧志） 李　惠 建昌府广昌人，五年任。（据《郝志》，参旧志） **训导** 梁维芳 高州府信宜人，隆庆元年任。（据《郝志》，参旧志） 罗　龙 瑞州府上高人，元年任。（据《郝志》，参旧志）	**主簿** 翁　化 严州府寿昌人，监生，隆庆二年任。（据《郝志》，参旧志） 朱　思 绍兴府山阴人，四年由吏员任。（据《郝志》，参旧志） **典史** 陈茂亨 台州府太平人，隆庆元年任。（据旧志） 徐俸 广州府东莞人，六年任。 **巡检** 汪　鄉 徽州府休宁人，隆庆五年任。（据旧志）	**杭川驿丞** 邱秉珠 南雄府保昌人，隆庆元年任。（据旧志） 黄克举 四年任。（据旧志） 吴　锵 闽县人，六年任。（据旧志） **杉关驿丞** 徐怀德 隆庆三年任。（据旧志）

穆宗朝			俞　堂 黎平府人，二年任。（据旧志） 吴　镐 贵阳军民府人，五年任。（据旧志）		
神宗朝	姜桂芳 南昌府新建人，贡生，万历四年任。（据《闽书》，参旧志）有宦绩。 林树薰 潮州府潮阳人，贡生，七年任。（据《闽书》，参旧志）有宦绩。 刘一中 赣州府兴国人，贡生，十一年任。（据《闽书》，参旧志）有宦绩。 陈廷谟 嘉兴府嘉兴人，贡生，十三年任。（据《闽书》，参旧志）	吕观光 嘉兴府海盐人，万历四年由吏员任。（据《府志》，参旧志） 夏希元 台州府天台人，监生，九年任。（据《府志》，参旧志） 林维藩 南安府大庾人，贡生，十二年任。（据《府志》，参旧志） 陈大宾 惠州府归善人，十五年由吏员任。（（据《府志》，参旧志）	**教谕** 车　锜 将乐人，贡生，万历二年任。（据《郝志》，参旧志） 魏鸣鹏 建安人，贡生，八年任。（据《郝志》，参旧志） 王季芳 闽清人，贡生，十一年任。（据《郝志》，参旧志） 张承宪 宁波府鄞县人，十四年任。（据《郝志》，参旧志）	**主簿** 陈　惠 临江府清江人，万历元年任。（据《郝志》，参旧志） 叶万春 南宁府隆安人，贡生，五年任。（据《郝志》，参旧志） 谢金鱼 庐州府舒城人，贡生，七年任。（据《郝志》，参旧志） 张一清 庐州府六安人，九年由承差任。（据《郝志》，参旧志）	**杭川驿丞** 应用明 金华府永康人，万历三年由吏员任。（据旧志） 吴　纶 绍兴府余姚人，六年由吏员任。（据旧志） 陈大韶 绍兴府余姚人，十年由承差任。（据旧志）

神宗朝	毛志添 严州府遂安人，选贡，十六年任。（据《闽书》，参旧志） 陈宗谏 抚州府东乡人，选贡，二十年任。（据《郝志》，参旧志）有宦绩，祀名宦。 程　寰 徽州府歙县人，万历二十三年进士，二十四年任。（据《江南通志》参订）有宦绩。 李际熙 金华府义乌人，万历十三年举人，二十五年任。（据《浙江通志》参订）有宦绩。 施良猷 苏州府太仓人，万历十三年举人，二十九年任。（据《江南通志》参订）	尹　任 绍兴府山阴人，十七年由吏员任。（据《郝志》，参旧志） 王秉纲 金华府永康人，监生，二十年任。（据《郝志》，参旧志） 王继禄 严州府寿昌人，监生，二十三年任。（据《郝志》，参旧志） 徐明远 广州府东莞人，监生，二十四年任。（据《郝志》，参旧志） 姚舜官 嘉兴府平湖人，监生，二十六年任。（据《郝志》，参旧志）	林松声 诏安人，贡生，十七年任。（据《郝志》，参旧志） 邱惟俊 广州府南海人，万历十年举人，二十年任。（据《广东通志》参订） 宋万略 莆田人，万历十三年举人，二十七年任。（据《莆田志》参订） 林一儒 连江人，贡生，三十年任。（据《郝志》，参旧志） 陈民信 处州府缙云人，三十七年任。（据《郝志》，参旧志）	陈　察 宁波府慈溪人，十一年任。（据《郝志》，参旧志） 王文炳 嘉兴府桐乡人，监生，十四年任。（据《郝志》，参旧志） 欧阳勋 广州府顺德人，贡生，十七年任。（据《郝志》，参旧志）有宦绩。 郭尚琛 吉安府泰和人，监生，二十一年任。（据《郝志》，参旧志） 朱廷臣 凤阳府寿州人，监生，二十六年任。（据《郝志》，参旧志）	沈天祥 杭州府海宁人，十二年由承差任。（据旧志） 陈　济 宁波府鄞县人，十六年由承差任。（据旧志） 陈　炳 十九年由吏员任。（据旧志） 翁有年 大田人，二十二年由吏员任。（据旧志） 陈世宏 太平府当涂人，二十四年由吏员任。（据旧志） 杨公才 福清人，二十七年由承差任。

神宗朝	罗希尹 徽州府歙县人，万历二十五年举人，三十五年任。（据《江南通志》参订） 汪正谊 重庆府安居人，万历举人，四十年任。（据《四川通志》参订）有宦绩。 程家相 徽州府歙县人，万历十年举人，四十五年任。（据《江南通志》参订）有宦绩。 翁应祥 苏州府常熟人。万历二十五年举人，万历末任。（据《江南通志》参订）	翟　伟 宁国府泾县人，监生，二十八年任。（据《郝志》，参旧志） 蔡大政 黄州府蕲水人，万历三十一年任。（据《郝志》，参旧志）（有传，以泛删去。） 王大爵 应天府上元人，三十四年由吏员任。（据《郝志》，参旧志） 顾福昌 苏州府长洲人，监生，三十六年任。（据《郝志》，参旧志） 王家宠 宁国府宣城人，监生，三十八年任。（据《郝志》，参旧志）	吴　举 瓯宁人，贡生，四十年任。（据《郝志》，参旧志）有宦绩。 林有檀 南平人，贡生，四十二年任。（据《郝志》，参旧志） 徐来熙 万历末任。（据《府志》） （按：府县志并作海澄举人。考海澄无此举人，阙之。） **训导** 邵　传 侯官人，贡生，万历元年任。（据《郝志》，参旧志） 陈　澜 平海卫人，贡生，二年任。（据《郝志》，参旧志）	朱　汀 徽州府歙县人，监生，二十九年任。（据《郝志》，参旧志） 叶　楠 杭州府新城人，三十二年由吏员任。（据《郝志》，参旧志） 胡秉范 杭州府昌化人，三十五年由知印任。（据旧志） 蓝国贤 饶州府浮梁人，三十五年由知印任。（据旧志） 沈可元 嘉兴府嘉兴人，四十二年由知印任。（据旧志）（以后至崇祯末并阙。）	叶　清 广州府东莞人，二十九年由吏员任。（据旧志） 陆大道 常州府武进人，三十二年任。（据旧志） 吴廷良 金华府永康人，三十五年任。（据旧志） 刘思近 扬州府江都人，三十八年任。（据旧志） 丁梦日 庐州府庐江人，四十一年任。（据旧志） （以后至崇祯末并阙。）

				典史	杉关驿丞
神宗朝		董　修 宁国府泾县人，三十九年任。（据《郝志》，参旧志） 卢怀隽 金华府义乌人，万历末任。（据《郝志》，参旧志） （以后至崇祯末并阙。）	凌养和 杭州府新城人，五年任。（据《府志》，参旧志） 卢一松 永定人，贡生，八年任。（据《永定志》参订） 张其谟 瓯宁人，贡生，十二年任。（据《瓯宁志》参订） 章　明 抚州府临川人，十四年任。（据《郝志》，参旧志） 王谦先 琼州府会同人，四年任。（据《郝志》，参旧志）有宦绩。	杨士源 高州府茂名人，万历五年由吏员任。（据《府志》，参旧志） 孙　仁 苏州府吴县人，七年由吏员任。（据《府志》，参旧志） 黎　贯 广州府南海人，十一年由吏员任。（据《府志》，参旧志） 段　襄 衡州府衡阳人，十四年由吏员任。（据《府志》，参旧志） 史　范 绍兴府山阴人，十七年由吏员任。（据《府志》，参旧志）	余　奉 绍兴府上虞人，万历元年任。（据旧志） 周　珪 三年任。（据旧志） 王　悌 湖州府乌程人，六年任。（据旧志） 吉　庆 应天府六合人，十年任。（据旧志） 赵　铎 杭州府于潜人，十三年任。（据旧志） 何良翰 宁国府南陵人，十六年任。（据旧志）

神宗朝			李　熙 潮州府程乡人，十七年任。（据《郴志》，参旧志） 郑　渐 晋镇海卫人，贡生，二十二年任。（据《漳州府志》参订） 廖仁杰 顺昌人，贡生，二十五年任。（据《顺昌志》参订） 陈应锺 长乐人，贡生，二十六年任。（据《长乐志》参订） 谢尚策 将乐人，贡生，二十七年任。（据《将乐志》参订）	何大礼 松江府上海人，二十一年由承差任。（据《府志》，参旧志） 冯光耀 肇庆府高明人，二十四年由吏员任。（据《府志》，参旧志） 娄大德 金华府义乌人，二十九年由吏员任。（据《府志》，参旧志） 吴　淳 潮州府潮阳人，三十二年任。（据《府志》，参旧志） 李　份 绍兴府余姚人，三十五年任。（据《府志》，参旧志） 胡明俊 赣州府雩都人，三十九年任。（据旧志）	汤邦瑞 绍兴府诸暨人，十九年任。（据旧志） 王凤仪 侯官人，二十二年任。（据旧志） 傅良宾 绍兴府诸暨人，二十五年任。（据旧志） 潘可则 处州府缙云人，二十八年任。（据旧志） 吴国士 宁国府宣城人，三十一年任。（据旧志）

神宗朝			林用宾 长乐人，贡生，三十二年任。（据《长乐志》参订） 易道广 临江府清江人，三十三年任。（据《郝志》，参旧志） 陈民信 处州府缙云人，三十四年任。（据《郝志》，参旧志） 郑叔雨 莆田人，贡生，三十五年任。（据《莆田志》参订） 林元铨 罗源人，贡生，三十七年任。（据《罗源志》参订）	陈凤仁 吉安府泰和人，四十一年任。（据旧志） （以后至崇祯末并阙。） **巡检** 陈天辅 饶州府安仁人，万历三年任。（据旧志） 唐立 嘉兴府嘉善人，七年任。（据旧志） 林有成 潮州府澄海人，十二年任。（据旧志） 应惠 宁波府象山人，二十四年任。（据旧志） 郑铣 广州府顺德人，二十八年任。（据旧志）	曾傔 抚州府临川人，三十三年任。（据旧志） 房可训 池州府贵池人，三十六年任。（据旧志） 倪应聪 嘉兴府嘉善人，三十九年任。（据旧志） （以后至崇祯末并阙。）

神宗朝			郑沔勳 莆田人，贡生，三十八年任。（据《莆田志》参订） 张公选 仙游人，贡生，三十九年任。（据《仙游志》参订）	郑应祯 绍兴府上虞人，三十一年任。（据旧志） 吴国卿 徽州府绩溪人，三十一年任。（据旧志） 王彦圣 南安府大庾人，三十三年任。（据旧志） 胡尚信 绍兴府山阴人，三十六年任。（据旧志） 高廷楠 绍兴府会稽人，三十九年任。（据旧志） 唐尚俭 泉州府人，四十二年任。（据旧志） 曾继恩 宁国府宣城人，万历末任。（据旧志） （以后至崇祯末并阙。）	

光宗朝					
熹宗朝	殷聘之 保定府易州人，万历四十三年举人，天启间任。（据《畿辅通志》参订）		**教谕** 姚　赐 龙溪人，贡生，天启初任。（据《龙溪志》） （按：诸志无，今补。） 陈　柼 南安人，万历四十六年举人，天启中任。（据《泉州府志》参订） 欧阳蘷 泉州府人，贡生，天启末任。（据《泉州府志》参订） **训导** 陈所闻 瓯宁人，贡生，天启间任。（据《瓯宁志》参订） 陈九式 天启间任。（据《府志》）		

怀宗朝	许用卿 常州府宜兴人，万历四十三年举人，崇祯初任。（据《江南通志》参订） （按：府、县志并作吴县人，今刊正。） 汤一统 太平府芜湖人，万历四十三年举人，崇祯中任。（据《江南通志》参订） 谢士经 肇庆府德庆州人，天启元年举人，崇祯中任。（据《广东通志》参订） 俞墨华 吉安府永丰人，崇祯七年进士，崇祯间任。（据《江西通志》参订）		**教谕** 陈庆贻 泉州府人，贡生，崇祯初任。（据《府志》） 余　煌 清流人，贡生，崇祯间任。（据《府志》） 黄应朋 泉州府人，贡生，崇祯中任。（据《府志》）有宦绩，祀名宦。 罗天舆 古田人，贡生，崇祯末任。（据《府志》）		

怀宗朝	王道焜 杭州府钱塘人，天启元年举人，崇祯中任。（据《浙江通志》参订）有宦绩。 徐州彦 重庆府巴县人，天启举人，崇祯中任。（据《四川通志》参订） 李栋隆 苏州府长洲人，崇祯九年举人，崇祯中任。（据《江南通志》参订） 谢申之 湖广举人。（县贯科年无考）崇祯末任。（据《郝志》）		**训导** 陈粹衷 浦城人，贡生，崇祯中任。（据《浦城志》） 李燧 连城人，贡生，崇祯中任。（据《连城志》） 唐振采 仙游人，贡生，崇祯中任。（据《兴化府志》） 雷日升 清流人，贡生，崇祯末任。（据《汀州府志》） （按：诸志于乡郡来，为教者多不详其出身，今悉就彼志选举补入。）		

国朝	**知县** 附顺治县丞	**教谕** （康熙四年裁，二十一年复。） **训导**	**典史** **大寺寨巡检** **附顺治驿丞**	**左哨把总** **左哨千总** **右哨千总** **右哨把总**
顺治朝	林宸谟 江宁府上元人，贡生，顺治三年任。（据《郝志》） 屈　上 同州府蒲城人，贡生，六年任。（据《郝志》） 高　爽 东昌府武城人，顺治三年进士，九年任。（据《郝志》，参《进士题名碑》） 姚宸中 大平府繁昌人，贡生，十年任。（据《郝志》）有宦绩。 边　靖 顺天府大兴人，贡生，十三年任。（据《郝志》）	**教谕** 吴之京 杭州府钱塘人，贡生，顺治三年任。（据《府志》，参旧志） 詹士墀 长泰人，明天启四年举人，八年任。（据旧志，参《闽省贤书》）（旧志有传，以泛删去。） 黄中熼 南安人，贡生，十二年任。（据《府志》，参旧志） 林逢震 晋江人，贡生，十六年任。（据《府志》） 苏文浚 晋江人，举人，十八年任。（据《府志》，参旧志）	**典史** 聂　霖 顺天府大兴人，顺治九年任。（据《府志》，参旧志） 李友逢 顺天府大兴人，十四年由吏员任。（据《府志》，参旧志） 胡时新 杭州府人，十六年由吏员任。（据《府志》，参旧志） **巡检** 汪　永 绍兴府会稽人，顺治十三年任。（据旧志）	**左哨把总** 黄六奇 邑玉田里人，顺治四年任。（据旧志）

顺治朝	王廷佐 西安府泾阳人，举人，十六年任。（据《郝志》） 徐起鹏 宁夏卫人，贡生，十八年任。（据《郝志》） **县丞** 张懋贤 松江府人，贡生，顺治三年任。（据旧志） 李荣春 杭州府人，六年由吏员任。（据旧志） 牛成龙 平阳府人，贡生，十一年任。（据旧志）十六年裁。	**训导** 傅廷飏 漳平人，贡生，顺治十五年任。（据旧志）	**杭川驿丞** 金聘良 绍兴府会稽人，顺治九年任。（据旧志）十七年裁。	
康熙朝	朱　经 吉安府安福人，贡生，康熙二年任。（据《郝志》） 赵之瑾 沈阳卫人，荫生，三年任。（据《郝志》）	**教谕** 张　霍 侯官人，副榜贡生，康熙二十一年任。（据《府志》）（旧志有传，以泛删去。）	**典史** 高镇岐 冀州衡水人，康熙元年任。（据旧志） 冯端倪 杭州府仁和人，七年任。（据旧志）	**左哨千总** 范得胜 顺德府任县人，康熙初任。（据旧志） 葛成名 杭州府钱塘人，由人材任。（据旧志）

康熙朝	刘祖向 开封府沈邱人，顺治十六年进士，康熙六年任。（据《郝志》，参《进士题名碑》） 王　吉 吉安府安福人，顺治十八年进士，康熙九年任。（据《郝志》，参《进士题名碑》）有宦绩，祀名宦。 柯永新 奉天府益平人，举人，十二年任。（据《郝志》）有宦绩。 金鸣凤 广宁卫人，监生，十六年任。（据《郝志》）有宦绩。 张　彭 泽州人，二十四年任。（据《郝志》）有宦绩。（附） 王之宾 顺天府大兴人，三十三年以邵武县丞权任。（据旧志）有宦绩。	陈方升 晋江人，举人，三十四年任。（据《府志》） 林宸枢 莆田人，贡生，五十一年任。（据《府志》） **训导** 康天陛 莆田人，贡生，康熙元年任。（据旧志） 欧　巩 侯官人，贡生，五年任。（据旧志） 张之楚 平和人，贡生，九年任。（据旧志） 熊志学 建阳人，贡生，十一年任。（据旧志） 谢廷简 顺昌人，贡生，十九年任。（据旧志）	陈一新 绍兴府人，十七年任。（据《府志》，参旧志） 曲宗贤 东昌府棠邑人，三十一年任。（据《郝志》） 何　栋 绍兴府人，三十九年任。（据旧志） 钱继武 绍兴府人，四十八年任。（据旧志） 周　铠 淮安府人，五十八年任。（据旧志） **巡检** 王忠陛 绍兴府会稽人，康熙七年任。（据旧志） 金汝器 绍兴府山阴人，十七年任。（据旧志）	龚仕英 建昌府人，由行伍任。（据旧志） 陈　好 漳州府人，由行伍任。（据旧志） 林　旭 扬州府仪征人，由行伍任。（据《府志》） 凌　烟 福州府人，由行伍任。（据旧志） 林　登 陕西人，由行伍任。（据旧志） 林　龙 漳州府人，由行伍任。（据旧志） 黄　略 邵武县人，康熙末任。（据旧志） **右哨千总** 孙光祖 淮安府山阳人，康熙初由功加任。（据旧志）

康熙朝	彭昌龄 卫辉府封丘人，举人，三十四年任。（据《郝志》） 梁绍素 汾州府永宁州人，监生，三十七年任。（据《郝志》）有宦绩。 丁廉生 凤阳府宿州人，监生，三十八年任。（据《郝志》） 苏　迥 临清州武城人，监生，四十年任。（据《郝志》） 马　玙 正定府南宫人，举人，四十三年任。（据《郝志》）有宦绩。 华宗源 常州府无锡人，举人，四十八年任。（据《郝志》）（附）	谢允鼇 南安人，贡生，二十一年任。（据旧志） 林　旭 侯官人，贡生，二十二年任。（据旧志） 陈达行 福安人，贡生，三十九年任。（据旧志） 倪奇龄 晋江人，贡生，四十八年任。（据旧志） 林　楷 建安人，贡生，五十二年任。（据旧志） 林日焕 侯官人，贡生，五十六年任。（据旧志）	郑仕标 顺天府大兴人，三十二年任。（据旧志） 陈本悌 河间府河间人，三十五年任。（据旧志） 刘秉谦 保定府新城人，四十一年任。（据旧志） 王维义 彰德府安阳人，四十四年任。（据旧志） 王　楹 遵化州玉田人，五十一年任。（据旧志） 潘毓贤 绍兴府山阴人，六十一年任。（据旧志）	熊周旦 岳州府人，由行伍任。（据旧志） 张宏祚 浙江人，由行伍任。（据旧志） 刘　彪 荆州府人，由行伍任。（据旧志） 叶进 连江人，由行伍任。（据旧志） 陈奇伟 福州府人，由行伍任。（据旧志） 洪太 本姓杨，泰宁人，康熙末任。（据《郝志》） **左哨把总** 熊周旦 见右哨千总，康熙初任。（据旧志） 朱　庆 汀州府人，由行伍任。（据旧志） 陈　斌 邵武县人，由行伍任。（据旧志）

康熙朝	王授位 广宁卫人，监生，五十一年以本府同知权任。（据《郝志》）有宦绩。 俞　炳 杭州府钱塘人，监生，五十二年任。（据《郝志》） 张文灿 泽州人，拔贡生，五十四年任。（据《郝志》） 吴　堂 岳州府华容人，康熙三十九年进士，五十七年任。（据《郝志》，参《进士题名碑》）有宦绩。			何　伟 邵武县人，由行伍任。（据旧志） 龚仕英 见左哨千总。 李廷熊 广宁卫人，由行伍任。（据旧志） 陈　略 惠安人，由行伍任。（据旧志） 吕　清 邵武县人，由行伍任。（据旧志） 侯观德 潮州府程乡人，康熙末由义勇任。（据旧志） **右哨把总** 王全胜 凤阳府人，康熙初任。（据旧志） 张　魁 赣州府会昌人，由行伍任。（据旧志） 傅　昇 扬州府人，由行伍任。（据旧志）

康熙朝				池　六 建宁府人，由行伍任。（据旧志） 黄　略 见左哨千总。 李　晟 廷熊子，由行伍任。（据旧志） 董　桂 杭州府钱塘人，由行伍任。（据旧志） 林　赞 南安人，由行伍任。（据旧志） 凌　烟 见左哨千总。 刘　彪 见右哨千总。 周一胜 邵武县人，由行伍任。（据旧志） 李　智 京卫人，由行伍任。（据旧志） 洪　太 见右哨千总，康熙末任。（据旧志）

雍正朝	张秉纶 徐州府人，贡生，雍正三年任。（据《郝志》） 万 诹 黄州府麻城人，贡生，五年任。（据《郝志》） 谢绍仁 池州府铜陵人，举人，九年任。（据《郝志》）有宦绩。	**教谕** 王锡玙 罗源人，拔贡生，雍正三年任。（据旧志） 张曹楻 宁洋人，副榜贡生，六年任。（据旧志） **训导** 许梦白 侯官人，贡生，雍正元年任。（据旧志） 沈 敦 永定人，贡生，六年任。（据旧志） 陈嘉宾 侯官人，贡生，八年任。（据旧志） 吕士铨 德化人，贡生，十一年任。（据旧志） 蔡缵烈 诸罗人，贡生，十三年任。（据旧志）	**典史** 顾 荣 苏州府吴县人，雍正三年任。（据旧志） **巡检** 庐士吉 绍兴府山阴人，雍正九年任。（据旧志）	**左哨千总** 高 槐 延平府人，雍正元年任。（据旧志） 王永清 兴安州人，（时未升府）由武举任。（据旧志） 陈 生 泉州府人，由行伍任。（据旧志） **右哨千总** 樊御元 陕西人，雍正初由武举任。（据旧志） 高 亮 延平府人，雍正间由行伍任。（据旧志） **左哨把总** 周 诗 邵武县人，雍正六年任。（据旧志） **右哨把总** 刘兴福 福州府人，雍正初任。（据旧志）

雍正朝				曾绍勳 泉州府人，由行伍任。（据旧志）
乾隆朝	李光祚 建昌府广昌人，雍正十一年进士，乾隆元年任。（据《杨志》，参《进士题名碑》。《杨志》即《乾隆通志》） 王文沛 正白旗汉军人，副榜贡生，六年任。（据《杨志》） 何　璠 成都府新繁人，举人，十年任。（据《杨志》） 吴名夏 湖州府乌程人，乾隆二年进士，十二年任。（据《杨志》，参《进士题名碑》） 蒋廷芳 奉天府承德人，乾隆四年进士，十四年任。（据《杨志》，参《进士题名碑》）	**教谕** 余日昉 大田人，拔贡生，乾隆六年任。（据《杨志》） 王世仁 宁化人，举人，八年任。（据《杨志》，参旧志） 李大烈 侯官人，拔贡生，十九年任。（据《杨志》） 邓中美 上杭人，举人，二十七年任。（据《杨志》） 薛　铭 福清人，举人，四十年任。（据学册） 江　焕 永定人，举人，四十七年任。（据学册）	**典史** 陈千京 顺天府大兴人，乾隆十一年任。（据旧志） 王万成 长沙府善化人，十六年任。（据旧志） （按：《杨志》王万成前有唐云汉，后有胡云邦，《县志》不载，盖摄任也。） 伍又陶 绍兴府山阴人，十八年任。（据《杨志》） 向永年 顺天府宛平人，二十二年。（据《杨志》） 李业洙 嘉应州人，二十六年任。（据县档）	**左哨千总** 张　贵 泉州府人，乾隆初任。（据旧志） 李廷栋 建宁府人，由行伍任。（据旧志） 高　选 邵武县人，由行伍任。（据旧志） 王　荣 泉州府人，由行伍任。（据旧志） 陈姚贵 兴化府人，由行伍任。（据旧志） 黄希尧 晋江人，三十三年，由世袭任。（据参府档） 官上进 长沙人，三十七年由行伍任。（据参府档）

乾隆朝	柯钦锦 九江府彭泽人，举人，十八年任。（据《杨志》） 钟文标 太仓府宝山人，举人，二十年任。（据《杨志》） 段梦日 饶州府乐平人，拔贡生，二十三年任。（据《杨志》） 王　瑶 西安府渭南人，乾隆二十五年进士，二十五年任。（据《杨志》）有宦绩，祀名宦。 杜　琮 南昌府新建人，举人，三十年任。（据《杨志》） 宋瑞金 归德府商邱人，乾隆十八年举人，三十四年任。（据县档）	吕元烺 永春人，举人，五十二年任。（据学册） **训导** 黄士沄 晋江人，贡生，乾隆五年任。（据《杨志》） 曹思祖 宁洋人，十年任。（据《杨志》） 林　墀 漳浦人，贡生，十七年任。（据《杨志》） 颜仲凤 诸罗人，贡生，二十年任。（据《杨志》） 邓国亨 漳平人，贡生，二十七年任。（据学册） 赵舜年 古田人，举人，三十四年任。（据学册）	高　谟 绍兴府山阴人，三十四年任。（据县档） 程文炳 顺天府大兴人，三十七年任。（据县档） 蔡绍成 苏州府吴县人，四十六年任。（据县档） 宋世美 汾州府汾阳人，五十二年任。（据县档） 刘集祯 瑞州府新昌人，监生，五十八年任。（据县档）	祖上勳 驻防镶黄旗汉军人，四十一年任。（据参府档） 古乘超 嘉应州宣平人，四十三年由武举任。（据参府档） 陈宗耀 霞浦人，四十九年由行伍任。（据参府档） 郑飞鹏 抚州府临川人，五十二年由行伍任。（据参府档） 王　谟 长沙人，五十六年由行伍任。（据参府档） 熊　琼 长沙人，五十八年由行伍任。（据参府档） 王维光 长汀人，五十九年由行伍任。（据参府档）

			巡检	右哨千总
乾隆朝	龙德中 临安府建水人，乾隆元年举人，三十五年任。（据县档） 方　鼎 惠州府海丰人，举人，三十七年任。（据县档） 潘鸣谦 重庆府涪州人，乾隆十八年举人，三十九年任。（据县档） 李　桐 杭州府仁和人，乾隆二十七年举人，三十九年任。（据县档） 叶　棠 嘉兴府石门人，乾隆十六年进士，四十一年谪任。（据县档） 毛伯行 绍兴府山阴人，副榜贡生，四十三年任。（据县档）	施世瑚 晋江人，举人，四十年任。（据学册） 范应斗 大田人，廪贡生，四十七年任。（据学册） 林茂春 闽县人，拔贡生，五十年任，后举乡试。（据学册） 杨圭爵 漳浦人，举人，五十五年任。（据学册） 曾嘉楷 长汀人，贡生，五十九年任。（据学册）	王用吉 乾隆初任。（据《府志》） 李宗良 乾隆初任。（据《府志》） 李资阳 乾隆初任。（据《府志》） 吴大桂 嘉应州镇平人，监生，二十五年任。（据县档） 何　安 潼州府中江人，监生，四十四年任。（据县档） 李馥远 桂阳州人，监生，五十四年任。（据县档）	王　选 诏安人，乾隆初由功加任。（据《段志》） 张　贵 福州人，由行伍任。（据《段志》） 叶逢春 泉州人，由行伍任。（据《段志》） 胡世光 广东人，由行伍任。（据《段志》） 郝　德 郡人，由行伍任。（据《段志》） 王洪太 郡人，由行伍任。（据《段志》） （旧志止此，以后参府档，并阙。） **左哨把总** 罗大勇 汀州人，乾隆初任。（据《段志》）

乾隆朝	任　譩 代州崞县人，乾隆二十五年举人，四十六年任。（据县档） 单去非 莱州府高密人，乾隆三十九年举人，五十二年任。（据县档）有宦绩。 沈　沆 镇江府丹徒人，乾隆三十六年进士，五十四年任。（据县档） 王应达 正白旗汉军人，乾隆五十一年举人，五十六年任。（据县档）			张　勇 汀州人，由行伍任。（据《段志》） 马士吉 陕西人，由行伍任。（据《段志》） 何　琮 郡人，由行伍任。（据《段志》） （旧志止此，以后参府档，并阙。） **右哨把总** 王　韬 建宁府人，乾隆初任。（据《段志》） 王见章 郡人，由行伍任。（据《段志》） 吴　燮 汀州人，由行伍任。（据《段志》） （旧志止此，以后参府档，并阙。）

		教谕	典史	干总
嘉庆朝	周　牧 镇江府溧阳人，乾隆四十八年举人，嘉庆元年任。（据县档） 谢　壇 常州府武进人，举人，九年任。（据县档） 李汝霖 天津府天津人，附贡生，十四年任。（据县档） 王清芹 莱州府潍县人，拔贡生，十六年任。（据县档）（附） 张文彬 苏州府常熟人，监生，十八年权任。（据县档）有宦绩。 阴雨昕 资州内江人，嘉庆五年举人，二十二年任。（据县档）	柯廷璟 晋江人，举人，嘉庆二年任。（据学册） 翁桂芳 侯官人，举人，十年任。（据学册） 白树仪 将乐人，贡生，十一年任。（据学册） 严春雷 侯官人，乾隆五十七年举人，嘉庆十七年任。（据学册） **训导** 谢春兰 闽县人，举人，嘉庆二年任。（据学册） 杨圭爵 四年再任。（据学册） 谢春兰 十三年再任。（据学册）	朱　宣 顺天府大兴籍，杭州府萧山人，嘉庆九年任。（据县档） **巡检** 詹星文 衢州府常山人，增贡生，嘉庆二年任。（据县档） 张大成 眉州人，十二年任。（据县档） 周　治 宁波府慈溪人，二十一年任。（据县档） 叶纡青 清流人，嘉庆三年举人，十九年任。（据学册）	（嘉庆中，右哨千总拨外营，故止录驻防。） 黄国宝 漳浦人，二年由行伍任。（据参府档） 廖　芳 嘉应州人，三年由义民首任。（据参府档） 陈科廷 晋江人，八年由行伍任。（据参府档） 陈大谟 海澄人，十年由行伍任。（据参府档） 李文豪 龙溪人，十四年由武举任。（据参府档） 吴凤仪 永定人，二十三年由武举任。（据参府档）

嘉庆朝	周　琦 常州府无锡人，乾隆五十七年举人，嘉庆二十三年任。（据县档）有宦绩。			
道光朝	张梦兰 曹州府观城人，嘉庆二十四年进士，道光十三年任。（据县档）（附） 滕子玉 青州府乐安人，道光二年进士，十四年以知州衔权任。（据《山居闻见录》）有宦绩。 觉罗永安 正红旗满洲人，十五年任。（据县档）（附） 曹衔达 嘉兴府嘉善人，道光十三年进士，十七年以邵武知县权任总裁今志。	**教谕** 林调梅 古田人，道光八年举人，十年任。（据《山居闻见录》） □□人，十八年由廪贡以义民首议叙任。（据学册） **训导** 陈朝根 侯官人，嘉庆十二年举人，道光五年任。（据《山居闻见录》）	**典史** 朱　珩 绍兴府上虞人，七年任。（据《山居闻见录》） 梁兆扬 绍兴府会稽人，六年任。（据《山居闻见录》）	**千总** 邱　峰 漳浦人，元年由武举任。（据参府档） 李维莒 郡人，四年由行伍任。（据参府档） 黄金元 闽县人，七年由行伍任。（据参府档） 范步庭 郡人，十五年由行伍任。（据参府档） （按：左营原额千总二员，光泽界首二汛按年轮换，续于嘉庆三年七月。内奉文裁撤界首，右哨千总一员赴泉州洪赖乡防守，至左哨千总应防

道光朝	盛朝辅 思南府安化人，道光十二年进士，十八年任总裁今志。			光泽县，汛所有协防外委一员，系按年轮换，不定司哨。新甸把总一员，外委一员，俱系按年轮换，不定司哨。）

表卷二　官师表（增修）

国朝	知县	教谕 训导	典史 大寺寨巡检	千总
道光朝	王　彦 道光二十年，以莲河场大使权任。 保　泰 镶白旗汉军人，监生，道光二十年以前江场大使权任。 潘文海 道光二十年以邵武府经历权任。 张广埏 浙江慈溪县人，由拔贡中式举人，道光二十一年权任。 刘　铭 湖北汉阳人，道光五年举人，二十三年任。 袁　浩 顺天大兴人，监生，道光二十三年以禾坪县丞权任。	**教谕** 林西泰 嘉义人，廪生，道光十八年任。 罗钟英 南平人，拔贡，道光二十三年任。 **训导** 简潜德 永定人，举人，道光二十一年任。 简潜德 道光二十二年再任。	**典史** 朱　珩 浙江上虞人，道光十四年再任。 徐公义 浙江会稽人，道光二十一年由吏员任。 徐公义 道光二十七年再任。 **巡检** 梁召杨 浙江会稽人，道光十二年由供事任。 梁召杨 道光二十年再任。	**千总** 王金元 闽县人，道光二十五年任。 范步庭 邵武县人，道光三十年任。

道光朝	郭兆荣 陕西商州人，道光元年举人，二十三年权任。 兴　廉 镶黄旗汉军人，嘉庆二十四年举人，道光二十四年任。 刘　钊 江西新昌县人，监生，道光二十六年任。 冀　洪 湖北房县人，嘉庆十八年拔贡，道光二十八年以永定知县权任。 刘　钊 道光二十九年再任。 赵人同 河南固始县人，监生，以邵武府经历权任。 刘　钊 道光三十年再任。	沈汝亨 永定人，举人，道光二十五年任。 叶显祥 寿宁人，岁贡，道光二十七年任。	潘树勳 浙江乌程人，监生，道光二十五年任。	
咸丰朝	符兆纶 江西宜黄县人，道光十二年举人，咸丰元年权任。 刘　钊 咸丰元年再任。 秦维根 咸丰二年以县丞权任。	**教谕** 林心鑑 闽县人，举人，咸丰十年任。	**典史** 李鹏青 浙江嘉善人，咸丰四年任。	**千总** 薛长安 闽县人，咸丰四年任。 蔡葆清 闽县人，咸丰十年任。

咸丰朝	区天民 广东新会人，道光十二年举人，咸丰二年以罗源知县权任。 马炳章 顺天大兴人，监生，咸丰四年以县丞权任。有传。 蒋仁瑞 浙江余姚人，道光三十年进士，咸丰五年以沙县知县权任。有传。 翁赓飏 浙江慈溪人，吏员，咸丰七年以大寺寨巡检权任。 张青筒 九江府德安人，道光二十七年进士，咸丰七年任。 陈源豫 湖南茶陵州人，附生，咸丰九年任。	**训导** 李　观 侯官人，举人，咸丰四年任。 张承恩 侯官人，举人，咸丰八年任。	章于藩 浙江慈溪人，咸丰六年以供事任。 罗锡锦 山西介休人，监生，咸丰八年任。	周连标 咸丰六年署任，七年守城殉难。有传。 （按：旧志不载署任，以连标死节，特补载之。）
同治朝	梁　源 顺天宛平人，道光十七年举人，同治元年权任。 晁贻端 安徽六安州人，优贡生，同治二年权任。 沈茂荫 浙江萧山人，监生，同治三年权任。	**教谕** 徐为崧 浦城人，附贡，同治二年任。 施文光 晋江人，举人，同治八年任。	**典史** 申顺龄 浙江钱塘人，监生，同治元年任。 施家驹 浙江山阴人，监生，同治七年任。	**千总** 江上峰 邵武人，同治七年任。

同治朝	王冕南 湖北沔阳州人，同治二年进士，四年权任。 张元鼎 浙江仁和人，监生，同治六年权任。 梁景韶 广东南海人，道光二十六年举人，同治六年任。 刘永昭 山东即墨人，咸丰元年举人，同治八年任。 徐承禧 江苏六合人，监生，同治十年权任。 蒋宝光 浙江金华人，拔贡，同治十一年权任。 罗运端 江西上高人，咸丰二年举人，同治十三年以诏安知县权任。	**训导** 李　烘 晋江人，举人，同治六年任。 滕映璧 建安人，举人，同治九年任。	**巡检** 曹国桢 四川成都人，监生，同治四年任。 孙尔康 浙江钱塘人，监生，同治十二年任。	
光绪朝	田　畴 直隶河间人，咸丰元年举人，光绪二年任。 饶书升 安徽旌德人，监生，光绪二年权任。	**教谕** 赵廷禧 闽县人，举人，光绪六年任。	**典史** 黄昌言 四川新都人，光绪元年任。	**千总** 丁振彪 闽县人，光绪五年由世职任。

光绪朝	居　喆 　　江苏邮州人，同治三年举人，光绪四年任。 周树森 　　四川南部人，增生，光绪六年权任。 赵中嶲 　　山东泰安人，拔贡，光绪七年权任。 邱锡璋 　　四川郫县人，同治六年举人，光绪八年以大田知县权任。 周德至 　　湖南益阳人，监生，光绪九年任。 曾光禧 　　四川善阳人，监生，光绪十六年以邵武经历权任。 张元鼎 　　浙江仁和人，监生，光绪十六年再权任。 李子茂 　　湖南衡山人，光绪十二年进士，十七年任。 周有基 　　广东南海人，监生，光绪十九年权任。	梁星枢 　　新竹人，附生，光绪十年任。 刘夔元 　　侯官人，副贡，光绪十三年任。 王登琦 　　晋江人，恩贡，光绪二十三年任。 **训导** 王星庭 　　侯官人，举人，光绪二年任。 郑绍成 　　侯官人，举人，光绪三年任。 郑绍成 　　光绪六年再任。 吴长培 　　福清人，优贡，光绪十年任。	马俊黉 　　直隶盐山人，光绪十年由供事任。 温　让 　　广东新宁人，光绪二十年由吏员任。 **巡检** 孙尔康 　　光绪四年再任。 蔡　炯 　　浙江黄岩人，监生，光绪八年任。 蔡　炯 　　光绪十五年再任。	张继忍 　　闽县人，武举，光绪二十二年任。

光绪朝	钱登云 贵州贵筑人，同治十三年进士，光绪二十年权任。 冯彬蔚 浙江会稽人，光绪五年举人，廿一年权任。 李麟瑞 江西南城人，监生，光绪二十二年权任，总裁今志。 钮承藩 浙江乌程人，附贡，光绪二十三年权任，总裁今志。	林庆祺 侯官人，优贡，光绪十一年任。 李心芬 福清人，举人，光绪十四年任。 李心芬 光绪二十一年再任。		

表卷三 选举表（重纂）（元代缺）

宋	进士	特奏名	征辟
太宗朝	**太平兴国八年癸未** 李　巽（有传）		
真宗朝			
仁宗朝	**庆历二年壬午** 李　诰（有传） **庆历六年丙戌** 上官拯（有传） **嘉祐二年丁酉** 上官基（有传） **嘉祐八年癸卯** 李　详（有传）		
英宗朝	**治平四年丁未** 上官公裕（基子）		
神宗朝	**熙宁九年丙辰** 李　深（诰子，有传） **元丰二年己未** 上官敦复 上官行（拯孙）　知解州军州事。 上官公颖（基子，有传）		

哲宗朝	**绍圣元年甲戌** 李　勉（有传） **绍圣四年丁丑** 吴　璋（有传）		
徽宗朝	**重和元年戊戌** 上官公举	**崇宁二年癸未** 李　阶（深子，有传）	
钦宗朝			
高宗朝	**绍兴十八年戊辰** 黄克仁（有传） **绍兴二十七年丁丑** 黄敦义　二十都人。 李安世（深孙）　知龙溪县。	**绍兴五年乙卯** 李纯德（诰孙，有传）	**绍兴二年壬子** 李　郁 由太学辟任迪功郎，有传。
孝宗朝	**淳熙五年戊戌** 黄　涣（敦义子，有传） **淳熙十四年丁未** 邓怀忠　十三都人，任江西广昌知县。		
光宗朝	**绍熙四年癸未** 李文子（有传）		
宁宗朝	**嘉定四年辛未** 李闳祖（有传） 李壮祖（闳祖弟，有传） **嘉定七年甲戌** 李方子（第三人及第，有传） **嘉定十年丁丑** 吴　璟　字廷英，五都人。		

理宗朝	（按：《采访册》载，淳祐二年进士黄显二十都人。考是年无会试，安得进士？不可据。）		（按：旧志载，吴冕淳祐十二年由秘书郎辟授翰林院左春坊。翰林院、左春坊绝不相属，而合为一，竟似左春坊为翰林院官名，一妄；冕既不由科目，当言辟授秘书郎。若既官秘书乃迁，授非辟授也，二妄。显系伪增，削之。）
度宗朝			（按：旧志据吴氏谱，增吴冕，又增吴方子，咸淳十年以才干辟袁州府通判。考宋袁州止称“州”，至明始升“府”，亦伪增也，削之。）

明	进士	举人	贡生	征辟
洪武朝	**十八年乙丑** 黄伯珪 有传。	**十七年甲子** 黄伯珪	陈本初 一都人，二十三年贡，有传。 陈 山 在城人，二十四年贡。 王 彬 字文质，十八都人，二十五年贡，任高州府通判。 傅 铄 字仲敬，二十都人，二十七年贡，任辰州府检校。 李子明 字文明，在城人，三十年贡。任吏目。 王守敬 字子敬，在城人，三十一年贡，任鸿胪寺序班。	刘 瑁 字仲美，十都人，由儒士辟。 官彦铭 字文誉，十五都人，以人材辟任桂平县大湾镇巡检。 何贵芳 字宗义，在城人，以人材辟任庆丰仓副使。 江子宾 十九都人，以人材辟，任吉水县白沙镇巡检。 姚士瞻 字德昭，在城人，以人材辟任阜城县主簿。 王伯彰 在城人，以人材辟，任武城知县。 李佛生 字伯善，在城人，以人材辟任桂阳州吏目。 娄 陈 字以成，以茂才辟任万安县驿丞。 官景哲 字永明，在城人，以茂才辟任（地阙）税课大使。 梁继安 字伯达，在城人，以茂才辟任江阴税课大使。 黄孟舟（有传） 官 经 字升甫，以明经辟任南城训导。
建文朝		**元年己卯** 黄 宁 字孟修，任鸿胪寺序班。	饶子通 字世亨，在城人，元年贡，任怀远知县。 叶子禄 字天锡，在城人，二年贡，任信宜知县。 王思敬 字用敬，一都人，三年贡，任广东都司断事。 黄 宽 字仲肃，四都人，四年贡，任高安知县。	

明	进士	举人	贡生	征辟
永乐朝	**十九年辛丑** 侯端 字伯纪，一都人，知应天府溧阳县。	**三年乙酉** 黄迪 字启善，在城人。 上官冕 字文中，任赣州府教授。 黄勉 字勖文，在城人，任东流教谕。 **六年戊子** 周仕能 字时敦，在城人，任蓝田县丞。 **二十年甲午** 黄正 字子方，五都人，任崇德教谕。 高用 字世达，二都人。 江礼初 字天序，十九都人，任瑞安训导。 **十五年丁酉** 侯端 辛丑进士。 上官铭 字友容，任醴陵教谕。 **二十一年癸卯** 陈泰 榜姓曹，有传。 朱光显 字自明，二十四都人，任龙游知县。 傅璿 字霖雨，在城人，任茂名教谕。	龚隐 字克文，一都人，元年贡，任乌程县丞。 吴廉 字子清，二年贡，任苏、澧二州知州。 官胜祖 字任节，在城人，三年贡，任平乐知县。 官孚 字克诚，二十四都人，四年贡，任慈溪知县。 官清 字景安，在城人，五年贡，任玉山知县。 黄昭 字文灿，在城人，六年贡。 官旸 字子暄，十九都人，七年贡，任昌化主簿。 邓铎 在城人，八年贡。 吕绅 六都人，九年贡。 翁春 十年贡。 江永 十一年贡。 邱礼 十二年贡。 罗浚 一都人，十三年贡。 梁安 十四年贡。 沈鼎 十五年贡。 官颐 十七年贡。 官英 字士容，十五都人，十八年贡，任随州州判。 官巽 二十年贡。 官道 十五都人，二十一年贡。	

洪熙朝				
宣德朝		**十年乙卯** 高　敬　字维新，二都人，任永新县丞。	傅　任　元年贡。 官　仕　四年贡。 王　清　字本澄，二十八都人，七年贡，任金乡县丞。 郭　暹　字仕通，在城人，八年贡，任信宜知县。 曾　绅　五都人，九年贡。 危　禹　字仕昂，六都人，十年贡，任成都仓大使。	
正统朝		**六年辛酉** 李　舟　字济川，十五都人，任富阳教谕。 **九年甲子** 危　俊　字克俊，一都人，任许州训导，迁吴江教谕。 邓　敬　字仲和，十三都人，任诸城教谕，迁韩府教授。	龚　顺　字裕之，十九都人，元年贡，任赣县训导。 张　纶　字廷言，二都人，三年贡，任赣县训导。 官　爵　在城人，五年贡。 陈　琢　字崇儒，在城人，七年贡，任砀山知县。 李　节　字用和，三十都人，九年贡，任徽州训导。 李　端　字伯正，十五都人，十二年贡，任武宁县丞。	
景泰朝			李　睦　字思和，在城人，元年贡，任蒲州州判，迁四川按察司经历，就擢佥事。 朱　浚　在城人，二年贡。 官　廉　在城人，三年贡。 王　斌　字克全，在城人，四年贡，任郑府审正。 官　进　字胜中，二十四都人，五年贡，任金坛县丞。 吴　昶　五都人，六年贡。 高　峦　字景山，二都人，七年贡，任阳山知县。	

天顺朝			官　亮　字文明，十五都人，二年贡任，仙游训导。 施　惠　字浦仁，在城人，四年贡，任沈阳卫经历。 陈　璇　字彦爵，本初孙，五年贡，任豹韬左卫经历，迁海州州同知。 吴　贤　字希仁，在城人，八年贡，任贵溪县主簿。	
成化朝			吴　茂　字德隆，五都人，二年贡，任宛平县丞。 黄　忠　字本诚，二十一都人，四年贡，任潮州卫经历。 官　崇　字尚德，十八都人，六年贡，任桐庐县主簿。 黄　福　字延寿，在城人，八年贡，任淳安县丞。 高　厚　字本淳，十六都人，十年贡，任苍梧县丞。 龚　谦　字礼让，三都人，十二年贡，历任乐会、高明知县。 张　瑛　字世杰，九都人，十四年贡，任威州卫千户所吏目。 邱　显　字以宏，在城人，十六年贡，任萍乡训导。 危淑祯　字云庵，十六都人，十八年贡，任保定知县。 上官廉　字仕征，九都人，二十年贡，任苍梧知县。 危　恭　字肃乡，在城人，二十年贡，任南昌府经历，迁奉新知县。 李　性　二十二年贡，有传。 （按：《采访册》载，高友通成化十年拔贡。考明止有选贡无拔贡名，而选贡始弘治中，成化安得有之？不可从。）	

弘治朝			江　清　字厚洁，十都人，元年贡，任吏目。 黄　佳　字绍贵，在城人，三年贡，任永宁训导。 黄　懋　字勉之，宁曾孙，五年贡，任六安州州判。 吴　玉　字文玑，五都人，七年贡，任南昌府照磨。 上官缙　字缙绅，在城人，九年贡，任汤溪县丞。 李　浩　字孟克，十五都人，十年贡。 江潮宗　字本怀，十九都人，礼初孙，十一年贡，任宜都知县。 黄　钦　字敬夫，在城人，十二年贡，任邓州吏目。 罗景纶　字廷言，十都人，十三年贡。 蔡　衵　字元皋，一都人，十五年贡。 李毓繁　字邦用，在城人，十七年贡，任增城县丞。	
正德朝	**九年甲戌** 金　山　字仁甫，一都人，任户部主事。	**八年癸酉** 金　山　以广东番禺籍中式。	施尚荣　元年贡。 上官英亮　十五都人，元年选贡，任孝感知县，迁德安知府。 （按：府、县志均不载，然是时已有选贡，且历官凿凿，宜补入。） 官文学　字时习，十四都人，三年贡。 龚　瑀　字用贵，一都人。 周尚义　字时宜，一都人，七年贡。 周文昌　字克盛，八都人，九年贡，任遂昌训导。 官玉瑄　字鸣珂，在城人，十一年贡。 黄　统　字宗道，在城人，十三年贡，任广东应德县主簿。 黄　礼　字天叙，十五年贡，任山西苑马监监正。 曾　贵　字天禄，十六年贡，任平湖县丞。	

嘉靖朝			李　禄　字万钟，元年贡，任灵山千户所吏目。 张　禄　字天赋，二年贡。 李　莘　字文魁，四年贡。 高　颃　字月峰，二都人，七年贡，任泰和知县。 官凝秀　字尚贤，九年贡，任会同知县。 危必亨　字嘉会，十一年贡，任奉新训导。 上官倬　十二年选贡，有传。 周世杰　字邦彦，十三年贡。 饶天显　十五年贡，有传。 李腾霄　十七年贡。 李时遇　十九年贡。 黄　珊　二十年贡。 李　恩　二十一年贡。 危　谧　二十二年贡。 官　伟　二十四年贡。 吴　默　二十六年贡。 李太和　二十八年贡，任太仓州州同。 龚太春　三十年贡。 饶　恩　三十二年贡。 上官任　字天民，三十四年贡，任太平知县。 黄　稷　三十六年贡。 李　阳　三十八年贡。 官惟贤　十五都人，四十年贡。 上官誌　四十一年贡。 黄文魁　四十三年选贡，有传。 危　湘　在城人，四十五年贡。	

隆庆朝			黄文明　二年贡。 邓秀实　二年选贡，万历丙子举人。 曾　旦　五都人，四年贡，任曲江训导，迁瓯宁教谕，擢桂林府教授。 江汉朝　六年贡。	
万历朝		**四年丙子** 邓秀实　字汝培，十三都人，应天府中式，有传。 **二十五年丁酉** 何本盛　字裕行，十一都人，早卒。 **二十八年庚子** 朱应芳　字君采，在城人。 **四十六年戊午** 邓应淳　字叔燧，秀实子，任海澄教谕，迁琼州推官。	梅　文　字简夫，元年恩贡，任嘉鱼教谕。 江继元　二年贡。 郭　冕　四年贡，有传。 刘　宗　六年贡。 龚元镇　八年贡。 邓应奎　字伯文，十三都人，十年选贡，任南平训导。 上官希稷　十二年恩贡，有传。 危　浙　十四年贡，任福州府学训导。 李逢春　十六年贡，官训导。 邓玉莹　字国仁，十八年贡，任武平教谕，历擢郴州知州。 上官希文　字师德，二十年贡，任罗源训导。 何本盛　二十二年贡，丁酉举人。 高九万　字鹏举，二十四年贡。 上官忠　字廷臣，二十六年贡，任永春训导。 李廷绩　字达甫，二十八年贡，任长泰训导，迁建德教谕。 蔡天爵　三十年贡，官训导。 朱明简　三十一年贡。 高应元　字泰宇，二都人，三十二年贡。 李应宿　字仲臣，三十四年贡。 郭应科　字用贤，冕子，三十六年贡。	

万历朝			官廷试　字国英，十五都人，三十八年贡，任孝感知县。 张　拱　本姓李，四十年贡，有传。 何　思　四十二年贡。 饶应斗　字仰北，四十四年贡，官知县。 曾应春　字体仁，四十六年贡，任南平训导，迁平海卫教谕。 邱有梅　字汝魁，四十八年贡。 傅宗说　字举岩，五都人四十八年贡，官教谕。 （按：采访册载，邓应昌万历癸丑贡，邓应辰己未贡。考万历已定二年一贡，癸丑为四十一年，己未为四十七年，均非贡年，恐未确存，以备考。）	
泰昌朝			李天民　字本任，三十都人，元年恩贡，官经历。	
天启朝			危克振　二年贡。 李子章　二年选贡，有传。 李元端　在城人，三年贡，官教谕。 游圣廷　字剖元，十六都人，四年贡，官教谕。 陈一熊　一都人，五年贡，官教谕。 朱大相　在城人，七年贡，官府经历。	
崇祯朝			官亮采　字冲霄，十五都人，元年恩贡，任新繁知县。 蔡维龙　十二都人，三年副榜贡。 邓时夏　十三都人，十六年选贡。 邓秀挺　十三都人，十二年贡，任南平训导。 邓秀士　十三都人，十六年贡。 官廷命　十五都人，任霍邱知县。	

崇祯朝			邓秀伟　十三都人。 李应季　有传。 邱仰龙 黄以永　在城人。 黄元纪　二十二都人。 吴良甲　字先九，五都人。 曾光国　五都人。 郭　纶　任广昌教谕。 （自官廷命并崇祯贡，不详贡年。）	

国朝	进士	举人	贡生	武科
顺治朝		**十一年甲午** 黄正标　有传。	高凌汉　字廷简，二都人，四年恩贡。 黄大捷　字天敏，在城人，六年恩贡。 曾光丙　五都人，八年恩贡。 黄尚球　有传。十八年恩贡。 高万锡　字伯旌，一都人，四年丁亥拔贡。 上官临　有传。十一年甲午拔贡。 邓梦龙　十三都人，四年贡。 （按：旧志无，采访册作四年选贡，是年选贡已有高万锡，而岁贡无人，当是岁贡之讹，今补。） 吴其龙　有传，六年贡。 龚必兆　字士行，十六都人，八年贡。 陈所望　字裒其，二十七都人，十年贡。 陈　图　字口，十二年贡。 曾德资　字颖生，四都人，十四年贡。 邓梦禹　有传，十六年贡。 高登甲　字于鼎，二都人，十八年贡。	

康熙朝		**三十二年癸酉** 吴翰翀 顺天中试，任栖霞知县。 **三十五年丙子** 龚骏声 字龙闰，一字声远，在城人，任崇安教谕。 **四十一年壬午** 邹祖项 有传。	李　奇　有传，三十六年恩贡。 郭崇廪　字尔锡，在城人，五十二年恩贡。 （按：康熙元年当有一恩贡，旧志阙，今无从补。） 曾纯敬　字圣修，五都人，十一年壬子拔贡。 饶　东　有传，二十四年乙丑拔贡。 邱　澜　有传，三十六年丁丑拔贡。 何水清　字惟穆，十四都人，八年贡。 （按：旧志缺二、四、六三年贡，今因之。） 黄　缙　字德炳，在城人，十年贡。 陈南贤　十二年贡。 彭　吉　在城人，十四年贡。 曾　守　字□，十六年贡。 高登英　字万子，二十三都人，十八年贡。 曾光巡　字仲时，五都人，二十年贡。 郭　毅　二十二年贡。 饶世道　二十四年贡。 龚名芳　有传，二十六年贡。 何　清　字指泰，在城人，二十八年贡。 邓　缙　字遂子，三十年贡。 邓应昇　字仙子，三十二年贡。 危　枢　字其星，在城人，三十四年贡。	**进士** **二十四年乙丑** 黄壮猷　寄居闽县，以原籍连捷进士，任徽州守备。 （按：旧志缺载，今从京城邵武馆题名额补入。） **举人** **二十三年甲子** 黄壮猷　乙丑进士。 **三十八年己卯** 何以鋐　字云衢，在都人。 **五十年辛卯** 龚荣野　字枚书，一都人，任赤金卫千总。

康熙朝			邱　铎　字震公，十七都人，三十六年贡。 黄英灿　三十八年贡。 龚荣邦　字庆臣，十六都人，四十年贡。 黄　道　字圣传，二十都人，四十二年贡，任浦城训导。 上官铨　有传，四十四年贡。 朱　镳　字连上，四十六年贡。 黄席正　字子正，二十都人，四十八年贡，任闽县训导。 曾　益　有传，五十年贡。 龚昌言　字永思，十六都人，五十二年贡。 黄景宪　字宏度，二十都人，五十四年贡，任清流训导。 龚正芳　字轶万，二十九都人，五十六年贡。 高抡甲　字元鼎，二都人，五十八年贡，任政和训导。 万其邦　字树侯，在城人，六十年贡。 吴翰珍　二十四年由府学生贡，任同官知县。 吴正培　字笃生，五都人，五十三年由府学生贡。	
雍正朝			黄云昭　字倬人，二十二都人，元年恩贡。 官　铭　字浴新，五都人，元年癸卯拔贡。 李来钊　字象三，七都人，十三年乙卯由府学生拔贡。 黄　琮　字焕鲁，在城人，元年贡。 吴　芹　字泽芳，在城人，三年贡。	

雍正朝			高　镛　字元音，在城人，五年贡。 王朝宗　字会伯，四都人，七年贡。 游祥麟　字文启，十三都人，九年贡。 曾杭来　字而广，五都人，十一年贡。 龚　道　有传，十年由府学生贡。	
乾隆朝		**三年戊午** 饶于德　字作求，十五都人，拣选知县。 **六年辛酉** 席　桂　字月林，二都人，拣选知县。 **九年甲子** 邓　瑸　字如川，十三都人，任福州府学训导，迁恩乐知县。 **十二年丁卯** 梅　泉　字星源，一都人，任光溪教谕。 **十八年癸酉** 张翼翱　有传。	吴　琳　字美章，在城人，元年恩贡。 王廷相　字用予，十五年恩贡，任古田教谕。 王兆旦　字钟槐，四都人，十五年由府学生充恩贡。 李光璞　字山辉，在城人，十六年恩贡。 邓廷椿　七都人，三十六年恩贡。 高　迈　字用清，二都人，三十六年由府学生充恩贡。 曾逢正　字宗衡，五都人，五十六年恩贡。 梅　雄　字毅侯，一都人，六年辛酉拔贡。 何泽著　有传，十八年癸酉拔贡。 黄宗傑　有传，三十年乙酉拔贡。 元光国　字用宾，三十都人，四十二年丁酉拔贡，嘉庆戊午举人。 李国兴　字仁邦，在都人，四十二年由府学生拔贡，历任大宁、荣河、汾阳知县。	**举人** **元年丙辰** 郭绍汾　字英祥，在城人，历任乌程武康千总。 **十二年丁卯** 龚德寰　字又坚，一都人。 **十七年壬申** 邱　伟　字殊一，十七都人。 **十八年癸酉** 黄河澍　字元衡，八都人。 **二十五年庚辰** 李正开 **三十五年庚寅** 何泽与　字乔旭，在都人，任东昌卫千总。

乾隆朝		**三十三年戊子** 饶　焞　十八都人，任福宁府教授。 **三十五年庚寅** 曾　韶　有传。 **三十六年辛卯** 陈　畦　字天谷，一都人，由连城教谕迁任福州府教授。 张其藻　翼翱子。 **三十九年甲午** 邓思渊　字伯恭，十三都人，丁未会试钦赐国子监学正。 李梦白　有传。 黄宗祝　有传。 何泽杞　字希楼，在都人，任海澄训导，截取知县。	何　昞　字晓昳，在都人，五十四年己酉拔贡，任泸州州判。 李复悦　有传，三年戊午副榜贡。 高　腾　三十五年年庚寅副榜贡，丁酉举人。 何泽杞　三十六年辛卯副榜贡，甲午举人。 邓思渺　思渊弟，有传，三十九年甲午副榜贡。 龚裕权　字因定，三十九年由府学生举副榜贡。 黄肇夏　字公廉，八都人，元年贡。 周　铎　字郁声，一都人，二年贡，任浦城训导。 黄　壎　字任子，八都人，四年贡。 龚昌颖　字永聪，十六都人，六年贡。 李时泰　字仲交，三十都人，八年贡，任崇安训导。 邱　楠　字岂栎，十七都人，十年贡，任长泰训导。 邓天室　字建中，十三都人，十二年贡。 邓　权　字可立，十三都人，十四年贡。 吴肇祈　字亮工，五都人，十六年贡。 饶廷相　字位东，十八都人，十八年贡。 邓廷光　字绍唐，十三都人，二十年贡。	**四十四年己亥** 黄榜开　八都人，任诏安千总。 **五十一年丙午** 李常桥　在都人。 **五十三年戊申** 李祖菁　三十都人，任铅山卫千总。 **五十四年己酉** 黄　瓒　中十九都人。

乾隆朝		**四十二年丁酉** 高　腾　有传。 高　迪　字吉清，二都人，任连城教谕，迁建宁府学教授。 **四十五年庚子** 李　岱　字鲁山，在都人，历任龙游、天台、上虞知县。 **五十一年丙午** 邱　倬　字学文，二十六都人，拣选知县。 毛搏九　字世飞，二十四都人，历任福州府学训导，连江、建安教谕。 郭培煇　字灵谷，在城人，拣选知县。 **五十四年己酉** 龚孟华　字西屏，二十七都人。 **五十九年甲寅** 高隆程　有传。	陈　翔　字飞梧，十三都人，二十二年贡。 曾瓌来　字晋玉，五都人，二十四年贡。 邱　壛　字□，十七都人，二十六年贡。 朱　芾　字有珩，一都人，二十八年贡。 李天泗　字鲁源，来钊子，三十年贡，任永安训导。 李　玙　三十都人，三十二年贡，任永福训导。 龚又灏　三十四年贡。 （按：三十六年当有贡，学册缺，无从补。） 黄　潔　字映秋，二十都人，三十八年贡。 黄　溶　有传，四十年贡。 曾逢雷　字彩宴，五都人，四十二年贡。 李维纲　字冠三，十五都人，四十四年贡。 邱人望　字乘六，十七都人，四十六年贡。 张映奎　字聚五，在城人，四十八年贡。 曾逢清　字缨江，五都人，五十年贡。 吴　伟　字敦彝，十七都人，五十二年贡。 上官瑗　有传，五十四年贡。 席　煌　字元泰，二都人，五十六年贡。 （按：五十八年当有贡，学册缺，无从补。）	

乾隆朝		**六十年乙卯** 龚　懋　字卓儒，二十九都人，截取知县，封朝议大夫、镇江知府。	黄　滢　字成波，二十都人，六十年贡。 黄世仪　字羽夫，二十都人，二年由府学生贡，任永定训导。 席文纲　字帝简，二都人，十二年由府学生贡。 饶有勳　字庆宏，四都人，十九年由府学生贡。 李常元　在都人，四十六年由府学生贡。 龚德大　一都人，五十年由府学生贡。 邓德明　字绍旦，十三都人，五十五年由府学生贡。	
嘉庆朝	**十九年甲戌** 龚文炳　字仲彪，懋次子，官翰林院庶吉士。 **二十四年己卯** 龚文焕　字伯耀，懋长子，丁丑会试中式，己卯殿试成进士，改庶吉士，散馆授翰林院检讨，历充武英殿协修、	**三年戊午** 元光国　由拔贡就职教谕，中式，历任凤山、建阳教谕。 饶亨僎　字再成，于德孙，历任侯官、沙县教谕。 何长载　字任君，在都人，截取知县。 **五年庚申** 何长敦　字厚勉，在都人，历任新城、盐山、饶阳、博野、知县。 **六年辛酉** 黄宗祎	何长路　字偱坦，在都人，元年恩贡。 陈　栋　字栋发，十二都人，四年恩贡。 叶祝南　字世琮，二十七都人，十四年恩贡。 游绍章　字景唐，十三都人，十四年由府学生充恩贡。 邹廷驹　字屺瞻，十三都人，二十四年恩贡。 高澍然　六年辛酉拔贡，本科举人。 何长栻　字金虞，在都人，六年由府学生拔贡。 龚文炳　十八年癸酉拔贡，本科举人。 龚文焕　十八年由府学生拔贡，本科举人。 游绍曾　字鲁瞻，十三都人，十八年癸酉副榜贡。 张克岳　二十四都人，十八年副榜贡。	**举人** **三年戊午** 欧阳敦　字启厚，二十一都人，充兵部福建堤塘官，期满，任临清卫前帮领运千总。 **五年庚申** 陈见龙　二十七都人。

嘉庆朝	纂修、文渊阁校理、教习、庶吉士。道光戊子顺天乡试同考官，壬辰会试同考官，本年江南乡试副主考官，甲午京察一等，授江苏镇江府知府。 **二十五年庚辰** 龚文煇　字叔光，懋季子，殿试第二甲第一名，官翰林院庶吉士。	字虞钦，宗祝弟，拣选知县。 高澍然　字雨农，腾子，内阁中书。 **十五年庚午** 高嘉丙　字松如，十六都人，历任延平府学训导，调淡水厅学教谕。 **十八年癸酉** 龚文焕　己卯进士。 龚文炳　甲戌联捷进士。 龚文煇　庚辰传胪。 蔡云鹤　字芝田，二十一都人，道光乙未大挑二等用教职。 **二十一年丙子** 陈禹昌　道光己丑进士。 饶　谦　道光癸未进士。 黄旦华　二十七都人。	李光怡　字庭需，七都人，二年贡。 元　纲　字大伦，在城人，四年贡。 吴青云　字千吕，六年贡。 黄大中　十三都人，十年贡。 高隆瑛　十六都人，十二年贡。 高　珽　十一都人，十四年贡。 邹廷表　字谏迎，十三都人，十六年贡。 高隆科　字占闱，隆程兄，十八年贡。 万　骞　字翥逵，在城人，二十年贡。 曾文兰　字瑞蔼，五都人，二十二年贡。 王文炯　字光万，一都人，二十四年贡。 邓廷禋　字虞禋，十三都人，元年由府学生贡。 元　定　字卓立，十七都人，二年由府学生贡。 黄宗杏　有传，十一年由府学生贡。 邓烈扬　字肇周，十三都人，十三年由府学生贡。 李贵汪　字步宪，在城人，十五年由府学生贡。 何长彪　字蔚观，在都人，十八年由府学生贡。 龚　玮　字锡唐，一都人，二十一年由府学生贡。 何长吟　字韵韶，在都人，二十二年由府学生贡。 何长辅　字佐良，在都人，二十四年由府学生贡。	

道光朝	**三年癸未** 饶　谦　字吉夫，三十都人，任安化知县。 **九年己丑** 陈禹昌　有传。 **十二年壬辰** 黄师度　字亦叔，二十都人，任泉州府教授。 **十五年乙未** 上官懋本　字仪卿，曦子，任刑部四川司主事。	**元年辛巳** 黄师度　壬辰进士。 何高瑞　字兼四，在都人，顺天中式。 **二年壬午** 上官曦　字载升，在都人，乙未大挑二等用教职，封奉直大夫、刑部主事。 饶作霖　字澍田，一都人，乙未大挑一等分发浙江知县。 **五年乙酉** 李盛岐　字凤山，二十七都人，拣选知县。 **八年戊子** 邱才颖　字仲嘉，十七都人，乙未大挑一等分发广东知县。 上官懋本　乙未进士。 高炳临　字敦卿，十六都人，乙未大挑二等用教职。	傅全梅　字和羹，十八都人，元年恩贡。 黄元中　字世良，十三都人，二年恩贡。 上官凤　字集桐，九都人，十五年恩贡，己亥举人。 上官懋本　五年乙酉拔贡，戊子举人。 何高旸　字寅谷，在都人，五年由府学生拔贡。 高孝祚　字屺民，澍然子，十七年丁酉拔贡。 邱以觐　二十六都人，元年副榜贡，援例即用教谕。 曾九成　字学韶，五都人，元年贡。 李泰来　字宾国，十五都人，三年贡。 伊　桐　字凤冈，一都人，五年贡。 毛世瓛　字服苍，二十四都人，五年贡。 邹士镳　字品馨，十三都人，七年贡。 上官炘　字景清，二十四都人，九年贡。 张廷鹤　字鸣皋，二十四都人，十二年贡。 上官新　字维怀，在城人，十四年贡。 黄　钧　字重衡，宗祝孙，十六年贡。 陈道成　字步礼，十二都人，十七年贡。 上官懋猷　字子卿，在都人，十九年贡。	

道光朝		何长阁 字品台，长载弟，拣选知县。 **十一年辛卯** 毛抟昊 字简在，抟九弟。 裘绍基 字星寓，一都人，顺天中式拣选知县，就职直隶州州同。 **十四年甲午** 彭荣诰 字拜书，一都人，以援例即用知县中式。 **十七年丁酉** 何高衢 字倬云，在都人，拣选知县。 **十九年己亥** 元长模 字梓全，三十都人。 上官凤 字集桐，九都人，顺天中式，就职直隶州州同。 **二十年庚子** 何长霖 字沛如，长敦弟。 傅方祁 全梅孙。	黄若宪　八都人，二年由府学生贡。 李盛岐　四年由府学生贡，乙酉举人。 傅朝举　字联跃，十八都人，七年由府学生贡。 毛抟昊　九年由府学生贡，辛卯举人。 上官高　二十九都人，十一年由府学生贡。 丁　曙　十八都人，十二年由府学生贡。 王槐林　字有声，二十八都人，十三年由府学生贡。 元　端　字章甫，十七都人，十七年由府学生贡。 高松鹤　廿三都人，十九年由府学生贡。	

表卷三　选举表（增修）

国朝	进士	举人	贡生	武科
道光朝	上官懋本　有传。乙未进士，由主事改任唐县、丰润、无极、晋州等州县。（据采访册补登） **二十四年甲辰** 何秋涛　字巨源，长敦孙，任刑部云南司主事。赏加员外郎衔，任秋审处坐办。钦赐懋勤殿行走。有传。	蔡云鹤　嘉庆癸酉中式，大挑二等。历任宁化、诏安训导，迁福州府教授，加内阁中书衔，截取知县。 饶作霖　壬午中式，大挑一等，历任开化、武义知县。 邱才颖　戊子中式，大挑一等，历任饶平、东莞、香山、大埔知县，加知府衔。 高炳临　戊子中式，截取利川知县。 裘绍基　有传。辛卯中式，截取知县，历任京山、襄阳知县，加同知衔。 何高衢　丁酉中式，大挑二等，历任长汀、崇安、浦城教谕，迁建宁府教授，加盐提举衔。	欧阳通　字鉴湖，一都人，二十九年己酉由县学生拔贡，任德化教谕，光绪己卯副榜贡。 傅方镛　字谐甫，十八都人，二十九年己酉由府学生拔贡，候选教谕。 万　钊　字勉予，一都人，二十三年癸卯副榜贡，就职直隶州州判。 何云龙　字用霖，在都人，二十四年甲辰副榜贡，投效训导，加五品衔，历任兴化、仙游，调任泉州、安溪训导。 元长镇　字维藩，三十都人，二十六年丙午副榜贡。 黄亭衢　字道行，二十八都人，二十一年贡。	**二十五年乙巳** 李春芳　十七都人。 **二十九年己酉** 毛凌波　字堂衮，二十四都人。

道光朝		何长霖　庚子中式，大挑二等，历任连江、龙岩训导，加五品衔。 傅方祁　庚子中式，截取云南黑盐井盐库大使，加五品衔。 （以上并据采访册补登） **二十三年癸卯** 何秋涛　在都人，甲辰联捷进士。 黄甲先　一都人。 **二十四年甲辰** 傅方升　字向晨，十八都人，拣选知县。 傅方杰　字子英，十八都人，拣选知县。 傅方驹　字里千，十八都人，截取知县，签分江苏试用，加同知衔，光绪乙亥恩科江南文闱对读官。 上官桢　有传。十五都人，同治辛未大挑二等，任连江训导，长汀教谕，福宁府教授，加内阁中书衔。 **二十六年丙午** 何高慰　有传。拣选知县，加同知衔，光绪丙戌截取，改授永安教谕。	陈树棠　十二都人，二十五年贡。 何高朋　字信夫，在都人，二十六年贡。 龚　恒　二十八都人。 黄基峻　在都人，二十六年由府学生贡 黄文铠　二十七年由府学生贡。 **补登** 龚有元　有传。二十六年恩贡候选教谕。	

道光朝		杨绍梅　字鼎臣，二十五都人，拣选知县。 **二十九年己酉** 曾载衡　五都人。		
咸丰朝		**元年辛亥** 何秋滢　字澄澜，在都人，拣选知县。 **五年乙卯** 邱鸿炳　字蔚南，二十六都人，拣选知县，援例分发广东，历署封川、临高知县，补授博罗，调补广西宜山，委署养利州知州，加同知衔。	何长钊　有传。元年恩贡。 黄　鼎　十三都人，二年恩贡。 龚士奎　字星垣，二十九都人，三年恩贡。 高邦翰　字颐正，一都人，五年恩贡，就职教谕。 危上镛　有传。十六都人，元年由府学生充恩贡。 傅全我　十八都人，三年由府学生充恩贡。 龚士凤　有传。五年由府学生充恩贡，就职教谕。 元作桢　三十都人，十一年由府学生充恩贡。 伊象和　有传。十一年辛酉拔贡，署永福教谕。	**元年辛亥** 张占魁　二十一都人。 **五年乙卯** 李步升　字□□□□都人，七年督义勇守城，殉难。

咸丰朝			傅衍章　字笏山，十八都人，十一年辛酉由府学生拔贡，同治三年甲子副榜贡，就职教谕，加内阁中书衔，历署宁洋、永安、长乐、屏南、建安、永福、晋江教谕，光绪三年议叙五品衔，赏戴蓝翎。 王鸿逵　字翥青，一都人，九年己未副榜贡，就职教谕，历署福清、闽清教谕。 何高绳　字直如，在都人，元年贡。 傅义质　十八都人，三年贡，就职训导。 何秋瀚　字環瀛，在都人，五年贡。 高孝勰　有传。六年贡。 吕　煌　二十二都人，九年贡。 曾以功　字明试，五都人，二年由府学生贡。 邱玉昆　字韫辉，十七都人，四年由府学生贡。 曾文炯　五都人，四年由府学生贡。 高孝辅　有传。六年由府学生贡。	

咸丰朝			何秋沄　字禹门，在都人，七年由府学生贡。 何　健　字守恒，在都人，八年由府学生贡。 陈道生　有传。树棠子，九年由府学生贡。 邓　欧　七都人，十年由府学生贡。	
同治朝		**元年壬戌恩科** 龚诗俊　字逸仙，二十九都人。 **十二年癸酉** 高熙翰　有传。澍然孙，拣选知县。 上官寅志　有传。拣选知县。	上官寅志　元年恩贡，援例教谕。癸酉举人。 毛乘鳌　有传。四年恩贡，任松溪教谕。 张允卿　十七都人，十二年恩贡，就职教谕。 罗筮谦　字六吉，十六都人，四年由府学生充恩贡，委漳州府训导，未任。 高熙翰　十二年癸酉由县学生拔贡，本科举人。 曾载湘　字南滨，五都人，十二年癸酉由府学生拔贡，署江西建昌县知县，加同知衔，改职教谕，任永定县训导。 傅方地　十八都人，二年贡，就职训导。	

同治朝			上官紫诰　十五都人，七年贡。 吴　铠　在都人，八年贡，议叙翰林院待诏。 胡光斗　三十都人，九年贡。 傅衍璜　字锦屏，十八都人，十二年贡，就职训导。 黄名卿　字介臣，二十都人，四年由府学生贡，就职训导。 王　诰　字凤楼，十九都人，九年由府学生贡，光绪丙子举人。 邓辉垣　十六都人，十二年由府学生贡。 高廷杰　十六都人，十三年由府学生贡。	
光绪朝		**二年丙子** 王　诰　任永安训导。 张缙云　字汉章，十七都人，取宗室教习，签分浙江知县，历署江山、德清等县知县，加同知衔，辛卯科浙江乡试同考官。	吕　炳　二十二都人，元年恩贡，就职教谕。 万德舆　五年恩贡。 黄　炯　字栗邨，二十一都人，七年恩贡。 王光黼　字彰采，十九都人，十五年恩贡，就职教谕。	

光绪朝		**五年己卯** 傅朝旭　字光海，二十二都人，中式第一名。 **二十年甲午** 陈煜文　字瀛仙，十六都人，寄籍侯官。	高熙霖　字霈臣，一都人，十六年恩贡，就职教谕。 饶炳焕　七年由府学生充恩贡。 上官承平　字雅轩，十二年乙酉拔贡，就职直隶州州判。 上官华盖　字焕台，十二年乙酉由府学生拔贡，考取镶蓝旗教习，候选教谕。 裘章镐　字少京，二十三年丁酉拔贡。 邱鸿文　字焕章，二十六都人，二十三年丁酉由府学生拔贡。 邱元凤　十七都人，十四年戊子副榜贡。 毛乘麟　二十四都人，元年贡。 上官紫诏　十五都人，三年贡。 林中桂　字开权，五年贡。 蔡　涝　字芬卿，二十一都人，七年贡。 黄树勳　字育人，二十都人，九年贡，就职训导。 龚志霖　字兰孙，十一年贡。	

光绪朝			龚浚儒　字渊甫，二十九都人，十三年贡，就职训导。 杨炳枢　字北垣，二十五都人，十五年贡。 王国桢　十六都人，十七年贡。 高秉忠　字利宾，一都人，十九年贡，就职训导。 上官纪云　字瑞卿，二十一年贡，就职训导。 毛乘驹　字里千，二十四都人，二十三年贡。 龚政详　字靖方，十九都人，二年由府学生贡。 高熙乘　字旭和，一都人，二年由府学生贡，就职训导。 张　镛　八都人，三年由府学生贡。 曾以志　五都人，五年由府学生贡。 陈廷璧　十二都人，八年由府学生贡。 丁烈扬　字兆南，二都人，十二年由府学生贡，议叙六品衔。 孔继溶　十六都人，十五年由府学生贡。	

光绪朝			何　焱　字少楙，在都人，十六年由府学生贡。 黄宗岱　二十七都人，十七年由府学生贡。 陈顺言　字昌禹，十四都人，十八年由府学生贡。 毛乘彪　字泗臣，二十四都人，十九年由府学生贡。 何秋奚　字宗祁，高慰子，二年丙子优贡，考取镶蓝旗官学教习，签分贵州知县，署清平知县，同知衔。（据采访册补登） 陈爱珍　字尧中，廿七都人，嘉庆二十四年恩贡。（据采访册，是年十三都邹廷驹系府学生充恩贡，旧志误作县学。）	

表卷四　恩例表（重纂）

宋

封赠	任子
李　铎　字振文，以子诰赠大理寺评事。 李　瑜　字振玉，以子详赠朝议大夫。 李　诰　字君章，以子深赠朝议大夫。 李　庭　字星居，以子郁赠迪功郎。 李　陜　字兴祖，以子安世赠奉议郎。 李纯至　字及之，以子惠卿赠朝散大夫。 李正已　原名绍祖，字克永，方子父，以次子文子赠朝散大夫。 李容子　字公度，以子观过赠承节郎。	李　访　字思祖，以父深荫提举，官历承议郎。 李　丙　字仲南，以父階荫任慈溪主簿。 李百揆　字延孙，以父郁荫迪功郎。 李惠卿　字伯应，以曾祖诰荫承信郎。 李祖亨　字元嘉，以父惠卿荫承信郎，历都大司提举。 李　闲　字有家，以祖郁荫迪功郎，授泉州州学教授。 李　祐　字自修，以父方子荫将仕郎，历迪功郎。 李　洞　字通微，以父文子荫将仕郎，知长沙县事，通判柳州，至奉议郎。 李　湑　字仲有，以父文子荫将仕郎，历迪功郎。 李　涉　字叔用，以父文子荫将仕郎，任宁国通判，历迪功郎。 李　汲　字季叔，以父文子荫将仕郎，任吉安主簿，迁县丞，历迪功郎。 李观过　字仁父，以伯父文子任潼州，日遇恩补承节郎。 李伯渠　字元问，以祖闳祖荫保议郎，任辰州辰溪县尉。 李甲裳　以父观过荫承节郎。

明

封赠	赀选	三考	乡宾
陈元祐　以子本初赠集庆大夫。 饶伯俊　以子子通赠怀远知县。 施　鉴　以子惠赠沈阳右卫经历。 陈子穆　以子璇赠海州州同知。 吴子善　以子茂赠宛平县丞。 邓守益　邑学生，十三都人，以子玉莹赠奉政大夫。 邓时通　邑学生，十三都人，以子秀实赠奉政大夫。 高　戴　以子頬敕赠文林郎。	邓秀民　字汝毓，十三都人，任临清州判。 饶世显　任泷水巡检，迁阳春主簿。 邱鸣鹤　字九皋，十九都人，任陕西布政司都事。 饶嘉选　字应举，天显子，候选兵马司指挥。 黄以昌　字盛祚，任□府同知。 李天德　有传。任鸿胪寺序班。 李　贽　三十都人，任兵马司副指挥。 曾光霁　五都人，任建昌府同知。 郭好古　任新城训导。 李元洪　字元福，在都人，任山东主簿。 高　谦　二都人，任邵武千总。 高　礼　二都人，任四川指挥。	梁永忠　字志中，二十四都人，任进贤县丞。 李道观　字文理，五都人，任宣课司大使。 龚彦清　字子澄，八都人，任县丞。 龚　良　有传。任广东左卫经历。 揭　忠　字用中，三都人，任东莞县大鹏所仓副使。 王　洪　二十五都人，任信宜县仓副使。 黄　偁　字绍廷，在城人，任昆陵县丞。 李立纲　二十八都人，任□县仓副使。 吴文茂　有传。任琼山、保昌二县丞。 官世美　任双水驿丞。 饶文逵　任章邱县丞，有治绩，迁临邑知县。 黄玉湖　有传。任□州吏目。	黄仲钦 周尚文 施　谦 官　廉 吴永亮 以上弘治八年诏。 梁志隆 上官琏 朱文观 吴　璇 李　恭 陈　和 以上正德六年诏。 李世琳 何福厚 饶舜广 官必胜 李良佐 李友辅　有传。 官必贵 陈　兴 黄文炜 黄　钰 郭世贤 龚季春 黄文科 黄以齐 郭名达 官世熙 官居相 李廷本　有传。 龚名科 以上嘉靖后诏。

	高广四　二都人，任极高巡检。 （据旧志，龚盛、李秀、龚凤鸣、李元思、邱陵、曾约、郭正中、龚元辅、吴养中、郭纲、官廷相、汪士式援例不载官名，附此。）	陈　恭　有传。任广东盐课司官。 危显宗　任云霄县丞。 徐一源　任青田县丞。 邱鸣峦　字崇山，十九都人，任儋州河泊所官。 危正廉　任睢宁县丞。 邱有柏　字汝节，十九都人，任丹徒县典史。 李学矩　字循规，在都人，任本府仓大使，迁南安县尉。 黄大缙　任富川县寨下市巡检。 李德言　任南召县典史。 官尚京　九都人，任惠州鹅阜岭巡检。 危福宁　字惟文，十七都人，任罗阳县典史，迁崖州通远司巡检。 傅尚贤　十七都人，任益阳典史。 官明德　十五都人，任□府经历。	李绍仁 李毓华 李晋英 郭　义 彭　宽 李廷宿 官世芳 郭　敦 官世星 危　长 吴文谦 李　富 李毓荣 黄孟福 吴　祥 上官仁 吴应选 黄正贤 李良材 龚元选 以上奉例冠带，并在城人。 高有达（弘治八年诏） 陈　袭（嘉靖后诏） 危　昱 龚　佐 危永茂 曾用刚 高永坚 陈泰甯 高华生 危恭生 危思圣 以上奉例冠带，并一都人。

		李廷辅　有传。任凤阳府经历。 曾廷爵　一都人，任□县巡检。 龚君俊　二十二都人，任□县典史。 危尚安　十七都人，任□县典史。 陈其政　一都人，任望江县典史，历大雷营都指挥使。	高　戴（弘治八年诏） 张　亮（嘉靖后诏） 郭　成（奉例冠带） 以上二都人 揭文政（奉例冠带）三都人 饶　宜（奉例冠带）四都人 曾孟贵 曾德奎 曾德宗 宁孟敬 宁仕煇 曾景刚 以上奉例冠带，并五都人。 林　柏（弘治八年诏） 李仲清（奉例冠带） 以上七都人 何吉祥 何永邱 何永褒 以上嘉靖后诏 李　良（奉例冠带） 以上八都人

			饶玉宝（奉例冠带）十都人 黄云鄂 十三都人 官仲钊（奉例冠带）十四都人 李　囦 李　真 以上正德六年诏 李逵生 李友诚 李　裕 李　盛 危　赋 官元赈 官汝溥 以上奉例冠带，并十五都人。 危国丰（嘉靖后诏） 危国谟（嘉靖后诏） 龚仁义 危正位 龚世达 以上奉例冠带，并十六都人。 危子端 傅　纶 曾　锺 以上奉例冠带，并十八都人。 龚希亮（正德六年诏）

			梅永诚 黄星辉 以上奉例冠带，并十九都人。 傅世杰 邱　祥 以上奉例冠带，并二十都人。 龚宇洪（奉例冠带）二十一都人 朱㘣璋（弘治八年诏） 王　珍 官世朝 朱　世 以上嘉靖后诏 朱　瑶 邵　纠 以上奉例冠带，并二十四都人。 黄　玉 龚元泰 以上奉例冠带，并二十七都人。 王　简　有传。（奉例冠带） 二十八都人 胡玉明 三十都人

国朝

封赠	赐赉	赀选	职衔（附县曹）	例贡	乡宾（附九十岁以上者寿）
何以镇 有传。以孙泽传诰赠中宪大夫、晋中议。 何世珖 有传。以子泽传诰封中宪大夫、晋中议。 何世玥 以子泽著诰赠朝议大夫。 陈显卿 一都人，以孙大斌诰赠朝议大夫。 陈　鼍 以子大斌诰封朝议大夫。 龚周德 有传。以孙文焕貤赠朝议大夫、江苏镇江知府。	邓思渊 乾隆甲午举人，丁未会试钦赐国子监学正。 黄宗三 字参两，有传。二十都人，嘉庆丁卯钦赐举人，戊辰会试加赐翰林院检讨。 邓公望 字秉衡，十三都人，嘉庆庚午钦赐举人，辛未会试加赐国子监学正。 万　栋 有传。道光辛巳钦赐副举人。 上官懋仁 字体元，道光壬午钦赐副举人。	何泽传 有传。由廪贡投效部郎，任刑部郎中，历官山东盐运使。 何长聚 字焕奎，由监生投效中书科中书，改班主事，加捐员外郎，刑部贵州司行走，即用知府。 何长庚 字西垣，泽传子，由附贡生投效布政司理问，分发陕西，官郃阳知县。 何长曦 字体刚，由监生投效布政司理问，未任。	**布政司经历** 邱人俊 字德秀，十七都人。 裘廷槐 字吕彝，一都人。 上官骥 九都人。 **布政司理问** 李光务 七都人。 陈腾蛟 十二都人。 陈　培 字存耕，十二都人。 曾祥謤 字膺广，四都人。 黄川源 八都人。 龚孔诏 字配义，二十七都人。	何泽崇 字峻也，在都人。 元　玠 十六都人。 高　搏 字鹏年。 何泽闳 字中扩，在都人。 德眷松 字景凡，七都人。 张廷谟 二十四都人。 何长霖 在都人。 何高让 在都人。 （以上廪贡） 黄永祺 字鹤龄，二十都人。 王文彬 字抡元，十九都人。	傅天润 雍正二年赐八品冠带，十八都人。 上官樌 十五都人。 元登俊 十六都人。 高克咏 二十三都人。 毛宗程 毛世鑰 （并二十四都人） 龚腾发 二十七都人。 （以上介宾） 李国显 邱大亨 李东伟 邱大顺 有传。 龚文台 龚硕夫 何起鲤 龚名芳 龚腾发 吴　琦 周　廷 李先培

龚　懋 以子文焕诰封朝议大夫、镇江知府。 何　斌 有传。以孙世珖诰赠奉政大夫。 何以烈 以孙泽旭诰赠奉直大夫，有传。 何世瑆 以子泽旭诰赠奉直大夫。 高觐光 字仰扆，以孙麟书加给，诰赠奉直大夫。 高经纬 字可参，以子麟书加给，诰赠奉直大夫。 上官燦 有传。以孙懋本貤赠奉直大夫。 上官曦 以子懋本诰封奉直大夫。	李干信 字叔允，邑诸生，年九十二岁，雍正乾隆间恩赐粟帛二次。 陈惟珍 十三都人，年九十二岁，恩赐粟帛。 曾逢颜 字尚回，五都人，九十一岁，恩赐粟帛。 黄德清 字绍宗，十三都人，年九十三岁，恩赐粟帛。 曾宗清 字伯元，在城人，年九十四岁，恩赐粟帛二次。 王廷瑞 字天明，一都人年，九十二岁，恩赐粟帛二次。 高嗣煇 二都人，年	饶盛金 字梅溪，二十二都人，由监生投效江西按察司知事，候补。 陈大斌 字思谦，一都人，由贡生投效州同，借补南城兵马司副指挥，升正指挥。 彭显扬 字光裕，由附生投效通政司经历，未任。 高青阳 字春卿，一都人，由监生投效部寺司务，未任。 杨正祥 字吉臣，由监生投效兵马司正指挥，候选。 高名贵 字律和，十六都人，由监生投效府同知，历任河南归德、怀庆同知。	**布政司都事** 杨鸣逵 字翔九。 **按察司经历** 饶盛传 杨鸣通 **按察司照磨** 饶际隆 一都人。 **府同知** 张洪祖 二十一都人。 **州　同** 黄　台 八都人。 王朝栋 王邵昌 何泽旭 字映辰，在都人。 何显名 龚英鼇 高联名 字聖道，十一都人。 李永清 字梦卜，十七都人。 李　梁 字汝持，十五都人。	何泽人 字育万，在都人。 陈松筠 十二都人。 李贵波 在都人。 郭志恒 在都人。 曾文富 字冬旺，五都人。 饶宗邵 二十二都人。 何泽成 字立予，在都人。 张翼河 二十四都人。 张其恭 二十四都人。 高隆珮 字朝聘，十六都人。 （以上增贡） 官　镧 字居良，九都人。 陈　鼇 字先捷，在城人。 陈钦纯 十二都人。 危庆登 字学山。	李东元 （以上康熙至乾隆） 李常笏 （嘉庆） 上官职 （嘉庆） 黄元煌 崔连胜 严守典 龚善懋 李英禄 李尊樊 （以上道光，并在都人） 高凌斗 （乾隆） 席兆吾 （嘉庆） （以上二都人） 吕希文 陈朝栋 王大任 （以上康熙至乾隆） 陈堂椿 （嘉庆） 曾祥瑚 （道光） （以上四都人） 官志荣 （康熙） 曾光树 （乾隆） 黄育绅

杨士胜
字廷茂，以孙鸣逵貤赠奉直大夫。

杨宗泽
以子鸣逵诰赠奉直大夫。

张鸣冈
以孙洪祖诰赠奉政大夫。

张继良
以子洪祖诰封奉政大夫。

何国模
有传。以孙世臣貤赠儒林郎。

何以焘
字肇仁，以子世臣敕赠儒林郎。

饶盛赓
以子原泰敕赠儒林郎。

邹浩然
以子祖顼敕赠文林郎、繁昌知县。

邓士镒
以子瑸敕赠文林郎。

九十八岁，嘉庆己巳恩赐顶带。

黄子鸿
十九都人，年八十岁，五代同堂，乾隆五十四年恩赐修职郎。

邓贞元
十六都人，年七十九岁，五代同堂，乾隆五十七年恩赐银缎，赐额曰“瑞应重熙”。

龚周德
妻王氏，翰林院检讨文焕祖母，年九十三岁，五代同堂，恩赐银缎，赐额曰“瑞应重熙”。

李思萌
妻曾氏，三十都人，寿百有三岁，嘉庆六年恩赐粟帛，赐额曰“贞寿之门”。

后夺职，改捐布政司理问，仍发河南，借补信阳州州判。

饶原继
由监生投效，署随州州同。

饶原泰
官名庆，由监生投效布政司经历，分发云南，调补彝良州州同，历署云南昭通知府、曲靖同知、南关通判。

彭荣诰
显扬子，由廪生投效即用知县，中道光甲午乡试。

高麟书
字华年，一都人，由贡生投效府经历，分发贵州，历黎平、思州、安顺三府经历，忧归，起补黎平经历。

何以燽
字肇和，在都人。

高经纬

黄秉枢
字北辰。

上官棠
字方舟。

何世垂
字秉绎，在都人。

何世臣
字秉直，世垂弟。

方荣龄
字元武。

陈　澍
字作甘，十二都人。

元上铨
十六都人。

裘廷相
字尹臣，廷槐弟。

杨鸣远

龚　谦
字六宜，十九都人。

张洪宗
字丕焕，二十一都人。

龚孔珍
二十七都人。

雷声远
二十四都人。

何长义
字为质，在都人。

何　标
在都人。

何　炯
在都人。

伊　川
一都人。

伊　任
川弟。

曾其柄
字谦德，五都人。

官绶来
五都人。

邓洪禧
七都人。

寇廷枫
有传。

陈元声
十二都人。

李燕宜
字揆如，十五都人。

高隆展
十六都人。

邱人仪
字德元十七都人。

邱人伦
字德徽，人仪弟。

邱　敬
二十六都人。

（嘉庆）

官其坮
（道光）

曾逢福
（道光）

（以上五都人）

李　忠
（乾隆）

林国位
（乾隆）

邓廷书

邓显光

李德宾

李攀莞

邓洪昌

（以上道光并七都人）

黄贤昆
（乾隆）

黄子礼

黄祖光

危忠贵

（以上道光并八都人）

官应梧
（道光）

官光清
（道光）

（以上九都人）

饶天行
（乾隆）

何经营
（道光）

（以上十都人）

白宜民
（嘉庆）

陈可材　以孙哇貤赠文林郎。

陈　朝　以子哇敕赠文林郎。

陈迺诹　以子禹昌敕赠文林郎。

黄世显　以孙宗祝貤赠文林郎、兴国知县。

黄　流　以子宗祝敕赠文林郎、兴国知县。

李德浤　以孙岱貤赠文林郎、上虞知县。

李常任　以子岱敕赠文林郎、上虞知县。

张　玟　以子翼翱敕封文林郎。

高经组　有传。以子腾敕赠文林郎。

何泽周　以子长敦敕赠文林郎、博野知县。

裘　源　妻李氏，举人绍基祖母，年百岁，道光乙未恩赐内府银，上用贡缎，赐额曰“贞寿之门”。

高汉鼎　妻康氏，二都人，年九十六岁，乾隆辛卯恩赐银缎。

毛玉铿　二十四都人，以六世祖锦生殉节，予荫恩骑尉，官千总。

李正芬　二十三都人，于道光六年奉旨给礼部照充宋李方子祀生。

上官见　字觐五，九都人，由监生投效县丞，分发山东，任潍县县丞。

龚德馨　字又熏，一都人，由监生投效县丞，分发安徽，任阜阳县丞，历署太和、望江知县，迁无为州州同。

德天崇　七都人，由监生投效县丞，分发江西，任德兴县丞。

何泽茂　字如柏，在都人，由贡生投效县丞，分发湖北，任利川县丞。

何泽克　字猷壮，由贡生投效县丞，未任。

黄子岳　字守山，由

龚腾熙　二十九都人。

龚文煐　二十九都人。

何长颀　在都人。

杨正亨

黄　镇　十都人。

府经历

杨鸣达

盐大使

裘　源

张廷钦

龚润达

县　丞

李师纲　字式南，在城人。

吴学中　字尚权。

何长升　在都人。

何高解　在都人。

李尊茂　在都人。

傅阜昇　十一都人。

邱人正　十七都人。

傅鼎璠　十八都人。

黄南注　二十七都人。

黄以庄　二十七都人。

王　简　二十八都人。

（以上附贡）

危梦弼　字若傅，十七都人。

伊　富　字非求，一都人。

黄秉彝　字体乾，在城人。

龚德舆　字又敬，在城人。

龚德权　字又衡，在城人。

陈春华　有传。

陈敬福　字庆堂。

李尊诗　在都人。

陈长谟　一都人。

黄华铿　五都人。

危斗璧　六都人。

十一都人。

陈少垣（康熙）

龚照邻

陈拜飏

陈辉祖

（以上道光并十二都人）

陈禹注

黄成发（嘉庆）

黄德清（嘉庆）

邓日飏

邹垂猷

黄　鹤

邹谏轩

（以上道光并十三都人）

李祖锡

李天培

上官金

（以上乾隆至嘉庆）

上官度

上官檄

上官信

上官椿

上官据

上官晟

上官茵

官达据

（以上道光并十五都人）

龚必敬

高名普 以子隆程敕赠文林郎、钜野知县。

李祖懿 以孙国兴貤赠文林郎。

李德溥 以子国兴敕赠文林郎。

周尚德 以子铎敕赠修职郎。

何以镛 以子世玥敕赠修职佐郎。

何思安 以子泽崇敕赠修职佐郎。

何世振 字秉野，以子泽凤敕赠修职佐郎、龙溪训导。

黄金章 以子席正敕赠修职佐郎、闽县训导。

黄　璇 以弟子宗祝貤赠修职郎、长汀教谕。

附生投效县丞，分发河南。

何逢泰 长庚孙，由监生投效县丞，分发广东，署遂溪县丞。

何逢吉 逢泰弟，由监生投效县丞，分发直隶，署吴桥县丞。

何逢年 逢泰弟，由监生投效即用县丞，候选。

裘维炘 字明光，由国史馆议叙，分发河南，署汲县县丞。

彭荣诏 字献宸，显扬次子，由监生投效即用县丞，候选。

龚　瑶 字若盘，由贡生投效按察司照磨，

黄国亨 字德基，二十都人。

陈大为

张元端 二十一都人。

邱屏周 二十六都人。

邱屏垣

饶欲达

巡　检

何长驭 在都人。

卫千总

龚德纯 在城人。

白　珩 字常佩，十一都人。

张洪义 二十一都人。

蔡树功 二十一都人。

杨正伦

张廷宽 二十四都人。

黄树勳 二十七都人。

营千总

李尊荣 在都人。

何泽几 在都人。

何朝东 字鲁山，八都人。

高华山 十一都人。

黄绳祖 十一都人。

傅日恩 十一都人。

龚　超 字名儒。

陈　焕 十二都人。

陈钦义 十二都人。

邓廷仰 字兆鸣，十三都人。

高天相 字帝勷，十六都人。

高隆建 十六都人。

元懋清 十六都人。

曾步舆 十八都人。

吴兴祉 字介繁。

严春霆 十九都人。

龚明煊 字日章，十九都人。

（乾隆）

朱锦爵

刘　玑

刘　杰

朱叨光

（以上嘉庆）

邓逢春

元　瑞

邓逢喜

（以上道光并十六都人）

曾　拱（乾隆）

吴闳祖（道光）

（以上十八都人）

梁光启（乾隆）

傅占春（道光）

（以上二十都人）

黄元基

饶明赐

蔡文瑟

（以上道光并二十一都人）

苏文炳（乾隆）

刘宗耀

刘光彩

高和烘

（以上道光并二十三都人）

毛宗笔 以子抟九敕赠修职郎、建安教谕。 龚德馨 字又薰，以子琦敕赠修职郎。 高　骅 字京紫，以子迪敕赠修职郎。 饶康锡 以子亨僎敕赠修职郎、晋江教谕。 张翼经 以子其刚敕赠修职佐郎、仙游训导。 何泽人 以子长资敕赠修职佐郎。 元世第 以子光国敕赠修职郎。 黄宗梅 以子师度敕赠修职郎。 曾宗龙 以子道敕赠登仕郎。		分发山西，授隰州吏目，历署绛州州判、平陆县丞。 高隆凯 字辉映，由增贡生投效州判，历任句容典史、江宁县丞、萧县张山司巡检，借补盐捕所官。 何以锽 在都人，由廪贡投效训导，未任。 何世玥 字朗行，在都人，由廪贡投效训导，补仙游。 何泽凤 字群从，在都人，由廪贡投效训导，历任福清教谕，霞浦、长汀训导，重调龙溪训导。 何泽可 字许僅，在都人，由廪贡投效训	龚　琳 一都人。 龚　理 一都人。 黄连魁 八都人。 欧阳涛 二十一都人。 **把　总** 李常栋 在都人。 陈宗亮 一都人。 **判　官** 李高素 七都人。 **附县曹** 李寔华 在都人。 高东山 十一都人。 曾道传 十八都人。 危　良 十八都人。	黄　芹 字中彩，二十都人。 张继良 字清澜，二十一都人。 张洪祖 二十一都人。 欧阳权 二十一都人。 欧阳义 字嘉荣，二十一都人。 蔡文标 二十一都人。 高克让 二十三都人。 张廷镳 二十四都人。 毛　佩 二十四都人。 黄　沄 黄元仰 黄仕亨 黄金鼇 龚曾任 龚孟峻 龚孔琮 字配周。 （以上二十七都人。） 何文泰 字启能，二十八都人。	毛学正 （嘉庆） 毛世院 （道光） （以上二十四都人） 元　春 龚孔经 （以上道光并二十七都人） 王隆相 （道光） 黄奇城 二十八都人。 陈隆胜 （道光） 二十九都人。 胡　德 （嘉庆） 三十都人。 （以上僎宾） **附耆寿：** 黄之屏 字子宣，邑诸生，年九十二年岁。 郭崇隆 字尔熙，邑诸生，年九十二岁。 （以上在都人）

上官光武 以子见敕赠登仕郎。 李德厚 以孙尊荣貤赠武略骑尉。 李常寔 以子尊荣敕封武略骑尉。 欧阳义 以孙敦貤赠武略佐骑尉。 欧阳辉 以子敦敕赠武略佐骑尉。		导，任台湾诸罗训导。 何长庄 字敬临，在都人，由廪贡投效训导，署诏安训导。 何长资 字遡渠，在都人，由廪贡投效训导，任海澄、安溪、彰化、永定训导。 上官资 九都人，由廪贡投效训导，任福清、凤山训导。 张其刚 二十四都人，由廪贡投效训导，任仙游训导，调漳浦。 龚　琦 字守璞，由廪贡投效训导，任武平训导。 高炳坤 字如登，由廪贡投效即用教谕。		何中鳌 字秉安，文泰子。 黄存真 字居良，十都人。 （以上俊秀贡）	高世遴 年九十岁。 高世璋 年九十二岁。 高嗣煋 年九十七岁。 （以上二都人） 陈凤梧 年九十一岁，四都人。 曾其礽 字中参，邑诸生，年九十五岁。 曾其冈 字鸣凤，国学生，年九十六岁。 黄以宏 年九十六岁。 （以上五都人） 官孟章 年九十五岁，九都人。 陈学麟 字玉书，年九十二岁。 陈学洺 字二华，年九十六岁。 陈义圆 年九十一岁。

		何长颖 在都人，由廪贡投效即用训导。 邱以觐 由副榜贡生投效即用教谕。 饶宗本 字玉书，由监生投效州吏目，任永从、贵定典史。 龚　烜 字继光，由供士任萧县典史。 何长政 字友于，在都人，由武生投效，未入流，分发河南，历任□。 龚又灏 字洪川，由贡生投效即用训导。 龚　轩 字奇斋，由笔帖式任如皋县主簿。 龚振麟 由监生投效，任奉化			陈耀南 年九十三岁。 龚自诚 字成言，九十二岁。 龚绍芳 年九十七岁。 蔡友望 年九十二岁。 （以上十二都人） 邓梦镳 字瑞玉，年九十四岁。 邓士鸾 字贞茂，年九十二岁。 邓天旭 字嘉美，年九十三岁。 邹　晃 字赞皇，年九十岁。 （以上十三都人） 李文久 年九十三岁。 上官廷久 字远生，年九十六岁。 李维纯 字健行，年九十九岁，五代同堂。

		县县丞。 欧阳佐 字辅廷，二十一都人，由监生投效卫千总，候选。 上官荣任 九都人，由行五任顺昌营千总。 （据旧志，何应培、曾宗孔、龚鹏远、李思谟、李思训、李樑、黄中道、上官灏援例不载官名，附此。）			（以上十五都人） 邱　吉 字乾祥，年九十岁。 危启旺 年九十二岁。 （以上十七都人） 刘学成 二十三都人，年九十岁，五代同堂。 彭文宗 年九十五岁。 何文潘 年九十岁，五代同堂。 （以上二十八都人） 龚文锦 国学生，九十岁，五代同堂。 龚达辉 年九十岁，五代同堂。 龚懋煇 年九十岁。 龚伯朋 年九十岁。 上官宗瑜 年九十岁。 （以上二十九都人）

略卷一　舆地图（重纂）

浦里圖

附雲巖烏君二山圖

輿地各圖均　邑人上官昪繪

光緒丁酉補板　山圖邑諸生龔有元繪

重纂光澤縣志　卷之五　輿地圖　一　總圖

總圖

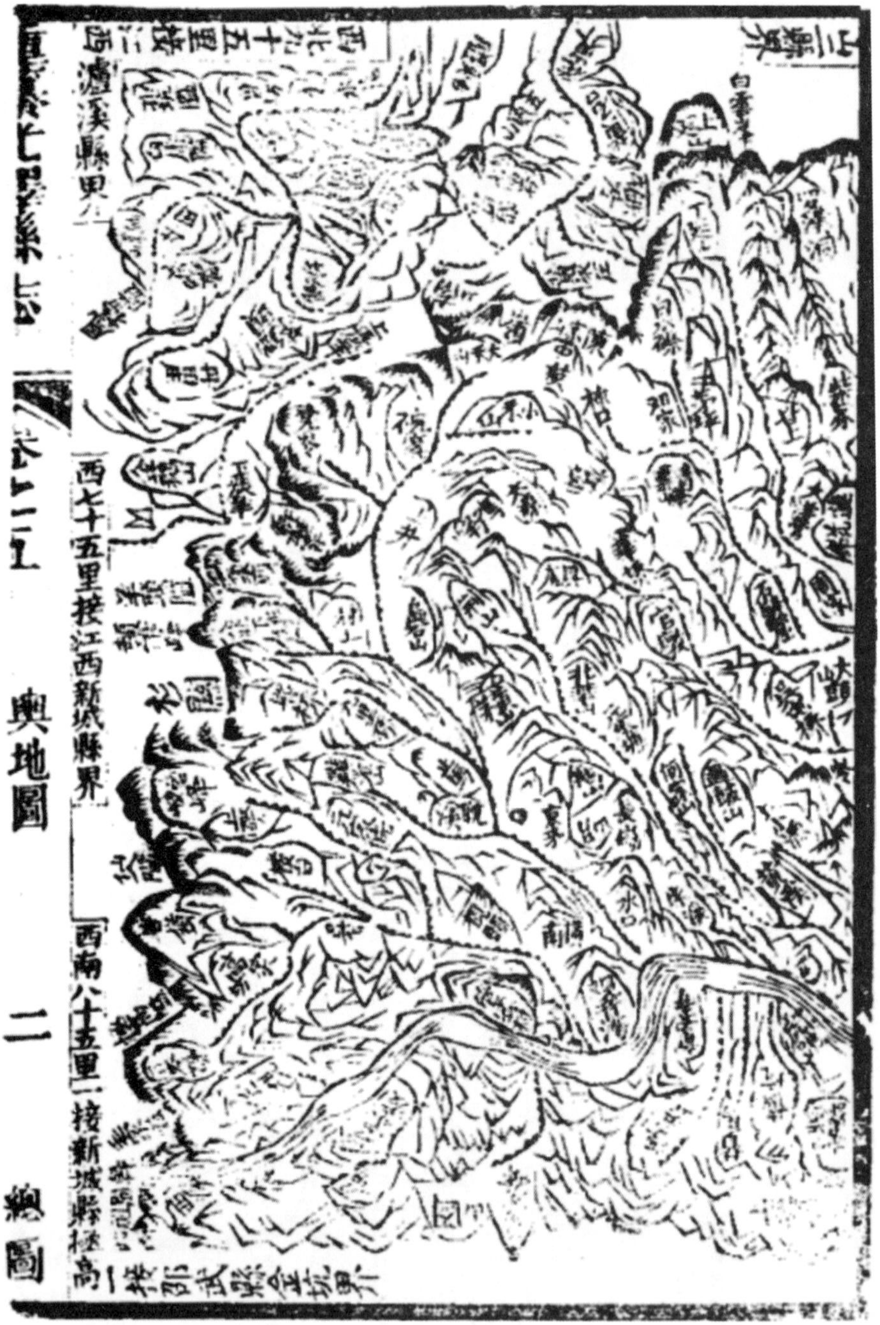

通邑

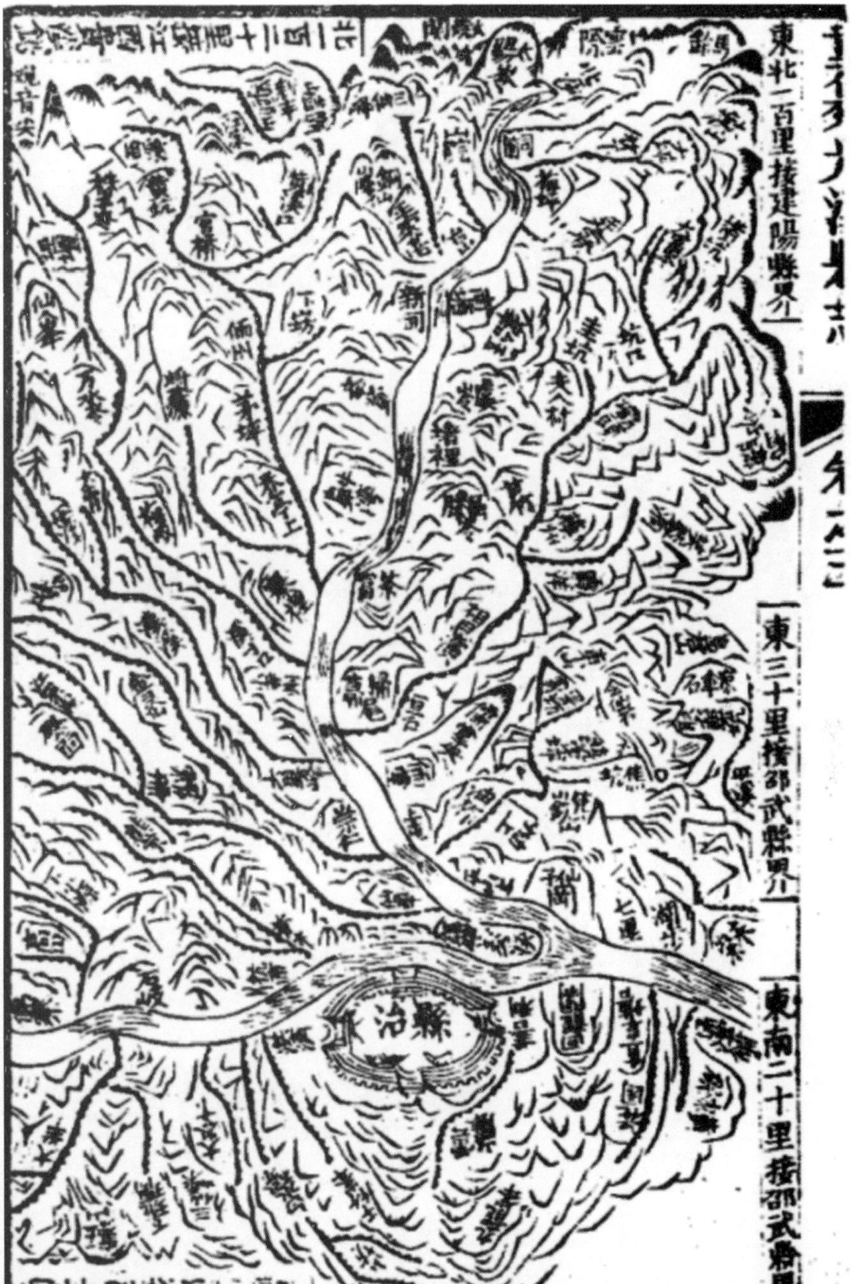

之圖

輿地圖 三

城市

城市

◎城市之图

之圖

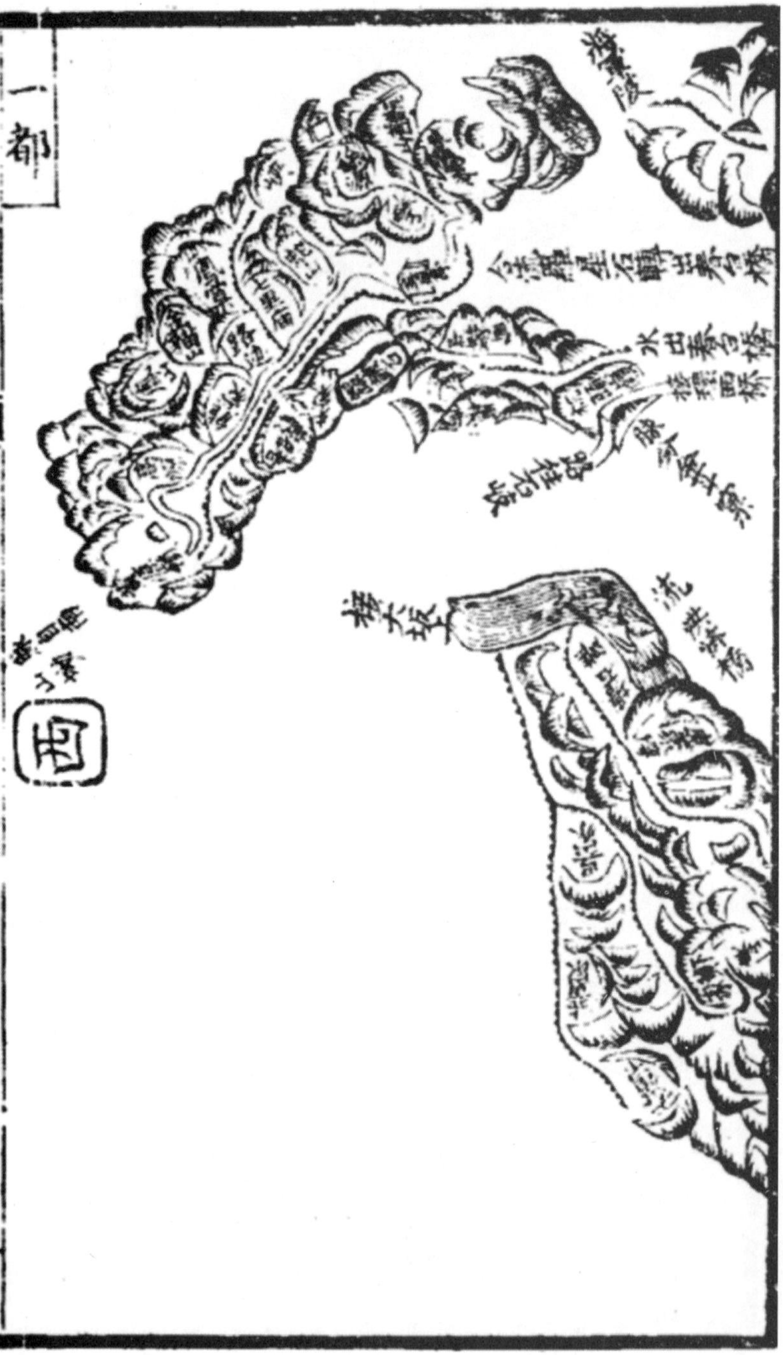

重纂光澤縣志 卷之五 輿地圖 四 近廊

近廓

◎近廓之图

里圖

重纂光澤縣志 卷之五 輿地圖 五 歸仁

歸仁

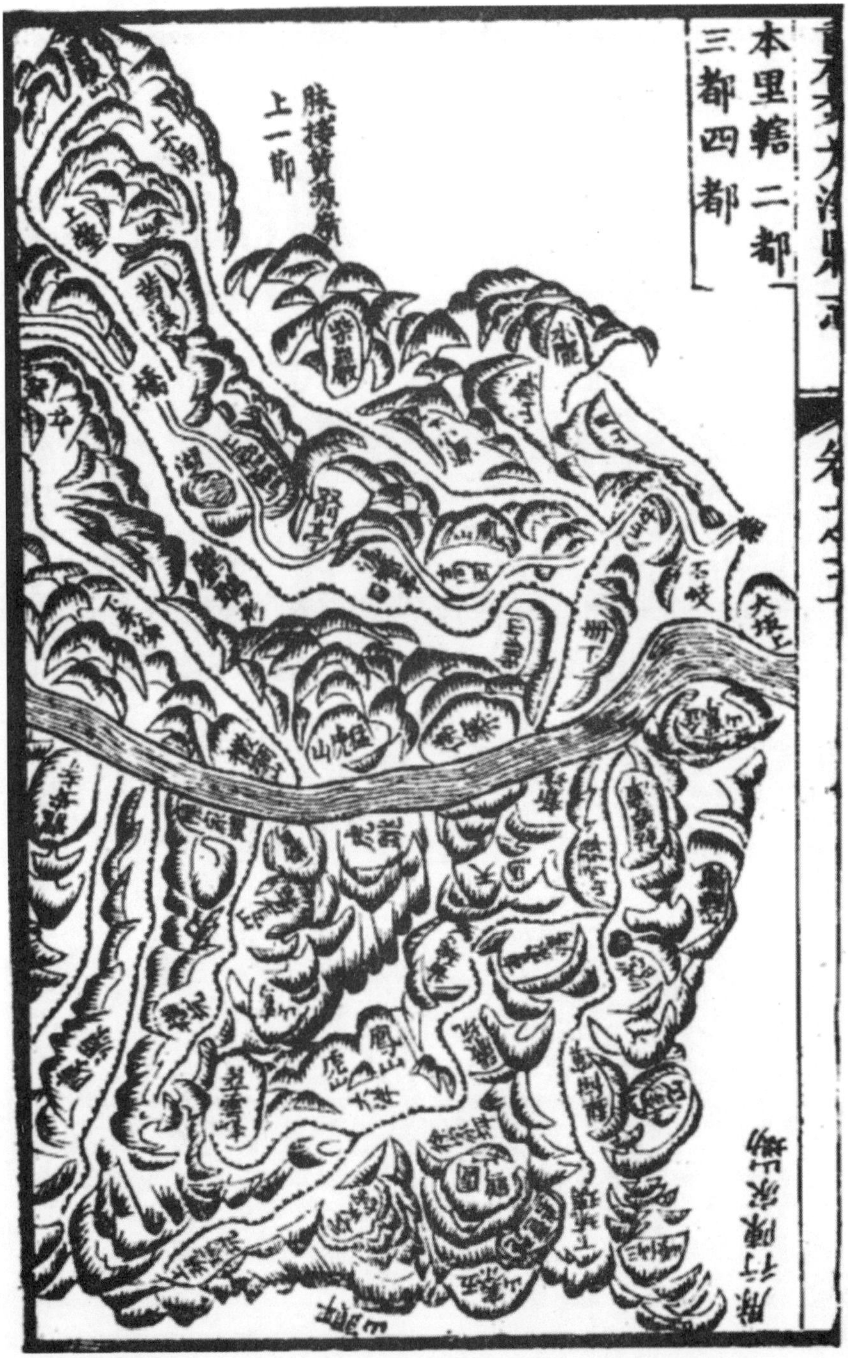

◎归仁里图

里圖

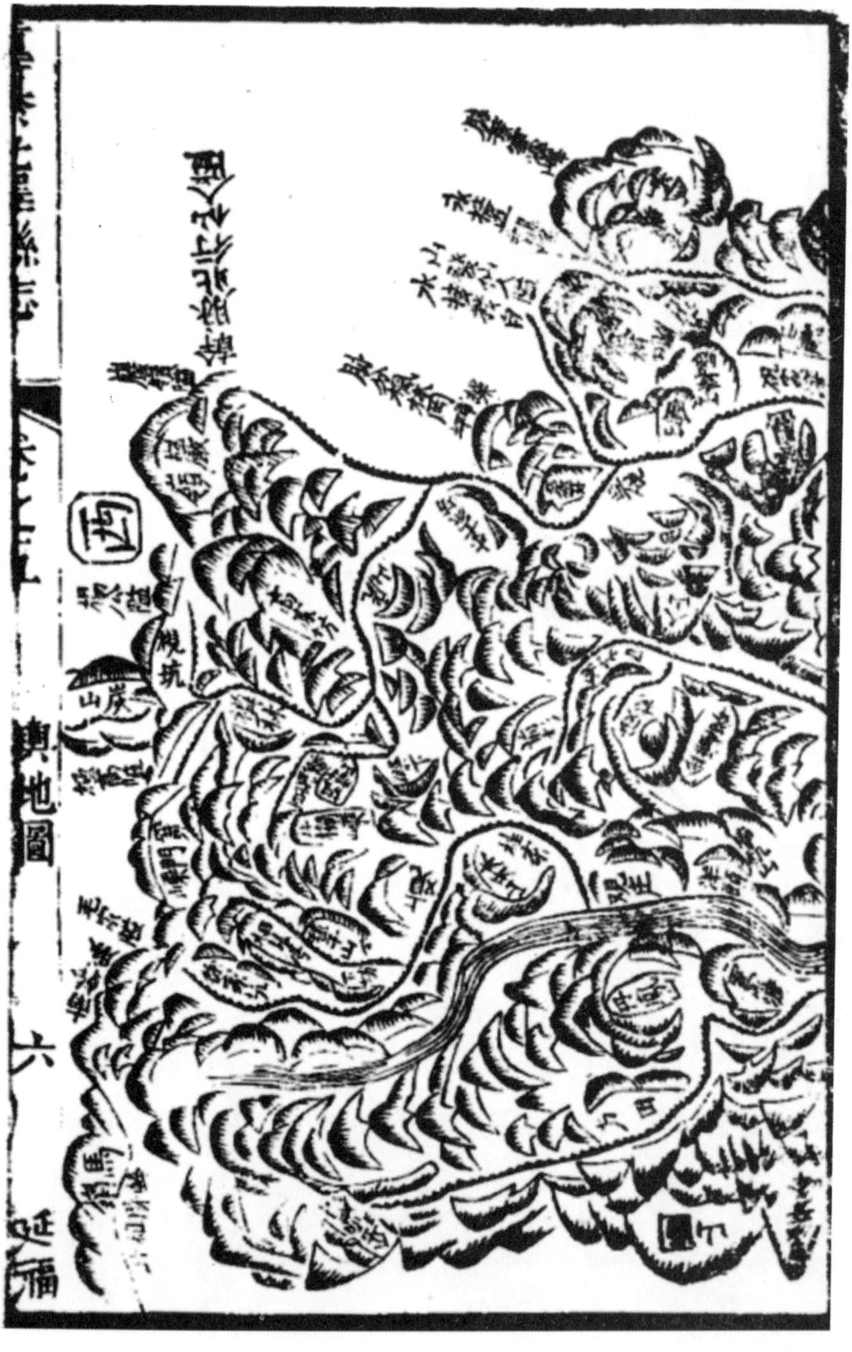

延福

◎延福里图

里圖

霄　衝

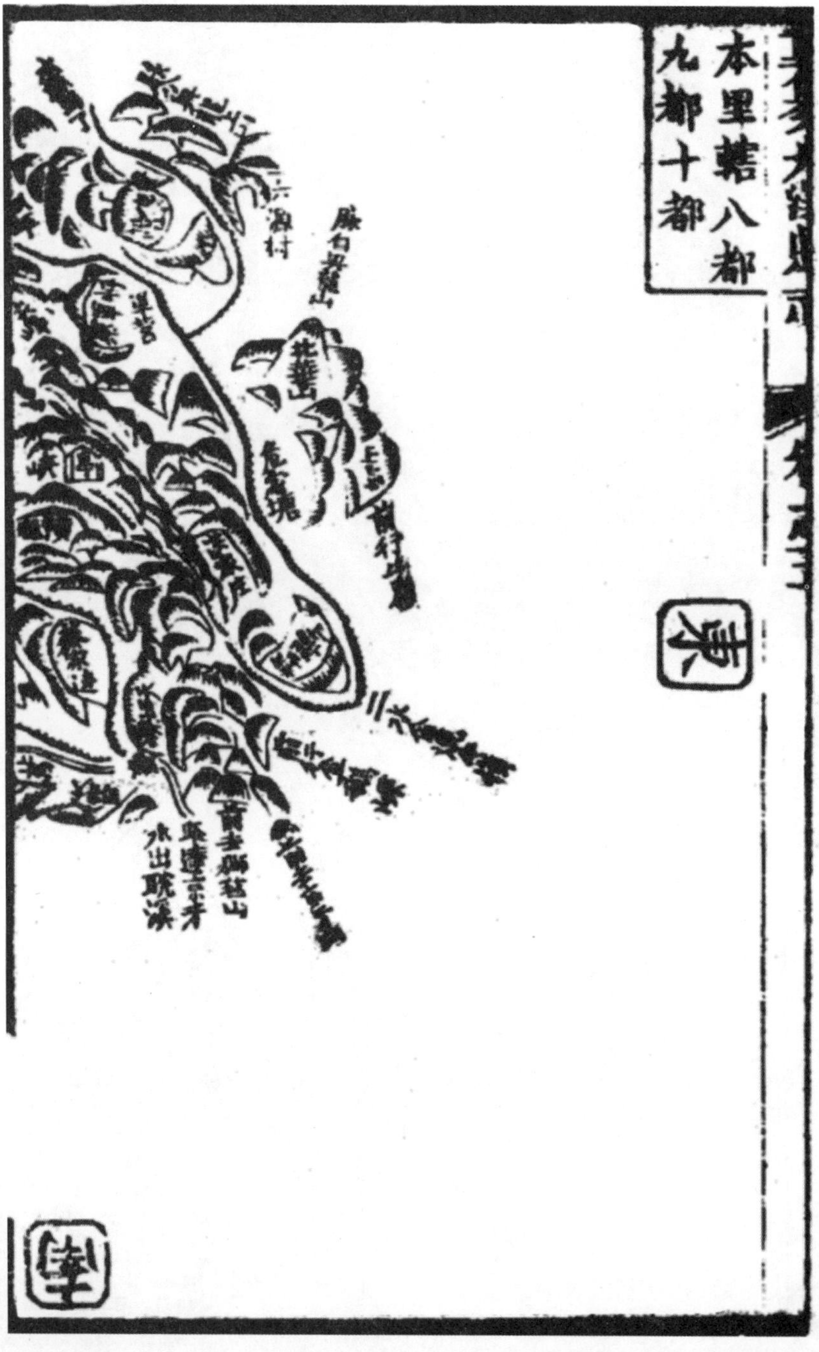

◎冲霄里图

里圖

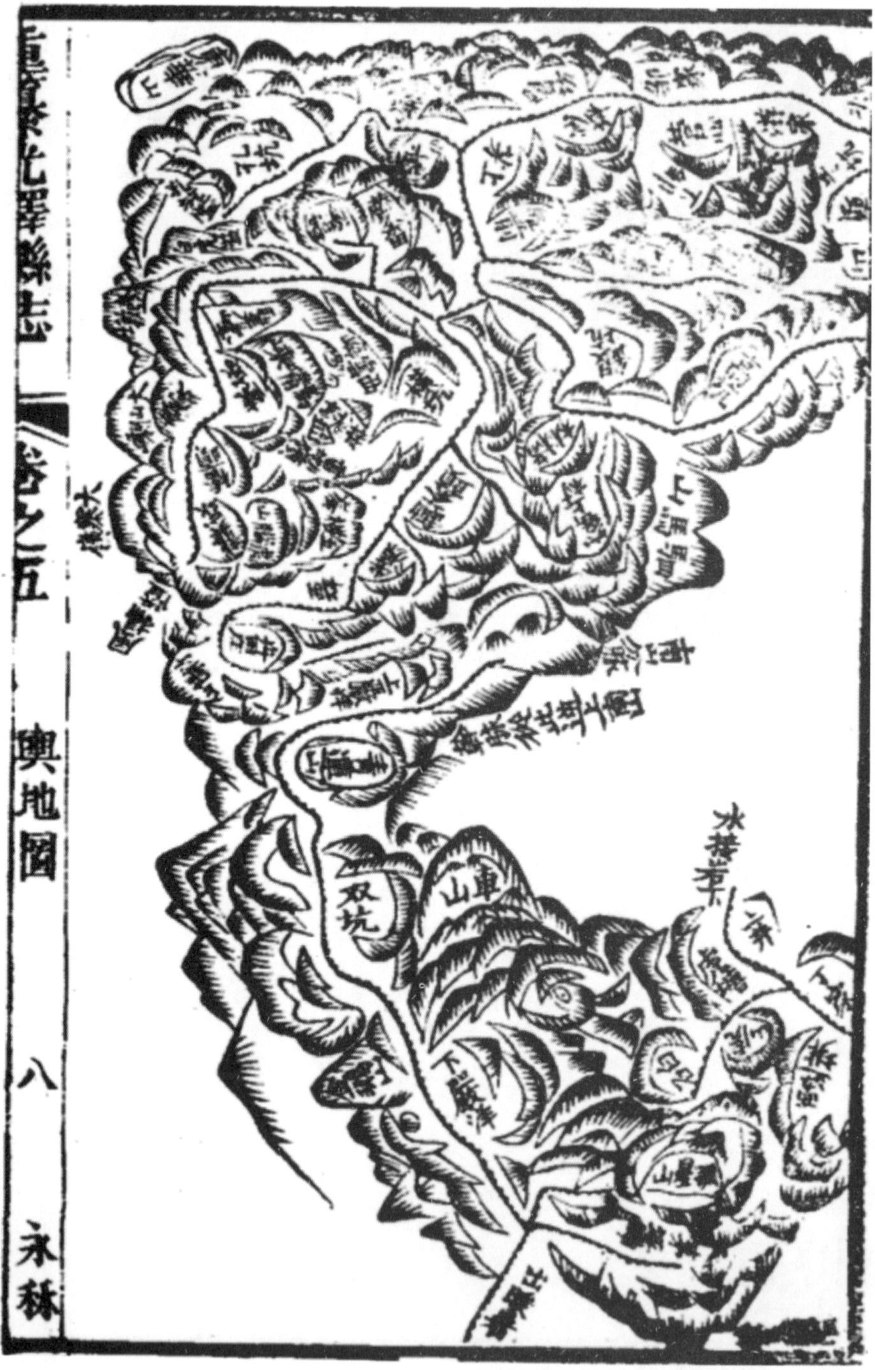

永　秝

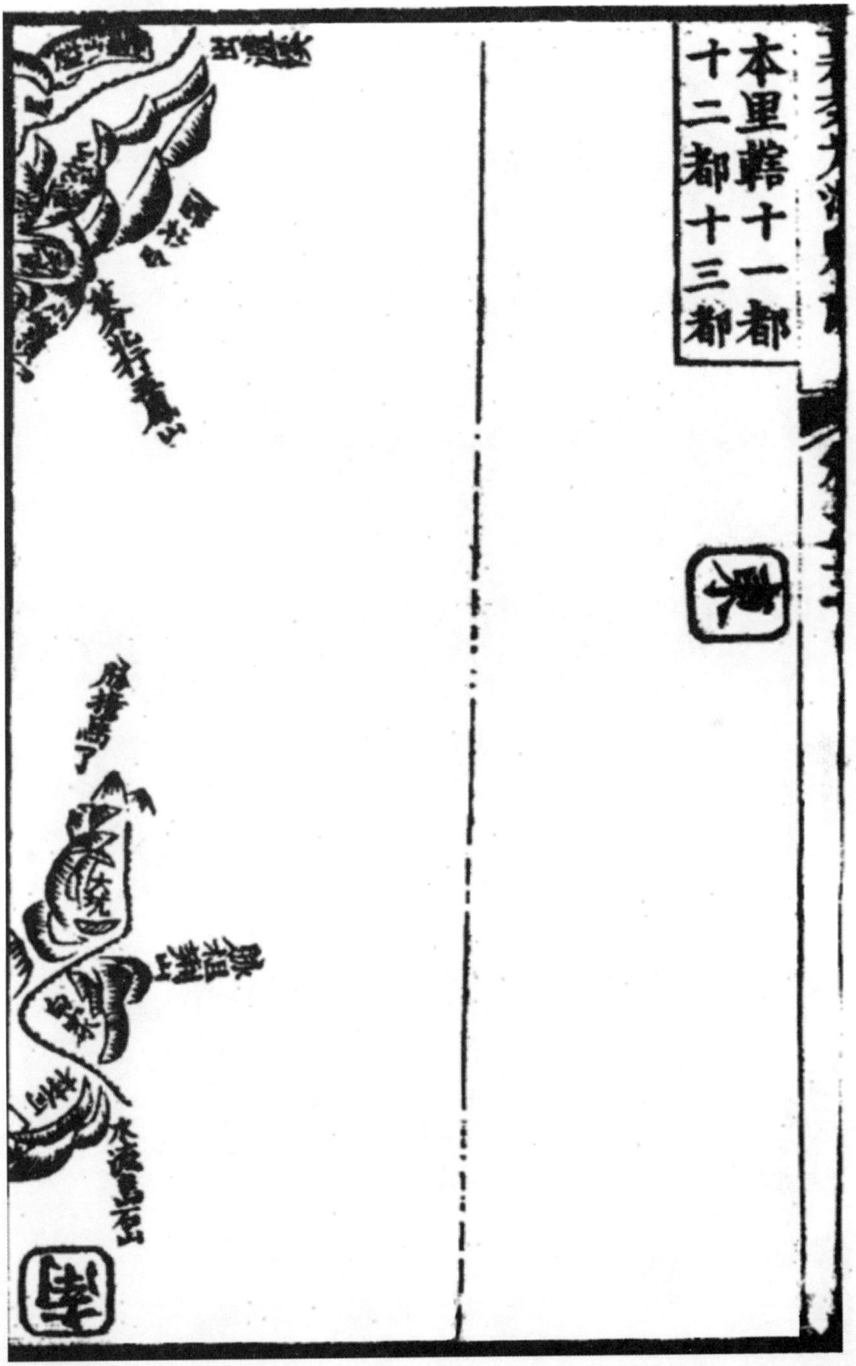

里圖

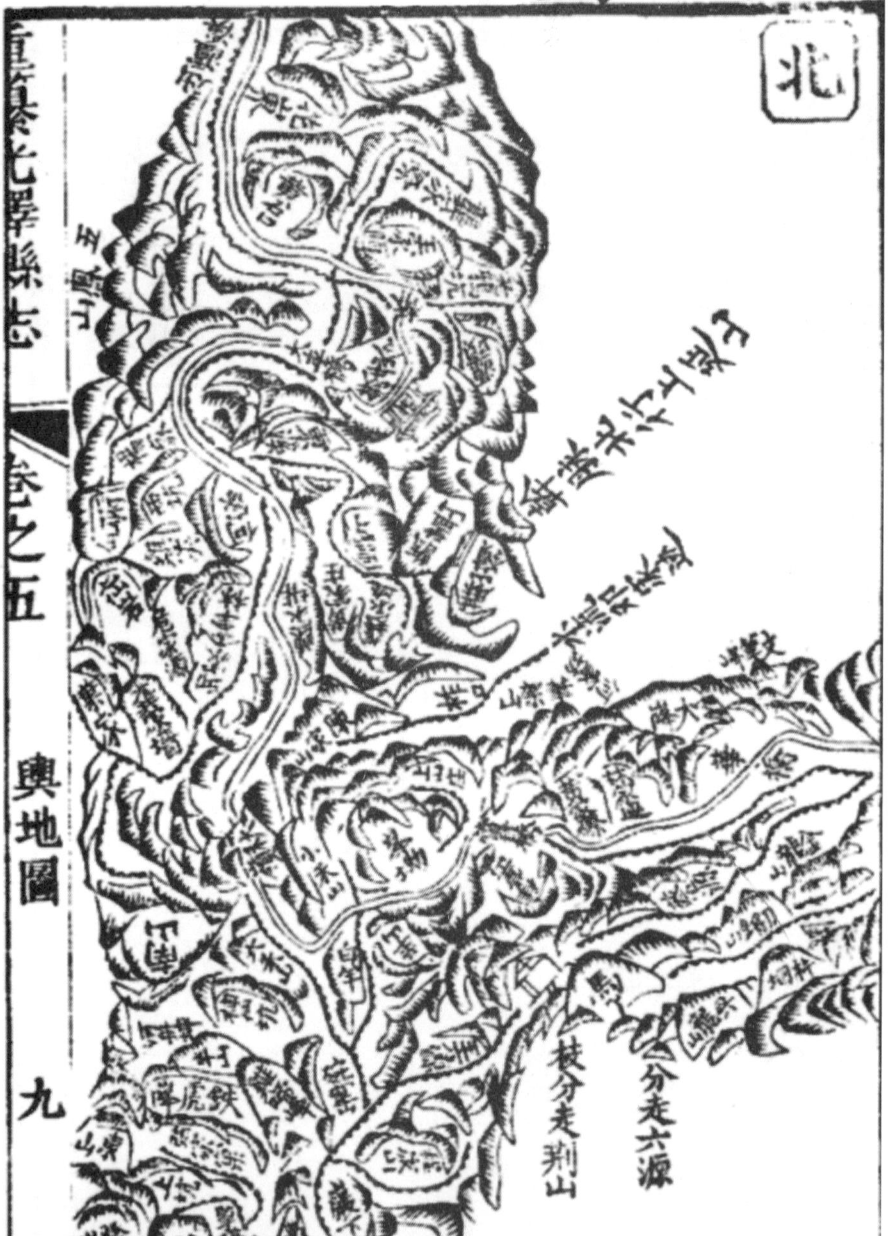

招德

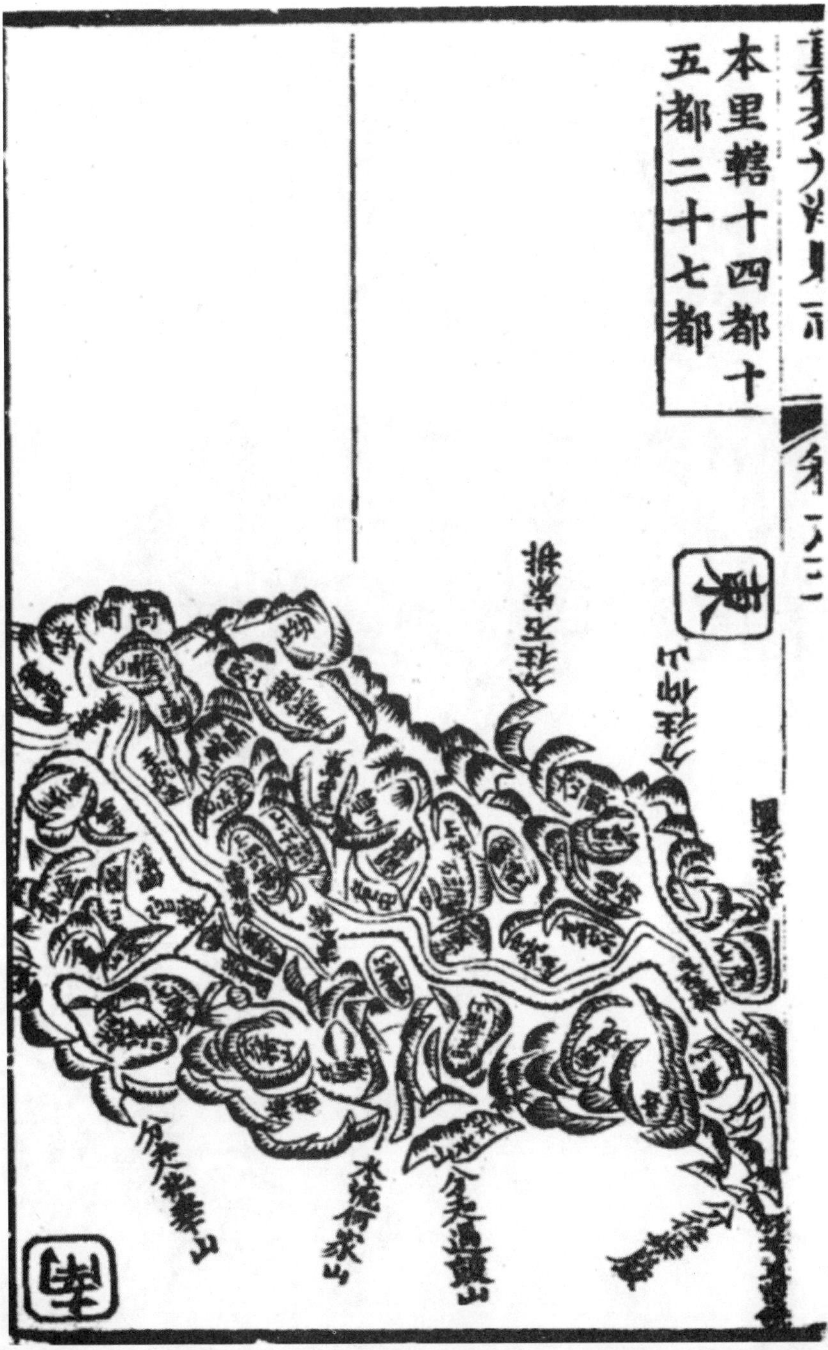

◎招德里图

里圖

安福

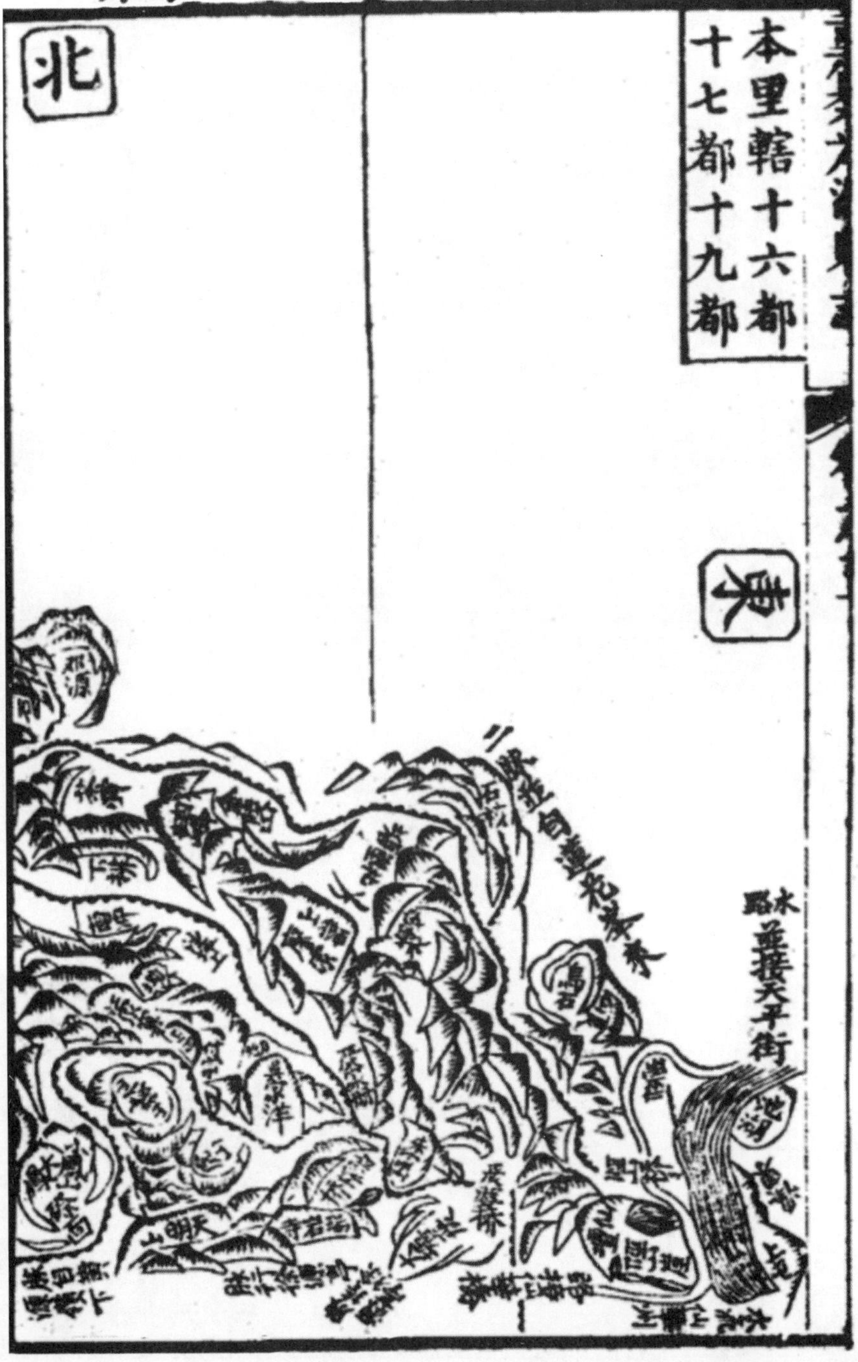

里圖

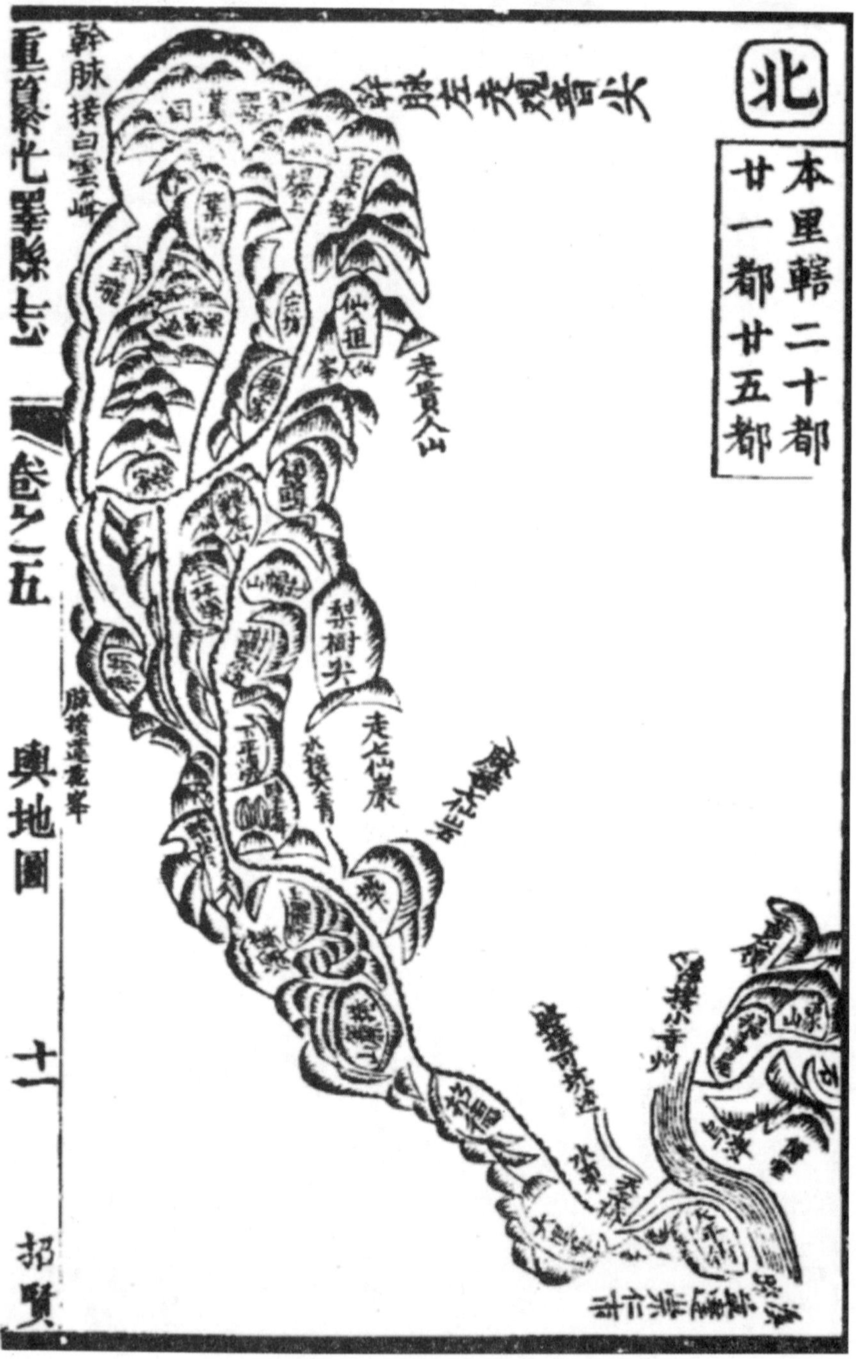

招賢

里圖

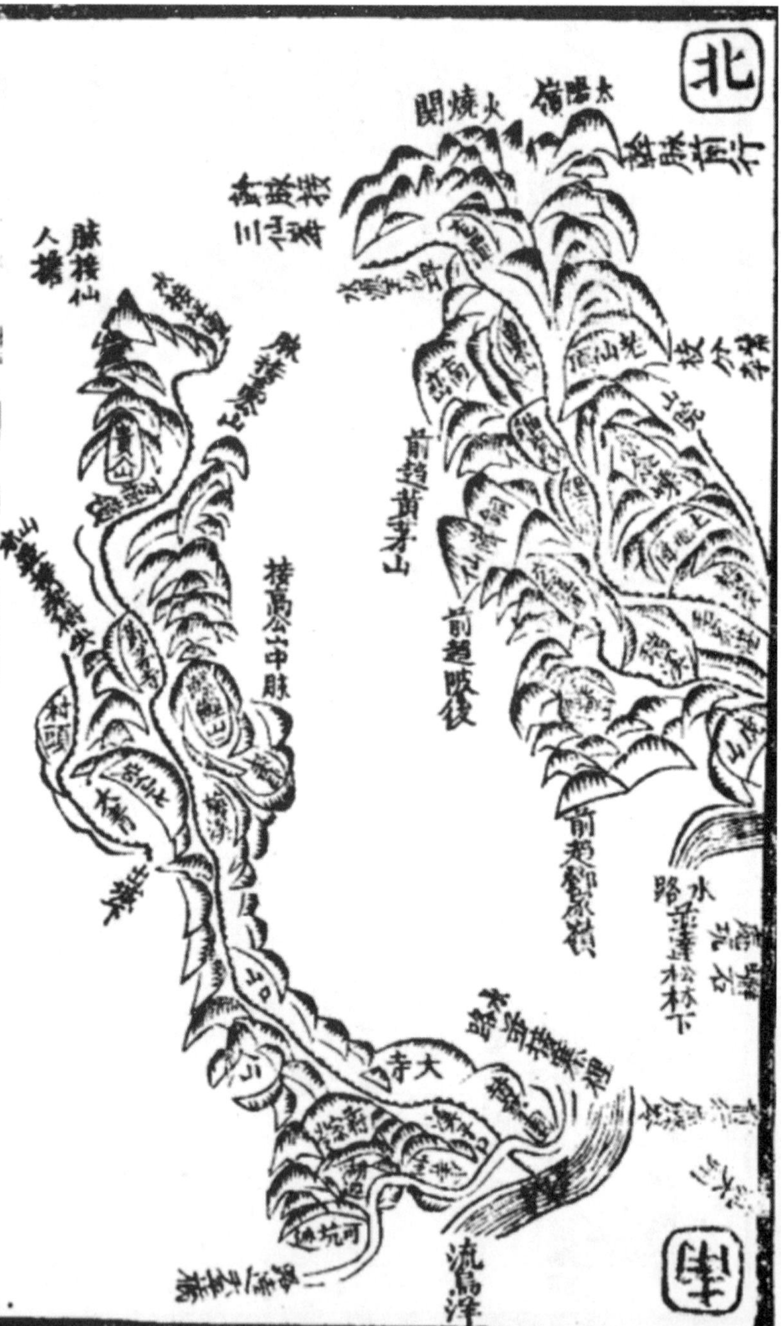

重纂光澤縣志　卷之五　輿地圖　十二　永德

永德

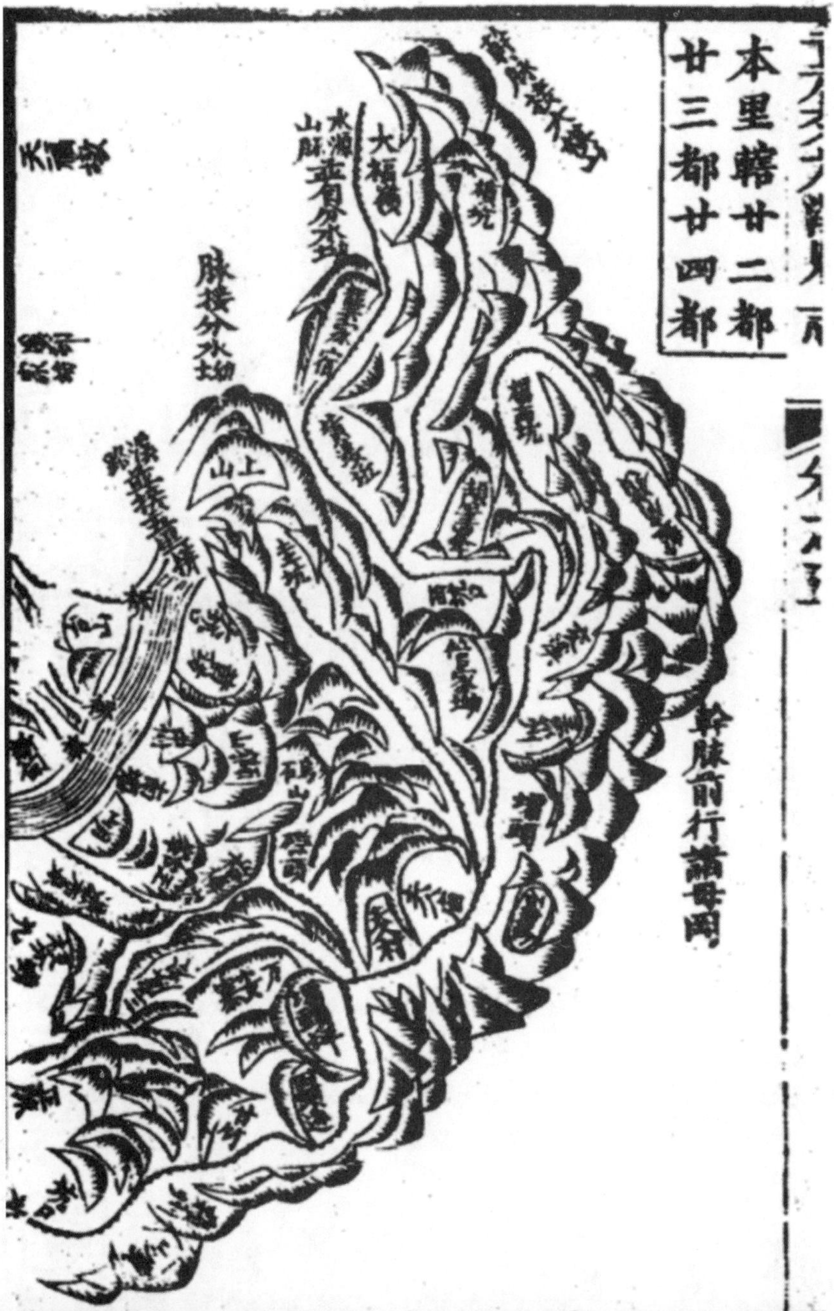

里圖

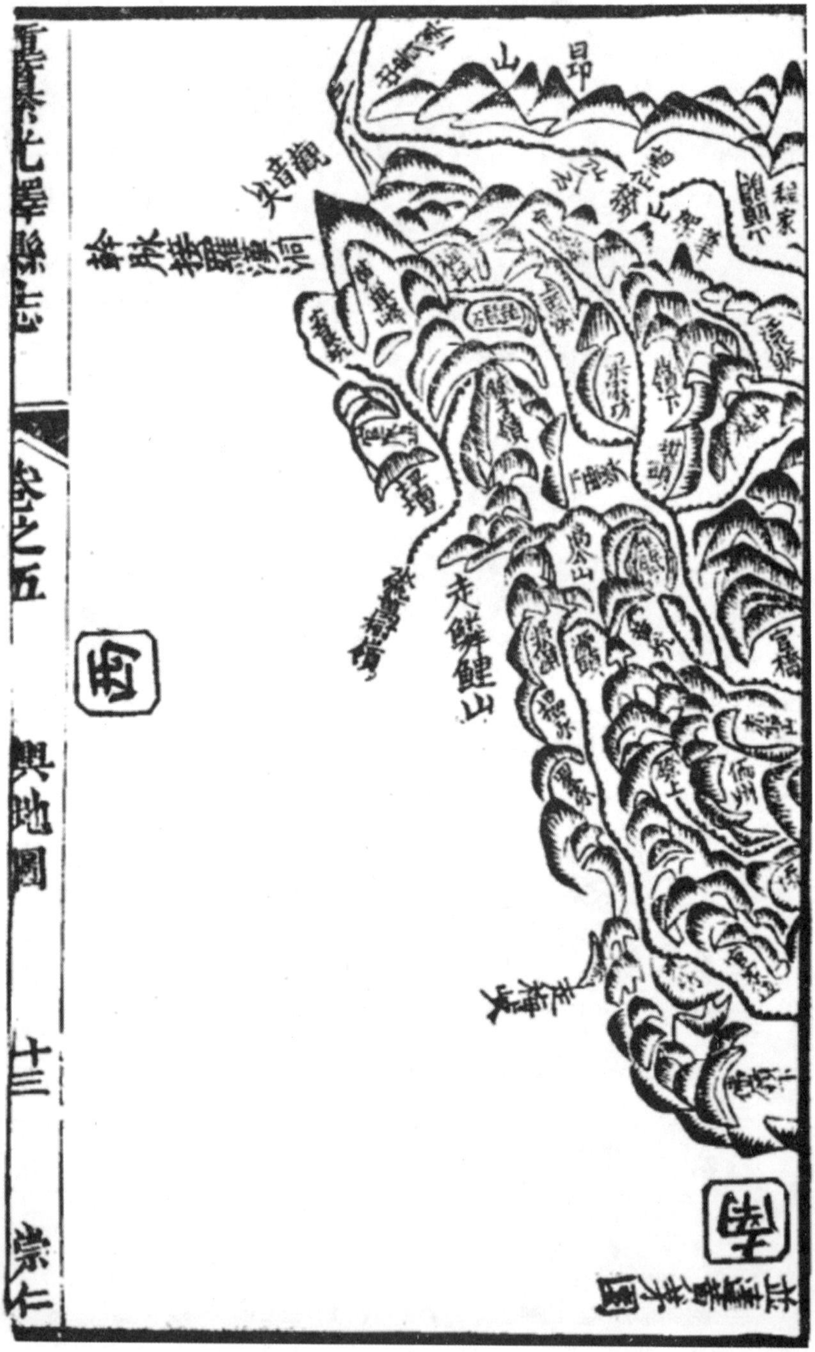

崇仁

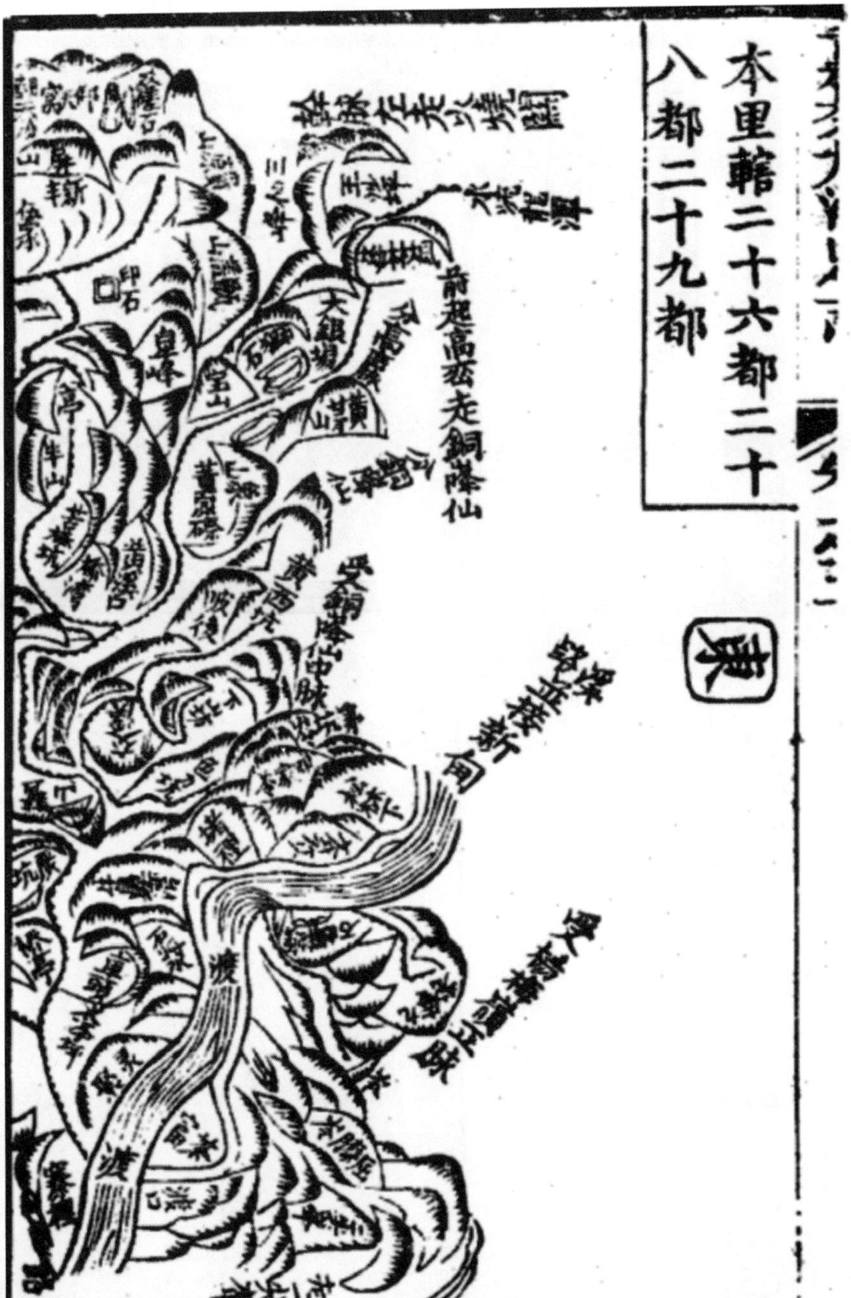

◎崇仁里图

里圖

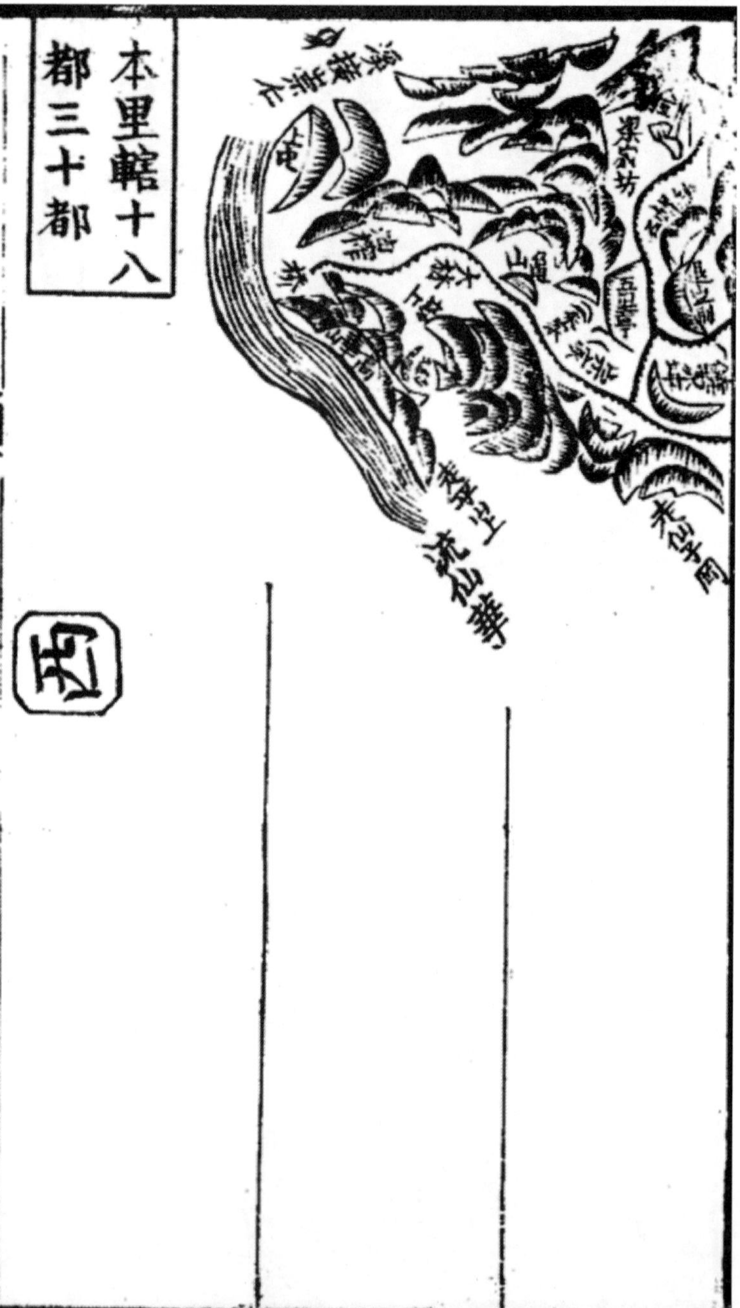

光澤縣志 卷二 輿地圖 十四 永寧

永寧

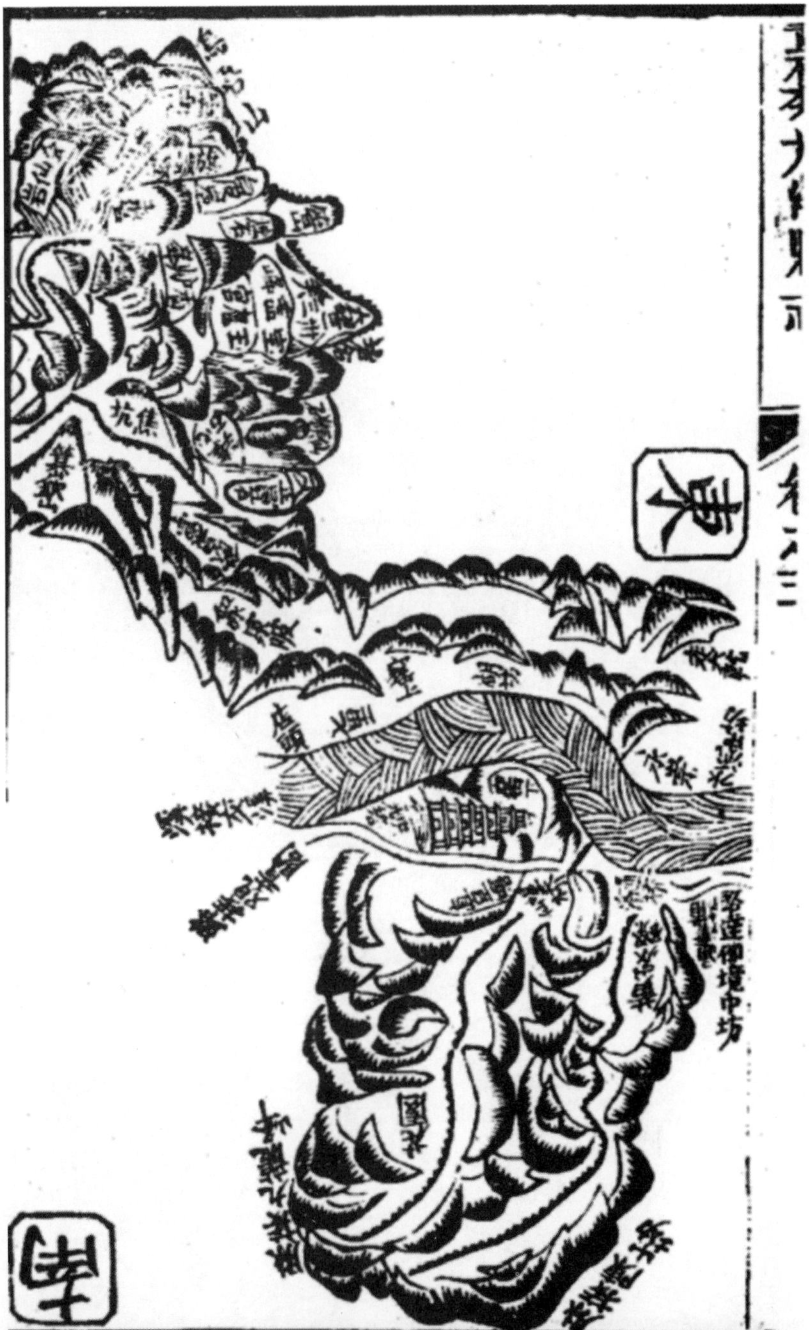

◎永宁里图

之圖

雲巖

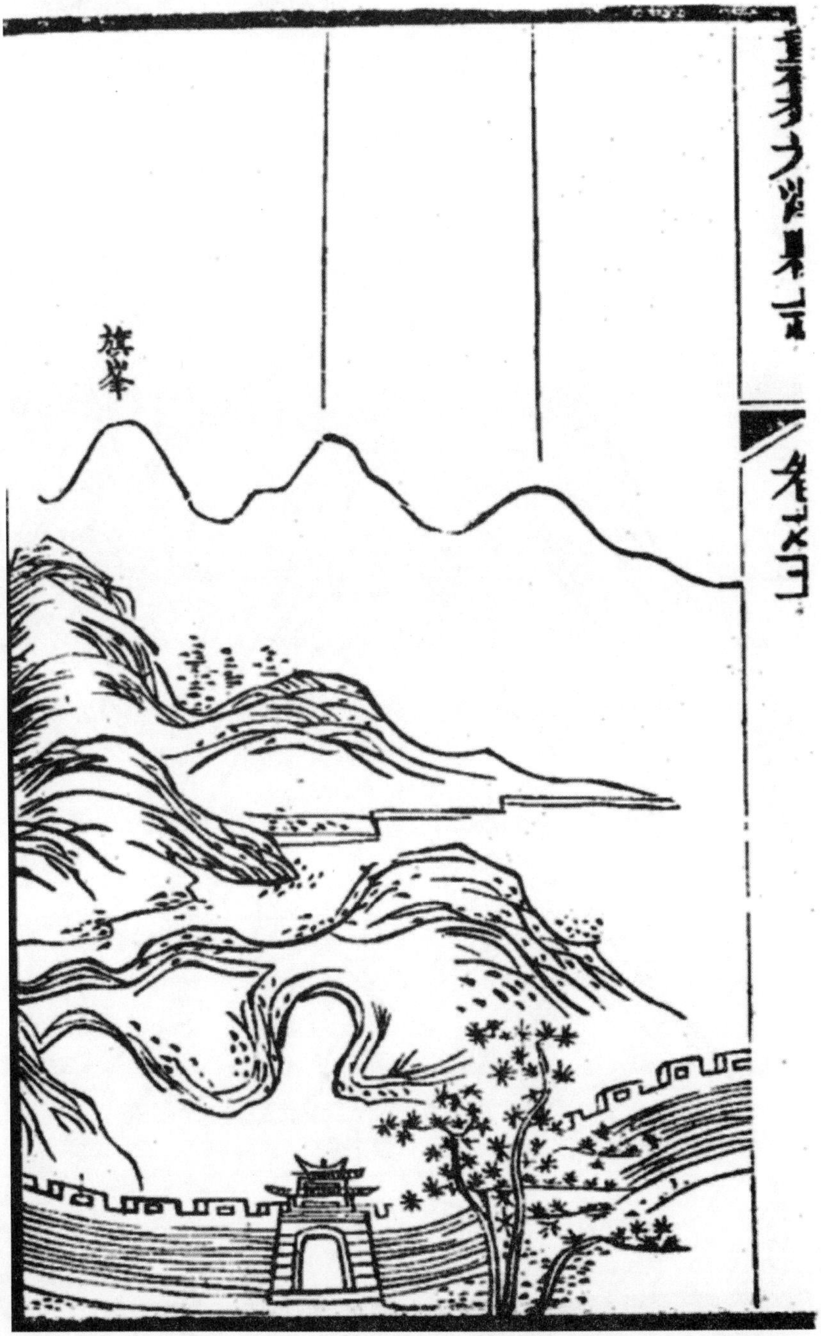

◎云岩之图

山圖

烏君

卷之五

略卷一　舆地略（重纂）

疆　域①

光泽宅闽最上游，闽西北一阨塞也，其地西北赢而东南缩。东至邵武界彭墩三十里，疆以坪溪（隶十八都）。（旧志误东南至为东至，故阙此一界，并阙东南至，今补。）西至江西新城界七十里，疆以杉关（隶九都）。南至邵武界上源二十里，疆以陈家山坊（隶一都）。北之左至江西铅山界一百二十里，疆以云际关（隶二十五都）；右至江西贵溪界一百二十里，疆以山头关（二十九都）。（旧志阙此界，北至便落偏且漏，今补。）东南至邵武界中坊二十里，疆以通津塘（隶三十都）。（旧志指为东至，误辨，详《山川略》）西南至邵武界金坑邨八十五里，疆以茅粟（隶六都）。（旧志亦阙，故八到止有六到，不经之极。）东北至建宁府建阳界一百里，疆以盘肩岭（在二十三都）。西北之左至江西泸溪界焦溪九十里，疆以花山界（隶二十七都），右至泸溪界彭家邨一百里，疆以下孔坑（隶十三都）。（旧志阙此界，西北隅去一大角，今补。）通计东西广一百里，南北长一百六十里，东北暨西南袤二百里，西北暨东南袤一百二十里，由通津抵郡治六十里，抵省治七百八十里，由云际关抵京师四千八百三十里。（据《山居章步志》订定，下同。）

关　隘

其关六，隶西道者二。曰杉关，唐广明元年建，岭峻道狭，仅容单骑。明洪武三年增雉堞瓮，以石门而阁其上，商贾踵趾，交道置税焉。元末陈有定破剧贼邓克明于此。明太祖遣胡廷瑞以兵定闽中，道此入，遂下延邵。正

①底本文字竖排，右至左，记述完疆域的内容后，另起一行标注“右疆域”（即右边所记为疆域）。今目名列前，全书同。

统末为沙寇邓茂七所据，其冲要推闽陆道第一。曰铁牛关，亦广明元年建，迄明末并设大禾山。国初，从把总黄六奇请徙黄石口岭上（在二十七都），道益狭，旁扼巨滩，（二十七都水从此出泸溪）削立无岸，天险也。隶北道者四。曰山头关（在铁牛关左，相距六十里），出贵溪；曰火烧关（在二十四都），曰云际关，曰马铃关（在二十五都），并出铅山。惟云际为孔道，其税与杉关埒。而西北道又有八隘，西曰极高隘（六都）、岩岭隘（七都）、羊头隘（八都）、高岭隘（九都）、风扫隘（十二都）、孔坑隘（十三都），北曰昂山隘（二十九都）、蛇心隘（二十都）。极高在西之南，孔坑在西之北，高岭、羊头、风扫以次而北，虽高岭在杉关右，而岩岭为杉关来脉，昂山为铁牛去脉，唯蛇心别一处，与关远，系南干支中支。其七隘皆南干本支也。

形　胜

盖南干由云南历两广逾庾岭，北隔大江，南趋入汀。由汀入邵至邑六都茅粟冈，东行作县治，北行起极高隘、而岩岭、而高岭、而杉关、而羊头、而风扫、而孔坑。由风扫转而东，为铁牛，又东为昂山。起山头关、而火烧、而云际、而马铃，转而南起诸母冈，北走江西，东走建阳，南结乌君。乌君，南干东蔽也。西北二溪，一东流，一东南流。正干遂分三路出脉，左右西溪者，为西脉；左右北溪者，为北脉；中二溪者，为中脉。故自西而北而东而南，皆崇冈峻岭，绵亘绎属，古称四塞之地。我邑可称三焉，东南一隅迩邵武，无大山障之，又二溪合流，抵郡多平冈，水险亦失，故寇自江西及建阳来者，扼诸岭隘，一可敌百；若东南有贼，则守在郡治（城固足守）。郡治不守，我以孤城当贼冲，其势倍难矣。宋绍兴初，建贼范汝为陷邵武军，统制李山退保光泽，卒为所迫，转走信州（今广信府），光泽亦陷。然西北有贼又足为郡治之扞，果杉关守将得人。如元末邓政、明末元体中，郡可无事，皆明征也。此形胜之说也。

城　厢

其县治（以县署为主）面九龙负九墩（详《山川略》），而枕西溪带北溪，并桥其上，以导往来。（北溪设浮桥，西溪梁东西二桥）通南山泉及引西溪水入城，以渫污润泮池。城北临溪南依山，唯东西列市廛第宅。有九街（旧志十街，有儒学街，在三条街内，今删）、八坊、三十九巷，亦一繁会区也。

九街者：一前街，起西城外西桥南，尽东城外家传理学坊东（计长三里，内包东门街、棋盘街、县前街、学前街、西门街、桥背街）；一后街，起西城跟，尽东城跟（在城内，路曲有八）；一三条街（旧志作三后街，既无二后街，三字不可通矣。土称三条街，合前、后街，数名确极，从之），起坛岭，尽宾贤坊南（在城内，宾贤坊土称石牌楼）；一丁字街，起城隍庙井右，尽施家巷（在城内，施家巷即前街，南通后街第十四巷）；一角带街，起宾贤坊，北绕旧学，后接丁字街（在城内，湾环如带，故名）；一山川坛街，起山川坛，尽西桥南，接前街（在西城外，土名寺前街，寺谓龙兴寺）；一杭头街，起环翠桥（土名环西桥），尽春台桥北（在西城外）；一茶焙街，起岭头，尽西桥北（在西城外）；一镇岭街，起东桥北，尽浮桥南（在东城外，分上镇岭、下镇岭、桥前三街）。

八坊者：一福民坊，在城中，西接惠济，东接善利（宽，县署学宫、城隍庙、杭川书院咸在）；一惠济坊，介西城内外，内接福民，外接洪济（宽，武署射圃、文昌宫、紫阳书院咸在）；一善利坊，介东城内外，内接福民，外尽迎恩亭，北至东桥之半，接镇岭（狭，有先农坛）；一镇岭坊，在东城外，逾桥而起东桥之半，接善利，尽于浮桥（宽，有社稷坛、云际关验税务）；一洪济坊，在西城外，西南起山川坛，东接惠济，北尽西桥，接顺化（次宽，山川坛、杉关税务、关帝庙、天上圣母宫、节孝祠咸在）；一顺化坊，在西城外桥北，西起钵盂石，东尽茶焙十字街西（狭）；一武陵坊，在西城外隔溪东北，西接顺化，东北尽鹰嘴亭（狭）；一澄清坊，在西城外北，即杭头街也（次狭）。

而三十九巷均在城内，前街北十一巷并通城墙，南十六巷并通后街，皆起西城，尽东城后街。十二巷通三条街及角带街，起西讫东如之。其前街北第六巷为福民、惠济二坊界，中包小巷，曰三褶巷。第十一巷西数十武为福民、善利二坊界，东倚城堞，以通城上，亦名曰巷南。第十巷对学宫泮池，引水于此巷，通阴沟，甃以石板成路。第十三巷中藏直巷，与后街骈列，俗名篙杠街也。后街第十一巷由城隍庙，通角带街，中藏直巷曰黄家巷。而合前街南第十四巷成街，即丁字街也。

都　里

其都里，宋立二乡，西乡领归仁、延福、冲霄、永历、招德五里，北乡领安福、招贤、永德、崇德、永宁五里。

南渡后，鄞人袁燮奉檄振浙西饥，令每保画一图，悉载田畴、山水、道路、居民名数治业，合保为都，合都为乡，合乡为县，振之无遗，后有征发、争讼、追胥，按图立决。朝廷下其法，诸县都图之名以立。光泽遂析十里为三十都，又另立在都于附郭，共为图八十有二。

明正德末，定五十三图，而在都三图，一都二图，并附郭，不领于里。其外，归仁里领二都、三都、四都，为图四（二都多一图）；延福里领五都、六都、七都，为图四（五都多一图）；冲霄里领八都、九都、十都，为图六（各二图）；永福里领十一都、十二都、十三都，为图四（十三都多一图）；招德里领十四都、十五都、二十七都，为图四（十五都多一图）；安福里领十六都、十七都、十九都，为图五（十六都、十九都多一图）；招贤里领二十都、二十一都、二十五都，为图三；永德里领二十二都、二十三都、二十四都，为图六（二十三都多一图，二十四都多二图）；崇仁里领二十六都、二十八都、二十九都，为图九（二十八都多五图，二十九都多一图）；永宁里领三十都、十八都，为图三（十八都多一图）。

一都[①]　虽不领于里，亦不专附郭，有邨二十一。

上黄家（次宽）、下黄家（狭）、大岭下（狭）、塘石湾（狭）、白水礤（狭）、陈家山房（宽，接邵武上源）。（以上郭西南）

鹰嘴亭（狭）、徐源（狭）、七里庙（狭）、高源（次宽）、熊家（狭）、朱家源（狭）、丁家（狭）、后坊（狭）、路边（狭）、排上（狭）、凤窠（狭）。（以上郭西北）

仙子冈（狭）、坪山上（次狭）、仙华洲（狭）、铜锣山（狭）。（以上郭东北）

新增邨一：莫家段（狭，在郭东北）。

---

①底本“一都”前有“而”子。为统一格式，未录。

二都　县西二十里（以首一邨为准，余仿此），图二，有邨十八。

高田（宽，有铺有塘）、石岐（次宽，有铺有塘，去城西十里）、黄溪（宽，有铺有塘，去城西三十里）、长山（宽，有铺有塘，去城西四十里）、牛岭（次狭）、册下（次狭）、何家山（狭）、鸬鹚形（狭）、双门亭（狭）、佛赛（狭）、易沙洲（次狭）、大坂上（宽，有津渡）、水垄（狭）、上小源（次宽）、下小源（次宽）、傅家湾（狭）、陈家坪（狭）、羊尾（狭）。

新增邨二：泥墙亭（狭近高田）、上墪（狭）。

三都　县西南三十里，图一，有邨二十。

虎跳（宽）、新坊（宽，有津渡）、黄泥墪（狭）、姑婆潭（狭）、上朱溪（狭）、下朱溪（狭）、严坑（狭）、陈家滩（狭）、赞马（狭）、陈源（狭）、浮溪山（狭）、羊头（狭）、大洋（狭）、徐家坪（狭）、梨树窠（狭）、下墙窠（狭）、塘下（狭）、大塘边（狭）、企岭下（狭）、水阁上（狭）。

新增邨三：中朱溪（狭，介上下朱溪）、易家坑（狭）、琉璃坑（狭）。

四都　县西四十里，一图，有邨十九。

水口（宽，分上街、中街、豆角街、有行过载）、京牙（宽，有铺有塘，去城西五十里）、溪背（狭）、水尾（狭）、横南（宽）、秋竹源（狭）、坪上（狭）、排下（狭）、墩上（狭）、塔子上（狭）、学堂下（狭）、杨梅坪（狭）、桃林（狭）、官家邨（狭）、彭家邨（狭）、董家邨（狭）、邱家邨（狭）、邱家店（狭）、鸡笼山（狭）。

新增邨二：耽溪（狭，近京牙）、坑子口（狭）。

五都　县西南六十里，图二，有邨二十二。

管密邨溪东（宽，分前、后二街，居吴姓、吕姓）、溪西（宽，分前、后、中三街，居曾姓）、神山下（狭）、戴家边（狭）、解竹（狭）、麻洲（狭）、石城（宽）、黄源（宽，旧名危家源）、查田（狭）、曾家排（次狭）、彭家边（狭）、庵头（狭）、沙洲坪（狭）、白家湾（狭）、祝家湾（狭）、梁家磜（狭）、姚家园（狭）、酒文（狭）、兜溪（狭）、枧头（狭）、下湾（狭）、高家窠（狭）。

六都　县西南八十里，图一，有䣜十九。

上观（宽）、江家（狭）、退偃（狭）、桂家（狭）、后杉（狭）、前杉（次宽）、相见湾（狭）、洋头（狭）、富陇（狭）、埠头（狭）、观庄（宽）、何家湾（狭）、文家边（狭）、长源（狭）、大林家（狭）、小林家（狭）、瓜溪（狭）、罗家渡（狭，有曲桥，无渡）、长排庵（狭）。

七都　县西南七十里，图一，有䣜二十一。

李家坊（宽，一名凤凰里，民居同向，横巷鳞次）、高家坊（次宽）、山头（狭）、祀林（次狭）、黄茅（狭）、毛家岭（狭）、百岭磜（宽，名登秀里，族居邓姓）、陈源（狭）、炭山（狭）、赛前（狭）、枧坑（狭）、徐坪（狭）、磜上（狭）、上坊（狭）、下坊（狭）、店上（狭）、徐家坑（（狭）、小林家（狭）、垌头（狭）、太源（狭）、吴屯（次狭）。

新增䣜一：后洋（狭，近吴屯）。

八都　县西八十里，图二，有䣜十九。

亲睦里（宽，居黄姓）、仁厚里（宽，一名磜下排，居黄姓）、岛石山（宽，一名刘家边，居何姓）、山坳（次狭）、朱家坊（次宽）、北桥里（狭）、羊头隘（狭）、山寺（狭）、桃头岭（狭，水流新城）、大福坑（狭）、水尾（狭）、胡家（狭）、罕田（狭）、岭上（狭）、董家源（狭）、沙坪源（狭）、象头䣜（狭）、张家边（狭）、舟田庄（狭）。

新增䣜一：广头窠（狭，近亲睦里）。

九都　县西七十里，图二，有䣜二十九。

杉关（宽，有铺有塘）、驿前街（宽，旧有驿，因名）、严溪（狭）、路口桥（狭）、九里桥（次狭）、福地门（狭）、茶坪上䣜（狭）、茶坪下䣜（狭）、东山上（狭）、上磜官家（狭）、虞家（狭）、茶园（狭）、庄下排（狭）（以上四䣜统名上磜）、官家源（宽）、前洋（狭）、后洋（次宽）、官家里（宽，旧名杨家里）、楼台（次宽）、江家边（狭）、亭子上（狭）、前山（狭）、高岭（狭）、枫林坪（狭）、排上（狭）、东段（狭）、黄花林（狭）、官家窠（狭）、山头（狭）、徐六源（狭，在关外）。

新增邨二：岩头（狭，近官家源）、吴屯（狭）。

十都　县西六十里，图二，有邨二十三。

止马街（宽，驻大寺寨巡检司，有铺有塘，旧有社学，今废）、六源（宽）、瓜坪（次宽）、危家塘（宽）、洪家庄（次宽）、小寻洋（次狭）、大寻洋（次狭）、寻江（狭，居朱姓）、蔡家边（狭，居吴姓）、黄茅（狭）、黄泥垄（狭）、黄家邨（狭）、衙前（狭）、大坂（狭）、小坂（狭）、军营坪（狭）、上后山（狭）、下后山（狭）、黄家圳（狭）、毛家排（狭）、油源（狭）、楼前（狭）、余家坪（狭）。

十一都　县西七十五里，图一，有邨二十三。

何邨（宽）、虎塘（次宽，居陆姓）、上井（狭，元儒黄镇成故里）、郑家（狭）、下严洋（宽）、上严洋（次狭，水流新城）、邹家湾（狭）、丁窠（狭）、双坑（狭）、磴岭（狭）、溪背（狭）、莲塘湾（狭）、黄瓜坪（狭）、白家（狭）、西边排（狭）、白石（狭）、梨树窠（狭）、下墙（狭）、大坑（狭）、横源（狭）、稍窠（狭）、仙子地（狭）、舟田庄（狭）。

十二都　县正西北九十五里，图一，有邨十。

举贤陈家（宽）、蔡家（宽）、龚家（宽）（以上三邨统名举贤）、蕨畲（狭）、长源（狭）、桥头（狭）、横排邨（狭）、半源邨（狭）、锄茶邨（狭）、窑上邨（狭）。

新增邨五：西边（狭）、李家（狭）、上陈段（狭）（以上三邨并举贤分置）、西坪上（狭，近窑上）、谢家（狭，近蕨畲）。

十三都　县西少北九十五里，图二，有邨二十。

增芳（宽）、楮林（宽）、孔坑（次宽）、营心（宽）、磜下（狭）、上畲（狭）、小源（狭）、凤尾（宽，旧名水尾，举贤水从此出泸溪）、源头（宽，一名源溪）、高坑（狭）、黄畲（宽）、邱源（狭）、池源（狭）、上坊（宽）、沙湾（宽）、上邹（宽）、下邹（次宽）、蓝坑（宽）、沙坪（宽）、丰树坪（次宽）。

新增畲一：马肥塘（狭）。

十四都 县西北六十里，图一，有畲二十一。

西源（宽，水西流，故名）、岩下（宽）、椀窑（次狭）、蔡源（次狭）、张家窠（宽）、上坑（狭）、神仙坵（次宽）、九坵（狭）、半山（狭）、河舟坪（次宽）、何家坊（次宽）、白羊（狭）、卢家蓬（狭）、柞口（狭）、杨家寮（狭）、山窑（狭）、王六源（狭）、五里坑（狭）、磴岭畲（狭）、程家山（狭）、上山庵（狭）。

新增畲一：山腰（狭）。

十五都 县西北四十里，图二，有畲二十四。

华桥（宽，有塘）、官墩溪曲（宽）、谷里（次宽，旧名谷源）、黄家边（次宽）、范家边（狭，旧名艾家边）（以上四畲总名官墩）、高屯排（狭）、危屯（狭）、饶家排（次宽）、官中窠（次狭）、坑边上畲（狭）、中畲（次狭）、下畲（次宽）、黄源（狭）、吴屯桥头（次宽）、裏何家（狭）、中何家（狭）、泉水何家（狭）、新屋下（狭）、后坊（狭）、岭下（狭）（以上七畲总名吴屯）、大山头（狭）、邓家磜（狭）、长广窠（次狭）、林家边（狭，旧志以侨寓十四都人食本都盐，因入十四都，今刊正）。

新增畲四：黄家磜（次宽）、风坳（狭）、水尾（狭）、撮斗窠（狭）。

十六都 县西北四十里，图二，有畲一十六。

啸溪（宽，一名小磜，居危姓）、渠溪（宽）、渠口（次宽）、源头（狭）、大磜（次宽）、沙坪上（宽）、上重排（狭）、下排（狭）、北冲（狭）、南冲（狭）、兰乾（次宽）、石壁窟（次宽）、江家段（狭）、潭头（狭）、费头（狭）、九折（狭）、山聚（狭）、池家（狭）、石蝓坑（狭）、茅坪（次狭）、柄上（狭）、店上（狭）、邓家边（次狭）、傅家（狭）、龚家坑（狭）、李家坊（狭）。

新增畲一：灵阜（狭，一名游家，近茅坪）。

十七都 县西北三十里，图一，有畲三十六。

大洋营陂遐（宽居邱姓）、楼下（宽，居邱姓）、蔡家排（狭）、周家（狭）、段上（狭）、塘角湾（狭）（以上六邨总名大洋营）、岵上丁家（宽）、徐家（狭）、罗家（狭）、下井窠（狭）（以上四邨总名岵上）、邓源（宽，居危姓）、茶演（次宽）、金陵山（次宽）、廖家（狭）、北塘（狭）、上石垓（狭）、下石垓（狭）、溪背（狭）、枧水垓（狭）、大园（宽）、磜面上（次宽）、桐树下（宽，一名崇瑞里）、江家窠（宽）、饶家（狭）、郑家（狭）、傅家窠（狭）、吴家洋（狭）、严家冊（狭）、朱家山（狭）、井潭（狭）、严婆桥（次狭）、陈家排（狭）、大塘严（狭）、西陇（狭）、马洲上（次狭）、鹅公鼻（狭）。

十八都　县东二十里，图二，有邨十四。

梁家坊（宽）、大富上（狭）、大林（狭）、宗家（次宽）、朱家（次狭）、擎下（狭）、饶家坪（宽）、井头（狭）、油榨（宽）、笤山背石磐上（狭）、鳌头（次宽）、坪溪（宽）、聚粟坑（狭）（以上四邨总名笤山背）、上屯（宽，邨有小涧桥，桥北属十九都）。

新增邨八：丁家山（狭）、靛山溪（狭）、麻姑山（狭）、护驾神（狭）、大窠（狭）、岩前（狭，并在笤山背）、五里亭（狭近饶家坪）、坳上（狭）。

十九都　县北十五里，图二，有邨十。

崇仁（宽，有塘，旧有城遗迹，未湮）、池湖（次宽）、溪东（次宽）、安浆（次宽）、大阳（次狭）、许磜（次狭）、槲州（狭）、乌石（次宽，分上下）、上屯桥上（次宽）、洋宁（次宽分上下）。

新增邨四：圳上（次狭）、墪头（狭）、杨家福（狭）、火烧岭（狭）。

二十都　县北二十里，图一，有邨二十五。

大里峰（宽，有塘水）、东邨（宽）、天坪街（狭）、招德（宽）、高溪（狭）、汉溪（宽）、湖象（狭，一名湖塘）、下台（狭）、下坪溪（狭）、谢家边（次宽）、上坪溪（次狭）、宋坊（狭即宋家衕）、苏家（狭）、礲硿（狭）、柴家（次宽）、城下（狭）、赤米坑（狭）、玲珑（次宽）、叶坊（狭）、梁家边（狭）、靛竹坑（狭）、象鼻湾（狭）、三坵岭（狭）、鸡笼山（狭）、廒山（狭一名廒上）。

新增郡七：上（狭）、雷公坑（狭）、爆上（狭）、官家楼（狭）、九礤（狭在观音尖下）、不子坑（狭，坑背即贵溪洋金坑）、土库（狭）。

二十一都　县东北八十里，图一，有郡十三。

遐洋（宽）、傅家地（次宽）、黄岭（狭）、想思演（狭）、百石（次宽）、儒塘（次宽）、三路坑（次宽一名山步铿）、三州（狭）、乌洋（狭）、里院（次宽）、龚家庄（狭）、扫帚尾（宽）、冬瓜坪（次狭）。

新增郡七：溪塘边（狭，近遐洋）、大州郡（狭）、沙垄（狭）、桥坑（狭）、上碗窑（狭）、独自段（狭）、玲珑（狭）。

二十二都　县北五十里，图一，有郡二十三。

赛前（宽有塘）、大青郡头（狭）、中郡（宽，居傅姓、张姓）、水尾（狭）、归洋（狭）、小寺洲（次宽，有塘，北去县四十里）、洋头（狭）、湖边（狭）、清塘（狭）、大寺寨（狭，旧驻巡检司，后徙杉关，又徙止马，而名不易）、可坑边（次狭）、黄茅园（狭）、溪子口（狭，有渡）、山口（狭）、黄屯（次宽）、半路（狭）、梅岐（次宽，一名梅溪）、杨安（狭）、万树岭（狭）、西洋（狭）、黄茅寺（狭）、大坪（次狭）、黄家礤（狭）。

新增郡二：月山下（狭，近小寺洲）、垄边（狭，近大坪）。

二十三都　县东北一百里，图二，有郡二十六。

圭州（宽一名圭坑）、里西坑（狭）、大福（次狭）、上陂头（狭）、聂坑（狭）、川头（狭）、甘竹（宽）、坑口（狭）、苏州（狭）、黄家坑（狭）、田头边（狭）、龚家宿（狭）、黄婆坵（狭）、管家坳（狭）、夫人郡（次宽，有塘）、礤头（狭）、半礤（狭）、广头（狭）、顺坑（狭）、大义（狭）、礤面（狭）、茶宿坑（狭）、黄茅（狭）、罕坑（狭）、乌石（狭）、龚家边（狭）。

新增郡四：坝头（狭，近夫人郡）、小福（狭）、林下（狭）、西坑口（狭）。

二十四都　县北九十里，图三，有郡三十五。

新甸街（宽，一名莒溪，有汛有塘）、毛湛（宽旧名王家湛）、管家洲（次宽）、柜林（宽）、连家边（狭）、曹家舍（狭）、邓公畲（狭）、夏家源（狭）、台山（次狭）、徐务（狭）、何家边（狭）、山院（狭）、湛田（次宽）、吴家（狭）、王家陂（狭）、黄坊（狭）、梁家源（狭）、瑞溪（狭）、山坊（狭）、东山（狭）、李家墩（狭）、金家陇（狭）、毛头山（狭）、龟山下（狭）、南塘（狭）、金满斗（狭）、乌石（狭）、枫树陇（狭）、程家岭（狭）、柳家宿（狭）、杨梅岭（宽）、圳头陇（狭）、中州（狭）、坪坪（狭）、磜角岭（狭，今名磜角景，又名积毂岭）。

新增邨四：观音堂（狭）、猫眉坳（狭）、南源（狭）、廷寮（狭）。

二十五都　县北一百三十里，图一，有邨二十三。

大坪（宽）、陇头（次狭）、墼下（次宽）、袁家坊（狭）、长茎（狭）、李家坊（狭）、云磜坑（次宽，有塘，北去县百三十里，有税务）、司前（宽，有塘，北去县一百一十里，今税务移此，以杜逗漏）、梅坪洲（宽，有塘，北去县一百零五里，有行回载）、半山（狭）、半山墼（狭）、紫溪（狭）、半港（狭）、金家（狭）、下邨（狭）、周家（狭）、洋渡坑（狭）、岭后（狭）、乌源（狭）、源头（狭）、林下（狭）、诸筹岭（狭）、西坑（狭）。

新增邨三：鲍家洲（狭）、云际坑（次宽）、洪家邨（狭）。

二十六都　县北八十里，图一，有邨二十。

举贤（宽，有塘）、堵里（次狭，有塘，北去县七十里）、牛鼻湾（狭，有塘，北去县六十里）、茶富（宽）、石浆（次狭，有波）、渡头（狭）、举安坑（狭）、富家坪（次狭）、大公洲（狭）、棕树湾（狭）、枣树段（次狭）、黄家洲（狭）、长山排（狭）、黄家染（狭）、罗家坑（狭）、洪家庄（狭）、何公段（狭）、屈膝岭（狭）、邱家磜（狭）、小寨邨（狭）。

新增邨一：饶家坑［狭，近人（大）公洲］。

二十七都　县西北六十里，图一，有邨二十六。（总名圆岱，旧志作一邨，误。）

黄家庄（宽一名王田里）、大禾山（次宽，旧有铁牛关，今移黄石口岭）、小禾山（狭，旧志入十四都）、小溪边（狭）、叶家邨（狭）、龚家墙（狭）、危家源（狭）、营前（狭）、林家邨（狭）、邱家湾（狭，一名邱坊）、举林（（狭）、陈家店（狭）、何家邨（狭）、西坑（狭）、排上（狭）、小一（狭）、李家邨（次宽）、东溪（次宽，一名东皋里）、熊家邨（次宽）、杨家邨（次宽）、罗家洲（狭）、源头（狭）、龚家礤（次宽）、王家陌（狭）、老鸦坑（狭）、黄石口（宽）。

新增邨五：铁牛关（狭，在黄石口岭上，有塘，有税务，旧在大禾山，今徙此）、花山界（狭，界泸溪）、新路（狭，一叶家邨）、太平桥（狭）、烟山（狭）。

二十八都 县北五十里，图六，有邨五十三。（总名东塘，旧志作邨，误。）

寨里（宽，上街为寨里，属是都；下街为寨前，属二十二都。以水沟为界，有渡）、灵聚（次狭）、义学坪（狭）、程家边（狭）、官家边（狭）、吴家边（狭）、界竹（次狭）、王家段（狭）、朱家山（狭）、陈家（狭）、山坊（狭）、沙章傅（狭）、张公礤（狭）、岭下（狭）、浆源大邨（宽）、源头（狭）、罗家（次狭）、场家（狭）（以上四邨总名浆源）、桥亭上（次宽）。（以上一图）

车头（次狭）、彭家（狭）、富足坑（狭）、下茅坪（狭）、上茅坪（次狭）、严坑桥（狭）、瓮头（狭）、礤上（狭）、儒州（宽）、邱家边（狭）、溪求（狭）、山口（狭）。（以上二图）

许山（狭）、泽头山（次狭，一名赤头山）、棕笼坑（狭）、桐树墪（次狭，一名白牛峰）（以上三图。按：三图人多侨寓官桥，欲补官桥，不可从，本廿九都。）

下山坊（宽）、交溪邨（狭）、松林下（次宽）、色力坑（狭）、上阮（狭）、庄坛上（狭）、张家山（狭）、上瑞溪（次狭，此与二十四都瑞溪同源，别之）、石枧（宽）、黄西坑（次宽）。（以上四图）

黄蝓坑（狭）、陂后（狭）。（以上五图）

邓家岭（次宽）、巾邨（狭）、梁家坊（狭）、蒲家岭（狭）、横段（狭）、蛟龙窠（狭）。（以上六图。旧止五图，此系三图所分）

新增邨四：高家邨（宽）、南源邨（次宽）、傅家源（次宽）（以上五图）、桥湾（狭，属三图）。

二十九都　县北一百二十里，图二，有邨三十七。

山头关（宽，有塘，有税务）、田头（狭）、长坑（狭）、何家邨（狭）、大坪（狭）、江家邨（狭）、董家磜（狭）、大银场（宽）、黄溪口（次宽）、西溪（狭）、黄家山（狭）、岭下邨（狭）、程家邨（狭）、笔花坊（狭）、伍家邨（狭）、新丰邨（宽）、江家坂（狭）、黄家塘（狭）、桃树坑（狭）、官家磜（狭）、洋上（狭）、半山邨（狭）、遗安坊（狭）、苦竹坑（狭）、黄家排（狭）、吴家排（狭）、泥竹坑（狭）、黄沙坪（狭）、马银坑（狭）、杨梅石（宽）、黄坑（狭）、梁家坊（狭）、中桂邨（次宽）、中桂官坊（宽）、堪头（狭）、坪坛（狭）、官桥（次宽）。

新增邨三：山外（狭）、安民坑（狭）、梅坪（狭）。

三十都　县东南二十里，图一，有邨十四。

黄家磜（宽）、直埠陇（次狭，有塘，东南去县十里）、大州（狭）、店头（狭）、窑上（狭）、埂上（狭）、湖步（狭）、七里（次宽）、永崇（次宽）、安将（次宽）、众家陂（次狭）、水西（狭）、花园（狭）、茅墩上（狭）。

物　产

其物产，旧志芜杂，不合体例，又所列皆诸县同有，可掇而来，可移而去，志犹不志也。今别为八：

一专有者。曰野蘰，不多得，类长乐产，出筈山。曰芒稻，每粒长数寸，出西乡。曰石担，鱼首类鲇而骨软，身类鳜而腹平，出夫人邨溪。

一间有者。熊、鹿、麞、麂、山羊、橐猪、玉面狸（俗呼果子狸）、貒（俗呼滚地猪）、山雉（《尔雅》名鷮，俗呼寒鸡）、莺蚶、乳香、天生苓、素心兰、素心蕙、观音泥（大饥则产此泥，澄净，和米少许，可充腹。新谷登场则无。然多食则病，闭结或胀闷。故其治闭结，润以膏脂或脾约凡可已，由土性燥而味涩也）、竹米（亦大饥有之，天之爱人，可谓甚矣）。

一昔无今有者。红花草（刘后布子田中，及春作花如锦，犁入土中，可以粪田，为农利最溥）始北乡农夫；山东白菜始附郭；菜圃棉（所产不多，后货属所列布，其棉乃买自境外者）、木瓜、土朴始西乡；苧荠始仙华；江南金凰花（岐干艳，殊常品）、平和橘由邑侯石敬斋、陈冠山二先生携来，始得种；又义竹始上官氏竹园；天竹始高氏绣草庐；夏菊始上官氏铸人草堂；碧桃花、重瓣杜鹃、西府海棠始高氏四照天园；苹果始何述庵；沙果始何捧亭；玛瑙蒲萄、牛嬭蒲萄（嬭，音奴蟹切，古文作乳）、香牡丹始黄守山；观音帚始傅韫皋；夹竹桃始何辰旭；西河柳始陈怀武；公孙橘始张元旦；柰始吴氏在田书屋；橄榄始城南菜圃；铁萼松、罗汉松（一名罗汉果，其结实如僧趺坐，故名）、香橘、七叶洋枫、金钱松始何氏别墅；五鬣洋松、佛手柑、小叶樗、紫根菖蒲始高美叔，并购种他所，流布稍广，遂成土产。

一昔有今无者。往时患虎比人，实山空兽无藏宅，即百围之木、千年之茅，其尽可知。又孩时见乡老衣牛绒（织牛毛为之），家蓄蜎、锦鸡，今近六十年，不惟不见，亦无道之者。二十七都芍药岁可卖千金，乌君以北所产香菌亦数百金，今皆荡然无存，故并断曰无。

一名远播者。茶以老君眉名（乌君山前、山后皆有）；纸以盖山白名（出北路）；鱼钩以崇仁名；石耳（俗呼崖菰）以诸母冈名；新甸之梨（旧产庭燎）实大足敌山左大里之蔗，味甘突过。沙邨陈酒见纪于《说铃》，年糕见嗜于瓔瓢（瓔瓢山人，黄慎宁化名。人客光泽，每归，必索主人烝赠，满载而去）。至他佳品，仅名本邑，故不列。

一名久著者。县署之樟（二株，相传初建县时所植）、文笔峰之松、松坪之枫（向松多枫少，今松存一株，枫存五株，根拔土者二尺许）、栗坪之栗（今坪属高氏祠，人不知有栗树坪名，其栗尚存一株，在祠东隅），皆数百年物也。（如城南千竹峰无竹，城西茶焙街无茶，北乡梅溪无梅，西乡前杉、后杉少巨杉，实去名存，徒供凭吊，则前四木致足珍也。特标目志之。）

一因物撰名者。山实极赜，可食则名，得十有一：曰禾稔子、曰乌生子、曰冬树子、曰南丰子、曰茅甘蔗、曰茅栗、曰山核桃、曰山蒲萄、曰山椑、曰毛冬瓜（实长寸许，状若冬瓜，故名，味甘酸）、曰松糖（亦名松蜜，生小松树叶上，芳洁称佳品，难得）。山鸟自呼，声肖则名，于旧禽言外得六：曰“鸦哳哳”（土音夕亚切，童歌云：鸦哳哳，尾何长？言女子临水浣衣，感此鸟之知吉日，因念于归有期而悲远父母也）、曰“博工”（土语谓换为，博田家通工曰博工。俗传有氓常勤人田，及自耕呼助无应者，愤恚以死，化为此鸟，犹呼博工也。附：何长聚《禽言》：“博工博工，数逢恶东。俗谓所为，工者为东。我从尔佣，尔弗我农。我共尔耕，尔弗我舂。曈曈白日，莫莫苍穹。我所约公，公所诺侬。如彼高明，不我肯忠。詬侬匪辱，恶俗叵同。一瞑不复，以警薄风”）、曰“喜接接”（亦曰信接接，即喜鹊也，舍本名而名其声，以能为吉语也。然亦有得咎征者，盖禽鸟得气之先，气之骤至皆为非常。是鸟睹非常则鸣接接，乃惊骇之声。吉征、咎征皆尔，常鸣不尔也）、曰“雨在背后滴”（即上喜鹊，天将雨则鸣如是，十应八九，故乐称之，志喜雨，且望之也）、曰“乖乖妮子”（本名未详。大盈握而尾长近尺，或谓即练雀。其声如是，因名妮子者，俗呼女也。附何长聚《禽言》：“乖乖妮子妮何乖，爷娘爱女，女无不乖。抱女临风听鸟语，爷娘谁不乖，女来乖乖，妮子妮子乖”）、曰“雏谷谷”（即斑鸠也。童歌云：“山头雏谷谷，人家莫晒粟。”言鸠鸣必雨也）。

一随种别名者。谷之别其早者，曰六十早、曰分龙早（二种极早，故名。而少收故种者亦少。然新旧不接时，得此可济，其功不少）、曰百子早、曰饱谷早、曰泸溪早、曰乌壳早。晚者曰八月白、曰细叶白、曰野禾白、曰黄稾赤、曰野禾赤、曰糯禾赤、曰湖南赤。其最佳者，早则六十、百子，晚则细叶、黄稾。黍一曰糯（黏者为糯，黍稻通被是名），其别曰阳粟糯、曰青龙糯、曰白谷糯、曰响子糯、曰重阳糯。菽一曰豆，其别曰黄豆、曰白豆、曰乌豆、曰花豆、曰菉豆、曰刀豆、曰穞豆。（诸豆昔有是名，不始光泽，因录谷别种，汇记于此）麦之别曰芒麦、曰雷麦、曰柳麦、曰三麦、曰荞麦。粟之别曰黄粟、曰鸡脚粟、曰高梁粟。五谷为生人之命，故《洪范·五味》独于作甘实以稼穑。此录种之别不及他物而详五谷，即此意也。

以上八类，光泽物产之别者，故条列于篇，其同有者亦不可阙，汇记之。

谷属 稷、黍、麦、菽、粟（前录种之别此录，总名非复）、芝麻（有黑、白二种）、薏苡（形似米，故入此）、番豆（一名苞粟，以本粟类而有包也。北乡人有以代米者，故入此）、番薯（此非谷属。然福、兴、泉、漳多以此代米，奉初得种者为先薯，而祠之与先啬同，故入此）、稗（此虽谷属而实害谷，亦录之者，昔魏武使典农种稗而获其利，以稗不忧水旱，有种必熟也。光泽之田因水旱不耕者多矣，移而种稗，尚可得食，亦备荒一策也）。

蔬属　姜、芥、韭、葱、藠、蒜、白菜、莱菔（一名萝葡）、胡萝葡、胡荽芹、菠薐、瓮菜、莕菜（俗名莙荙，古“莙”及“荙”字皆草名）、苋菜、马齿苋、苦荬、莴苣、芋、薯蓣（俗呼药薯，多用为蔬，入药者少）、蕨（玉篇菜也，故入此）、大薯苏、鹿角菜、茄瓠、豇豆（俗呼豆彀）、穞豆、琪菜、芥蓝菜、川芎菜（非芎藭）、草石蚕（一名地蚕）、包茅、笋、番椒、茶菰（生油树上）、秆菰（生稻草上）、鸡汤菰（出土中，以味如鸡，故名。其生以大覆小，如鸡伏子，又曰鸡栖菰）、茅菰（茶菰以下皆蕈也，今通称菰。又转为武音）、冬瓜、南瓜、菜瓜、胡瓜（一名黄瓜，俗呼啬瓜，与月令王瓜异）、丝瓜（俗呼天萝）、苦瓜。

果属　桃、李（桃、李亦花，然不加实字，咸知为果，故入果，余仿此）、樱桃、杨梅、石榴、蒲萄、茶枣、枇杷、白果、栗榛、钩栗、柿柑、柚橘、榧实（一名榧子）、落花生、西瓜子。

药属　黄精（俗呼春斗姜）、黄连（俗呼土黄连，产乌君山者良）、柴胡、前胡。（以上山草类）香附子、泽兰、香薷、薄荷。（以上芳草）艾、茵陈、益母、夏枯草、苍耳子、地黄、麦门冬、车前、谷精草。（以上湿草）栝楼、何首乌、土茯苓、钓钩藤、金银花。（以上蔓草）石菖、蒲白菖。（以上水草）石斛（俗呼倒吊兰，此为石草）、小茴茱萸、五倍子。（以上味类）五倍（一名文蛤，与海蛤同名。海蛤散治风寒症，为水所逼者有奇效，以湿类从治也。后世以五倍子当之，为同名误耳，不可不辨）、山栀子、五加皮、枸杞。（以上山树）六角麻（火疮上药制法：连根叶曝干为末，以石灰罨小鼠之未毛者，渍以麻油，和末涂之，奇效。此方传自黄守山，可与何氏世传解毒丸并称灵丹。解毒丸传自焕奎之祖琢章君，已刻方行世，附记于此）、虾蟆藤（中虾蟆毒者，擂浆冲水服之，有效）、毛蜡烛（可敷刀伤，最止血）、鸟不泊树（生泉畔，干皮青而中空，有点如星，作酱赤色，凡病金鼠偷粪者，取干去皮，烧烟熏之，立愈。以上四草不见《本草》）。

草属　葛苎（葛苎入草属，夏布又入货属，一为天生，一兼人工也）、杜蘅、茑萝、老少年、虎耳（俗呼狮子仁）、萍、藻、蕴、蓼蒙、芦菅、水杨柳、水杨梅、地蜈蚣、慈姑、山慈姑、灯心草、七星草、见血、消地、甘钱、灯笼草（俗呼鬼灯笼）、珍珠草、凤尾草、鹿衔草、鸡脚草、鱼腥草（俗呼臭莜麦，曝干充茶）、狗尾草、吉祥草、苔水绵（俗呼水衣，生水中，如碧丝，凡暑月敷药，以此藉之可免起泡）、翠草、秀草（草属，半药品，以未采入药，故入此）。

木属 松柏（有扁柏、桧柏、樱络柏）、杉、徐杉（俗呼胡杉）、梧桐、椿槐、罗汉树（有大叶、小叶二种）、棕榈、黄杨、铁树（俗呼凤尾焦）、刺虎（俗呼老鼠刺，又曰虎刺，然虎刺另一物名伏牛花，非此刺虎也）、苦檀、野椒、兜蒌、香皁、筴桑（有二种，叶圆齿细者宜蚕，分歧者否，或云即柘树也。二树各有雌雄，雌者生椹，雄者否）、榆柳、柽柳、水杨、柳樗（谓大叶者）。

花属 梅、山茶、瑞香、海棠（有木本、草本二种，草本为秋海棠）、紫荆、木笔、绣球（有木本、草本二种，草本花于夏）、杜鹃（有深红、浅红、黄、白诸色，黄者有毒）、酴醾、山丹、木槿（俗名佛生花）、白榴花、珠兰（有木本、草本，草本呼珍珠兰，花于春）、六月雪、茉莉（另有藤本）、桂（有金桂、银桂、丹桂、四季桂四种）、木芙蓉（治痈疽）、腊梅、紫藤、金雀、蔷薇、十姊妹、铁线莲、月季花、兰蕙、长春、剪春、罗莲、金凤（俗呼金童花）、鸡冠花、胭脂、千日红（又有千日白）、玉簪花、万寿菊、葵菊（种极多）、芭蕉（不常花，花则本萎）。

竹属 猫竹（用广，以嫩未枝者为纸）、淡竹、南竹（并可入药）、筀竹（可为篙）、麻竹、皮竹（皆可为器）、扁竹（可箍桶）、紫竹（可为伞柄）、黄竹（可为舟缆）、秋竹（可为笠）、江南竹、黄蜡竹（并可为器）、车竿竹（可编壁）、钓竿竹（可钓）、慈竹、观音竹、棕竹（并可供玩）。（竹属各详所用，他属则否者。他属如桃、李属果，而桃自桃、李自李；松柏属木，而松自松、柏自柏，不疑于混，即可不注。竹属凡十七，而为竹则一，故详所用，别之。亦见天之无弃材也）。

金石属 蜜陀僧（俗呼炉底，盖冶银炉中所生）、铁精、铁落、铜青、山龙骨（柴家邨山中有此，可入药，不可为器）、伏龙肝（俗呼灶心土）、红石（色胜赭石，而质理坚细，出万安岭）、白石（水中皆有，拣晶莹玉色者一升，炒之极热，以瓷器承清泉淬石其中，以治角弓反张之病，甚效）、马牙石（产绝巘，有莹如水晶者）、黄绉石（多产水中）、秀峦石（产山脚近水处，有岩壑形）（以上三石可供玩）。

昆虫属 蚕、蜜蜂、土蜂（俗呼人头，山中蜂取其子可炙食之。郭璞《尔雅注》有“啖其子”之文，谓人啖之也。疏家解作蜂自啖其子，误，附识于此）、黄蜂、蠮螉、螳螂、蜣蜋、蛱蝶、蛾、蜻蜓（俗呼港鸡）、蝉虻、苍蝇、萤蚊、天牛、竹虱（俗呼天蝶，秋雨太多，来春必生。诸蔬及木叶上皆有，不专生田中也）、竹虫（生小竹中，初六枚，渐相食成一枚，蛀孔飞去）、蚱蜢、蟋蟀、白蚁、蝙蝠（俗呼琵琶）、老鼠（又呼偷檐老鼠）、石蝓虾蟆、癞皮虾蟆（足有五爪者为跌仆良药）、蛇（种繁四，足有毛者俗呼狗子。蛇咬人辄死，盖蝮类也）、蜥蜴（俗呼四脚蛇）、壁虎、水蛭（俗呼马蟥钳，此物最难死，死虽久得水犹活，唯入之烟灰中则死。北乡有人饮泉，为蛭粘喉，张元旦以热水灌烟筒，使饮，一呕而出，附识于此）、蜈蚣、蚓（俗呼呵泥，谓其吹土而鸣也）、土狗（取生者于瓦上炙之，其伏而死者为雄。合药治水肿及耳聋，甚效）、蚁虱、蠹鱼、蜘蛛、壁钱（俗呼花八脚）、蝇虎、伊威（俗呼地蜚）、灶马（俗呼灶马蛋）、雀瓮、蜗牛、米虫（叩头虫，亦米虫所化）、樟蚕（其丝最利钓）。

羽属　燕、野鸡、鸥鹭、鸾鹰、乌鸦、鹳、秧鸡（俗呼田鸡）、翡翠（俗呼翠鸟）、鸱（俗呼水鸭）、白头公、钓鱼翁、啄木儿、相思鸟（俗又呼相宿鸟，言宿必交颈也。此鸟为山蛤所化，山蛤性至淫，虽变鸟而性仍存，故雌雄相守。人获其一，则一自至。又，山蛤皮辛肉温，最能起痘，物之极阳者，以变是鸟。附此，不另见）、竹鸡、八哥、画眉（俗作黄鹂，误。黄鹂色纯黄，无二色）、铁觜、鹧鸪、黄脰雀、鹌鹑、瓦雀（俗呼茅鸟，又有山茅鸟）。

毛属　猴、兔（谓山兔）、豺、獭、山狗、野猪、鼠（有田鼠、松鼠、水鼠、瞎鼠、白鼠数种）、竹鼬（俗呼土屯，以居土中也）、鼠狼。

介属　鲮、鲤、鳖、蚌、螺、蛳螺（一名田螺）、虾螃蟹（大者不过寸许，仅可入药）。

鳞属（无鳞者附）　鲤、鲫、鳜、鳢、鲢、鳙、鳟、鲻（有乌、黄二种）、青鱼、鲩鱼（俗呼草鱼）、吹沙鱼、桃花鱼、黄鹰鱼、金鱼（俗呼变鱼）、鲇鳗、鳝鳅（俗呼黄鳅）。

畜属　水牛、黄牛、马、羊、狗、猫、兔、猪、鸡、鹅、鸭、鸽、鸬鹚。

货属　茶（有山茶、园茶，又有杂茶。采木叶为之名满天飞）、纸（有连细、夹板、竹筒、红筋、黄表、白表诸色目。又有火纸，用杂料为之，故一名草纸。又有郭皮纸，一名绵纸，用树皮、杂旧簿籍为之，此纸不可栻秽）、竹丝（伐猫竹置池中，如古沤麻法，入以石灰则烂而为丝，盖纸料也。以通贩，自为一货，故附纸后）、箬叶（俗呼白叶，凸节竹所生，以通贩入此）、笋油（有茶油，诸油以此为佳。菜油，芸薹菜子所为。桐油，罂子桐之实所为。又有杂油，采草木实之有油者为之）、烟（本草属，以通贩，故入此）、蓝（俗呼苋花，亦草属之通贩者）、薯梁（可染，亦草属）、棉布（其精者纺双纱成线，织之谓之线布）、夏布（俗呼腰机，以系杼于腰织之）、假绵绸（经绵则纬麻，经麻则纬绵）、杉板、樟板（杉、樟已见木属，此复列者，裁而为货，通贩，与葛苎为布、竹为纸同，故从其例，非复出）、磁器（出三路坑及箬山背，仅杯碗之粗者）、草席、双响炮（出庭燎）、百合粉。

至山川、陂塘、风俗，亦舆地之属；而山川以求地脉，陂塘以兴水利，风俗以正人心，并政治之本，当另志，兹不具。

略卷一　舆地略（增修）

关　隘

邑之疆域形势，前志已言之详矣。惟关隘因粤寇之警重新修葺，或都里新增，村落昔无而今有者，宜补载。至按物产之名，昔有而今无，亦征人力之勤惰，地气之兴衰焉，均宜附于后。

铁牛关，咸丰三年郡守周揆源巡关，见门楼俱圮，惟营房一栋，饬令区天民督民修造。七年二月十二日被寇所焚。（是日大雨倾盆，贼绕两山而上，我兵火药皆湿，放礟不燃，为贼所夺。千总李宪章、沈朝科、王子京、周承章、李成福等皆死之。）至秋，令张青筒谕乡董黄桂峰、黄寿麟捐赀伐石，重造关门。上架木楼，外造营房六栋。（都众公建一栋，黄彩麟、黄培元共建一栋，元锦安、黄建三、元步泰、龚建焜各建一栋。）黄宗孟捐建烟墩一座。八年，粤匪入关，木楼被焚，添造营房及望楼俱毁，惟余旧营房二栋。

山头关，咸丰五年令蒋仁瑞谕民捐赀修造，亦伐石为门，上架木楼。

杉关，关楼咸丰七年毁于寇；光绪四年，八都、九都、十都捐赀建复。

都　里

一都新增邨八：祭祀坪（狭）、郭家（狭）、黄坭擎（狭）、蓼葭湾（次宽）、窑厂（狭）、湛山（狭）、茅窠（狭）、茶窠（狭）。

三都新增邨十八：源洲上（狭）、十里亭（狭）、岭上（狭）、油窄坑（狭）、和子坑（狭）、仁义桥（狭）、长垄窠（狭）、寇家塅（狭）、高家坑（狭）、七十塅（狭）、杨古庵（狭）、近岭上（狭）、下种窠（狭）、墩则上（狭）、亭则上（狭）、蓬坑（狭）、余家蓬（狭）、大厅下（狭）。

十四都，旧志讹载邨四（据都人采访）。小禾山（狭，《庚子志》误入二十七都）、撮斗窠（狭，《庚子志》误入十五都）、林家边（狭，《段志》原载入十四都，《庚子志》以侨寓载入十五都。按：本郈人纳课、考试、籍贯均系十四都，今刊正）、风坳（狭，《庚子志》误入十五都）。

二十九都新增郈三：白牛峰（次宽，属二图）、坊畲（狭）、桥湾（狭，属二图，《庚子志》误入二十八都）。

物　产

物产因地之利，亦由人力而成者也。如前志所谓购种他所，遂成土产，可见矣。所惜者如北乡金山玉笋，岁售千金；庭寮、新甸之梨，岁售二三千贯。今玉笋片昂关等乡间或有之，金山则童然无一竹矣。庭寮梨岁熟或可得二三百金，至新甸竟不一二树矣。咸丰、同治以来，遍处种茶，生息亦广，近因价钝，多荒废不理矣。邑未经寇以前，城南人烟稠密，果树成林，今则荒园一片，洿池填塞，无论文笔峰之松未见，松坪之枫愈少，即云岩一带松杉亦寥寥无几，何况奇异之种购自他所者耶？所增者惟罂粟一物，然种收不得法，毫无所出。想阿芙蓉亦不禁自绝也。（邑令李麟瑞有示：本县此次捧檄来斯，察看郊外，地方辽阔，荒山不少，深为可惜。询及父老人等，咸谓皆堪垦种之地，是见民间贫苦之多，实由其不图振作，因循苟且之所致。似此四野荒壤，与其弃为沙砾，蔓草丛生，不若因地制宜，以收利权。或种茶桑，或种杂粮，悉可各尽心力，以期野无旷土。合将应种各物开列，各物俱见前志，故不复载。出示晓谕，为仰乡民人等知悉。自示之后，须知治物以勤为先，务农以旷废为戒。父勉其子，兄勉其弟，择地种植，勿令荒芜。庶几地无遗利，行见衣食，充裕本县，实有厚望焉。）

略卷二　山川略（重纂）

山　略

县治山

县山并祖南干，自邵武马岭行十里入县西南界之六都，突起圆峦曰图，山如太极圈，分左右枝。右枝南趋邵武，结郡治；左枝曰象牙峰（在六都南境），东北行七十里结县治。将至县，高峰卓立，曰千竹峰（在城南五里，旧多竹，因名。国朝巡抚吴兴祚《登千竹峰》诗“不到千竹峰，那知绿�妙，云低风雨来，仿佛群龙啸”）。开横嶂广十里，旗山（在城西南五里）为左翼。九龙峰（在城东南五里，有刹，今圮。有泉，东北流入溪。元邑人黄镇成《九峰晴旭》七绝“朵朵芙蓉倚碧天，溪光岚影霭晴烟。望中佳致堪图画，疑在匡庐五老前”；国朝长沙陈鹏年《游九龙峰道中作》“十里青蹊向九龙，古桥留客水淙淙。不知山外晴还雨，衣上苍寒几万重。”）为右翼。而千竹从中落，绕云岩山【在城南三里，有果斋先生祠。有半空烟雨亭，亭今圮。有泉二，在祠左右，合流而东入于溪。宋邑人李贯《游云岩登楼作》“乌君之山山北要（今无楼），高与平空浩不收。万里风云长入梦，百年诗酒止生愁。依稀远树连寒郭，苍莽残阳落暮洲。闻道登临爱诗客，仲宣何必问荆州”】之左，穿田，起平冈，行二里，从西南入城。矗起，望高山（在城内南隅。国朝建宁张绅《登望高山》五古：“性本爱游览，境佳远不辞。得谐新迥趣，良亦苦驱驰。兹山峙城内，虽非岩壑奇。川原嘱明秀，楼阁阅参差。淑景粲墟里，嘉树含烟滋。既获游目赏，且免命驾疲。携朋日以至，淹留无定时。”澍然《丙戌七月十日夜宴游望高山记》：“望高山峙城中南隅，其山中高，旁稠如覆釜。山之巅出城堞三之二，足以舒远目也。予一月凡数至焉，然不移时即去，盖予于兹山寄兴而已。丙戌七月十日之夕，天净风微，月暾当心，何君焕奎饮予与怡亭于山之巅，从者上官信之、吴生克庭、焕奎之族子慎思，藉草列坐，不辨主宾，庄生所谓忘适之适也。已而月影西移，群动俱息，起视云岩，诸山苍凝邃穆，如鸿荒之世。君山得月，浅碧浮烟，荡出天末。双溪自西北来，弥望如寒潭凝白，泊然不流。树之近者明瑟，远者熹微，间以屋瓦绵属，森然、黝然而已，盖皆静象也。予与五人徘徊久之，月落乃归。自谓兹游有异也。岂往时之游得诸动而遗其静邪？抑暂与久异得邪？将动静、久暂不于境于心，即故而启新，不独游为然邪？然则予向虽常游是山如未尝游，今夕乃得成游也，不可以不记”），横度牛丫岭，趋康济庙，止县署为正脉。于正脉身分四支，为左右护。一自将入城分一支历坛岭（在城内西隅），尽五通山（亦城内西隅），为左护。一自穿田度脉分一支从南入城，起文笔峰（在城内南隅，有文昌祠，有奎阁。张绅《月夜偕友登文笔峰》七律“琉璃净白绝尘侵，一片空明荡积阴。远水化烟诸境寂，空山受月万缘沉。离离古树疏窥屋，历历寒灯漏出林。相对忘年何所似，僧家入定此时心”），历华山殿，为右护。一自未入城前分一支走西城外，由观后山（在城西一里，古龙兴观后）穿田度脉，历武庙，逆趋洪济坊，为左外护。一自右护之右分一支从南入城，起高坡（在城垣高处），历三圣庙，为右外护。

自旗山而西，曰月山（在城西二里，属洪济坊。为偃月形，俗称转月为远，误偃为绵，曰绵远山），曰良嘉山（在城西二里）。自九龙而东，曰青山（九龙山麓），曰金鳌峰【有刹。国朝邑人何长载《金鳌峰登高记》：“菊黄萸赤之天，沙白渚清之候，驰豪情于飚馆，慕盛会于龙山。放胆题糕，分曹斗饮。余与诸同人盖岁为此举，而为之主人者雨农高君为多。甲申九日复招，邀登金鳌山。是日也，秋澄宇霁，风急天高，逶迤出城东门，遵女墙而行，履石矼以进，有矗其前者曰罗嘉山也。尘哄乍离，岩峦忽迓，翠微初陟，腰脚还轻，前者螺旋，后者鱼贯。晴曦卓午，帽影参差，盖历所谓香炉峰者，而稍休焉。因与回眺山川，俯瞰城郭，万瓦鳞次于下，一桥虹亘其间。洲平若掌，溪潆如带。日光浮动，水气荡为轻绡；鸟道空明，山容呈其浅黛。此则心神旷朗，不恃坚巅，而景色清华悉来献状者矣。更进则仄径萦纡，碎石荦确。转近弥隘，将夷复险。钟声缥缈出于林端，篁竹森修蔽于岭上。苍苔点地，红叶迎人。短垣周缭，中建兰若，登高能赋，此境为宜。客或巡行香积，或杂坐团蕉。或升危磴，收浮岚襟袖之中；或偪幽崖，摘香草藤萝之外。添枝瀹茗，试活火于新泉；煮豆作羹，当伊蒲之盛撰。菊杯同泛，谈尘交麾。剡剡辞锋，超超逸兴。谁还落帽，不虞从事嘲人；各述旧游，应谓山灵识我。而仆因有感焉。吾辈搜逑索耦，同志无多，当此挈榼携壶，一年有几？不忆金鳌丁丑之游乎？日月骏驱，尺波电谢。嵇生早夭，（谓予弟金门）阮瑀新亡。（谓雨农从兄所庶）三步腹痛，奠鸡酒以何知？九日尊前，插茱萸而竟少。睹招提无恙，俨过黄垆；聆禽语啁啾，如听邻笛。况复互看鬓影，俱有霜侵；仰视羲轮，难将绳系。此又古人所云，既痛逝者，行自念也。于时乐往哀来，怆然伤怀者久之，已而群起。曰青嶂本留连之一物，浊酒复垒块之可浇。且共陶陶，毋烦惘惘。由是洗觞命酌，此唱彼酬，征贾佩兰延寿之词，举费长房避灾之说，胜情既惬，幽抱乃抒。而苍山欲暮，夕阳已舂。四顾嶙峋，烟岚半紫。遂相与背樵苏之故经，循鹿兔之新蹊，经白云封度回龙阁，绕沙汀踏月影以归。是日会者九人，其与夫丁丑之游者，余与主人外，则清流叶君紫宜、同里上官君寅斋及家仙洲也。其未与夫前游者，建宁张君怡亭、同里黄君守山、上官君体元、高君又渠也。”

何长诏《丁丑九日登金鳌峰》七古：“昨宵风雨声淋浪，预恐索寞过重阳。清晨雨脚幸已断，矫首不见金乌翔。城东舍人发清兴，邀我古刹倾壶觞。同行少长其数七，联袂有似屏风张。屐齿丁丁泥滑滑，渐循仄径登崇冈。原田山半列棋局，九舸足底森帆樯。天边嘹哓叫孤雁，草中起伏眠群羊。某水某邱话往迹，一重一掩开清光。遥望乌君山，搀天碧嶂皆摧藏，不知是山是云是烟雾，但学混茫一气含青苍。回顾城楼贴平地，鱼鳞万户如蜂房。两桥间隔势联络，卧波帖帖长虹长。峰回路转景变没，应接不暇心徊徨。悲风从何来，浩浩侵肌凉。小憩坡陀养腰脚，骤闻戛击铿琳琅。举头绝叫一峰压我顶，峰巅隐隐弹琴擘阮调笙簧。舍人抚掌大笑向我说，乃是金鳌峰上横斜曲直万个青筼筜。贾勇登攀历百级，危梯蹑尽逢康庄。呀然兰若敞半壁，金粉剥落空堂皇。问讯古先生，西来今几霜，低眉合眼不我答，定知此子疲津梁。彼上人者善知识，汲泉煮茗相迎将，抗尘走俗五内浊，亟须七椀洗我龌龊鄙吝之肝肠。小奚亦可儿，枣糕菊酝罗东厢。尔汝忘形恣吞啖，酒酣雄论惊空王。元子龙山托豪迈，寄奴戏马矜词章。窥窃神器事可丑，勋名盖世徒狓猖。岂若实时一杯酒，缁尘不到无功乡。食何必羊肝饼，佩何必茱萸囊，佳辰酩酊万事足，况兼主客嵚奇历落超寻常。所恨不逢殷七七尚少，鹤林花下，窃窕三红裳。我生已过三十二重九，无有一度与此堪颉颃。归途雨点太飘瞥，山灵送客烦阿香。蒙头疾走市儿讶，谓我昏黑胡奔忙。入门便觅管城子，清景一失后难详。绝唱谁能继小宋，豪情犹足夸刘郎。淋漓泼墨语诘屈，公等幸恕狂奴狂。”

澍然《丙戌早秋偕诸子晨登金鳌峰题壁》四言：“晨露在衣，野风清抱。天地忽秋，不乐将老。”伊光华《题壁》六言：“萧萧古寺风竹，杳杳川原秋树，同来林下人闲，静坐山中日暮。”何长聚《题壁》五绝：“远色净天末，苍茫渺无处。微径新月生，樵子还复去”】，曰罗嘉山（在城东一里，属善利坊），皆县治南屏也。其东带南（正东山去治远，故不及），曰回龙山（在城东南三里，有阁，一名回龙关，商人于此查盐。张绅《由金鳌寺登回龙阁》五古：“山城郁空翠，万象澄秋晖。岧荛云岭间，淅淅风吹衣。憩寺久遂去，眺阁仍未归。览秀若可餐，怀新皆忘饥。日夕中洲望，停帆江上稀。”邵武王臣鹄《上巳偕同人游回龙山归饮高舍人宅登近阜却望》五古：“迢递东南隅，春光互明媚。素怀在林泉，佳节欣同志。欢笑遵陇行，沿流憩江寺。荫移人未归，清觞迟客至。游眺兴方殷，暮色满衣袂。苍然千万峰，去鸟渺无际。却望回龙阁，晚灯出深翠。”何长聚《登回龙阁》七律：“爱尔丛林违世情，野钟山磬杂泉声。坐看夕照溪光外，独见数峰天际明。疏竹每宜微雨后，空山时有片云行。劳生到此忘尘想，况复秋高气转清”）。自九龙迤下回抱，故名。左谷平坦而邃深，邑令吴堂题曰“白云封”也（有刹，今圮。何长载《过白云封感赋》五古：“山径踏风叶，精庐俨在目。垣墙讶敧倾，入门飞蝙蝠。秋草蔓庭阶，荒荒一片绿。弦诵昔年地，既往倏枨触。拂壁墨痕留，窥牖网虫伏。言寻旧所植，老橘犹傍屋。离居复几时，日月跳凡速。同游半蒿莱，惝恍怀故迹。迟徊事俯仰，涕泪欲盈掬。”何长诏《宿寺》七律：“黄昏渐此息尘埃，石磴敧斜卧绿苔。清梦晓随残月落，疏钟声破夕阳来。起寻画壁丹青暗，愁见檐花次第开。是我昔时弦诵处，几番临别又徘徊。”何长聚《题白云封》二绝：“白云生幽谷，忽与天光垂。因风到人间，作雨人不知。　风停雨亦息，山静发空响。日暮烟霭深，林端新月上”）。其西曰渡头山（在西桥左，属澄清坊。国朝邑人龚有元《望渡头山》五古：“漠漠晓烟生，霏霏如细雨。不见渡头山，但闻山鸟语。山风忽下敛，天半浮孤屿。凌空身欲飞，知他何处所”）。

自黄源岭（在县西十五里，详县西山）分脉东南行起锣鼓石（在二都水垄，距城五里），南达杭头岭（在澄清坊北），历蟠龙山、金斗窠，（并在澄清坊）尽是山山下，有石浮水面，曰钵盂石。又西带北曰马鞍山（在城西北五里），亦自锣鼓石分脉，趋县作朝山，双峰联属，中陷如鞍，故名。其本支止于老枫坪（在顺化坊北澄清坊东）。于左抽一支为纱帽山（在武陵坊岭头。龚有元《秋晚登纱帽山》七律："西望前山过板桥，满林秋气晚萧萧。烟迷日色残更月，风乱松声半夜潮。穴蛰寒虫依古墓，碑埋衰草认前朝。百年大梦闲中觉，不向荒凉叹寂寥"），居岭头之右。南接杭头岭，又西少北曰甑盖山（在一都徐源），亦发黄源岭，迤山麓，逆起罗星石，居岭头之左，北结香山（属武陵、顺化二坊），尽凤山（一名飞凤投林）、灵鼠山（二山并在茶焙街，白莲塘即香山麓），皆治西近郭山也。其北为九墩，凡九山（在溪北）。自香山横度以次而东，尽于镇岭，盖黄源岭脉发陈家山（详县西北山），而陈家山为南干分脉，入县中支，至镇岭而中支尽矣。其九墩可名者三，曰飞凤山（直学宫），曰月山（在飞凤山右），曰席帽山（在飞凤山左。张绅《登席帽山》七律："缭绕川原色淡蒙，萧萧急响起秋风。乌洲故里寒烟外，徐仲荒祠夕照中。人世变迁惟蔓草，仙家寂寞亦衰蓬。电光石火知何恋，席帽离身意气雄"），而席帽特尊，直县署下，有印石，迤东有笔架石。（据步测订定，下同。）

县西南山

南干入县境，既始县西南境六都，起象牙峰，而象牙峰又在六都西南隅，则县西南山之首当推是峰。尊严中正，旁列二十四峰，如牙笏然。而洋头之南机山、罗家渡之丹凤山、桂家之木牙山（并在六都）、下坊之毬子山（在七都），则相为迎送也。

循峰而北为毛家隘（在七都毛家岭），与篑门嵊接壤。又北五里为极高隘（在七都，接江西新城极高邨），隘外有炭山（在七都炭山邨），尚在境内，则干脉且越境行矣。又北为杨公隘（在七都），历数里起岩岭（在七都西境），西接新城石壁，镌"江闽界"字。中有学堂岩，昔人尝构室读书其中，因名。下有福田寺，明僧封西竺禅师者，飞升于此，今肉身在焉。迢递左落即岩岭隘，皆干脉也（岩岭以北，详下县西山）。其篑门嵊正脉接牛栏嵊（左七都百岭磜东南境），尽于五都狮山（在五都管密邨）。支分之南行者，于牛栏嵊下抽一支随正脉趋前杉（在六都），达金莲峰（在六都后杉），为右护北行者，为百岭磜之枫树山、李家坊之虎山、吴屯之人山（并在七都）、查田之五虎山、飞凤山（并在五都），皆其左护。而狮山崇百仞，顶露石骨，状如貌首。山半一巨石高广十余丈，仰应之如尾。以宋淳熙中有管姓人取蜜堕崖死。一名管蜜（今作密），五都之主山也。狮山之东五里曰洞光岩，广袤可容十余人，称名胜焉（有僧舍。明邑令张大会《洞光岩》七律："纵步高登石壁峰，脉联五马护南墉。碧潭霞布千机锦，宝巘天开万岛蓉。卓锡凿山成幻相，洒襟纪石属奇逢。雄吟白雪瞻河汉，钟动禅林起钵龙"）。

自毛家隘以下皆象牙峰。北出之脉衍布于六都、七都、五都者。其东出之脉循峰东北行三十里为浮溪山（在三都浮溪郎）；又东二十里为九龙山，旁绕琉璃坑（并在三都），而叠起五峰由中峰逆盘而上矗，起翠云峰（在三都大洋西北六七里），与仰天窝（在大洋西南五里）南北对峙。仰天之脉亦导源九龙山，从五山寨、平头山（二山相连距城二十余里）迤北逆起，是窝游衍琵琶岩（五山寨山麓）而起白云峰（俗名三仙嵊，在城西南二十里），与翠云峰并倚西南，而白云尤峻。据嘉靖《府志》言，山多怪鸟奇树，有池，四时不涸，中产异鱼。今皆无有，时见白云滃郁而已。（何长聚《题壁》二绝："佳禽与珍木，昔闻兹山上。我来此何时，空复成惆怅。　土蟠百尺根，石穿千年泻。欲知太古意，独问采薪者"）计九龙至是向南，皆接邵武境。向北支分特多，若陈源垄之丹凤，陈家滩之勒马，虎跳之盘龙（有庵）、兴龙（旁有小山俗名兴龙教子），新坊之天马、弹弓，大洋之凤山、虎山，徐家坪之团鹤，姑婆潭之兴孟，易家坳之金鹅、鲮鲤，皆是也。（陈源以下并三都郎，惟易家坳为小聚。）自白云峰以东则包天台山、陈家山、白水磜（并在一都西南隅），而接千竹，遂结县治。

县西山

自岩岭（接上西南山叙）而北曰仙人隘（在九都楼台北），与隘北接壤曰豪居峰（一名毫岐，在九都上磜），又三里曰杉岭（在九都杉关），又北五里曰羊头隘（在八都仁厚里），皆南干脉，卓立于县之西境者。（更北入二十七都，详县西北山）而仙人隘首受岩岭脉，西接新城际原界，是为县西山之首。有石作鼓声，曰鼓石。

豪居峰高入云际（何长聚《望豪居峰》五古：“窈窕春山阿，寂历斜阳路。芳草成幽事，留连不能去。偶随麋鹿迹，适得幽深趣。杳冥岩岫开，疑是桃源处”），与仙人隘对峙，亦有石如棋盘，曰棋盘石，又下有狮子石。是峰支分极多，正脉循东山（在九都东山上鄌），达大坪崍云溪峰（有寺。二山并在九都），带揽网山（在五都枧头鄌），过四都横南，起里仁峰（一作里人，在横南），凡历三峡（在五都危家源，一在四都秋竹源，一在横南鄌左），止于观音湾（在四都，旧有观音堂，今废）。而大坪崍又支分鸡笼山（在四都鸡笼山鄌），转度徐家坳（在四都），越黄华山（在九都黄花林，一名古隆崍），起徐公山（在十都止马），仲山之祠在焉。西则逆趋月山（在止马），东止于耽溪（在四都），皆正脉分家也，以作左护。其旁脉南出曰兴龙峰（在九都上磜西南官家里东北），又南里许，有石生洞（在官家里西北），以避寇得生，因名。由是度枫林坳，起寺顶山（有庵，名枫林庵。并在五都危家源）。右复分为三，曰侧掌山、曰金凤山（并在七都吴屯东北境）、曰棋盘山（在五都查田东北）。而棋盘则查田主山也。更南二里曰吴道崍，以吴公德居此仙去，因名。历高岭隘，达莲花垌、枫林冈（并在九都楼台西南），折而东行操军崍（在楼台东南），迤下山麓为象牙山（在七都吴屯西北境），皆旁脉分家也，以作右护，而豪居峰之脉尽矣。

杉岭踞杉关上（明福清林鸿《晚日杉关》七律：“苔荒古道敛微曛，马上笳声不可闻。地自乱离民舍少，山当闽楚客程分。长林积雨寒为雪，深树孤峰湿作云。愧我旧游见关吏，也将书剑学终军”），与新城峰窝连界，而岭外徐六源（属九都）犹县境干脉。自豪居峰北度是郇油箩坳（在徐六源右），起杉岭，亦干脉越境之一也。是岭右落为铜钉崍（在九都严溪），经令谷岩（在九都）、猫眉山（一名交椅窠，在九都九里桥）而止。左行历根原坳，度顿笔峰（并在八都），盖五里而起羊头隘，杉岭之脉亦受代矣。羊头隘与新城北岩界，八都主山也。其支分为际云峰、鸣鹤岭（并在八都亲睦里）、狮子峰（在八都董家源），惟桃头岭（在八都象头）界新城。从此而西北则县西北山也，兹不具有脉。自西北马丫来为县西山者，凡四支又宜入此。

一荆山，自马丫峰（详县西北山）南支趋西首受者（在十都瓜坪），其高齐马丫，东分一支为尖峰（在十都危家塘西），逆趋将军寨（在十都军营坪），而东南行油源（十都鄌名），起石螺山（在八都）、岛石山，两山相抱，中容单骑，有石如螺，故名。又过塔下亭（在十都洪家庄），起黄茅山（在十都黄茅），是山复抽一脉为天坪嵊（在止马东北），止于狮毬山（在四都耽溪左）。本脉又南为鹅公嵊、金鹅山（并在四都坑子口左），乃东度长山坳，起高峰寨（并在二都），逆迤半月山、七星墩（并在长山坳右），如七星拱月。复顺寨而下曰金斗（在四都水口）、曰双峰（在三都朱溪）、曰虎山（在三都虎跳北岸）、狮山（在二都），皆其分也。此一支也。

一北华山（在十都危家塘北，有僧舍。龚有元《北华山晚眺》七绝："落照斜依万壑松，一湾虹外湿云浓。天风倏起横吹雨，飞过溪南第几峰"），亦马丫峰脉，于十五都邓家磜向南行者，历峰山（在危家塘）、象鼻山（在危家塘南）、鸿鹤山（在十都洪家庄东南），尽于牛岭（在二都）。此又一支也。

一遇鼓山（在二都上小源），亦马丫峰脉，于十五都上坑边向南行者，历黄溪坳、鸬鹚山（并在二都），起飞凤山（在二都高田）而止。此又一支也。

一黄源岭（在一都高源），由马丫山脉于十五都吴屯桥向南行者，将至岭先发一支南走柴岩（在二都），迤右为虎山（在二都下小源）。又一支则趋旗峰山（在二都水垄），而月山（在西来寺右）、牛山（在二都石岐西二里许）、蟠龙山（在石岐西境），皆其支分。再趋锣鼓石，更达马鞍山（并详县治山），北接老君岩（在一都朱家源，一名永山。《觳音集·晚上永山书屋》五古："晚凉坐翠微，诘曲背城市。萝径通白云，松竹藏古寺。小阁生虚白，曲巷流花气。洒然一离尘，始知幽独味。闲偃林下扉，静扫趺坐地。炯炯初月上，习习和风至。即此是灵台，陶陶欣所寄"），折而南行杭头岭（详县治山），有禄成、交椅、老叟、乾龙诸山（并在水垄）为之辅。其黄源岭正脉北行五里曰吴公山，迤下为凤山、金猫山（并在一都高源）。又五里，南走育雨山（在一都七里庙）、带蛇山（近七里庙），北达天明山（在十七都），岭高如削，登其巅，田园平旷，别开一境。（有僧舍。国朝邑人李复悦《重到天明山》五律："层盘扪碧萝，直上白云窝。径穿林曲曲，山卷翠峩峩。古木看僧老，春烟度鸟多。应怜廿载客，今日又来过"）西迤一脉如伏虎，为虎山（在十七都江家窠东），遂起甑盖山（详县治山），度麦尾岭，达将军嵊（并在十七都西垄），逆上为鹰嘴石、罗星石，而罗星石则北行特镇也（详县治山）。此又一支也。

县西北山

南干自羊头隘离新城界，北达上延山（在二十七都西北），始接泸溪。

其行度由羊头隘，西北行（接上西山叙）经桃头岭（在八都桃头岭西），历茅坪坳（在十一都），越东山嵊（在十一都凳岭），过东山观，起铁虎嶐（并在十四都张家窠），而刁钟山、石观音（并在十一都，与八都界），鼓楼峰、黄鹰山（并在十一都虎塘）、鸡啼峰（在十四都半山）、金鹅山（在十一都下严洋），左右环卫，突起南山（在二十七都员岱南境，大禾山西境），高插云汉。以在员岱郇南，因名。是为县西北山之首。

由是东行大禾山岭（在大禾山郇左），而起陈家山（有庙曰西山观，在大禾山郇北，与十四都柞口西境连界），转北行上延山，接泸溪。是南干行县西北六十里复接江西矣。而南山由南行上严洋（十一都郇名），转西北起金楼峰（在十二都锄茶头西南，举贤郇东北）南拖虎脑山，为龚家郇来脉，西度雪坳岭有接龙亭，谓龙于此过脉也。再起乌嘴嵊，则陈氏二郇来脉。而西云峰有天池、圣龙峰旧祠，文昌前对腊烛山，皆胜地也。南出为风扫隘，与新城暖水界，其隘以西为大寨岭，亦接新城。由是起大仙嵊，达壶墩，蔡家居焉（虎腊以下并在举贤）。墩之北为白虎隘（在十二都南山寺右）、孔坑隘（在十三都孔坑村右），与泸溪界。更北而东为封山隘（在十三都水尾），与台尖隘、莲花山（在十三都源头）相对，并接泸溪。而莲花山少南为天官山（在十三都，为上坊沙坪营心来脉），其脉所行郇落不越十三都外，于是十二都、十三都之山约略尽矣。由南山西南行，起驷马山（在员岱南境，与十三都楮林东境连界），折而北走里许，曰小坳岭（在二十七都西，与十三都高坑连界），横度七仙岩（在二十七都危家源，有庙）、五凤山（在二十七都黄石口东南），为南干卫护。七仙有石，深广三丈，乡人尝见七女联袂游其上，以名。（何长聚《七仙岩》七绝："幽谷曾传止翠旌，荒凉片石怅人情。只今云气青山侧，如有临风展袂形"）

而五凤凡五峰，并高，四面拱向。此支直趋太平桥，东对铁牛岭，（并在二十七都）上有关，北出花山界（在二十七都极北境，距泸溪县治十五里），直接泸溪，于是二十七都之山约略举矣。夫一南山而十二、十三、二十七凡三都山脉并祖焉，故以为西北山首。不宁惟是，自陈家山导南山脉于大禾山（何长诏《大禾山遇雨》五古："出门峰插天，石磴悬虚空。仄径绕羊肠，上与鸿蒙通。篮舆仰面卧，倒绷婴儿同。一身挂木末，两足摩苍穹。侧目睨飞鸟，贯耳鸣天风。滃然四山合，蓬勃云烟浓。俯视不见山，但见青蒙蒙。急雨激银箭，沽洒裘蒙戎。舍舆步峻折，颠危倚双筇。把滑脚蹒跚，蹈险心忧忡。垂堂戒自昔，喟然叹途穷”），遂为入县中支，旁绕麻山岭（在十四都柞口左），达白水磜（在十六都），有飞瀑（有崇安寺。元邑人危德华《观瀑》七绝：千丈垂流落远峰，紫烟照日见长虹。银河直向天边下，应与庐山绝顶同）。

正脉面县南行里许曰小木山（在二十七都、十四都间），横开大嶂。右出西行为白羊、为龙潭山（并在十四都），左出东行上山（在十四都上山庵邨），度十字垄，起笔架山（在十六都啸溪西境），更左起青云峰（在啸溪），高可眺远，一邑邨落历历可指。（澍然《游青云峰记》：“青云峰在县治西北五十里，以高可与云齐，故得是名，然名不大显于四邑。余登城南望西北际，树阴杳霭，隐隐天末，访诸识者知为青云峰也。元生笙南家峰下之啸溪，数为余言其胜。余于是偕数友往游焉。峰多松少杂木，松叶长短分二种，高下错列，望之郁然。有古庙，已剥落，一老衲居焉。峰所有唯此而已。然视群山，帖帖就平地，如虎蹲而羊伏，其蜿蜒连蜷如长蛇下属，出没不常，其来会是峰下，如万马迎风猎猎，立者、奔者、陟且降者，数之不能尽也。而百里内邨聚数十，近者屋瓦鳞次，远者见树杪及炊烟起。笙南皆能指名，如按图而索焉。有白气横出东方，漠漠如烟，浮空无际，为县治双溪汇流处。稍循而西，蓊蔼靓深，在残霞落照中，则城居也。已而月上，其境益旷。忽有声自远而近，萧萧寥寥，变而漰砰鞺鞳如雷雨交作，既歇而流泉声虢虢鸣未已，盖松涛也。余因叹是峰萃众，有以成奇如此，由所居高而蔽焉者少也。岂不然乎？然则士之宅其心宜何如哉？同游者张怡亭、上官寅斋信之、何希仲及笙南，而授徒其庙为主人，则陈天瑞也。”张绅《宿青云峰》五律：“更上晴峰望，群山足底青。秋晖何历历，远色但冥冥。磊落怀增旷，飘飖酒易醒。陈蕃方下榻，皓月正中庭”）渠溪（十六都邨名）诸阜皆源于此。

南出为狮子峰（在啸溪），有石狮、天马、象鼻、鸡潭、文笔石、百水磜诸胜。东出为仙人磜，石壁数十丈，隐隐见人马迹焉。又东为崇庆山（在渠溪，有寺）、带蛇山（在十六都九摺），而尽于石壁窟（十六都邨名）。由笔架山（见上）南行为大隆（在十五都华桥左），转东为文笔峰（在华桥东境），度黄源坳而起高冈（在十五都东北境与十六都西南境连界），历凤山坳（亦在十五六都界），复东北行起大山头（在十五都大山头邨，隔山即十七都崇瑞里），历江家窠（十七都邨名）、带月山，而尽于吴家洋（十七都邨名，

十五、十六二都水合此），其间支分极多。

从高冈分者得二支。一循冈而南为猿猴山、燕山（并在十五都黄源东境），转东南起莲花山（在十五都溪曲邨东北，一名席帽山），东迤扇山（在十五都官中窠南），历美女山、锦被山，至骆驼山而止。（并在十五都官墩东境。）一循冈而东为凤山（在十五都饶家排北），转东北过凤山坳，又东为仰山（在十六都，有寺），中峰如坐莲台，茂林葱蔚，颇异人世。又东为天然笏（在十六都江家段），而坑边（十五都邨名）北之羊山、鳌头石、醉翁山，则凤山坳南所抽也。从大山头分者又得三支。一东南连度二峡，止于虎山（在十五都吴屯桥西北）；一东出为人山，迤下为龟山（并在十七都崇瑞里）；一东南出为出阵峰，历大凤山、小凤山（在十七都磜面西北），有飞瀑如烟霏银泻，可观。凡此皆导源于笔架山与青云峰，支分皆小禾山东支也。

盖小禾山出脉有三：右脉西行者为西支，极短（见上龙潭山）；左脉东行者为东支，极纷（见上东行上山，以下皆是）；中脉东南行，转西南行则风坳是（在十五都风坳邨），风坳之西为白羊山（在十四都白羊邨东），南为拜堂山（亦名美女山，在十五都西南十里），过蔡源亭（在十四都蔡源邨南），支分王竹山、威虎山（并在十四都程家山），又南为上井山（在十一都上井邨）。上井为元儒黄镇成故里，其山即镇成诗所谓“竹杖相携上翠微”者，里之人至今能道之。（镇成辛巳还光泽祖居，《上井约江少府同到》七律：“东到田庐故业非，十年风雨寸心违。江湖水阔冥鸿去，城郭春深老鹤归。桑梓尽随黄壤化，松楸空望白云飞。梅仙此日能相待，竹杖相携上翠微。”）复东南行，而马丫峰起焉（在十五都华桥南境与十都六源北境连）。是峰双峙插云汉，如天马然，故名。（国朝邑人上官昇《登马丫峰》五律：“奇秀辟西岭，双峰碧倚天。峡中低度鸟，空际洒飞泉。暝向群山后，春归众壑先。此间堪寄傲，休问小行年。”）

南出为荆山（详县西山），北出为刀枪山，历金龙山、兔山（并在华桥南境），又五里曰兴龙山（在十五都溪曲邨西境），越金山顶（亦在溪曲西境）直趋狮山旁，迤琴山（在溪曲西南），皆官墩主山也。循兴龙而南度六源坳（在十都六源），又五里为邓家磜（十五都邨名），南抽一支为北华山（见县西山），转东行交椅山，度梅岭，起纱帽石（并在官墩南三里），而何家山、跨鹤山（并在二都何家山邨）、罗星墩、轿顶山（并在官墩南）、挂榜石、莲花山

（并在官墩东南）相迎送焉。又东十里，起天水山（在十五都上坑边南境），南抽一支为遇鼓山，又东三里曰罗带山（在十五都中坑边南），过南山坳（在十五都下坑边南，有僧舍，名南山观），带金龟山（在二都小源），迢递东北六七里，转入正东，复逆而西曰龙山（有僧舍，名福庆庵）、曰象山（二山并在十五都吴屯桥东），与吴屯桥之虎山（见上）东西对峙，作十五都钥匙于是。马丫峰之脉专南趋黄源岭，为县西山（见县西山）。至治东北而尽（见县治山）。盖自南山而陈家山，而小禾山，而峰坳，而马丫山，而黄源岭，皆中脉，所谓中支入县者也。

有尾落北乡而首见西北乡者，一莲花峰（在十七都），一夫人冈（在十六都西北境），并出南干。自上延山（见上）北行白云峰（在十七都），转东屹立一山，曰莲花峰，众山攒簇如分瓣芙蓉。南出起鹅公鼻（在十七都），再起凤冈，作大洋营主山（在十七都大洋营邨）。又南一支结邓源（十七都邨名），其地有锦鸡石、纱帽石、鲤鱼堌，皆其支分（并在邓源界），而正脉趋北为县北山，首受者为汉溪（详县北山）。自上延山东行下延山（在十七都），南接山聚（十六都邨名），起夫人冈，东则为冲天烛、头巾山（并在十七都峅上），又东达金陵山（十七都邨名）、自在峰、廖家（十七都邨名）、狮山，而正脉亦趋北为县北山，首受者为陉山崖（详县北山）。二山之委并在北乡十九、二十两都，与西乡十七都比壤而分疆，故有犬牙之错焉，宜分入。

县北山

南干既由县西北起陈家山，为入县中支，而干仍北行起二十都西北境（包二十二都），次起二十二都西北境（包二十八都，错二十九都），又次起二十八都北境（包二十九都），又次起二十九都东境（包二十四都、二十六都），又次起二十五都北境（兼二十三都，错二十六都、十九都及二十都大半。另分二支见下，二十一都及二十三都大半，见县东北山，十八都见县东山，皆北乡所隶都也），得五大支焉。

一由陈家山左（接县西北山叙）东北行约五十里，起罗汉洞（在二十都西北境），为县北山之首。东南行十余里开仙人担（一名仙人拱，下有寺，曰仙人峰，在二十二都西北与二十九都西南连界），循担而下曰馒头山，山左东行里许曰梨树尖（并在二十二都西北境），于尖右抽一支起纱帽山（在二十都谢家边），西历社坛牛鼻山，有石卓立为擎石峰（在二十都下坪溪）。而正脉又东行十里曰七仙岩（在二十二都大青邨，东有庙。国朝邑人饶盛金《游七仙岩》五古："晨色犹希微，乃适北山路。山云黯不开，未辨云中树。忽尔天风生，霭然朝暾布。曲径出空明，旷朗舒盼顾。生烟续远村，断岸临古渡。林外双溪合，山隙半城露。嶙峋莲峰峙，嵯峨乌君踞。前山隐闽峤，后岫带盱豫。岂惟豁游眸，诚哉协清愫。幽境复奥如，杳冥穷何处？徘徊日向夕，留连不能去。招隐维有诗，登高聊作赋。何用买山居，斯游涤尘虑"），极高，常有云气覆其上。由是南过人山（在二十二都东南），东绕蒋家岭（在二十二都小寺洲），而尽于天平桥东（桥在二十都大里峰）。其支分（专指仙人担）左行曰贵人山（在二十二都万树岭邨北），右行为鸡笼山（在二十都鸡笼山邨），达于上坪溪（二十都邨名），并止。

一由罗汉洞左东北行十余里，起犁尖峰（又名观音尖，在二十二都西北境，与江西贵溪囿子坑连界），高锐无上。循峰北五里为方畲，达官家磜（并二十九都邨，方畲为小邨）。又东北十里，历中桂，越半山（并二十九都邨），止于官桥（在二十九都南境）。循峰东南度脉至山半，复起黄巢峰（在二十九都安民坑左），旁迤山麓曰琵琶石（在二十九都），历株子岭（在二十九都坪坛北），蜿蜒横度，起高公山（在二十八都北境，二十九都南境），有龙潭，六岁旱，祷焉。是山南行由界竹（二十八都邨名），右归洋（二十二都邨名），左度峡，约走十里而尽于大寺寨（在二十二都），旧大寺寨驻巡检司，今移止马。而羊眠石（在二十九都）、赤头山（在二十八都）、鳞鲤山（在二十二都归洋）及儒州桥亭佛岭下（并二十八都）、梅溪（指溪东北言）、山口（并二十二都），诸山皆是山支分也。

一由犁尖峰左北行二十里，起甑盖山（一名白云峰，在二十八都白牛峰邨北）。山上一小峰高入云际，跨光泽、铅山、贵溪三邑，左右展两肩，形如甑盖，故名。其南曰白牛峰（在本邨），又南曰印石（在二十九都新丰东），高广一丈，体方如印。山右接贵原山，约长十里，新丰里在焉。宋叶梦得经此饮酒而乐，题曰"新丰"，因以名。其里北为仰天窝，山半有石曰朝天笏，左有两石曰双磋石（并在新丰北），山下逆迤一脉，隐隐隆隆。自东转西而结山头关，县北扼塞也。西则笔架山（在山头关西），与贵原山东西对峙，更西起昂山隘（在新丰里西十里），有石坛、炉鼎、丹灶遗迹，石上有篆书，不可识。是隘与贵溪界，邑境止矣。

一由甑盖山左东北行二十里，起三仙峰（在二十九都大银场西）。循峰而东少南，度枫林坳，起高峦（并在大银场东北），右趋黄茅山（有寺）、象山（并在二十九都董家磜东），左走曹家山（在二十四都曹家舍），外有龙潭山（在二十九都黄沙坪东北境）、凉伞嵊（在二十四都毛家堑北境）、宝山、两狮石（并在董家磜西北）为左右。外从中脉东南行十里，起铜降仙（在二十四都毛家堑西境），达上阮坳，带蜈蚣山（并在二十八都下山坊东北境），绕茅坑岭、金鳌山（一在二十四都，一在二十八都），过邓家岭（在二十八都），尽于灵聚（二十八都邨）。而铜降仙东出一脉结毛家堑，南一脉结黄西坑（二十八都邨，茅坑岭北），逆一脉为铁栏山，再起虎山（并在二十四都新甸街西），则新甸主山也。北为福善山（在新甸北），东南为文昌峰，正南为莲花山（在新甸南境），又南十五里为仙人跳（在二十六都），傍溪巨石，遗仙迹犹存。又南五里为牛鼻山（在二十六都牛鼻湾），皆其支分也。凡此皆三仙峰脉。东南行者由左北行十里，则火烧关（在二十四都西境与二十九都东境连界），循关左而东北则太阳岭（在二十四都西境），岭与关并北界贵溪，而岭遂南度老仙顶（在二十四都山院西北），越凉伞嵊（见前）、士地降（在毛家堑北）。左循台山（二十四都邨），尽于莒溪口（在新甸，以火烧关水会大溪得名）。

一由三仙峰之太阳岭左东行十五里，起天福墩（在二十五都云际关北）。墩下为云际岭（宋邑人李吕《雪中度云际岭》七绝："凌空石磴三千丈，匝地瑶琼百万花。自有眼来方见此，直疑身已到仙家。"明郡守夏英《过云际岭》七律："五马趋朝光泽过，山行惟见石嵯峨。孤邨梦断三更雨，一路魂惊万仞坡。云际峰疑登泰岱，鹧鸪岭可挽星河。身行岭海曾经遍，争似崎岖此地多。"），北接铅山，南有关，十闽最上游也。今关徙司前（二十五都邨）。循岭东行十里为马铃隘（在二十五都马铃关东），亦与铅山界，南度诸筹岭（在隘东南）。又东二十里起大祺山（在二十五都大坪西北），山半有石，方如棋局，曰棋盘石。转东南度大富岭，过分水坳（并在二十五都西南境），逆趋西南起金仙崖（在大坪西南，有庙，名葛仙峰），而诸筹岭右抽一支经司前，达莲花山（在二十五都长茎），为右镇左支。趋横坑，止顿笔峰（在二十五都西坑口西北）为左镇。金仙崖从中西出一脉曰廷寮山（在二十四都廷寮），达金鸡嵊（在二十五都梅坪东），梅坪主山也。止于磜角岭（在二十四都磜角景），转从崖左东南行乌石山（在乌石邨），带狮山（在二十四都南塘东北境），有龙井，可祷雨。西起玉台峰（在新甸东岸，与福善山隔溪对峙。有庵二，一名麒麟阁，一名玉台峰），中迤一脉为月山，左有瀑布泉，明御史黄伯珪读书处，所谓环山阁也。（国朝邑人张廷恩《游月山》五古："家住月山下，时来寻往迹。携瓢酌寒泉，徘徊抚幽石。但有古人心，何必悲今昔。"澍然《题壁》四言："阁中人去，山以人名。孤松抱石，惟闻泉声。"）而乌石山正脉南度杨梅岭（接二十三都际头。何长聚《经杨梅岭适夫人邨偶叙》五古，录三首之一："山川何悠杳，惓惓此时心。抱兹不解怀，褰裳望远岑。岑高望不极，浮云翳其阴。愿与浮云托，因风度碧浔"），历三虞岭（在二十三都夫人邨西南。国朝邑人毛鹤龄《适大坪宿三虞岭下记》："岁丙辰十二月，余偕傅君寄峰同之大坪，至三虞岭，日已昳。既跻其巅，见万山一重一掩，变没于残霞夕照中，徘徊久之。及下岭，日沉矣。询大坪尚三十里，仓皇间遇陈君某，止宿其庄而饮焉。是夜月高风静，酒半闲步。山阿平楚皓然，而岭阴苍黝靓深，群籁俱息，殆兼旷如、奥如二境，岂非游之得邪？既罢酒，三人者陶然俱醉。余思今夕之游聚，皆适然而然也。适然，斯真乐矣！彼期然而然者非不乐，一未如所期则闷，即如所期，其乐前知，则视为寻常，孰如适然者？有乐无闷，若相引于无尽乎。不可以不记。"一名怀思岭。何长聚《怀思岭感怀》五律："嗟此怀思岭，其中多白云。我来凡几度，人事有乖分。去日如流水，于今不见君。徘徊空日夕，山静夜猿闻"），右迤山麓有石曰螃蟹石（在二十六都举贤），东岸山曰狮山（在二十六都堵里东岸），左为万安寨（在二十三都坝头坪），再绕屈膝岭（在二十六都），直趋二尖峰（在二十六都茶富），分为二支。一支历后陇而尽于茶富、津渡（并在茶富本邨），一支复起小尖曰一尖，经象山（在二十一都傅家地），而尽于扫帚尾（二十一都邨）。

是为北乡五大支。而县北山在近郭二十里内外者，复由西北上延山来，于五大支外又得二支焉。

盖上延山左行二十余里，为莲花峰（见县西北山），转行东北湖象（二十都邨），即入北乡直汉溪邨（二十都邨），邨之西北曰金鲤山，东曰卷帘山，皆其经行。又东二十里，而起大里峰，突兀撑青，二十都镇山也。北为山麓，西经乌石（十九都邨），历灵山（在下乌石。乌石分上下二邨），迤下铺阳，结崇仁市（十九都邨）。南趋境石马迹（在崇仁南），其山无草木，隐隐马迹若小径然，而尽于陉山桥。上延山右出之脉自十七都，下延山起夫人冈（见县西北山），盘辟本都，接十九都，入北乡，起陉山崖（在崇仁市陉山桥），南崖壁立临深渊，道断露微径，不能方步，后稍镕凿，始度单舆。其巅名仙坛（有庵。《瀫音集·题壁》七律："岧嶢郁翠有高台，眺迥凌空亦快哉。涧水不流松影去，山云遥傍夕阳来。鹄形老衲惟钟磬，犊鼻长卿尚草莱。夜半闻鸡岑寂地，一生怀抱向谁开"）。北乡锁钥也，南落为眠犬山、平阳度脉为仙华洲（并在一都东北境。《瀫音集·仙华洲》口号："不到平原上，那知春事赊。人行穿绿树，犬吠入桃花。广隰东南亩，横凹四五家。道逢田舍叟，随意话桑麻"）而尽于仙华桥。是二支亦县北山也。

县东北山

自诸筹岭（接县北山叙）东南行三十里，起诸母冈（在二十三都。诸志认珠寮山作诸母冈，注十八都，误），为县东北山之首。是山分体于南干，北控铅山，东走建阳，南引乌君，西分二脉，曰盘肩岭、曰芙蓉洞（并在二十三都，如诸山之母，因名。俗作猪母冈）。南引乌君者曰连君山（在二十一都三路坑），文笔挺拔，如天半峨眉，以乌君导源诸母冈于此度脉，故名连君山，以近儒堂又曰儒堂尖。左行接东山嵊（见县东山），右尽于百石（在二十一都）。

由盘肩岭起营山（在二十三都东北境），循山而下多巨石。东南行三十里为金狮石（在二十三都夫人邨南），是石踞山腰，头平面广，中有岩口，狞狰如狮，故名。其支分一走交溪（在二十三都。广坑水、分水、坳水会盘肩岭水于此，故名），一结王家洲（二十三都小邨名）。诸邨正脉又南十里结甘竹（二十三都邨），有浮石。更南二十里为架鼓石，其巅二石双峙，横扛一石，高广丈余，如门梁，故非人力可致，又不类生成，殆神鬼施设者。乃嘉庆八年遭雷击而坏，其成其毁均不能测，可异也。

芙蓉洞在盘肩岭东南，以分脉于诸母冈少东，故首接建阳。其山广轮数十里，斥莽而幽深，类封禁山，往时望气者谓中有银矿。传语藉藉，不逞之徒结队开采，亡其赀，复餂诸有钱家同事，计年余所得，类煤不爇，类铅不化，弃满山谷。同事者并困，至穷饿而死，可为昭鉴。其脉首受者为遐洋（二十一都邨），遐洋之山亦绵旷，多茂林古木，有百围者，今亦少耗矣；历礲硿石（在遐洋），至百石、萧家山而止。其下即接连君山之委。盖县东北山尽此三支云。

县东山

自连君山，导南干脉于诸母冈（接县东北山叙），抵县东境，起东山嵊（在十八都梁家坊），而别为一宗（详后），又东为操军坪（在乌君山右）。得脉前，夫乌君又高与之齐，实为县东山之首。谓之坪者，以顶平似之，然下视变平为锐，高故也。

又东为珠寮山（在乌君山后），跨建阳、邵武、光泽三县。面光泽者，右落为黄茅岩，有石楼、七仙人冢，一冢后有石壁，水自穴出。其下为会仙岩（在乌君山右，三里岩内），有石室、石床、石棋枰，故名会仙也。（国朝邑人黄元方《会仙岩》五律："仙人餐术处，洞古媲华阳。天际云骈下，林深白鸟翔。烟霞封石灶，屏几列丹房。坐玩澄泉碧，松风竟日凉。"）有帘泉，一名飞泉岩。（澍然《游飞泉岩记》："去城东三十里，有飞泉岩，为邑名胜。余闻其道险，不果游。今夏始偕上官寅斋及建宁张君怡亭、亨甫一至焉。未至里许，有悬崖壁立数百仞，人循崖旁仄径跼躅行，禁目外视，乃敢前进。是时，意在必至，亦不觉其为险也。已而崖转岩露，岩内飞槛鳞次，隐隐林霭间。望之静深，疑有仙者居之。既至，则飞泉靡沸出岩端，潺淙有声。时虽盛暑，沧凉中体，如秋深天气。日光下彻，则斜溜者如银泻激，而上者如烟霏交贯，互绕者如群珠错落，的皪而不已，以为身在珠宫贝阙，不是过矣。然岩高不常得日，惟亭午始见焉。寅斋至是凡三游云，前此未尝睹也。岩右有樵径，戳棊难上。怡亭力陟而登其顶，言弥望百里外，山如积黛，其境旷绝。惜余三人未之见也。夫余始闻其难而心阻，今见其难而力至焉，怡亭且跻其巅，岂不以志哉？而寅斋屡游，犹未尽睹其美，又不独游为然矣？是皆可思也。于是同宿岩内，群动俱息，但闻泉声。中夜惊觉，以为风雨暴至也。是游也，怡亭、亨甫皆有诗，余为之记，而寅斋题名焉。道光二年五月八日。"

《重游飞泉岩记》："余于道光二年夏游邑之飞泉岩，陶然而归，有记，盖记飞泉之胜也。今年秋复游焉，至则不见有泉。久之，南端飘瞥如散丝，已而互澍如注，忽复寂然。则移而北出不常厥处，同游者睹其状，悉异之。然余以理推之，乌知非值岁旱泉缩而然邪？夫泉生岩石，不假于外，故其流虽经旱不竭也。然观天将雨而徒润，雨旸见于上，石气应于下，乃自然之理也。然则时恒雨也，其泉之生宜盛时；恒畅也，其泉之生宜微。微故待积而流，既流而渴，渴已而复聚，聚而复流，或南或北无定所，如人之汗然。盛则周夫体，微则此有彼无，倏多倏少奚异焉？余因思至常者，理也；至变者，时也。管夫至常，因夫至变，离人事而顺天施，来也无朕去也无倪，微特斯泉而已，即山间之朝而岚暮而霭，四时景状之变化，接于目而悦于心者，又奚能测其然而可泥夫常迹邪？自无累而静者观之，虽未尝少变者，然不有与时俱新者邪？是知游者以境待心，不若以心待境。心苟不为物累，何时不得其陶然。今昔异同之迹并不必深求也。同游者旧侣则张怡亭，新侣则何焕奎、家如登也。其日则六年八月十八日也。”

高炳坤《游飞泉岩记》：“曩余读怡亭、雨农二先生飞泉岩诗与记，言飞泉之胜甚异，辄思望见之焉。今年秋，始偕二先生及何君焕奎来游。惟见怪石矗天末，绵延张两翼，如朝如伏，可名状者数十。而所谓飞泉者，飘洒断续而已，自亭午至日夕，未见其有异也。岂适会其少渴耶？二先生与焕奎咸愕然，余亦废然，谓斯游无得也。既不获归，止宿岩中，冥坐待旦。夜既半，有白气冉冉起崖下，绎属不绝，迨晓，际天满谷弥望一色。忽平落如指身，已出其上。视诸峰半有半没，如苍龙之偃水面，盖云海也，可观矣。夫余为飞泉之胜来，则思见飞泉而已，不知有云海也。虽二先生与焕奎前或一至或再至，皆言未之见。岂适会其有邪？夫有所期而不得，与所不期而得之，皆其适然也。余亦适其适然者而已。适其适然，斯无往而不得，无往而不得，乃真得也。然则即不见云海，亦何憾于斯游哉？向之言无得，诚过也。故记之以识余之无得与得，别有在也。”

何长聚《三游飞泉岩合记》：“飞泉岩在乌君出右，其泉出岩端，若风挟雨至，故名。予至是凡三游也。一为嘉庆己卯十二月十六日，既至朔风凄冽，黄云照襟，万峰忽高，皓然成素。凭槛久之，觉身置清虚之府，不知在人间也。一为道光丙戌七月十八日，至则止宿，林壑靓深，月光横照，变为浅碧，其峭壁背月作苍黝色，森然若有鬼神居之。夜既深，惟闻飞泉淅沥，时杂落叶声。仰视北斗开，于则月可中也。二游者，皆独往。逾月，为八月十七日，又从张怡亭、高雨农二先生及高君如登宿焉。是夜，月色不异也。质明起视，则万山云漫，一片暟白，浑浑无际，天风上飔，云气徐落，双尖乍睨，黛浮青涌。已而风止云升，及岩之半，下临无地，以为身坐云端，不是过矣。日出天高，霎然不见云迹。其来何从？其去何归？可异也。夫予前二游谓岩之胜莫雪与月若也，乌知云之为胜又如是哉？然则人据耳目之知，遂以为能尽其蕴者，其果能尽焉乎？因记前后所遇之异，以见造物者之无穷，即故而得新，有如斯岩之游也。呜呼！岂独游为然哉？”

张绅《宿飞泉岩》五古：“岩泉若飞雨，窈窈烟月深。山风飒然至，令人生道心。不觉忘形骸，奚知时古今。一宿自兹去，白云盈我襟。”

张际亮《□亭》五律：“石壁一千仞，飞泉冒作烟。楼开瀑布内，星在客衣边。孤月行云海，高风动夜天。万峰俯看尽，岚霭合苍然。”又五绝：“白日杳然堕，峭壁青巉巉。不见山阿人，下有千年潭。”）

又东少北则乌君山（在城东三十里），山高二千一百余丈，上有两峰，亦二十余丈，名珓杯峰。相传徐仲入山采药，遇老叟，妻以女，而衣乌皮羽，因名乌君也。怪石万状，悬流百道，朝岚暮霭，变没不常。两珓杯插汉表，俯双溪如大小孤山，据江上而籓江南也。是为吾邑名胜第一。（宋邑令江逌《乌君山》七绝：“洞中烟锁五云楼，洞口寒泉今古流。见说秋高风雨夜，徐郎骑鹤更来游。”元邑人黄镇成《君山霁雪》七绝：“谁把琪花散碧霄，千岩万壑总琼瑶。支颐正好吟诗句，莫遣东风一夜消。”危德华《乌君山》五古：“乌君澹空青，一见豁幽趣。蛟龙隐洞口，白昼蓄云雾。我昔登其巅，凭高访仙路。朝撷菖蒲花，服食充养素。机闲心魄清，神定诗禅悟。直将驾巨查，天潢水东注。”明邑人徐徇七古：“杭川雄镇乌君山，山头古迹仙人坛。仙人骑鹤去不还，药炉丹灶留山间。至今鬼神与守护，洞口时时起云雾。玉清行府常依然，缥缈仙踪无觅处。”国朝摄守长白揆文七古：“乌君拔地可千仞，俯率群峰如列阵。巍峨天半双石立，玉珓杯寒霞作衬。蔽亏日月登陟艰，牧唱樵歌无俗韵。松篁接望青复青，山果山花与之并。瀑泉喷雪倚岩悬，卓午龙宫犹杳冥。徐仙仙去几时还，曩事茫茫难凭信。最怜人世太纷纭，惟有兹山长静镇。”广昌魏洪七古：“崋屼奇峰排绮陌，高者千丈低百尺。三十六湾石磴盘，一盘一转一逼迫。离离宝盖覆优昙，白髯黄猱拍夹脊。双笤屹立豁天门，此山知是何年辟。一发江南弄素秋，俯视尘寰但一色。昔闻徐郎遇双姬，碧翠鸺鹠长羽翮。又闻军坪说土人，甲垒垣墉森戈戟。仙鬟都化杜鹃啼，何论剑锋与马迹。惟有平场号天风，涛奔谷吼惊心魄。毋乃神龙斗海鲸，不然便是蛟螭宅。老僧虽老偏崛强，曾打南山小白额。荒尽寒林山鸟哀，茗苦梨酸无可摘。溟蒙阴雨连昏朝，急破寂寥浮太白。会须倚醉凌绝顶，长啸一声星斗折。”张绅五古：“拨径蒙密里，玩幽逶迤行。苍苍忽石色，诸峰森太清。仙驾去不还，羽翼游层城。渺哉怀古意，叹彼浮生营。且坐星月光，谈笑今宵情。” 又《望乌君山忆昔游》七古：“脚踏翠崖上，手攀绿萝悬。举头出云外，大笑彻青天。白日满山风萧然，峭壁巉巉泉涓涓。万籁无声竟何听？恍惚太古之千年。入门午憩啜茗坐，席地倒身佛堂卧。神清骨冷绿烟萝，顷刻夕阳红射破。起来见月已东生，岚光夜灭高天横。星辰磊落芒角大，长啸欲御凉风行。出山回望更奇绝，仙人数十森成列。耸肩昂首来送别，二老踞顶苍颜洁。朝霞迸作猩猩血，山下瀑龙如走雪。怪峰如此信谓奇，乌君一去何还时？飞升毕竟俗肠在，灵境却舍将安之？烟岚着衣长不灭，至今我觉犹相思。”张际亮《题壁》十六字：“苍苍万石，萧萧百泉。山风夜至，明月在天。”又七古：“银河一片落烟雾，挂在碧峰最深处。玉龙待我我不归，至今留汝看瀑布。山中之云亦千年，云气窈窕而蜿蜒。大月如盆高照天，四壁啾啾闻夜猿。重崖绝壑闭风雨，仙人春梦寒流泉。可怜杭州人，应忆安晋客。手持绿玉杖，笑踏万仞石。五月长歌同入山，少年健走比霜鹘。醉题名姓在巉岩，字高去天不盈尺。吁嗟乎！碧海不可问，丹邱渺难寻。烟波淼淼江水深，侧身西望愁我心。徐郎已去神乌老，安得从君种瑶草。”邑人黄宗杰《将之广东过君山旧读书处》五律：“三载京游客，重来谒佛颜。对兹松竹老，怜我鬓毛班。补衲追新语，逃禅失旧山。东华尘土梦，何日得归闲。”又《谪宦归再至步前韵》：“迁客归来日，菩提亦解颜。苍苔还自古，老竹已成班。世事浑如泡，乡心尚恋山。息机仍未远，长与白云闲。”《觳音集·乌君山杂兴》七绝三首：“深深竹里乌哺子，杳杳花阴石带红。瓦枕藜床书一卷，昼眠酣受北窗风。”“野人编蒯未遑安，松火斋廊语夜阑。检箧浑忘危坐久，猿啼月堕四山寒。”“山石嵚崎竹径斜，檐峰时见下麏麚。开渠翦藿迎新水，闲趁凉风灌菊花。”《君山夜读》五绝：“小窗搜箧笥，童子垂头睡。不觉冷侵衣，晨光散古寺。”《晨起读书》五古：“日出树苍然，清气落襟袖。青山澹吾怀，书声响岩岫。欣然有所得，欢如遇故旧。谁与伴此时，卷帘白云逗。”高隆程《乌君山》七古：“乌君之仙安在哉？徒闻徐仲婚仙回。羽衣已乘阆风去，白云明月空徘徊。月下飞瀑清且泚，云中双笞接天起。古洞犹闭唐虞天，风岩欲征造化理。空山风雨生秋晨，惆怅谁逢采药人。只今崖畔秋花发，疑是徐郎药苗春。”黄子岳《游乌君山憩玉龙宫忆会仙岩旧游》七绝：“尝向仙岩眺玉龙，今来还复忆前踪。记曾云过空山雨，独坐幽崖听远钟。”上官堂《乌君山》五古：“策杖寻胜地，攀缘陟修阻。叠磴迂且回，石劈而门树。竹树纷离披，芳草杂蘅杜。涧泉凄以鸣，晴空如风雨。云气滃然生，翳翳以容与。但觉猿来下，暗如闻人语。野风起岩壑，余氛散无所。虚白凝空明，天光相吞吐。返照穿巉岩，层峦交仰俯。殊度俄顷间，变态指顾许。参差以灭没，可望不可数。我闻昔仙人，姻媾曾此处。羽化遂不还，兹山遗终古。树腹或藏书，石缝余糟醑。道意委虚壁，残沥成钟乳。访之无所遇，慨然成太怃。惟于碧岑阴，恍惚得古坞。临坞正徘徊，樵者为我叙。云于绝巘间，或复得戈砮。或石硕瓦铛，或金钗铁杵。铜器转难名，腹如瓠而鼓。两端削如桴，量之长尺五。旁有蚯蚓窍，掊之皆泥土。谓昔有人居，井灶无复睹。不知几何岁，斯焉委宿莽。伊维此山脉，蜿蜒来珠姥。峻起若飞鹄，肆张如哮虎。崇峰双玉寒，偃麓群邮序。天地有所钟，灵气蔚以聚。宜有高人隐，或屯避兵侣。遗迹有无间，惟以意领取。聊尔成咏言，行歌下岨峿。”高惺然题壁六言：“振衣千仞冈顶，放眼一发江南。大箬去行尺五，小箬仿月初三。上官曦题壁十六字：“万石孕云，千峰低日。阅几春秋，终古一碧。”龚文辉《君山霁雪》七绝：“不尽岚光拥翠屏，天工戏就玉珑玲。东风扫却琪花白，依旧云峦处处青。”澍然《题壁》十六字：“石骨扶天，云根蟠地。如此佳山，闭千百世。”龚有元《望乌君山》五古：“截嶭踞东隅，楼观屹相向。双笋摩霄高，月出珠在掌。烟半影浮空，扪萝何处上。朝见白云来，暮见白云往。往来云自如，矫首成怅怏。”何长聚《乌君山柬友》五古：“负笠陟层阿，投馆栖榛莽。一牖当千峰，尺阶临万丈。种粟依径偃，引瓜随檐上。郁林鸟隐现，绝壑云来往。六时无杂言，三余足幽爽。日落众山暝，风泉多清响。欣然遂为乐，悠哉此偃仰。之子顾乃违，携手阙心赏。秉笔不知言，息衾劳梦想。城邑如相望，空翠应漭瀁。”《望云》五绝：“隐隐生幽崖，随风入虚空。忽为一片雨，仍洒此山中。”《观瀑》五绝：瀑泉触危石，激散如飞絮。未知深谷中，潺湲来何处。”《忆乌君山》五律：“乌君不可见，天末空苍苍。此日林泉下，谁闻花树香。山鸠知暮雨，野蝶媚春芳。曾记一樽酒，当之咏夕阳。”高炳坤《游乌君山记》：“今欲瞩烟霞之变态，览日月之升沉，舄履溪山，呼吸风雨，而求之暝岩幽壑，阴锁翠郁，天光暗霭之境，则人必笑之，为其期旷而之奥也。循是而推境之奥者，不求诸邃，谓必临按衍、凌清虚、出于培塿平冈之上，而后得焉，又谁信其然邪？盖旷与奥之难兼，明矣。邑三十里有乌君山，号为名胜。然山势横矗天末，遥望之，颀然峭壁而已。谓旷则徒峻，谓奥则无深，况能兼其胜邪？今夏六月，焕奎读书于山半香炉峰之寺，余始偕怡亭先生游焉。比至，则人行循峰后，斗折匍伏。更上则峰势回合，视不一咫。已而如自瓮中出，豁然见百里外。山随目力远近，至于见若影然而止，而一邑邨落、溪冈近在履下。当是时，已浩浩乎与造物者游矣。及视乌君山，石林崿立于嵌岩岃崱之上，钩婴蝉续，不可端倪。见有若列戟者，有若覆钟者，有若丛植笏者，有若虎跑、狮蹲、牛饮、猱窥者，其外阴崖蓄黛，绝壑含岚，谷不辞响，瀑无定白，岈然洼然，若隐若现于乱峰碎云间。弥望参差，邃延随日色，霞光所及见，忽红乍紫而已。又不知其何如深也。然则旷与奥二者，兹山实兼之。宜焕奎日坐卧其间不肯去，怡亭先生亦至是为再游也。爰记所见质之。”闺媛何淑苹，长聚从兄长义女《望乌君山》五绝：“欲识春山态，时登小阁看。白云浮翠远，晨气逼烟寒。”）

与乌君相接者为乌石岭，高亦二十余丈。又有凉伞石，在乌君后，有径随石转，达其巅如收盖而束其檐，因名。又有烛石、镫石，亦极肖云。其在乌君前者为宝盖岩，岩下有玉龙古刹。（黄元方题岩七绝：“名传缨络始何年，洞腹宫支半壁天。最爱扶桑捧日出，直疑身在斗牛边。”）更前为香炉峰，城乡邨落历历在瞩。出刹门即是榻，于刹者可当卧游。（《彀音集·香炉峰偶步》五古：“落日早凉天，寺门散幽步。微风生远岭，闲云隐高树。稻水光弥弥，流萤乍来去。我心淡以闲，况与清景遇。徙倚忽移时，苍苍山已暮。”）宝盖之北有仙桥石，石长二丈，宽一尺有六寸，里人目为三十三天，然犹大筶之麓也。其东有老人石（国朝邑人黄师健《老人峰》五绝：“群峭攒高青，其中立老叟。见我如相识，云端为招手”），大筶之左亦有仙猴石。循香炉度白壁峰，中有小岩，存屋柱数椽。（国朝邑人饶廷相《白壁峰》五绝：“眞宰鞭神石，悬崖辟窦房。数椽今尚在，何代高僧藏。”）更下为箕嵚山，尖峰连卷，递降如群羊下坡，城居视之，乃插天文笔也。其支分顺行而东，历珠排山、撒网山（并在一都仙子冈。黄镇成《仙冈暮霭》七绝：“霏霏瞑色满山城，隐隐岩扉带晚晴。试问仙家何处所，数声樵唱不胜情。”又龚文辉七绝：“欲宿仍飞倦鸟情，晚霞高映夕阳明。仙台半隐云深处，一径樵歌带月行”）、螃蟹山（在三十都七里）、凤山（在三十都湖坊）。逆上而西趋黄岭（在十八都油榨），南起高华山（在十八都上屯南），游衍平山而尽（在一都平山上）。又乌君极东境有牛鼻石，分一脉东南行抵邵武之大干山，而操军坪一支越境旋止。其东山嵊，则梁家坊主山也。下有石桂卓立数仞，瘦如削杖，名曰仙人担（在梁家坊）。其支分为后磜（在十九都许磜，土音呼后曰许），为纱帽山（在十九都溪东），后磜平原度脉历鸭母岭（在十八都大林），北尽于油榨。纱帽山上下二级，一圆一侧如纱帽然。尽于上屯小涧桥桥（北属十九都）。凡此皆县东山也。

县东南山

东出录讫，当及东南。而旧志“疆域”无东南，一至山川亦不及，岂县境独阙东南哉？由未辨方正向，误认东南为正东也。按，县北溪东南行，达县至交溪，并西溪亦随而东南，故自东门出，不独依山之花园（三十都）等邨，即缘溪之直阜陇（三十都邨），达通津塘，皆东南隅境也。否则邵武之上源、中坊，并隶四十九都而接壤上源，出县南门十五里至中坊，出县东门二十里至而通津，直接中坊。果系正东，则上源、中坊一南一北，势不相及，何能接壤？是一证也。又况从县北山视直阜塔恰当对面而少侧，尤明征乎。按，县东南山一由九龙峰来（见县治山），一由陈家山来（见县西南山），而九龙峰为东南诸山发脉之宗，又在治南少东，即县东南山之首。其分脉有二，一支走回龙山（见县治山），一支由回龙后历钳山达直阜陇，转西北向县，曰东山。作邑水口、洪光塔在焉。（张绅《重游东山塔》五律：“一山临水上，重到直深秋。路掩新黄叶，门看旧白鸥。溪光摇落日，塔影漾中流。酒榼归来晚，清辉月出幽。”）其天台山分脉为黄家磜（三十都），诸山北界望仙桥（在直阜塘东南），南界通济桥（在黄家磜东南），其下则入邵武境矣。

县南山

九龙峰既为东南山之首，则千竹峰即南山之首也。光泽出南城六七里，即入邵武境。而南山为县来脉，并朝县北行，故于县治山特详，兹不复列。

川　略

县之大溪二，一西溪，一北溪。各纳众流达于县东二里乌洲而合，曰交溪，行八十里至郡。

西溪

西溪一名杭川，以至县纳杭头水得名，而县亦名杭川，由此溪为县经流也。又名尘溪。萧子开《建安记》：邵武溪出县西（时光泽未析置县，尚属邵武县西）乌岭（今名马岭），抚州南城界。谓之尘溪，是邵武溪本名尘溪。而西溪以上源通被之也，源自建昌新城（《建安记》言抚州南城者，时新城未置县，为南城地，即建昌。亦止称军，未升府，故系南城）与邵武比界之马岭、山流、金坑（马岭、金坑、并邵武西乡），东行十里至县西南境，六都之上观、毛家隘水会焉。

毛家隘水（在七都毛家岭）　发源本隘，南流至上观，自溪左会。又东十里达罗家渡（在六都），纳企瑞岭水。

企瑞岭水（在六都）　发源本岭，西北流至罗家渡，自溪右入。又十里历五都溪东邨，下纳象牙水。

象牙水　发源本山（县脉分干于此。其山在六都东南境），北流至龙桥，自溪右入。又十里至四都横南邨尾，岩岭隘水合极高隘水、百岭磜水、仙人隘水、豪居峰水来会。

岩岭隘水（在七都）　发源本隘，南流李家坊（七都邨），纳极高隘水、百岭磜水，抵吴屯（七都邨），合仙人隘水南流至曾家排（五都邨），合豪居峰水，历枧头（五都邨），过横南（四都邨）、水尾（右即五都石城邨），自溪左会。

极高隘水（在岩岭水右）　发源本隘（在七都），东流祀林（七都邨），至李家坊合岩岭隘水。

百岭磜水（在极高隘水右）　发源本磜（在七都），北流磜下，至李家坊合岩岭隘水（将至李家坊，先合极高隘水）。

仙人隘水（在岩岭隘水左）　发源本隘（在九都楼台北），南流楼台，历前山（九都邨名），至吴屯合岩岭隘水。

豪居峰水（在仙人隘水左） 发源本峰（在九都上磜左），南流兴龙峰（在上磜右），汇后洋、官家里（并九都郜）水，历危家源（五都郜），抵曾家坪，合岩岭隘水。又十里至水口（在四都），杉关水合羊头隘水，并所纳之象头隘、寻江、大小寻洋诸流及大禾山水，并大禾所纳之小禾山、上坑、张家窠诸流，又合耽溪水来会。

杉关水（在豪居峰水左） 发源杉岭（在九都杉关），经杨树湾（在杉关东境）受各涧流，至路口桥（九都郜，以桥名）受严溪（九都郜名）泉成溪东流，历十里山、九里桥（并九都郜），抵十都止马，纳后山（在十都，分上下后山二郜）及小坂（十都尚有大坂，惟小坂泉入此）泉流大寺司前，合羊头隘水、大禾山水，至京牙合耽溪水流水口，自溪左来会。

羊头隘水（在杉关水左） 发源本隘（在八都东），南流山坳（八都郜），过仁厚里，抵亲睦里（并八都），纳象头隘水，历岛石山（八都郜名），达寻江纳大小寻洋（并十都郜）涧流，至止马大寺司前合杉关水。

象头隘水（在羊头隘水左） 发源本隘（在八都象头郜），流亲睦里，合羊头隘水。

寻江水（在羊头隘水右） 发源本坳，流郜口（寻江郜口），合羊头隘水。

大小寻洋水 并发源本郜，合黄茅等郜（并十都郜）泉成小港，流至寻江，合羊头隘水。

大禾山水（在象头隘水左） 发源本山（在二十七都），西南流龙潭，受半山神仙邱（俗作坵，并十四都郜）各涧泉成小港，出椀窑（十四都郜）纳小禾山水，流至岩下，纳上坑水、张家窠水（并在十四都），历虎塘，达何郜（并十一都），出岛石山至止马司前，合杉关水（将至止马先合羊头隘水）。

小禾山水 发源本山（在二十七都南接十四都界）及风坳（在十五都），西北流白羊（十四都郜）至椀窑，合大禾山水。

上坑水 发源本郜（在十四都），出擥坑桥（在上坑，通十二都），至岩下，合大禾山水。

张家窠水 发源本郜（在十四都），过擥坑桥，至岩下合大禾山水。

耽溪水（在杉关水右） 发源鸡笼山，秋竹源、排下（并四都郜）各涧泉成港，经耽溪郜（在四都），至京牙合杉关水。又三里至龙安寺（在水口三里南岸），右纳浮溪山水。

浮溪山水 发源本邨（在三都，其邨名浮溪山），北溪至龙安寺右，自溪右入。又十里至陈家滩（三都邨名），纳陈源水。

陈源水（三都邨） 发源赞马（三都邨），至陈家滩自溪右入。又十里至虎跳（三都邨），纳横坑水。

横坑水（在三都） 聚诸山水于横坑，西北流至虎跳，自溪右入。又十里至册下（二都邨），马丫峰南流水合瓜坪水、长山坳水、何家山水、上下小源水来会。

马丫峰南流水（在小禾山水右） 发源本峰（在十都六源北），南流六源，合瓜坪水。十里至危家塘，又十里抵牛岭（一名儒岭，在二都），合长山坳水。又五里至黄溪桥（在二都黄溪），合何家山水。又十里至黄泥岭（在二都），合上下小源水至册下，自溪左会。

瓜坪水（在十都瓜坪邨） 聚诸涧水流六源，合马丫峰南流水。

长山坳水（在二都长山） 发源本坳，东南流牛岭上，合马丫峰南流。

何家山水（在二都何家山邨） 发源梅岭（在二都），经本邨，达上（二都邨），汇遇鼓山（在二都小源）泉为黄溪。过黄溪桥，合马丫峰南流、上下小源水（并在二都本邨），聚诸涧流至黄泥岭，合马丫峰南流。又四里至姑婆潭（三都邨名），纳琉璃坑、翠云峰诸水。

琉璃坑水（在三都，近大洋） 发源本坑，东北流大洋，并翠云峰水，出徐家坪，转严坑，达姑婆潭，自溪右注（徐家坪下，并三都邨）。

翠云峰水（在三都） 发源本峰，东南流大洋并琉璃坑水，至姑婆潭，自溪右注（二水相敌，故对举）。又五里至大坂上（二都邨名），纳大岭下水。

大岭下水（在一都西南） 发源白云峰（城西南二十里，即三仙嵊），北流至大坂上，自溪右入。又三里至县治西塘石滩，纳山坊水。

陈家山坊水（在一都西南，相距四五里有三山坊；其二属邵武，助头山房、楼下山房；故此系陈家，别之） 合诸涧流，历廖家湾（在治西），至塘石滩，自溪右入。又二里过西桥，黄源岭水合徐源坳水、杭头岭水来会。

黄源岭水（在一都高源北） 发源本岭，南流高源十里至徐源口，合徐源坳水。由罗星石（详山略）抵顺化坊，合杭头岭水，出春台桥（在西桥左），自溪左会。

徐源坳水（在一都徐源） 发源本坳，西南流徐源口，合黄源岭水。

杭头岭水（在澄清坊北）　发源本岭，东南流顺化坊，合黄源岭水。又径城北分一支达中洲，寻合（澍然《中洲夜游记》：“宴游望高山后五日，为七月之望，复偕怡亭、信之及伊生留璞步月于山阿。伊生谓水月幽胜，北郭外中洲可游也。中洲者，北际大溪，南有支流夹焉，因名于是。转出水门，度危木桥，徜徉夫洲上。洲故广而袤，沙平草短，被以凉月，四顾皑然，泱漭无际。临溪列坐，惟闻水声泠泠，杂沙虫水鸟声，时断时续，其听益静。素影帖波，色如绿玉。圆纹荡白，知有游鱼。北厓树影落水面，中漏疏星近若可扪。是时也，泊然、廓然，莫名其乐。但觉水月相忘，人亦与之忘焉而已。良久，遵故道归，则月色半墙，清露满衣，盖四鼓也。夫中洲非胜游地，即水月何独中洲为然？然游者适其适也。吾见夫失之于神皋奥区而得之于寻常耳目者，往往而是也”）正支，过黄龙滩（黄镇成《龙滩棹歌》七绝：“潺潺滩溜急于弦，灵物曾从此处眠。最是短蓬烟雨里，长歌一曲水连天”），至城东云岩水，合九龙峰泉，城内九曲水由东门外小桥注焉。

云岩水（在城南三里）　发源云岩泉，东流至东城跟，合九龙峰泉。又距云岩一里许，有泉亦名云岩水，北流入城，至弦歌桥，合城内九曲水，出水瓮会。东流一支，合九龙峰泉于城跟，径小桥自溪右入。

九龙峰泉（在城南五里）　发源本山，东北流至东城跟，合云岩水、九曲水，自西门外导西溪水于大簸坑，至江家陂遏而北趋，由天后宫门前还注本溪。正流东趋入西水门，绕市廛，曲折流达弦歌桥，合云岩水。又过东桥，抵乌洲（黄镇成《乌洲渔唱》七绝：“扁舟一叶任西东，烟水微茫处处同。钓罢归来无个事，数声欸乃夕阳中”），与北溪会。

北溪

北溪发源县北界之云际坑（在二十五都，北接江西铅山界，去县一百二十里），聚诸涧水成溪，东南流紫溪（二十五都邮名）十里，历司前，至洪家邨，（并二十五都邨）马铃隘水合半山水、大祺山水并大祺所纳之洋渡坑水会焉。

马铃隘水　发源本隘（在二十五都东，北接铅山，西接云际岭），南流三星桥，达三篷、二篷（因纸厂得名，并在二十五都），纳半山水，出司前纳大祺山水，至洪家邨，自溪左会。

半山水（在马铃隘水右）　发源祺山岭（在二十五都半山邨北），南流经半山，东流二篷，合马铃隘水。

大祺山水（在马铃隘水左）　发源本山（在二十五都大坪邨西北），流下达大坪，受洋渡坑（并二十五都邨）泉，出长茎（二十五都邨），至司前，合马铃隘水。

洋渡坑水（大祺山水左）　发源本坑，汇分水坳北流之水（坳在二十五都西南境，二十三都东北境。南流会二十三都盘肩岭水，北流流二十五都，故名分水）。西北流大坪，注大祺山水。又十五里历梅坪，至礤角景（二十四都邨），纳廷寮水。

廷寮水（在二十四都廷燎邨）　发源鹧鸪岭（在廷寮东），西流礤角景，自溪左入。又五里至台山（二十四都邨），纳山院水。

山院水（在二十四都山院邨）　发源老仙顶（在山院西北），东流台山，自溪右入。又五里至柜林（二十四都邨），火烧关水合枫树坳水注之。

火烧关水　发源本关（在云际关右，属二十四都），东南流十五里，龙潭山（在二十九都黄沙坪东北境）纳枫树坳水，合流曹家舍，经毛家堑（并二十四都邨），达柜林，自溪右入。

枫树坳水（在火烧关水右）　发源本坳（在二十九都），东北流黄沙坪，出龙潭山，合火烧关水。又里许，瑞溪水注之。

瑞溪水（在二十四都，土称短溪，“瑞”误“端”，因端转短）　发源蛟龙窠，经上瑞溪，（并二十八都邨）达莒溪口，自溪右入。又三里许，至新甸（二十四都东岸）观音阁（在新甸汛右），玉台峰水注之。

玉台峰水　发源本峰（在新甸东岸），南流至观音阁，自溪左入。又十五里，逾举贤（二十六都邨）而南至东岸螃蟹石（在举贤南五里），纳九庵坑水。

九庵坑水　发源本坑（在二十六都），南流至螃蟹石，自溪左入。又五里，至堵里（二十六都邨），纳三牛岭水。

三牛岭水　发源本岭（在二十六都），聚左右泉成小港，西流堵里，自溪左入。又十五里至石浆（二十六都邨），纳屈膝岭水。

屈膝岭水　发源本岭（在二十六都屈膝岭邨），西南流至石浆，自溪左入。于是五里至茶富而大银场水，合白牛峰水、半山亭南流水、株子岭北流水、琵琶石水并所纳官家礤、中桂、羊眠石诸流，又合色力坑、黄蝓坑、下山坊、浆源、车头五邨，并二十八都水会焉。

大银场水（在枫树坳水右）　发源本场（二十九都邨），西南流董家礤，至黄溪口（并二十九都邨），纳白牛峰水及半山亭南流水。又南出官桥（二十九都邨名），纳株子岭北流水、琵琶石水，达儒州（二十八都邨），纳色力坑、黄西坑、下山坊水，历上下茅坪、严坑桥，达桥亭上抵义学坪（并二十八都邨），纳浆源、车头水，至灵聚东、茶富西、灵聚（二十八都）、茶富（二十六都），自溪右会。

白牛峰水（在大银场水右）　发源本峰（二十八都邨），流黄溪口，合大银场水。

半山亭南流水（在白牛峰水右）　发源本亭，南流半山邨（在二十九都），北流出境外（详后），历苦竹坑（二十九都邨），抵黄溪口，合大银场水。

株子岭北流水　发源本岭（在二十九都上西溪北），北流西溪（分上、下，在二十九都西溪），经羊眠石，至官桥合大银场水。

琵琶石水　发源梅坪（在二十九都与二十五都梅坪洲自两地），东北流上下西溪，抵岭下邨（在二十九都），纳官家礤水，至堪头（二十九都邨）纳中桂水，至黄坑（在二十九都）纳羊眠石水，至官桥合大银场水。

官家礤水　发源本礤（二十九都邨），北流至岭下，合琵琶石水。

中桂水（在二十九都中桂邨）　发源本邨，南流至堪头，合琵琶石水。

羊眠石水（一名杨梅石）　发源本邨（在二十九都），东北流至黄坑，合琵琶石水。

色力坑水　发源本邨，南流至儒州（二十八都邨），合大银场水。

下山坊水　发源本邨，流儒州，合大银场水。

黄西坑水　发源本邨，南流至儒州合大银场水、浆源水。聚诸涧流成小港，流义学坪，合大银场水、车头水。聚诸涧流成小港，西南流义学坪，合大银场水。又五里至溪子口（二十二都邨），而安民坑水合株子岭南流水会焉。

安民坑水（在琵琶石水右，二水中隔观音尖。详山略。彼在尖左，此在尖右）　发源本坑（在二十九都），东南流官家礤（在二十九都），纳株子岭南流水，历坪坛（二十九都邨）及四宝楼、万树岭，随龙南行至梅岐（并二十二都）为梅溪，抵山口（亦二十二都邨），出溪子口，自溪右会（是支合水不多，而源远流特，亦北乡一大支，故称会）。

株子岭南流水（详前，北流）　经官家磜，合安民坑水。又五里至扫帚尾（二十一都），而盘肩岭水合分水坳南流水，并所汇广坑水又合圭坑水、芙蓉洞水会焉。

盘肩岭水（在大祺山水左，属二十三都）　发源本岭，西南流里西坑，出交溪（并廿三都）纳分水坳南流水、广坑水。至夫人邨（二十三都）纳圭坑水，至遐洋（二十一都邨）纳芙蓉洞水，至扫帚尾，自溪左会。

分水坳南流水（详前，北流，见洋渡坑条）　经龚家宿、大福岭、黄婆邱（俗作坵。以上并二十三都）至西坑口（亦二十三都邨）汇广坑水，出交溪合盘肩岭水、横坑水，聚诸山水于横头（二十三都邨），至西坑口合分水坳南流、圭坑水，聚诸山水于圭州（二十三都邨，即圭坑），至夫人邨庙左，合盘肩岭水。

芙蓉洞水（在二十三都，东接建阳界）　发源本洞，西南流六十里，至遐洋合盘肩岭水。又二十五里，至天坪街（二十都邨），而罗汉洞水合炮。上冈水、湖象水、鸡笼山水、大青水会焉。

罗汉洞水　发源本洞（在二十都西北境，接贵溪），东南流至柴家（二十都邨），左纳砲上冈水，右纳湖象水。出下坪溪（二十都邨名），纳鸡笼山水，抵城下（亦二十都邨）纳大青水，达招德。由大里峰（并二十都邨）出天坪街，自溪右会。（是水纳鸡笼山水，后一名汉溪，因经流出罗汉洞而名。）

砲上冈水（在罗汉洞水左，安民坑水右）　发源本冈（在二十都东北境接贵溪），南流官家楼，历土库（并二十都邨），出柴家合罗汉洞水，自左注。

湖象水（在罗汉洞水右）　发源莲花峰（在十七都，详山略），东北流湖象（二十都邨，一名湖塘），经厫上（一名厫山，亦二十都邨），出柴家合罗汉洞水，自右注。

鸡笼山水　发源本山（二十都邨名），南流上坪溪（亦二十都邨），出下坪溪，合罗汉洞水。

大青水（在鸡笼山水左）　发源梨树尖（在二十二都西北境，详山略），由大青（二十二都邨）过水尾，出城下，合罗汉洞水。又五里至崇仁市（十九都邨），纳白云峰水并所汇下延山水、邓源水。

白云峰水（在湖象水右）　发源本山（在十七都，详山略），南流二十里，而鹅公鼻（十七都邨）纳下延山水流岵上，历大洋营十里，抵茶演（并十七都邨）上二里会邓源水。又五里，由金陵山达北堂（并十七都邨）。又十里转橄州（十九都邨），左受乌石水（乌石亦十九都邨。其水出本邨即汇入），过崇仁市陉山桥（在陉山桥北），自溪右入。（此一支为西乡十七都水，而在县西北境，又北转入北溪，即谓北溪可。）

下延山水　发源本山（在十七都西北），东南流至鹅公鼻，合白云峰水、邓源水（在十七都邓源邨），聚诸涧流汇于邓源南流，至茶演上二里，合白云峰水。又五里，至高华山（在十八都）纳焦坑水并所汇梁家坊水。

焦坑水（在十八都）　发源乌君山，南流饶家坪，至宗家（并十八都邨）纳梁家坊水。又十里，历龟山庵、大林，过油榨桥，出上屯至高华山，自溪左入。

梁家坊水（在十八都）　发源东山嵊（梁家坊上山，详山略），东南流山五里亭（亦十八都邨），至宗家合焦坑水。又五里至仙华洲（一都邨名），则风坳水合上山庵水、蔡源坳水、马丫峰东流水、黄源水、六源坳水、凤山坳水、大山头水、邓家边水并所汇青云峰、白水礤、池家边诸流咸会，而北溪源流分合至是尽矣。

风坳水（在马丫峰水左）　发源本坳（在十五都，详山略），东南流雷音桥（在十五都）受上山庵水。十里抵华桥，纳蔡源坳水。至狐狸溪，右受马丫峰东流水，左受黄源水。五里至官墩，受六源坳水。又五里，至坑边，受凤山坳水。又五里，至吴屯（华桥至此并十五都）受大山头水。又三十里，由大园转崇瑞里，循礤面下江家窠，至严家册（大园以下并十七都），合邓家边水。过严婆桥，达西陇（亦十七都），出仙华桥，自溪右会。（此一支亦县西北水，不入西溪，故虽隶西乡实北溪也。）

上山庵水（在十四都上山庵邨）　聚诸山水成小港，南流雷音桥，合风坳水。

蔡源坳水（在十四都蔡源邨）　发源本坳，东流经本邨，达华桥合风坳水。

马丫峰东流水　发源本峰（详南流，见西溪），东流长广窠，达狐狸溪（并在十五都溪曲邨北），合风坳水，自左注。

黄源水（在十五都黄源邨）　聚诸山水成小港，西南流艾家桥，出莲塘陂（并在十五都），至狐狸溪，合风坳水，自右注。

六源坳水（在十五都。其六源邨隶十都）　发源本坳，聚兴龙山泉（山在十五都溪曲邨西境）及邓家磜水，流谷里（并十五都），经官墩邨，出直道桥（在官敦），合风坳水。

凤山坳水（在十五都饶家排）　发源本坳（在饶家排东北境），南流饶家排，经官中窠（十五都邨），至坑边，合风坳水。

大山头水（在十五都大山头邨）　发源本山，东流里何家，经中何家，达吴屯桥（以上三邨并属吴屯），合风坳水。

邓家边水（在十六都邓家边邨）　聚柞口、何家坊（并十四都邨）泉汇于本邨，东北流茅坪、方家，汇白水磜水，出茅坪、游家，汇池家边水，达石壁窟汇青云峰水，由兰乾过南冲，转沙坪上（以上并十六都），循廖家，出马洲，上至严家册（以上并十七都），计行四十里。合风坳水、白水磜水，聚诸山水汇流于本磜（在十六都），经崇安寺（在本磜），出茅坪，入邓家边水、池家边水（在十六都池家邨）聚诸涧流汇于本邨，东流至茅坪、游家，入邓家边水。

青云峰水　发源本峰（在十六都，详山略），左右分流。右行百水磜（在十六都啸溪），由渠溪（十六都邨）流石家排（在十六都），汇左行仙人磜水（在十六都），合流石壁窟，入邓家边水，遂东过镇岭、浮桥，抵治东乌洲，与西溪会。

西北溪合流之委

二溪既合，而东南流至城东南十里之直阜塘（三十都），花园水注之。

花园水（在三十都花园邨）　发源城南山涧，东南流至直阜塘，自溪右入。又五里，至黄家磜，黄家磜水注之。

黄家磜水（在三十都，接邵武界）　聚诸涧流经本邨，出通济桥（在邨左二里许），自溪右入。又五里，至通津塘接邵武境，而十八都石磐水，合凉伞石水、靛山坑水、珠寮山溪水，接邵武境下十里之大乾注之。

石磐水（在焦坑水左，箬山背四邨，石磐其一）　发源诸山泉，东南流聚粟坑（箬山背四邨之一），合凉伞石水、靛山坑水。又十里，至平溪（亦四邨之一），合珠寮山溪水，出大乾，自溪左入。

凉伞石水（在乌君山后）　发源诸山泉，汇于凉伞石，东南流聚粟坑，合石磐水。

靛山坑水（在箬山背）　发源本坑，南流聚粟坑，合石磐水。

珠寮山溪水（在乌君山后）　发源本山，东流至平溪，合石磐水，自大乾流五十里，抵府治为邵武大溪。流顺昌，右合将乐溪（建宁、泰宁溪并此）。流南平沙溪口，又右合沙县溪（内汇永安、清流、归化、宁化经流，长汀、连城、宁洋支流），抵延平府治为西溪。左合建宁府所来东溪（内汇建宁府七县水），流古田为闽江，至省入于海。

举贤水

西北二溪合流趋本郡为经流，其流外省者为别派，得七支焉。流泸溪者二，曰举贤水，曰南山水。流贵溪者一，曰山头关水。流新城者四，曰上严洋水，曰炭山水，曰徐六源水，曰桃头岭水。

举贤水（十二都正流）　发源风埽隘（并在十一都），西北流四里，纳白虎隘水、蕨畲水、谢家水。

白虎隘水（在十二都）　发源本隘，南流合举贤水。

蕨畲水（在十二都蕨畲邨）　聚诸山涧汇于本邨，合举贤水。

谢家水（在十二都谢家邨）　聚诸山涧，汇于本邨，合举贤水。又五里，纳横排水、半源水、锄茶头水、窑上水、西坪水。

横排水（在十二都横排邨）　发源本排，合举贤水。

锄茶头水（在十二都锄茶头邨）　发源本邨，合举贤水、半源窑、上西坪（并十二都邨）三水，并聚涧流汇于本邨，合举贤水。又十里，入十三都境，高坑水会焉。

高坑水（在十三都）　发源本坑，西南流，自举贤水左会。又三里，至上坊（十三都邨），孔坑隘水会焉。

孔坑隘水（十三都正流）　发源本隘，西南流，自举贤水左会。又五里，至增芳（十三都邨），达水尾（亦十三都邨，今名凤尾），出[①]泸溪。

---

①底本作“山”。

南山水

南山水（二十七都，正流南山，详山略）　发源本山，西流叶家邨，历举林，出何家邨（并二十七都邨），纳黄家庄水。

黄家庄水（在二十七都，一名五田里）　发源龚家边（二十七都邨），汇本邨为黄龙滩，自南山水右入。又里许，杨溪水会焉。

杨溪水（在二十七都杨家邨）　聚诸山泉，汇于本邨为杨溪，东北流会南山水。又西过太平桥（在二十七都），出铁牛关，纳源头水、龚家磜水、老鸦坑水。

源头水（在二十七都源头邨）　发源本邨，入南山水。

龚家磜水（在二十七都龚家磜邨）　发源本磜，入南山水。

老鸦坑水（在二十七都老鸦坑邨）　聚诸山泉，汇本邨成坑，入南山水。又西北流黄石口，达花山界（二十七都□□），出泸溪。

山头关水

山头关水（在二十九都山头关邨）　发源半山亭，北流江家坂（并二十九都邨），经本关望仙桥，下十里至老关，出贵溪。又一水发源白云峰（即二十八都白半峰，在二十九都新丰邨东）岭下，已流贵溪、漂石，历贵原，复回绕新丰程家邨（二十九都邨），合前半山亭北流水。流望仙桥下，再出贵溪。

上严洋水

上严洋水（在十一都）　发源诸山涧，汇于严洋、成溪，流双坑，达下严洋（并十一都邨），出新城。

炭山水

炭山水（在七都极高隘）　发源本山，西流五里接新城极高，出新城。

徐六源水

徐六源水（在九都徐六源邨）　发源油罗坳（在本邨右），西流十里接新城峰窝，出新城。

桃头岭水

桃头岭水（在八都）　发源本岭，西南流刁钟山，经石观音（并十一都邨），六七里接新城暖水，出新城。

卷之七

略卷三　陂塘略（重纂）

光泽，山县也。而西北二经流并导源界首，行百余里达县治，旁溪在各都者复合众流会焉。于是三十都去山陇田三之一皆可坝可堰，以蓄以泄，而水利兴。夫水利关农田，至重也。创者难其始，守者难其继。我邑陂塘，星罗棋布，无待于创，则责在善守勿坏，乃成而已。

一都环东西北皆有水，唯南郭外田倚云岩、九龙二泉，久旱则泉缩。踰浮桥而东北，若坪山上、仙子冈载田高地，远溪而乏泉，恒苦旱。二者无所施力，惟雨泽均则倍出，遇潦则特丰，以天时胜地利也。其他郗异是。有陂三泉二。

江家陂　在西城外，导干竹泉经东坑，溉田十三亩，入城九曲水经此陂，遏半还注西溪，以防冲城。

龚家陂　在茶焙街岭头，溉田二十余亩。

仙华陂　在仙华洲，一名将军陂。导严婆桥水，溉屯田、民田二顷余亩。

黄源岭泉　流经高源，衍一都西北郗，溉田二十亩。

獭岭泉　在杭头街环翠桥北，自天坪垢分，水流环翠，溉田二十亩。

二都在西溪北而距溪远，然近溪之大坂上，地高于溪，不可陂，又无泉，为干地，故圃多而田少。其远溪者有何家山，水汇为黄溪而十都马丫山水会焉。又本都小源水亦合流于册下，皆可陂也。有陂八。

赤岭上　陂在长山南黄溪北，引长山坳水过官桥（即长山桥），而南溉田一顷。

赤岭下陂　在黄溪，即上陂下流，溉田七十亩。

大傅陂　在黄溪，由下陂流入，与黄溪水合，溉田二顷。

高田陂　在高田，张马丫山水成陂时，马丫水已合黄溪同流矣。溉田一顷。

铺前陂 即高田陂下流，溉田十八亩。

水口陂 在黄溪邮口，即分黄溪水，溉田若干，未详。

邱家陂 在鸬鹚形，分西溪水，溉田二顷。

东君陂 在册下，溉田数未详。

三都介西溪左右，左有上下朱溪，右有陈源、赞马、琉璃坑，分溉诸邨。故陂少，有陂一塘一。

上洋陂 在大洋，引山涧流，溉田十二亩。

荫水塘 在新坊。

四都水口，为西溪之会，远引杉关水，近引耽溪水，所在成沃野。有陂一。

杨梅陂 在杨梅坪，导茶溪水溉田八十亩。

五都主管密邨，宅西溪左右，而诸邨迩七都者资岩岭水，迩六都者，其地居彼下流，为诸泉所汇，故无陂，有泉二。

上杉山泉 漫衍本都西南隅诸邮亩浍，溉田五顷。

高岭泉 自六都江家渡流本都查田，溉田二顷。

六都为西溪发源乡，而左右上观水、象牙水，又其地山高泉激，漫于诸邨，有陂二。

道士陂 导西溪水，溉田三顷。

二仙陂 溉田二顷。

七都东西长而南北缩，其水西起岩岭，东达四都之横南，南北纳诸涧泉而流益大，诸邨皆食焉，故泉止一。

岩岭泉 溉田二顷。

八都水源二，曰羊头隘，曰象头隘。至亲睦里合流，达十都止马，诸邨皆食焉，故陂止一。

松林陂　即羊头隘泉流山坳者，历仁厚、亲睦二里，而合象头。溉田八顷。

九都中杉关，而关右邨居三之二而强，关左邨居三之一而弱。杉关之水直达止马，为本都经流，分溉近邨。左右有泉三。

湛家源泉　在杉关，左流止马溪，达万安桥（即止马桥）。溉田一顷。

官家源泉　在杉关右官家源邨。

杨家源泉　在杉关右杨家里（今名官家里）。二泉溉田八十余亩。

十都经流一，而左纬以马丫山水（不流止马，而六源、瓜坪、危家塘得溉），右纬以大小寻洋泉、大小坂泉，皆可陂也。有陂五。

河随陂　在六源，溉田三十亩。

官家陂　源自八都岛石山，入本都境即经流所分，溉田一顷二十亩。

洁头陂　溉田三顷三十亩。

磨刀陂　溉田七十亩。

高家陂　溉田三十亩，二陂并在止马北。

十一都距西溪稍远，而上严洋水复西达江西新城，得溉者止三邨（上下严洋、邹家湾），其余资涧流而已，有陂一泉一。

严　陂　在虎塘，源自十四都岩下，入本都经虎塘流何邨，溉田五顷。

孔坑泉　溉田二顷。

十二都水源起风扫隘，西达江西泸溪，所领邨并在隘西，皆得溉，有陂七。

高圻陂　分举贤溪水，溉田二十余亩。

枧圻陂　在举贤邨外，溉田三十亩。

饶家陂　在龚家坊，溉田数未详。

左家背陂　源自葫墩嵊泉，溉田三十亩，嵊近泸溪。

刘公陂　溉田四十余亩。

蛇公陂　溉田二十余亩。

老港陂　溉田三十亩。

祀坛陂　溉田六亩。

十三都水源由十二都流入，而本都自有高坑水、孔坑隘水与之合，又其地山泉交澍，虽暵不害，无陂。

十四都北界二十七都小禾山水源，由北而南而西，所谓西源也。而三方诸邨皆溉焉。其东则聚涧流，达十五都，有陂一泉二。

白羊山泉 即小禾山水入本都境合，是泉流岩下，溉田五十亩。

蔡源山泉 在本都东境，为涧流达十五都，溉田三十亩。

吴家陂 在何家坊，溉田十亩。

十五都去西溪益远，其经流自风坳来，历吴屯转入十七都，注北溪，与旁汇诸流皆可堰也。有陂九泉二。

莲塘陂 源自黄源坳泉，下流艾家桥，在华桥下，溉田三顷。

大原陂 即华桥邨，西流溉贯子桥下田二顷有奇。

渠溪坳 在十六都，泉流入洪水坑，达吴屯，溉田二顷。

湖塘陂 在邓家磜，源发本邨，溉田五顷。

袈裟陂 从蔡源泉合流，溉田三顷七十亩。

神仙陂 在谷源，导本邨水溉田五十亩。

张家陂 溉田一顷六十亩。

二百陂 溉田百亩。

对塘陇泉 流吴屯桥，溉田一顷。

鹅卵石陂 源自风坳，泉下流贯子桥，溉田二顷。

永安陂 源自风坳，蔡源、马丫、黄源坳诸泉合，流永安桥下，在溪曲邨溉田三顷。

十六都远西溪，渐近北溪，故是都渠溪、邓家边、池家大小磜诸水合流注焉。而在本境则分溉诸邨，有陂四泉三。

南山陂 溉田一顷六十亩。

百称陂 溉田二十亩。

杨家段陂 溉田十余亩。

大磜泉 流经仙人隘，入渠溪溉田一顷。

白水礤泉　流沙坪，溉田一顷。

鎶杖泉　未详。

碓　陂　溉田十亩。

十七都去北溪渐近，而经流一自岵上，接白云峰水，历大洋营、金陵山，转入北溪，在左。一自崇瑞里，接小禾山水，历江家窠、严婆桥，亦转入北溪，在右。左流驶，右流缓，故左有陂三。

洋营陂　旧名石城陂，即导左经流而堰之，溉田三顷七十亩。

莲蓬陂　在金陵山上。

危家陂　在北 堂，导本都二溪，溉田数未详。

十八都唯上屯溪边近溪（谓北溪），余皆仰乌君山。焦坑水纬以梁家坊水至高华山与北溪合，流细而多分，故陂有十三。

叶家陂　在梁家坊，源发白水礤，溉田二顷。

大伍陂　自叶家陂分流，溉田三顷有奇。

师公陂　在饶家坪，导坑泉，溉田数未详。

芭蕉陂　在五里亭，引梁家圳水，溉田一顷。

黄竹陂　在五里亭，导石子坑泉，溉田二顷。

龚家陂　亦导源坑泉，溉田二顷一十亩。

新　陂　近五里亭，溉田数未详。

闻家陂　在宗家，溉田数未详。

甑盖陂　在宗家水尾，自师公陂历五里亭合，诸圳坑泉至此合梅陇泉，流内坳，溉田一顷。

大圳陂　即甑盖陂，下流溉大林、油榨诸邨田。

仙圣庙陂　在龟山庵。

余家圳陂　在大林，溉田数并未详。

何公陂　在油榨桥下，引诸陂下流，溉何公段田。

十九都半沿北溪，其南隅为白云峰水合邓源诸水，注北溪之委（在崇仁、陉山桥），合大小溪，有陂四。

车洪陂　自洋宁引北溪流至池湖段，溉田三顷。

张家陂　源自十七都石坛，接白云峰诸水，流陉山，溉田一顷。

车磨陂　自张家陂分，溉田四顷。

梧桐陂　接车磨陂，溉田六顷。

二十都去北溪稍远，诸邨皆食罗洞一水，有陂七。

昭德陂导罗汉洞水于叶坊，历玲珑、胡象流为汉溪，达招德，溉田五顷有奇。

南安陂　导昭德水，溉田一顷。

梁家陂　源同，溉田一顷，并在大里峰。

锁手陂　在夫人庙前，溉田五十亩。十排公建。

赤米陂　溉田三十亩。

山下陂　一名矮子陂，溉田二顷。

又梁家陂　溉田一顷四十亩，今田成溪，宜亟复。二陂并在大里峰。

二十一都夹溪，而宅右有北溪，左有遐洋溪，即盘肩水，流遐洋，入二十一都境，更左有芙蓉洞水，而北溪水利最溥，有陂三。

饶家陂　即堰北溪流，溉田七顷有奇。

乌　陂　溉田三十亩。

州头陂　在三州，溉田六十亩。

二十二都左右北溪，梅溪陂因之，有陂三。

清塘陂　在可坑边，导北溪水，溉田三十顷。是陂护以三坝，沿溪诸邨资其水利。三十都陂推此第一。里民黄邱高朋户承苗十亩，保洲县为勒碑，示禁不得私开引水坏洲。

山口陂　在山口，导源万树岭（即株子岭南流水），历梅溪，溉田二顷。

青龙陂　在梅溪邨下，溉田三十五亩。

二十三都去北溪远，而盘肩岭水合诸坑水成溪，为是都经流，有陂四泉一。

庙前陂　盘肩岭水合茶宿坑泉入陂，溉田五顷。

尚　陂　溉田一顷二十亩。

际角陂　导竹林溪水，溉田三顷。当是盘肩岭水流甘竹者。

田头陂　溉田一顷。

山茶坑泉　盘肩岭下诸坑之一，流遐洋而合，溉田三顷。

二十四都左右云际、火烧二关，水至新甸而合，有陂三泉二。

王家陂　在本邨，以邨名陂，溉田二顷。

清含泉陂　南坑泉合黄连坑泉（详山川略），流毛家湛入新甸，溉田四顷二亩，二陂水并合火烧关水。

官坝陂　在新甸，分北溪及白水礤泉，入圳久圯。

龙井泉　在新甸邨后，溉田二顷。

白水礤泉　自大礤流新甸，溉田二顷。三流并合北溪水。

二十五都为北溪发源乡，云际岭水为经流，而纬以大祺山、马铃隘二源，有陂一泉二。

黄家陂　导云际流，溉田八十亩。

云际岭泉　溉田五顷。

大祺山泉　溉田五顷。

二十六都为北溪经流乡，而宅溪右者多于溪左，要皆食溪利焉。有陂二。

茶皋陂　在溪左茶富村（皋富同音），溉田三顷。

举贤陂　在溪右举贤邨，溉田一顷八十亩。

二十七都并仰大禾山一水，或导其源，或瀹其委，虽流境外而利于内，甚溥也。有陂三泉三。

澄清陂　在黄石口，门前大禾山水由此出泸溪，溉田三十亩。

新　陂　在黄石口，溉田四十亩。

丈高陂　高丈余，穿坳过峡，流入东溪邨，溉田四顷。

大禾山泉　溉田一顷。

龚家礤泉　在本邨，流黄石口，溉田二十亩。

过夏泉 在招禅寺西，溉田数未详。

二十八都水源由二十九都来，而诸邨涧流交汇其间，不病旱也。有陂三泉十。

车头陂 在桥亭邨南，车头北堰。二十九都经流，溉田十五顷，其水利之大敌青塘陂。

阁黎陂 导䃰头、樟树坳二泉流茅坪溪（是溪亦二十九都经流），溉田十三顷，与车头陂埒。

泽坑陂 在泽头山邨。分二十九都经流，溉田一顷。

琉璃岭泉 在下山坊，溉田五十亩。

七斗星泉 在下山坊，溉田五十亩。

高公岭泉 岭界二十九都二十八都，其泉漫流本都南垄埂，溉田一顷五十亩。

白牛峰泉 在桐树，溉田二顷。

傅家源泉 溉田一顷。

黄西坑泉 在本邨，溉田一顷。

茅坑泉 溉田五十亩。

南山泉 溉田二顷。

邓岭泉、王家边泉 二泉迭为消长，东流西折至白沙，溉田四顷。（按：二十八都多食兴福陂，而陂在官桥，当依旧志入二十九都，不得以人侨寄而移陂所隶。）

二十九都水源发半山者，西源出贵溪，东源流二十八都。发株子岭者，北源下流与半山东出者合，流二十八都；南源流二十二都为梅溪。惟半山东源最盛。有陂三泉二。

高连陂 溉田五十亩。

龚家陂 在新丰邨，溉田三十亩。

兴福陂 在官桥，溉田五十亩。

大银坑泉 在大银场邨，流董家䃰，溉田一顷二亩。

新坑泉 在苦竹，溉田三顷。

三十都宅交溪（西北二溪合流），下流左右。有陂二。

邓家陂　在溪左，溉田三顷三亩，即众家陂。

大洲陂　在溪右大洲，溉田三十余亩。

略卷三　陂塘略（增修）

十四都增陂一：

车碓陂　在蔡源，溉田百余亩。

十六都增陂五：

大众陂　溉田一顷。

文仰陂　溉田三十余亩。

蔡家陂　溉田二十亩。

官田陂　溉田十亩。

神山陂　溉田三十余亩。

十七都增陂一：

永安大陂　在大蔺村尾水口下，溉田十亩。

二十八都下山坊泉一：

七斗星　溉田五十亩。

卷之八

略卷四　风俗略（重纂）

光泽山环南干，水建上流，界邪开闽，自成风气。虽杂处此土者有畲民（居山谷种山），有泉州民（北乡多族居，成邨落），有新城、泸溪、铅山、贵溪民（城居极多），视土著不啻十之三，而客主异势久习，亦一迹矣。前代风俗无征，不可得而纪。而由今准昔不变者二焉。

一本业多农而少商，转徙不出乡，富亦不逾十万。一土音读“侵”“覃”“盐”“咸”韵，并从闭口（惟“芟”“劖”“品”“禀”“痒”“寋”“脸”“闯”“窆”“砭”“蛰”“絷”“熠”“匝”“拉”“卉”“燮”等字误读开口音。其非闭口而误读者，则惟“蝉”为“蟾”、“矜”为“钦”、“疢”为“朕”、“栈”为“湛”、“焱”为“盐”而已），与正音合。又如，“走”为“祖”（合《左传》“循墙而走”韵，“亦莫敢予侮”），“来”为“犁”（同《老子》“皆为利来”韵，下“熙熙”），“无”为“毛”（同“范史”“饥者毛食”），“夜”为“若”（同《诗》“莫肯夙夜”韵，下“覆出为恶”），“岁”为“礤”（音节，去声。同孔子去鲁，歌：“聊以卒岁”韵，“彼妇之谒”），“年”为“银”（同《庄子》“可以尽年”韵，“身亲”），“衣服”为“衣匹”（同《离骚》“退将复修吾初服”韵，“驰椒邱且焉止息”），覆盆子为“藨”（读逋鏖切，四豪韵，收镳即此音。柳子厚诗：“岂惟迫魑魅，所惧齐君藨。”与“豪”“劳”字同押。时柳遭窜，惧不得还，谓如覆盆，不见天日。此以“藨”读“镳”，为覆盆子之证。“君”同“荤”，臭菜也），鸟啄物曰“鸽”（苦咸切，音嵁。同韦庄诗：“樱红鸟竞鸽。”元稹诗：“果熟鸟先鸽。”士音转，谪咸切），手指彼曰“兀”（音屋，元人词多是音。曲家“兀的不是”调频用，同此），呼羊曰“芈”（《说文》“绵婢切”，《篇海》作“（口迷），迷尔切”，二音转为莫者切，如光泽读“买”音），招鸡曰“祝”（音转为故，本《神仙传》《土风录》言，所自甚悉），与古音合。此二者，百世可知也。

其他据闻见所及，有宜守者，有宜复者，有宜利导者，有宜变化者，有宜革与厉禁者。其责在良有司及乡里素望，培善俗而挽颓风，斯人心正，治道举矣。否则习俗移，人贤者不免。吾恐传齐语者亦变为楚语也，可不慎哉！

所谓宜守者　一、厚送死。富者溢千金，贫者鬻作业。即无主之丧，亦众为醵钱营殓而坟焉。一、勤奉先。有宗祠，有房祠，春秋匪懈矣。其奉于寝者，朝馈食、夕炷香，朔望不息灯火，中元、除日，即窖无藏米而祀先之仪先备。一、重望而轻势。邑有硕德及负诗文重名者，敬之、慕之、护恤之，遇外人游扬之，而巍科膴仕，视为寻常，未尝齿及，亦无加礼。有趋走门下者，共目笑之。一、敦故而严新。县父母去任，或短亏，或卒官，下必有赀助，贤侯则加厚，累千百不已。新莅者不郊迎、不进谒，避无因而远耻辱也。四者故老传闻，迄今未有易焉。是宜守也。

所谓宜复者　往时童子不帛不裘；男子非远行不轿，得科而未仕者亦然；女子婚前不履，许适之庭，上寿、吊丧亦不至；妇人短鬓，无金珠饰，礼服夏一纱，春秋冬一缎，套无缘；妾事嫡如主，食必后，不与宴会、庆吊，尤严称谓，嫡虽死，不少假酒食；尚朴享重，客费不及二缗，春酒加薄，才数百算而已；家虽贫，不析祭产；门户虽微，不鬻女为妾婢。此八者，亦有古遗风焉。今未四十年，有堕其防者矣，不及时挽之，有沦胥以亡者矣。是宜复也。

所谓宜利导者　若邻里有丧，一家一人助绋；有疾病，十家合钱代祷，号十保福，庶几能任恤矣；赛神装台阁，必送县内署，端午竞渡前一日，送拱北楼下，庶几知尊亲矣；花会不入境，三姑六婆不入门，粉铺熟食馆开，不一月辄罢，近于还淳返朴矣；奸胥出身三考，缪附缙绅，众争唾之；伍伯乐户起家，富人子孙冒籍，太学出千金助科，会试资求列士林，坚不可夺，近于激浊扬清矣；然或习焉而非诚，或随焉而不察，或此得而彼失，或此绌而彼伸。是宜因其明而利导之也。

所谓宜变化者　向论今习之敝，以刻为能，以机为智，以假为深，以敢为武，非是辄被不才之目，即父之于子、兄之于弟亦以是定优劣、分爱憎焉，呜呼！习敝若此，几何不日趋于薄哉？不宁惟是，昔有伪君子则犹畏清议也，今清议微、恶俗竞，且有伪小人矣。何谓伪小人？无小人之才而冒其行，并无小人之行而托于言，将以取容父兄，而免时人不才之目也。其愚堪闵，其失教亦甚矣。是宜反其见而变化之也。

所谓宜革与厉禁者　溺女未息于乡，停棺尚沿于城，丧家盛馔款宾，女氏厚奁遣嫁，妇人居家不裙，院生领卷不冠，混名遍施于朋侪，蜚语隐中夫闺闼，预支尝租而祀礼废，取盈芒稻而谷种坏。此宜革者也。

至宜厉禁则有十四焉　佃户负嵎逋租；米贩居奇稽粜；乡保觊盐据折；市魁串鸨诬奸；夫筏隐逗客货而商贾不通（筏夫、担夫久习成风，故商贾鲜至而税日减）；驵桧计赚行装而道路成梗（游民三五为党，每于邮亭、岔路诱孤客赌，不从则诬之，或直掠之，谓之磨星）；盐哨不辨官私，见盐混捉（私盐徒党多不敢捉，所捉者乡人十斤以上耳）；斋侣不分，男女逢斋杂居（夜半跪烛，男师在前，女弟子在后，不可问矣）；小卖设骰盆以诱市童，赌场散布街巷矣；小押收盗物以便里偷，窝主公行城郭矣；倚尸诈命，大户不宁；嘱咨扳赃，中产亦破；焚林伤蛰近于暴，山光而泉脉随枯，是自焚也；毒港尽鱼谓之残，水变而人饮亦病，是自毒也。此十四者不仁不智，无礼无义，苟非厉禁其害，岂惟风俗受之哉？

要之，宜守、宜复、宜利导、宜变化、宜革，可分责于乡里素望，其厉禁则良有司之任矣。新邑侯盛翼卿先生张示访求治道，其意良苦。会修邑志，风俗略胪陈于篇，以代奏记，备采择焉。凡此六宜皆风俗之系人心关治道者。至婚、丧、祭三者，礼之大经也。我里俗虽未协前王之制要，异夫委巷之守，因之而已矣。然不可以不志。

婚　礼

首纳采。如古制，其异者通男女生庚名，曰换庚帖。前一日，宾二媒至，期篚以女首饰四，佐以水陆之珍。女氏为女受篚，其诸珍受半反半，答以文具四，鞋一袜一，或增束帛。二媒前后致二主人命，反宴于女氏。

次纳征。通二姓三代里贯、男女命名，盖合问名、纳吉二礼也。名曰定婚，有聘金，有代席金，有代苎金，厚薄无常数，而聘金特加隆。女氏以受聘金，疑于鬻女，却之而受代金，今亦有受聘金者。他仪如纳采。

次请期。前数月婿主人遣使致期，曰属得吉卜，将以某月日为男某成礼，敢告，女氏曰诺。

次迎娶。婿主人先立女长宾二人，并简全福者，女氏如之。娶前一日，婿主人备水陆珍及催妆仪为新妇上头。女氏大延女宾，而推二长宾为女翦鬌理妆。既讫，布几筵行教，成之，祭遍拜尊长，众宾曰辞堂。婚日婿不亲迎，托媒致命，导以彩乐，女三觯父母而登舆，女之兄弟或兄子送焉。婿主人则客送者及媒为上宾。是日，上宾有尊长在，咸避席。新妇及门，厨人割雄鸡血衅门，作吉语如宾相。既止，与二长宾饭新妇，三饭三哜，扶之下，与婿交拜。讫，二长宾携幼男女捧戥、斗、尺、概为导，行氍毹上而入，与婿骈坐床舷，行合卺礼。时新妇红帕蒙首，长宾送酒，哜而不饮，酒半为彻帕。婿出遍揖众宾，新妇改妆于房前，时彻簪珥去脂粉，反本质也，及是加焉。厥明，修妇见舅姑礼，遵古摄盛加冠帔，婿亦朝顶衣品服，相者双引出房。子拜父母，妇拜舅姑、三族六亲，以次而遍（今并入婚日）。三日，新妇入厨下，婿捧前戥、斗、尺、概前导，既讫，夫妇骈舆，行庙见礼。四日礼宾（即媒及送者），陈盛馔，主人亲行酒（今在婚次日）。复遣使致酒醴 牲于女父母，女父母乃迎女及婿，行反马礼。路远者另卜日，近者本日偕归，婚礼以毕。

丧礼

始死，男女分班哭，辟踊殷殷，如坏墙然。哭暂止而含，古以米贝，今易以银。去絮衣，留中单，停床，亲属并守侧，哭无时，辟踊无数。司事者遍讣族戚，有来唁哭者，主人主妇稽颡，拜号而起，问则旁亲代答，选子弟审谨者监治。棺及衣衾必精良，其附身附椁，虽遵古训，称家有无，但力可为则为之，未尝有所惜。二者既治，依年数藇并泉焬汤而浴，敛以丝绵。小敛止手足，头颔凿空露面。有裣衣丝绵五袭，复约为绳，密束之。敛已，加中单，次加袷衣，表里皆用丝帛，不布，乃加品服，无者冠带而已。子妇以下，成服于尸所，斩衰麻、齐衰、粗绤、大功、小功、缌布，以功之疏细为差，带绖髽裙如其服。举尸出帷堂而奠，男先女后，族戚以次遍，乃入棺。铭旌县焉，旌书衔不名，朱质金字以贵显，而有亲谊年世谊者题，称谓从之。于是立重以依神，晨午上熟食，男妇分班，哭奠平，且夜中焚楮唯妇人。哭终七七期，期外荐食如前，但不哭奠，而焚楮易以朔望，迄升祔乃已。升祔卜吉，以大祥前后为率。领□无常期，迎吊则定。入棺次日，其殡其葬必设輤輤，有裧有帷有屋而盛仪卫，明器旛翣，鼓吹以行，无者覆以红毡，导以胡笳。既殡，作主虞祭。既葬，甃石板或碎石而碑焉。浮屠女丧用，男则否。

祭　礼

多遵古制。祀始祖于中堂，左右依世，次为昭穆，亦有专祀四亲者。（祀始祖遵程子，祀四亲遵朱子。）祭前一日，榜堂下主。祭者省牲，视濯质明。司事者告备，击鼓排班，正献、陪献、与祭各占位，惟谨乐作迎神。行三跪九叩礼，正献趋东荣沃盥，赞者引升，焚香讫而四献行。初献（即正献）进爵而灌，献牲献腥。亚献再进爵，献帛献熟。终献三进爵，献粢，盛献果。分献则于昭穆如三献一行之读祝次。初献后受胙，次分献后，唯正献上堂而受胙，由东阶复位。彻馔送神，再行三跪九叩礼，焚楮帛，望燎退班。正献主族长或宗孙，今有用爵尊者。

按：旧志风俗不及人心好恶，并婚、丧、祭亦不详，徒载某合节某俗，如正月迎灯、五月竞渡之类，此何关风俗厚薄？而絮絮为哉，亦无聊之甚矣。削之。

略卷五　学校略（重纂）

迁建本末

宋庆历五年，诏天下州县立学，而光泽学即肇是时，终宋世无间焉。旧志载，元至正六年县令朱万初建学，亦不详厥地。今传旧学址在治东南宾贤坊，南挹文笔峰，东带弦歌桥，不知为宋学、为元学也。元末，学毁于兵。明洪武三年，知县刘克明撤崇仁书院（在北乡崇仁市）旧材为之，以应诏旨，成大成殿、明伦堂、乡贤祠。永乐十一年，知县曾成烈、教谕陈子良乃易旧材新大成殿。十五年，知县马伯重塑先师，四配十哲（时止有十哲）像，县丞张履塑从祀诸贤像，于是知光泽旧学皆像设也。正统二年，知县盛埙、余俚扩大成殿而新明伦堂。十四年，知县徐晋复新两庑、乡贤祠。至是而前用旧材皆尽矣。成化五年，教谕陈原以学逼重冈（谓望高山、文笔峰），请于提学道游明、知府盛禺改学东向，前临鸡岭，后据天马。既讫工，学士柯潜为之记（光泽，邵武之支县也。儒学在县治东南，南向，宋庆历初建，元至正六年县令朱潜虚、教谕陈文通复建，后毁于兵。国朝洪武三年，县令刘克明撤崇仁书院旧材为学，以应诏令。永乐十一年，县令曾成烈、教谕陈子良重新大成殿。正统二年，县令盛埙、训导余俚重新明伦堂。然皆因旧址为之，地侧而虚，其规制又隘而陋。历世既远，莫有能出意见而改图者。比者奉敕提调学校佥宪，丰城游公大昇相度山川面势，于东向为宜。乃与郡守无锡盛公时望共谋改建。经始于成化五年冬十月，以六年春三月毕工。前临凤沼、鸡山，后据贵峰、天马，其左右龙山、笔峰，皆若跃而来，趋拱而附，气象雄深，方位亢爽，盖一邑之胜处也。庙自大成殿及两庑重门，学自明伦堂及讲诵斋，馔、庖、湢之舍成，备以固。其资费出公帑赢钱及孝义之士来助者，未尝敛及于民。其规制宏敞华耀，加于旧远甚。董其事者县丞陈隆，相协之者主薄陆义、教谕陈源、训导祝安也。盛公以书来，属予记其成。窃惟光泽人物莫盛于宋，当时若李西山、李果斋辈，卓然以理学名世。自元代以来，渐不宋若。岂前之为郡县者无作兴之功，如韩昌黎所谓“博士弟子，或役于有司，名存实亡，失其所业”，抑亦曾南丰所谓“有聪明朴茂之资，而无教养之渐”欤？今盛公轻徭薄赋，而尤厚于为儒之家，士固无失所业矣。游公提学先德行而后词艺，磨揉迁革得宽严疏密之宜，其教育之功又至矣，庸讵知西山、果斋之辈不复出欤？继自今游于学者，皆道德明透，才学充博，出而用于世，伟然有勋名，可颂而传，则朝廷之所期待，与二公之所教养者，斯不负矣）。

弘治元年，知县刘俊谓学宜南向，先改学门。及正德十二年，知县钟华始正南向。嘉靖四十五年，复迁西门外龙兴观，北向。于时知县黄楷、教谕张岩、训导梁卓而志不及，盖里人不典之为也。故不几时而定今址焉。今址在县署西数百武，故杭川驿也。万历十二年，徙学于此，南向，而移驿于前址龙兴观。三十八年，知县罗希尹又以学虚后蔽前，改坐亥向巳，仅竖四柱。四十年后，令汪正谊既受代，踵成之。其制，大成殿在明伦堂右，前临泮池，后矗尊经阁，而启圣祠在殿后之右，三学斋在泮池之西。有记三。

提学道冯挺记：闽于方舆，东南一奥壤也。扆山襟海，另开局面，从北以入，必由三关。中为大安，则崇安当之；东为小关，则浦城当之；西为三关，则光泽当之。而川、湖、江、广走杉关为便，则光泽固咽喉之地也。天下有事，势必被兵。则平日所为，兴教化、徽风俗以使民明于长上之义者，学校之设为急。而入明来，科甲寂寥，人文衰歇，议者归咎于学址。堪舆家谓乡民黄新福廨宇地为宜，则议以故址易之，为计徙建费。会陆按台巡方至，诸生以闻，业报可。而新福子为诸生，思持之，词于陈抚台，复允之两台参商，事遂中阁[①]。会冯子以庚戌腊校士邵[②]武还渡，光泽诸生控而诉焉，且以图呈。时邵[③]武宋令良翰精青囊家言，因前日职常至光泽，学宫风气旧不如新，图足信也。冯子曰：迁学本公举黄屋又客舍，业去三分之一，何二之靳？且免基给直处已曲尽。福子在学，当亦袭祉，何事终凶？行府下县，期于必成，因捐十五金为助，时罗令为歙人。越辛亥至壬子秋，

①通“搁”。

②底本做“昭”。

③底本做“昭”。

光泽应试诸生来谒，询以学宫完否，应殊支吾。及揭晓，邵武止解头一人，余无闻焉。光泽诸生复来辞，详询所以，则曰圣殿之迁已三年矣。会有咻之者，学宫虎昂，则县治龙制，以是县官遂不任，而诸生仅以几斗粮为媒，事何由济？会罗令以判吉安去，继之者为蜀汪令。冯子述诸生之语以示之，汪令曰：此提调职也，敢不勉旃？不数月而先师殿、明伦堂、斋庑、祠厨、学舍、廨宇，罔不朴斫完茂，焕发炳朗。遣训导张公选庠生游圣廷、江汉祥、李子章以币走省，征余文记之。冯子曰：士来前均一学宫也，何向者持疑特甚，而今更速成也？则断不断故也。而诸士之所以为学者，固可知矣。士人德业之不成，而闻望之不终著者，患在以二三之见横虑，以浮游之说藉口，而遂以不进不退之地，终身而迄于无成。故曰：当断不断，反受其乱；独断独行，鬼神避之。且学宫之昂果能制县，则有高其县耳，何致迁延成不结之局，而资口实为？汪令一至，断在必行，专精励志，地灵呵护，吉祥善事会须麇至响应。而尔诸生当何如以慰提调之惓惓？宋之季，尔邑以功业著者有李忠定，而以理学闻者有李方子。朱子尝谓李纲入来方成朝廷，而谓方子安和中须要有果决，遂以果名其斋。天下事，惟断乃成，慎毋濡忍观望为也。且吾闻人实重地，非地能重人，学宫改建已称得地，而有如人事不修，岁华虚度，徒望幸地灵，以庶几一遇，则无是理矣。不佞岁科二试，生儒多美质颖甚，是在学以充之，终日乾乾，进德修业。遗志时敏，適观厥成，则书此以志其倪。

郡守陶人群记：岁壬子，余视邵武之初，光泽令汪君及其邑黉师生请余以新学宫状。阅岁三月，既新告成，仍属言于予。余维承乏此邦，乐与邦人士相厥新而陈之史也。而敢辞言？盖先是学宫湫隘，左右屏翳，民居诸士用是咎塞，而时郡司理杨君、邵武令宋君并善堪舆家言亦曰，是向背失宜，宜改为。于是上其议于直指陆公、督学冯君，俱报可。诸生欢然，僦工以佐官缗。居民之迫近周垣者贸徙之，庙与明伦堂易厥向而鼎构之，所扩而营者曰庙门、曰桥门泮水，圮而复者曰敬一亭，创而建者曰尊经阁；诸祠、斋、庑，薄栌丹垩，焕然宏丽，尔诸生良用是改观矣。夫地灵人杰，载牒所详。凡山川秀发，源野广斥，其所生豁达而英多，山高而未陂，泉源而未汇，崇积郁浡，必生忠信奇节，初不争世妍而究取世重者也。即光泽当赵宋时，李平叔守约，两先生修身砥行，耻附权门，风教凛然，为学者宗。疑亦山峭水清，岩壑嵂崒，棱棱所钟之气。固未闻于其时，之乡校规制何如也？若谓礼义之门，逢掖之区，庙貌不可不肃，庑庭不可不除，风雨颓圮不可不增，而茸阘尘杂处不可不斥，而辟俾俎豆荐馨环桥生，爽维俗习而新耳目，不可谓无助。乃士之所以自振者，俗不能移，地不能囿，效法景行，名惟其人，乃推移于庙祀之方隅向背，楹庭绰窄之间乎哉？夫士养乎庠，升之以明经，非科目取具也。畏之乎言，偭之乎羹墙。不安旧染而务磨濯之炯如也，吐而为词炳如也，介以辞受取予整如也，临难抗节不可犯挺如也。故进足以莅官行法辅主，而庇民勒功鼎彝以传孙子；退足以独善乎身，“遁世无闷，有以齐其家。而奋其里，追躅前修，典型后辈，如宋二李之垂名不朽者，令后人采乘挹芳。好事之口犹将曰彼山川固宜有是，从某甲子往无人焉，盖某甲子鼎新学宫以后产士也。其以是为偶逢为增胜，其可也。愿诸士识无忘也。若乃经始落成，先后任事令长实有成劳，则惟邦人士之口碑在。

县令汪正谊记：岁壬子，予受敕令光泽。时闻光泽据邵武之上游，当闽疆之西户，称岩邑云。既而度杉关莅杭川，见万山蜿蜒，千流襟带。山川之秀足以钟毓贤哲，故自昔如李西山、李果斋之道学操履，垂声大儒；如李诰、黄敦义之烜赫科名，彪炳官业，皆代不乏才。胡百年来竟寥寥也？予实不知其故。及莅任之日谒先师庙，乃知学宫废状。虽云改建，只兀兀四柱耳。予湫然不乐者久之。时诸生游圣廷等，进而言曰：“光庠背若空虚，前被蔽障。匪独文明不显，抑且变故滋多。业经院道催改者屡矣，奈诎于物力，踆巡二余年。兴衰起敝，意在今日乎？”余曰：“尊贤育才，此焉攸系。奈何忍圣灵辱于风雨，师弟子露处若是？是予事也，夫是予事也。”夫遂捐月俸若干缗，令李生联芳、官生国熙董其事，询某处木可栋、木可榱，某处土可瓴可甓，平市居民至者络绎，梓圬畚插之属日给其直。又时有犒赏公事之暇，亲至廉其勤惰，于是欣欣用命。先建先师庙，庙坐亥向巳，进前而对展诰，接祖脉也。旧殿毋甚高峻，以县治白虎之说，高则利于士不利于县。予曰：“士苟利矣，吉孰如之？”命高其制，广加两楹、两庑、戟门，广袤称焉。庙之前有泮池，旧陋且堲。今浚深，广前为半壁。中设楼门三，称清淑云棂星门，原逼民居湫隘，予贸以百金，徙而辟之，护以黉墙，恢宏大倍于昔。路从东履则儒学门，与聚魁坊竖焉，伟乎壮观矣！明伦堂在庙之东，坐向与庙，并高阔，视昔胜之。庙之西为衙舍三，皆新构也。启圣祠旧辟在西隅，今更之庙后之右。

堂之后曰魁星祠，昔无而今建者也。曰敬一亭，曰省牲所，昔颓而今复者也。至于庙后空虚，今设以尊经阁，崇有数仞，广竖数十楹，内架楼阁，外瞰溪山，其嶂护功尤巨焉。是举也，经始于壬子孟冬，以次年三月告竣。功成之日，督学冯移文勒石，词过美。予不佞、予不佞，何敢承、何敢承！第予念始之兴工也，早夜殚精，寝食靡宁，费以千计，公帑毫无他羡，惟是俸钱赎金悉捐以给予，亦不问出入，惟令成功之速。幸徼夫子之灵，而遄观厥成。予今不厚幸乎？故向也入其门，四望荒烟，颓垣废址；今则牌坊峻耸，棂星辉煌，黉墙丹蔽，泮水清澄。予为学之大观喜。向也入其庙，殿宇倾颓，庙廷蓁莽；今则师殿峻严，榱栌易奕，门庑崇皇，笾盈鲜洁。予为先圣明禋喜。向也登其堂，署门荒秽，斋舍园蔬；今则堂宇巨丽，衙舍鼎新，庖廪各饬，贲镛有奕。予为多士乐育喜。况时而登经阁，则远览山光，平挹溪濑，青黄碧绿，万状入眸，得无豁胸襟而凌霄汉乎？予喜盖洋洋矣！夫兴学校以育英才，予有司事也；乘气运而务腾骁，尔[①]多士事也。如其徒虚时运，而不思龙云豹变也者，则予之喜不转而滋戚乎？于是学博士三先生曰："是举也，兴学作人，功千古真无两可，无纪其盛欤？"予亦笑而答曰："然不纪则后之科名接踵，孰知吾之倡其始也。"遂援笔而为之书。

入国朝顺治五年，毁于山寇，仅存训导署寄祀先师焉。康熙四年，郡守汪丽日捐俸施田倡建，贡生上官临，诸生黄缙、龚名芳、曾文彩、陈南贤、危树美、黄甲标、邱应箕、饶世道，先建明伦堂未蒇。至九年，府教授王聘、署教谕，偕知县刘祖向，建堂下两廊。郡军厅柳文标来权县，又建仪门，而堂制大备。十年，知县王吉遂捐数百金，倡建圣殿经始，是年七月落成。十一年七月，自顺治五年阅二十五年，而学复。有记。（**郡守汪丽日记：**圣道之隆，古今不易。而祀事之兴自汉高帝过鲁时，已用太牢始也。论者以为汉世四百年治业实基于此。安帝因之，并祀及七十二弟子于阙里。魏正始中，令太常释奠祀先圣于辟雍，以颜子配。文成帝诏宣尼庙，别敕有司行荐享礼，此有司立庙荐享之始也。唐太宗诏皇太子于国学释奠于先师先圣。明皇命颜、曾等十哲，悉令从祀。宋仁宗时，范文正公请兴学校，本行实，诏令州县立学。理宗加周、程、张、朱四氏并从祀宣圣庙庭。元代因之。明洪武初诏建国子学，又诏天下立府州县学，每月朔望祭酒以下行释奠、舍菜礼，郡县长以下诣学

①底本作"两"。

行香。①此又有司朔望诣庙行香之始也。迄我熙朝，尊师重儒，较历代更盛，故自古及今圣庙弗替，祀秩有加者，非但崇德，盖以报功也。《易·临》之象曰：君子以教思无穷。《诗序》：《子衿》刺学校废也，《菁菁者莪》乐育材也。君子能长育人才，则天下喜乐之矣。邵属凡建学有五，其四皆继修炜煌，独光邑颓焉。难理盖其废也，太甚则其兴也。未易猝成，自余乙巳过其邑，拜瞻圣灵，竟无妥佑地，恻焉。檄属捐修，为诸士倡始。越庚戌，督粮柳公摄县篆，颇有同心，爰力襄其事。迨辛亥王令至焉，慨然以为己任，且将聿观厥成矣。诸生复请余记之，余不暇道其前此经营缔造之艰，而窃愿睹夫后此教化之美，宜有以彰圣学而蔚人文也。盖古之大学主于教人，而因以取士，故士之有成者，达可为名臣，穷亦不失为醇儒。昔吕东莱云：学校之设，非徒欲群其类而习为文词也。不农不商，若何而可以为士？非老非释，若何而可以为儒？成孝作忠，当以何者为法？希圣慕贤，当自何门而入？道德性命之理何以明？治乱兴衰之故何由达？考古为得失之鉴，验今为因革之宜，此士之所当用心也。故文定公教学于苏湖，独以经义时务，不专尚词赋。有经义斋，以居通经有器识之士；有治事斋，俾人各治一事，如边防、水利之类。故天下谓湖学多秀彦。其出而筮仕，往往取高第；及为政，多适于世用；由讲习有素也。今天子中外一统，四海同文，正体式而端士风，学者非六经四书不读，非濂洛关闽之学弗讲，所谓全体大用之学也。所谓治事者固已在乎经义之中。俗儒乃分之为二，则是以体用为二事，而非圣贤之学矣。是则余之夙为谆切，以告五学多士者也。今以纪光学重建之盛，期后日崛起之英，濂亦不外是。

邑令王吉记：朝廷之制，自辟雍而外府州。若县皆有学，民间之俊秀以时补弟子员，其中而又命有司以春秋释奠，率其邑之博士弟子雍容于俎豆骏奔之间，所以崇圣教、造人材、励风俗，意甚盛也。近世以来，有司职专征粮、弭盗、缉逃、垦荒，而学宫之勿饬弗备，当宁以本源所在，人有崇奉之心，不待督责而后治也。不以人考成，有司因考成之不及也。乃遂置弗问，间或感怀榛芜，思有以更新之。旋以簿书期会、钱谷追呼、舟车迎送之交迫，不能不改图易虑焉。然吾观从来国家之盛，断未有不崇儒重道。郡县有司苟有志于化民成俗，断未有委废祀事不加意于宫墙者。汉武帝虽重儒术，而学校

①洪武十七年（1384），"敕每月朔望，祭酒以下行释菜礼，郡县长以下诣学行香"。

未兴，春秋享射无所，郡国耆儒以素水瓠叶行礼于私家，有司反率吏属而观之，识者讥其陋。所以西汉士虽通经而不本于学。新莽之际，波流草靡以视，东京辟雍之盛，多至三万人。人皆以名节相高，虽奸雄睥睨，犹竦然畏惧而不敢动。其不逮远甚，是知学校之废兴，人材之盛衰系焉。正不得以考成之不及而缓置之也。光泽儒学旧在城东南隅，嗣以堪舆家言迁西门外，后又迁今所。戊子毁于寇，康熙乙丑，府宪龙山汪公丽日捐俸倡建明伦堂，先师之位始有所寄。庚戌秋，郡督粮浔阳柳公文标摄县事，增修仪门及东西两庑，工未竟而吉适承之，于是捐薄俸以竣厥事。越辛亥二月而成，继又念圣殿未建，终无以称祀事，且负汪柳二公经始心。遂谋绅士，谓诸君皆诵法孔子，今学宫鞠为茂草，宁无本源？思吉不敏，虽簿书期会、钱谷追呼、舟车迎送之交迫，而不敢忠其所自始。谨竭范莱芜之力为诸君倡，诸君盍共勷厥成乎？佥应曰诺。于是庀材鸠工，始事于辛亥年七月十五日，落成于壬子年七月初旬。计费一千九百余两，自吉捐捐外，皆随绅士所乐助，不以劳民。讫工之日，饬簠簋笾豆释奠于先师之前，以告成功。奠毕，进诸生而告之曰：尔亦知所以设学之意乎？夫入乎其中，出为公卿，当使事业文章炳耀史册；即不然，亦敦孝弟，循礼让以笃行，化其乡人；又其上者，讲明心法之学，守先待后，使千百年后犹称道其人为某学所养士；是则斯学之所由建也。先辈李西山、李果斋倡明理学，与龟山、豫章、延平、晦庵诸先生分席坛坫，蔚为儒宗，皆此学中人也。不必问学之宜建于何所也。形家言无以为也。既而又告之曰：今天子稽古右文，数幸学宫，特命儒臣谈说经史，编纂《大学衍义》诸书，复于今岁举经明行修之科。吉伫见文治之有成也，而吾光泽之学适成于是时，谓非际会之隆欤？诸生曰善，愿记之。遂书此言于石。是役也，佐吉以有成者，乡绅黄缙，衿士陈南贤、何其晃、龚名芳、饶世道、龚荣邦等，督工者民王大任等，例得并书。康熙壬子岁仲冬月谷旦记。）

旧志载，是年诸生高联元恭制至圣木主，岂至是始易像为主欤？可谓能复古矣。二十年，知县金鸣凤建咨圣祠于明伦堂后，以十五年棂星门为兵毁，修之。辛巳年，复购地建文昌阁，于是一黉之内应有尽有矣。四十年，知县苏回复新之，董理诸人。有邑人龚名芳为之记。（记云：聚乡国之彦而归之于学，即聚乡国之彦而一之以教，诚以学也者。国家之元气所由培，人材之振兴所由始也。秦汉以来，代有兴废，惟诗书之泽深而后教化之政行。我朝右文之治，远迈前古，广励学宫，训饬士子，典甚隆焉，意甚渥焉。凡百臣工，亦无不仰体士意，以敦重师儒为本。吾邑虽地处僻壤，理学之宗风未远，士之争自濯磨，砥砺名节者代不乏人。夫亦学校之修明，师儒之董劝也。邑学自王公枚臣重建以上，旧志详矣。自王公而下，迨今四十余载。甲寅之变，兵燹频仍，正殿、廊庑、堂斋、室宇以至榱桷、几筵，均不免漂摇风雨之患。邑人既凋敝甚，当事者亦多谦让未遑。乙亥冬晋江孝廉陈君方升来任学事，谒圣之日，惕然惧之。顾力有未逮，每岁捐修，难图久远，乃白其意于郡守颜公。公复圣裔也，闻之大喜，乃自以其意怂恿邑侯苏公。公亦毅然以为己任，召匠计工，尽揭庙宇而新之，浚泮池于仪门之外，凿璧水于学宫之内，不数月而墙垣户牖之间，焜煜璀璨，视昔有加焉。是役也，教谕陈公总其要，训导陈君达行综其务，邑里绅士危君枢、饶君东文学、上官君注、黄君之经、龚君正芳、饶君植、孔君宪章、上官君焕等若而人，共董其事，通庠衿裾，轮班供职无懈，材不外敛而力不重费。以故人诵太守颜公之德于不衰，而邑侯苏公之政绩留思者，亦必以是为首称云。余耄矣，回忆童子试时，至今八十有四载，中间建学之兴而废，废而复兴者屡矣。乃今犹复睹其盛。余既不获效奔走，儿辈骏声日从诸君子后，归而为余诵之。因不禁喟然叹兴，曰："圣人之道，如日月经天，如江河行地，宜无不仰瞻而崇平。乃释道之室庐遍满名山，文庙之兴废迄无过而问焉者，毋惑乎？人心风俗日就浇漓也。今吾邑之学创之者有人，修之者有人，既足以征昌明之会圣道光隆，而又以见可教者之能知本。理学之薪传符元会之，气运后先蔚起，必不至落落如星辰之相望也。且令后之人，踵而行之，知移风易俗莫善于此。贤司牧作之于上，诸才俊应之于下，不将彬彬乎三代文明之盛也哉？"仆邑之迂叟，愧不能文，而位望未足以重斯举第，不欲使胜事之无传也。敬为之记。）

雍正十一年，浚泮源。乾隆元年，知县李光祚倡建奎阁于明伦堂南，建名宦、乡贤二祠于训导署南。其阁址不足，贡生龚明煊兄弟捐屋基益之，有碑。二年，建黉门，筑宫墙，上官鍹与弟镗録助基以规方正，有碑并竖学。而旧志载，太学生何以烈捐制两庑及崇圣祠从祀木主，疑前此用总牌也。四年，建崇圣祠于圣殿北。七年，贡生何以镇捐千金，独修殿庑。知县王文沛有记。（乾隆辛酉冬，余膺简命为杭邑长。甫至，即闻贡生何以镇先年捐社谷三千石，并自建仓廒积贮，今又独出己资修饰文庙。及谒学，见木工、石工、金工悉效技于庑楹之下。越岁告竣，验核详明，实费白镪一千五十余两。邑绅士请余为记勒石，以彰善举。余维财者天之所宝，地之所珍，人之所郑重而不肯轻掷者也。顾有自侈其宫室之壮丽，刻桷雕甍费多金而不吝，他或崇尚浮屠尊礼道觋葺兰若整招提以幸因果，世遂以轻财善用之名，称之谬矣。何生读圣人之书，尊圣人之德，慷慨肩义，重新殿宇，盖敬心积于笃好，非有所为而为之也。今试仰瞻于桥门璧池，见丹题炯晃、珠缀葱茏、棂星焕烂、阶升峻肃，昭明文教之光华，发扬大道之炳蔚。由是，舞佾而展著往饬归之节，荐馨而布云山奇偶之仪，拜献则容与踧踖，执事则荡涤心目。且灵配山川，气淑霄汉。将使人尊性理家，知美富，莪育菁阿，芹芳绿沼，皆以万仞得门不欲宫墙，外望则蒸蒸劝奋、济济贤良，光邑不几为盛治选乎？何生道能防躬学知植本，前此之捐谷救荒，今兹修学崇儒，实大有功于士民也。如此而用财，斯可谓之能用矣。其董视百工，初终不倦者，则增生邱楡相助为理也。应勒诸石，以垂不朽。）

二十一年，令学修明伦堂，以启圣祠址改建教谕署。二十四年，知县段梦日重浚泮源，建闸启闭，池不复涸。五十七年，知县王应达复倡邑士重新圣殿、明伦堂。先是，殿悬柱四，单小不足饰仪观，加大焉。复起尊经阁于崇圣祠北。道光七年，知县周琦以旧制未完善，并撤旧材，大加营建，惟殿宇易瓦，加髹垩而已。有记。（光泽学自城东南，再徙为今址，凡数修，率因故袭简，不久即坏。道光七年，琦与邑士谋重修也。邑之民无贫富皆争劝，得镪七千缗有奇，遂以是年七月日兴工。先是，两庑如游廊丹墀以下甃乱石；明伦堂病庳；崇圣祠病隘，且无庑；负北无厚垣，而大成门并东西角门亦暗陋不崇；其乡贤、名宦二祠且圮；两斋舍则败，屋十数间而已；是皆宜建也。其左斋环民居，不可门，出入必行殿前，非所以昭敬，并宜迁。乃因其地改建乡贤、名宦祠，而徙忠义孝弟祠于道南，以三祠址建训导署而门焉。余皆撤而新作之。唯大成殿宏伟完固，似易瓦、改檐、饰桷、加丹雘云。以九年十一月日毕工，规制详尽，既好以坚。余邑宰也，惧民谓学为士设，而自外于学作记，以遍告之曰：学之设也，何为也哉？孟子曰：人伦明于上，小民亲于下。而《尚书》载舜命司徒之辞曰：百姓不亲，五品不孙。然则亲之，一言其立教之本旨欤？盖人生而有身，有身而己名焉矣，身者己之质也；有己而私从焉矣，己者私之根也；质不可离，根有所滋。苟非上智，莫之违也。其何由俾人，人而率于教哉？曰亲之之道在于推己以公其私而已矣。水之积碍也不流，疏之则通；土之积块也成阻，均之则平。维人亦然。吾见有私其私而室者矣，未见有公其私而尚隔者也。夫子曰：己所不欲，勿施于人。曰：己欲立而立人，己欲达而达人。言推己以公其私也。其语仲弓继之曰：在邦无怨，在家无怨。则亲亲之效也。是岂强人以所难能哉？其道不外身，而具不病己，而可行欲为，斯为之无待也。既为斯得之无阻也。古昔风俗之淳，比户可封者此也。今即不如古，而其可与知者亦此也。且夫不亲之害，岂胜言哉？其相值也泛泛然已尔，其相合也翕翕然已尔，苟有所欲于中，逐逐然訑訑然唯知利己已尔。既其极也，父不能恃其子，子亦不能恃其父，相趋于危亡而莫之省，即己亦曷利哉？邑之有学，所以道民而使之知相亲也。爰论次于篇。）

诸　祠

旧志详历代崇祀先师及诸贤配食从祀本末，乃阙里志体而移入方志，是谓失裁。若名宦、乡贤、忠义孝悌三祠得入祀者，为一邑专祀，宜备载于篇。虽名宦所人有总辖、有郡官，不专一邑，既列于祠，即不宜略。而官师表、宦绩录专纪县官其他得祀者，但就祠补录，以实名宦之绩，斯宾位不漏，而主位仍特矣。

名宦祠

旧在西城外，即今武庙址也。顺治间改庙武圣而移祠附学，初祠于明伦堂左。乾隆元年，移棂星门右训导署南，南向。道光七年修学，以三祠就圮，即其址改建训导署，而以署旧址新名宦、乡贤二祠，南向，规制式廓足以妥神。其左名宦祠也，祀者二十一人，宋二人、元一人、明八人、国朝十人。

尹　洙　宋知县，详官师表及后案。

上官均　宋知县，详官师表、宦绩录。

况　逵　元知县，详官师表、宦绩录。

宗　臣　明提学副使。臣，字子相。嘉靖间任福建布政司左参议，值倭薄城，臣守西门，乡民襁负求入者几万人，戒门者纳之，或谓贼且近奈何？臣曰：“我在，不虞贼也。”入甫毕，贼至。臣已预求善人具者百人，置要害间，予白金为劳，且曰："俟吾鼓而发，毋妄动也。"贼凌睥睨，鱼贯以上。臣度贼已大集，鼓之，人具数百齐发，贼死无算，溃去。督府檄臣督狼兵归，兵士欲纵掠。臣与约曰："吾日一酒目搞若，若不归伍宿，吾不寝也。"狼兵惧臣威，竟度岭，无敢哗者。就迁副使，领提学道。臣故一代文宗，其领提学，学者仰之如泰山北斗云。（据《弇州史料后集·子相志略》）

沈应会　明提学副使，宦绩未详。

邵德久　明知府。德久，嘉靖间知邵武府，革里甲繁征，节库役冗曹。流贼攻城，亲集义兵，守御不避矢石，城获全安。筑光、泰二县城，建西北万年桥。绩皆可书也。（据《闽书》）

王逢元　明知府。逢元，天启间知邵武府，崇尚文教，加意士类，而义仓水利关民生者，一一修举。非以儒雅博名高也。调去，民士遮道攀留至不得去。（据《福建通志》）

刘　俊　明知县，详官师表、宦绩录。

钟　华　明知县，详官师表、宦绩录。

陈宗谏　明知县，详官师表、宦绩录。

黄应明　明教谕，详官师表、宦绩录。

范承谟　国朝福建总督。承谟，字觐公，汉军镶黄旗人。康熙十一年十二月由浙江巡抚擢福建总督。命下，感气逆之疾，拜疏力辞。因请陛见仁皇帝，强起之，赐御衣冠，副以上厩名马。承谟并奏携其家旧，赐蒙古壮勇以行，十二年秋抵闽。有旨裁靖南籓耿精忠左右二镇，归各营。承谟察精忠有异志，二镇阴附迫之，变在旦夕。度标兵名具实亡，不足以制彼，与抚臣刘秉政、提臣王进功密议量拨，俟我谋成，然后尽遣。进功欲借此孤籓势，不然其计。承谟曰："此非孤其势，徒迫缓散之军心，驱之附彼也。"不听，众果汹汹。会滇藩吴三桂反，闻讹言益沸。而廷议还精忠兵停迁营，于是二镇兵益坚附精忠。精忠益骄肆，抚臣以下仰鼻息而已。承谟度事已去，亟疏请宽海界以安民，拨现在协饷以安兵，补已裁绿营官兵额以实军，复假便宜宽。林简安投诚，招吴成散岛众，受林燧、董生等降，抚海逆而已。借巡视闽，安离肘腋，虞非常。时抚臣刘秉政阴送款精忠，坚梶之，不果行。一客进曰："事急矣。盍因滇叛，托备兵上游名，直溯虹江，坐镇延平，号召诸镇严兵待变，或可折其逆谋万一。不得，亦留身以待外援，岂宜坐镇危城，受制于彼。"承谟曰：

"滇闽相距数千里，备兵之说近于不根。我标兵已阴与精忠合，谁从我去者，况彼反迹未彰。若以蜚语闻上，谓我据地谋叛，何辞以解？事终无济，徒受恶名。吾不为也。"一客曰："可密檄诸镇以谒新制府为名，各以健儿至。"承谟领之，未及行而精忠反，十三年三月十五日也。是日天初明，精忠遣员请议军政，言海上有警。报孤子某丧未终，不便就商，敢以请。秉政随至，邀之同往。左右疑有变，请环甲以从。承谟曰："众寡不敌，备无益也。"至邸，甲者蜂屯露刃而起，承谟仰天大骂，贼众环迫之，加束缚，骂益厉，喷血丑诋。闻者掩耳瞑目，拘之隘室，水浆不入口者。入昼夜，骂声渐微。至第十日，神气转旺，度不能死，稍进杯水。精忠迁禁诸内，峻垣密棘防之益固。一日，遣秉政来说降，且前且揖。承谟力踶之，秉政出不意，踉跄仆地[①]，左右掖之出。承谟曰："诸逆无道，尚稽天诛。我一踶之讨，不可少也。"幽系盖七百余日。日冠赐冠，衣辞母时衣，朔望奉时宪，北向展拜。溽暑湿烝如腻，深冬霜飙海气，侵人肌骨，其节益坚。精忠时遣问讯，辄以恶语唾之，后不复至。间作诗文，无毫楮用，桴薪画壁。有《御制承谟画壁集序》。十五年，王师破仙霞，精忠降。虑承谟出，白其隐。夜遣逆党吕八来害承谟。承谟曰："今日方毕吾事。"索赐冠，吕八掷诸地，且蹴之。承谟怒，以械击其头，几毙。乃露顶望阙九叩首，曰："罪臣奉职无状，死迟矣。"遂遇害，九月十六日也。事闻，天子震悼，赐兵部尚书，加太子少保，谥忠贞。已念承谟纯忠大节，御制碑文，诏以宸翰，赐其家尤异数云。（据《画壁遗稿》）

姚启圣　福建总督。启圣，字熙止，会稽籍，镶红旗汉军人。康熙十五年，由浙江温处道衔从康亲王入关，即遣人说精忠降。精忠未决，启圣乃单骑至其营，剖析利害。精忠大开宴客启圣，宾从列侍。启圣饮酒指画，辞气伉爽，罢宴长揖而去。精忠曰："是李抱真之流也。必不欺我。"遂降。擢福建布政使。精忠之降也，诸将畏罪，归郑锦，锦因乘虚取邵武、兴化。而吴三桂骁将韩大任者，世称才淮阴也，为三桂度岭掠江西，被围援绝。一日突围，由赣入汀，谋与郑氏合。启圣曰："是雄儿也，不可弃以资贼。"复说降之，简其兵，得死士三千人，以为亲军。明年随康亲王收邵武、兴化，寻尽收漳、泉诸地。锦遁归厦门，明年复出，连下诸堡，取石码，入镇门。其骁将曰刘国轩、吴淑、何裕，而国轩尤竞。于是总督郎廷相、嗣海澄公黄芳世、副都

①底本作"狼跄仆他"。

统胡克合军攻之。会宁海将军喇哈达、都督伯穆黑林之军自福州至，平南将军赖塔之军自潮州至，提督段应举自泉州至，分道并进。已而诸军皆奔北，唯[1]启圣壁炉之战一胜而已。国轩因取平和，围海澄，断堑环椿，飞鸟莫能度，沿海无赖尽归郑氏。郑氏军益振。事闻，逮督臣谕王择所代王及将军以下，合辞荐启圣，乃即军中拜启圣兵部右侍郎兼都察院右副都御史，总督福建。于时郑锦方陷海澄、长泰、平和、同安、漳平等县。启圣条上十疏：一请调福建镇兵会同八旗及浙江提标兵会剿，并调衢州、赣州、潮州五路兵并力；一酌给投诚官兵俸饷，以安反侧；一愿上捐粮米，增募督标兵五千；一荐举浙江贤能文武官二十人，赴闽调遣；一增价籴谷一万石、米五千石，备军食；一分兵防守要路，设跕运饷；一请复设同安、海澄二镇总兵官；一闽省经制兵旧有五万一千七百余名，请增设一万八千名，俟贼平裁撤；一严禁管兵官以厕役冒占；一申明临陈胜负赏罚格。疏下议政王、大臣议，唯衢、赣、潮皆控要地，不能调；既增督标兵，毋庸再广通省经制额，余并如所请。七月，启圣同海澄公黄芳泰，由永福复平和、漳平。九月，贼帅刘国轩犯漳州，启圣同将军赖塔、都统沃申大破贼于蜈蚣山，复长泰。九月，遣其子仪拔同安，贼弃城遁，追斩伪副将林钦。而启圣自同副都统吉勒塔布、提督杨捷败国轩于江东桥，又败之于湖沟。十八年正月，国轩复纠党吴淑、何佑等据郭塘，断江东桥，犯长泰。启圣同赖塔、杨捷及巡抚吴兴祚大破之，先后招降伪官四百余人、兵一万四千。至五月，国轩等又率众谋夺江东桥、石山寨，启圣同诸将又击破之。十九年二月，提督万正色已克海坛镇，启圣因同赖塔及总兵官赵得寿、黄大来等七路进师破十九寨，复海澄。锦走厦门，遣将驾潮逼之，遂取厦门。锦浮海遁归台湾，遂乘势拔金门，降其伪将军朱天贵、杨彪，复诸陷县。进兵部尚书、太子太保。二十年，锦死，子克塽幼。启圣密陈规取台湾之计，特荐施琅，用多金间其党，伪行人傅天霖杀之，锦之谋主也。二十二年六月，水师提督琅进攻澎湖，启圣驻厦门策应。是月，琅定台湾，克塽、国轩皆降，启圣还福州。十一月，薨于位。

启圣当诸县陷没陈十事时，已有澄清海外之志。尝语人曰：国家金瓯无缺，声教覃敷，奈何以弹丸海岛厪宵旰忧？其收厦门也。贼遣侦者数辈觇动静，会元夕，令百姓张灯，自与文武大僚置酒还珠门，杂陈百戏为宴乐。漏下二鼓，

---

①底本作“睢”。

忽称疾，命属吏行酒，而启圣已启南关疾驰二百里至五虎门，命将出师矣。康亲王督禁旅再至，民苦供亿。启圣三疏请敕康亲王还师，报可。及兵出境，多挟民间妇女。启圣白王下令严禁，竭储赎归。初议徙濒海民实内地，失业者众，启圣请复其处。方戎马倥偬，犹留意学校，置通省郡邑学田，供贫士膏火，今廪饩有姚兴儒者，是也。其慈惠尤系人思云。（据《鲒埼亭集[①]·启圣神道第二碑》，参院档《测海集》传）

孙尔准　闽浙总督。尔准，字平叔，常州府金匮人，嘉庆乙丑进士，由翰林院编修出守汀州，历官至安徽巡抚。道光三年，移福建。以上游延建阻，山险多劫案，奏请年拨盐库晒帑息银为悬赏购线诸费，责期文武捕治。先后报解匪首阙春乔、郑思应、老张子、邱五妹、蓝思林，两郡肃清。四年巡阅台湾，周知其地情形，请于彰化、嘉义间开设五条正口，噶玛兰开乌石港正口，以饷内郡；移凤山埤头治于故城，与隆里拖东北，以固形胜。严汉佃，据番田，禁饬理事二厅，论如律，以安番人，皆允行。五年，进闽浙总督。是冬，各属报歉。尔准虑明岁夏秋食尽，无继豫。奏开浙海禁，募商贩运。自冬徂夏，浙米至者十五万石，分赈各属，各属富人无可居奇，米亦渐出，市价悉平。六年五月，彰化县匪李通纠众与粤庄械斗，群不逞，乘机造谣，焚抢蔓延，嘉义所在不靖。时水师提督许松年方巡阅台湾，报至尔准。策南境宿提镇重兵可无虞，而虞贼北越，即檄闽安协镇副将邵永福带兵由五虎门对渡八里坌，疾趋艋舺，阻其北窜。又飞调金门镇总兵陈化成斜渡鹿港围捕，不使入海。而已驰赴厦门策应，续发标兵一千，领以副将崇福、佟枢，分渡八里坌、鹿潜为前发应援，已侦知淡水所属竹堑、中港、后渎皆有匪徒焚掠，抗拒官军。镇道文报，未之及度，诸将不能办贼，又念既煅邨庄，弱者转死沟壑，强者改而从贼，益滋蔓难治。决计东渡，奏请陆路提督马济胜移驻厦门，亲带长福、连罗三营及水师营共兵一千人径渡。奉旨内地弹压需人，无必往，而尔准已先期登舟放洋矣。既抵彰化，提镇方集闽粤人居间，贼聚益众。尔准以为损威养寇失政体，劾奏褫职。寻获陈洪泉等六人，皆著名凶盗，戮之。因议械斗与焚抢殊科，其焚抢又当分别，首从、初犯、积犯定拟，然犹虑事主指控或不实，讯访并施，不使有冤。其无知胁从随时解散者，奏请省释。初，台湾民闻总督领兵至，谓兴大狱，万众凶惧。及是，争传总督止杀强盗，

① 底本作“蛣碕集”。《鲒埼亭集》，清全祖望撰。

不杀良民也。旬日间，人心大定，唯淡水斗氛未息。则循大甲赴淡水，平焉。其搜捕余党，令闽人搏闽，粤人捕粤，化彼分类之见，彰化、淡水悉定。而三沙番割事起。番割者，汉人通番语，窜入内山娶妇，因名之也。而黄斗乃、黄武二、邹阿王、徐阿来、温阿罄为之魁，斗乃尤狡黠徒，与亦众屡引生番劫掠平民，平民苦之。是役也，粤庄且引生番助斗。尔准曰："不翦除此番，割乱且未已。"遣陈化成偕参将黄其汉由中路斗换坪入，游击谢朝恩由南路南港入，游击谢建雍由北路盐水港入，生擒斗乃、武二等二十一名，台湾无事。振旅归，天子策功，加太子少保，赏戴花翎。明年，朝京师，天语叠奖，九卿动色，复予荫次子光禄寺候补署正，慧翼主事，盖异数也。

尔准归自台湾，道莆田，见木兰久淤不治。叹曰："南北二洋，溉田四十万亩，为闽省第一水利。今四十万半为斥卤，谁之责也？吾必复之。"既捐廉俸倡修，知邑进士陈池养才足任事委重焉。及觐归，池养来言，估费且十万余缗，赀无所出，当停工。尔准曰："必成之，百世之利也。"续捐银一千，委寿宁知县陆我嵩往莆筹费，劝轮数月而集。尔准乃令于荷包濑筑石堤址，累石以固堤身，沃灰浆以实堤腹，外磊碎石以护是限。其挑浚始事南洋，终功北洋，并莆田小西湖、延寿陂悉深通之，功成。父老曰："往者，两洋随浚随淤，堤亦随修随败，今殆可败百年云。"自是，福州水利之东西湖、三十六湾、通朝便舟揖之河沟，以次兴工，悉复其旧。而贡院病隘，通志并芜，皆闽中坠典。尔准乃撤旧贡院新之，增广号舍，高厚墙垣，而甃以石扳，通志重加纂辑，不名续修，尤加意文学。为巡抚时，复凤池书院，增其膏火，与鳌峰并二书院，生通经者皆其弟子。已奏请明儒漳浦黄忠端公从祀文庙东庑，题请祀乡贤者四人，皆厌众望。若尔准者，可谓文武为宪矣。十二年正月二十八日，薨于位。遗表至，天子震悼，赠太子太师，赐长子候补内阁中书，慧惇进士；次子兵部主事，慧翼员外郎。特旨祀福建名宦祠，谥文靖。（据年谱）

李斯义　巡抚。斯义，字质君，济南府长山人，康熙二十七年进士，四十四年任巡抚。念闽文日盛，每科应试生且万人，与布政使集议购民居增扩贡院千余楹，已檄州县，各立义学，教贫士之无师者，又葺其学书院，拔髦士充其中。时承平偃戈，枹鼓无警，雍容以兴文教为任，若为张仪封先声焉。（据《福建通志》）

金培生 布政使，宦绩未详。

高日聪 提学副使，宦绩未详。

沈　涵 提督学政。涵，字子度，湖州归安人，康熙十五年进士，四十二年任福建提督学政，学臣不统于督抚自涵始。往时学使者所至，苦供亿烦费，涵省其十之七。帷帐服物下至纤悉器具试毕，依单还州郡，不私台末。故事，除补起，复胥吏有常例，人不以为非。涵悉裁革，而胥吏相语曰："公身且如是，我属复何言也？"教学者限年，读书之法恳至如家人父子。涵尝言：吾于才多处苦遗珠，少处又苦滥额，而士无论遇与不遇，但有感戴无遗言也。其诸生籍学三十年者，文虽劣不置下等，终任未尝徇有司褫革一生。秩满去，闽士创清苕书院，肖像祀之，以涵乡有苕溪也。其以归省之暇，重游闽中，则如婴儿失母，复得日于名胜。他集良友铺几筵以娱之，兴泉、汀、漳之士日望其至不获，走数百里趋待者踵至。盖学使得士心，未有如涵之盛且久也。（据《二希堂文集·清苕书院碑》《鹿洲初集·送沈宫詹还浙序》）

张一魁 知府。一魁，镶黄旗汉军人，康熙十九年由荫生知邵武府。承耿乱后，疮痍未复，一魁治以简易，与民休息。民气以苏府学毁于兵，一魁捐赀重建，并葺李忠定公祠。去后，民相与祀于祠之东偏。（据《府志》）

王　吉 知县，详官师表、宦绩录。

王　瑶 知县，详官师表、宦绩录。

乡贤祠

迁建方位、岁月，并详名宦。盖二祠或同门异堂，或同堂异龛，其来旧矣。道光七年之建，骈立二堂，每堂广丈，以不设间壁又似同堂，盖兼二制云。其右乡贤祠也。祀者宋九人，元一人。（明及国朝并阙，非无人也，盖泥于道学之见。如，宋儒侈谈接千载绝学，将汉迄唐人物悉屏诸道外耳。抑知汉唐固大有人，而宋人此语故非笃论哉！是乡贤一祠，他县病其滥，我邑病其隘，皆不足为劝云。）

李　深 宋司农寺丞，详《列传》。（按：旧志注朝散郎乃深前官也，今据《续资治通鉴长编》刊正。）

李　郁 宋承务郎，详《列传》。

李　吕 宋处士，详《列传》。（按：旧志与李相祖并注道学，道学可代官衔耶？且以二人为道学，果斋先生非道学耶？）

李闳祖　宋广西安抚使干办公事，详《儒林传》。（按：旧志作广西经干，宋无此官名，以为经略使干办，则彼固属安抚使也，正之。）

李相祖　宋处士，详《儒林传》。

李方子　宋国子监学录，赠朝奉郎，详《列传》。

黄　涣　宋岳州知军州事，详《良吏传》。（按：旧志作岳州太守，宋岳州未升府，安得太守？）

危　一　宋处士，详《忠节传》。

高　谈　宋处士，详《忠节传》。

李应龙　元荐授漳州教授，详《列传》。（按：旧志注桂林主簿，考应龙初荐白鹿洞山长，次授漳州教授，均未赴，安得主簿？即旧志作《应龙传》亦不及而此云云者，乃移闳祖初官混加之也。又桂林在元为路，在明为府，在宋为静江府，府安得主簿？闳祖盖官静江府，桂林主簿也。三家邨学究，举笔便错。）

忠义孝悌祠

雍正元年奉旨特建。旧在棂星门右，训导署南，东向。道光七年，修学，时以祠已圮，即其址广训导署，而移祠于明伦堂外，震方西向。祀者明二人，国朝八人。

饶允中　明诸生，以孝入祀，详《孝友传》。

饶世淳　明诸生，以忠入祀，详《忠节传》。

黄文谟　国朝儒士，以孝入祀，详《孝友传》。

蔡旭初　儒士，以义入祀，详《义行传》。

郭　任　诸生，以孝入祀，详《孝友传》。

毛锦生　练总，以忠入祀，详《忠节传》。

上官临　恩贡生，以义入祀，详《列传》。

何　斌　诸生，赠奉政大夫，以孝义入祀，详《义行传》。

饶　东　拔贡生，以孝入祀，详《孝友传》。

何以镍　长汀训导，以孝义入祀，详《孝友传》。

藏 书

藏书亦诸学所同，而教官之典守，诸生之服习存焉，矧重以圣制御颁，敢不敬谨书之。

《钦定卧碑文》

《御制训饬士子文》

《钦定曰书文》（三函）

《御颁书六部》

《学政全书》

《十三经》（十六函）

《宏简录》（八函）

《二十一史》（三十三函）

《明史》（一百一十二本）

《祭丁仪注》（一本）

附：**乾隆十八年巡抚陈颁发书十四部**

《孝经解注》（一本）

《大学衍义辑要》（二本）

《小学纂注》（二本）

《近思录》（二本）

《大学衍义补辑要》（二本）

《四礼初稿》（一本）

《四礼翼》（一本）

《吕子节录》（二本）

《养正遗规》（一本）

《教女遗规》（一本）

《训俗遗规》（一本）

《从正遗规》（二本）

《在官法戒录》（二本）

《豫章学约》（一本）

书　院

书院毓秀，社学启蒙，义学迪贫，皆所以辅学校也。故次于篇，而射圃亦附焉。

云岩书院　在治南三里云岩山下，宋李果斋先生讲学地也。后圮，复于元天历二年。令况逵有记。（天历二年，云岩书院成。邑士邓观我过予，曰："果斋李氏父子祖孙俱登考亭之门，公晦游从最久，故所传独探其奥，俯仰百余年。扩荒起废，以加惠吾杭之民，昉自今日，可无言乎？"予惟书者所以载道也，坟典以前何书之读？圣贤之授受何所本乎？唐虞三代之制作，何其盛哉？亦曰心与道一而已，先圣人身任道统之寄，不得行之当时，于是传诸简册，非他唐虞三代之本，是所谓道也。由之则治，违之则乱，修之为君子，悖之为小人，后之立纲陈纪必考证于此，而取则焉。世降俗薄，家异学、人异论，奔迸跌荡而莫之宗。朱夫子生乎千载之下，惧斯道之愈晦，而异学之莠吾民也。悉取简册所传，与曾子、子思、孟轲氏之书，神交理融，研究精极，以开悟后学。其示之以成始成终之要，辟舟车之有指南焉，循而进者无不至，况得其传如李氏者乎？光泽云岩去县三里许，公晦方子未第时读书所也。崇冈在望，人迹罕至，既魁天下士调察推入为太学录论，事不苟阿，奉祠而归，起判辰州、军州事而卒。子佑乏嗣，以他子（从弟观过子棣）继之，弗类（言不似先人也），由是书院毁焉。其徒太常卿叶寀守昭武，日贯田筑祠，祀文公于郡泮，复录恒壤四百三十有奇，奉尝于邑里，皆以公晦侑食，示不忘也。岁用滋久，朵颐祭田者并祠而迁，迁而废，及今兔葵燕麦矣。予制邑之明年，校宫告成，理祠由始复因，阅裔孙骏所藏家乘，深悲其学之郁而不施，且靳于其后者，天乎旷世相感，吾亦不知其何心也。

又虞集记：古之长民者，治而教之之外无他事也。后世有簿书、期会、征调、供亿、趋走、逢迎之烦，私计之迫，而得尽心于民事者或寡矣。而舞文殖货者又不与焉。其善者岂无德慧术智者哉，而于先王之法意未知，其何如也？是故时之仕者，审狱讼、时赋役、慎保守，不大得罪于民，则已为难矣！岂复有为治之具，而况于教乎？若夫以儒入官者，宜有见及于此矣。或者于道实未有闻，于学实未有得，蒙其名以进，一旦莅事，不阘茸卤莽以取谬悠之讥，则反睢盱恣肆窃取时俗之绪余，以苟且毫末之得而不耻者，亦何心哉！噫！何吾民之大不幸也如此！吾友况侯肩吾则不然。自其少壮读书，已有用世之意。及部使者连帅方伯取以为椽，持法严明而能恕，蚤有闻于时。稍迁盐法筦库，乃能从容为大府建通融之计，使其言尽用，所益固不细也。泰定末，为光泽大夫，始得其民而用之。委曲于当时法令之所得为，达其能，卓如也。下车之日，富强民素为长吏信从畏惮者，一不听入谒，独诸生讲学则循循与之言，于是始有延师教子者，侯曰："然则善人也。"乃稍以是得进见。讼者在庭，一见得其情伪，其负者故可立决也。侯曰："吾非不能立决，立决则伤而闾里亲戚之情矣。"辄教令退思之，是以多不终讼。尝有兄弟争田，侯曰："吾视若貌，非不恭友者。"授以《伐木》之诗，身为之讽咏解说，使日诵于学。未逾月，皆感泣求解，知争田为深耻。县学敝，侯率儒家者更修之，曰："善为之，吾不以他役溷尔也。"而富人或请出财以助，侯不许，曰："有公上之供以待尔[①]，修学非尔事也。"不日而学成。合邑之境，民聚为社者，皆请建学立师如令，而教养之舍或略仿于县学，则又为义仓以附其旁，宽为之制，使民受成而守之。侯乃慨然曰："训其子弟而不本诸父兄，殆不足使之易知而速肖也。"即邑南三里有云岩书院故基在焉，故宋国子录通守辰州李先生方子讲学之故处也。先生祖、子、孙三世受学朱子之门，邑之乡先生也。书院废，李氏有遗田亦浸没于人。侯日退食即其处，理泉石，斩荆棘，徘徊咏叹，若将见乎其人者，得其遗文数篇，民间稍与学者诵说之。于是昔之愿修学而不得者，造庭而言曰："自侯之至于斯也，吾无泛役而有余力，请更作书堂以成侯之志。侯其许之乎？"侯曰："今可矣。"听为之。乃作堂，象夫子燕居；又作祠，象先生；作一讲堂、四斋舍，以容师弟子。门垣庖湢以次，庀工经始于天历二年二月八日，某日告成。理浸没之田而得之，收其入以为养。率其僚吏诸生舍菜落成。郡守西公以其事达部使者，使者韪之。闽帅上其事，请列为学宫。至至顺三年，侯至京师请予书其事，将刻石以示后之人。予乃为之言曰："昔周子、程子作于圣，远言湮千载之下；而程子门人杨中立氏之归闽也，叔子叹曰：'吾道南矣。'宋既南渡，中立氏以其学传诸豫章罗氏、延平李氏，至于朱子而益大显明焉。当是时，闽之学者比于邹鲁。"予从侯得先生所为

---

① "尔"，疑为"汝"。

《朱子年谱序》，知其于朱氏之学确守而不变，所谓毫分缕析致知力行盖终身焉。及其为《县学记》，恳恳然欲其乡之士息奔波流浪之志，以从事于爱亲敬长之实，必也。宗族称孝，乡党称弟，经明行修，然后谓之成材。噫！先生其于乡之人，何其爱之深而虑之远也！乡之人诚能求先生之言于无穷，由是而学焉，则可以趋乎圣贤之域，而无大过矣。呜呼！君子学道则爱人，小人学道则易使也。寥寥乎求一二于千百而不可得，吾况侯乃能笃信而推用之，吾焉得不为之喜乎斯邑也？由况侯而知先生，由先生而知学道，则吾况侯之遗爱岂有涯哉！四方长民之吏闻况侯之风，必有作而兴者，矧光泽之后至者乎？侯名逵，庐江人，后居高安，今为某官。其为政若平反冤狱之类，有去思碑，此特著其教事。）至正壬戌毁于兵，明弘治十七年，先生裔孙茂继造茅屋，奉香火。正德十二年，令钟华改创书院于本山之阳，其故址今名上云岩。万历三十六年重修，至国朝顺治五年毁。康熙十一年，令王吉复就新址建焉。有记。（宋之有朱子，犹周之有孔子也。先儒谓孔子集群圣之大成，朱子亦集诸儒之大成，其尊之也至矣。朱子门人半天下，而闽为最多。如果斋李先生，其一也。先生讳方子，生邵武之光泽。史称其所自述不越数言，而云予幸于大本有见一语尤为切要。呜呼！自大本之学不明，天下之人至于人欲横流、天理澌灭，以至于放僻邪侈，无不可为者众矣。惟先生有见于此，故能卓然自拔于流俗，而其立身行己，事上临民之际，动皆可法，宜史之称之不置也。予令光泽，有伍伯曰李振者，询之先生裔孙也。闵其为贤者之后，即脱去其籍，荐为奉祀生，免其差徭。振为予言县有云岩书院，乃先生常所讲学地也，因导予至其处。予见其一望榛芜，不胜感慨系之，曰："前此为之宰者，何未之知邪？"于是捐俸，鸠工庀材，重建斯堂，而先生之庙貌至是始得焕然复旧矣。例宜有记，时从鞅掌簿书，未暇执笔，迄今将八阅岁，恐后之为人未知，为学必先识大本，为政以崇儒励俗为先，因作是记，邮至光泽邑庠廪膳黄子英灿，俾奉祀生属其邑之贤者，勒诸云岩，垂永久焉。忆书院告成之日，予偕宾客僚吏奠先生于新堂。奠毕，即敷席共饮，众皆举酒贺曰："斯堂之成，我公于先儒，功莫大焉。"予曰："不然，方余之来令是邑也，族父邵子语予曰：'光泽有大儒，果斋李先生者，朱子高弟子也。治县之日，幸一访其遗书，求其后裔而褒录之。庶几春秋善，善欲长之义乎？'予谨识未敢忘，今斯堂之告成，实微斯言不及此。"众于是复举酒贺曰："韩退之云士有旷百世而相感者，予不知其何心？其我公与邵子先生之谓与？"比癸丑夏，予解组将归，族父复贻书与予曰："光泽治之东曰黄岭原者，上有西山冢在焉，其贤不亚果斋云。"谨按：西山先生讳郁，字光祖，宋元佑党人朝散郎李公深之子，而龟山杨公时门人也。是时，予恨弗获以褒录果斋者褒录西山，故于是记之末，并志。予事后追悔之，意且愿后之莅斯土者，由果斋而上溯西山，是则余之志，是则予族父之志也。夫族父讳济普，字近夫，别号邵子，以安福人系籍庐陵县庠，志在崇重先儒，故得并书云。）岁久渐坏，其后裔谋新之。为堂三，中祀先生遗像，右祀先世六贤，左祀前官有德于院者，堂外翼以回廊凿池引泉，四时不涸，旁辟一阁，列书室数间，缭以高垣，而书院一新。作于乾隆三年。令何璠有记。（予蜀人也，越千里而来吏兹土，彼都人士有资治道者，无不心焉数之，矧邑为理学之邦，而乌洲李氏最著。迄今芳徽遗桀，不犹有存焉者乎？稽古圣贤之生，必有一奥衍灵奇之区，为千百世景仰者所依。而名贤燕居之所，则虽人往，风微无不令人想象，而思亲炙。是以自洙泗以后，而紫阳之考亭、象山之鹅湖类，皆声施宇甸，继阙里后先辉映，历久弥新。今李氏祖孙、父子悉得考亭真传，而果斋先生尤臻其粹。城南三里许，有云岩书屋，为先生未第时读书处。元邑令况侯所谓"崇冈在望，人迹罕至"，诚一邑之特观也。予下车延访，欣然瞻拜，但见耸然秀者，冈峦之环护；旷然远者，山川之拱揖；垩然者垣墉，巍然者堂构，而且左誌甘棠，右袭永思，低徊起敬者久之。适先生二十九代孙曰勋者在侧，因与之稽乃颠末，始知先生书院昉自元，改自明而盛于国朝，为不戒于火，积岁有荒烟蔓草之叹。得勋集族姓捐千金而成此巨观。呜呼！先生幸于大本，有见一语为足以，上接先圣心源，下衍一线道脉，而予乃于勋不禁有感也。夫人生本乎祖，勋为先生后裔，其于家学源流，予未敢知。而乃越数百年独能披乃荆斩乃棘，举数世所畏难而不敢措置者，一旦拭前烈而新之意亦有感于大本之旨，而蹶而兴者乎！吾知展是堂而瞿然以思，惕然以奋，则书灯宛在，行且卜李氏之传薪不朽矣。予儒术迂疏，未能如言氏子学道之治然，尹于兹由先生后裔之贤，得登先生之堂，接沐余光也。爰不胜欣然，因握笔而为之记。）至今守之不替。

崇仁书院　在治北崇仁市。元至正二十三年，邑士龚永、刘廉以同订尚书解进，得旨特建。今圮。

月山书院　在二十四都新甸街。明御史黄伯珪读书处。

西山精舍　在治西二里大坂上。宋李光祖读书处。明万历四十二年，令汪正谊重修。复圮。

正音书院　在治东。雍正八年奉文建，延师教习。后裁。

紫阳书院　在治西宣德门外。乾隆二年，令李光祚建。祀朱子，配以果斋先生。岁延师主讲其所。邑人何以镛有记。（造士必择其地，无其地则业不专，而养亦不醇。此书院之兴，与庠序学校而并重也。乾隆丙辰孟秋，李侯甫下车，孳孳奉天时缮地利以兴民事，境内以治。爰进诸生而诏之曰：“我朝培养士气，视昔有加。宋室朱子，集群儒之大成，聚徒于紫阳，光先儒果斋李公称高弟焉。尔多士，生长文献之区，盍亟谋所以祀先贤者，为读书存养地。”遂卜基于邑西龙兴观之右侧，南坐北向，鸠工程材，围以版筑，内房二十余间，门外匾以紫阳书院，门内回廊两庑佐之。由庑而升为讲堂，题曰正谊。再进为祠，祀文公神位，奉果斋以配。经始于丁巳蒲月，至腊月告成。侯于公余，辄登堂而讲论之，月则课文而甲乙之，乐群敬业，骎骎乎士风振矣。镛因思夫士之力学，犹农夫之治田，丰草弗而黄茂种，加以耘耔灌溉之力，乃有秋得所养故也。士苟失其养，假修业为干禄临政，张皇毫无实效，即偶有微长，不过优孟之抵掌耳，尚何士之足云？语云：“良田无晚岁，膏泽多丰年。”此侯建院造士意也。邑之学者可不体其意以读书而善醇其养哉？是为记。）其膏火租捌拾壹硕玖斗，并邑人捐置。

杭川书院　在治东施家巷东北垣，义学也，后改为运仓，寻停运撤仓。令王瑶遂倡邑士，以乾隆二十七年就其地建书院，堂宇巍焕，有如紫阳。又于两廊左右扩买民居，创为考棚，岁科县试其内。乃移紫阳书院膏火租及军厅黄汝铨、署令徐上达捐置，租叁拾陆硕充掌教束修，名曰杭川书院，而紫阳课遂停。嘉庆十九年毁于火。本年，令张文彬重建。道光九年，令金涛设法储钱壹千捌百余缗，以其息给诸生，于是诸生始有膏火也。

社　学

城东社学　在治东隅，明弘治十七年奉文建。今圮。

城西社学　在顺化坊茶焙市，弘治十七年奉文建。今圮。

北乡社学　在十九都崇仁市，弘治十七年奉文建。又万历二十四年，令程寰于二十四都新甸市增置一学。今并圮。

西乡社学　在十都止马市，弘治十七年奉文建。今圮。

义　学

城东义学　即今杭川书院，土人犹称义学也。

城西义学　在西门外。初，康熙四十三年，士民建祠以奉邵武同知摄县事黄汝铨。汝铨让，不居，命改义学，置田，为延师费。教谕陈方升有记。（古三代之制不可复矣，近世田赋之外有义仓，黉序之外有义学，二法最为近古，不失教养遗意。顾其权在守令，守令非贤不能举，即举亦不能委曲经画以究于成。光邑樵西僻壤，山川瘠薄，民人鄙朴，太平以来，士风固浸振矣。然白屋单寒，欲负笈而苦无赀者，尚有待也。则夫义学之设，乌可以已。康熙四十二年冬，郡司马黄公摄县篆，镇以廉静而事不扰。越明年，邑大治，士弦于宫，民歌于野，萑苻不作，狱讼衰息。公念积贮为生民大命，今义仓已奉令甲设立，丰歉足恃，惟义学尚未有实心筹之者，慨然力欲创建，嘉惠寒微。适通邑绅士父老感公惠泽，谋辟西郊之址为祠以祝公纯嘏。子来趋事，不日落成。公出见而询知之，弗敢当，又重违绅士父老之意，于是令彻去生祠，匾额以义学，复出俸钱召工缮完廄牖，增筑后楹，且捐置田租若干硕，岁入为馆谷，慎选庠士之有德行、能文章者以训蒙，求使之安处有宅，饮食有饩，庶几可永久而弗坏。一以答绅士父老之意，一以广朝廷乐育之仁。工竣，乃进末员方升而属之曰："子其为记，刻诸珉，俾后来者有继焉。"方升辞不获命，敬拜手而书曰："升闻之夫子曰：君子学道则爱人，小人学道则易使也。道恶在《周礼·大司徒》所云乡三物而宾兴之是已。其理原于人心，其文载乎诗书，其事切于日用。君子学之致乎君亲，小人学之成为风俗，学之义大矣哉！夫人之为学，植基必本于少时。故设小学，合天下子弟以正其趋。而富者鼓箧而陈，贫者无经而授，亦非立教无类之旨。虽然，难言矣。无其地则事不集，无其具则教不久。地以居之，具以养之，而教之非其人则效不著。今公以视邦如家之衷，而推字民如子之政，纤悉措置，各有条规，异时风教日新，人文蔚起，安知不有茂才殊等者出其闲哉？《诗》曰：芃芃棫朴，薪之槱之。又曰：周工寿考，遐不作人。言周王能以德教民，而民服从之如此。然则公虽不以祠自忻，而民之所以戴公者，愈不啻召伯甘棠之永矣！后之君子莅斯地者，心同理同，宁不体公此意而嗣美于无斁乎。"）

署令徐上达至，续捐金，共置租三十六硕。今义学废，其租拨杭川书院。人不复知有此义学矣。特详之。

射　圃

射圃治南三皇庙右，本旧学地，直尊经阁西，有亭曰观德。后学迁亭废，而射圃名至今未改，附载于此。

学田 书院膏火田 试资田

学田，始明，其别有三：一专赡学曰学田；一赡书院曰书院膏火田；一赡乡会试暨童试资曰试资田。盖我邑所以辅翼学校者，亦可谓备矣。

学田

一、明弘治三年，令魏默置田八亩，岁收租银九钱，粮附陈绍宗户，寻为人隐占。十五年而复，教谕陆廷玉有记。（弘治改元戊申，知县刘俊改迁庙学南向。岁庚戌，后任魏默睹学南明堂为居民鱼池阻隘，乃以县东委巷阴阳医学废址与李世重抵易，乃八亩有奇，废地价丰而池价廉，乃令李贴价，别买地建阴阳医学于县治之西。时儒学师生以供馔余银倩工填地为田，岁佃人耕，入租于学以充公需。弘治十年，知县岳山改令巫祝邓道缘带管其租，掩为县有。后岳去任，邓寻亦故，其田又为里胥欺隐。如是五六年，迭为奸贪据没。十五年七月，阴阳训术李斌迭复朵颐斯田呈郡本学，乃以情上达于郡守。夏公遂洞烛其先后奸贪，竟以田判归儒学，乃给公帖，责令民人李禺耕种，岁获田租谷价一两二钱入学充用。呜呼！先民有言：天地之间，物各有主，苟非吾之所有，即一毫而莫取。至哉，言矣！夫田本学产，嗜利者乃欣以私智攘窃之，不有公明在位，曷克明之邪？及夫天定事白，于是公私辨而义利明焉。盖虽数亩菑畬之小，而亦寓夫天人否泰之机，矧夫世道之有大于此者乎？因述其巅末，以告后之教斯邑业斯学者，俾知其所自云。）

一、嘉靖三年，守潘旦给民田二十亩，岁收租银三两二钱。

一、嘉靖二十年，令鄢高给山田五十称，额租六硕。

一、新置民田田六十四亩四分，每年计租银八两三钱六分，内除纳粮银二两五分四厘，实纳银六两三钱六厘。

一、旧遗学田，坐二十七都黄家庄，岁交租价银四两三钱。

一、国朝康熙四年，守汪丽日捐田助学，坐十七都。十年公售危姓，价银凑建圣殿。

一、康熙二十一年，总督姚颁银四十两到学，买田十二亩一分，租谷二十二硕七斗。又买民田十五亩，租谷二十七硕，并牙斗送城。令金鸣凤捐银十两买民田七亩，租谷十二硕五斗送城。其田苗遵督院原文于在城一图首排内，另立一户曰姚兴余，以志不朽，余所买田苗附。

一、康熙六十一年，绅士何以镗捐赡贫士田，租谷四十硕零三斗，坐上屯小寺洲，立何优文户完课。

书院膏火田

一、田坐黄屯池湖，载租谷二十二硕。

一、田坐十二都，载租谷十四硕。

（以上二田俱军厅黄汝铨、署令徐上达捐入义学，户名黄徐义，令拨杭川书院。）

一、田坐六都上观，载租谷二十石五斗，诸生傅天纲捐助。

一、田坐十五都华桥，载租谷八硕，监生郭士翘捐助。

一、田坐六都、七都，载租谷九硕五斗，廪生黄玑捐助。

一、田坐三都、十八都，载租谷十三硕九斗，公买。

一、田坐一都高源，载租谷十硕，公买。

一、乾隆二十七年，高天裕妻陈氏捐田十三亩，载租谷二十硕。

（以上六田由紫阳书院移入）

一、道光九年令金涛设法储钱一千八百余缗，交典生息，岁给生童内外肄业膏火。

一、道光十九年，令盛朝辅拨公款银一千两置租。

一、道光十九年，吴黄氏捐洋钱二百元给书院生膏火，氏由江西新城占籍，未久即出己藏钱捐入书院，邑士佥呈请县父母旌奖，以例不得。生传，识此。

试资田

前后共捐田租谷贰千叁百余硕，店基桥店一百余所，详试资便览。又道光十九年，令盛朝辅拨公款银贰千两置租。

补录道光己亥修复春秋释奠仪制

新造陈设器

正殿黄绫大幔帐一（四配十二哲）、黄苎布幔帐四、香炉七、烛台十四、龙头曲柄五层、黄绫纛一（有架）、孔雀羽龙扇二（有架）、黄绫绘龙小麾二（有架）、黄绫绘凤红镶旗二（有架）、黄绫棹围一、盥洗盆一、罍洗盆一、佾生春秋礼冠各三十六、蓝衫三十六、朝鞾三十六。

加造祭器

登一（髹金）、铏六（髹金）、簠十（髹金）、簋十（髹金）、笾四十二（朱绿髹）、豆四十二（朱绿髹）、白资爵七（髹金）、鼎二。

新造乐器

赤缯绘升降金龙摩幡二、特钟一、编钟十六、特磬一、编磬十六、琴一、瑟一、洞箫一、凤箫一、双管一、笛二、笙一、埙一、悬鼓一、鼗鼓一、柷一、敔一、木铎一。

新造舞器

龙头旌节一、龙头钥六、三眼翟六、千二，戚二、龙头雉尾羽二。

规条八则

一祭器、乐器、舞器，恭遵钦颁祀典，按图督造，明备如制。按古人制，器必铭曰“世世子孙永宝用”。然竹木有时而蠹，丹漆有时而剥，坚如金石者，亦有时而刓、而泐，则随时修补，有俟后之君子。

一牲牢向止，正殿有羊，今遵制，四配以下东西各设。羊共六羫，按礼得用少牢、特牲者，则名少牢礼、特牲礼，示别也。四配以下并少牢礼，阙之变为特牲礼矣。违制莫甚，必增之毋忽。

一品物如鹿脯、鹿醢、榛蓤、芹菁，为地所无，或时未熟者，以豕肉代鹿，以他菜果代榛蓤、芹菁。按：《书》言：不宝远物，不贵所未有也。而汉制祀名山大川，以木禺马代驹，则用代亦行古之道，非亵也。

一布几筵，往时正殿一席，四配依东西各一席，十二哲先贤先儒如之。崇圣祠堂中一席，四配两庑并东西各一席，按礼有特有旅，示隆杀也。而古者夫妇同几同尊，明合体也。诸贤从祀，曰配、曰哲、曰贤、曰儒，以同德而名也。同德则合体，故同席而别东西。且正殿用特，诸贤用旅，于隆杀之义亦不为无据，故因之。

一藏器服。凡粗重器藏学旁屋，掌以书斗。一切精良细软，佥举士绅四人经理，以限于地则手付二典商珍藏，春秋轮值，俾勿坏。按《传》云：挈瓶之智，守不假器。则司其藏者，既肩之即为已物，况夫子庙堂礼器之重大乎？是亦贤者之责也。

一办毂核。向委成礼科，往往虚应故事，不敬实甚。今增钱若干缗，由董理给承办者，如法供张而督视之，以省牲日陈于明伦堂，有不丰洁者着令改办。按礼祭之日，逆齍省镬，告时告备。可知向之虚应故事，不省为之也。

一给胙。向有成规，今增设佾生四十人，每祭给胙一觔，着为令。按礼主人献工荐脯醢，众工受爵祭饮，辩则给佾生胙，师其遗意也。

一存钱。由董理营运，每岁增设牲牢，贴补殽核，给佾生胙，及修补器服并杂费并于子钱，报销不得动毋。按礼祭用数之仂。郑注以仂为十之一。今用子钱，亦师其遗意也。董理三年一代，必公择方正者为之，以昭慎重。

附 录

盛邑侯募修丁祭礼器及兴创乐舞序：

昔明祭酒周洪谟奏定《祭先圣先师仪制疏》云：孔子之道，不外礼乐。今欲体孔子之道，亦莫先乎礼乐，允哉，采原之谕也！又明太祖谕礼臣刘仲贤曰：今天下郡县学、庙并建，而报祀之礼止于京师，岂非阙典？诏天下郡县通祀孔子，如太学仪。洪武二十七年，颁大成乐器于各府，令州县依式造。然终明世，府州县学牲用少牢，舞用六佾，登一、铏二、簠簋各二、笾豆各八，并杀于太学，岂孔子之道有隆有杀欤？盖局于地不能备物。犹之太学主祭以祭酒，群学止有司行事也。顾其异者，数之多寡而已。其礼器、乐器，曷尝阙哉？清兴，视明制加隆，牲用太牢，笾豆各十。乾隆九年，诏颁新定乐章于府州县，骎骎乎齐群学如太学，其崇报若斯之溥也。承其事者，宜如何恪恭哉？道光十八年，奉简命知光泽县属八月丁祭周视，礼器多缺败，品物徒应故事，而无乐舞，用市人充乐户供奉鼓吹而已。礼弛乐寝，大惧不足以昭诚敬，而孤朝廷尊崇。至圣作兴教首至意，爰集邑人土于庭，谕以修废补无，而蠲賨钱五百算为之倡。昔蘧伯王耻独为君子，固不能无望邑人土相与以有成也。又武圣文昌，并祑祀典，并无祭器，宜兼有事焉。是为序。

又修复春秋释奠仪制录序：

余奉命知光泽，次年释奠于学，见礼器残芜，乐舞不设，亟捐賨钱五百算，并撰募修序，倡士绅复之，阅五月告成告备。属举仲秋丁祭，观者填门，洞洞属属，有闻无声，庶几无射于人斯之盛，窃叹礼之不可以已也如是。昔汉陈禅拜辽东太守，单于随使还郡，禅于学行礼以感化之，况吾民生长中华，渐摩文教之化者哉？其作兴宜易易也。虽然，礼为可继也，亦为可久。可继贵有节，可久贵有守。守莫如书，周太史于大祭祀戒，及宿之日，与群执事读礼书，而协事祭之日执书以次位，常辨事者考焉是也。故蒙宰、司徒、司马、司寇并于正月之吉悬典于象，魏宗伯独否，有礼书存太史故也。诸典始和布新，故岁悬礼一成不可变，故勒为书。而当事执《论语》于子所，雅言独礼，曰执以此。此修复春秋释奠仪制录所为编也。朱子次《仪礼》经、传，以《仪礼》为经、《礼记》为传，岂非以《礼记》发明可继之，节而守之则在《仪礼》哉？《仪礼》作于周公，殆即周官所谓礼书者。今虽缺“王礼”“侯礼”，而历数千年昌黎韩氏读之，犹仰其盛，而惜不及其时，进退揖让于其闲。余为是编，亦欲吾民进退揖让于其闲也。

又高澍然序：

太史公《孔子世家赞》曰：吾过鲁，观仲尼庙堂、车服、礼器，诸生以时习礼其家，低徊留之，不能去。然则释奠先圣而修明礼乐，器服华整，穆穆渊渊，生人观听，岂惟揭敬宁神而已，盖饬人心移风俗在是焉，共系岂浅哉？光泽旧无乐舞，诸器亦敝不完。春秋释奠，有司应故事，诸生鲜至者，是岂称国家崇教首，下仪制于郡县学，恪恭将事之旨哉？呜呼！人心风俗之颓，未必不由此也。邑侯盛翼卿先生，志兴教化，举坠典见而叹曰：“是余之责也。”捐賨钱五百算为之倡，而属邑孝廉裘绍箕稽图督造器服，博选佾生习吹及舞如制。既竣，遵古者立学，兴器用币诹吉告成。又虑吾民不能遍观而尽识也，梓修复春秋释奠仪制录通谕城乡。属澍然序，澍然思汉叔孙通初设朝仪，诸侯王以下莫不振恐，肃敬世祖。之起三辅，见司隶僚属，皆欢喜不自胜，老吏或垂泣曰：“不图今日复见汉官威仪。”今创造一新见之者，有异是欤？矧他郡县学多简略而吾邑称明备，乃陈乃奏，土庶观者亲觌文明去稚昧，以振人心，以孅风俗，固作新民之首务也。诗曰：翩彼飞鸮，集于泮林。食我桑黮，怀我好音。飞鸮且化之，泥吾民哉？窃谓吾侯，斯举可兴礼乐，而孝廉勤恭督事，修古准今，必慎必备，亦庶几公西氏愿学之志欤！

又裘绍箕跋：

绍箕往者肄业成均，每春秋释奠与执役焉，获亲睹太学礼乐明备之盛，窃叹朝廷下其制于郡县，匪独示尊礼先圣，无间内外远迩，亦所以纳一世于陶淑，致道一风同之化，其意广矣，大矣。而何今有司奉行者之少也，乐舞止于省会，他郡县虽祭器亦不完焉。今试取铏、登、簠、簋、柷、敔、凤、箫问人，且莫名为何器，则所知者委巷之礼已矣，胡笳之奏已矣。官其地者将何操以善俗哉？邑侯盛翼卿先生喟然叹与于学，捐賨钱五百算，新礼乐，创乐舞、乐器，必求美备，而委成于绍箕。绍箕方急于观厥成，敢以不敏谢哉？既成，先生命释奠前，一日习仪，大启学门，纳众圜桥观礼，复撰修复春秋释奠仪制录而图之，宣示城乡。昔韩子《读仪礼》惜不及进退揖让于其间，先生之意盖欲使吾民进退揖让其间矣。若先生斯可谓知教本哉！

又何高衢跋：

安上治民莫善于礼，移风易俗莫善于乐。夫礼乐之化民善俗，岂一名物一节奏之谓哉？然又曰不学杂服，不能安礼；不学操缦，不能安弦。其于礼乐，习而持之，未尝不自一名物一节奏基之也，况乎所习持者非止于一名物一节奏，及其渐积也。能使人循循然，日生其肃肃雍雍之意，于是为上者举而行之，诱掖而奖成之，先其大者而后将及其余。呜呼！岂非可以振兴礼乐之治哉？邑侯翼卿先生之修复学宫礼乐器及乐舞生也，按制必精，习仪必肃，有善筹之方，有垂久之计，此非徒备观美而已，将使吾邑人土蒸蒸然日进于礼治二盛意也。且吾邑学官始虽有祭器，而无乐器乐舞生。先生举百数十年未有之典而新之，亦风气之开，必待乎其人也。昔常公衮观察福建，始，闽人未知学；公至，设乡校，使作文，亲讲导，与钧礼。由是俗一变。今先生创兴新典，俾吾邑人士粹然有礼乐之容，方之常公，宜无所让焉。其于化民而善俗也，又何有哉？高衢不才，以先生命，得备职事于行礼之时，心仪其盛，用敢识之。

略卷五　学校略（增修）

诸　祠

大成殿及名宦、乡贤、忠义孝悌各祠为粤匪所坏处，于咸丰九年合庠修复，重新木主。同治二年，教谕徐为崧复捐赀新之。知县王冕南有记。（士人幼入塾，甫解咿唔，已识尊礼孔子。洎登仕版若遗之，即膺台铉位藩郡而劳勚王事，每不获报本于先师，至寒毡一席，白粥青灯，春秋之崇祀，恍易矢于有余，而宫墙之葺绨力，或窘于不赡也。浦城徐岳南夫子，质粹学纯，同治癸亥司铎兹邑，睹圣庙之被贼毁者，圮裂剥落，黯黮无色，慨然捐廉修之。爰是殿宇煌煌，朱碧辉矣；阶级粼粼，白石错矣。门以外璧池泮月阑千重，环藻波澄矣。而其东为署斋中后叠三楹。最前为明伦堂，俱焕乎一新。俸薄不足敷，复倾囊增数百缗，竣其事，是徐君之尊礼孔子，能自达其生平释奠之诚，而为大人先生赫赫当世者之所不克逮也。讵直云不吝财已耶，而又设文坛，开射圃，按月课校，俾莪莪桓桓之士皆得餐苜蓿之馨香而分膏油之余润焉。蜀文翁与？郑广文与？不是过也。都人士佥请于予声诸上游，以待奖叙。在徐君固不欲藉此以博荣，而予窃徐君之得行其志，足以为多士鉴也。特记其实，以昭来许。）光绪七年春，知县周树森倡邑人修复释奠礼乐祭器。其祭器、乐器、舞器及陈设各物数俱如旧。文兴社亦有柢册，可不复载。按制，督造总理其事者则廪生上官纪云，捐赀则广东知县裘伯玉兄弟暨浙江通判刘子瑜、候选县丞李运昌也。

忠义孝悌祠　旧建明伦堂外。道光二十二年，改建于明伦堂左宾兴公所外宅。二十九年入祀一人，何长聚（即用知府，事详列传）。余见前志，不赘。

节孝、贞烈二祠　旧建西城外关帝庙右，今遗址犹存。道光二十二年，移建明伦堂外，即忠义孝悌祠故址。中座特主皆各子姓自制，两旁公制总牌四座，共计节妇七百九十一名、烈妇一百零三名、贞女二名、贞烈一名。

书　院

紫阳书院　咸丰七年，粤匪由此穴地纳硝磺轰城，全屋皆毁。现填穴空址。肄业者皆居杭川书院。

杭川书院　咸丰十一年修复，同治十一年增修。

云岩书院　同治七年，李姓修葺。

双溪书院　咸丰三年，令区天民倡民捐赀建造，在东城外回龙阁下交溪口，当道建炮台，依山建书院及砖塔七级。七年，毁于寇。（据形势家言，是处为县龙贵曜，不宜凿伤。同治十二年，遂毁垣平址。）

东涧书院　邑人建，祀乡贤高澍然。在西城外月山。令张广埏有记。（略云：雨农高先生既殁，余采舆论，以先生学行文章宜崇祀乡贤，为申请于朝，报可。邑人士醵钱构祠于西南月山之麓，既成，属余为记。余自乙未需次省垣，即耳先生名，倾慕之，不获见。辛丑奉檄来是邑，而先生遽婴疾不起，惜哉！先生秉资亮特，内行肫笃，少渊源家学，喜宋儒书。既壮，与名公宿儒上下其议论，故品益醇、学益粹，而文亦骎骎及于古。嗟乎！士习之日，趋于薄也。行谊不修，而浮华是尚，其谨饬能读书者。惟窟穴八股以弋获科名，视经史古文为不急务，以是实学益衰，使得如先生者为之，策其学，行诱掖而提倡之。其式浮振靡之功，正复不浅然。先生虽往，而行事卓卓碑人口，后之人读其书，以想见其为人，当必有感叹。欷歔景慕而兴起者，况生同时居同里者哉？则是祠之建，固诸君子之不没其师，抑亦先生之教泽有以入人者深也。是为序。）光绪十年高氏子姓修葺。

书院膏火田

同治元年八月，合庠公记。（光邑旧有膏火租三百余硕，县吏经收缴官，以为山长俸金及月课饭食，并完粮各项开费，行之已久，此膏火租之经理在官者也。道光九年，金邑侯增捐一千余缗，邑人吴久复续捐银一百余两。道光十九年，盛邑侯复增捐一千两，当置送城租三十余硕，新立文星户完课。其余银钱悉存典生息，举董经理，以为书院生童考课，按月给领之赀。咸丰七年，寇扰。后两典折阅，得偿者不过十之三四耳。公置田租仅得百余硕，苗亩仍归文星户完课，举董经理，此膏火租之经理在民者也。司事者务必详核经界，严稽出入，勿以在民经理之膏火租，混入在官经理之膏火租，庶可垂利于久远也夫。）

外膏火（此经理在民者）

一号一田十七秤，坐落徐源，土名熊家门，计田一坵。

二号一田五秤，坐落徐源，土名鹅角垄，又名十树垄，计田一坵。

三号一田三十秤，坐落徐源，土名三垄窠，计田一大垄、二丫垄，上至彭宅开垦田，下至何宅田，左垄至何宅田，右垄至山为界。

四号一田三十秤，坐落徐源，土名大路下，计田一坵。

上四处共载送城租谷一十五硕六斗（向吴姓买），新佃阴福全。

五号一皮骨田二十秤，坐落杭市街西来寺，土名易树垄，计田八坵，载送城租谷二硕七斗（向吴姓买），新佃丁正煌。

六号一田二十秤，坐落徐源，土名张家垄，计田三十四坵，载送城租谷三硕四斗（向吴姓买），新佃汪学胡。

七号一田五十称，坐落三都徐家坪，土名大坑湾，载送城租谷六硕正（向吴姓买），新佃揭富荣耕三石、张厚赐耕三石。

八号一田十秤，坐落茶市街，土名漆树垄，载送城租谷一硕六斗（向吴姓买），新佃危高（贵德）。

九号一田二十秤，坐落黄坭 ，土名严坑，对门下坑口沙坵，载送城租谷一硕二斗（向吴姓买），新佃揭元端。

十号一田二十秤，坐落杭市街，土名使人垄，计田四十九坵，载送城租谷四硕正（向吴姓买），新佃黄添丁。

十一号一田三十秤，坐落大岭下，土名下黄家，又名麦窠垄口，载送城租谷五硕五斗（同治元年向龚姓买），佃人郑日胜。

十二号一田四十秤，坐落徐源，土名门前深山大坵，载送城租谷五硕五斗（同治元年向龚姓买），佃人汪学康。

十三号一田二十秤，坐落石岐，土名老铺前，载送城租谷二硕四斗（同治元年向龚姓买），原佃章雨周，子名福有。

十四号一田三十秤，坐落石岐，土名山垄 ，载送城租谷三硕正（同治元年向龚姓买），佃人丁明寿。

十五号一田三十秤，坐落石岐，土名云背，载送城租谷三石正，（同治元年向龚姓买）新佃严福延。

十六号一田十秤，坐落塘石滩，土名鱼公山，载送城租谷一硕一斗（同治元年向龚姓买），佃人邱元勳。

十七号一田三十秤，坐落西门外郭家圳，计田五坵，载送城租谷三硕八斗（同治元年向龚姓买），新佃郑福春。

十八号一田二十秤，坐落严婆桥，土名井庵岭，茧窠一垄，又下分三坵，载送城租谷二硕四斗（同治元年向龚姓买），新佃傅衍度。

十九号一田三十秤，坐落严婆桥，土名乌泥坑，载送城租谷三硕六斗（同治元年向陈姓买），佃人傅方元，子名衍度。

二十号一田三十秤，坐落高源，土名南家塘，计田十二坵，载送城租谷二硕八斗（同治元年向陈姓买），新佃杨呈孙。

二十一号一田三十秤，坐落三十都秋竹垄，计田三坵，载送城租谷二硕九斗（同治元年向陈姓买），佃人危德贵，子名添孙。

二十二号一田，坐落南门外（田段未详），载送城租谷八硕正（同治十一年冬邑令徐捐买），原佃龚长生，新佃陈铭。

二十三号一田，坐落下仙华（田段未详），载送城租谷二硕二斗（同治十一年冬邑令徐捐买），佃人余花子。

二十四号一田三十秤，坐落善利坊东门外罗家瑕晏公庙前，计田二大坵，载送城租谷四硕八斗正（同治十二年冬向何鸿翥兴买），新佃元贵榜。

二十五号一田三十四秤，坐落大林背，土名桥子头，计田一大坵，载送城租谷四硕一斗正（同治元年冬林德应、林德茂同捐），佃人傅吹老。

二十六号一田十秤，坐落大坡上渡所，载送城租谷一硕二斗正（同治十二年冬向何鸿翥典买），佃人颜哑子。

二十七号一田十秤，坐落塘石滩塔坳垄，载送城租谷一硕四斗四升（同治十二年冬向何鸿翥典买），新佃郑新如。

二十八号一田十秤，坐落水角上黄泥门前墈下，载送城租谷一硕二斗正（同治十二年向何鸿翥典买），佃人陈官孙。

二十九号一田十七秤，坐落土名罗鼓山外，计田三大坵，载送城租谷二硕五斗正（同治十二年冬向叶姓典买[①]），佃人叶雅颂。

三十号一田，坐落土名看山下，计田大小七坵，载送城租谷二硕五斗正（同治十二年冬向叶姓典买[②]），佃人叶雅颂。

三十一号一田二十秤，坐落十八都，土名羊罗坑，与万姓分租，未分田，载送城租谷二硕四斗正（同治元年冬林德应、林德茂同捐），佃人傅义严。

三十二号一田十秤，坐落梁家坊，土名吴家墈上，计田一坵，载送城租谷一硕正（同治元年冬林德应、林德茂同捐），佃人危天养。

三十三号一田三十秤，坐落广下，土名井下湾及枧头垄，载送城租谷二硕正（同治元年冬林德应、林德茂同捐），佃人吴思圣、 顺全耕。

三十四号一田十秤，坐落广下，土名井上，载送城租谷一硕正（同治元年冬林德应、林德茂同捐），佃人吴培则。

三十五号一田二十秤，坐落土名阳边，载送城租谷二硕正（同治元年冬林德应、林德茂同捐），佃人黄进生。

三十六号一田五秤，坐落大林路下，载送城租谷六斗正（同治元年冬林德应、林德茂同捐），佃人黄发生。

三十七号一田二十秤，坐落姑婆潭康济庙前，计田一大坵，载送城租谷二硕四斗（同治元年冬林德应、林德茂同捐），佃人刘福高。

三十八号一田二十秤，坐落仙华老屋门前，计田一大坵，载送城租谷二硕五斗（同治元年冬林德应、林德茂同捐），佃人黄祖斌。

三十九号一田二十秤，坐落仙华下，计田二坵，又庙门前一坵，共二处。载送城租谷二硕正（同治元年冬林德应、林德茂同捐），佃人黄祖斌。

四十号一皮骨田一百秤，坐落大林对门，共四处，油溪叹排上，载送城租谷四硕正（干田原额十二石），佃人元远良。

四十一号一田，坐落梁家坊大石窠西羊，载送城租谷一硕七斗，新佃危德庆。

---

①底本作“典买买”。

②底本作“典买买”。

四十二号一田，坐落大林，土名鸭母岭，载送城租谷二硕二斗，佃人朱必灿承耕一硕正，傅衍衡承耕一硕二斗正。

四十三号一田，坐落二十八都力坑等处，内早田一处，土名溪墈、上黄、竹丛，载送城租谷二硕正（光绪八年何元川、何代训同捐），佃人王隆松。

四十四号一田皮骨六十秤，坐落一都高源、黄源、岭下，土名山下垄。

四十五号又一田，坐落大路边岭则上，上二处共载送城租谷九硕八斗（光绪十九年向武孝彝兄弟买），佃人武芳兰。

四十六号一田十五秤，坐落四都躭溪，土名背后垄，载租谷二硕四斗，新佃邱加荣。

四十七号一田八十秤，坐落黄茅，土名雄鸡斗，计田十九坵，载租谷一十四硕正，新佃朱兆才。

四十八号一田十秤，坐落黄茅社公庙，载租谷一硕八斗正，新佃官加兴。

四十九号一田二十秤，坐落黄家圳，土名山嘴前，载租谷三硕六斗，佃人廖细金。

五十号一田四十秤，坐落四都京牙，土名枫树亭，载租谷六硕六斗，佃人刘箕星。

五十一号一田十秤，坐落烂坭垄，土名葫窠垄，载租谷一硕三斗，新佃杨细其。

五十二号一田二十秤，坐落十都王家圳，土名勾水泉，载租谷三硕六斗，佃人何克（中正兴）。

五十三号一田二十秤，坐落月形，土名中坑，计田二坵，载租谷三硕三斗，新佃邓细恍。

五十四号一田十秤，坐落四都何家拱大路边塝上，载租谷一硕六斗，佃人武立福。

五十五号一田五秤，坐落坑子口，土名碎石垄，载租谷六斗正，佃人武立敦。

五十六号一田四十五秤，坐落横山五秤堀，计田四坵。

五十七号又一田，坐落井垄柞树下，计田二坵。

上二处共载租谷五硕四斗，佃人易福生。

五十八号一田二十秤，坐落京牙，土名衕公桥，计田二坵，载租谷三硕正，原佃邓绍广。

五十九号一田二十秤，坐落京牙土圆墩，计田一坵，载租谷二硕二斗正，新佃曾长文。

六十号一皮骨田二十秤，坐落京牙大港背，计田二坵，载租谷三硕二斗正，佃人曾长文。

六十一号一田皮骨三十秤，坐落京牙官山铺瑕上，土名卷帘坡，计田九坵，载租谷四硕七斗，新佃曾长文。

六十二号一田二十秤，坐落四都京牙月形，土名中坑口，载租谷三硕正，佃人周龙兴。

六十三号一田十秤，坐落四都横山，土名十坵垄。

六十四号一田十七秤，坐落四都横山，土名秧树垄。

六十五号一田五秤，坐落四都横山，土名傅家垄。

六十六号一田五秤，坐落碓上，土名鱼池坵。

上四处共载租谷七硕二斗正，原佃曾文亨，今佃黄金荣。

六十七号一田十秤，坐落四都横山，土名杨家墩，载租谷一硕七斗五升，新佃卢达唐。

六十八号一田十秤，坐落四都村上，土名墩子背，田一坵，载租谷一硕六斗正，新佃李进贤。

六十九号一田五秤，坐落四都井垄石墩边，计田一大坵，载租谷八斗正，新佃官金榜。

七十号一皮骨田四十秤，坐落四都村上，土名墩上背，计田二坵，载租谷一硕六斗正，新佃黄连升。

七十一号一田四十秤，坐落躭溪，载租谷六硕六斗正，原佃冯居先，新佃冯加有。

七十二号一田二十秤，坐落躭溪，土名黄坑，载租谷二硕二斗正，原佃冯居先，新佃冯居山。

七十三号一田十秤，坐落黄羊坑，计田三坵半，载租谷一硕八斗正，原佃冯居先，新佃陈星福。

七十四号一田十秤，坐落百泉坑十字路上，计田一坵，载租谷一硕六斗正，新佃官万忠。

七十五号一田十五秤，坐落横山门前，计田一坵，载租谷一硕一斗正，佃人庐显富。

七十六号一田十五秤，坐落横山门前，计田一坵，载租谷一硕一斗正，佃人庐显得。

七十七号一田二十秤，坐落京牙杨家墩及横山瑕上，载租谷四硕九斗正，佃人曾福文、黄河发。

七十八号一田十秤，坐落村上门前杨树下，计田一坵，载租谷一硕六斗正，原佃熊沛赞，佃人何元来。

七十九号一田十秤，坐落村上饶家墙，计田一坵，载租谷一硕正，佃人何元享。

未列号，光绪二年，邑尊田拨入银六十两，交何秋卿。每年向秋卿收典租谷八硕正。

未列号，一田二十五秤，坐落十八都饶家坪，土名园圈，计田一瑕。其田东至何姓田，西至礼惠田，南至松树坪，北至大路交饶姓，骨租谷二石五斗，载水租谷八硕正，佃人饶昌必。光绪十六年，向聂济川典价录三十六两。

未列号，京牙乡秧，计共额载典租谷三十一硕五斗。光绪十八年，向何宗祁典价银一百二十两。

未列号，六源乡租计共额，载租谷三十二硕四斗五升。光绪十九年二月，向李迺昌典价银一百二十两。

未列号，一坛基，坐落洪济坊关帝庙前，坐北朝南，前至官街，后至溪墈，左至郑姓店屋柱磉地脚，右至石墈马口为界。载基租钱三千二百文。此店于光绪十二年四月架造后，于光绪二十一年被回禄复，于本年架造仍旧，收租承租人董永学。

内膏火（此经理在官者）

北乡书院膏火租数、田瑕、佃名列后：

第一号一田三十秤，坐落十八都油溪，土名亀山庵后垄内，计田一垄十坵，上至僧畬，下至水圳，左右俱至山脚为界。又一小垄九坵，上至山塝，下至水圳，左右俱至山脚为界。上二处共载租谷二硕九斗正，新佃元勇德。

第二号一田八十七秤，坐落十九都池湖，土名箬山，计田大小五坵，上至德成田，下至高田，左至水圳，右至万田为界。

第三号又一田，土名李家垪，计田大小二坵，上至高田，下至小路，左至石埂，右至高田为界。

第四号又一田，土名李家垪，计田大小四坵，上至玉德田，下至小路，左右俱至山脚为界。

第五号又一田，土名大坵尾，计田一坵，上至大路，下至小路，左至吴田，右至沈田为界。

第六号又一田，土名陈家墪，计田大小三坵，上至龚田，下至严田，左至士佛田，右至严田为界。

以上五处共载租谷六硕正，原佃李贵兴，换佃危介夫。

第七号一田十五秤，坐落十九都熊源，土名垄子内，计田大小四坵及坪基一片，上至山脚，下至大路，左右俱至山脚为界，载租谷一硕五斗正，基租钱三百文正，新佃邱学进。

第八号一田二十五秤，坐落二十都玲珑木家山，土名楮子坑，计田大小九坵，上至黄宅田，下至溪墈，左至水圳，右至王姓山脚为界，载租谷二硕三斗正，新佃黄介臣。

第九号一田二十秤，坐落二十都高溪，土名石壁洲，计田大小九坵，东至萧田，南至祚能田，西至橑车，北至祚坤田为界，载租谷二硕五斗三升。

第十号又一田二十秤，土名石壁洲，计田大小三坵，东至萧田，南至吴田，西至溪洲，北至石路为界，载租谷二硕五斗正。

第十一号又一田二十秤，土名石壁洲，计田大小十坵，上至萧田，下至大溪，左至小溪，右至石洲为界，载租谷二石八斗。

第十二号又一田，仍坐石壁洲，计田二坵，上至萧田，下至祚畴田，左至萧田，右至石洲为界。

第十三号又一田十五秤，土名石壁洲，计田大小八坵，上至萧田，下至石洲，左至延恒田，右至水圳为界，载租谷一硕七斗正。

第十四号又一田五秤，土名石壁洲，计田一坵，上至茂陵田，下至祚畴田，左至延魁田，右至祚坤田为界，载租谷四斗七升。

第十五号额载租谷一硕一斗四升（田塅未详），原佃萧盛辉。

以上田塅七处，共载租谷一十一硕一斗四升，今分立各佃，吴祚（能畴），吴祚（坤碧），吴延（恒功）。

第十六号一田，坐落二十都玲垄，载租谷二硕二斗三升，原佃陈连兴，新佃陈天生。（田塅未详。）

第十七号一田，佃户王贵宗，额租三斗四升。（田塅未详。）

第十八号一田一十秤，坐落二十二都上黄屯，土名东圳边，计田一坵，上至邱田，下至萧田，左至洪田，右至周田，载租谷八斗正，佃人朱世亮。

第十九号一田十秤，坐落二十二都上王屯，土名黄竹丛，上至萧田，下至方田，左至小溪，右至蔡义友田为界，载租谷一硕三斗正，原佃洪永光，换佃邱玉善。

二十号又一田，土名青茶垄，计田一坵，上至玉礼田，下至江田，左至李田，右至邹田为界，载租谷六斗正，原佃邱必盛，换佃邱玉善。

第二十一号一田十六秤，坐落二十二都上王屯，土名大石前，计田一坵，上至邹田，下至黄田，左至邹田，右至水圳为界，载租谷一硕六斗正，新佃周炳进。

第二十二号一田十五秤，坐落二十二都上王屯，土名薠荷园，计田一坵，上至周田，下至邱田，左至竹畲，右至小路为界，载租谷一硕八斗正，佃人萧锦成。

第二十三号一田十二秤，坐落二十二都上王屯，土名圳圹外，计田二坵，上至义渡田，下至大路，左至石硬，右至水圳为界，载租谷一硕一斗九升，佃人邱玉宽。

第二十四号一田十秤，坐落二十二都上王屯，土名树林下，计田一坵，上至大路，下至邹田，左至名墩，右至黄田为界，载租谷一硕正，新佃邱玉珍。

第二十五号一田三十秤，坐落二十二都上黄屯，土名黄竹丛，计田大小三坵，上至吴田，下至萧田，左至邱田，右至水圳①为界，载租谷三硕正，佃人蔡义友。

第二十六号一田，坐落二十二都上黄屯，土名厫下，计田一坵，上至邹田，下至吴田，左至萧田，右至黄田为界，载租谷六斗四升，新佃吴世勋。

第二十七号一田十秤，坐落二十二都下黄屯，土名筰洲，计田一坵，上至萧田，下至溪墈，左至萧田，右至吴田为界，载租谷一硕正，新佃蔡启璜。

①底本作“训”。

第二十八号一田，坐落二十二都上黄屯，土名何家堀，计田一坵，上至邱田，下至萧田，左至石墩，右至水圳为界，载租谷七斗正，新佃吴立华。

第二十九号一田五秤，坐落二十二都下黄屯，土名刘家门前，计田一坵，上至墙脚，下至锦环后门墙脚，左至吴宅空基，右至圈墙为界，载租谷五斗正，新佃萧玉恒。

第三十号一田，坐落二十八都儒洲，年载租谷一十硕正，佃人杨世（碧德）。（田堀未详。）

第三十一号一田，坐落二十三都夫人村，土名杨家背，上至高姓田，下至高姓石墙脚，南至小溪，北至高姓墙脚为界，载租谷一硕正，佃人赵朝元。

西乡书院膏火租数田堀，佃名列后：

第三十二号一田五十秤，坐落一都下黄家门前，计田大小八坵，上至寿发田，下至黄田，左至张田，右至黄田为界。

第三十三号又一田，坐落垰上，计田大小四坵，上至李宅山，下至路，左至张宅田，右至王宅田为界。

上二处共载租谷四硕八斗正，佃人范寿富。

第三十四号一田七十秤，坐落一都高源老君岩，土名黄源岭，计田大小五坵，上至僧山脚，下至大路，左右俱至石塴为界，载租谷一十硕零四斗正，新佃官润周。

第三十五号一田一百秤，坐落三都水角上，土名常树下，计田大小二十二坵，上至郑宅田，下至李田，左至官姓田，右至张姓田为界。

第三十六号又一田，土名沙州堀，计田一坵，上至官姓田，下至李宅田，左至危田，右至石路为界。

上二处共载租谷一十一硕正，佃人官华学。

第三十七号一田，坐落六都上观村，载租谷一十四硕零六升，原佃桂绍球，换佃江三伢，邓三仪换佃聂龙庆。（田堀未详。）

第三十八号一田十五秤，坐落六都根荀窠，土名来子坑，计田大小七坵，上至圳坑，下至危田，左至危田，右至小溪塴为界。

第三十九号又一田，坐落蒴荷坑上，计田大小五坵，上至山塝，下至吴田，左至邓田，右至吴田为界。

上二处共载租二硕五斗正，新佃文天赦。

第四十号一田十五秤，坐落六都根荀窠，土名薮头坑，计田大小十坵，上至邓田，下至吴田，左至水圳，右至官姓田为界，载租谷二硕五斗正，新佃邓新发。

第四十一号一田，坐落六都王茅村，额载租谷四硕五斗正，接耕原佃江建宗换佃邓洪足，又换佃黄发生，新佃邓诗园。（田塅未详。）

第四十二号一田三十秤坐落八都岛石山土名官家边计田一大坵上至云度田下至溪塝左至牛垄右至金堂田为界载租谷五硕四斗正新佃何世富

第四十三号一田七十秤，坐落八都岛石山官家边，计田一大坵，上至何元德田，下至何宅田，左至程宅田，右至横路为界，载租谷一十二硕六斗正，新佃江庆凤。

第四十四号一田一十秤，坐落八都，土名吊风塅礌坵，计田大小二坵，上至寇田，下至朱田，左至僧田，右至何田为界，载租谷一硕八斗正，佃人何新福。

第四十五号一田二十秤，坐落八都岛石山，土名引坵塅，计田一坵，上至何醮田，下至何田，左至水圳，右至何田为界，载租谷二硕七斗正，佃人严萃文。

第四十六号一田三十秤，坐落八都岛山，土名官家边，计田一坵，上至文助公祭田，下至何国遇田，左至何连安田，右至何连兴田为界，载租谷伍硕四斗正，新佃何茂发。

第四十七号一田一百秤，坐落八都岛石山，土名石牛峰庵门前，上至山门墙脚，下至堘埂，左右俱至山脚为界。

第四十八号又一硗田二十秤，坐落庵背，计田大小三坵，上至山脚，下至畲地，左右俱至山脚为界。

第四十九号又一田一百五十秤，坐落堘埂外，上至堘埂石墈，左右俱至山塝，下至朱田为界。

第五十号又一田二十秤，坐落槽碓窠，计田四坵，上至朱田，下至兆金田，左至伯胜公祭田，右至文中田为界。

第五十一号又一田三十秤，坐落杨梅坑，计田五坵，上至效和田，下至关会田，左至水圳，右至山塝为界。

第五十二号又一田二十秤，坐落官家边墩上，上至世新田，下至朱田，左至金忠田，右至小路为界。

上六处共载租谷六十二硕六斗四升，原佃僧天苍，新佃何世贤。

第五十三号一田九十秤，坐落八都岛石山，土名礌碓窠，计田大小三坵，上至山墈，下至魏田，左至大路，右至小路为界，载租谷一十六硕二斗，新佃何其文。

第五十四号一田二十秤，坐落八都岛石山，土名官家边，计田一坵，上至元德田，下至德瑞田，左至僧田，右至朱田为界，载租谷三硕六斗正，新佃何志盛。

第五十五号一田，坐落十二都牛田村龚祠背，土名楼梯岭，计田大小一十九坵，上至陈田，下至龚田，左至小溪，右至大路为界，载租谷一十硕正，新佃陈诗发。

第五十六号一田八十秤，坐落十三都铁炉坑，土名太阳峰庵门前，计田大小一垄四十九坵，载租谷一十硕零五斗正，原佃黄国桢，换佃龚元友，今首士众耕。

第五十七号一田五十秤，坐落十五都华桥，土名窑前㙚，计田一大坵，上至危宅田，下至大路，左至正成公祭田，右至栢宪公祭田为界，载租谷八硕正，佃人着李绍敬白手承耕。

第五十八号一田二十秤，坐落十五都官屯，土名曲树湾垄则内，计田大小七坵，上至官继广田，下至官细焱田，左至官华睦田，右至小路为界，载租谷三硕二斗正，新佃官秉庸。

第五十九号一田三十秤，坐落十五都官墩，土名南边岭下窠，计田大小七坵，上至木义分祭田，下至光宁公祭田，左右俱至山脚为界，载租谷四硕八斗正，佃人着官承拱白手借耕。

第六十号一田十五秤，坐落十五都官墩，土名上南边西，计田大小三坵，上至官继缉田，下至官紫诰田，左至仰山会田，右上官畹田为界，载租谷三硕二斗正，新佃官崇高。

第六十一号一田二十秤，坐落十五都官墩，土名社下路上，计田一坵，上至本义山脚，下至华浣田，左至官焕然田，右至官巨观田为界，载租谷二硕八斗正，新佃万仙沆。

第六十二号一田二十秤，坐落十五都谷源，土名何家垠，计田大小四坵，上至继轩田，下至槐堂田，左至水圳，右至张田为界，载租谷二硕八斗正，佃人官承禹、官伦宾。

第六十三号一田，坐落十五都官墩，载租谷一硕六斗正，佃人官任高。（据云此田被洪水冲决。）

第六十四号一田一十五秤，坐落葛坪庵后垄，土名杨梅岭，计田大小七坵，上至饶田，下至水圳，左右俱至山塝为界，载租谷二硕一斗正，老佃僧元度换佃僧广钦，今施主自耕。

第六十五号一田二十秤，坐十五都官屯，土名官墩上南边对面，计田大小二坵，上至山脚，下至官姓田，左至小路，右至张田为界，载租谷三硕二斗正，佃人官祖德。

第六十六号一田三十秤，坐落十六都石壁屈，土名石家坢垠上，计田大小六坵，上至敖宅田，下至小溪，左至邓田，右至饶田为界，载租谷五硕一斗二升，佃人官长橔。

第六十七号一田五十秤，坐落十六都茅坪，土名石州下，计田大小十一坵，上至石墩，下至游姓田，左至大溪，右至石坝为界，载租谷八硕四斗正，佃人方有奇耕一石二斗正、元正龙耕七石二斗正。

第六十八号一田二十秤，坐落十六都费头，土名亭子下，计田大小八坵，东至仰山庵，西至易姓田，南至官姓田，北至溪墈为界，载租谷三硕一斗二升，新佃陈胜佐。

第六十九号二十秤，坐落十六都沙坪村，土名上家边，计田一坵，上至官姓田，下至邓田，左至溪墈，右至高田为界，载租谷一硕六斗正，新佃邓焕然。

第七十号，坐落十六都石壁屈，土名杨梅湾，计田一坵，上至龚姓田，下至溪塝，左至邓田，右至元田为界，载租谷一硕四斗二升，佃人易世辉。

第七十一号一田，坐落十六都石家坢五秤，土名桥下，计田大小二坵，上至大路，下至小溪，左至溪塝，右至易田为界，载租谷八斗正，佃人官继来。

第七十二号黄敦额基，租钱四百文正。（基址未详。）

第七十三号一地基，坐落城西城门口。（向系协恭社承租，租钱六百文。）

第七十四号一地基，坐落二十六都楮里大功洲尾，呼名白菓树，上至山，下至林姓田，左至林姓屋，右至干坪石脚为界，此系漂池灰屈额基，租钱三百文正。

试资田

旧捐田租谷二千三百余硕，新增田租谷四百余硕，新旧计共田租谷二千七百七十余硕。（已登试资便览。）续捐田租谷一百余硕。（尚未登试资便览。）

文武庙岁修田

计共租谷五十四硕二斗正。

二十七都宾兴名登瀛社，建自同治五年，邑令王冕南有记。（士有怀豪情壮志者，不曰濯足万里流，即曰一脚踏翻鹦鹉州，否则唱大江东去词，或又吟得志诗，曰探春飞到凤凰池，盖学海既能由川。斯词源可以倒峡。性田波静，决不混夫东流西流；文澜泉飞，船早争乎上水下水。是故挟濯锦临江之具，抱乘风破浪之才，太液池边光欣浴日，仙人乌上志切登云。暖煦春风，绿染皇州之草；恩醲北阙，红簪瑶圃之花。固今古所共荣，实文人所深愿。社取登瀛，比物此志也。予为诸子赏，且勖之曰：心如渊兮，可涤可濯。文如江兮，华藻烂。方壶圆峤近尺寻，为子期乎瀛之畔。仁里皞皞兮渥化雨，俎豆莘莘兮奏祝敔，房杜勲名彪汗青，为子期乎瀛之屿。）

卷之十

略卷六　武备略（重纂）

兵　制

宋州兵领以兵马都监，而统驭于州牧，故州牧称知军州事。军事治兵，州事治民也。其制自太平兴国中，置军列兵骑营舍，每指挥为一营。邵武为威果营，领十寨，在邵武曰同巡寨、曰水口寨、曰明溪寨；在泰宁曰梅口寨、曰仁寿寨（后易仁寿保）；在建宁曰永安寨、曰西安寨、曰永平寨、曰军口寨；而在光泽曰大寺寨。皆设兵防。（据《宋史》） 宋制可考止此。

元置邵武路万户府，达鲁花赤、万户、副万户各一员，统军，大德元年合。福建置军五十三所，每所曰千户，所有达鲁花赤、千户各一员，弹压二员。光泽盖五十三所之一，故达鲁花赤与知县并置。其在各路，统军七千以上为上万户，五千以上为中万户，三千以上为下万户；在各县，领兵七百以上为上千户，五百以上为中千户，三百以上为下千户。光泽为中缺，则领兵五百以上也。又有百户所、百户二员，乃千户属，其幕官若经历、知事、提控、案牍则隶万户府与千百户，并番汉参用。（据《元史》） 元制可考止此。

明邵武卫隶建宁行都司，有左、右、中、前、后五千户所。景泰后调后所兵守御永安，存四所焉。计支粮旗军、正操旗军、屯田旗军共二千六百一十四名，内屯田军五百一十三名，分隶四所。其中所纳光泽屯田地粮三百二十一石。凡旗军五十四名，领种九屯（九屯散布光泽一都、三都、五都、六都、十二都、十七都、十八都、二十一都、二十五都），则光泽驻中所军五十四名也。而专隶于县者曰民兵。初立民兵万户所，有事备行伍，无事归农。盖仿古寓兵于农之意。既而改设千户所，以谪戍人为军而罢民兵。正统十四年又以卫所军伍虚耗，令招募民壮。弘治中又罢，复设民兵。计里编佥亦谓机兵，以丁粮通均，二丁准米一石。计丁二百四十人，佥兵一人分春秋二班操练，通府一千一百五十人。光泽编二百五十人（邵、泰同建宁，四百人），嘉靖二年每名定工食戎装银四两九钱。二十三年至万历二十六年，以兵冗费繁，邵、泰、建并有裁革（邵、泰存一百五十名，建存一百四十名），光泽仍旧。然亦有精兵、常兵之别，精兵曰民壮，常兵曰民快，亦曰快手（三县同），要皆民兵也。其隶巡检司者曰弓兵，通府一百一十人，光泽大寺寨三十名（邵武水口寨同建宁西安寨，五十名），其后邵武递减，存十二名，光泽、建、泰仍旧。（据《明史》，参《府志》） 明制可考止此。

国朝邵武初设协镇，后罢协置参将，统左右二营。左营守备一员，右营都司一员，千总各二员，把总各四员。其兵左营原额九百八十名。自康熙三十一年至乾隆八年递减止八百三十名（马兵八十五人，步兵三百一十人，守城兵四百三十五人），内除公粮二十四名，各官亲丁名粮五十二名，实兵七百五十四名。右营原额九百七十人，亦递减止八百三十名，内除与实兵同左营。康熙二十二年额设戍台兵四百二十九名，分隶两营，三班更番遣戍。而守备辖邵武、光泽二县。光泽汛驻千总一员，其属新甸汛驻把总一员，外委一员，千总领兵七十四名，把总外委领兵五十五名，各塘汛分兵三名，或二名，余俱存城。其兵饷银，则马兵月支三两，步兵一两五钱，守兵一两。米则人月支三斗，常饷之外有红白银，济军士婚嫁丧葬之费，于盐运司生息银内开支。自雍正七年始又戍台兵有眷口米户，月给米一斗。自雍正二年始复有眷口银，合一千三百八十四两五钱有奇，分给戍台兵，亦始雍正七年。以上皆营兵制也。隶于县者曰民壮，以防库狱，视明民兵改设。光泽初编五十名，雍正闲裁二十名，乾隆三十一年又裁十名，存二十名。（三县同）视明民兵且减十之九有奇，盖明备戎行，此专卫县署也。隶巡检司者仍曰弓兵。光泽大寺寨司十五名，亦视明减半也。其工食民壮每名岁给银六两（初五十名，岁共给三百一十两。雍正裁二十名，止给一百八十六两，内匀闰银六两。乾隆又裁十名，止共给一百二十余两），弓兵每名岁给银一两六钱几分（共银二十四两四钱九分，给十五人）。

军　器

明洪武、永乐间，所造有甲、有牌、有盔、有箭、有铁帽、有铜统、有箭插、有弦、有长枪、有刀；天顺至弘治，所造有角弓、有撒袋、有团牌、有铁盔、有弦、有箭、有铜铳、有铳箭、有甲、有刀、有铁帽、有长枪杆、有铁枪头、有标枪杆、有旗枪杆、有黄旗、有号带、有净瓶、有雉鸡尾、有缨盘。（据旧志）

国朝有弓箭（左右营各一百六十七），鸟枪（左右各四百一十五件），藤牌（左一百，右九十九），牌刀（左一百，右九十九），大刀（左十右九）。又有行营炮、百子炮（左右各三）、荡寇炮（左右各二）。其什物贮于军装局者则有大旗（左右各十七），铜罗锅（左右各一百六十二），夹帐屏（左右各八十），铁、斧、锹、锄（左右各一百六十二），号帽（左七百五十六，右七百五十四），号褂（左七百五十六，右七百五十四），虎衣（左右各五十），牌衣、战腰、护膝（左一百，右九十九），弩弓箭（左右各五十）。除弓箭自备外，俱于公粮银下支造。军装局左营在内较场西，右营在天后宫左，硝磺库在参府莲塘前。二营岁用硝磺四千二百九十八斤九两六钱，铅子九百三十六斤一十四两四钱，俱于布政司支领。（据《府志》）

简阅

府较场有二：一在溪北，宋时威果营地也，今合操打靶跑马于此；一在县学宫后，雍正二年参将王绍绪辟。明邵武卫治建光泽县，操场在城东程公桥后，万历三十五年县丞王大爵建，中有演武亭、将台，今圮。

明简阅岁二月、三月、四月、九月、十月、十一月，五日一操，依汛地布列。管操官统莅督教之，以金鼓为节，分而为队，有前有后；止而为营，有中有外。有色旗以节进退，设四门以制出入，有接刃以拟交锋，有包往以要敌后，陈曰合，堂曰一字，兵曰正曰奇，伐曰三步、七步、十步，此其大较也。寒暑则休。（据旧志）

国朝定制，初一、初十、二十日，操大爆；初二、十二、二十二、初六、十六、二十六日，操火枪；初三、十三、二十三、初八、十八、二十八日，操弓箭；初四、十四、二十四、初九、十九、二十九日，操藤牌；会操则以初十、二十、三十日。敌近里许，审其来向，击以大爆。敌败追以马兵、次藤牌、次火枪、次弓箭。其操火枪，每队队目一人，前队放枪毕，二队、三队以次继之，周而复始。操则以把为敌，战则以敌为把，操弓箭追止之法同火枪。操藤牌取其矫捷，遇骑砍马足，遇步砍人足。邑马兵少，骑射随步箭，一骑三箭，亦有兼用火枪者。（据旧志）

塘　汛

千总一员，外委一员，驻城辖东西路并水塘。东路二塘，直埠塘、通津塘（二塘有塘有铺）。西路九塘，石岐塘、高田塘、黄溪塘、长山塘、京牙塘、止马塘、杉关塘（以上有塘有铺）、华桥塘、铁牛关塘（以上有塘无铺）。水汛三塘，虎跳塘、水口塘、毛家岭塘（以上有塘无铺）。

把总一员，外委一员，分防新甸汛，辖北路各塘。北路十三塘，崇仁塘、大里峰塘、小寺洲塘、寨里塘、牛鼻湾塘、堵里塘、举贤塘、新甸塘、梅坪塘、司前塘、云际关塘、夫人村塘、山头关塘（以上有塘无铺），以上各塘俱设塘房，居汛兵。正塘守汛兵三名，偏塘守汛兵一名。（并据旧志）

关隘见《舆地略》，寇警见《时事表》，兹不赘。

卷之十一

略卷七　赋役略（重纂）

古者丁有算田有租，于是编户审丁计田制赋之政，举所以系邦国之民，通上下之志，使民知尊君亲上之义，驯致学道易使之风，以足国用，实天储。盖自古及今，未之有易也。我朝治轶隆古，雍正二年，奉旨匀丁于田，每两摊丁银一钱六分七厘一毫五丝六忽。谨案国家计亩定赋，轻于什一。至是并入口算，仍不失中正之则。有田者无加赋之苦，无田者免算丁之扰，贫富相维，上下一心，亿万斯年，未有之旷典也。其书于册曰地丁钱粮，不没其名，则又庙算远谟，为虑精矣密矣。故是略先户口，次田赋，次杂税，其上供及支应公用，有县档在，亦撮其大要于篇。

户　口

宋徽宗崇宁元年载，邵武军户八万七千五百九十四，迄宋末度宗咸淳七年增至二十一万二千九百五十三，而口数则五十五万八千八百四十六。（见《宋史》）逮元世祖至正十三年载，邵武路户六万四千一百二十七，减二倍有半；口二十四万八千七百六十一，减一倍有半。（见《元史》）于时，县户口未晰，其详不可得考焉。

明洪武二十四年，最天下户口。光泽户则一万九千余二，口则四万三千一百六十二。（《段志》作二万三千，安有户一万九千而口止多四千？其误不辨而明，今从《府志》。）以后递有增减。（永乐十年户八千一百九十一，口二万六千四百九十三；宣德七年户七千六百余六，口二万五千五百余九；正统七年户七千二百五十二，口二万六千九百九十八；景泰三年户六千八百五十四，口二万七千二十四；天顺六年户六千六百七十四，口二万七千三十三；成化八年户六千六百七十四，口二万七千三十三；弘治十五年户六千九百三十六，口二万七千一百六十八；正德七年户七千一十六，口二万五千四百三十三；嘉靖十一年户七千九十九，口二万七千一百七十四。并见《府志》。）至万历末，户七千二百六十，口二万七千一百七十四。视前有减无增，而明以亡其实差。人丁银一千四百六十六两四钱五分，而别有四。曰纲银二百七十五两九钱四分（每丁派银二分四厘三毫五丝七忽五微六渺，计丁一万一千三百二十八余九），曰机兵银四百七十两三分（每丁派银八分六厘一毫八丝二忽三微九纖八渺，计丁五千四百五十四），曰徭银五百五十六两六钱八分（每丁派银四分九厘一毫三丝八忽九微七渺，计丁一万一千三百二十八余九），曰匠户银一百六十三两八钱（每名派银一两八钱，计匠九十一名，四年轮班。申子辰二十六名，银四十六两八钱；已酉丑十五名，银二十七两；寅午戌二十七名，银四十八两六钱；亥卯未二十三名，银四十一两四钱）。此明丁徭银数也。

国初徭役准明万历则例，其户视万历减六十（七千二百户），口减四千七百六十六，而成丁者曰丁，未成丁及妇女曰口。计丁一万一千五百四十九，口一万八百五十九，合计二万二千四百余八口。经顺治戊子金王陷城，康熙甲寅耿逆之变，丁减七千四百九十八，口减七千二百八十三。已又增丁一百四十二，口五百七十一（县旧志康熙三年编审，丁减四千六百九十六，口减五千一百三十二。至耿变，丁复减二千八百余一，口复减二千一百五十一。康熙九年续增丁一百四十二，口五百七十一），合计八千三百四十口。康熙二十年至五十年，七经编审，有增无减。五十年阅实，丁增二千二百八十八余五，口增一千六百余三（县旧志康熙二十年，招复丁一千二百五十四，口五百四十六。二十五年，丁增四百八十，口增七百五十一。三十年，丁增一百一十，口增一百一十四。四十五年，丁增三百二十三余五，口增一百二十。五十年，丁增一百二十一，口增七十二），合计一万二千二百三十二口。然视顺治初元，尚短一万一百七十六。甚矣，兵燹之惨，休养生息之不易也！

其征丁银别为三：料纲徭丁八千余五有半，征银一千三百八两四分（每丁征银一钱六分三厘三毫九丝三忽三微六纖九沙）；料差丁三千二百余三有半，征银九百七两一钱三分（每丁征银二钱八分三厘一毫七丝一忽三纤六沙七尘二秒）；料盐丁三百四十，征银二十八两二分有奇（每丁征银八分二厘四毫二丝五忽九微四纤）。符一万一千五百四十九丁数征口银，每口征银一分六厘七毫八丝七忽七微四纤三沙，共银一百八十二两二钱九分有奇；符一万八百五十九口数，合计征银二千四百二十五两四钱六分。匠班银同万历。此国初计丁口征银数也。耿变后，减征丁银一千四百四十一两四钱七分，符减七千四百九十八丁数；又减口银一百二十二两二钱六分，符减七千二百八十三口数。合计征银八百六十一两七钱三分，其续增丁口依数补征，此康熙十七年数也。五十年，阅实原额并减数增数（见上）。计丁六千四百八十二，实征银一千三百六两七钱九分有奇；口五千七百五十，实征银九十六两五钱三分。合计银一千四百三两三钱二分有奇，此雍正二年数也。是年，匀入田粮征解。乾隆十四年，减征丁口银二十二两二钱八分。三十一年编审，无增减。旋奉谕旨，自后续增丁口载滋生册内，永不加赋。于是定丁六千四百八十二，定口五千七百五十，定匀入银一千三百八十一两四分三厘五毫四丝六忽。此乾隆十五年以后数也，至于今不变。其康熙十九年，增卫屯丁二十二，有粮丁十七，无粮丁五。后又增无粮屯丁，一共征银五两七钱八分有奇。有粮丁十七，征银四两八钱一分有奇；无粮丁六，征银九钱七分有奇，并匀入粮册。又匠班银二百八十二两，自雍正十三年，每年匀二十三两五钱，历十二年而尽着为令。盖民丁、屯丁、匠班并并入地征。汉以来，口算以除县官所征田赋杂税而已。

田　赋

宋元无考。宋咸淳七年载，邵武军夏税钞五万一千六百四贯九百四十二文，秋粮米二万七千三十四石四斗；而本县宜输若干，不详。故断自明始。

明洪武二十四年，最天下田赋。光泽官民田地二千一十二顷八十九亩三分（官田地一百一十一顷九十五亩一分，民田地一千九百顷九十四亩二分），夏税钞一百五十锭四百九十一文，农桑绢五疋一丈三尺五寸，秋粮米一万三千七百九十七石八斗二升四合，秋租钞一十五锭三贯九百六文。

永乐十年，官民田地二千一十八顷五十九亩五分（官田地一百一十五顷九十六亩八分，民田地一千九百二顷六十二亩七分），视洪武加扩，粮钞随增。夏税钞一百五十锭九百九十二文，秋粮米一万三千九百三石五斗八升九合六勺，秋租钞一十五锭六贯六百二十二文。置屯九所，曰仙华屯（在一都）、新坊屯（在三都）、官庵屯（在五都）、牛田屯（在十二都）、傅家屯（在十七都）、西园屯（在十八都虞塘）、傅头屯（在二十一都）、云际屯（在二十五都）、洪家庄屯（在六都），计田地一十六顷（田十二顷五十八亩三分，地三顷四十一亩七分，俱邵武卫中所旗军五十四名领种）。

宣德七年，官民田地二千一十七顷六十三亩六分（官田地一百一十五顷三十亩三分，民田地一千九百二顷三十三亩三分），视永乐加少，粮钞随减。夏税钞一百五十锭七百二十六文，秋粮米一万二千九百四十四石一斗二升九合五勺，秋租钞一十五锭五贯七百八十九文。其屯田地粮定征三百二十一石。（邵武卫中所旗军纳。）

正统至嘉靖并同前数，两无增减。

万历四十一年，官民田地二千三十六顷九十八亩四分六厘五毫七丝（官民分数未详），视宣德加十九顷，而赋法亦变。官米二千九百九石九升五合，民米并秋租税一万一百二十三石四斗三升一合五勺，合计一万三千三十二石五斗二升六合有奇。而轮法有本色、折色之别，本色输米五千六十一石七斗一升五合，所余七千九百七十石八斗一升一合输折色银二千五百三十两八钱五分有奇。夏税钞一百五十锭九百九十二文，带征寺租充饷银七百四十三两八分七厘三毫五丝。自万历行条鞭法，括杂派而编四差，丁征四而粮加六县。纲银派五百二十二两一钱一分有奇（每石派银五分六厘八毫三丝四忽一微八纤二渺，合民米九千一百八十六石五斗八升三合四勺），徭银派一千五十三两三钱三分有奇，米数同上（每石派银一钱一分四厘六毫五丝七忽四微五纤一渺），机兵银派一千七百二十五两八钱八分有奇（每石派银一钱七分二厘三毫六丝四忽七微九纖合米一万一十二石九斗七升一合），站银派一千一百二十两二钱九厘四毫（每石派银一钱二分一厘六毫二丝三忽八微一纤，米数未载）。此明田赋科征杂派数也。

国初官民田地同明万历，仍二千三十六顷九十八亩四分六厘五毫七丝。其别有十：一官田内没田八十六顷一十五亩九分四厘；一租田六顷九十八亩五分；一学田六顷五十九亩九分；一职田一十五顷八十四亩四分；一官钞地六十二亩；一民田内征料田六十六顷六十一亩五分五厘七毫有奇；一征粮料差田一千八百一十四顷三十二亩七分有奇；一征料差田一十四顷八十二亩六分有奇；一升科田七亩七分九厘四毫有奇；一民地二十四顷九十三亩。合计如前数。其征米有本色、有折色，官田内没田折色银七百四十六两三分有奇（内旧没田八十一顷三十五亩三分五厘七毫，每亩征银八分七厘五毫二忽六微五纤四沙；新没田四顷八十亩五分四厘七毫，每亩征银七分一厘九丝六忽七微七纤三沙），租田银一百五十两四钱六分有奇（每亩征银二钱一分五厘四毫一丝五微二沙五尘），学田银一百一两五分有奇（每亩征银一钱五分三厘一毫二丝九忽七微二纤），职田银二百二十四两二钱七分有奇（每亩征银一钱四分一厘五毫五丝三忽一微五纤四沙），官钞地折钞一锭一百八十八文银二两七钱五分九厘三毫有奇。又本色米一石八斗八升四合一勺有奇，官租米银二钱四分有奇；本色米一斗六升四合四勺有奇，民田内征料田银二百二十八两五钱五分有奇（亩征银三分四厘三毫九忽一微一纎三沙五尘六埃六渺）；本色米一百六十四石七斗七升七合七勺有奇（亩征米二升四合七勺三抄五撮六圭二粟一粒），征粮料差田银一万一千五百七十四两五钱一分有奇；本色米四千四百八十七石八斗五升二合一勺有奇（内一千八百六顷八十七亩二分二厘一丝七忽，亩征银六分三厘八毫四丝四忽四微一纤六沙，米二升四合七勺三抄五撮六圭二粟一粒。又七顷四十五亩五分四厘八毫四丝，亩征银五分一厘八毫三丝四忽六微二纤，米二升四合七勺三抄五撮六圭二粟一粒），征料差田银六十两二钱六分有奇；本色米二十七石七斗五升四合三勺有奇（内八顷一十一亩，亩征银三分八厘三毫六忽六微五纤，米一升四合八勺四抄一撮三圭八粟八粒四黍。又五十亩五分一毫，亩征银三分一厘七微七纤二沙六尘，米一升四合八勺四抄一撮五圭三粟二粒七黍。又五顷八十一亩一分四厘二丝，亩征银四分五厘六毫五丝，米二升四合七勺三抄五撮六圭二粟一粒。又四十亩，亩征银二分七厘四毫四丝四忽六微五纤八沙四尘七埃五渺，米一升四合八勺四抄一撮三圭七粟二粒六黍），升科田米充饷银四两五钱有奇，民地银一十八两九钱一分有奇，本色米一十二石九斗九合五勺有奇（每亩征银七厘五毫八丝六忽九微七纤二沙九尘六埃，米五合一勺七抄八撮三圭）。以上共征银一万三千二百七两九钱二分有奇。升科银不在此数。本色米四千六百九十五石三斗四升二合四勺有奇，又屯田地十六顷七亩七分五厘，折银一百七十三两三钱九分有奇（内本色折价田一十五顷八十亩二分七厘九毫有奇，亩科米二斗六合三勺有奇，计米三百二十六石九斗有奇，米石折银五钱二分九厘五毫有奇，合计银一百七十二两四钱八分有奇。又折色田二十七亩四分七厘有奇，如前折米五石五斗有奇，米石折银一钱二分有奇，合计银六钱六分有奇。如上数）。附征九厘折色银一千八百七十一两九钱五分，削免银二百一十四两八分四厘六毫，寺租银七百四十三两八钱有奇。此初入国朝官田、民田、屯田与征银米数也。

顺治五年迄十八年，群盗窃据，百里为墟，积存荒粮追督无所。康熙初，郡守汪丽日据邑绅上官临等佥呈，详请蠲免，流亡稍复。至八年，陆续报垦一千二百七十五顷八十四亩七分二厘有奇，征银八千六百九十两六钱九分七厘三毫八丝四忽，米三千一百八石一斗九升八合一勺二抄一撮七圭一粟。旋遭耿变，田亩再荒。至十八年，耿平、江杨二寇投诚，令金鸣凤再请豁额，于二十二年奉文豁六百三十五顷六十九亩六分八厘二毫四丝八忽，存六百四十顷一十五亩一分二厘有奇，止征银四千五百三十九两余五分三厘四毫八丝（就旧额除银四千一百五十一两六钱四分三厘九毫有奇），征米一千四百七十四石九升九合七勺（就旧额除米一千六百三十四石九升八合四勺有奇）。其后以渐垦复，至六十年统复五百九十顷三十六亩四厘有奇。（二十四年，复民田二百三十六顷七十八亩五分二厘；二十九年，复民田二十顷九十五亩七分八厘七毫；三十一年，复民田二十一顷一十一亩三分四厘；三十一年至四十五年，四次垦复民田一百二十六顷九十三亩四分；四十七年，复官民田一百二十二顷九十二亩九分四厘；四十九年，复续荒官民田六十一顷五十亩四分六厘九毫；六十年，复溢出征料差增田十三亩六分。）合计一千二百三十顷五十一亩一分六厘有奇，视八年田额尚短四十五顷三十三亩五分，所除银、米额并复，又屯田地。旧十六顷七亩七分五厘，额征银一百七十三两三钱九分有奇，经再荒再复，存七顷七十三亩二分有奇，征银八十一两五钱二分有奇。（元年荒七顷二十八亩六分五厘六毫有奇，减征银九十三两七钱五分九厘四毫有奇。二年垦复六十三亩五分，补征银六两四钱二分。十六年续荒五顷九十六亩八分八厘三毫六丝，减征银六十三两四钱三分二厘六毫八丝一忽。二十九年至五十九年续复四顷二十七亩四分九厘一毫二丝，补征银五十八两九钱一分五毫八丝八忽三微。）又附征寺租银，旧七百四十三两八钱亦止三百二十四两余六分五厘一毫。（十七年因荒减征银五百八十一两八钱二分四丝，四十四年至五十一年因垦复补征银一百六十二两余四分五厘有奇。）又附征削免银，同前。此康熙初至六十一年数也。

雍正七年至末垦复一百三十九顷八十八亩八分八厘八毫六丝（七年复官民田六十三顷五十五亩二分八厘九毫三丝，十三年复民田七十五顷八十三亩三分四厘九毫三丝，又新垦民田五十亩二分五厘），合原额计一千三百七十顷六十亩八厘有奇，银米随增。屯田地垦复三顷七十亩七分有奇（九年至十三年垦数），合原额计一十一顷四十三亩九分有奇，征银一百二十三两四钱四分有奇（内补征银四十一两九钱二分有奇），寺租银、削免银同前。此雍正间数也。

乾隆元年至三十四年，续增民田二十三顷三十七亩三分（十四年蠲租田一顷二十七亩二分，又蠲粮料差田二十顷八十七亩七分。然前后续增四十五顷三十二亩二分有奇。除蠲外尚增二十三顷三十七亩三分），合原额计一千三百九十三顷七十七亩三分有奇，实征银八千八百九十八两七钱四分有奇。本色米三千二百五十八石五斗一升一合有奇，所匀丁银一千三百六两七钱九分四厘，口银七十四两二钱五分，不在此数（下同）。屯田地蠲六十三亩五分（十四年蠲本色折价田一顷三十八亩，后续复七十四亩五分，合复数止蠲六十三亩五分），计原额存一十顷八十亩四分，征银一百一十五两五钱一分有奇（内减银七两九钱三分二厘），寺租银蠲十五两二钱六分四厘，实征银三百余八两八钱一分一厘。至六十年总计官民田地一千三百九十四顷五十九亩六分六厘四毫六丝七微五埃三渺九漠，实征银八千九百二两余一分八厘，本色米三千二百五十九石八斗六升余九勺，新增屯丁银五两七钱九分四厘，旧屯田银、寺租银同三十四年，削免银同雍正。此乾隆间数也。

嘉庆十八年于官民差增田地，除田三十一亩二分八厘，实征银八千八百九十九两六钱二分四厘（较前减征二两三钱九分四厘），米三千二百五十九石一斗一合九勺（较前减征七斗五升九合），余并同前。

道光十九年官民差增田地，实一千三百九十四顷二十八亩三分八厘四毫六丝七微五埃三渺九漠（依嘉庆险三十一亩二分八厘），实征银、米同嘉庆，余并同乾隆，合匀入丁口银（一千三百八十一两四分四厘）。屯田折价米银（一百一十五两五钱一分一厘）、新增屯丁银（五两七钱九分四厘）、削免银（二百一十四两八分一厘）、匠班匀入银（二十三两五钱），并道光实征银(见嘉庆实征银),共征一万六百三十九两五钱五分四厘,杂税银(四百七十四两四钱三分八厘)匀贴颜料不敷,正价银(一百三十两六钱一分)不在此数。

于是而正赋毕矣。

杂 税

其别有六:曰盐课、曰税课、曰鱼课、曰酒课、曰屋税、曰牛马夫船税。

其盐课。明以前惟《明会典》载,光泽户口食盐米一千九百一十二石有奇。旧府志载,明天顺六年,盐粮京库米九百五十六石二斗四升,折银一百四十三两四钱四分一厘一毫一丝九忽。府库米同折银二百一十两三分一厘二毫八丝二忽。(米数与会典合。)入国朝篷以引计引、以包计包,以斤计二百五十斤,为包三十四包余十二两,为篷每篷征银二十八两三钱三分。光泽岁销引一万道,行盐一千篷。雍正九年前官运;十年,归水客廖恩光、宁本同等运;乾隆十一年,加余额八十篷,合引一万八百道,行盐一千八十篷,岁征银五万九百余两。

其税课。前明万历征银七百三十三两三钱,天启间增至一千三百三十三两,崇祯续增至二千五百两,曰杉关税课。国朝因之。初由司委官征税,顺治十六年始归县征。又明止马税课办课钞四千七百六锭二贯五百八十文(春季钞一千三百一十九锭五百二十文,夏季一千一百七十一锭四贯五百二十文,秋季一千一百七十一锭四贯五百二十文,冬季一千八十二锭一贯二十文)。当弘治十三年,议每钞一贯,折银三厘,共折银一百四十一两一钱有奇。又万历间商税银八十四两九钱二分,今并免。

其鱼课。明时河泊所原额岁课,米二百五十四石七斗二升一合六勺,闰年加米二十一石二斗二升七合七勺。后每石一半折银二钱五分。弘治七年巡按御史吴一贯题准每石通征银三钱五分。正德十一年裁河泊所课,如前征银。至万历实征八十九两一钱五分有奇,入存留项。

一、酒课。明万历间载,银五两六钱四分(闰年加四钱七分),今征银十两。

一、屋税。明弘治载,官民瓦草屋一万九千一百六十一间,正德增五百一十五间,嘉靖减一百六十四间,税未详。今免。

一、牛马夫船税。明弘治载,牛二千七十三头,正德二千一百六十三头，嘉靖二千二十一头，税未详。今不计牛数。岁征银三两五钱七分，康熙三十八年，令梁绍素始革民征，由官捐解其驿马、运夫、民船。据明弘治旧制，杭川驿合编马米一百九十八石（马二匹，上上马一匹编米一百二十四石，下马一匹编米七十四石），站船米三百七十二石（船凡三，每船水夫十名，每夫编米一十二石四斗），运夫米五百五十八石（运夫四十五名，每名编米一十二石四斗）。杉关驿合编马米二百二十四石（马二匹，上上马一匹编米一百四十石，下马一匹编米八十四石），运夫米四百二十石（运夫三十名，每名编米一十四石）。万历八年奉条鞭法，每石米编站银一钱二分一厘六毫有奇。入国朝，顺治十五年，统二驿站银八百九十五两二钱二分。十七年，裁三十三两四钱八分，留给八百六十一两八钱。

以上六款皆统于杂税，别正赋而言也。

上供

上供者，解户、礼、工三部，而明兼解南京承运库者也。

其解户部。有库金花价银一千二百九十六两二分五厘，滴珠银十二两九钱六分二毫五丝，杠索银六两四钱八分一毫二丝五忽，甲丁二库颜料价银七十三两五钱二分一厘，铺垫银十六两三钱三分八厘七毫，水脚银十四两七钱四厘二毫。

解礼部。有厨料果品银三百二十七两一钱七分二厘二毫，水脚银五两二钱三分四厘七毫有奇，牲口价银二百一十两六钱五分，水脚银三两三钱七分四毫（此项光泽独办）。

解工部。有营都屯三司料价银四百一十六两二钱六分八厘，水脚银六两六钱六分二毫有奇，胖袄裤鞋价银二百三十一两七钱五分，水脚银三两七钱八厘（此项光泽独办）。

解南京承运库。有农桑绢银三两七钱九分五厘三毫一丝二忽五微，计绢五疋一丈三尺五寸，折银如数，水脚银一钱六分三厘，京库盐钞价银一百四十三两四钱四分一厘一毫，水脚银一两七钱二分一厘二毫有奇，闰年加价银十一两九钱五分三厘四毫，加水脚银一钱四分三厘四毫，皆明制也。

国初三部物料银四千七百九十八两二钱九分，新增课铁翎、鳔螺殻、牛角、弦、箭、盔、刀甲、胖袄、裤鞋银一千四百四十二两五钱四分，又新增颜料、蜡、茶银一百二两九钱八分，本色颜料、蜡、茶银三十二两四钱八分三厘八毫一丝五忽。康熙间新增香料价脚银四两五钱，匀贴颜料不敷正价银一百三十两六钱一分有奇。雍正新增本色颜料并添解黄红铜改办黑铅价脚银二百六十三两六钱二分五厘。乾隆元年至六十年含顺治，原额新增改折实解银四千三百七十六两八钱七分有奇，并康熙、雍正新增合计银四千七百七十五两六钱有奇。嘉庆、道光同此起解之数也。

支用

而支应公用其别有三：曰支应、曰经费、曰支发。

其支应银。二百一十三两六钱一分有奇。（科举进士牌坊银八十二两五钱，料剩拨抵修船银一百三十一两一钱一分有奇。）**经费银。**一千六百三两六钱六分有奇。（官俸银县四十五两，县丞四十两，典史、教谕、训导、巡检、杭川、杉关驿丞各三十一两五钱二分。心红纸张银同知及县各二十两。匀闰银县一两五钱，县丞一两三钱三分有奇，典史、教谕、训导、巡检驿丞二各一两五分有奇。仓库、书府县各二人，其银二十四两八钱。书手二十四人，同知六人，县十二人，余官各一人，共银一百四十八两八钱。门子九人，县二人，县丞、典吏各一人，教谕三人，训导二人，共银五十五两八钱。皂隶四十三人，通判五人，经历、照磨各四人，县十六人，县丞、典史各四人，巡检、驿丞二各二人，共银二百六十六两六钱。马快八人，银四十九两六钱。马快草料银八十九两二钱八分。民壮五十人，银三百一十两。轿伞、扇夫七人，银四十三两四钱。库子四人，斗级四人，共银四十九两六钱。灯夫六人，同知二人，县四人，共银三十七两二钱。禁卒八人，银四十七两六钱，修理仓监银二十两。马夫四人，经历、照磨、县丞、典史各一人，共银二十四两八钱。斋夫六人，共银三十七两二钱。膳夫二人，银十三两三钱三分有奇。喂马草料银，府学三十七两二钱，县学二十四两八钱。后官匀闰银，县丞、驿丞二俸银，府训导喂马草料银，照磨、县丞、皂隶、马夫及县丞书办门子二驿书手等银并停。）**支发银。**八百八十七两二钱有奇。（生员试卷茶饼银，提学岁考七两五钱，县季考一十两，府进表、纸张、绫袱、盘缠银二两九钱五厘一毫，造报、朝觐、须知、宪纲等册银，府一两六钱六分有奇，圣庙香灯银二两五钱二分，两院助给县学贡生路费银三两，岁贡往京盘缠、旗匾银三十两二钱五分，正陪贡生员往省盘缠银五两，生儒进学花红、彩旗银一两五钱，大比年科举及对读生员盘缠银十二两六钱六分有奇，举人旧科盘缠酒席银二十两，新科贺礼、花币、旗匾银五两，武科盘缠银二两六钱六分，上司经过迎送门皁银十九两，新官到任祭品银一两六钱四厘，祈晴祷雨银四钱四分，习仪救护银六钱，启圣公文庙、山川、社稷等坛春秋二祭银一百三十二两五钱，乡饮二次银五两，鞭春银三两，存恤孤贫银一百二十七两，恤刑支应银三两九钱八分，察、院、布、按分司门子银六两，山川社稷坛夫银一两六钱，平济桥夫银五钱，大坂渡夫银一两五钱，镇岭浮桥夫二人共银三两，交溪渡夫银一两，茶村渡夫银一两五钱，修理铺舍银十两，铺兵四十三人，县前铺司六人，驿司、铺司一人，直铺、通津、石埠、高田等九铺各四人，共银三百一十六两五钱七分。又火把银三十九两九钱九分。巡检、弓兵十五人共银二十四两四钱九分。囚犯月粮银二十二两二钱二分。后于科举及对读生员内裁去六两三钱三分。）皆顺治间数。

康熙，**支应银**（内裁料剩拨抵修船银）实额八十二两五钱；**经费银**（内裁数条，元年裁府县仓库书银、同知及县书办银、巡检典史书手银，四年裁教谕俸银、斋夫门子银、府训导县教谕喂马草料银，十七年裁同知及县心红纸张银、修理仓监银、县训导喂马草料银，五十一年裁通判皂隶银）实额一千三两一钱六分有奇；**支发银**（内亦裁数条，九年裁恤刑公费银，十七年裁提学岁考、县季考生员试卷、茶饼银，府县造报、朝觐、须知、宪纲等册银，新官到任祭品银，鞭春等银，生儒进学、花红等银，科举及对读生员留半银，上司经过供应等银，修理铺舍银，大坂、交溪、茶村等渡夫银，又于府进表银，内平济镇岭二桥夫银，内各裁半。二十六年裁正陪贡生员往省银，两院助给。贡生路费银，又于岁贡往京盘缠、旗匾银内裁二十九两，留给一两二钱五分）实额七百六十九两五钱八分有奇。

雍正，惟**经费银**（内有裁，五年裁同知及县灯夫银，七年裁马快草料银，十三年民壮银，内裁一百二十四两）实额七百五十二两六钱八分有奇；增各官养廉银，解府七十两一分二厘，县八百两，内给米三百九十一石一斗四升五，合扣银三百九十一两一钱四分五厘，实给银四百八两八钱五分五厘，典史、巡检各四十两，加额五百五十八两八钱六分七厘。

乾隆则于**经费银、支发银**有除有增。经费（元年复给教谕俸银四十两，增给训导俸银八两四钱八分，二十年裁经历、皂隶、马夫银，又裁府学、斋夫留给银，三十一年民壮银，内裁六十二两）实额六百九十五两七钱六分有奇，合加额共一千二百五十四两六钱二分七厘。支发（三十一年增关帝庙祭品银，除续裁外，实给八两七钱。二十年裁府进表留半银，又增给孤贫月粮衣布银七十七两七钱八分）实额八百五十四两一钱七厘有奇。

嘉庆、道光并同前。此支用之数也。

于是而赋役其征、其并、其解、其用，均约略举矣。

卷之十二

略卷八　建置略（重纂）

建置之序，首城池、次公署、次仓储、次恤政所、次坛庙、次津梁、次坊表，最后寺观附焉。若学校、陂塘，体国经野之大者，故别为二略。关寨入舆地，塘铺入武备，各以类从，兹不赘。

城　池

宋、元旧有战城，建废无考。

明洪武十九年，令林孔孙建东西二门，即今朝宗、宣德也。嘉靖三十九年防山寇，令吴国器请于守邵德久，增南北二门及四水门，计周六百四十一丈一尺二寸，于是城制粗备。一修于万历三十五年，令罗希尹而北阻溪所在，多圮。

国朝顺治十二年，令边靖增筑城北堤埠护之。康熙五年，守汪丽日、令刘祖向复增高女墙五尺，其制始大备。十年五月大水，自西而北百余丈尽根决去，得令王吉而复厥，功茂矣。自是累有倾塌，令金鸣凤、张彭、马玙随时修葺。至康熙五十二年复大坏。六十年，令吴堂复之，城砖有雄亘字者，其迹也。乾隆十四年四月大水，为非常之变，高越西北城五尺，坍十六所，计一百一丈一尺，女墙二百一十一，复塌东北隅水门及南门城楼。十六年，令蒋廷芳倡邑人捐修。十九年，所坍均复，四门城楼、城瓮并东北隅水门均重新而镌石额。东西仍曰朝宗、宣德，南曰见龙，北曰杭川，水门曰光化。沿溪一带俱护石墈，以固城根，计工费银三千四百两有奇。盖至是城乃完固，历五十年为嘉庆九年，令谢坛始动帑重修，然不免因陋就简，故未三十年复坍数处。（参《段志》）道光二十年，令盛朝辅倡民捐修，并将坍三十余所新焉。

公　署

公署今昔并有者凡七，曰县署、曰教谕署、曰训导署、曰典史署、曰巡检署、曰驻防署、曰协防署，宜条列。

县　署　在今福民坊，北倚城。宋、元建废无考。明洪武元年，征南将军胡廷瑞以南昌卫镇抚洪忠镇光泽，因旧址扩之，有建县记（撰人失考，其略曰：丁未，朝命征南将军领兵入闽，进取是邦，分兵入郡，不弥月闻风顺化，选廉干之士总治斯邑，即举南昌卫镇抚洪君忠而莅焉。洪君亲抚摩之，期旬一邑大治。初垒域而安民居，立官府以莅政事，兴学校而育人材，设市肆而通贸易，百里之民咸仰戴焉。县之谯楼废已经年，洪君咸作新之。佐吏张殷能任其事，千户刘晋康、李用章、李规、高友原、朱昺、徐仕荣协功赞成，当并载于篇）。弘治元年，令刘俊伐石为楼，如城瓮，谯楼用石自是始。十六年，令邱世乔建楼于署北，后令钟华名之曰“拱北”而记之（其略曰：楼旧未有名，余虑或溺志于斯，有妨政之病，扁之曰“拱北”。“拱”者，归向之义也；“北”者，吾君正南面之地也。顾名思义，虽欲沉溺于豫而忘情于君，自有不容解于心者。思之维何？凡可以润泽生灵，图报涓埃者，无所不用其情焉。则斯楼也，亦李德裕精思之亭矣。反是，去李林甫之偃月堂无异，奚以楼为哉）。华以正德丙子来莅，于谯楼外即旧址建旌善亭于东，申明亭于西，复修大堂匾曰“清慎勤”，相传陈白沙先生书也。而厅幕、六房、仪门、监禁并新焉。万历三十七年全圮，令罗希尹重建，而仪门外东偏之寅宾馆（今为土地祠），后堂左之思补居，其所增建也。入国朝，康熙十一年，令王吉重修大堂。二十二年，令金鸣凤重修谯楼、仪门、六房，其后令吴堂、张秉纶、柯钦锦、钟文标、段梦日累加修葺。钦锦以下皆乾隆间任也。至乾隆三十七年，内宅火，毁大堂及六房，令方鼎出赀重建，邑士佐之，本年讫工。道光九年冬，内宅复火，唯余大堂及六房。时令周琦差，旋复任甫二日。邑人感琦惠爱，竞输金新之，两月而竣二堂，东有花厅，视前加扩焉。

教谕署　在明伦堂北，旧崇圣祠址也。道光七年，修学撤而新之，颇称完美。旧无门，出入并由明伦堂，至是于本署东南（在明伦堂东北）门焉。

训导署　在圣殿西，亦无正门，出入必经大成门而东。道光七年修学，即其址改名宦、乡贤二祠，而移训导署于棂星门外西空地，兼三祠址（忠义孝悌祠亦移建，故兼三祠址）亦称完美。其门当本署南临街。

典史署　在县署仪门内之东。

巡检署　旧在北乡二十二都大寺寨。元至正五年，迁西乡十都止马市。明洪武三年，迁九都杉关，其署在杉关驿东。后复还止马，即万安观为署而入衔，犹称大寺寨也。

驻防署　在后街，近朝街巷。

协防署　在北乡二十四都新甸中街之右，久圮。今借署寨里营房。

昔有今裁者凡十，曰县丞署、曰主簿署、曰布政分司、曰武平道、曰察院司、曰税课司、曰河泊所、曰杭川驿、曰杉关驿、曰医学，宜汇叙。

县丞、主簿二署　并在典史署之东，主簿裁于明末，县丞裁于顺治十六年。康熙三十二年，令张彭以二署址建仓，后增建仓王庙，皆其地也。

布政分司　在县西龙兴观，左即河泊所地。明正统初裁河泊所；五年，令盛埙即其地建是司；万历末改为邵公祠。今为关帝庙。

武平道　在县东后街城隍庙右，王家巷左。明洪武三年建；万历间改察院行台，三十二年火，三十六年令罗希尹重建，后圮。今为民房。

察院司　在县东大街施家巷下。顺治间圮，康熙间郡同知黄汝铨权县改为义学，雍正五年令张秉纶改为仓以贮汀谷。今为杭川书院。

税课司　在县东门外平济桥西，夫人庙东。明正统间裁，今存空基。

河泊所　详前布政分司。

杭川驿　旧在城内。万历十二年改建学宫，而移驿于西门外旧学址。顺治间圮，十七年裁驿丞。今存空基。

杉关驿　在杉关。元元统元年建，至正二十年毁。明洪武间驿丞何祖坚重建，迄明末凡三修。顺治十六年裁驿丞。今存空基。

医　学　初为惠氏药局。洪武十八年改为阴阳学，弘治五年令魏默由县东改建于县西，正德十二年令钟华即其地增设医学，万历间又改建于谯楼外之西，而阴阳学在其东。后并裁。

仓储

宋

义　仓　元丰间，令上官均建。

举子仓　在县东平济桥东，绍熙三年建。先是，知军事王洋于绍兴十年奏郡人贫者多不举子，请民间受娠五月以上者，由保甲申县免杂差役一年，免乳后月给义仓米一斛，从之。至是，建仓储谷社仓，与举子仓比，亦绍熙三年建，朱子有记（记见《金石略》）。

明

际留仓　洪武六年，令庐充间建，初在县南后街。弘治元年，令刘俊改建南城山上，东西二厫，易名常丰仓。

豫备仓　四。在灵济保者曰东仓，在长城保者曰西仓，在虎跳邨者曰南仓，在崇仁保者曰北仓；洪武二年，令姚伯和建。成化十九年，西北仓已废，令陈纪重建。

国朝

常平仓　在县署仪门之东。康熙二十五年至三十二年，令张彭即丞簿署址建为厫，大小七十一间，额储四千七石七斗二升三合，又储豫备谷二万三千四百九十一石三斗五升八合（官捐三十三石，民捐二十七石，溢捐三十三石五斗。捐监谷二万三千一百四石一斗九升八合，垦米易谷二百石，籍田谷一百三石，合二万三千五百石六斗九升八合，内除支给囚粮九石三斗四升，计储谷二万三千四百九十一石三斗五升八合）。

社　仓　六十一。在城社仓一十二，各都社仓四十九，共储谷一万一千五百九十八石七斗三升三合一勺。（在城十二：一图一百四十一石四斗五升；二图一百八十二石二斗七升五合；三图八十四石三斗；福民坊三百七十八石九斗七升四合；洪济坊一百二十三石；澄清坊六十九石一斗四升四合；善利坊六十一石一升；镇岭坊一百四十七石七斗二升八合；惠济坊三百二十二石九升八合；武陵顺化二坊二百六十一石二斗八升四合；

石牌楼一百二十六石五斗二升。各都四十九：一都一图一百一十七石三斗六升，二图一百一十六石二斗；二都一图一百五十三石五斗一升九令，二图一百五十四石二斗二升一合；三都一百五十四石八斗一升二合；四都四百一十九石四斗三升；五都一图一百五十八石七斗八合，二图一百四十八石二斗八合；六都一百二十七石二斗三升八合；七都四百四十一石一斗七升八合；八都一图二百三十八石九斗三升三合二勺，二图三百二十九石八斗三升八合；九都一图二百八石七斗七升八合，二图一百三十八石八斗五升八合；十都一图一百五十八石三斗七升，二图一百九十五石二斗；十一都二百七石七斗一升八合；十二都一百九十二石五斗八升六合；十三都一图一百九十三石七斗二升五合，二图二百二十五石四斗八升二合四勺；十四都二百二十三石一斗五升三合；十五都一图一百八十一石八合，二图一百九十六石二斗九升六合；十六都一图一百八十九石九斗一升三合，二图二百二十三石六斗二升三合；十七都二百三十九石二斗七合；十八都一图一百九十六石六斗三升六合，二图二百一十九石二斗三升四合八勺；十九都一图一百八十七石九斗九升七合，二图二百三十三石九斗三升；二十都二百三十二石二斗三升二合八勺；二十一都二百一十一石三斗七升七合八勺；二十二都二百三十六石三斗二升八合；二十三都一图二百石九斗八升四合，二图二百二十四石五斗八升三合；二十四都一图二百石八斗八升一合六勺，二图一百九十石五斗五升六合，三图二百一十五石二斗四升四合；二十五都一百九十八石三斗六升八合；二十六都一百三十二石九斗三升八合；二十七都二百二十四石三斗四升五合四勺；二十八都一图一百四十石九斗六合，二图一百七十四石三斗五升七合，三图一百一十四石四斗六升九合，四图一百三十石六斗二升八合，五图一百一十石五斗五升七合四勺，六图一百一十五石六升四合；二十九都一图一百九十四石三斗四升五合七勺，二图一百五十一石四升；三十都一百三十石五斗六升四合。以上并据《府志》，今存无几。）

何氏社仓　贮谷三千石，邑贡生何以镇于乾隆五年独捐，并建仓于县署之西，其后匀储各里（前六十一仓谷数并所匀计）。

恤政所

育婴堂　在西城外节孝祠右，雍正初年奉建。

养济院　在县东涵春门外。明洪武初，令天下设养济院，处孤贫残疾。三年，令刘克明建。正德四年，令王俨修。嘉靖二十一年，令纪穆修圮。万历四十二年，推官程登龙重修。

漏泽园　在一都普济庵后。洪武三年，禁民间焚尸，苦贫无地葬者，令官司择近城圹地为冢。天顺四年，置漏泽园，露骸并获埋掩。

坛　庙

凡秩祀典及名贤祠宜正列，其不在是数者，汇次于后。名宦、乡贤、忠义孝弟三祠已见学校，紫阳、果斋二先生祠已见书院，不赘。

社稷坛　在县西茶焙市，旧无墙垣。康熙二十年补筑。

山川坛　在县西龙兴寺后。

先农坛　在县东真儒坊左。

厉　坛　在县东平济桥东北。

城隍庙　旧在县东登云坊，今在福民坊。明万历三十二年毁，邑人李友辅捐赀重建，未就；四十年，令汪正谊成之。国朝康熙十三年毁于兵，三十四年重建。自是一修于雍正元年，令吴堂；一修于乾隆二十一年，令钟文标；二十四年，令段梦日。今令盛朝辅于道光十九年拨罚款重修。

关帝庙　在西门外八角亭后。顺治九年，镇守张承恩至邑剿寇，建其基，为旧名宦、乡贤祠址。承恩有记（其略曰：杭川之西，距郭数武有一亭焉，祀帝于其间。逼河干，临孔道，人民杂沓，污秽频侵，非所以崇祀典也。余率兵剿寇，过其亭，因入谒帝。悫然心动，乃相亭后荒址，捐俸鸠工，独构数椽，虽未臻美备，视祀于亭，差有以妥神灵矣）。乾隆五十一年即故址重建，视前加扩焉。又一庙在九都杉关外，庙前有亭，左右店屋以赡住持香火之供。

天上圣母庙　在城西洪济坊，雍正间盐商众建。又一庙在四都水口。

文昌宫　在城南文笔峰。嘉庆十二年建，并移奎阁于宫东偏。又一庙在二十都大里峰。

宋忠义祠处士庙　在后街惠济坊，祀邑处士危一翁。（俗名康济王庙。）

宋游定夫先生祠　一名鹰山书院，在十三都源溪郫。（先生裔孙建。）

程公祠　在西门外，祀故令程侯寰。

汪公祠　在学宫右，祀故令汪侯正谊。

王公祠　在学宫左，祀故令王侯吉。

（上三祠俱废。）

王谢二公祠　在东门外，祀故令王侯授位、故令谢侯绍仁。后圮，移杭川书院东偏，与王侯瑶并祀。

节孝祠　在关帝庙右，雍正元年奉旨特建。入祠者三十二人。

兴贤祠附文昌宫　在宫东偏中，祀王侯授位、谢侯绍仁、王侯瑶、石侯鼎、周侯琦、滕侯子玉，旁列捐输科资姓名五百有奇。春秋有事，用爵齿尊者主祭。

报德祠　在二都双门亭，康熙五十年为邑贤何斌建。

福善庙　在惠济、福民二坊界，祀隋末温陵太守欧阳佑。

东平祠　四，祀唐张睢阳王。一在县东门外，一在三十都七里郫，一在十七都，一在九都十里山。

惠应灵济祠　在关帝庙左，祀宋泉州通判陈思孟及馆宾师有成。（事见古迹。）元丰间，令上官均即馆驿地大其庙。

药王庙　在西城外旧驿前，康熙三十二年建。

江东庙　在西城外，祀东吴甘宁。

华光庙　在惠济坊。

玉皇阁　在惠济坊。

三皇殿　在福民坊，近射圃，今圮。

晏公祠　在交溪。

天妃宫　在镇岭坊。

华山殿　在文笔山，今圮。

白马庙　在顺化坊，祀五代闽王王审知。

将军庙　在澄清坊，澍然有记（西去城里许曰澄清坊，有赵将军庙焉。据今《搜神记》，将军姓孟讳山，宋代人。初为狱吏，会岁暮询众囚亦思父母否，众囚皆泣。将军恻然，破械出之，戒曰："某日当还狱。"如期果皆至，将军感其信，竟纵之去而自刎，以应专制之诛。旧蓄一兔，跃而格其刃者三不得死，乃走塞上立边功，得朝天子，俯伏请死。天子释，不问而官之，位将军，赐姓赵氏，庙食天下。余谓将军行，虽未协中道，而求足其性，搤不得上请，愿舍生以赎众囚命，可谓不欺其志也。其庙而祀之，宜矣。或问，今《搜神记》可信乎？曰：孟子于七十里文囿、于舜完廪浚井事，皆不辨，其有无因而实之，期于立教而已。奚龈龈为哉？因思圣人以神道设教，岂惟是藉神威福，歆人为善，怵人无为不善哉？盖人道求诸明，外饰尚可逃诛幸赏；神道求诸幽，惟不欺其志者乃福之，否则威之。观将军之为，其威其福有在矣。岂不足以立教邪？必谓今记不足信，城隍、观音始见于南北朝，当是时，彼亦今也。亦将以古无传书并疑，城隍、观音无有可乎哉？是庙草创于雍正间，扩于乾隆五十一年。嘉庆十九年至道光元年大启厥宇，门垣崇焕，自门徂基，易以石板，左右翼以楼，中有亭，亭北筑石台，更进则殿屋言言，金碧耀目，揭虔妥神，为邑诸庙最坊。人来请记，余因著神道设教之旨，见为善去不善，当求诸明，毋徒求诸幽，而余言亦不专专为一坊告也）。又一庙在镇岭坊。

太保庙　在武陵坊。

灵萃庙　在镇岭坊。

浮桥头　白王庙在城北门。

（以上三庙均不知祀何神。）

马王庙　在惠济坊。

三圣庙　七，一在角带街，一在华山殿东，一在惠济坊（名卓山），一在三条街（名井南庙），一在顺化坊（旧名松林殿），一在洪济坊（名茜芜井），一在澄清坊渡头山下。

朱太守祠　在二十六都举贤村，祀朱丹溪。

夫人庙　二，一在夫人村，一在二十都汉溪。

三仙庙　二，一在三仙嵊，一在莲花峰。

（二庙与夫人村夫人庙香火极盛。）

徐仲山祠　在十都徐公嵊，今圮。

五谷神祠　在平山上。

津梁

津

《段志》津渡分官渡四、私渡十，殊为不经。凡关隘海口，照验放行，故有公私之别，此何所分而云然邪？今以方别曰东渡、西渡、北渡云。

东渡二：

交溪渡　在东门外中洲，今废。

永崇渡　在三十都。

西渡二：

大坂渡　在县西二都大坂邨。万历四十二年，令汪正谊造浮桥，名曰汪公桥，后朽坏不修，唯以舟渡。乾隆八年，何世玥倡首复旧。十四年又漂去，仍用舟。邑诸生黄巩捐租十三石三斗赡舟子。

陈家渡　在县西二里，旧有桥，圮于水。洪武二十九年，邑人黄孟舟作舟以济。

北渡十：

镇岭渡　在县东北厉坛左。明天顺间邑人李靖作浮桥，万历间漂去，三十七年，令罗希尹复旧。国朝康熙三十五年又漂去，以舟渡。乾隆四年，令李光祚造舟十六，修二十四丈，购租及店作修桥费，名永寿桥，有记（其略曰：杭属镇岭、平山两岸之界，阻大溪，为北乡云际山头诸水汇流。余莅杭四载，客腊风雨狂怒，溺四人，救苏只半，予闻而恻然累月。爰集绅士倡建浮桥，捐金付何子以烈、危子庆镛，诸董士亦争输，得百金成之。以余赀置田亩店屋为岁修计，名曰永寿桥云）。二十四年，令段梦日重修，以后随时补葺。至道光十八年，广增租，数撤旧材新之，令盛朝辅有序（当天成地平之代，则世路少艰危；值河清海晏之时，则川原无阻滞。是以履道坦坦，有贞吉之占；王道平平，无偏陂之憾。然而空江日暮，极浦云迷，雪浪滔滔，徒惊向若；银涛浩浩，欲赋印须。溯伊人于秋水，只有芦花；怀之子于春波，频呼桃叶。鱼龙影灭，何来分水之犀；环佩声稀，难觅凌波之韈。是虽车马劳劳，君其问水；而波涛汹汹，公无渡河矣。则有人焉，选金钱，输玉粟，驭青駁，驾黄龙，发大愿以渡众生，施慈航以登彼岸。刳木为楫，造舟为梁。木兰百尺，持砥柱于波心；铁索千寻，缆孤舟于渡口。映水面之文章，岂是鼋鼍驾得；造空中之楼阁，非关乌鹊填成。客来天上，如乘汉武楼船；人在镜中，似泛张骞牛斗。功诚伟矣，利莫大焉。有如光邑永寿桥者，事竣问序于余。余窃以为涉溱涉洧，风俗之陋也；就浅就深，民事之病也。是故人溺己溺，君子之仁心；杠成梁成，先王之善政。苟道路之不修，将河滨其奚涉？余也心存济世，志切纳沟。濯缨濯足，徒听孺子之歌；载舟覆舟，愈切下民之惧。才疏经济，舆未赠夫郑侨；学歉均平，楫岂施夫商说。心滋愧矣，意弥戚矣，今者星明太乙，乘朵朵之莲花；沙集恒河，现层层之宝筏。周原膴膴，九有乐其承平；禹甸畇畇，八埏欣其利涉。但愿永则同四海之永清，毋俾斯坏；寿则比九如之寿考，以莫不兴。永朝永夕，咸思利涉之功；寿国寿民，共洽诞登之愿。听桥头之鸟语，有人贵至三公；睹境内之休征，此地祥臻五福。是为序）。

池湖渡　在县北二十里，初有屋一栋，田八十亩（在石家岭桥垄坑箬山下）。康熙间又置田四十称（在留子山大坡头），乾隆间又增三十称（在学堂邱东边坪及横路上），作赡渡之用。

崇仁渡　在十九都。宋淳熙十四年，里人上官超叟舍田置舟以济，复于渡口建亭，以憩渡者。

汪公渡　在县北十五里，里人官舍江鲤倡捐，贷金取息以募渡夫。

扫箒尾渡　在二十一都。

黄岭渡　在二十一都。

茶富渡　在县北二十六都大寺寨前。

堵里渡　在二十六都本邨。

石浆渡　在二十六都本邨。

新兴渡　在招德陂。乾隆三年，二十二都大青里民张及元、邱琴宜、吕德珍等捐赀造船，置租以赡渡夫，名曰新兴渡。

梁

在城六桥，平济、洪济为东西锁钥，善利梁东城濠，通济作西门户，春台跨溪，接龙跨涧，并冲要，宜条列。各都桥则依都汇叙。

平济桥　在朝宗门外，跨大溪。宋嘉定十四年，令陈观奕建石梁。元毁于兵。明弘治元年，令刘俊闻邑民李文通存日有志成桥，寻没，其妻王氏思缵夫志，遣所亲叩之。王氏即日鸠工累石为墩，九卷石为梁八，费金万计，修三十七丈，广一丈七尺，而覆以屋后。令魏默有记（其略曰：去县半里许，有桥横溪，号平济。元代毁于兵，百余年无有能复之者。邑富民李文通有志，未遂而卒。厥子绍义思成父志，不幸早死，妇官氏方娠。由是文通妻王氏慨然思奋，冀天之佑而衍宗祀于方来也。时刘侯君位，闻而敦劝之，遂以弘治改元之四月始事。未几，子妇果生男，因名其孙曰桥生志喜。越二年，予忝治兹邑，桥工未半，留意督之，再逾年而始成。予维人之建立功业，惟心纯乎诚者，见其义不谋其利，公于人不私乎己，作于始不怠其终，若王氏之为桥，不惜万金之费，不恤一己之劳，不惮弥年之久，非其心一于诚而能若是哉？推是心，可以动天地感鬼神，天岂有不大其祚而昌其后乎？予嘉其用心之诚而出于妇人也，故大书特书而为之记）。万历二十二年水崩，令程寰修复之，改名程公桥。国朝顺治三年复毁于兵，邑人蓝廷乔、官汉宇募众重修。至康熙三十七年火，次年移造于回龙潭，未成而漂，乃建木桥于东门城口，改曰便济。雍正五年，重建九墩，以梁木未得，改议卷瓮。至乾隆三年落成，易名永福，时令李光祚也。其后得梁木，始复故而屋其上，收僦直作士乡、会试资。嘉庆七年复毁于火，九年用盐羡重造，十二年讫工，次年大水决去一墩，邑士何泽旭补葺焉。今名利济桥。

洪济桥　在宣德门外，跨大溪。宋元佑四年，令魏闳募众为木桥。嘉定五年漂于水，令徐杰更建以石，名徐公桥。元毁于兵。明洪武七年，主簿李祥倡建而屋之。永乐十年，邑人黄孟舟募众，甃以砖石。天顺四年又漂去。成化四年，守盛禺累石为之，更名宏济，修三十五丈，广一丈八尺。万历三十九年火，邑民李友辅倡复之。国朝顺治五年，毁于兵。至康熙元年始复列店屋四十五间。乾隆初，令李光祚抽店二十五间送儒学为乡试卷资。嘉庆十三年，大水决去一墩。道光二年，岁日全毁于火，其石墩未动，邑士裘廷相倡复之，惩店不戒于火，故覆以屋而不店，亦保固一道也。

善利桥　跨东城濠。明万历十年圮，邑人吴文茂伐石重建。

通济桥　在杭市尾，旧为土桥。明宣德八年，主簿曹士原倡民垒石为岸，架木其上而屋之，复建亭为迎送之所，匾曰“环翠”，土名环西桥。弘治十六年，守夏英命邑人卷以石，修三丈，广一丈。

春台桥　在洪济桥折而东，跨小溪。宋嘉定五年，令徐杰建，名杭西桥。元毁于兵，明洪武七年重建。弘治十四年，令李麟卷石为梁而覆以亭，修五丈，广一丈六尺。圮，万历四年重建。国朝康熙间圮，寻复。乾隆十四年，大水全决。二十年，邑士高天相独力重建，改名春台。四隅构屋，年收三十金捐入乡会试资。

接龙桥　在龙兴寺前，元时以石为之，修三丈，广一丈。国朝雍正间，坊人构亭于上。

一都桥三：

仙华桥　在县北，离城三里许。康熙三十二年，邑人公建石墩，屋之。乾隆十三年，令吴名夏卷瓮为梁，次年圮于水，今为木桥。

五里桥　在高源。明成化间，高友政造石墩而板其上，修二丈四尺，广八尺。国朝乾隆十四年圮，寻复。

路口桥　在高源。明成化间，邑人龚惟善造以石，修二丈，广八尺。

二都桥八：

寺前桥　在再兴寺，即西来寺前。明天顺间，里人危伯立建，修四丈五尺，广一丈二尺。国朝康熙四十三年，僧祥云募建石墩，屋之。

石岐桥　明弘治十二年守夏英命里人官元赋建，圮。万历十六年，罗景贤复之，而屋其上，修五丈，广一丈六尺。一名成德桥。国朝康熙二十年，罗宇募众重修。

飞　桥　在篛下，修一丈八尺，广九尺。

陈家桥　近篛下，跨小涧。元至正间里人陈千三造木桥。明永乐八年，易以石，修四丈，广一丈。

石卷桥　在上小源。元至正五年，里人危文昌募众卷石为之，因名。修四丈五尺，广一丈。

永丰桥　在竹山下，跨小涧。宋建，元毁于兵。明洪武二年，以石重建，修三丈，广八尺。今圮。

黄溪桥　在黄溪。元至正二十一年造木桥，圮。明永乐十六年，本里高用重建而亭焉，修三丈二尺，广一丈。

官　桥　在长山下。元代建。明洪武三十年，里人高彦辉建。万历三十七年圮，令罗希尹伐石重建。

三都桥二:

破溪桥　在三都黄泥塅，里人揭德宇、曾以诚同建石桥。乾隆十四年圮，邑绅何世珧因石墩架木以渡。

小溪桥　在三都将军庙前，曾以诚造石桥。乾隆十四年圮。二十四年揭思仁重建。

四都桥二:

水口桥　跨溪，修五丈，广一丈三尺，屋其上。

浮　桥　在水口坪上。康熙四十七年，里人黄士灿建，有田赡修费。

五都桥三:

万福桥　在管密邨。明崇祯间建。国朝雍正十二年重修。

祝家桥、戴兴寺桥　并在五都。

六都桥四:

曲　桥　在罗家渡。

深亭桥　在上观。

将军桥、二仙桥　在桂家水口山外，旧系石卷，圮。嘉庆十九年，里众架木屋其上。

七都桥四:

李坊桥　在七都本邨。石瓮里人建。

寿杯桥　石瓮，李泰交建。

高网桥　在吴屯邨外。

同寿桥　石瓮，李德基、李显文同建。

八都桥六：

永济桥　在邨上，石瓮，有屋。

天妃桥　在象头山外，明万历四十年僧自廉建。

交溪桥　在岛石山，石墩。

高北桥　在惠厚里，石瓮，有屋。

上车桥　在亲睦里，长石为梁。

洪家桥　在亲睦里，长石为梁。

九都桥五：

路口桥　跨小涧，明洪武九年，邑人黄均造木桥，屋其上，修二丈，广八尺，圮。正德十二年，里人黄辉倡复，加广二尺，庇以亭五楹。令钟华有记。（其略曰：路口桥，杉关之津要也。屡修屡败。余来莅任道经焉，念东南财力方竭，周视境内，桥梁宜创修者不可数，计欲一一为之，日亦不足。爰申著于政条，深有望于民间杖义者，助有司之不及，久未有以应。兹义民黄辉募众修复，木石坚厚，有加曩昔，可为长久计。使邑民如黄辉者数辈，为余修废起坠，则余亦可以卧治矣。）国朝乾隆二十三年，辉裔孙重修。

九里桥　跨小涧。明洪武十三年，僧静逸造木桥，圮。宣德八年，署巡检陈洪募众，甃石为岸，梁以木而屋之，修三丈，广一丈，圮。隆庆四年，里人黄璋重建。泰和郭子章有记。国朝雍正间，本邨何姓造石瓮，仍庇以屋。

镇安桥　在杉关邨，石瓮，有屋。

有名桥　石瓮，在严溪本邨，萧姓公建。

永兴桥　在上礤，旧石桥，圮。道光十七年，里人官秀山募赀重建，木梁屋之，修二丈五尺，广一丈。

十都桥十二：

万安桥　在止马，旧木桥，元毁于兵，明洪武九年，令林孔孙重建，累为水败。宣德四年，主簿沈宗建以石墩，八年，墩塌其半。县丞张履作新之，而构玉虚观于桥西偏，以镇水患。万历三十六年复决去，令罗希尹复之，庇以屋，修七丈，广一丈五尺。国朝康熙四十一年，令苏迴拨本邨军营坪地基租钱一千二百文赡修桥费。乾隆五年，桥圮，令李光祚倡石卷，修十七丈，广一丈五尺。十四年又毁一瓮，寻复。二十四年重修，五十五年全圮。里人寇廷枫、潘超华、寇元勋、危宏道倡捐重建。嘉庆间两次坏堤，并修复。

洋　桥　在止马街头，跨小涧，墩梁并石。

神福桥　在止马中街，石瓮。

青石桥　在止马下街。

衙前桥　一名永镇桥，旧梁以木。乾隆二十七年，节妇寇危氏独力捐赀造石桥，命继子廷枫督成之。

詹家桥　旧墩梁皆石。嘉庆十三年圮于水，就故址上架木以渡。

油榨桥　在黄花市，里人邬尊先仝僧翠崖建。

万寿桥　一名资福桥，在危家塘，以木为梁，屋其上。

观音桥　在六源，以木为梁，屋其上。

小寻洋桥、寻江桥　并在本邨。

水尾桥　在洪家庄下。

十一都桥三：

发育桥　在何邨水口山。雍正九年，里人高联名承父志造石瓮，屋其上，并置田租山场赡修约费千金。

何公桥　在真应寺前。乾隆四年，里人白星彩、白君玉、黄成宇募造石墩木桥。

列仙桥　跨小涧。康熙十一年，僧大寿募建。

十二都桥八：

发源桥　在本邨。

安泰桥　有屋，陈姓建。

福德桥　有屋，龚姓建。

风草桥　有亭，通新城。

双溪桥　石卷。

半源桥　有屋。

积金桥　有屋。

接龙桥　石卷，龚姓建。

十三都桥五：

环堵桥　在营心里，旧石桥，圮。雍正四年重建。乾隆二十四年，圮于水。五十五年重建。嘉庆十三年又坏，寻修复。

官溪桥　为源溪一邨锁钥。明成化间建。

永福桥　在邹家邨。

福寿桥　在凤尾邨。

上坊桥　在上坊里。

（三桥并上林僧继慧建）

十四都桥七：

碗窑桥　旧石瓮。乾隆十四年水决，易木桥。

火烧桥　通杉关，石瓮。乾隆十四年水决，寻复。

揽坑桥　通十二都，在上坑塔前，桥通铁牛关。

严下桥　乾隆十九年重建。

长生桥　在岩下，木梁，圮于水。道光十八年重建，修七丈，广六尺。

水尾桥　里人建。

十五都桥十五：

雷音桥　跨小涧。明洪武十三年建，圮。永乐十五年，高伯崇为板道，修三丈，广一丈，圮。万历四十一年，里人李友辅重建，石桥。国朝康熙六十年，官国玉等庇以屋。

长城桥　在十五都吴屯。明洪武六年建，名吴屯桥。正德十二年，令钟华率里人官元真、李逵生、龚华通重修，改名长城，因其地社名也，后圮。国朝嘉庆十一年至十四年两建两焚。至道光九年，都人募众建，石瓮，修七丈，广一丈六尺。

东西桥　康熙间建，石瓮，修二丈。

艾家桥　乾隆间里人建，石瓮，修一丈五尺，广八尺。

华　桥　跨小涧。洪武七年建，圮。永乐十六年重建，复圮。弘治十四年，李友诚伐石建，修四丈，广一丈。

明山桥　石瓮，在官墩邨口。康熙四十三年建，乾隆十四年水决，改路于山。至嘉庆初重建，庇以屋，修四丈，广一丈，一名南浦桥。

直道桥　旧圮。乾隆十一年，里人官英高、官尔仲伐石建，移故址上二丈，以便行人，故名。

贯子桥　在华桥上，石瓮。

黄溪桥　里人高用庆建。

永安桥　在溪西洲上。乾隆间官琢光、官尔仲建，石板，修六丈，广五尺。

门逢桥　在官墩水衙口。

诸公桥　在官墩右二里。

南涧桥　在下坑边，龚姓建，石板，修四丈，广三尺。

卷瓮桥　康熙间建。

西社桥　在西社水口，石建，修一丈，广一丈。

十六都桥十七：

古坑桥　一名普庵桥，跨小溪。乾隆十八年，卷石重建，修五丈，广一丈。

兰乾桥　跨小溪，庇以屋，修三丈二尺，广一丈。明里人建，后圮。国朝康熙二十一年重建。

石壁窟桥　乾隆十一年里人邓圣兆等卷石建。

万寿桥　在邓家边。雍正六年，里人危登仰、登俊募众卷石建，修三丈五尺，广一丈。

永丰桥　在邓家边下，石瓮，修五丈，广一丈二尺，乾隆二十一年建。

崇古桥、顿古桥、接龙桥　三桥俱在啸溪水口，各修二丈，广一丈，石瓮。明季里人危仕浩兄弟建。

新兴桥　在茅坪灵阜水口，石瓮，修七丈，广一丈二尺。乾隆十一年，游凌远、方伯元募众建。

沈家桥　在渠溪，石瓮，修二丈五尺，广一丈，顺治间建。

永福桥　在渠溪，石瓮，修四丈，广一丈二尺，雍正十三年建。

新安桥　在梧冈下灵阜上，旧木桥，圮。道光十年，里人游定模倡建，石瓮，修四丈六尺，广七尺五寸。

沙坪桥　在本郡。

永安桥　在邓家边湾里，石建，修三丈，广七尺。

永福桥　在邓家边水口，石建，修四丈，广一丈。

万安桥　在邓家边村头。道光十五年圮，里人募建，修五丈，广八尺。

新福桥　在梧冈郡。道光八年，方光如、泮林倡建。

十七都桥十：

顺济桥　宋宣和六年，里人严伯和妻陈氏建，改名严婆桥，圮。明洪武二十六年，陈建中募众重建，又圮。正统间，里人黄文谅伐石为墩，又圮。成化间，高友政倡复，而庇以屋。国朝康熙间毁，令吴堂率里人建。乾隆十四年，大水决去。二十二年，令钟文标倡危宗岱、龚书绅等建，后屡败屡修。道光十八年，里人倡复之，令盛朝辅有序（其略曰：浮屠家言世有善男子善女人。何谓善男子？皈依三宝，布施十方者是也。何谓善女人？发慈悲心，积大施舍者是也。而吾儒之所谓善男子善女人者异是。仁义忠信，乐善不倦，是之谓善男子。善心为窈，善容为窕，是之谓善女人。光邑之十七都，有善女人曰严婆。都有桥，严婆发善心创成之，诚善事也。人即以严婆名其桥，不昧其善也。严婆，宋时人，桥至今人犹以严婆名之，不没其善也。然则严婆非即佛氏之所谓善女人耶？夫善莫善于救人，善莫善于济世，佛氏以度人为善，设慈航施宝筏而众生未见其起升，则其为善也沦于虚。吾儒以济人为善，济巨川作舟楫而万民胥沾其利济，则其为善也归于实。由是观之，严婆以一巾帼女子，何知大义？而一念之善，乡之人享其利于无穷，其佛氏之所谓善女人欤？抑吾儒所谓女子之善者欤？夫匹夫为善，于乡人犹慕之，而况在妇人乎？宋至今数百年，桥之功虽易，而桥之名犹存。今岁乡之善士又修复之，是则善女人创之于前，善男子继之于后，何光邑俗之善也！事竣，来告于余。余嘉其善乐其善，而又愧余之治于斯，成杠成梁竟未举先王之善政以及吾民，而转幸吾民之多善男子、善女人也。是为序）。

京贵桥　在邓源郡。

洋营桥　在陂遐郡前。

鸿　桥　在观音寺下，木梁，有屋。

油榨桥　在朱家山对门，圮。

洪　桥　在江家窠口，圮。

仁寿桥　在磜面。乾隆十四年，里人高必龄捐建，石瓮。

崇瑞桥　石瓮。乾隆十四年里人张如龙捐建，修三丈，广一丈。嘉庆三年，裔孙洪奎海设田赡修。

金陵桥、吴家洋桥　并在本邨。

十八都桥三：

感应桥　在大林，旧以石架板于上，屡为水漂。明万历三十三年，里人宗魁伐石为之，庇以屋，修十八丈，广一丈五尺。四十一年，令汪正谊重修，寻圮。国朝乾隆二十一年，募赀建，木梁，改名永康。

承安桥　在油榨邨，旧无桥。万历三十二年，里人傅玉秀兄弟率族伐石建而屋之，修十五丈。

洞天桥　在饶家坪口外，距永康桥里许。乾隆二十三年重修，改名永宁桥。

十九都桥四：

径山桥　在径岭下，一名朝京桥，跨小涧。元至顺二年建，至正十二年毁于兵。明永乐八年，里人黄孟舟募众重建，修五丈，广一丈二尺。国朝康熙三十五年圮。乾隆二年建，石瓮。十四年，又圮。里人龚明煊、王文选等捐建，木桥。

崇仁桥　跨小涧，以木为梁，圮。明洪武二年，里人上官受安易以石。弘治十五年重修。国朝乾隆十四年圮。二十四年，令段梦日倡里人龚明煊、王文选等捐建，木桥。

池湖桥　在木邨。

福宁桥　在沙帽山边，跨小涧。乾隆六年，圣迹寺僧募众重建，屋之。

二十都桥三：

天平桥　跨北大溪，旧以竹石垒墩，屡漂。康熙二十二年，令金鸣凤倡建，又毁。三十年，令张彭又重建。乾隆二年，二十九都官奇学捐租十石，二十二都官玉章等二十五人捐银置租八石赡修，后增置租五十八石五斗。

门前桥 在大里峰。

象山桥 在汉溪。

二十一都桥一：

二仙桥 在山步铿水口，石墩，木梁，今圮。

二十二都桥一：

绳祖桥 在傅家邨之西。里人傅耿光建，其孙临庶建，石桥，因名。毛鹤龄有记（桥在邑北四十里，傅家邨之西，通邑西境，达江西、泸溪，不独谢家边一路也。创自本邨傅临庶之祖耿光先生，迄今八十九年。既敝，而临庶承父命，因其址概石之。吁，亦杰矣哉！盖利涉王政之一，守牧以地僻罕及，而邨人不目为无裨，即托之以邀利营私，天下事有为之不如其已者，可胜道哉？是桥为临庶先德与二邑行旅所系，虽新之，苟不坚以固，未见其为无穷之利也。今临庶克恭父命而贞之以石，以是事父，即以是绳祖，故独任焉。当其作，唯恐其无继也；及其继逾夫作，其作乃益著。盖耿光先生之泽于是乎与桥俱永矣。昔蔡忠惠奉母建洛阳桥，至今称之。桥虽不同，其心一也。更由此扩之，无不善绳其祖，临庶之为人又乌乎测之哉）。

二十三都桥二：

夫人邨桥 木梁，乾隆二十四年里人刘庆麟募众建，修十丈，广四尺。

坝头桥 木梁，修十余丈。道光元年众建。

二十四都桥四：

永安桥 在新甸街水尾观音阁门前，木梁，有屋。万历三十七年圮。

建安桥 在瑞溪口，木梁。

泰安桥 在柜林，木梁。

新德桥 在新甸街，道光十八年重建。旧分两截，今连为一，故名。

二十五都桥七：

五里排桥 石瓮。

真武桥　在李家坊，石瓮。

梅坪桥　在本郜水口。

司前桥　乾隆二十三年倡建。

棚　桥　在够扒岭，木梁。

天灯制火桥　在云际坑，石梁。

吉星桥　在梅坪，嘉庆元年造，石桥，寻圮。二十二年建，木桥。

二十六都桥一：

寿山桥　在寿山礤坑口，石瓮，明正德五年黄文行建。

二十七都桥六：

仁寿桥　在玉田里，跨小溪，石瓮。

丁公桥　在员岱，乾隆二十二年东溪危象治建，修八丈，高一丈。

黄边桥　在员岱，石瓮，康熙二十四年僧懿朗募众建，后圮。乾隆中，里人龚岳钟建；道光十四年，子蕴辉捐皮租七担赡修。

太平桥　在员岱，旧系僧懿朗募众建，石瓮。雍正五年，圮，里人何邦彦、陈映娄等倡建，木梁。乾隆十四年，圮，架木贴水以渡。嘉庆二十二年，元沛三、何肇璠倡造板桥，有租三十一石赡修（龚蕴辉捐十石，李象千十石，危肯堂捐钱外又捐租一石，黄元凯四石，危赤文四石，陈履明二石）。

长寿桥　在黄石口上，雍正五年，圮。里人何邦彦、陈映娄募众建，石瓮，修四丈，一名鸦溪桥。

三接桥　在东皋里，其地有三小溪如鳞次，桥亦断以为三，故名。嘉庆二十五年，危霖、危肯堂董建；道光四年重修。李盛岐有记（其略曰：东皋溪出白果树下，店口交溪隔以两岸，实为东皋、小广、罗家洲要津，春水阻涨，艰于渡涉。我外祖危雨苍有志创桥，未逮。舅氏沛、三公霖兄弟捐租四石以成父志。董之者，从子肯堂也。以嘉庆二十二年二月讫工，有租十三石为修费。道光四年得仰旧资重修，夷坦如履平地，厥功茂矣）。

二十八都桥五：

玉清桥　木梁，一图人建。

严坑桥　二图人建。

安定桥　在磜上，木梁，有屋，胡姓建。

福源桥　在浆源，木梁，有屋，顺治间建。道光十二年，圮，寻复，增石墩。

集福桥　在儒洲，乾隆四十一年建于下衕，久圮。嘉庆六年，众议原地迁回不便行人，移建中衕跳石头，名曰集福，修十四丈，广三丈，有租四十余石赡修。

二十九都桥十六：

（按：石板桥过水接路，所在多有，不胜载。本都采访所送龚福通独造石板桥，乃过水桥也，不录。）

望仙桥　石梁，在山头关水尾，通江西贵溪。康熙十六年，里人龚有常等建，以近仙人石，故名。

山头桥　在街尾，木梁。

江家桥　在郜口，木梁。

杨墩桥　在新丰门前，木梁，编竹垒石为墩。乾隆间里人龚怀仁屡修屡坏，以竹性易朽故也。道光初，怀仁倡众建，石柱，改名永安桥。复捐租七石八斗赡修。

官　桥　在本郜门前，木梁。

太平桥　在桥湾，里人邱景仰建。

黄溪桥　在本郜，木梁。

岭下桥　木梁。

梁家坊桥　木梁。

榧子桥　在西溪磡头门前，石梁。里人吴贵华、吴康顺同造。

聚宝桥　在西溪杨家边，石梁。

沙邱桥　石梁。

叶家桥　石梁。

（以上三桥吴贵华倡捐，众造。）

松树邱桥　石梁，吴康顺造。

三星桥　木梁，道光十四年圮。十五年，刘仕明独建，石瓮，修三丈，广五尺。

难河桥　木梁，乾隆二十三年，官博文、约文捐田租三石倡建（龚、官、江、李、林、刘六姓董事助建）。

三十都桥三：

狮子桥　在回龙阁下。

望仙桥　在直阜铺下。元至正八年，令朱万初甃石建，修三丈，广一丈。万历元年圮，邑人吴文茂重建，又圮。国朝乾隆十八年，里人李高陵、危伯让、卢克祖募众卷石，修一丈九尺，广如前。

通济桥　在黄家磜。万历三十七年圮，里人危必材、危凤募众伐石重建，其后屡圮屡葺。嘉庆间又圮，今复。

坊　表

宋

孝感坊　乾道间邑令张硕为孝子上官超立。

兰魁坊　淳熙间为省元黄涣立。

探花坊　嘉定十年为探花李方子立。

道接真儒坊　为李郁李方子立。（在城东三元宫西。）

元

家传理学坊（与前同坊）　为李氏七贤立。七贤谓宋李深、李郁、李吕、李闳祖、李相祖、李方子，元李应龙也。

明

文魁坊　洪武十八年为进士黄伯珪立。（在二十四都新甸市。）

登云坊　永乐十五年令马伯玙为举人侯端立。（在县南。）

崇贤坊　永乐十八年令朱干为举人江礼初立。（在十九都崇仁市。）

进士坊　永乐十九年令朱干为进士侯端立。（在澄清坊东。）

文锦坊　永乐二十一年为举人傅璿立。

青云坊 宣德十年令陈度为举人高敬立。（在二都黄溪。）

攀桂坊 正统六年令盛埙为举人李舟立。（在十五都华桥。）

聚奎坊 正统九年令盛埙为举人邓敬立。

凤仪坊 正统九年为举人危俊立。

龙门声价坊 正德十二年为永乐甲午举人江礼初追立。

宾贤坊 万历二十三年为永乐癸卯举人朱光显追立。（在旧学右，系石坊。）

国朝

贞烈维风坊 康熙五十三年为何国权未婚妻郭氏立。（在惠济坊。）

苦节凌霜坊 雍正三年为郭子麟妻沈氏立。（在惠济坊。）

烈完正气坊 乾隆十三年为龚德仪未婚妻饶氏立。（在城西节孝祠前。）

三凤坊 嘉庆二十五年为龚文焕、文炳、文辉兄弟癸酉同举乡贡，甲戌、丁丑、庚辰先后成进士，并馆选立。（在二十九都。）

节孝坊 四十四。

在都一都十七：郭尚珣妻黄氏坊、梅玑妻张氏坊、曾庭颉妻饶氏坊、黄祖珩妻邱氏坊、高觐光妻龚氏坊、何泽平妻李氏坊、元景龙妻李氏坊、吴份妻王氏坊、何均厚妻万氏坊、龚履和妻何氏坊、黄悠仪妻德氏坊、龚孔瑭妻危氏坊、上官模妻龚氏坊、危日举妻黄氏坊、何长位妻龚氏坊、李时益妻危氏坊、李云汉妻熊氏坊。

四都二：王翔紫妻郭氏坊、王澜妻郭氏坊。

五都二：曾其芬妻温氏坊、黄育錞妻江氏坊。

六都一：李常昭妻黄氏坊。

七都一：李攀英妻吕氏坊。

九都一：上官纪妻王氏坊。

十一都一：高振妻李氏坊。

十三都二：邓维耀妻封氏坊、游绍庸妻徐氏坊。

十五都二：上官裴妻严氏坊、上官正平妻黄氏坊。

十六都一：邓逢荣妻吴氏坊。

十八都二：丁友吉妻王氏坊、危六一妻欧阳氏坊。

二十都三：梁明福妻李氏坊、梁居易妻梅氏坊、黄宗望妻宗氏坊。

二十四都四：毛宗炳妻郭氏坊、毛世琪妻叶氏坊、张翼邦妻官氏坊、毛有斐妻王氏坊。

二十六都二：邱维栋妻德氏坊、邱敬妾王氏坊。

二十八都二：黄元梁妻曾氏坊、王庚丁妻吴氏坊。

二十九都一：黄绍清妻官氏坊。

寺　观

在　城

龙兴寺　在洪济坊，宋崇宁四年建。逮明宣德僧志广增建山门、两廊、毗庐阁，置田地。隆庆元年毁。邑人吴子献重建。入国朝，康熙四十一年，僧仁元、性龙建后殿。乾隆十九年，僧新登建西禅，堂宇宏广，为一邑最。

龙兴观　在洪济坊，宋建隆元年建，今废为民居。

崇元道观　在龙兴观东，今为紫阳书院。

九龙庵　在茶焙市，康熙十九年募建，今毁。

崇福庵　在澄清坊将军庙后，康熙八年募建。

三元宫　在城东。旧志仅载僧曙初圣禧募建，未详何代。乾隆三十六年毁，僧天相重建。

地藏堂　在城东（未详托始），康熙六年知县赵之瑾募众建，名振锡堂。

回龙阁　在城东交溪南岸。明万历十一年建，后圮。国朝康熙二十年，僧海亮募建。三十九年岸坍道断，僧戚元填濠甃路以通行旅，复于阁后建白云封。嘉庆中复坍，知县张文彬捐赀复之。白云封今圮。

华严寺　在县南，唐天成间建，久废，今犹称其地为华山殿云。

西桥庵　在徐公桥头（即今洪济桥），宋嘉定五年建，久废。

按：旧志尚有廨院庵、普济庵、宝莲庵，并宋建。今不得其处，故不列。

一　都

仙华庵　在仙华桥头，宋咸淳二年建，久废。

老君庵　一名永兴庵，明万历十二年建，后圮。国朝康熙六十年，僧碧岸重建。

宝福寺　宋嘉定间建。

普济寺　宋嘉定二年建。

居洋庵　元大德二年建。

翠云庵　元大德元年建。

（以上二寺、二庵今并废。）

二　都

再兴寺　一名西来寺，在县西十里。宋乾道三年建，明万历间僧月池重建。

遇龙庵　元延祐三年建（旧志作宋延祐建，宋无延祐，正之），后圮。明万历间僧沂水重建。国朝雍正七年，僧九开重建。

双峰寺　五代晋天福四年建，后圮。国朝乾隆二年，僧照隆重建，置基地、山场。

北坑寺　唐大通中建，后圮。明洪武、万历两建，又圮。国朝康熙二十一年，僧道渺兴德重建，改名平等寺。

净土堂　一名师姑庵，在小源。明万历间僧见如同母建。国朝康熙十年，尼僧常照重修。

神仙庙　在大坂上，明万历间里人张逊五、席大亮建，后圮。崇祯间张国维、席赓载募众建，又圮。国朝乾隆十三年，席常清复建。

游家庵　在下小源。

隆居庵　在小源。

通灵殿　在月洲。

（以上二庵、一殿，未详建置。）

按：旧志有龙山庙、张王庙，既标寺观而列此二庙殊混，今删。

三　都

回龙寺　在虎跳。宋熙宁间建，额曰“寿圣”。（旧志作晋永和间僧邱道建说，太荒唐。）明洪武宣德两修，万历四十八年，僧明法、如恒重建。

蟠龙庵　明万历三十五年建。

白云庵　元至正十六年建。

四　都

龙安寺　宋淳熙元年僧光公建，明洪武间僧志诚重修，万历十七年僧祖春、月升重建。其宏广与在城龙兴寺埒。

永兴寺　一名戴兴寺，在横南，明僧性宇建。

净土寺　在水口，明建，后圮。国朝康熙五十七年，僧一杲重建。

三竺庵　嘉庆元年建，道光十一年，里人重修。

地藏殿（未详托始）　道光十四年，里人重修。

五　都

新兴寺　在溪东，五代唐同光三年，僧虚中建。国朝雍正间重修。

南山庵　宋咸淳二年建。

黄磜庵　雍正三年僧庆云建，名聚龙峰。

通灵殿（旧志止载雍正间重建，未详托始）

按：旧志尚有丰林庵、观音堂、云水堂、下观，仅载其名，未详兴废，故不列。

六　都

净居寺　宋咸淳二年，僧福禄建，后圮。明洪武间僧志广重建，万历间里人聂文相、聂必兴募众修。国朝嘉庆二十年，僧悬照募众重修。

太平寺　唐长兴间建，明洪武间道人永受修，今废。

观音阁　在桂家。

普灵庵（未详托始）　乾隆五十四年重建。

七　都

福田寺　唐会昌间建，明永乐十八年，邑人李希敬捐赀重修，有西竺禅师肉身在焉。明正统十二年，敕赐石碑二札。万历四十年，僧明法重建，扩田百亩。

永兴庵　在岩岭半山。

岩顶庵　今废。

丰林寺　今废。

新庵（未详托始）。

八　都

象山寺　宋淳熙元年建，明永乐、嘉靖、万历凡三修，国朝康熙四十三年，僧广厚重建殿宇。雍正四年，僧大兴增造本寺西庑。其宏广如四都龙安。

安民寺　宋淳熙二年建，明洪武间重修，万历三十一年，僧晓明、道晖募建，亦称巨刹。

石牛峰　旧名清虚观。明万历间建，后圮。国朝顺治十二年，僧等琳重建，改今名，后毁。乾隆五年，僧志学再建。

报仙寺　宋宝庆二年建。

观音阁　在亲睦里，今废。

文昌阁　在岛石山，圮。

中　庵　在云台。

山樵庵　在中庵下。

华光殿　在朱坊口。

均山寺（未详托始）。

九　都

云溪寺　唐咸通中建，后圮。明洪武、万历两建，又圮。国朝康熙初，僧波罗再建。

永城寺　宋咸平二年建，明洪武间重修，复圮。万历间僧静心重建。

回龙庵　在路口桥，今废。

师姑庵　在严溪邨后，今圮。

十　都

惠海寺　唐咸通五年建，明洪武间重修，后圮。国朝顺治十年，僧镜初重建。

白鹿寺　宋淳佑间建，明洪武间重修。国朝康熙四十八年，僧德旨重建。

万安观　旧名玉虚阁。在万安桥。明宣德八年建，今为巡检署。

资福寺　在危家塘。明洪武二十三年，僧普海建。国朝康熙三十五年，僧月修重修。

南山寺　宋天圣五年建，今废。

石萝观（未详托始）　今存弥勤堂，在六源。

茶　庵　在止马街头。

中庵、龟山庵、鹅公寺　三所并在黄茅。

葛坪庵（未详托始）。

十一都

新兴寺　五代唐同光三年建，后圮。明洪武三十年，僧法喧重建。

真应寺　一名何公寺。宋天禧中为仙人何道建。明洪武间修，崇祯九年僧慧太重建。

宝福寺　康熙七年，僧宏光建。

集云峰　明宣德二年建。

东山观　宋建隆二年建，今废。

西清道院　元至元十八年建。

茅坪庵、青莲峰、严坑庵（旧志三所，未详托始）。

十二都

西明寺　唐咸通中建。永乐九年修，后圮。国朝康熙五十九年，僧履中重建。

南山寺　宋天圣五年建。

金楼观、三佛殿（二所旧志未详托始）。

石鼓峰寺、金楼峰寺（二所据采访册，未详托始）。

十三都

杨源寺　唐长兴三年建，明洪武二十九年道人邓成生修。国朝嘉庆八年，僧景光重修；道光九年毁，邓姓重建。

长春道院　在莲花山下。

再兴寺　唐乾符间建，明洪武二十七年僧道源修，万历间重建。国朝嘉庆六年，邓姓修。

上林寺　唐天成二年僧刘谷建，明洪武二十九年重修。

太平庵（未详托始）。

十四都

白羊寺　五代时僧行觉建，元季毁于兵。明洪武十二年，僧净慈重建。万历十四年毁，僧彻太募建。国朝嘉庆二十一年毁，道光十八年僧保真募众重建。

西山观（未详托始）　国朝道光十七年，僧保真重修。

资福寺　元至正十八年，僧无用建，明洪武间修。

普济庵、白云峰、佛搭坳、大岩庵（四所旧志未详托始）。

圣公庵　今废。

东山观（未详托始）　国朝道光十六年，里人张元龙募众重建。

盘龙庵、接龙庵

十五都

东林寺　五代晋天福间建，明洪武间修，万历间毁。僧彻太募建。

南山观（未详托始）　国朝康熙五十七年毁，僧志凌重建。道光十一年，僧清慎重修。

兴龙峰　在马杈山。国朝康熙五十年，僧怀让募建。

真武观　宋淳化间建。

乌源寺 宋天禧二年建。

福庆庵 元至正间建。

观音阁 在华桥水口山，今圮，存文昌塔石基七，俗称明七星。

雷音寺、上庵、桃源庵、万灵峰（四所并圮）

十六都

崇安寺 唐会昌间建。开山僧隐广乃龙湖圆觉禅师弟子。明洪武二十九年，僧得仁修。有飞瀑、蛟穴、龙潭、圣像、七楮、八松、万竹、双柳诸胜，其楮、松、竹、柳皆圆觉手植。

仰山峰（未详托始） 国朝康熙间僧志圆同徒果堂重修，增建左屋，置山田，蓄竹木。

茶瓶庵 乾隆初建，有田数十称典刘姓。嘉庆间僧控赎累讼不已，里人游卓然以钱赎回，永为庵业。

常山寺 宋建，久废。国朝康熙初，僧双剑重建。

莲塘庵 元延佑间建，久废。

回龙庵 元至正间建。

太平寺 唐长兴间建。

崇庆庵（未详托始）

十七都

瑞岩寺 唐光化元年建，初名光化。已，山麓有光见于石岩，遂移寺岩上，改今名。明洪武间，僧无边及里人朱佛保重建。后圮。万历十九年，僧正约复建，置田二百余亩。国朝康熙五十年，僧元梅重新大殿。

观音寺 在大洋营，宋淳化间建。

天堂庵 五代唐建。

十八都

玉龙宫 旧名宝盖寺，在乌君山宝盖峰下，有仙迹。明正德间建。

君山寺 宋太平兴国三年建，开山僧乃圆智禅师也。明洪武间修，万历三十九年，僧广兴、如本重建。

真武堂　在笞山前，万历三十一年建。

龟山庵　康熙二十五年僧普惠重建。（未详托始）

天湖道院　宋天禧二年建。

溪山庵　在饶家坪。明代三十都湖坊胡姓建。国朝嘉庆间胡姓重修。

君山观（未详托始）

十九都

大窠庵　在大阳东山之麓，明正德间僧道暹建。万历四十四年，僧正英增建后殿，募铜佛，重一千二百余斤。国朝顺治间，僧日端重建。康熙五十年，僧圣禧增建殿后藏经楼。乾隆三十八年全毁。僧天相、本谦重建，补铸铜佛。

圣迹吉　唐咸通间建。明万历十七年修，后圮。国朝康熙四十年，僧德缘同徒立本重建。

崇化寺　唐建，明永乐初僧秉彝修。万历三十年，僧正祥重建，后圮。国朝康熙三年，僧志超募建。乾隆十年，僧奇山重修。

之仙庵　一名灵山，今废。

三隐庵　一名仙坛上，系古刹。康熙五年，僧明空建。乾隆元年，僧琢如增建前殿。

洪业寺（未详托始）

二十都

兴福寺　在上坪溪。（未详托始）

延康道院　元皇庆二年建，今废。

玉楼观　在招德，宋咸淳六年建。

二十一都

杨坑庵　康熙十二年僧竖荣重建。（未详托始）

夏坑庵　明崇祯五年僧觉登建。

里院寺　明建，圮。国朝雍正七年，龙兴寺僧泰先重修。

高天锡　明万历五年，僧发修建庵。

二十二都

石痕寺　唐会昌间建，明洪武间道人宗德修。

龙潭寺　唐中和五年建，明永乐初，邑人饶濬重建。

梅溪寺　唐会昌间建，明洪武间道人王三仁重修。

大明寺　明建，圮。国朝康熙四十七年，龙兴寺僧仁元重建。

二十三都

兴禅寺　在暮林州溪西，今一名清溪殿。（未详托始）

二十四都

香林寺　宋熙宁元年建，圮。明洪武间道人詹至顺重建。

新兴寺　五代晋天福元年建，圮。明永乐元年，道人陆延重建。

观音阁　在新甸水尾。

黎母庵　在雷公岭背。（二所未详托始）

麒麟阁（未详托始）

二十五都

涌莲庵　在云际关，明郡守夏英建，并建亭以憩行旅。国朝康熙间，何亮生捐民田二百九十称，额租二十八石三斗归住持赡施茶费。

乌洋寺、憩云庵、天福庵、金竺庵（四所未详托始）。

二十六都

崇仙道院　唐建，在举贤对岸石岩。存。

二十七都

玉真观　宋咸淳八年固院人黄熙建。明正统间修，后圮。国朝康熙五十六年，黄翰伯等重建。

招禅寺　唐末圆觉禅师建。明永乐初，道人黄继复修。

居羊庵　元大德元年建，今废。

五凤寺　唐咸通十年建。明万间四十二年，僧元征修。

灵台峰　明天启二年僧碧潭建。国朝康熙五十四年，僧晓悟重修，今废。

西登庵　宋嘉熙四年建。

三台峰　明万历三十三年建。

金华峰　在叶家邨后，顺治六年建。雍正间僧悟修重修。

天福堂（未详托始）

二十八都

临江寺　宋淳熙元年建，后圮。明洪武间道人宗德重建。

兴宁寺　宋建，明永乐初道人饶世贤修。

玉清观　元延佑二年建。

三峰庵（未详托始）

二十九都

福宁道院　明永乐间建。

新兴庵　在山头关尾，唐开山僧自兴建。

唐开山寺　多猫竹、松、杉之利，其田岁约收二百余石。康熙四十四年，十牌人立傅别（今谓合同），载施主龚江胜。然里父老不知龚江胜为谁何，而龚姓谓江胜，其先祖名也。责道人治冬斋，道人执言施非一姓，向无冬斋一款，坚不从。十牌助之，遂兴讼。邑令周琦语十牌人曰：就令施不一姓，傅别内明说龚江胜施主也，尚何言？判令龚姓另召僧住持，而冬斋仍罢。

净室庵　乾隆二十一年僧照星重修。（未详托始）

莲花庵　近下西溪。道光十二年僧希长重建。（未详托始）

闪坑庵　在高公山下。

翠莲庵、福兴庵、景云庵、明真观（四所未详兴废）

三十都

临江寺　在直埠铺，今毁。

观音堂　依岩面溪，嘉庆初里人募建。

东山塔院　乾隆四十二年以造塔余材建，道光十八年修复，塔顶并修。（附录澍然撰重修培元塔记：邑东南去城八里，有塔翼然，高九丈，广轮亩许，创于乾隆癸巳，成于丁酉，名曰培元。有记。越十年，丙午，不戒于火，毁其内梁，梯甃板废不可登，而塔身并顶无恙，其翼然者如故也。顶范铁数千斤，贯以巨木载于梁，梁毁无所附著，厉风震撼则摇，摇而不已则折，折且堕其顶，皆事有必至者。使是时更梁之费才百金耳，因循不治，至道光壬辰竟堕。于是翼然者变而秃然矣。呜呼！恃外坚而忘内隙，浸积浸坏，驯至沦胥以败者，独是塔也哉？顶者，所以象高也。山有峰，屋有极，木有末，而塔有尖，凡峙与植者，莫不然。夫子曰："觚不觚，觚哉，觚哉！"言失制也。是塔何异焉？不宁惟是。汉《五行志》引《春秋》："大室屋坏。"言屋者，其上重屋，尊高者也；坏象，鲁自是凌夷也。今塔失其尊高，得毋衰气兆欤？又《周语》：单襄公见陈，道茀不可行，卜陈有大咎。今入境睹不度之塔，使觇土风者谓吾邑偷且陋，可不引为耻欤？以故邑士夫佥曰宜复。而估费视前当二十倍。属时艰难，赀用无出，议且寝。戊戌夏，思南盛侯翼卿先生以进士来为县，访民情，度地形胜，谕拨一月盐羡一千六百余缗，充费乃克集。以是年七月始事，次年己亥五月日落成。民不费而工办，因叹向者易而难，今也难而易，岂不以志哉？而侯方大兴城工，复紫阳书院师生膏火，新学礼器，创佾舞乐器，视塔工所系为大然。曾子固曰："能大者固有余于小，未有小不治而能大者。"况是役可以振地气之衰，洒士夫之耻，其系岂小哉！汇书之以著侯于吾邑无遗，使塔顶之复，特善政之权舆云尔。）

略卷八　建置略（增修）

城　池

咸丰七年二月，粤匪攻城，从西城外紫阳书院内掘地深丈潜达城根，以棺实火药埋其内，火发崩城六丈余。贼入城后，以木板及乱石塞之。九年，令陈源豫修复。同治二年，令沈茂荫倡邑人捐赀修，全城凡为寇礟击伤处，皆易之。次年，工始竣。光绪十五年七月，大雨，城四隅各圮十余丈。十七年，令李子茂修复。

公　署

县　署　七年坏于粤匪。十年，令陈源豫修葺。光绪七年，令周树森以谯楼已朽，毁去，改为台，周以石栏。十九年，令周有基建复。二十一年，署内花厅毁于火。

教谕署　同治五年，教谕徐为崧修葺。

训导署　同治五年，训导李烘修葺。

典史署　咸丰七年毁于寇。光绪五年，典史黄昌言建复。

巡检署　同治四年，巡检曹国桢修葺。

驻防署　咸丰七年毁于寇，今惟空址。守汛皆赁民房居焉。

协防署　今仍徙新甸。

仓　储

邑自咸丰七年兵燹以后，各处社仓均无储积。县治之常平仓全毁，惟有空址。何氏社仓亦惟数椽而已。今民间社仓虽渐次兴复，而储积无几。所愿董其事者，矢勤矢公，求其六年、九年之蓄可矣。光绪三年，令饶书升建饶裕义仓在宾贤坊南，计厫大小六间，储谷九十六石。光绪十七年，令李子茂将谷分储八坊社仓，各领谷一十二石。福民社仓储谷九十一石二斗，置田租六十石。澄清社仓储谷六十石，置田租六十七石，典田租三十八石。善利社仓储谷二百九十七石八斗，置田租一百六十一石五斗五升。镇岭社仓上镇岭典田租六石，下镇岭储谷九十余石，中镇岭储谷一百余石。惠济社仓分上中下三牌，惟中牌内第四牌五福社置田租二十一石，储谷三十余石；中牌内第二牌仁术仓置田租五石；下牌典田租一十石，储谷三十余石。武陵社仓储谷七十石，置田租一百九十五石六斗。顺化社仓分七牌，惟陆牌储谷六十石，其余共储谷七十石。

现洪济社仓稍有起色，储谷三百一十二石，置田租九百一十石。郡守王琛有序。（古者千室之邑必有千钟之藏，万室之邑必有万钟之藏。虽有凶荒，不致一夫之失所，盖豫备之道得也。义仓之举，创自隋唐，所以补常平之不逮。及其流弊，比户责输，同于加赋。官司侵蚀，徒以厉民。朱子师其意而救正之，倡为当社立仓之法。谓仓于城邑，不过市井游荡辈，而穷乡僻壤之民，虽饥饿濒死弗能及。故其处之也，不以城而以乡；其职之也，不以官吏而以乡之士君子。良法美意，千古莫易焉。我朝康熙年间，抚宪张清恪公，下其法于通省，劝民间广捐社谷。十石至百石以上，旌奖有差。久之，社谷渐空，社仓亦废。遐考当时所建置者，百无一存。惟光泽洪济义仓，自嘉庆以来，迄今百有余载，成规具在，为惠无穷，良由经理得人，与人心之向善，故能遵守而弗替也。核其章程，亦复井井有条，简当赅括，循是以往，渐推渐扩，转相仿效，将不惟一坊一邑之利而已。是则余之所厚望也！夫特弁数言，以勖来者。）

二都社仓，黄溪储谷八十余石，长山储谷一百余石，牛岭储谷八十余石，册下储谷八十余石。

七都李坊社仓，置田租四十二石六斗，储谷一百五十余石。

九都高岭社仓，置田租三十余石。

十都社仓名五福，置田租六十余石，储谷一百余石。

十四都蔡阮社仓，名济美，同治时建，里人上官乾、高凤来倡设，置田租一百余石，储谷一百余石；程家山置田租八石，储谷四十石；何家坊，名丰裕义仓，咸丰时建，置田租八十余石，储谷一百三十余石。

十五都华桥社仓，名均保，置租四十余石，储谷一百余石。

十六都社仓，山聚储谷六十余石，渠溪储谷一百二十余石，沙坪五社储谷二百六十余石，官允祠储谷一百余石，啸溪储谷三百余石，茅坪储谷二百余石。

十七都社仓，大园置田租一百余石，定源置田租一百余石，江家窠置田租六十余石，大羊坪置田租七十余石，周家村置田租五十余石，北庆堂置田租七十余石。

十八都油溪社仓，置田租二百余石。

十九都上洋宁社仓，名永定，储谷二百四十余石。

二十都社仓，上坪溪，名永济，储谷二百余石；招德傅氏储谷八十余石；汉溪储谷一百余石；社坛上，名逢源，储谷四十余石；谢家边，名惠济，储谷五十余石。

二十一都社仓，储谷二百余石。

二十二都圭洋社仓，刘子德倡建，储谷二百石置田租五十石。

二十八都社仓，名济远，储谷一百二十石；儒州社仓，名福寿，置田租二十五石，储谷一百余石。

三十都湖坊社仓，名福兴，置田租二十余石，储谷一百余石。

恤政所

育婴堂　道光二十年，建于福民坊县署之东。（《鑫园文集·育婴堂缘始》云：谨按郡志，宋绍兴间，知军王洋以俗生子多不举，奏立举子仓，贫妇娠五月报县委丞注籍，免其夫役一年；生子不问男女，皆给仓米一斛，弥月给钱千文。其法虽善，然光泽未能即行。朱子绍熙四年所作《光泽社仓记》有云：中下之家产子，力不能举而至或弃杀之。又云：买民田若干亩，籍僧田、民田之当没入者若干亩，岁收米合三百斛并入社仓，以助民之举子者如帅司法。又云：其创立规模，提挈纲领，皆县大夫张侯欣之功；而条画精明，综理纤密，则邑之隐君子李君吕之力也。然不知行之几何时而废。元明三百余年，未闻举者，殊可惜也！国朝雍正元年，奉文建育婴堂，顾其条规所陈，经费所出，悉无可稽。先曾祖敬斋公作《好生篇》数万言，以挽溺女之习，且多方设法以为援拯，而未尝一字及之。是书成于雍正、乾隆之间，想当时设堂未实力奉行，不久即废可知也。道光十年，邑侯周味兰先生病堂不立，而溺女者无可援止，思欲建复，遂捐百金为倡，以其事命长聚。长聚乃与张秀才长权、元秀才作桢、饶儒士厚禧将谋成之。教谕林鼐卿先生有序。会周侯罢去，而邑中叠有大兴作，因之未举。长聚惟以己资收养弃婴，岁得十许人，八、九年来得百数十人而已。乃与上官儒士汤铭出新意，使附郭居人各输百钱，贫者或至数文，俾交相劝勉，以挽溺女之习。初，以质高雨农先生，先生善之，即输钱以为倡，且使其子侄皆输之。于是亲友相继得钱五十余千，乃请于邑侯张雪君先生，遂买屋建育婴堂于县署之左。自时厥后，四乡有所观感，输纳者渐多，而他行旅之出光泽者，亦有所助。张侯复批月盐充费，其事赖以粗立。二十三年，邑侯刘西园先生因张侯旧案，拨盐羡以资用度，且复捐廉相贳。二十四年，邑侯郭巽帆先生仍复拨盐羡充费，于是乎事历三年而可希永久矣。窃维溺女为伦常之变，恶之最大者也；立堂以挽之，政之至善者也。顾自光泽建县八百年中，张大夫而后，惟周侯一举之。又十年，得张、刘、郭三侯之继，育婴堂始克有成。于戏！岂不难哉？然则迄今以往，欲永其事于无既，使诸婴不遭横折，小民保亲亲之爱，其有望于邑之贤父母者，又何如也？《诗》不云乎："岂弟君子，民之父母。"非是之谓与？至于受指挥职奔走而左右其事者，所宜公勤敬慎又当何如？其在诗亦有之。"无弃尔成，何求为我？"是则长聚愿与司事诸君共勉之而已矣。道光二十四年甲辰孟夏月初吉，何长聚书于育婴堂。）创始以十二月，落成于次年八月，买基费钱二百八十余缗，凡土木工料通费钱八百七十余缗。二十一年，令张广埏申请准抽盐羡每包三十文以充经费，又拨五月分民盐九百六十包折价领用。自咸丰七年，邑经寇变以后，盐政改章，事遂弛废。

光绪十二年，令周德至复申请准每包抽制钱二十文以资经费。十二年，又拨给董姓银四百两改建堂庑。十九年，令周有基申请准给常平仓余地，添造乳母房舍及后门出路。旧置店屋、田租列左：

一、南山观庄租，原额二百石零一斗六升五合，该交杨、张、高、邱各姓主租三十石零七斗。

一、送城租六十八石六斗八升。

一、西乡租九十一石六斗八升。

一、北乡租二十九石五斗。

一、店屋租钱六千四百文。

二十七都好生社　同治五年建，都人捐田租六十余石，赡本都贫户养女者。诚各都皆能如之，则溺女之风不禁自绝矣。附录之以为劝。

养济院　咸丰七年毁于寇，同治五年建复。

坛　庙

文昌宫、天后宫、城隍庙，凡为粤寇毁坏者，俱次第修葺。惟城外关帝庙，咸丰七年为寇所焚，现惟空址。同治初年，购城内惠济坊后街民房改建，设木主以将祀事焉。如江东福善王等庙，仍瓦砾一片，颓垣芳草而已。其仍旧重建或新创者录左：

先农坛　旧有屋以避风雨，咸丰七年毁于寇。

昭忠祠　同治四年建于福民坊后街，祀咸丰丁巳戊午殉难者。中座祀殉难官长，两旁列祀绅民兵勇，内厅祀殉难妇女姓名，俱见殉难录。春秋县官致祭，教谕徐为崧有序。（咸丰七年，光泽以斗城当数十万方张之寇，坚持十二昼夜乃陷。死者不知凡几，邑人拾埋残骸，穴地广轮三丈犹不能容。而访集死难姓氏合。八年，贼复至，斗死者，男得三千余，女得百余。嗟乎！其数止此耶？抑沦没无闻者尚多耶？骨格其尽瘗耶？抑为贼所漂没而燔燎者不可胜计邪？大抵死难者，尸不获就木，骨不获归山，姓氏不获尽留于世，其势然也。而精魂毅魄则流行两间不可磨灭！是以古人葬不招魂，祭则虽远子亦勿殇，其所以萃其精爽而慰安之者，可谓善体鬼神之情状矣。顾招魂葬礼今能行者鲜，即报以禋祀亦有难焉者。贼甫退，而姓氏尚莫之闻，何有于祭？即姓氏幸留者，又未必尽有人主其祀也。即有人主之，亦仅挤于常荐，而于古人勿殇之义未尝尽焉。然则弥其缺憾，优其礼文，俾凡死难者魂魄悉有所归，惟立祠统祀重之；以天子之命，显扬光耀，昭示无极，庶普徧而尊荣矣。窃观萃涣二象，皆取象假庙，足见聚合鬼神之涣散，莫重于庙也。而我朝恤典贵贱有差，至就地建祠祔祀，则下究黎庶所为。悯死难而恤其隐者，无一夫不获也。上有隆施，而下岂忍自封，不令泉壤得庇皇仁耶！然岂不在于贤者耶？诚使各氏族，属念所亲之惨死，而厚报之，邻里乡党推任邮之，仁而厚赆之，斯贤者之用心矣。如以惜费而不克举，冥冥之中能无憾乎？所埋残体，保不渐翳于榛莽，为狐狸所窟宅乎？宜贤者之所不忍也！今邑之贤士谋鸠赀建祠，以仁诸死难。介孝廉何君孟思，詹事府主簿高君晋阶来谒序，余虽不文，然表彰节义，余之职也。为言之如此，并捐俸以佐劝。）

成义祠 咸丰三年建于澄清坊，祀旅死无归者，祭以谷雨、中元二节。

白马庙 咸丰七年毁于寇，同治初年坊人重建。

天妃宫 咸丰七年毁于寇，同治五年邑人捐赀重建。

花神庙 在金斗窠。光绪二十二年，高士铨募赀重修。

感应庙 在蓼葭湾。咸丰十一年建。

鸣山庙 在三都虎跳。（按：鸣山当作闽山。）邑人上官承祜有记。（丁巳之难，余寄家十六都。都有闽山庙，尝游憩焉。父老谓庙建久，不知神姓讳。然祈祷辄应祭社即之而已。余曰：是吾闽乡先生卓侯之神也。《福州府志》载：神姓卓，名佑之，福州城西文儒坊人，宋景佑元年进士。建炎二年，建贼猖獗，绍定中汀贼发，端平中邵武山寇发，神皆现身云端，贼众惊退。守臣朱良骥、运使葛有声先后以闻，诏封广利威显侯，赐庙额曰“灵应”云。按《宋史》：绍兴二年，韩世忠拔建州，范汝为焚死；绍定三年，陈韡获汀寇晏头陀；端平二年，王埜擒贼巢，龚日未缢死。志称神著灵，膺封当在三使相奏功时也。而光泽县志载范、晏诸贼来寇，伏与吏符合，则安知邑人当日不默被神庥而建祠以报与？近戊午秋，有群贼过庙下，树忽有声，坠一枝毙前道者，余惊遁，都人获全，又恶知非神示威而庇吾民哉？不然何奇合如是也？闻之礼生有功于民，死配于社，况侯死犹护民，则都人之祠侯，与侯之受祠，皆得礼之正。社祭于庙，又何疑焉？旧题讹为鸣山，又误称王帝，不经，宜正之。父老曰诺，请书之，余为记于庙焉。）

将军庙 二，一在下朱溪，一在浮桥山。

福善庙 二，一在新坊，一在水阁上。

三仙岩 在二都。咸丰元年都人同建。有田租十余石。

白云峰三仙庙　咸丰六年毁于火，同治初年邑人周太本等倡首募众重建。邑人上官承祜有记。（白云峰祀三仙于其嵊，因呼三仙嵊，庙即崇道观也。高居远瞩，去天咫尺，蓊然云兴则雨沛千里，宜乎真灵依宅，祈祷者岁万计也。庙不知创何时，然有宋淳化、明景泰、成化时铁瓦，当不在宋后也。又有成化间铁鼎，镌李文通董事，道人黄道坚垦种大庵荒坪。大庵者，庙属庵也。而龚、洪、宗、鳞四施附庵山田云。后田为住持盗质，席乃心捐赎还庙，故自成化迄今，二庙香火赖数人弗熸也。咸丰六年，庙灾，邑人周时莹倡议，与光、邵诸董募赀重建。经始癸亥，庚午毕工，殿宇楼观，视前宏广。而时莹任事尤力，靡寒暑雨不陟降白云峰也。捐赀另勒，董事具载碑阴。）

玉皇殿　在五都狮山，同治年间曾姓重修。

五谷神庙、福宁庙　并在六都埠头，光绪三年建。

观音堂　在七都磜下村，光绪十七年建。

神仙殿　在七都李坊。

文武庙　在七都李坊，同治年间重建。

徐公埭　在十都，光绪十二年都人募捐重建。

齐天庙　在十八都，道光二十七年改建，视前较宽。

太阳庙　在十八都，光绪二十二年都人募赀新建。

夫人庙　在二十都。（续置田租二百余亩。）

石姑仙庙　在二十二都山口。

桃源殿　在二十四都庭燎，光绪初年建。

葛仙庙（前志列二十四都，《山川略》）　咸丰年间毁于寇，光绪六年重建。

津　梁

津

大坡渡　光绪五年，二、三两都捐赀改建浮桥，储谷五十余石为岁修。

虎跳义渡　同治年间建。

册下义渡　同治十三年建，现储谷五十余石为岁修。

乌洋渡　在二十一都乌洋，光绪八年建。

梁

朝宗门外利济桥　咸丰七年毁于寇。十年邑人捐赀建木桥于原桥下数武，历十余载渐朽。光绪元年，令罗运端倡民捐赀，仍旧墩卷石梁，计八瓮九墩，每瓮费银二千五百两。既成，将木桥解去。

宣德门外洪济桥　咸丰八年毁于寇，十一年邑人捐赀建复。光绪七年大水决去，余南岸一墩；十五年，令周德至倡民捐赀重建，仍列店屋收僦直作试赀。

永寿浮桥　咸丰七年毁于寇，以舟渡。十一年，重造舟十六，修二十四丈。庚子志所载置有店屋，亦因寇焚未复。惟新旧置田租三百余石为岁修。

洪济坊接龙桥　同治八年坊人捐赀修，广二丈，上建三圣庙。

一都桥：

上下黄家三桥　旧梁以木。光绪二年，三桥俱易以石。每桥二接，修三丈余，广六尺。邑人上官承祜有序。（西郊上下黄有涧桥三，达大路，陟诸山，西南行人道焉。桥联木为之，遇涨辄漂去，否亦数岁霉敝。凡成一桥，费五六缗，而其里人多食力，故三桥毁易而艰于成也。咸丰六年冬，高君揆盛偕周君泰本以簿过我曰："今夏返自西乡，道三桥皆倾朽不可度。遂与周君及郭君承德、上官君祥仁、吴君任敏、郑君新林新之。然恐更毁则无以继，于是增郭君承光、黄君吉复、希仕各出谷石有一斗，岁权出纳，为储修费。费充则以石易木，或可永久愿。子序之。"余曰："唯。"余于是尝念之矣。昔者或游白云峰，述其道险，欲治之。余闻，许资一缗，然未果行也。今三桥皆道是山，余附赀诸君可乎？曰："可。"余序其簿而输谷焉。明年寇乱，簿谷失散，周君收残补缺，经理至今将二十年矣。三桥重建者八，一梁以石，皆取给赢赀，而余积五十缗有奇，无责者不与焉，皆周君力也。今以出纳数属同人记载。至是二郭、二黄、上官、吴君皆为古人，曾几何时而凋谢如是！又使余感慨生也。余与高、郑二君录算已告诸同人，曰："使他日继理者皆能如周君，不唯上下黄赖之，道西郊者罔虞三涧也。"佥曰："然。"然须补序，余汇书之为后序云。）

古道桥　在蓼葭湾感应庙前，石瓮。（邑人上官承祜《游古道桥》五古："古人看不见，古道有遗桥。道是何年废，桥还为古留。"）

二都桥一：

长载桥 原名黄溪桥，光绪六年邑人危先承捐赀，卷石为梁。（何秋渊《九日黄溪桥山庄》七律："重阳两度扣柴关，隔岸人烟楮叶间。牛影乱中人获稻，鸟声喧处日沈山。秋光荏苒真容易，世事纷纭孰肯闲。自是乡居无俗虑，邻翁八十尚红颜。"）

三都桥七：

上朱溪石桥 一墩。

中朱溪卷桥 一瓮。

杨古庵桥 二墩。

近岭上石桥 四墩。

梨树窠木桥 二墩。

塘下石桥 二墩。

大洋木桥 四墩。

五都桥二：

兴福桥 在石城。

庵头桥 道光二十一年，六都人危斗璧捐赀建，石墩覆以屋。

六都桥二：

福宁桥 在埠头村，咸丰二年都人新建。

曲　桥 光绪年间重建，改名治平桥。

七都桥二：

永安桥 在磜下员山瑕外，五都黄源村黄某妻邓氏乾隆十五年卷石为梁。（前志缺，今补。）

永兴桥 在枧溪村外。里人邓显邦募众卷石为梁。

十都桥一：

万安桥 在止马。道光二十六年，里人倡赀重修。光绪十六年毁于火，里人倡赀梁以木。光绪二十二年，邑人危长载同里人倡捐，卷石为梁。

十一都桥一：

永兴桥　在上严洋水口。嘉庆丁丑年，卷石梁，覆以屋，广一丈五尺，长三丈四尺。（前志缺，今补。）

十二都桥二：

福德桥　光绪戊子年里人重修，广一丈，长二十余丈。

安泰桥　光绪初年重修。

十三都桥一：

环楮桥　咸丰八年毁于寇，今暂梁以木。

十五都桥一：

长兴桥　在上坑边，光绪二十二年建。

十六都桥五：

兰乾桥　光绪十四年重建，修七丈，广六尺。

沙坪桥　光绪年间重建，修十丈，广六尺。

下排桥　修十三丈，广六尺。（未详托始）

永寿桥　在山聚，旧梁以木。同治十二年易以石瓮，屋其上。修七丈，广一丈三尺。

永福桥　在山聚，木梁，修六丈，广六尺。里人建。

十七都桥一：

永安桥　在大园水口。

十八都桥一：

永福桥　在饶家坪。仍洞天桥旧址，于同治二年都人募赀重建，置田租五十余石为岁修。

二十都桥七：

天平桥　咸丰、同治间，续置田租四十余石。

七政桥　在柴家，光绪二十二年新建。

同安桥　在下坪溪，六墩，长八丈余。

永福桥　在招德，木梁，修二十余丈。

东坑桥　修六丈。

永安桥　在玲珑，九墩，修十余丈。

新兴桥　在大里峰，今置田租四十余石为岁修。

二十一都桥二：

永济桥　在大洲上，同治十一年建

长泰桥　在龚家边，同治十二年建。

光绪十二年，二桥俱圮于水，维存石址。

二十三都桥一：

仙人桥　都人邱兆镇捐赀重建。

二十四都桥一：

泰安桥　在柜林，木梁，有屋。光绪十二年圮于水，今建，木梁。

二十七都桥四：

昇平桥　原名太平桥，光绪元年都人建。石梁，三墩二瓮，高二丈四尺，广六尺，修八丈。除旧志各户捐租赡修，后又续置租二十六石九斗五升。令罗运端有序。（邑之西二十七都有铁牛关，为闽豫分疆通行孔道。关之下，山溪阻截，水势急驶，都人士向为木桥以济行人，名曰昇平。先后共襄田租六十余石，以备朽坏修理，可谓善矣。然未待至朽坏，一遇汛涨，每致冲折，随流漂散，屡修屡毁，赀用不继。迩来权为格彴，涸时可免褰裳，潦时未由飞渡，行旅苦之。且桥之前后，均无居停之所，以故势难中止，冒险涉深，灭顶濡首之灾不免。凡有人心者，目见耳闻，有不为之恻然者欤？

兹该都好义之士，悯灭顶濡首之灾，思一劳永逸之计，将如邑之东桥累石为瓮，以期久远计。长一十二丈有奇，估费约在七千余贯，除售岁修田租外，本都竭力筹赀，未能逮半，佥呈请谕近都酌量捐助。余思东桥固阖邑之锁钥，关系甚巨，而斯桥亦往来之孔道，改造允宜，是以东桥既已捐廉倡建，仍复捐钱五万以助斯役。盖嘉诸董之好义，且更为好义乐施之贤为一先导云耳。是为序。）

洪恩桥 在叶家村，旧有屋。咸丰九年圮，今复建，木梁，高一丈四尺，长三丈六尺。

普济桥 在林家湾，卷石梁，高一丈六尺，广一丈二尺，长三丈。

回龙桥 在举林，高一丈六尺，长五丈四尺。

二十八都桥三：

仁寿桥、同寿桥 均同治七年新建，各置田租四十余石为岁修。

泰安桥 道光二十二年建。

三十都桥六：

同济桥 在乌洲下三里，旧梁以木，屡为水败。同治年间里人元明岱倡首募捐，卷石瓮，广二尺，长一丈三尺。

廖家桥 在七里、胡坊交界，廖姓捐赀，卷石梁。

交羊桥 在胡坊通安浆路，建石梁，广一尺八寸，长二丈余。

永福桥 在通津铺，光绪年间邑人周太本倡建，石梁，长一丈三尺，广三尺。

苦坑桥 在蛇岭下，石梁，二丈四尺，广二尺。

七里桥 在七里店头，石梁，长一丈三尺，广三尺。

坊 表

节孝坊 在都二，万年禄妻曾氏坊、万由增妻李氏坊。二十九都二，龚懿妻何氏坊、龚惠妻张氏坊。

寺观

在城

三元宫 咸丰七年毁于寇。光绪三年，邑人捐赀重建。

龙兴寺 光绪初年，僧法材重修。

西竺庵 在洪济坊税关后，咸丰七年毁于寇。

回龙阁 光绪二十二年，知县李麟瑞重修。

一都

天台山 光绪十八年邑人重建。

高华山 光绪二十二年邑人重建。

二都

西来寺、遇龙庵 皆圮。

北坑寺 咸丰年间都人重建。

三都

大擎庵 光绪初年重建。

四都

龙安寺 咸丰七年兵燹后，田租被佃人侵瞒。同治四年，经邑令王冕南追出田租一百五十余石，召僧住持。

里人峰 同治六年都人建。

五都

洞光岩 同治初年都人重建。

六　都

天竺峰　光绪二十一年建。

仙足峰　道光十八年黄、何二姓建。

七　都

新庵　久圮。同治九年，里人邓鹤冲子孙重建。

岩岭顶庵　咸丰十一年，邓、李两姓募众同建。

十　都

鹅公寺　同治年间，都人募赀重建。今名金鹅峰。

十一都

青莲峰　光绪二年邑人重修。

十二都

三佛殿　在牛山下，咸丰年间毁于火，同治五年都人重建。

凤来堂　道光末年建。

金楼观　同治年间，龚姓捐赀重修。

金楼峰　光绪七年都人重建。

大仙琜　有庙，圮。

南山寺　咸丰二年毁于火。同治初年，陈姓捐赀重建。

西明寺　咸丰年间僧人散亡，今半圮。

十三都

三官堂　在莲溪里，光绪十二年建。

太阳峰　同治五年建。

十四都

雷音寺 今圮。（旧志载在十五都。）

鸡啼峰 光绪二十二年都人重建。

大团峰 光绪三年，龚赞谟、刘梦华、高昌瑞募赀建。

十六都

崇庆庵 光绪十五年，里人敖寿品募捐重建。

常山寺、太平寺 皆圮。

仰山峰 同治七年重建。

十九都

迎仙庵 前志讹之仙，光绪十六年重建。

二十一都

象山 又名架鼓石，光绪十八年重建。（邑人何秋渊《丁丑九日登象山》七律："十六年前此际游，今朝佳节又逢秋。人生几有登高兴，光景何堪逝水流。岩壑云归千岫暗，松篁月上一林幽。茱萸插遍螺旋下，习习凉风透白襟。"）

二十四都

福庆庵 光绪十四年重建。

二十七都

回龙殿 光绪八年建。

七姑仙庙 道光年间建。

二十八都

三峰庵 置租三十余石。

仙鸣峰 同治六年建，有租三十余石。

临江寺 有租五十余石。

二十九都

正宗庵 在黄茅岭。

锡龄庵 在桥湾金钟山。

三十都

天云峰 在湖坊天井石，光绪五年建。

略卷九　经籍略（重纂）

经　部

易

《易传》　宋李郁撰，见《经义考》，佚。

（按：诸书均以郁《易传》及《参同契》为二书，惟《续文献通考》题《易传参同契》云“名借参同，发明易理”。不知何据，今从诸书分录。）

《周易义说》　宋李吕撰，见《经义考》，佚。周必大《平园续稿》载吕墓志云：君年四十，即弃科举，读易六十四卦，皆为义说。

《周易通义》十卷　元黄镇成撰，见《元史·艺文志补》，佚。

书

《尚书解说》　宋上官公裕撰，见焦氏《经籍志》[①]，佚。《府志》：公裕，知建州军州事。

（按：县旧志不立传，今无从补，并不注官，不仅是书脱录也。）

《书说》三十卷　宋李相祖撰，见《续文献通考》，佚。《闽书》：从朱子学，朱子命编《书说》三十卷。

《禹贡解》　宋李方子撰，见《续文献通考》，佚。

《尚书通考》十卷　元黄镇成撰，见《菉竹堂书目》，存。（《四库书目提要》：其书征引旧说以考四代之名物典章，间附以论断，颇为详备。但如论闰月而牵后代司天之书，论乐而胪自汉至宋之乐名，论律而旁及京房法，失之泛滥。又全书皆数典之文，而若稽古一条独参训诂，尤为例不纯。然书本以

①焦竑：《国史经籍志》。

道政事，而儒者以大经大法为粗迹，舍而言心。如王应麟《困学纪闻》曰：虺诰，言仁之始；汤诰，言性之始；太甲，言诚之始；说命，言学之始。然则，删书录此四篇，果仅因此四语乎？镇成此编犹为以实用求书，不以空言求书者。其自序有曰：求帝王之心易，考帝王之事难。可谓知说经难易之要矣。）

《尚书解》 元龚永、刘廉同撰，见县旧志，未梓。

《尚书纂要讲义》 国朝龚道撰，见《福建续通志》，未梓。

《书经便读注释》 龚道撰，见《福建续通志》，未梓。

诗

《诗音》十五卷 澍然撰，梓行。（**吴清夫先生序略云**：向读长洲顾亭林《音学五书》，部分颇不缪于古，而惜其征引失实，于古今音变尤略。夫音莫严于六经。《诗》之东、阳、真、庚厘为四，而《书·伊训》末章东、阳同用，《易象》《文言传》真、庚错见，是二者已不能一。矧汉以下，言人人殊，且一人而后先互异，乃欲援以为征，不亦固乎？萧山毛大可创五部、三声、两界、两合之说，成《古今通韵》十二卷，为排斥顾而作，然去古音益远矣。盖二公俱博极群书，喜征引以遂其见，而顾失之胶、毛失之纷，其未能索厥原，则一也。光泽高雨农舍人撰《诗音》十五卷，力治音原，能言其要领，而尤邃于古今篆籀。国书，因以求音所自出，其部分从顾古音表，而补音原者十之七，刊缪者十之三。至五音开发收闭，宜分宜合，为本音、为兼音、为转注、为旁纽，通《诗》《书》《易》之邮。举正、变源、流差数，悉按时地可索，则顾所未有，而毛亦不能。难也，噫！可谓善治音者矣。）

春　秋

《春秋纂例》 元李应龙撰，见《元史·艺文志·补》，佚。

《春秋传注辨讹》八卷 国朝何国模撰，见家藏本。存。（**澍然作序略云**：是书多辨杜注之讹，而于朔闰甲子推测尤悉，亦一家言也。其言《左传》别为一书，不与经附，《公》《谷》如之，后人强合传于经，其相抵牾也，固宜。此语足破千古之惑，而为治春秋者示之的矣。呜呼！又岂止一家言哉？）

《春秋正解》十二卷 国朝黄宗杰撰，见刊行本，存。

《春秋释经》十二卷　澍然撰，梓行。（**陈恭甫先生序略云：**古今论《春秋》者，无虑百数十家，然二千余年间得三人焉而已。孟子曰："《诗》亡然后《春秋》作。其事则齐桓、晋文，其文则史，其义则孔子自谓窃取之矣。"察乎孟子之言，则端门赤制谶纬之妄可辟也。董广川曰："《春秋》无达例。"广川与胡毋生同为公羊学先师，胡毋生始纂条例以解经，而广川不专守例。如此察乎广川之言，则《左氏》五十凡之伙，《公》《谷》月日书法之棼，可删也。韩昌黎曰："《春秋》书王法，不诛其人身。"后世以商鞅之法、萧何之律断经，几以春秋为刑书。察乎昌黎之言，则孙复、胡安国、叶梦得、赵鹏飞、程端学之刻深可废也。故自古善说《春秋》，莫三子若也。光泽高雨农先生深于《春秋》，撰释经十二卷，大旨以经求经，不苟阿三传，能一扫诸家缴绕苛细之习，文洁而不浅，义密而不烦，此其读《春秋》者之指南乎?

望江倪先生（名模）序略云：雨农是编，阐明经义，比类推求于卿名大夫，人与曰及曰于，多发前人所未发，缘前后以相参考，明白淳粹，情事了然，确不可易，信有功于圣经，可为读《春秋》者圭臬也。）

孝　经

《孝经集注》　元李应龙撰，见《经义考》，佚。

四　书

《四书讲义》　李应龙撰，见《闽大记书籍考》，佚。

《论孟遗书》　宋李郁撰，见朱子作郁墓表[①]，佚。

（按：《续文献通考》作《论孟遗稿》，岂以其书未梓，仅见稿本，因易之欤？果尔，是稿至明犹存，今不可复得矣。故注曰佚。）

《论语私记》二卷　澍然撰，未梓。（自序：《论语》盖古书之最易简者，其教人切近而笃实，虽中材，苟循其教而力行之，皆可至夫圣人之域，而无过不及之差。信夫！为孔孟授受精语，而非有难明者也。自章句、注疏繁兴，乖易简之理。至《朱子集注》出而学者皆宗之，岂非以其依文还义，不求异而归于是欤？其立学官以公天下也，固宜。虽然，朱子之注是书，欲

①朱熹：《西山先生李公墓表》。

人求诸身心自得之也，岂乐人之苟同哉？夫其苟同也，已自弃其知矣。而以尊先儒之故反孤其教思之微旨，不亦惑乎？澍然不自揆，窃以为朱子注虽善，亦宜反复本文，以尽吾之知。其有疑者、脱略者，不妨有所发明，以尽吾之知。遂摭所知，及得诸友朋者汇存之，题曰《论语私记》云。）

《中庸章旨》二卷　元黄镇成撰，见《元史·艺文志·补》，佚。

群　经

《尚书大学俗解辨》　明傅璿撰，见县旧志。佚。

《汉学咫闻》二卷　国朝高腾撰，见《九皋草堂书目》，存。（此二行谨录《重纂福建通志稿·经籍》标题）

（《重纂福建通志稿·文苑传》：腾由副榜贡生举于乡，选福鼎训导。福鼎置县才五十年，士鲜实学。腾至，以汉经师说训士，谓《易》假象、《诗》解物、《礼》《乐》假器，汉人去古未远，有承师著《汉学咫闻》二卷授诸生，福鼎士知汉学自腾始。）

右[①]经部七种，著录二十二部。

史　部

纪事本末类

《蜀鉴》十卷　宋李文子撰，见《菉竹堂书目》，存。（《四库书目提要》：其书每事各标总题，如袁枢《通鉴纪事本末》之例。每条有纲、有目、有论，如朱子《通鉴纲目》之例。其兼以考证附目末，则较纲目为详。宋自南渡后，以荆、襄为前障，以兴元、汉中为后户，天下形势，恒在楚蜀。故是书所述，皆战守胜败之迹。如军事之得失，地势之险易，恒三致意。而于古人用兵故道，必详其今在某处，其经营擘画，用意颇深。他如辨荆门之浮桥，引《水经注》以证《荆州记》之误；陈仓之马鸣阁，引《蜀志》以证《寰宇记》之误；斜谷之遮要，引《兴元记》以补裴松之注之阙；诸葛亮之筑乐城，引《通鉴》以辨《华阳国志》《寰宇记》之异同。于道里亦颇精核。又所载罗

①即“上”。下同。

尚之抗李雄、张罗之据犍为，亦较《晋书》载记及《十六国春秋》为详，皆足裨史乘之考证。惟论蜀之地势，可以北取中原，引汉高祖为证，则与李舜臣《江东十鉴》同意，姑以励恢复之气耳。诸葛亮所不能为而谓后人能之乎？末二卷叙西南夷始末，其载犍为郡之置，始于汉代，不知唐之庄炎郎播即其故地。又所载南诏始末，谓骠信败于韦皋而南蛮始衰，不知败于高骈乃不振。皆不免疏略。但其时方虑内讧，无暇外攘，边徼之事固在所忽也。）

按：文子自序称："燕居深念，细绎前闻，因俾资中郭允蹈辑为一编。"是此书成于允蹈，而草创则由文子。故《方孝儒序》[①]《考亭渊源录》，并题文子作。今因之。

传记类

《紫阳年谱》三卷　宋李方子撰，见《直斋书录解题》，佚。

《福建历朝宦绩录》四十卷　澍然撰，未梓。

诏令奏议类

《陈中丞奏议》十卷　明陈泰撰，见《千顷堂书目》，存。（《名山藏》：泰，正统初巡按贵州，属麓川用师，岁取土兵二千为乡导，战辄失利，奏罢之。改按山西，疏乞量增禄廪。始治，赃污不报，又言连岁灾异，咎在廷臣，请御史给事纠弹，无避大臣，从之。再移山东，疏陈数千言，大要以选贤去奸为治本。帝嘉纳之，擢四川按察使。十二年，参议陈敷英希镇守寇，深意劾泰擅杖武职，殴杀舆夫。论死。会邓茂七乱福建，泰从狱中上《处置福建地方疏》，不报。景帝监国，闻其贤，复泰官，历苏、松巡抚。英宗复辟，左迁广东按察使。会四川盗起，起故官巡抚四川。天顺八年，总督漕运，巡抚淮阳诸府。成化三年致政，六年卒。有奏议十卷。）

地理类

《古杭梦游录》　宋李郁撰，见《千顷堂书目》，佚。

---

①《蜀鉴》前载《方孝孺序》。

《武阳志》 元黄镇成撰，见上官佑《光泽县志序》，佚。

按：《元史·艺文志·补》及诸书但载邵武陈士元志，而不及是志。惟佑序称有黄存斋、陈旸谷二志，盖黄、陈同郡为好友，各有成书，其传有显晦耳。

《闽水纲目》十二卷图一卷 澍然撰，未梓。（叙略：此与《福建历朝宦绩录》并总纂通志稿也。乙未夏全书告成，以赀不继，缮呈有待，而余遂归。闻提调王观察苦书浩繁，筹刊不易，授凤池山长魏和斋太史删之。倘他日删本行，前修诸人厕名简端，阅之者孰知其非原本哉？昔欧阳文忠表进《新唐书》，请宋景文列名，盖不欲攘其美，亦不肯蒙其恶也。今诸君子各藏稿去，王君怀佩之沿革表、陈君扶雅之国朝传已刊布，而余所撰惟二种有副本，亦自名书以传焉。其美其恶，听天下公论，则犹文忠遗意也夫。）

政事类

《河防三编》各一卷 澍然撰，未梓。（叙略：上编原河，历次古今河患及迁废故道，有图。中编治河，首道、次堰、次塞。下编策河，前人议已施行、未施行者并录于篇，而未见附焉。）

《义仓汇编》二卷 国朝何长聚撰，见刊行本，存。（自序：长聚甲午佐前邑侯滕蓝邨先生救荒有成，邑人既歌舞侯德，旁及长聚，锡以联匾，有过分之语，长聚滋愧矣。已思救荒受赏即令无愧，亦焦头烂额之功耳，何如备荒而曲突徙薪之为得也？则舍通建义仓曷济哉！于时滕侯先得鄙心，亲制序为倡，而委成长聚。长聚拟条款请质，属侯罢去，不果。继来者为胡裕堂先生，思踵滕侯意，又以是年大疫，不克为，而胡侯受代矣。于是长聚蓄志，盖二年，卒不获藉手以报里人，其愧且惧为何如？岁乙未冬月，长白永静亭先生以实授，至次年首以义仓谋诸长聚，使是时不竭力襄事，何以谢我邑人而少释已愧与惧哉！况同事诸君子皆竭蹶趋公，长聚何人敢不附后尘，以尽乃心力乎？维是前两举未就，事之艰巨可知。因集会垣所定章程及永侯所颁规条，皆择其尤宜于我邑者共若干则，而次以长聚所拟意说若干则，并劝帖、招帖，各邨义仓簿序若干篇，分为上下二卷。而滕侯一序、代永侯一序附焉。今城乡所捐约万余石，而仓未建、谷未纳，其愧且惧未已也。爰锓诸板，以督其成，长聚故不文。而是编乃政事末议，唯求其可行行之耳，遑问其文不文哉！）

右史部五种，著录九部。

子　部

儒家类

《师弟问答》　宋李闳祖撰，见县旧志，佚。

《或问辑略》　李闳祖撰，见县旧志，佚。

《传道精语》三十卷、《后集》二十六卷　宋李方子撰，见《郡斋读书志》，佚。（《郡斋读书志》：右李方子编，濂溪、康节、横渠、明道、伊川、晦庵、南轩、东莱之说，类而集之者。）

《性理发微》四卷　元黄镇成撰，见《元史·艺文志·补》，佚。

按：县旧志作《性理发蒙》，郡志同。今依元史刊正。

《学录》　国朝李梦白撰，见门人高惺然箧存，阙。（**澍然跋：**右先师李晓邨夫子《学录》也。夫子笃信紫阳，力辟姚江，其录盖与陈清澜先生《王学质疑》相发明，而随得随记，未编次成书，即家所庵箧存者，仅得十之三四，非全书也。呜呼！吉光片羽，少而弥珍，况诵法先生者哉？）

小学类

《歧韵辨》　国朝游绍章撰，见家藏本，未梓。

《经子借读》　国朝游绍章撰，见家藏本，未梓。

医家类

《默庵医论》　国朝何国模撰，见元孙长聚《纪略》，佚。（**《纪略》云：**公达儒术，而推其余于医，直凑单微，通于神明，但望色决人生死。辄中邑耆旧能道之。长聚每思纪述以示子孙，而所闻异辞，未敢厚诬先人，惟择众口一谈者著于篇焉。戚属某之妇病瘵，丐公治。公不与方，唯日给凡若干，久之病如故，乃更它医，三日不来取药。公询知，因索观所服方，呼子孙曰："某妇死矣！既为我家戚属，当往诀也。"往则病者方坐厅事，笑语如平人。顷之，谓精神少懈，比登榻则汗出痰壅而死。他日，戚以请于公。公曰："若妇之病，譬灯然膏且竭矣。引膏绳亦将尽，骤加膏则绳不胜，骤拔绳则膏无继，皆必灭也。某医能得病情而未达治理，骤用莽药，犹纳硫脑于残缸，得须臾光明，实速其灭耳！”公尝避暑别墅，有昏仆于门者，人咸谓已死。公视曰：“中暑耳，非死也。”药之而愈。又尝舁方与一佃，曰：“若明春，必发病且死，及今治之可望生。”每见辄言而语加切，佃以无疾服药，阴唾之。他日，公再见，骇曰：“死期近矣。”未数日，果病以请公。公曰：“无及也，为定时日使治棺衾焉。”竟死。一日，公早起，侍者忽见公如迎客状，旋呼客来可供茶，又见公覃思如平日，忽语曰：“若病不可为，请速归，毋死道路。”侍者骇甚，趋告公友，使询故。则曰：“彼自言曾姓某名居某所，以病剧力疾就医也。”某反，如言访曾某，果有少年于平且死，病中趣家人延公治病，革时犹曰：“勿殓，我将以魂请何公云。”公知而叹曰：“噫！吾亦不久矣，否则鬼何由近我？”盖其岁，实公卒年也。夫医为公生平之一节，而精通如是，弗可及也已。公于医多著述，邑耆旧及见者犹数种，以未梓行。藏之者视为秘本，不肯出，后人又不知宝贵，至于散佚。可惜也！今所传，信仅此数事，使及今不纪述，后之子孙将安访焉？）

《金匮要略还真》 国朝黄骥撰，见手录本，未梓。

天文算法类

《天经或问补数》一卷 国朝高抟撰，见家藏本，存。（**自序略云：**昔邵子分历数、历理为二，谓一知其当然，一知其所以然也。建阳游子六撰《天经或问》，于天地之象、日月星之行、薄蚀朒朓之故与风雷雨露霜雾虹霓之属，一一设为问答，以究其理，可谓能言其所以然矣。而不及占验，得毋于当然者转昧乎？步算未明，无征不信，乌知不视所以然者为附会然邪？爰博采古今，推测家言补于后，使人知即数即理，异夫谈天不根者，盖亦子六之所许也。）

杂家类

《摄生录》 上官希稷撰，见《福建续通志》，存。（澍然序：晋葛洪闻句漏井有丹，乞为句漏令。彼不知作令以民生为本，乃求便其私图，其志固已荒矣。抑知假外丹以求长生并养生之术，亦疏哉！盖生依于道，道希自然。苟顺生不扰，无亏其所有，无实其所无，则生理遂。遂则不息，不息则久。庄生言“缘督以为经，可以长生”者，是也。外物何有焉？明乡先正师忠先生通判嘉兴，勤勤民生是务。值岁祲，不待报闻，发仓赈饿。或柅之，则曰：“以藐躬易数万生命，吾庸多矣，乃惜一官邪？”老而乞休，著《摄生录》。或曰：“先生勤官久矣，倦而求息，冀与安期赤松子遇为是录欤？”予谓生之体全于静，其机运于动。摄生者，动静交养之道也。故曰“毋摇尔精，毋耗尔神”，体以静而专也。又曰“流水不腐，户枢不蝼”，机以动而不已也。侧闻先生体素羸，生平淡嗜，欲省思虑，无求无营，不镇自静。而于事也，未至不迎，既去不留，方殷不弛。簿书、期会、听政未尝一日少息，而貌加丰、容加睟，年七十告归，是先生之摄得于动维多。所以高山泽之瘽，合儒者之理，成政通守，而爱在民生也。昔昌黎誌卫府君，言求不死方，佐容帅三年，政成而药不可得，竟死。若先生身与民并寿，不又高于卫府君乎？其书渊洽正大，间及导引诸诀，视假外丹求长生者，偶乎远矣！）

说家类

《偶记备考》一卷　国朝何泽凤撰，见家藏本，存。（**澍然跋：**余比修邑志，创为《时事表》一卷，冠志首。其目曰大事、曰灾祥、曰饥穰、曰寇警，盖仿史之有纪，纲举而目得统焉。然事既创，则苦无凭藉而载。籍所纪及郡县志之散见各类者，乾隆己卯后则希阔矣。逮戊申，余年十五，稍省事，始得据所闻见为征。中间三十年，乃无一事得书，实为阙典。同事何生乘爔以其先人仪吉先生《偶记备考》一册视，余不啻获奇珍焉。先生博学而文，寿登耄耋，以其余闲记诸闻见，备修志之用，可谓有心人矣！则先生固吾邑一文献也。跋而归之。）

释道家类

《参同契论》　宋李郁撰，见《遂初堂书目》，佚。

右子部七种，著录十三部。

集 部

别集类

《杭川集》二十卷 宋李深撰，见《续文献通考》，佚。

《李西山文集》 宋李郁撰，见《闽中理学渊源考》，佚。

《澹轩集》八卷 宋李吕撰，见《菉竹堂书目》，存。（《四库书目提要》：吕行事不见于史传，惟周必大《平园续稿》第三十五卷内有所作吕墓志一篇，称其端庄自重，记诵过人，年四十即弃科举，至七十七而卒。又称其学务躬行，深恶口耳之习。读《易》六十四卦皆为义说，尤留意《资治通鉴》。论数百篇，盖亦恬退力学之士矣！朱子尝为其父作墓志，今集中有《上晦庵干墓志书》。又吕立社仓，朱子为作记，叹其负经事综物之才，老而不遇。吕没后，其孙文子以集求序。朱子语人曰："李丈之文，可谓有补于世教。"未及为序而病革，见于文子所作跋语中。今观其诗文，虽多近朴直，少波澜回复之趣，不能成家。然明白坦易，往往有功于世教，不失为儒者之言。朱子所称，实出公论，不尽以其子游于门下之故也。）

《澹轩集》原本十五卷 见上。见焦竑《国史经籍志》，阙。（**《四库书目提要》：** 焦竑《国史经籍志》载《澹轩集》十五卷，与周必大墓志相符。然世无传本，惟散见于《永乐大典》中，谨采掇裒缀，厘为诗三卷，诗余一卷，杂文四卷，周必大墓志一首附之卷末，以备考核。）

按：此《澹轩集》本十五卷，以无传本采掇成八卷，而县旧志作十二卷，全无根据，直随手混填耳，不知欲谁欺也？

《秋声集》四卷 元黄镇成撰，见《元史·艺文志·补》，存。（**自序：** 声于天地间不能无也。其大者，雷霆也、风雨也；其次通之为语言，和之为律吕；下至时禽、候虫，莫不有声。独秋或有或无。欧阳子谓"假物以为言"也，庄子所谓"天籁在天不在物"也。夫秋之为物也，寥阒而清，寂寞而虚，清与虚相薄，或能有声，或能无声，不能必其有无。然则秋声亦天地间不能无者也。余少学吟，不能无声。大之不能为雷霆、风雨，次之不能为语言、律吕，时禽、候虫又有所不屑为者，故托而自附于秋声焉。秋声可有可无，余言亦可有可无，故录之以为《秋声集》。

周亮工序：岁丁亥，余以轺车入闽，阻寇樵川，浏览今昔，因为诗话楼，以祠严沧浪处士。邑令秣陵闻上王君，随锓《沧浪集》行世，余已序其颠末矣。但《诗话》一书前代业已盛传，高廷礼《品汇》《正声》诸选不啻奉为指南，故世罔不知有严沧浪者。独至元时，樵川有黄元镇先生者（就迁地，目其里贯）所著有《秋声集》，余家藏一帙。其五言诗如“一径落红叶，万山生白云”“月色初秋见，泉声彻夜闻”“晓雨丹林外，清霜白雁前”“压崩迁客路，木落见人家”；起句如“白露下山城，秋风一夕生”；七言如“潮依草岸痕初落，风拗蒲帆影半间”，“一江风起晚潮上，半夜舟行山月高”，“红树夕阳蝉噪急，白频秋水雁来多”。虽不敢拟唐人“海日残夜”“江春旧年”之作，然比司空表圣之“苔龛木鱼”、黄文江之“六朝松柏”，殆相伯仲，而世未有知者。适余师孙北海先生暨曹秋岳太仆力搜宋元未刻诸家，犹惓惓兹集。余因出之，使与《沧浪诗话》并传。闻上王君属萧生云章董任其事，刻成，索余弁其端。余按先生集中未详先生出处，惟丁亥立春诗云“生甲逢春六十周”，则先生生于宋季丙戌。（旧志作元季，是丁亥立春诗，乃作于明永乐五年，而元镇入明已阅四十年，一何缪也！且据丁亥甲子一周，当言生于宋季戊子，若丙戌则六十二岁矣，即原文但知丙戌、丁亥相连，而未详核也）记其时有两元镇，其诗名隐迹亦复相类。今世皆知有吴中倪迂，不知有先生。岂三吴当天下之中，而樵川避处一隅邪？抑吏兹土者，方刑名簿书之不遑，无暇咨询表章耳？余谓萧生此举，而知王君弦歌之化远矣。虽然，宋元及今四百余年，樵川片地冠盖湮没，无过而问者，唯《沧浪》《秋声》二集并垂不朽，则文章为千秋大业不虚也。余尝欲于西塔万木间建秋声亭与诗话楼并峙，而侈一方之胜。日来郡宪何公涵斋力任之，庀材鸠工，闻已告竣，则先生之吟魂庶几有托。而余不佞两度樵川，跋履筚路，于两先生殆无遗憾云。）

《秋声集》原本十卷　见上。见《顾嗣立元诗选》，阙。《四库书目提要》：据《顾嗣立元诗选》称，原本十卷，又载有郑潜序，今仅存四卷，又无潜序，非原帙矣。

《北溪集》《观海集》　元危德华撰，见《千顷堂书目》，佚。（**姚伯和序：**光泽，邵武之属邑也。余由国子生来宰是邦，得卓行之士一人曰危德华者，孤介特立，隐居北溪，以学业教授诸生，不求闻达。值元季丧乱，故其发言兴怀，未免悲愤激烈，其所以嫉奸邪、崇节义，尊君亲上之心炳然著见于言意之表。噫！先生家贫矣而其志益贞，年艾矣而其诗益豪，自非养之有素，其能若是？暇日因取其诗集，命其乡人刘缙编次镂诸泮宫，后之论是邦以诗名家者，必以先生为倡焉。）

《拙斋集》二十五卷 明陈泰撰，见《千顷堂书目》，佚。

《娱情集》三卷 明上官世安撰，见《福建通志·孝义传》，佚。

《莲邨燕游草》 国朝邹祖顼撰，见《福建续通志》，存。

《洒园集》 国朝曾益撰，见《福建续通志》，存。

《长泰归来集》 曾益撰，见《福建续通志》，存。

《敬斋文稿》十二卷 国朝何以烈撰，见刊行本，存。（**李绂序略云：**何子肇扬，少有奇质，长困于病，卓然欲以著述名家。己巳秋，以所作文稿十二卷来请益。予展阅之，见其《读经传》一卷，或发圣经之奥，或订简策之讹，其大义微言自足以羽翼圣经。二卷读史，或显微阐幽，或析疑翻案，论古而不泥于古，好奇而不失其正，亦足以立是非之权衡。《家礼广义》三卷，其于报本反始，尊祖敬宗，虽是随分自尽，然藏之一家，固可以开业传世；公之天下，更足以锡类广仁。至救溺戢虎，即事命题，随时补救，奉实心而行实惠，本实惠而发为实言，所活生灵岂止千百已哉！是又亲亲之仁之所推也。）

《知非草》 国朝何以镛撰，见刊行本，存。（**邑令吴名夏撰像赞略云：**其趋事也，类勇士之赴敌；其好义也，羞良贾之深藏。律己以严，漫托痴愚之号；齐家以礼，共循忠恕之坊。集著知非，一昭明以跻道岸，堂颜立本，敦孝弟以绍书香。总皆自然之流露，并无修饰与摹仿。吁嗟！先生，古谁颉颃？谓为放达兮，非老非庄；谓为畸异兮，逃墨逃杨。惜夫其不及亲炙于圣门兮，同见与于浴沂之曾皙、鼓琴之子张。余敢效孟氏之尚论兮，曰若先生者，盖孔子之所谓狂。）

《梅友楼诗草》 国朝曾逢雷撰，见刊行本，存。

《兼六园诗稿》 国朝曾德巡撰，见家藏本，存。

《上官犹石制艺》 国朝上官瑗撰，见家藏本，存。（**澍然序：**邑贤者上官犹石先生，先君之执友也。澍然尝为先生八十寿序，备述与先君游处之迹，而拟先生言行类古逸民，盖深喜取资之不远也，而先生亦寻卒矣。自先生之卒，于是先君之友无一存者，澍然既无所严事，阒然不复有所进，此所以恨失先生也。虽然，先生不可得见矣，其文章不可泯没，孰非先生精神所寄邪？今询于其家，得《制艺》三十六篇。其理豁然以清，其气冲然以和，大抵如其为人。而沦浃本旨，归于简易，其于斯道，亦可谓昭晰者无疑，优游者有余矣。顾独怪当时秘不以示人，何也？其有所不足于此邪？盖先生怀文抱质，不以穷达毁誉干其念，殆近于暗修者。夫制艺之为浅者，谓足以取科第而已；其深者，往往思为传稿以见于世，然其不能远名则一也。先生于二者，悉无所容心焉，斯亦暗修之征欤？后之人欲考先生言行或无从得，而读其文亦可以知其梗概矣。然则此三十六篇者，其珍惜宜何如？况澍然宗仰先生者哉？因详加校正而归其子文学伟，授之梓以传。虽非先生之志，而作者不期人之知，学者思公其善于人，亦各行其是也。澍然以故人子喜与校字之列，宜有言以发其凡，故云尔，敢谓能序先生之文哉？先生名瑗，字般尚，其自号曰犹石云。）

按：史文苑传，例不登时文士，经籍志亦不著录。岂非以其体非古，不足以名学而称集邪？呜呼！王唐归胡，素业在是，即合仅存时文，可黜诸文苑、经籍外哉？矧方志体例，视史稍宽，县志视通志又加宽，而以邑人网罗乡里文献，与过而废也，宁过而存，故破例录之。然非其著足以名学而称集者，亦不欲滥也。

《薪传文集》 国朝黄宗祝撰，见家藏本，未梓。

《邓叔彰诗集》 国朝邓思渺撰，见家藏本，存。

《傅佩苍制艺》 国朝傅鼎璜撰，见刊行本，存。

《觳音集》二卷 国朝高腾撰，见《九皋草堂书目》，存。（此二行亦录《重纂福建通志稿·经籍》标题。）（**周芸皋先生序：**光泽高海樵先生，雨农舍人之父，朱梅崖太史之弟子也。梅崖以古文倡，闽中为正宗。先生传其学于雨农，雨农充实而博大之，以昌其学。凯与雨农交，得闻先生授古文法。已雨农手钞先生《觳音诗集》示凯，凯受读，卒盖浸淫汉魏下及盛唐，意取真朴以适，故其气悠然，其色穆然，凯于是又悟作诗之旨矣。世谓昌黎不善诗，其诗强断盘空作硬语，或曰无一字无来历，皆非也。昌黎主气，气盛则言之短长、声之高下皆宜。诗声也，《书》曰："歌永言，声依永。"昌黎之诗，昌黎之文也。诗之至者，莫如陶陶之取意在真。真则自有真气行其间，不假雕凿文饰而神与韵俱永。先生知之矣，曰《觳音集》，取庄子齐物之言天籁之最初者，谓真气充满，纯而未漓，惟最初为然。然则由先生之诗与先生之取意又可通其旨于诗矣。谨书所见为序，质之雨农，其能窥先生于千百什一否邪？道光十六年夏六月，富阳周凯撰。

吴清夫先生序：物始小而终大，合抱生句萌，层台起累土，江始滥觞，风始苹末，燎原始束缊。惟音亦然，戛击搏拊间乃镛。故语曰："其作始也简，其将毕也必巨。"然吾谓惟天下至巨乃能为小。今夫龙薄日月、感风雷、水下土，力大已乎！然其蛰也，或如丝月大于地而户隙入焉。释氏言如来具大法力，以芥子纳须弥山，其小也乃大之所自为也。余同年友高君海樵，学邃养深，乃玉乃金，弄月吟风，庭草绿窗，天籁忽发，铮铮鏦鏦，盖性情学问之触发，不求工而自工也。题其诗草曰《鷇音集》，责序于余。夫天鸡鸣旭日升，凤叫归昌天下文明，不此之名名以鷇音，其终大邪？其大所自为邪？世当有知之者，嘉庆甲子仲春，宁化吴贤湘撰。）

《悟悮子诗集》 国朝黄子岳撰，见手录本，未梓。（**澍然题词：**晓邨夫子以古之学提倡后进，游其门者若黄守山、何金鱼、上官次岜、立夫、家所庵，咸蠭精厉气，思有所树，以见于世。先君尝谓晓邨门下如桂林无杂木，盖嘉之也。已而金鱼、次岜、立夫、所庵，后先谢世，惟守山与澍然仅存，相与俯仰今昔，不胜老屋沉吟、荒江寂寞之感。会修邑志，搜罗遗著。夫子惟存《学录》一卷，诸人则零篇断简，饱蠹鱼而已。而守山有诗曰《悟悮子集》，盖学晚唐而汰其秾纤，学北宋而解其滞闷，殆不悮也，其可存也。亟为著录题其首，而又叹金鱼诸人不及身编次，一旦化去，徒令故人托诸凭吊，莫由表章为可惜也。）

《毛耻庵文集》 国朝毛鹤龄撰，见手录本，未梓。

《毛简在制艺》 国朝毛抟昊撰，见家藏本，存。（**澍然序：**经义与时代升降。予观国朝作者，不必遂逊前明，然综其大凡，若定为一代之文与前明划然不相入者，其故有五焉：体失过拘也，意失过尽也，气失过泄也，色失过华也，辞失过工也。而前明之文能变、能蓄、能固、能穆、能拙，国朝作者鲜有及此焉。故若限之也，是岂限于天与限于人乎？无亦风气相因相积，化而不知其然乎？然则有能知之者化其藩篱以复于古，亦乌得而限之也。同里毛君简在为文期达已见，不甚循传注，亦不甚遵准格，敻思高厉归于大适，独往独来以自娱乐。岁戊子，汇所作属余订且请序。余读之，其体不恒，其意不匮，其气朴，其色古，其辞不饰而文。因叹曰："是所谓能变、能蓄、能固、能穆、能拙也，非今世之文也！”其于前明，笃嗜临川陈氏，亦取其自然者而已。简在居万山中，无师友，度其才与学，非能优于今作者也，惟不囿于时代，所造如此，宁得谓非豪杰之士邪？为诸生四十年，屡有知者，卒不遇。夫以方凿入圆枘，其不遇无足异，而简在之所得则有在矣！奚问夫遇不遇也？）

按：作序之四年，简在举辛卯乡试第三，年六十矣。竟旅死福州，可悲也。

《黄恕堂制艺》 国朝黄宗杏撰，见家藏本，未梓。（**澍然序：**韩子曰：“学焉得其性所近。”《汉书·儒林传》亦曰：“齐鲁之于文学，其天性也。”盖性之所至，知亦至焉；知之所至，乐亦至焉。则亦何患不工哉？史称李广好射，与人居画地为军陈射阔狭以饮，专以射为戏。王温舒为人少文，居它惛惛不辨，至于中尉则心开如此者，皆乐之也。故广号飞将军，温舒声为道不拾遗。邑明经黄君恕堂嗜制艺，自少至老，未尝去手。自言它书诵若不记，制艺一览可终身不忘。儿时郡试，睨同号生作，非佳文也，至今犹记。岂非性焉？而乐之无所择邪！然计生平所览约万余篇，随举诵如流，而自著则清绝，未尝袭一字，故一卷冰雪文也。年七十余，犹橐笔入省闱，卒不得举，遂卒。呜呼！是则李广数奇之谓也，尚何言！是为序。）

《第五居士文集》六卷 国朝何长载撰，见家藏本，存。（**澍然序：**何君厚庵既梓其弟金门《敝帚斋诗集》，复自汇其诗文六卷，属余序。初，金门手订集成，余已诺而序之。今厚庵有属，其可以无言哉？顾念王深甫子直容季兄弟文集，皆曾子固为之序，可谓得所托矣。而厚庵兄弟缪以属余，余文何足以拟古人，此所以言之而愧也。厚庵诗与金门相伯仲，而文专学徐孝穆，虽骈体也，而洒然有自得之乐。余尝病世之为古文者，喜驰骤藻绘以取世好，而厚庵顾以质厚浑穆之辞施之于骈体，其尤难得可贵，尚也。子固又尝序《强几圣集》，称几圣最为韩魏公所知，其文在魏公幕府为多，声比字属、曲当绳墨，然气质浑浑不见刻画，远近多称颂之，盖谓骈体也。厚庵无魏公之知，人称颂之者少。然余家故藏《几圣集》，以厚庵所著絜之，其气质浑浑不见刻画则未知其孰先孰后也，所少者子固一序耳。余难违其意，负愧而序之，敢谓足以重厚庵哉？而厚庵之洒然自得，不望托诸人以传，则序之足重与否，盖不必计也。厚庵名长载，以兄弟行第五，号第五居士，即以名其集云。）

《敝帚斋诗集》六卷 删集三篇，国朝何长诏撰，见《重纂福建通志稿·经籍目》，存。（**兄长载序：**嗟嗟！金门往矣，书幌依然，苔阶自绿，雁影长断，关河已霜，于是乎金门不可得见而犹得见者，丛残一卷。呕心古锦之余，濩落半生，寄兴林皋之绪，则《敝帚斋遗集》是已。且夫金门之诗，赋于性、成于学而亦关于遇者也。其幼也，悟迭韵于碻磝，辨四声于灯盏，时时敩洛生之咏，每每成春日之吟，捷则唾地三篇，缓亦燃萁七步，盖虽轻剽以探骊领，亦或昧捅而中蛟头焉。既而杨朗识进，钟嵘品精，拟纤人目庄融，知诗奴为岛可，爬罗抉剔，思老其才，上下纵横，欲广其志。拥李谧之万卷，借山谷之一鸱，凡汉魏六朝以迄唐、宋、元、明、国朝名流诸盛集，靡不窥其门奥，加以丹铅。故心声结响，发咏则风逸烟高，意蕊含蕤；得句则云舒锦烂，江花正粲。潘鬓将斑，已忽忽三十余矣。迹其生平，雪车冰柱，见赏于韩门；麟角凤毛，标声于黉舍。虽篇云之路屡阻，而摇岳之笔不衰。况复天性豪华，风怀倜傥，容难庸峭，辨喜楼罗。偕瞻曜为乌衣之游，得任陆订金兰之簿，相与苍茫访古，吟啸登台。或剪烛论文，骚坛建而鼓旗肆应；或潜虬斗令，酒枪掷而手势三分。若夫周郎顾曲，听红儿雪儿之歌；彦道绕床，投呼雉呼卢之马。或且比之入市，饮驺累骑返婢之放旷焉。盖尝谓人生贵行乐，而豹死必留皮，故仲权随身，未离席帽；香山吟膝，但绕金銮。若未尝扰心，千虑而一泄。其郁于诗，惟穷乃益工。高处古无上，则其遇助之也。亡何值鹏奋之秋，适榕城之馆，忽灾二竖，空谒三医，瓜蒂喷鼻而无灵，桂棹扬舲而亟返。于斯时也，垂死之病，乃寄孤舟；绝命之期，仅余一语。沙寒草短，敛依洲渚，风凄月白，殡在河干。伤心惨目有如是耶？如花早萎，坠篱墙粪溷之间；其茧不黄，兆红蚕枯桑之卦，故其诗止此。今编之为正集、删集以问世，所以存金门也。嗟嗟！金门往矣！分松笺而酬倡竹林，共虎毫而骚除狐穴，不可得矣！深悲传奕，永为青山白云之人；纵梦阿连，只泣春草池塘之句。

澍然原序：余友何君金门，自汇其诗五百篇为初集，授余曰：“愿得子序，以信吾志。”余愧其意也。盖金门与余生同里而异业。金门以诗，余以文，初不相闻，迨乙亥定交，金门有作辄示余，余本其所得于文者评之，金门未尝不以吾言为然。而金门论文，余亦不见其有所异也，由是两人之交益合。今金门来索序，余虽于诗源流正变概乎无闻，未尝操笔为之，要其同然之理，固可得而言焉。盖人心之思，形于动而声于言，言足而成章为文，永而成音为诗。诗之用，归于淑性植教而已，故其辞必依乎质周。夫物少饰则伪少，固则野，然非泯人己之见亦未能去饰与固也。其能去饰与固矣，而非博大其体、温恭其气、冲穆其神，犹未足语夫正则焉。昌黎论文曰自为、曰慎实、曰仁义之人。其言蔼如，夫诗岂外是哉？金门天资绝人，自童年嗜为诗，积二十载成是集。初侈于才，继范于格，已而思去华归根，味于无味，以几诗之正则者而自惜，兹汇之未臻夫斯也。目曰初集，其志盖未可量矣！余齿长于金门，生平刻志古文，卒无成书可问世。金门虽引为同，亦仅能言之。今序金门集以答其意，不胜恧然内愧，而益快良友志业之有成也。）

《南池遗稿》二卷 国朝高隆程撰，见家藏本，存。（**澍然题辞：**家南池，作令山左，所至着循绩。予总纂通志，采入良吏传，众以为允，然不知南池又能诗也。岁戊戌，其甥黄敦行以遗稿视余，瓌玮连犿，其声壮浪，才人之雄也。或以绳趋矩步闲之，则失吾南池矣！昔欧公序《惟俨集》，悲其才莫见于时，欲以笔墨驰骋文章赡逸之能见其志。今南池有所见矣。而官止县令，生平运量之概不克竟，而于诗恍惚遇之。为之编次以传焉，其亦欧公之意也夫。）

《留朴诗存》二卷 国朝伊光华撰，见刊行本，存。（**张绅序：**留朴，名光华，姓伊氏，先世宁化人，自其高祖时，贾光泽，遂留家焉。留朴少孤，为县学生能自砥于学问。余客授光泽，留朴来，以诗从予游。性静谧，无世俗纷华好，为人执恭谨，有绳检，虽处侪辈不恣为戏笑。母病，日夜在侧，不解衣带者累月。及居丧，戚戚之容历久不渝。服竟，乃渐复其常。遇事无大小，必营度再三，致详致慎，不惮为烦碎。强力任受，辛勤衣食，不求美好。予尝微论之，以为若斯人者，乃良士也，庶几其终有成欤？盖留朴虽以业诗亲予，而窥其意，喜与予游则不因夫诗也。而予之爱留朴也，亦未始徒以其诗而遂爱之耳。予与留朴相得于心，固有微焉，不仅在诗也。呜呼！予之爱留朴，留朴之爱予，既如此矣。则予之属望留朴者，何有穷期？孰意其竟死邪？始邵武王莘夫见留朴，退而告予曰：“伊君诚贤者，然其貌何寒也？”予怃然应之曰：“然彼将有所丰而不能无所啬者欤？”吾与莘夫语虽如此，然不虞其夭年之遽死，犹以为困阨潦倒之终身云尔，岂知其遽死邪？呜呼！留朴死而其诗予不忍观矣！尚忍论而序之邪？然未见留朴者，或将因其诗可想其为人焉。则留朴之赖以不与形俱澌灭者，其在诗乎？予又安可不论而序之邪？

留朴于诗，期欲嘘清吸洁，引气希微，卒跻于峻极，以适己为尚，不务炫采曜色，靡节新声，取悦于人。其志可谓高矣！今其所存者，间又为其手所弃去而亦收录之。然未尝无意思之可观也，益足以征其自立之不苟矣。留朴以道光八年十月二十一日卒，年二十七。为之编集而刻之者，其友何焕奎、何慎思也。）

《昀光遗诗》 国朝裘维祺撰，见家藏本，存。（**张绅序：** 自余居光泽，光泽少年之士携诗文过从者恒有焉。伊生留朴、裘生昀光尤好为诗。数数就余质业，月必三四来见。留朴为人静深而多忧，思昀光泊然寡虑，然咸重交游。留朴唯友朋相得者则久坐，友朋有过则规之，言婉而色和。昀光居众人中，或默黙从旁，终日不与之言，不言亦不去。与之览胜景游山川，未尝不从也。二人皆可喜者。未几，留朴死，予痛悼之。又数年，昀光亦卒。予适在福州，闻其亡，惨恻累日。二人皆少年，未及见其成而遽殒其寿，余能无悲欤？昀光于诗，礲斫研练，好之既笃，则其进亦未可定者，不幸未充其志而止于斯。死者无知则已，死者而有知也，其为憾有穷期邪？嗟乎！有志者每短折，不得成其业，如昀光、留朴皆是也。夫兰蕙之植，易于凋伤；圭璧之器，难于成就，物理固若是耶？览昀光之诗，可悲也已。昀光名维祺，县学生，卒年三十一。）

《抑快轩文集》七十三卷 澍然撰，未梓。（**陈扶雅先生序：** 昔曾子述君子之道曰："出辞气，斯远鄙倍矣。"夫远鄙倍，斯近雅驯也。辞之雅驯易见，气之雅驯难知。今观《孝经》《大学》诸篇，皆称述诗书，一唱三叹，令人得之于语言之外，则其气之感人以顺正，何如哉？曾子之道传于子思，孟子受子思之传，其言曰："我知言，我善养吾浩然之气。"浩然之气，天然之气也。《孟子》七篇，苏氏颍滨以宽厚宏博称之，其善言浩然之象乎？夫曾子之守气，不于出之时也，有立于出之先者矣。孟子之养气，不于生之时也，有充于生之中者矣。曾子之学，本于诚意；孟子之养，在乎集义。诚立矣，义集矣！尔雅深醇之气自流露于不知，岂作而致之哉？汉魏以后，文体日漓，支离破碎，辞缛而气不举。非气不能举，无养气之学也。至唐昌黎韩氏约六经之旨而成文，以言之短长、声之高下，归本于气盛，而曰"仁义之人，其言蔼如"，殆得孟子之传欤？至宋眉山苏氏，专言养气，以为文者气之所形，欲求天下奇闻壮观以激发其志气。于是后之学者逞才辩、肆议论，纵横奔放，以为足以尽气之用矣，而不知气已失所养也。夫气之在文，与在天地无以异。当夫气宇清泰、六合开朗、万籁无声，非无气也，冲和之气被人于不觉也。及夫气失其平，寒燠愆期、风驰雨骤、万窍怒号，非气之盛也，有激而使之然也。人日处于气之中，徒指其激发之气以为气，岂笃论欤？内阁中书高君雨农，余同年也。潜心宋儒之学，将由宋儒以上达于孟子、曾子，故其为文不矜才辩，不尚奇特，所言皆平易近情，而清微淡远之旨、淳茂渊雅之气时流露于吐纳嘘噏之间。则其所以养之者，岂一朝夕之故哉？已而出所自订《抑快轩文集》七十三卷，问序于余，余何足以序君之文。然余以君之文独得气之醇者，因述养气之得失以序之，使知君之集非卤莽灭裂者所能读也。）

《鑫园未定草》 国朝何长聚撰，见手录本，未梓。（**澍然题辞：**余论文先气体而后辞意，维诗亦然，得神为上，格次之，辞又次之，描斯下矣。焕奎之诗，善于取神，生平笃嗜汉魏乐府及唐王右丞五言。其为诗，叩虚索潜，始乎无垠，端倪乍启，达于充周，举笔疾书，惟妙惟肖。余深喜焕奎能证诗上乘，而于余论有默契也。盖焕奎天资绝高，偶阅近人文内有余更定数语，或易一二语助，能识为余笔。其于诗善于取神，殆类是欤？抑余犹有进焉？昔人论神亡则形槁，形亡则神澌，谓形神相依也。彼描者，徒形而已。焕奎鉴乎此，唯神是求，毋亦贤者之过欤？吾惧其形不完，而神或匮也，书以进之。）

《莲池小槁》 国朝龚有元撰，见手录本，未梓。（**澍然题辞：**余尝论白乐天为唐一大宗，其诗若不经意，然即其意百炼而出之，卒未有以易焉。盖力化于气、思化于性、辞化于味，貌易而功倍难。故宋大家如欧阳永叔、王介甫、陆务观咸宗之。龚生有元以诗质吾友张君怡亭，怡亭以为得白之意态而善之。怡亭故非妄语者，然如余前所称，未见其有得也。虽然，世之学杜者猎其雄貌，学韩者猎其硬语，学苏者猎其缛辞，岂惟不肖？一若相反焉！则有元得白意态，犹为欲升而得梯也，庶几真取弗夺者欤？怡亭之言，其有所试矣。）

《琴北诗钞》一卷 国朝闺秀何淑蘋撰，见刊行本，存。（**族父长聚序：**《琴北诗钞》，予三从兄礼门先生女淑蘋遗诗，予为梓之而名者也。道光八年，余北游，居兄博野署，淑蘋常从余学诗。盖其前作皆七言，自是始学五言云。尝询余古人诗宜何学，余随于架上抽得文选，曰："即此亦可。"他日课之，则诗悉能默诵，且阑及骚赋诸篇，盖其敏于诵习，乃性然也。道光十年冬以病死，遗诗词若干篇。明年夏，予友张君亨甫客博野，兄出遗稿属选，得诗六十首，而以回文及诗余数章附于后。淑蘋弟高昺屡欲付梓，以过少，不果。予曰："我邑闺阁能诗者未闻，今梓之以启风尚，乌知不有谢道韫、朱淑贞者继起，而以若姊为先河欤？"《语》曰："其作始也简，其将毕也必巨。"少何，病焉，张君负骚坛重望，既为删定，固许其可存矣。爰序而梓之，名以《琴北诗钞》者，淑蘋又从予学琴也。）

总集类

《清源文集》四十卷　宋李方子撰，见《真西山集》本书序，佚。（**《真西山集·清源文集序》略云：**《清源郡志》成于嘉泰之初元，山川封域、人物风俗登载盖略备矣。至若名卿巨儒之论，骚人词客之赋咏，散见于国史、于家集与夫碑碣所志、楹壁所题，可以验贤才之众多，风物之盛丽。而志不能具者，尚多有之。新安程公来镇之明年，谓郡从事武阳李君方子曰："此篇号文章之薮，而有志无集，非阙欤？子其为我辑之。"李君既承命，则退而网罗收拾，始得诗赋杂文凡七百余篇，合为四十卷，而公括田、廪士之本末，与郡人所编岛夷志，则别为之帙以附焉。其纂集之例，理与事居什之七，大抵主于关教化、存典法，否则词虽工弗录焉。嘉定戊寅十月。）

诗文评注类

《韩文故》十三卷　澍然撰，梓行。（**周芸皋先生序：**光泽高雨农先生，以三十年之力治韩文而得其故，删其伪窜脱误用时式与未醇者，存二百九十八首，成《韩文故》一书。凡十三卷，有注有附考，又以其所心得者评于上、于旁、于后。先生于是书，可谓勤矣。凯初读其序，急求其书，先生携以来，手钞本也。凯谓大有裨于世之学者，劝付梓。今岁，先生来厦门主讲，云梓将成，属为序。凯以韩子之文，上规六经、论孟，先生论之详矣。其注、其附考之精博，读者宜自得之矣，俱不论。论其评之名"故"者，按《汉书·艺文志》：《诗》有鲁故、韩故、齐后氏故、孙氏故、毛氏故，《尚书》有大小夏侯解故，小学有杜林苍颉故；皆注也。故颜师古释曰："故，通其义恉也。"是书兼有评，统曰故者，夫亦就其已然之迹，发明夫自然之理而已。欧阳子曰："孟、韩文虽高，不必似之也，取其自然者耳。"欧阳以是取，先生以是评。评即所以取之也。凯因思故之为训，有通其故、仍其故二义焉。注通其故也，评仍其故也，何以言之？孟子曰："天下之言性也，则故而已矣。"故者，以利为本。利谓自然，自然谓仍也。故又曰所恶于智者，为其凿也。读古人书通其故者，鲜矣，况仍其故哉！先生之言曰："吾之求之也，合气于朕，合神于漠，以追取其气与神，而冥与之会，然后循其本以出之。今评是也。"夫韩子之文，已然之迹也。循其本以出之者，因其迹以求其气与神，是即已然者。以发明夫自然，而完其所固有，不敢支亦不敢逾，仍然尔已，又岂有作为于其间哉？此孟子之所谓故也。韩子曰："文从字顺各识职。"曰从、曰顺、曰职，利也，即故也。先生自序谓：韩子虽寻常赠答之辞、题记、誌传之作，鲜不器于道。道希自然也。作者然，评者可不然乎？是书可谓得其故矣。彼不求诸自然，徒以私智参焉者，即得其似而似之，亦孟子之所谓凿矣。其神气亡焉也。凯所论如此，庶几有窥于先生之微乎！书以质之。道光丙申孟秋，富阳周凯撰。）

《习之先生文读》十卷　澍然撰，未梓。（**序略：**昌黎之文，广博易良，余于《韩文故》言之详矣。而习之先生，其广博稍逊，其易良则似有进焉。盖昌黎取源《孟子》，而汇其全，故广博与易良并。先生取源《论语》，而得其一至，故广博虽不如，而易良亦非韩所有也。譬诸天地之气，其穆然太虚、冲和昭融者，《论语》之易良也；其湛然不滓、高朗夷旷者，《孟子》之易良也。二者微有区别焉。学之者，宁无差等乎哉！故余于昌黎犹为公好，于先生若为私嗜。然每展卷，如尝异味，必求属餍。又恐其难再得，不肯遽尽，留以待再享，其爱惜之至如此，诚不自知其然也。然先生之文，平淡如孟襄阳诗，不见可悦。常授学子一编，语之曰："解好此，可与道古。"亦竟鲜有言好者。爰汇旧读所得，评成是书，曰《习之先生文读》，与《韩文故》并行。冀后进资以启发，可得同好，盖亦不欲独享异味之意也。凡十卷，先生全书尽在是。其末卷九篇，则拟删者，并录之，亦加评，明所见。庶好而知其恶，虽私嗜固不失为公好也夫。）

右集部三种，著录三十七部。

卷之十三

略卷九　经籍略（增修）

经　部

易

《三易集解》　国朝何长载撰，见家藏本，存。

《易象质传》　国朝上官承祐撰，梓行，存。（**自序：**余见有儒士从方士乞示河图洛书说者，方士作色拒之曰："此天地元秘文也，为道家所珍，非人弗授。"可遽语若乎？嗟夫！吾儒正学为人所窃，而窃之者反冒为家珍以骄主人。非吾儒不传其说，而方士传其说与？虽然，彼亦未必真知其所以然也，特作大言以自文耳。余乡自丁巳、戊午数遭寇燹，故家卷帙荡然无存。余寄孥山中，尤苦不闻经传。吁！可哀也。已比获《周易》读之，有触前事，因为子姓粗释河洛卦象，藏之于家，所说皆本圣传，谓之《易象质传》，明非臆说也。俾子姓童而闻之，庶他日老大少能自数家珍，不致贻羞方外焉。）

《周易申义》四卷　国朝王增高撰，见家藏本，未梓。

诗

《诗经辑要》四卷　国朝上官芬撰。

《诗学举隅》二卷　何秋渊撰，未梓。（**序略：**学诗者，先将其中鸟兽、草木诸家笺释而详绎之，即宜会其言外之意，无拘拘于字句中也。必使我性情引而俱长，达于事物，而各得和雅之韵，化其喜怒哀乐之偏，庶我之发为文章、施于政事者，将有可观焉。不然，徒侈于淹博而不得其意趣，于我之性情毫无兴感，虽读犹弗读也。况孜孜于词章之助，而犹未能寻其联词贯意、灿然成章之妙，是于字句犹未能会，尚能领解言外意哉？因日与执业者即所读而评注之，从字句中引伸于字句外，务使学者之聪明日启，于各身心得所资焉。庶无忝于相长之益也。常取以质家汉槎先生、高进阶先生、胞伯鹤亭夫子，皆谓此亦说诗之一法。因录而藏之，名为《诗学举隅》云。）

四　书

《四书释义便读》　国朝上官芬撰。

《孟子编年考》　国朝何秋涛撰，见刊行本，板存扬州。（据黄彭年墓表）

群　经

《十三经经解》　国朝邓林华撰，见家藏本，存。

《恺乐堂经辨》　国朝何长敦撰，见家藏本，存。

《一镫精舍经解》　国朝何秋涛撰，见刊行本，存。已采入《续皇清经解》。

史　部

《王会篇笺释》　国朝何秋涛撰，刊行，板存扬州，毁于火。（据黄彭年墓表）

《朔方备乘》八十卷　国朝何秋涛撰，刊行，板存保定书局。

（咸丰八年十一月二十八日，军机大臣奉朱笔：本日召见兵部尚书陈孚恩保奏刑部主事何秋涛、翰林院编修郭嵩焘。据该尚书面称，该员等通达时务，晓畅戎机，足备谋士之选。郭嵩焘着于十二月初二日豫备召见，何秋涛现在丁忧，着将所纂书籍先行呈览。钦此。

十二月初二日军机大臣面奉谕旨：着仍交何秋涛缮写清本，再行进呈。钦此。

咸丰九年八月二十六日兵部尚书陈孚恩面奉谕旨：刑部主事何秋涛所纂书籍缮写清本将次蒇事。该员现已服阕，着于较对完竣后，即将全书赍送军机处，由军机大臣代为呈递，不必俟汝还京。钦此。

咸丰十年正月二十日内阁奉上谕：刑部候补主事何秋涛着于本月二十二日豫备召见。钦此。

二十二日军机大臣奉朱笔命：何秋涛赋诗二章，赋得读书破万卷，得书字五言八韵，赋得下笔如有神，得神字五言八韵。二十四日呈进。钦此。

二十四日内阁奉上谕：刑部主事何秋涛呈进所纂书籍八十卷，着赐名《朔方备乘》。此书于制度沿革、山川形势考据详明，具见学有根柢。何秋涛着加恩俟补缺后，以员外郎即行升补，并着在懋勤殿行走，毋庸常川入直。钦此。）

《全唐诗人名考》四卷 国朝伊象和撰，见家藏本，存。（**高熙晋序：**伊柳村先生，熙晋总角友也。先生卒，为之作行状。次年，其少君子宏复以先生所集《全唐诗人录》来督序，诺而未果，盖不欲轻作以塞明命。而子宏诣吾庐而来请者数至，亦欲得所托而责望于人。嗟乎！熙晋何以序先生之书哉？是书也，曩者先生馆沿山集以授门人者，门人不忍没其师之善，拟付黎枣，敬录以存之也。夫《全唐诗》凡二千二百余人。书成，操选者月夜梦衣冠数百辈诣门外谢，是古人虽死，尚好名也。然仅载其诗、其人之里居、官爵及一二行事，略焉。今先生加详，果有知也，其欣幸又何如哉？至是书之阐幽，有关后学，其功德不让昔贤，固自足以传，何待序为哉？且有曾君某之序在，更何待熙晋之序为哉？虽然，昔欧阳六一求蔡君谟书《集古录序》，云："为仆不朽之托者，在君谟一挥毫之顷耳。"夫以欧阳六一尚有托于人，然则子宏之请，善矣。惜未得所托如蔡君谟者，而未能辞也。因不揣鄙陋，勉序之，以答其请。）

子　部

《离骚解》 国朝何长聚撰，见家藏本，存。

《音学管见》 国朝何长聚撰，已梓，板毁于寇，佚。

《金石图书》一卷 国朝伊象和撰，已梓，存。

《武科琐言》 国朝陈宗亮撰，见刊行本，存。

《医学求真》十二卷 国朝何高雍撰，见手钞本，存。

《伤寒还真》 国朝黄绍先撰，见家藏本，存。

《闲居乐事录》 国朝何长聚撰，已梓，存。

集　部

《鑫园文集》三卷 国朝何长聚撰，见家藏本，阙。

《恺乐堂文集》 国朝何长敦撰，已梓。

《从又堂文集》四卷　国朝何高雍撰，见手钞本，存。

《一镫精舍文集》　国朝何秋涛撰，见刊行本，板存扬州。（据黄彭年墓表）

《寄寓生文集》　国朝上官承祜撰，见刊行本，存。（**高熙晋序：**余与正五生同里，居同处、学同业，幼时与试同场，见正五所作时艺，声情斐亹，复走马立就，多置榜首，未尝不爱其才也。而时艺非其所好，独嗜古文。为古文则去华就质，敛才就范。余不知古文，曰："子之文不相似如是。"答曰："古文与时艺隔霄壤也。"不道其所以。余因正五之嗜，有同志而愿学焉。遂究心于唐宋之十家，元之虞，明之归、王，国朝之侯、魏、汪、方，同郡之朱梅崖、张怡亭，略识其源流升降也。有所作，就商正五，不余弃而评骘之，且曰："为古文在养气。曾子曰：出辞气斯远鄙，倍矣。孟子曰：吾善养吾浩然之气。非是无以为文。"余转以正五之所谓气以读正五之文，觉清明之气得诸天者，诗书之气泽于古者，道义之气足乎已者，皆备之矣。至笔力之儁杰廉悍，词句之劲健清简，又其余也。嗟乎！古文之道，讲求者鲜矣！吾邑近代得此道正宗者，惟先叔祖雨农公一人。韩、李文章皆有注，自著《抑快轩文集》七十四卷。继其业者，何化井、何简斋、公子幼瞻三先生，合正五而四。皆无意于传，故所存者少，复遭兵燹，即正五所存亦多乱后之作。盖避乱居乡，穷益极益自肆于山水间，得诸心见诸言，而崖岸自高简应酬。庚午修邑乘又未终其事，仅得传数首及贞烈、节孝诸篇，所存究不多。虽然，十家之孙可之传者五十五篇，文章之传岂在多乎？今正五门人，录其所存，曰《寄寓生文稿》，督余序，是皆不负师门者。余因述其养气之语以答，何敢谓能序正五之文哉？又《寄寓生偶吟草》若干首，见性情也；《易象质传》一册，征心得也。不忍弃，附刻于后。）

《企岸文集》　国朝何高慰撰，见家藏本，存。

《箓园文稿》　国朝高孝敭撰，见家藏本，未梓。

《来鹤轩文集》四卷　国朝裘绍箕撰，见家藏本，存。

《自娱斋文集》六卷　国朝高熙晋撰，见手钞本，存。（**自序：**古文之道，至大至微，其法严且密，非极有才学者不能，尤必有德器以载之，故溯渊源必称韩、欧。以韩、欧之才学，固足以凌驱诸子，其德器尤超群绝代。至于约六经之旨，旁及于史及各大家以治其气，是又其功力之不易也。于戏，其难矣！然日月星辰光也，爝火、萤火亦为光，大小不同耳。如因其难遂弃之，人皆如此，岂非绝学乎？熙晋少常读建宁朱梅崖先生文，云古文虽难，然随人材质习之，即其所得浅深，皆可以正心术、导迎善气。由是遂参究《梅崖集》中诸作，由梅崖上推唐宋十家，递及于明之王阳明、归熙甫及国朝侯、魏、姜、汪四子，转及梅崖同里张怡亭先生。怡亭与家叔祖乡贤雨农公同学，相友善，复为近代作者，知人论世较为易也。益加参究，遂间有作。执贽于叔祖高弟何化井先生之门，冀其有成，或得与诸君子司阍之列，亦不虚此余生已矣。乃德薄才浅，不克竟学，终于卤莽灭裂，欲求爝火、萤火之光且不得也。悲夫！既不敢出以示人，颜其篇曰《自娱斋未定稿》。未定者，未及于成，难自信也。更不欲请序于人，自书之，以付我后人，以子孙视先人文字，定能谅而恕之。至于诗，尤非所能，亦有作，如候虫时鸣耳，悉去之可也。）

《一镫精舍诗集》 国朝何秋涛撰，见刊行本，板毁于火。

《偶吟草》 国朝上官承祜撰，见刊行本，存。

《鹿门诗草》三卷 国朝裘绍箕撰，见家藏本，存。

《草涧吟》四卷 国朝何高慰撰，见家藏本，存。

《第五居士诗集》 国朝何长载撰，见刊行本，存。

《蕉轩》（杂录诗稿） 国朝上官寅志撰，见家藏本，未梓。

《自娱斋诗集》二卷 国朝高熙晋撰，见手钞本，存。

《八角楼诗集》十二卷 国朝闺秀上官紫凤撰，见刊行本，阙。（**秋渊跋：**族伯母上官太恭人，生而庄静，质既敏慧，兼好读古人书。其于汉魏乐府尤嗜，滥及明初诸家，无不寝馈其中。故诞我愿船先生，亦敏慧绝伦，性之庄静一如之焉。其相伯父朴庵先生能使忘贫，尤不易也。当君舅礼门先生时，初际优裕之境，及后以清宦贫家，而恭人治内井然，不觉其骤贫也。终日垂帷读书，与小姑淑蘋相切磋，有作呈诸君舅，执业如弟子。礼门先生顾而乐之，以为女博士，皆集门庭矣。及后诞女如兰，又喜诗，授受有传人。诚闺帷一时之盛。尝闻先辈雅叙其事，甚觉欣然可喜。其诗刊行既久，板毁于寇，所存十之一二，偶浣诵之，犹见贞静和淑之气充溢于楮墨间也。）

《岐园标雅诗余》四卷 国朝上官紫凤撰，见刊行本。

《寄生草诗稿》 国朝闺秀邱润仙撰，见手抄本。（**《自娱斋文集》有序：**《寄生草》者，光泽邱氏女润仙诗稿也。润仙年十五，归同里文学饶君梅生，才甚慧，从夫学诗，阅五寒暑而殒，年甫廿也。家贫，绩纴皆亲之，又值寇逼，流离避匿，其得从容研席、潜心声韵之日固甚少焉。今读《寄生草》三十余首，大抵皆感情之作，清丽婉脆，与夫镂刻花鸟，辞浓意眩，戋戋摹仿者若不相似，其才诚慧矣哉！若天假之年，长依博雅夫子以久其学，乌能测其诗之所至耶？润仙本富室女，事舅姑能曲承其欢，尝出奁物以代匮，意泊如也。素善笑，执母丧，终岁喑然，呜呼！是不宁才慧，而性一何挚欤？自古才女多不永年，亦以性行笃厚者少，而润仙亦不获久世，何哉？虽然，人之生也无寿夭彭殇，皆寄焉已耳。惟有可传者其寄乃永。润仙之诗或传与否，虽不可知，要有可传之柢也。《县志·列女传》以才淑传者五人，而集只何氏淑蘋《琴北诗钞》而已。异时重修县志，采访才淑，其能遗《寄生草》乎？吾知继淑蘋而传者，必首及润仙也。年虽不永，何伤也哉？余多其才，兼嘉其德，因撮其事略而序，以归之饶君。饶君其许为知言否耶？）

《绮余阁诗稿》　国朝闺秀何如兰撰，见手抄本，存。

《课耕草堂文稿》　何秋渊撰，未梓。

《君山樵子吟》　何秋渊撰，未梓。（**序略：**樵子于所仰望之乡，而欲探幽摘胜，恒假短笛和讴，行歌于层峦叠翠之间，虽不足谱之管弦，奏之清庙明堂，而幽岑寂壑，聆其响答，亦足破暮霭山烟，壮彼泉石鸣咽之色。夫以其人之无知，托踪于云林鸟迹，板屋三间、破裘一袭，闷忳无聊则芒鞋荷担以从事乎刍荛。斧声丁丁，歌声袅袅。鹧鸪黄鹂，相与倡语。虽无雅调，而闲情自得。言其所有，呕哑嘲哳又奚能自已也！况空谷无人，惟鹿群往来，怅望巉岩，白云飘没。素苓紫芝饥而可餐，则漫拟棫朴之歌，以度其踏叶穿云之兴，亦胡不可闻声者？又何恶其鄙俚，而必绳于羽钥笙镛之际哉！因自述其略，并存其词焉。）

略卷十　金石略（重纂）（全缺）

袁州推官上官以碑 宋隆兴元年

存。在十八都大林。久瘗土中，年深土薄，嘉庆间后裔修墓掘得之，复见于世。字径寸，真书，仿颜兼柳，乙十三字。

□考袁州推官上官以公，以绍兴三十二年二月十四日终于家，春秋八十二，诸孤将有祔于□□□陂山六代祖之墓次。越明年，改元隆兴，岁在癸未，春二月□亥，奉吾母来告，始兴之。其年冬十月乙酉子时，乃克有成。遂窆之□□□□祖坟离山，出面丁山，坐穴癸向，发癸水折乾入癸，复流于乾，□□□祔者亦如之。男骧□骏泣血谨识。

西山先生李公墓表 淳熙十二年

佚。在治东黄岭，朱子撰。

西山先生李公者，龟山杨文靖公之门人也。龟山既受学于河南程氏，归以其说教弟子，东南一时学者翕然趋之。而龟山每教之曰："唐虞以前载籍未具，而当是之时，圣贤若彼其多也。晚周以下迄秦汉以至于今，文家之多至不可以数计，然旷千百年欲求一人如颜、曾者而不可得。则是道之所以传，固不在于文字。而古之圣贤所以为圣贤者，其用心必有在矣。"及李公请见于余杭，则其告之亦曰："学者当知古人之学何所用心，学之将以何用。若曰孔门之学仁而已，则何为而谓之仁？若曰仁人心也，则何者而谓之仁心邪？"李公受言，退求其说以进，愈投而愈不合。于是独取《论语》《孟子》之书而伏读之，蚤夜不懈十有八年，然后涣然若有得也。龟山盖深许之。而公之语学者又曰："学者于经，读之又读，而于其无味之处益致思焉。至于群疑并兴，寝食不置，然后始当骤进耳。"龟山既没，后进多从之游。后举遗逸召对，卒官福建路安抚司主管机宜文字，而葬其乡邵武军光泽县东黄岭之原。学者共追号为西山先生云。

公讳郁，字光祖，元祐党人朝散郎深之子，母安仁县君陈氏赠谏议大夫陈忠肃公之女兄也。公幼不好弄，坐立必庄。少长，学于舅氏，陈公器之。逾冠，乃见龟山而请益焉。龟山一见奇之，即妻以女。既而，以朝散公遗命出为叔父将仕郎庭之后。中间游太学，被乡荐皆不第。绍兴初，天子慨然有志中兴大业，思得山林遗逸魁杰非常之才而用之，会遣御史朱异行郡国界诏搜访以闻。异闻公名，使还以对，召对便殿，所陈皆当世大务，上为改容倾听，请退而留者再，诏以为右迪功郎，寻除详定三司敕令所删定官。未久，以忧去，用进书恩特改承务郎。及免丧，会秦丞相桧已用事，公自度不能俯仰禄仕，遂筑室邑之西山，往来读书其间，家益穷空，人有不堪其忧者，公独旷然不以为异。然当时贤士大夫益高仰之，迁官者多引以自代。久之，起家佐闽帅幕府，人谓非公所宜处，而公不辞。既至，人谓公且不屑为，而公治文书惟谨，日访民情休戚利病以告其长，而罢行之。一日，帅用小人言欲毁民居数十，为列肆酤酒以牟利。公白其非便，帅不乐，颇见色辞，公即移病告老。帅悟，惭谢，公为强起。十年七月壬辰，竟以疾卒，年六十有五矣。

公天资粹美而涵养有方，其事士恭而有礼，其待下严而有恩，平居未尝有惰容，诲人终日无倦色。自奉甚约而事亲极其厚，于所后尤兢兢致孝，服丧毁瘠如礼，治丧必诚信，至竭其赀不吝。兄阶官杭州，骂贼死。公事寡嫂如母，教孤侄、遣遗女皆如己子。其于世务人情、官政文法，下至行阵农圃之事，靡不究知；然竟不及用于世以殁，识者恨之。所著书有《易传参同契》《论孟遗书》及生平遗文合数十卷藏于家。

夫人杨氏，龟山先生第三女，有贤行，通经史大意，平居诲饬子孙，整齐内外，皆中礼法。子撰承务郎，陈公志于将仕之墓，所谓延孙者也，晚以德寿庆恩补官而卒。女适同郡上官墨卿，孙男闲、阐、开、阛，女适某人。闲于是以迪功郎为全州州学教授，始得伐石以铭其墓，而来请文以识。呜呼！圣贤远矣，然其所以立言垂训，开示后学，其亦可谓至哉！顾自秦汉以来，道学不传，儒者不知，反己潜心而一以记览诵说为事，是以有道君子深以为忧；然亦未尝遂以束书不读，坐谈空妙，为可以徼幸于其间也。若龟山之所以教，与西山之所以学，其亦足以观矣。余是以著之而并记其行事，后之君子尚有考也。

新建社仓碑 绍熙四年

佚。在治东桥南废仓前，朱子撰。

光泽县社仓者，县大夫毗陵张侯䜣之所为也。光泽于邵武诸邑最小而僻，自张侯之始至则已。病夫市里之间民无盖藏，每及春夏之交则常粜贵而食艰也；又病夫中下之家当产子者力不能举，而至或弃杀之也；又病夫行旅之涉吾境者，一有疾病则无所于归，而或死于道路也。方以其事就邑之隐君子李君昌而谋焉，适会连帅赵公亦下崇安、建阳社仓之法，于是张侯乃与李君议略仿其意作为此仓，而节缩经营，得它用之余，则市米千二百斛以充入之；夏则捐价而粜以平市估，冬则增价而籴以备来岁。又买民田若干亩，岁收米合三百斛并入于仓，以助民之举子者，如帅司法。既又附仓列屋四楹，以待道途之疾病者，使皆有以栖托食饮而无暴露迫逐之苦。盖其创立规模提挈纲领，皆张侯之功，而其条画精明综理纤密者，则李君之力也。邑人既蒙其利而歌舞之，使者亦闻其事而加劝奖焉。于是张侯乐其志之有成，而思有以告来者使勿坏，则以书来请记。

予读古人之书，观古人之政，所以施于鳏寡孤独困穷无告之人者至详且悉矣。去古既远，功令徒设而莫举行之，则为吏者赋敛诛求之外亦饱食而嬉耳，何暇此之问哉？若张侯者，自其先君子而学于安定先生之门，则已悼古道之不行而抱遗经以痛哭矣。及其文孙遂传素业以施有政，宜其志虑之及此，而能委心求助以底于有成也。李君与予盖有讲学之旧，予每窃叹其负经事综物之才以老而无所遇也。今乃特因张侯之举而得以粗见其毫末，是不亦有感于李君者，来者尚有考云。绍熙四年春二月丁巳记。

礼部奉敕颁福田寺札付碑 明正统十二年

存。在七都福田寺，作御碑文。

按：碑内字多双抬，合以文体乃是礼部所颁札付，寺僧因而碑之，托言御碑也。碑字完好。

礼部为祈恩报本，正教事于礼科，抄出僧录司左阐教兼大圆通禅寺住持南浦：臣蚁质凡躯，感恩荷德，夙夜战兢，殒身无补。臣于永乐十八年从师西竺和尚，游方到于福建邵武府光泽县第七都，有古刹福田寺一处，多年零落。彼处檀信李希敬等慕师善行，欣然出赀，并师衣钵，同臣命工重新修盖，像设俱完。后师在寺入堂别众，端坐而逝。众僧怀其贞慈，留师肉身就龛崇祀。见有师弟有理在寺掌管。但臣自祖及今，习学禅宗，奈寺名未分禅教，伏望圣恩怜悯臣师生前微善，乞将福田寺赐为禅寺，给付原掌僧徒住持遵守，敷扬宗教。祝圣寿于万万年，固皇图于永永久。臣下情无任瞻天激切之至。具本正统十二年四月二十八日。

该通政使司官于奉天门节该奏，奉圣旨准他做禅寺。该衙门知道。钦此。钦遵抄出到部，拟合禁约通行，除汇行福建布政司转行前项府县照依奏。奉钦依内事理，将本寺改为禅寺，外合行札付本，僧前去本寺住持，务在恪守清规，领众焚祝，祝延圣寿，为民祈福。施行须至札付者。礼字贰拾壹号。右札付福建邵武府光泽县福田寺僧有理。准此。正统十二年闰四月初四日，对同都吏李昇。

程公去思碑 万历二十五年

佚。在县西门外，侯官王应钟撰。

圣天子御极二十有五禩仲秋月，大中丞台使，疏郡邑之长吏以循良著奏最天官，召岩区杭川令程侯以治状第一，首膺纶命，已翩翩指新建揽辔矣。维时邑之黄童白发，攀辕卧辙，依依恋恋如不忍舍。鸣玉荐绅暨缝掖子弟，摛藻缋词，矢之金石，以比于昼锦，且以纾怀恩诵义之思，饯别于邵武之东麻沙之西。旋而愈谋曰："程公以丙申出宰兹土，所为实心实政，沦肌浃髓于杭士民。即二阅裘葛，而吾士民所为戴二天。家尸而户祝之，千万人如出一口，千万口如出一心也。故政在一时，泽在千万世。泽在千万世，则瞻依思慕亦当与千万世相不磨也。无所以寄吾思于不忘乎？则非勒诸石曷以也？"于是博士弟子员李东望、郭正昇、龚上达、该里老、龚元选等走币乞言于予，予曰："而青衿父老子弟不远数百里而予请，得毋以吾于杭已熟识程侯之猷念乎？予不娴于文，亦能叙其梗概矣。"

程侯先世以宋吉国之后，名卿硕辅，代不乏人。丙申制锦于杭，即体实心、历实政、访民情、察利病，如里长上班、吏胥参房、僧道护印、修衙经费、盐米牙行，一应常例悉革去。库吏宿弊丛猬，如侵欺牲口若干缗、兜区税契若干缗，查核问遣，吏弊肃清。邑故征比见年置之闲班，故棍徒在乡因以科敛，在官因以拖延，征无完日。侯莅任，无论见役闲班通比，故下有实输，上无缓解，毫无奇羡，市不二价，贾不称扰。岁丰歉不常，上计两台建常平二仓，积谷数万石，即荒馑枵腹之民藉以赈。其督理工课，躬自裹饭糗，毫无扰民。里排有以二鸡子觞途者，直拒之曰："食而二鸡子，途次宁无殽馔进者乎？"竟麾之不食。时适郊，触目暴骼未葬者，恻心动色，令掩而埋之。旋即申饬建义冢数十所，而送死可无憾。初至，念科第寥寥，加意作兴，联生儒四五十辈，校艺会课，躬阅品藻，朔望讲解经义，竟午不倦。以数百年未破之天荒，丁酉大比，士魁宝箓者果得人。伊谁力也？邑大寺寨，江、浙、福、广货均此通，旧时巡司每取索沮格，移文蠲其税，通其货，商贾愿出于途。邑故患盗，侯严保甲乡约，犯则设扁署门，盗咸畏义知耻，骎骎已息，囹圄一空。间有重辟，时常着医诊恤，病则给以汤药，饥则食以糜粥，寒则量给以衣。自誓曰："生平决不使有枉于手中者。"如解泰宁重辟若干人，释建宁重辟若干人，其发劫冤拏骗害如鬼神不测，四邑称平。至修城池，复民兵，精器械而不虞可戒；禁嚣讦，植桑麻，孳孳畜产而民生可厚；除讼师，禁受词而旁门可张雀罗；立医学，禁服毒而民可寿；建吏舍，立社学而公务可办，民俗可淳。邑故有桥三座，洪水冲崩。侯至，度费捐俸，赎金不入私橐，尽输之桥，好义者感激乐助，不期月奏功，民号曰"程公桥"。仅两期，凡利者兴、弊者革，洒洒章程，次第毕举，以故蜚声两台，章荐剡者牍相踵也。噫嘻！程侯以冰蘗不缁之操，金石不挠之气，冰鉴不染之智，盘错不揣之略，其所为抚修孳孳以民休息者，历两期如一日，子兆姓如一体，侯真父母哉！真父母哉！

予读史，见文翁治蜀、龚遂治渤海、黄霸治颍川，当时途有歌、巷有谣，啧啧口碑，迄今诵循良者交誉不衰。夫昔之视今，犹今之视昔。今而后千万年之有程侯，恍然汉有文翁、龚、黄也已。然犹未罄其形容者，古有周南之棠、河阳之树，去思永千万年如一时。然则后之寄思于杭民者，当与周南之棠、河阳之树齐驱而并驾也。虽然，不可磨也，我侯之真精神、真英烈即千古不磨也。讵石足记哉？诸青衿父老子弟再拜稽颡曰：“善哉，先生之言！真足以揄扬程侯之盛美也。请勒诸石以志不朽。”程侯名寰，字仲黼，别号黾持，举乙未年进士，南直歙县人。

昂山石刻 年代无考

存。在二十九都昂山。山有石坛、丹鼎、丹灶，石上有篆文，奇古不可辨，当是宋以前刻。

乌君山石刻 年代无考

存。在岭半。真书，“见龙门”三字，字大径尺，仿钟繇笔。

按：岭上有玉龙刹，“见龙门”三字或本此，而刹建于明正德中，则是刻当在是时也。然乌知刹名不因是刻邪？故入，年代无考。

略卷十　金石略（增修）

学钟铭 同治元年

知县陈源豫撰。

厥埃既赤，当屯昧而独造之，艰矣！矧曰焰未衰，豺獍之声时嗥宇下哉！煦之作之，以读以耕，区区百里间，人习干戈而兴礼乐，盖顽然与之同患者，忽忽乎已三年矣。兹岁壬戌，文庙讫讫，邑之贤大夫议复古乐，始造钟，请铭。铭曰："熙乎！镛乎！幸不辱于浮图老氏之宫乎！而后乃今人其聪乎！"

周公去思碑 光绪八年

存。在杭川书院。

光绪六年秋，光泽来贤宰周邑侯（名树森，号霁邨，四川南部县人）。承苛弊后，一意与民休息，日夜不处，事必身亲，大得民心。期年瓜期已届，父老诣郡申状乞留，格例不行。公去一年，邑人犹追思，既图善政，复泐去思碑。盖公以西蜀名士，投笔从戎，既博通典籍，复尝试艰辛，用能晓畅政体，　周知情伪，虽在职日浅，治绩弗可泯。去位已久，遗爱长存也。邑征赋故事，役持符横索，波及邻族，官惟责赋，不问株连。公必求应输正身，虽至亲不坐，役犯前弊立置之法，官下乡察验尸首，吏役仆从百数十人，供应责民费无算，甚至役卒攫取衣物，故官至乡全村皆逃。公轻骑减从，往返费自具，百姓安堵。邑词讼多出刀笔手代书，索费、盖戳、投词、庭质，规费不赀，故多讼，讼荡产。公放告，先面询巅末，或谕息争，或立斥退，应讼者令代书当堂，录供为词，刻期集讯，了一讼仅数金。文庙乐器毁于兵者垂三十年，公下车，知邑绅裘君宪琦有兴复意，劝出重金为倡，复极为筹扩赀用，令庠序士督造，视前加美备焉。且酌定条约俾可久。辛巳春，慈安皇太后哀诏至，公具卤簿，率僚佐绅耆出郊跪迎，入明堂举哀。光处僻壤，初瞻典礼，万目环视，莫不悲感。上辛祀先农，召众耕夫勉勤戒惰，赏笠劳酒，率北向拜，俾知朝廷重农深意。书院膏伙微薄，公捐廉增益，使师生处院中按期考艺，厚其奖而勤其课。士贫有品学者厚赠，资其婚娶。呜呼！前三政者所以苏民困，后三政者所以兴民教。至编保甲、勤夜撖、浚泮池、完城郭、葺公宇、祀忠魂，一年之内百废具兴，何其周也！使公久于职，百姓康乐为何如哉？且公不以去留为怀也。去秋七月，水冒城，雨益甚，公长夜跪祷，历时风反雨息。翌日行赈，巡村落，中途坠车伤手，复前行尽水源，遍召父老按户散赈，必当其实。复设官渡，修东桥焉。当是时，公已知秩满当迁，乃哀此灾黎不动国帑立舍数百金，爱人一何挚也！而公遂解篆行矣。夫公不急于催科而自愿输将者众，不责供应而藉命控讦者鲜，汰衙费而讼简刑清，示民以礼乐，驯民以诗书，恤民之凶灾，是皆儒生经术，岂俗吏措施哉？宜其历时久而思之愈长也！嗟嗟！爱民如公，勤政如公，自公之前为罕觏也，自公之后冀再睹也！故追纪其概，泐诸贞珉，俾观者有所感焉。

卷之十五

传卷一　列　传（重纂）

宋

李　深　字叔平，邑乌洲人。父诰，在《文苑传》。深登熙宁九年进士第，授曹州济阳县主簿，历知饶州之鄱阳、蔡州之遂平县，以清慎闻。绍圣初，召充编敕所看详检役法文字。时章惇为相，议改雇役为差役，深争之不能得，遂乞外。四年除奉议郎，权通判通远军。会星变求言，深上书曰：

“臣闻君为阳臣为阴。日者太阳也，故为人君之象。星则丽乎阴者也，故为人臣之象。今妖星示变，为阴盛之灾。臣恐天所以警陛下者，不在四海九州之遥，而在陛下左右前后也。天下人材不乏皆愿自效犬马以佐盛时。然闻陛下欲进一二人，而近臣所不喜而忌之者，必阻抑使不得进而后已；陛下欲退一二人，而近臣所喜而私之者，必卫护使无损而后已。天下扼腕，噤不敢言。臣请薄进事实，愿陛下择之。祖宗故事，凡进退言事官，虽执政不得与闻，盖以杜台谏私宰执也。比年蔡卞执政，乃使其兄蔡京得荐台官，既被其兄之荐，能不私其弟乎？向闻陛下命黄履、蔡京各荐可充御史者三人。而履所荐者二人，不召一人，虽召亦为监司而已；京之所荐者皆召对，而二为御史、一为监司。四方瞻望，愿登蔡氏之门者惟恐不及。然则执政之过恶，陛下安得闻之乎？陛下遣监司按察诸路，欲知下民疾苦、官吏美恶，故着令凡职相统摄及事之相干者，必使避亲，盖欲监司与所部无欺蔽也。今章楶为泾原帅，乃用其婿刘何摄事，又使之专应副泾原军事，前日进筑平夏城，为贼所钞，而奏报不到朝廷，则他可知也。然则，帅臣之乖缪，陛下安得闻之乎？陛下赏功罚罪、进退群臣以劝惩天下，宜不可毫厘失实也。然今之边帅如鄜延，一路兵势、一路兵力，进筑三城而每赏不过进官一等而已。泾原章楶以四路兵势、三路兵力，亡失甚众，才筑安西城一寨，而所与赏则官自朝散而迁朝议，职自修撰而加密直。陛下于鄜延何薄，于泾原何厚？无乃以章楶为宰相，章惇之兄而故优之乎？陛下分命监司应副诸路刍粟，如邵（阙名）于鄜延，则亲临飞挽，至功成所赏一官而已。张询于熙河未尝一至沿边，而金城之赏，乃自遣发遣运副一进而为都转运使，又加秘阁之直。陛下于鄜延何疏，于熙河何亲，无乃以张询为宰相章惇之妹夫而特异之乎？此陛下赏功之失也。陛下鼓舞人物，文臣以两制为荣，武臣以横行为荣。冠儒冠者必有大学术或大才能，尝为侍从之官，或边帅或发运使副累年者，乃可得两制。列武弁者必有大功劳或大资望为朝廷所亲信者，乃可得横行。臣比见吕嘉问移发运未数月，不缘奏计登对，不缘六曹贰卿，遂除待制。天下皆谓嘉问之子娶王雱之女，蔡卞娶王雱之妹，嘉问与卞结为死党久矣。去年无故出户部郎何婉者，卞为嘉问报仇也。臣不知嘉问之骤为两制，果出陛下圣意乎？臣又见张赴自左藏库副使，不由赏功，又无他长，遂以阁门副使为雄州帅。天下皆谓张赴乃章惇之妻兄弟。元丰末以章惇执政，因得稍进，比自章惇入相未三载间，差遣屡易，无非要郡与兵权也。臣不知张赴之超为横行边帅，果出陛下圣意乎？章惇为小官时，有李参者尝荐惇，今参之子孙李冲、李延嗣悉为监司。冲先以不职罢，后遽除河北运判。延嗣方在监当中，遂除淮东提举官。此人人知章惇之报私恩也。蔡卞为王安石婿，邓绾荐卞于先帝，欲以媚安石。先帝察其邪慝，怒而逐之，德音指为奸回，天下至今传诵。今绾之子洵仁、洵武同时召对，一为校书郎、一为提举官，洵武又兼为修史检讨。此人人知蔡卞之报私恩也。恭惟陛下复行免役，本以宽民而取于民者不轻；陛下留神安边，本以利民而害于民者先至。原其所以，则以用蔡京为详定、用章楶为帅臣也。京于帘帷听政之初，实知开封府事。方朝廷更改雇役，京即奉行差役，为天下倡。是时章惇札子所谓祥符县役人一千一百，不数日间差拨了当者，京实举其事也。然则如京者，其可使之详定乎？故役书未下之际，京乃独入札子，乞人额雇直，并依元丰以掩前日之失，又阴造诬言谓同列兼行差法，议论纷纭，稽期迁令，此役法所以未全而上违陛下本意也。楶于元祐中为陕西转运使，当鄜延弃米脂、浮图二寨之时，楶于绥德城召诸将置酒高会，作乐相庆，又上表称贺，以弃地为胜事。进为庆州帅，遇贼兵侵犯而措置乖方，杀掠人民，然则如楶者，其可使之为帅乎？故楶比赴渭州方半月间，遽请进筑，欲以赎前日之罪，仓卒无备，上烦朝廷起环庆、秦凤、熙河、泾原四路马军以为防遏，又驱熙河、秦凤、泾原三路车乘人夫以充漕运，辇置百物，劳费万端，老幼嗟怨遍满道路。

此近事所以未宁，而上贻陛下深忧也。京为蔡卞之兄，楶为章惇之兄，孰肯言之以取祸？谏诤之臣，自上官均、孙谔以言事补外之后，论近臣者鲜矣。陛下能不为万世虑乎？伏愿陛下上念祖宗积累之艰难，亲收人主威福之大柄，选择正直之贤士以备谏，委任公忠之贤佐以为赞襄，驾驭英雄使之各尽其力，屏斥奸佞使之无所施其巧。如此，则符瑞沓至，灾害不作，天文之变不足患矣。”

疏入，惇及卞大恚。会枢密院言熙河路经略钟传等进筑丹喇关奏报失实，以深在军预议责降一官。然深尝力陈天都齐讷、纳森等皆可进筑，其言切中机宜，而帅臣以钟传等被责，竟不敢奏也。已而，曾布言边人皆以深为柱石，乞下两制体访，遂降指挥令。章楶、孙路相度利害以闻，楶、路奏如布言，得旨叙复，迁朝散郎。陛辞言事，复为惇、卞所排，罢归。建中靖国元年，起为司农寺丞，仍领户部役法。于是取雇钱重者请旨蠲减，民获苏息。崇宁二年，京当国，贬深编管复州，除名勒停，入元祐党籍。四年，移建昌军，改青州。五年，党禁解，复官。有《杭川集》二十卷。（据《续资治通鉴长编》《宰辅编年录》《八闽通志》《闽书》，参《续文献通考》）

兄勉。勉，字安道，第绍圣元年进士，历知尤溪、顺昌二县。素负气，与时多忤，遂谢事归。（据《八闽通志》。按：《八闽通志》称勉亦入党籍。考崇宁元年、三年两碑，俱无勉名，删之。）

深子阶，阶弟郁，自有传。

上官公颖　县治人，父基在《良吏传》。公颖第元丰二年进士，知吉州安福县事。哲宗即位，诏许中外臣僚上实封。公颖上言政令六弊，（按：《续通鉴长编》元丰八年十月丙戌条注：是月四日，有人献书言六事，不著姓名。据元祐密疏，乃公颖。）未及施行。逾数月，复疏，奏免役取民之制。其略曰：“国家设免役法，使力田之民脱身于公，游手之民仰公而食，因产业之多寡输钱募役，复令所入之钱不与常赋相杂。内之户部有左右曹之殊，外之监司有转运、常平官之别。此朝廷所以示大公于天下，明取民特以雇役而不以充国家之用也。然臣窃怪当行法之始，耆壮户长皆出于雇，及其久耆壮之役则归于保甲之正长，户长之役则归于催税甲头，往日所募之钱，除承贴人及刑法司吏人许用外，其余一切封椿。若以为耆壮户长可废，则当百姓均减元价，今钱不为之减，又使保正长任耆壮之事，催税甲头任户长之责，是何异使民出钱而又使之执役也？臣闻去岁朝廷下四方修完役书，今犹未降。愿陛下因其未降，诏有司以耆壮户长封椿钱，一切与民间均减元额，又使宽剩之数，其少者仍旧，其多者不得过二分，然后朝廷取民有制，利泽之施亦莫此为厚。伏望特赐施行，苏息元元，不胜幸甚。”从之。卒官广南东路转运使。（据《续通鉴长编》《九朝编年备要》《广东通志》）

李　郁　字光祖，深四子，出为叔父庭后。初，从舅氏沙县陈瓘学，瓘异之。已谒将乐杨时于余杭，时一见，目为公辅器，妻以女。而瓘同族陈渊亦当世名德，语人曰：“光祖学行当于古人中求也。”绍兴初，高宗锐志中兴，遣朱异行郡国搜访遗逸。异以郁闻，召对便殿，所言皆国家要务，帝改容曰：“卿居山林，论事何娴也！”请退，而留者再，即授右迪功郎。寻除敕令所删定官，以忧去，用进书恩改承务郎。既免丧，会秦桧用事，自度不能俯仰，遂不出，而筑室邑之西山，将终老焉。故事朝官当迁举人自代，于时朝之贤者咸引郁。复起，佐闽帅幕官。则日访民情休戚利病以告其帅，而罢行之。一日，帅用人言欲毁民居数十为列肆酤酒，郁争之，不能得，即移病。帅悟，惭谢，郁为强起。卒于官，年六十有五。著《易传》《论孟注》《参同契注》，学者称西山先生。

郁天资粹美，初见杨时，时语之曰：“学者当知古人之学何所用心，学之将以何用。”郁退求其说以进，时不谓然，乃独取《论》《孟》潜究，其用心与致用者久之，然后涣然有得，以质于时，时韪焉。及时没，后进欲求时之学，必从郁游也。朱熹表其墓，亦云“先圣远矣，然其所以立言垂训示后学者，在人自得之。若龟山之所以教，与西山之所以学，其亦足以观矣”。

郁自奉甚约而事亲极丰，于所后尤兢兢，惧情不至，居丧毁瘠称其服。同怀兄阶骂贼死，郁事寡嫂如母，教孤子、遣遗女如己子。平居未尝有隋容，与人语学，终日不倦。于世务，坐而言者可起而行，此朱子以为其学足以观者也。（据《宋史》本传，《建炎纪年要录》，朱子撰墓表）

李纯德　字得之，深同产子。少治《周礼》兼《左氏春秋》，诸弟尝问“善人之道”，答曰：“临事而无阴据便利之心，斯近之矣。”又尝言“人事有当为者，力虽未逮亦勉为之，若待有余而为，则终无时矣”。其为人淳厚质实，平居不妄笑语，处事发言无物我之隔，其养既醇，而才足佐之。从弟郁尝叹曰：“兄于答问，若不经意，而受其言者，十思无以易。”邑令以民兵属纯德团练，纯德为制战陈击刺之法，以时阅习，久之可用。令喜，欲闻于上，笑谢焉。遇族党有恩遭丧者，经理其家，而任婚嫁之责。乡里以恶声至者，夷然不校，遇急时复周之。朱子称为“好德有常之士”，盖实录也。绍兴五年，以特奏恩，将奉廷对而卒。（据朱子撰墓志）

子吕，有传。

黄克仁 字已任，第绍兴十八年进士。陈书万言，忤时相。历知真州、化州、雷州事，奉祠归。（据旧志）

论曰：据旧志克仁陈书万言，忤时相，其风概可想矣！惜其书不传，莫由论次也。然如李深上哲宗疏，煌煌数千言，足褫章惇、蔡卞之魄，旧志亦缺载。上官公颖疏论役法，恳挚如深，且无传。使无李焘长编备录于篇，后世孰知二公皆名臣哉？以其可考者信其不可考者，虽其书不传，固二公之流亚哉！

李　吕 字滨老，自号澹轩，纯德子。早孤，事母孝，育弟妹有恩。晨兴率子弟致礼飨堂，序揖而退，至老不渝。或劝少休，曰：“身率犹怠，矧自怠乎？”从叔父郁师龟山杨时，家学之传远有端绪。朱熹一见，引吕为讲学友。其学尤深于《易》，每言《易》在识，时和之以义，苟不审于义而喜言变，鲜不害矣。著《周易说》及《澹轩集》。邑令欲兴社仓，以咨吕，吕为条画，精明缜密。熹作记称其负经事才不用于世为可惜也。（据《朱子文集》《周益公平园集》《吕墓志》《八闽通志》）

子闳祖、相祖，有传。相祖弟壮祖。壮祖，字处谦，第嘉定四年进士，调闽清县尉，真德秀以典刑人物荐之。（据《八闽通志》《闽书》）

李方子 字公晦，吕之孙也，端谨纯笃。初见朱熹，熹谓曰：“观生为人，自是寡过。但宽大中要规矩，和缓中要果决。”遂以果名斋。长游太学，学官李道传折官辈行，具刺就谒，时人两贤焉。第嘉定七年进士，廷对第三，除泉州观察推官。适真德秀来为守，政无大小咸咨之，暇则辨论经训，恒至夜分也。故事秩满通书朝官，除右职。方子曰：“是何异求而得？”竟不通。久之，始除国子监学录。属当选宫僚，或告宰相史弥远曰：“此真德秀党也。”弥远嗾台臣劾罢之。既归，学者四远毕至。寻起倅辰州而卒。方子平居危坐，竟日未尝倾侧。对宾客不妄发一语，自谓问学未能周尽，于大本幸有见，此心常觉泰然，能不为物欲所溃。元儒虞集称其守朱子之学，致知力行，殆终身然也。所著有《禹贡解》《传道精语》。宝庆二年，德秀为枢密使，与尚书袁甫为进《禹贡解》，赠朝奉郎与一子恩泽。（据《宋史》本传，《四朝

闻见录》《真文忠公文集》《八闽通志》《闽书》）

元

李应龙　字玉琳，郁裔孙也。博学有操，至正间使者荐为白鹿洞山长，不赴，寻荐授漳州教授，亦不赴，盖暗修君子也。著《春秋纂例》《孝经集注》《四书讲义》。（据《八闽通志》《闽书》）

论曰：李氏盛于宋，得传者十有三人（巽、诰、勉、深、阶、郁、纯德、吕、闳祖、相祖、壮祖、方子、文子），几与国相终始矣。至元，而有应龙，犹郁裔孙也，可不谓盛欤？晋琅琊王氏终始六朝，当时有“淮水绝，王氏灭”之谣，言兴未艾也。然所产多才人杰士，或诡于正，岂如李氏名德相承阅两朝四百年，世为圣人之徒哉？余于是叹龟山之传，大且久也。

明

陈　泰　字吉亨，邑一都人。幼依外家曹氏于邵武，从其姓，举永乐二十一年乡试，除安庆府学训导，复本姓。正统初，廷臣交荐擢御史，弹劾无所忌。巡按贵州，属官军征麓川，岁取土兵二千为乡导，战辄失利，乃杀平民冒功，泰奏罢之。改按山西，时百官俸薄，折钞又不即得，泰上章乞量增禄廪。始治赃污不报。六年夏，又言连岁灾异，咎在廷臣，请御史给事纠弹，无避大臣，去其尤不职者，而后所司考核其属，从之。于是御史马谨等交章劾吏部尚书郭琎，泰亦劾罢都御史陈智、侍郎李庸，并藩臬之贪婪者。再移山东，疏陈数千言，大要以选贤去奸为治本，帝嘉纳之。泰素励操行，好搏击，三为御史，威棱动一时。超擢四川按察使，与镇守寇深不相中。十二年八月，参议陈敷英希深意劾泰擅杖武职，殴杀舆夫，论斩。然其人实溺死，泰廷辩不得直，大理寺卿俞士悦具冤状以闻，不听。于时，邓茂七乱福建，泰从狱中上处置福建地方疏。其略言：“师行之时，先于福州、建宁、延平、汀州、邵武五府卫所，各委干练都指挥或指挥一员，严兵固守，又分兵于附近贼巢之将乐、清流、顺昌，扼其要路，相为犄角以固上游，使贼进无所得，退无所据，然后率大军直捣其巢，贼必潜于沙县、尤溪后山，走漳、泉，乃出奇兵由大道直抵漳、泉追剿，度贼不遁于山，必遁于海。临以大军抚其胁从，分捣其贼垒，以孤其势，渠魁可以就擒，全闽庶几完复矣。”不报。景帝监国，闻其贤，复泰官。于谦荐守紫荆国，也先入犯，关门不守，复论死。景帝仍宥之，命充事官，从总兵顾兴祖筑关隘自效。景泰元年，擢大理少卿，守备白羊口。四月，都督同知刘安代宁远伯任礼巡备涿易、真保诸城，命泰以右佥都御史参其军务，兼节制紫荆、倒马等关及沿河阨塞，寇不能犯。三年，巡抚保定六府，兼治淮河，自仪真至淮安，滨渠八十里塞决口九，筑坝三，役六百人，数月而毕，进苏松巡抚。会免租诏下，泰知富室田多额轻，其重者转在贫户。因推广周忱法，以五升之田倍其赋，而官田之重止取正额，于是赋额不损而贫富适均。英宗复辟，罢巡抚官，左迁广东按察副使，以忧去。会四川盗起，有言泰威名旧在蜀，使镇抚之可靖乱。乃起故官，巡抚四川。四川老幼闻泰至，奔走相告曰："陈宪使复来矣。"悉就约束，州郡望风解组者数十人。天顺八年，加右副都御史，总督漕运兼巡抚淮扬诸府。成化三年致政，六年卒。泰平居谨默，立朝言事，纚纚如倾囊，屡被谗贬斥，抗志不回。晚年保障重地，积有勋劳，未尝有矜色。安福彭时与莆田柯潜论近代人物，潜曰："清操如吉亨，吾闽少有。"时曰："天下士也，何止闽中。"其为名流推重如此。有奏议十卷，《拙庵集》二十五卷。（据《明史》本传，《直隶通志》《名山藏·臣林记》，参《段志·艺文志》）

论曰：英宗之复辟也，凡廷臣经景帝擢用者多所贬窜，泰之左迁，宜矣。顾因四川镇抚难其人，骤复其位，抑亦可谓不怙非者。岂知泰之贤实足以动人主，而转移其爱憎，乃诚者之为哉？夫以英宗有意仇景，犹不能不动于诚，可以识事君之道矣！呜呼！此彭时所以目为"天下士"欤？

黄文魁　字应元，县治人，幼丧亲，哭无时，泪尽继以血。有妹早寡，兄子少失父母，乃变所有得千金，资之孀孤，并有立，文魁之力也。由嘉靖选贡，历南雄府通判，移衡州。有属吏藏金于缶以馈者，面碎之。迁浙江盐运副使，秩满，商民建祠祀焉。寻转庆远府同知，乞休归。（据旧志）

论曰：余阅今所行《段志》无列传，疵其不合史法，补为之。然必内外完好，有本有用，不可一节之。士名者乃人焉，如文魁殆近之。而《段志》编诸《宦绩》，无乃举外而遗其内欤？非定论也。

国　朝

上官临　字以庄，县治人，顺治十一年拔贡生，笃学力行，治家尤肃。光泽经国初寇乱，田荒赋悬，里苦追呼。临慨然自任，躬诣大府叩请蠲减。因费无出，贷藩胥三千余金以应，事定而金无从偿，则罄产偿三之二，同事陈大雅任其余，里人同德之。雍正二年，奉旨祀临忠义孝弟祠。（据《府志》《段志》）

子铨，有传。

大　雅　字穆皇，一都人，负奇气。明季遭贼掳胁入其党，抗志不屈，寻脱归。入国朝为诸生，会上官临请豁虚粮，与之同事。已而，临竭产不足偿费，大雅卖妾鬻屋助之，亦烈士也。（据《府志》《段志》）

论曰：临、大雅之为，非豪举也。一动于仁，一激于义，积不可已之诚，以苏里困耳，岂以为名哉？然非有见于道，重内而轻外，亦何能无惑也耶？顾同一破家纾乡里。临有贤子，传世不绝。大雅死无嗣，其妻僦屋以活，里人亦无能举其姓字者，岂天之报施善人，不必皆信邪？余故合传之，无使其无传焉。

何国模　字汝范，一都人，生而至性过人。未冠，父母相继没，国模痛苦不欲生，而身为长嫡，勉起治丧，殡葬如礼。有庶弟国樽尚孩，慈之如子，未忍一日离。及国樽长而娶妇，家遂析，恒引为已咎，然无如何，则推腴田与弟，令多取焉。邑俗有赡长例，其父遗命拨赡长租特丰，亦均诸弟。即祖有公存产并推与诸从，或柅之，笑曰："此产以补不足，不以益有余。"孰公于是，其所见大矣。外舅曾某贫无嗣，赀之买妾生二子。中表饶某穷老无归，则舍于其家，迄没无缺供。或谓国模家饶于财，故行之沛然有余，不知皆至性之为也。素习医，遂造精微，里人至今推名医未有先焉者。然其由与方术家异读。所著《春秋传注辨讹》，兼可考其学焉。终诸生。（据《段志》）

子以烈，有传。

何世珖　字荆石，别字韫斋，国模族孙。祖斌，父以镇，在《义行传》。世珖胚胎先德，仁声义问彰彻闾里。乾隆元年，特开孝廉方正科，县大夫欲以世珖应诏，辞不就，寻以贡生援例府同知，发广东知德庆州。德庆山海错互，盗贼充斥，居民流亡多逋赋，而吏因缘为奸，患益剧。世珖至，严保甲、厘册籍以实心行实政，夙害顿除。乃建书院，具薪馔费，悉糜俸钱，诸生四远毕集，文治以兴。丁忧起服以前摄钦州，失察盗艘被议，降补江西星子知县。属湖北勾稽逆党，牵引星子民干某为逋逃主，世珖察其冤，欲释之，幕中士群阻曰："如此，则无官矣。"曰："吾何惜一官？易一家命哉？"请别缉报解，竟以抗庇免官。已获真盗为甘某，"干""甘"音近，因有前误。然非世珖，干氏一家糜烂矣。上官伟其才，为复前职，始去星子，而何氏青天坊矗立通衢，过者迄今犹能道其遗事云。（据秦大士撰《韫斋先生传》及采访册）

子泽传，有传。

高经组 字黼宸，号补亭，县治人。生三岁而孤，为童子时已异常人。年十二，与兄同受产于大母，自启请受三之一，愿以二归兄，曰："是兄主家政所扩也，固宜归兄。"兄遂多数千金之产矣。其幼而知让，盖天性然也。而生平仁厚笃善，乡里信之，即邻邑之人亦信之。就一二效于人者，可想见其人焉。北乡有庄贮谷二千石，不论丰歉，减时估粜远近郇民，以为永制，远近郇民岁感其惠。当乾隆甲辰大祲，民哄县署，县官不敢出，劫掠日报，则率子弟持械来卫庄，如保私藏。于时所在庄被抢，独高氏庄晏然。同邑曾举人韶试礼部罢归，赀竭，贷金邵武贾人，贾人度曾贫不能偿，曰："若欲贷金，券非高某名不可。"及贾人持韶书与券来，果无难色，即如券注白金五十两还之。数千里外空名足为要质，其尤难及也。初，光泽学者知习考墨卷而已，比数十年遂为名县，其振而兴起之者由高氏。盖泸溪黄进士堂，建宁金举人荣镐，有盛名江西、福建间。某先后延教二子，又选士之才良者，资之费，使同学皆有闻，韶其一也。年七十有八卒，里人歌思未已，谓于士林功尤巨云。（录《怡亭文集》《高公墓表》《高氏支谱序》）

子腾，有传。

何泽传 字勉承，号捧亭，世珖子，由廪贡入刑部为郎。有佣以窃逃，而其子诉杀者，泽传鞫之，得其情，为尚书诸城刘文正公统勋所知，荐堪知府，历知广西太平、平乐府，用卓异擢分巡山东登莱、青道。是时，巡抚国泰通货贿，僚属争献纳，泽传不与。既败案，簿籍罪诸馈送者，独无泽传名。特蒙温旨晋山东都转运使，权案察使。泽传以孤生，来京师无亲知故旧攀援之势，历官内外，屹然中立，独受知君相，致位监司，人方拟开府建旆行大用矣。属钦差盐政来巡视，故事本使遗盐政金帛，取办商人。泽传曰："我在此，不用商人钱，今乃取以悦人邪？"竟无所遗，盐政憾而去，覆旨无好语。会巡抚亦不喜泽传，遂被劾，左迁顺德知府。寻引病归，年八十余卒。（据《甚德堂文集》，参本县《采访册》）

子长载，嘉庆三年举人；长阁，道光八年举人；长诏，有传。

上官瑗 字殷尚，晚号犹石，临五世孙也。为诸生，不喜冠带，萧然野服，与二三故旧淋漓酣嬉，自适其志，尝题所居室楹曰 ："礼非为我设，事可对人言。"见者称允焉。授产其子，不问出入。邻人侵其居，空址起屋，诸子以告，瑗曰吾："屋且不终为我有矣，奚校为？"尝除夕与客弈，至暮闻爆声，问客何为。客告之，弈如故。其夷旷如此。然瑗实有过人之性，其考妣墓在城南三里许，每徘徊松楸间，及暮而还，以为常。闻四方有水旱盗贼之事，则忧形于色。故令单去非有遗爱，以亏帑金，系侯官狱。瑗与令非雅故，及是舍其子于家，而觞邑中诸有力者告之故。诸有力者故严事瑗曰："先生世外人尚尔，吾等敢不如命。"期月得数千金。令山东高密人，无亲故官闽，自分瘐死，卒得金偿所亏，父子脱归者，瑗之力也。江西石城有警报，瑗自谓知兵，集邑士团乡勇，其请兵械筹饷皆有成谋矣。以石城事靖而罢。瑗工古文，不欲自名，有作随毁去，其制艺冲澹而腴，世罕知者。以岁贡生终，年八十三。学者称犹石先生。（录《抑快轩文集》）

论曰：余初拟先生类古逸民，及综其行事性情，乃不能一日忘斯世者。盖惟泊于世味者，乃能笃于世道，迹相反而相成。武侯书云："非淡泊无以明志，非宁静无以致远。"先生躬蹈之，而余能言之也。顾世方须才而使斯人以沉冥，终不克展其素志，是则吾民之不幸也夫。

黄　溶 字安澜，居县治，为诸生，与世异趋。时邑士竞逐骫骳时文，溶独发宋明儒书，求为学之要。久之有悟，曰："学在笃实而已。"自是一言一行悉屏浮伪。生平于孝友最隆，而寡交游，曰："门以内尚多所未尽，敢旁及邪？"其教学者曰："文采虽可贵，然不由笃实，如无根之华，无源之沟浍，亦终必亡已矣。"至训童蒙，每授书限读百遍，筹满更授，不责背诵。或叩之曰："背诵可强记，功深自熟也。"以父病痰喘，遂通医，活人无数，不受谢。有医案数册授其子，戒曰："吾道吾所得而已，通者不假吾书，泥则反害，慎勿示人也。"综溶之言与思，不出位先事后得，戒不诚无物，戒道听涂说，诸旨合其于笃实，殆躬蹈之也。今距溶卒且六十年，邑中称溶长

德无异辞焉。终岁贡生。子子岳，分发河南县丞。（据采访册）

陈禹昌 字茂勋，十三都玉佩邨人，举嘉庆丙子乡试，成道光己丑进士，考充咸安宫教习。移病归，会房荐师李某督学广东，招之往，赴焉。禹昌性挚而见大，不党不阿。其师以严察收声，每试使二童竖伺诸生过差，犯者尽法，不少假。禹昌屡进规，言学政在兴文教、正人心，徒事抡选已无益于其大，防察又其细者，即士不谨罗文网，但付有司推可也。不听，至渡海巡琼、雷，遭风失志，益猜忌幕宾无一信者，然犹信禹昌。师有疑以告，答曰："某当徐察之。"既而曰无有是也。属试廉州合浦令，与学幕本无私，忽荧人言，欲白督抚，提问禹昌，争益力。竟封付合浦差致军门，已发，悔曰："令必开吾书，吾事败矣。"遂自经，而令实不知也。廉州守检衣带，得遗语，言幕宾通合浦令事，并言禹昌护同事不早白。禹昌曰："嗟乎！余之为吾师者，亦至矣。乃以私人待我，不逢便得罪邪？"大恨，呕血数升。祁抚军闻而重之，讯书本未以实告，令与幕宾获免谴。已延入节署，处以西席。半载病笃，移榻三介庙，遂卒，年五十二。抚军为买棺，以礼敛而归其丧。（据采访册）

论曰：禹昌初第时，余知当得县令，与之书，言君性仁而气毅，又明治体，所虑人情多变，当慎所因耳。不谓失其可宗者，乃在受知师，此庄子《人间世》所为发愤而作也。然其纳忠谋于师，可谓明治体矣。而终始不阿，卒白友冤，非性仁而气毅能然乎？窃自喜能知禹昌，而其师知之不终，致斯人恨恨以死，使余所虑亦验。是则可哀也夫！

黄宗杏 字学坛，二十都人，居县治，家贫，教授自给。少时尤困，不得食则闭门卧，有升米食三四日乃敢尽，终不肯毫发干人，其坚忍如此。生平不解欺人，人有欺之者，心知之而不言。其貌淳朴，拙于言辞，人多易之。然遇所当为，则毅然不可夺。邑中有义愤事，宗杏起争之，虽怵以害餂以利，不顾也。时昌言于众，则颐辅翕张，口沫迸出，竖一指振动作欲击状。年已七十，意气不为衰止，盖近于古之有守有为者。终岁贡生，有制艺行世。

卷之十五

传卷一　列　传（增修）

高澍然　字雨农，嘉庆辛酉拔贡本科举人，县治人也。祖经组，父腾，皆已传。澍然生而敏，特学为文，不随人见。受经毕，取《说文》诸书扩达其义，己求诸身心，曰："治身心，自远名利始。"于是名利心益澹，学益进，然不自足也。试内阁中书半年，摄侍读，以宦学不可兼，假归焉。某大臣美其名，闻丧妇，将女之，澍然竟归，不复出，年三十余尔。沈潜家塾，得韩昌黎文，治之三十年，仍其故而评注之，得其所谓浩然之气；本其气以为文，故其文独真独厚也。性尤笃挚，父病气逆，拳之则少衰。澍然闻拳喘间作，辄彷徨不食，后偶触之，心犹悸也。主大母丧过哀，或问之，泣曰："有是服，宜有是情也。"视事物皆澹，惟义当周，恤不问有无。戚友有茕独者，多赖其举火。旅死不得归者，皆为归之。闻某贫，将离婚，曰："吾邑素无此风，不可启也。"资之迎娶。外舅黄化州葬不成礼，曰："良吏而不见称，当为之表树焉。"皆负债不恤也。居家未尝干谒守令，而邑有利弊当兴除，则力言之。尝应聘省城，纂修通志，诸大吏有答拜无造谒。有富人将举鹾商献白金三千两求其匄免，却之。制军孙文靖公闻而加敬，以其学行上闻焉。掌教郡邑书院，条举朱子学规而诱以自得之乐，故士乐从之游，业古文者益进。主讲厦门亦然。尝谓古文之学，当去人已见，无是二见，则存为道心，发为道气。古称文以载道，贵载以气，不徒载以辞，辞可袭取而气不可伪也。又言气得所养则气裕，裕气而臻乎醇厚冲和，气之善者也。使名利心胜，则中不足，其气内薾与外流，穷理论学皆无当焉。著《抑快轩文集》七十三卷。富阳周凯品其文，推为宗匠，为学者序其《韩文故》，梓之而定交焉。建宁张绅同业友也，称其独立尘壒之外，有以自得，故欢愉恬适之趣足于中而溢于文也。晚年以前志芜杂，重纂县志三十卷。他著散见经籍略。卒祀乡贤祠。子孝祚、孝扬皆有传。（录《寄寓生文集》《庚午续修县志稿》）

上官曦　字寅斋，县治人，父灿在《高士传》，能笃先儒实践之学。曦少时即稽核以穷其旨趣，故父子之间时深师弟之乐焉。父老病，食少辄厌，多方变饪，必得所嗜乃已。父殁，哀毁骨立，虽处贫乏，丧葬尽礼。兄弟数人皆前卒，诸子贫不能立，极力筹划，皆令无失所。四弟乏嗣，迎其嫠养之，并命子承祧以慰之。族叔某死，家贫而妾坚于守志，亦迎养之，且率家人敬事之弗衰。生平无苟取，而亲故窘甚者辄分馆谷相资。甲午岁祲，有嫠妇子女数人，无所得食，日馈之粟，且为之谋长计，其仁厚类此。早有文誉，而年届五十始举于乡，三试春官不第，遂潜自修治，日以实学励生徒。谓学者见理不真则放其心，而不自知必去仁义远矣。又谓人知所惧则恶念不生，然后可以为善，《春秋》一书乃圣人示人知所戒惧者也。著《春秋纪事》若干卷以授学者。同业高澍然撰《春秋释经》，多所采资焉。晚岁掌教邑中书院，学者日进。平居言动守法，人惮其严，及亲炙日久，乐其推诚，相与性化而不自觉也。以子懋本贵，封奉直大夫四川司主事，闻望日隆，而勤读如诸生，不与外事，惟修文庙、建育婴堂诸义举始出肩其任。卒祀乡贤祠。子懋本，有传。（据《上官氏宗谱》及《行略》）

何长聚　字焕奎，号鑫园，援例候选知府。性笃挚，幼失怙，哀毁如成人。嫡母黄早卒，常以不逮事为憾。慈母张、生母李在堂，侍奉惟谨。张氏病，躬调汤药，时讯疾苦，及卒，惨怛哀戚，若不自胜。邑溺女风甚于他邑，作《戒溺女歌》以劝，收养遗婴垂十年，计得婴百五十余口。复又倡建育婴堂，竭力经理，三年始成，活婴无算，溺女风息。岁祲，劝殷户平粜，并贷银四出购米以济，先倾藏谷为倡，节家人食以食饥者，全活甚众。捐谷五百石，倡设义仓于乡，合邑效之，利赖尤广。置族中祭田、学田、科资田年收谷为祀先、读书、应试费。训家人以礼，抚族众均有恩谊。祖母外家式微，资以田并金，俾得延祀。邻某失业，将鬻妇，赠以资使营生，夫妇因得完聚。捞河干覆舟尸，捐槥以瘗。修文庙，建杭川书院，修理县署及东西大桥、镇岭浮桥，均捐资襄事。生平笃于实学，事同邑高澍然二十年，益敦践履。为文得韩昌黎真气，著有《鑫园诗文集》及《乐事录》《义仓序》《音乐管见》《离骚解》若干卷。道光二十九年旌表，入祀忠义孝悌祠。（录《福建通志》）

何长载　字厚庵，县治人。父泽传，祖世珖，均有传。举嘉庆戊午乡贡，性静谧，不汲汲仕进，而勤学不倦，博览群书无虚日。终身不见长令，不接杂宾，惟闭户著书自娱，与弟长诏并以诗名著海内。中年工骈体文，专学徐孝穆，一洗驰骤藻绘之习。建宁张绅称其引类比事，曲折如意，堤防于理，不涸不滥。高澍然为之评注，因其号第五居士，即以名其集。然长载谦冲，不矜其能，不欲徒以文士自显也。晚著《易经集解》，楚黄汪孝廉镛钟谓于吉凶悔吝、进退存亡独见其大，洵于道有得者。及截取铅山知县，辞不赴。盖长载虽以文名，而于圣贤修己之道实有足于其中，故能屏外而务其内。一时贤俊亲其道范者，无不爱而敬之焉。（据《抑快轩文集》《张怡亭文集》《汪镛钟传略》）

何秋涛　字巨源，号愿船，县治人，国模七世孙。少负异禀，过目成诵。为儿时，披天下舆图，能历举府厅州县名，默数其四境所至，而嗜学尤天性。十六岁籍学日，亲友来贺，但闻书声琅琅然。既连捷成进士，益肆志于学，罄囊购书数万卷，与何绍箕、张穆等讨论讲贯，结顾祠社，执牛耳焉。然日与京师名公相游处，未尝以学问门户标异。惟于经史百家之词，事物之理，考证钩析，务穷源委，较其同异，归诸实用。有权相某慕其名，欲罗之门下，使人微风之，不答，独执贽师事泉州陈庆镛给谏，其宗尚如此。殿试，授刑部主事，尚书爱其才，举为律例馆提调、秋审处坐办。时奉敕撰律例，根源多其手定。寻以李侍郎嘉端巡抚安徽，奏辟随营，因父欲南，旋辞归。福州诸台省巨公咸重之，属办劝捐京米事，兼主郡属五书院讲席。会粤匪告警，挈眷之京师，于是益究心经世之务。尝谓俄罗斯地居北徼，与我朝边卡相近，而诸家论述未有专书，乃采官私载籍为《北徼汇编》《增衍图说》共八十五卷。尚书陈孚恩为进呈显庙，文宗览而善之，赐名《朔方备乘》。召见，晋官员外郎、懋勤殿行走。旋以外艰离任，僦留京邸。家故贫，饔飧或不继，然其讲诵不辍，屡空晏如也。楚南黄彭年编修因荐主讲莲池书院，数月而卒，保定人士共葬之西郭外马池村。生平言规行矩，不谈人过。读书外，粥粥若无能，而军国重计深识远虑，往往援引故事陈之，当道咸为折服。以年仅四十二，不及大用，识者惜之。所著甚富，标题均见经籍略。（据黄彭年所撰墓表，参《企岸文集·行略》）

裘绍箕　字星寓，先世居新城资溪，祖时徙居县治。以太学生中道光辛卯顺天举人。家居仗义，如文庙乐器、节孝祠宇、宾兴公费、城南义塚，皆赖倡成焉。咸丰乙卯选授湖北京山县，时粤匪踞省垣，土匪陈士得乘机倡乱，聚众数万，当事以兵力难集欲缓图。绍箕抵任，即缉渠魁歼之，余党悉散。旋大旱苦饥，禀请缓征，先历各乡赈恤，民赖以苏。次年，蝗来蔽天，虔祷于神，田苗竟无害。邑东邻随州，西邻潜江，频年两地匪类滋扰，因督兵扼险，贼不敢窥大府。上其事得旨褒奖。京山田赋无征收柢册，奸豪多飞洒隐匿，官民交累，为清田亩立柢册上之，抚军深嘉其能，饬通省州县以为法。时钟堤口溃，漫流京山，沃土膏田浸为巨壑，愀然曰："民既苦湮没，又困催科，其何以堪？"乃代为完解，历两年赔累盈万，复捐廉筑堤，不派夫役，群黎德之。任事五年，调补襄阳不赴，致官回里以疾终。著有《来鹤轩文集》四卷，《鹿门诗草》三卷。（据单懋谦撰传）

陈　律　字占林，太学生，西乡人。事亲问寝视膳朝夕如一，事无巨细必禀命而行，有疾则寝食俱废。弟吕笃谨肖兄，同居数十年，欢治无间。乡里称之，谓元方难为弟，季方难为兄，今于此伯仲之间见之矣。咸丰七八年，粤寇横扰，邻乡俱被蹂躏，律豫输财办保甲，选丁壮数百，分守险要，多备矢石御敌，寇至屡击败之，一乡均赖以安。尤慷慨赈恤，凡避寇来者，除舍舍之，并给以薪刍糗粮。遐迩咸称为陈善人云。（据采访册）

高孝祚　字屺民，澍然长子。生甫晬失母，鞠于庶祖母黄，事之以孝爱著。外舅湖北程怀璟知凤阳府，招之赘于署，居数月，以不欲远亲告归。外舅重之，为治装以女偕焉。拔道光丁酉贡，诣京师，会稽潘侍郎爱其法书，欲致之不可得。及肄业国学，甄拔之，乃执贽见焉。就职直隶州州判，归掌教杭川书院二十余年。前后邑宰咸敬礼之，未尝一以私干。戚某因讼求关白，献百金为寿，却之，戚大惭谢。然生平接物，浑浑然泯其圭角，人但喜其乐易，不知其风概之严也。因督办团防有功，升本阶州同。子熙翰，有传。（据莪江先生墓志）

龚文焕　字霞城。祖周德，父懋，皆有传。少时风度端凝，弱冠由拔贡登贤书，两弟乡试均同榜，愈自奋励。次弟文炳联捷成进士，官翰苑。遂与季弟文辉朝夕切磋，攻业益苦。越七年文辉以殿试二甲第一入翰，文焕则前一年入馆矣。性敦厚，出语惟恐伤人，学既博雅，品复清直，朝廷重之。由庶吉士入文渊阁校理、武英殿纂修，所学益进。主考江南，甄拔皆一时名宿。出为镇江知府，镇江本名郡，达官大吏舟车不绝，土著复多豪富，喜以财通谒以助声援。文焕耻奔竞，闭合谢谒。久之，人咸钦其洁，干谒之风遂绝。在郡造士兴教，策民利病，或创或革，民情协洽。去郡之日，郡人歌颂不已，比诸朱邑之桐乡、子厚之柳州也。以乞养归里，遂不复出。生平谦让，自视欿然，故乡里智愚悉敬之。以两弟皆不获见用而殁，恒郁郁不自得，及太翁殁，未几亦卒。（据林自立撰传）按：此传当列裘绍箕前，因采访送稿太迟，前传已刊，故补刊于此。凡稿后到，皆此例，不得谓编次无序也。

传卷二 儒林传（重纂）

宋

李闳祖 字守约，一字纲斋，吕第三子也。（《府志》作吕长子，按：《平园集吕墓志》，吕六子，绍祖、怀祖、闳祖、相祖、袭祖、壮祖，其长子乃绍祖，绍祖即果斋先生父也。）笃志力行，思精而见切实。初渊源家学，已登朱熹之门，学益粹。同门黄干、李燔、张洽、陆淳引为畏友。熹延训诸孙，令编《中庸章句》《或问辑略》。第嘉定四年进士，调静江府临桂主簿，于时提点刑狱方信孺、提举常平陈孔硕（《闽书》作漕使陈孔硕，《段志》因之。考《宋史孔硕本传》，时提举常平非转运使，当称庾不称漕）皆贤者，咸咨以决事。暇日诣学，与诸生讲习，桂士之知有正学自闳祖。擢知古田县，留佐广西安抚使幕，干办公事，勤慎明恕，诸司翕然，寻卒。有《问答》十卷。（据《八闽通志》《闽书》）

相　祖 字时可，吕第四子也。亦从朱熹学。熹命编《书说》，成三十卷，辨析详明。平居雅言矩步，见者心肃，可谓不愧家学，不负师门也。（据《八闽通志》《闽书》）

黄　谦 字德柄，游朱、吕之门，穷经力行，以信其志。（据《段志》）

元

黄镇成 字元镇，自号存存子。延佑科目行，两试有司不遇。历游吴楚齐鲁燕赵，浮海而归，筑室郡城南，曰“南行耕舍”。著《尚书通考》十卷，于七政、九畴、六宗、五礼、方州之贡赋水土、律吕之长短忽微，并名物度数，皆著其说。说系以图治，书家咸宗之。又著《周易通义》《中庸章旨》《性理发蒙》，皆传经翼道之作，其诗名《秋声集》。部使者屡荐，不起。年五十六，归上井（有《辛巳迁归上井》诗）。又十年，为天历三年，荐授江西儒学提举，命下而卒。集贤院上其行，赐号贞文处士。（据元《儒林言行录》）

论曰：《段志》疵旧乘传镇成文苑，特表诸理学，以论镇成则得矣，不知理学之名，不典实甚。自元史臣创立道学传后人，缪迹相袭，几于积重难返，久而莫觉其非也。我朝修《明史》，削道学目传儒林，洵足破元以来之惑哉。又史汉于列传外别名目为汇传，所以收偏至之士也。其入儒林者，大抵皆传经躬行之人，如镇成斯其人矣，余因次之。而叔平、果斋诸贤，又有其大者，故不汇传而列传焉。虽然，列传诚大矣，其体视汇传转宽，凡纯白无疵而行应传法者，即入之也。附论于此。

国 朝

李 奇 字正夫，恩贡生。素履洁白温恭之度，见者恬而敬之，盖笃行君子也。诗文书画并有名。（据旧续志）

饶广禀 字子盈，十八都人，邑诸生。读书以求放心为要，性朴诚，言笑不苟。其于求放心，殆实践之，非徒为美名也。（据《段志》）

卷之十六

传卷二　儒林传（增修）

上官承祜　邑廪生，字正五，晚号寄寓生。少时一屋外无别产，尝题所居楹联云："食古不妨作寒士，生今原要学通儒。"室中虽竹几敝席，皆修洁无纤尘。冬不炉，夏不扇，终日端坐一几，流览典籍，或彻宵不寐，于学多心得。时以四子书为乡农讲说，听者皆乐而忘倦，为所启诱甚众。尝一日一饭，而朔望必祀其先。极窘时，虽挚交投赠亦不受。有谢某遭冤狱，持白金二百两跪求白冤狱，仰天不答。去后，始叹曰："何为污我？"当是时，已断炊二日矣。天姿高绝，料事深远过人，然讲学最为切近，惟不屑屑于制艺。独嗜古文，书法学王柳。凡以润笔酬者则受，犹节缩为镌《劝善录》示人。晚年学行益高，交游益寡，而形神畅适，吟啸自得，知与不知一望而皆起敬焉。著有《易象质传》《寄寓生诗文集》及《庚午续修县志稿》。（据《自娱斋文集·撰传》，参《课耕草堂文集·行略》）

何高维　字慎思，增贡生，投效按察司照磨。八龄失怙，即去幼志，笃学砥行，受产薄而养母必丰，母悦之，遂终养其家焉。为人训子弟，一言一动皆以身率，其从叔长聚敬之而不名，平生重然诺，慎交游。县学生伊光华，端士也，至死托遗孤，卒教之成立。戚某游粤，托以家政，出入数千金，锱铢不苟，其征信人如此。于六书训诂最有功。注述经兵燹皆佚。卒之日，邑人士佥叹失一笃行君子云。（据王诰撰传，参《企岸文集·行述》）

高孝敭　字幼瞻，澍然季子也。少能志澹泊。父奇其识，珍之。学务研理，事必求是。人与之辩皆詟，闻者畏焉。孝敭益穷六经诸史，蕲以理贯物情，久之得要，于是周彻毕合。畏之者爱且敬之焉，盖自治勇而恕以待人也。生平少言慎交，安贫寡过，优如也。为文有家法，善叙事，措辞如铸，而平淡简逸如其为人。然作之不多，自言《不名集》，籍可行末附于先著云。年四十五，未竟其志，卒岁贡生。

论曰：以理贯情，情殊理一。及物之学，斯为难矣。非若以理制情，情用当理者，操自我也。孝敫以人畏求古，博而约之，而卒获反己之效，可知理虽同具，固不在物而在我也。使天假之年，所造当何如哉？悲夫！（录《寄寓生文集》《庚午续修县志稿》）

邓林华　十六都人，邑廪生。笃志经学，著有经解行世。生平质直好义，学者称焉。（据采访册）

黄　骏　字敦行，二十二都人。邑廪生。辟举孝廉方正，家无斗筲。以训读为业，确守朱子学规，课生徒以实践。谓立品之要，先去利心；处世之要，先严正气。又言使人畏不如使人爱。事之者咸谓有三变遗风焉。其门人若高孝敫、何高慰、伊象和、李继光，皆卓卓有内行，足征教育之方矣。晚年偕友人聊消寒社，互相讲学，一时士习敦笃，皆先生倡之也。生平不苟言笑，少孤，事母能得欢心。获脩金，节啬家用，以赠族戚之孤嫠贫乏者，毫无囊积。死之日，门人襄赙丧具，诚无负辟举之实也。（据采访册）

卷之十七

传卷三 文苑传（重纂）

宋

李 巽 字仲权，乌洲别派，第太平兴国八年进士。历江南西路提点刑狱，明恕著声，迁两浙转运使，卒于官。巽博学能文，著《玉鼓》等赋，为时所称。太宗朝，王禹偁名在海内，独推重巽（有《送巽赴官序》）。李氏之兴，巽其先河也。（据《闽书》、旧志）

李 诰 字君彰，乌洲人。父铎，以文行知名。诰七岁能诗，第庆历六年进士，官太常博士，进屯田员外郎，卒赠朝请大夫。陈忠肃公称其真率乐易，有古人之风也。子深在列传。（据《闽书》、旧志）

李 详 字自明。幼警悟，善属文。既长，笃志经术，第嘉祐八年进士，知浔州，终太仆丞。（据旧志）

李 贾 字友山，自号月洲。工诗，与严羽友善。（据旧志）

元

危德华 居北溪，淹雅善文而精于诗，教授诸生自给。翰林危素、考功葛元喆，与之友善，称为岁寒交。而德华累征不起，郡邑强之出，至南京以病辞归。著有《观海集》，学者称北溪先生。（据旧志）

明

黄伯珪 字孟交，二十四都人。少有才名，能诗善书，海内知名。凡得一诗字者，如获奇宝。第洪武十八年进士，官终陕西道监察御史。（据《福建续通志》）

国　朝

黄上球　十三都人，顺治十八年恩贡生，博学嗜古，所著如《游金楼记》《姚尹（名宸中）政略》，有先正遗风焉。（据旧续志）

危士亨　字次元，一都人。祖应宗，在《义行传》，父星亮。喜施乡里，目为善士。士亨为郡廪生，有文名。与高第邱澜等讲诵，大雪断炊，忍饥不辍。学使汪徽临郡，士亨前卒，闻其没以不获见为叹。著《四书精言发挥》。弟士琬亦文。（据《段志》）

曾　益　字子谦，自号牧庵，五都人。居洞光岩十载，淹贯经史而长于诗。充康熙五十一年岁贡，任长泰训导。诸生宗仰焉，就迁教谕，母老告归。著《长泰归来集》。（据《段志》）

危联奎　字璧光，县治人。家贫嗜学，膏不足然[①]香继之，后人出其遗书，有香焰吹坠迹存焉。终诸生。（据《段志》）

论曰：闻联奎工制艺，为郡守魏麐征所赏，麐征论文綦严。长老相传，某岁郡试未招覆，奉急檄之省，携阅舟上，遇不可意卷辄掷水中，后廑有存者。今联奎制艺未之见而见赏宗工，《段志》以入文苑岂无其实而妄有名邪。虽文苑例不登时文士，然如联奎之刻苦，非中有所得者不能。余故因之，以劝来学，亦以志余之慎也。

何以烈　字肇扬，自号敬斋，国模仲子也。性孝，念不忘先，仿朱子家礼建四亲祠。又以程子言“人本乎祖，无贵贱，俱得祀始祖”，复建大宗祠，规模宏远矣。而严条教，谨约束，勒为家法，子孙世守之。生平自命莹然。遇事讲求大体，治古文有法。手订《敬斋文稿》十二卷，就正临川李瀫，瀫负一代文望，得以烈，恨相知晚，为之序以传焉。（据《段志》）

李梦白　字东启，杉关人，学者称晓邨先生者也。幼敏慧，工雕虫之文，时人目为才子。已而弃去，曰：“是杨子所谓‘壮夫不为也’。”尽发宋儒书读之。性则开解，其力辟姚江之学。谓朱子学孔子，得下学遗意。姚江不先求矩而学，从心所欲，宜其多逾也。诗学南宋，古文师魏禧，非其至者。然学者稍稍去举业，习诗古文，多先生弟子提唱之功，不容没云。先生

---

① 通“燃”。

举乾隆甲午乡贡，官福清教谕。移疾归，卒年七十。（录《抑快轩文集》）

邓思渺　字叔彰，十三都人。博览强记，答问不匮，而工诗文，举乾隆甲午副贡。之京师，名动公卿。昆明钱侍郎沣延教其子学彬，髫年成进士，后官泉州知府，思渺已卒。学彬感师恩谊，存恤其家甚至。思渺无世俗之好，居京师十数年，以书为命，文成浩博而十有所裁，不徒记问之学而已。家藏诗文集，未梓。（据家传）

黄宗傑　字卓庸，号劲庵，二十都人，居县治，年十五，县试第一，籍学。以乾隆乙酉拔贡教习咸安宫，分发广东试用知县，历署吴川知县、廉访同知，著能声。遂权化州，州有淫虏狱，高州知府虑宗傑少年不办，以老幕从。适事主指控某某不实，遽以诬论报。寻获真盗四人，又梶，毋竟其狱。宗傑曰："如此是故也。吾宁惜一官，蔽吾民冤哉？"狱上，竟坐前谳夺职，流贵州。知府自杀，幕友配远方。而宗傑词章翰墨倾倒一时，抵流所，巡抚以下咸折节，以为客主之礼。即诸葛武侯祠辟书院，延之掌教。已制府富纲聘主云南五华书院讲，于时云贵之士尊仰若神明。虽王阳明之丞龙场、杨升庵之戍永昌，无以加焉。以嘉庆元年释归，讲学将乐正谊书院，晚年移讲延平道南。卒年六十七。自宗傑归，云贵并入主祠书院。既卒，正谊、道南如之。著有《春秋正解》行世，诗学刘长卿，有《信天堂诗集》，未梓。（据年谱、墓表）

论曰：先生负用世志，甫试而踬，以教显滇黔间。殆天欲启二地文明，故阨先生为之导而因以昌其学邪？然则先生虽早踬，不可谓不遇，而岭南失一良有司，乃彼民不幸，非先生不幸也。闻云南秋赋书院生得隽者逾解额之半，至今以为美谈，是乃先生接人用世之道，岂足以尽先生哉？

高　腾　字鹤年，号九皋，晚易海樵。父经组在列传。腾聪颖绝人，十岁遍群经，作文能自铸辞，老宿惊服。既籍学，受业泸溪黄进士堂，得诗宗旨；已师建宁朱庶常仕琇，得古文义法。乾隆四十二年由副贡生举于乡，选福鼎训导。福鼎故霞浦北鄙，置县才五十年，风气未辟，士鲜实学。腾至，以汉经师说训士，谓《易》假象、《诗》假物、《礼》《乐》假器，汉人去古未远，有承师，著《汉学偲闻》授诸生。福鼎士知汉学自腾始。官五年，以亲老告归，即本训士者教授乡里，邑士咸斌斌知所向。方转相授受，人才郁然，光泽遂为名县。腾素敦友谊，有友叶文学秀旅死福州，为经纪之，护以归。道闻捷，同舟者趣腾取陆还里。腾曰："友丧在途，得一科遂弃之邪？”同学曾学博韶监鳌峰书院，疾革，曰：“必九皋了我事。”腾归其丧捐金置产，权其赢息以抚孀孤，诸生在门籍者，均爱如子。腾卒已三十年，犹岁时尸祝不绝，其感人心深且久，庶几以善养人者与？卒年五十九。著《九皋草堂文》三卷，《鷇音初集》二卷，并《汉学愳闻》二卷，藏于家。（录《重纂福建通志稿·文苑传》）

曾　韶　字虞奏，一字夔堂，县治人。工制艺，一篇出，人辄藏其稿。间作古文，修洁可诵。举乾隆庚寅乡贡，用教职监鳌峰书院，卒年甫四十。其父故习法家，韶性孝谨，托楹帖微谏曰：“但看花开落，不言人是非。”父为少止。闺门之内，肃若朝堂，尽日不闻人声。既卒，妻悍日闻，于是知韶教行于家，而惜其年之促也。（录《九皋草堂文》《亡友曾夔堂行略》）

何长诏　字金门，父泽传在列传。何氏世宦，而长诏工诗，为名人。甫成童，有诗数百篇，皆可咏诵，今选载删集者是也。十八受知学使恩侍郎，目为奇才，每试，日未移晷即纳卷，侍郎为特启门出之，异数也。然长诏夷然不屑科目士，与其第五兄乡贡长载相师友倡和。兄温谨谦抑，长诏鲜衣美仪观，豪饮善曲，不问家人产，有承平公子风焉。其诗初侈于才，继范以格，贯意连辞，其光爗然，海内评诗家谓可到温李。长诏益折节潜思，上规韦□，去华归根，味于无味，而长诏死矣，年三十八。长载为梓其诗曰《敝帚斋诗集》，七卷删集三卷。（参录《抑快轩文集》长诏传及《诗序》）

论曰：长诏故诗人，而能知古文气息。余初与之语，长诏未尝不心折，久而莫辨为谁说矣。使天假之年，岂但以诗人终哉？呜呼，丛兰欲茂，秋风败之，无论古文并生平托业，亦不克充其志，此其可悲也夫。

伊光华　字蕴芹，一字留朴，其曾祖富由宁化来家为邑人。光华少孤，奉母兄甚谨，性静挚，不苟言笑，无羡无忤，而渊然若有思。其处事慎以周，勇而不激。其居母丧也，惨戚之容积岁时不渝。余每见光华，辄不觉心肃也，其诸所谓躬自厚者与？而工诗善篆隶，诗之高者冲夷，篆隶亦有骨法可观。宁化宗人秉绶诗字名海内，佥谓光华可嗣其笔，一何文也！为诸生六年，年二十七而卒，闻者惜之。（录《抑快轩文集》）

论曰：光华之死，其友何高维汇所作篆隶藏之，而何长聚为梓，其诗曰《留朴诗存》，盖冀以存光华也。然生平性行笃内而暗外，恐其终泯没也。余故并传之焉。呜呼，使光华而天假之年，虽古之卓行、文苑，何以加哉？

卷之十七

传卷三　文苑传（增修）

何高雍　字简斋，岁贡生，性刚介，言笑不苟，生平悉力古文辞。尝以所著就正其师高澍然，称其真朴之气能固而存之，得作文根柢，又言宽平浑穆处颇近庐陵。著有《从乂堂古文》四卷。晚精于医，又著《医学求真》十二卷。及闻寇警，拟《御流寇事宜八条》呈之当道，因委办团练。粤匪陷城，与长孙芳栋、外孙童逢年俱死之，得恤如例。（据毛乘鳌撰传，参考《从乂堂文集》）

龚有元　字资万，岁贡生，有异才，善集益诗文杂著。师高澍然及建邑张绅，四十余岁已有成业，晚年所着益工。书画师宁化黄慎及同郡万峻，笔力所至，人以为书法之劲健酷肖瘿瓢子，画与奇峰无分上下矣。生平豪爽，于人坦怀相与，故当时贤豪欢会，座无有元不乐也。所著惟存《莲池诗稿》，余以家贫，不自收拾，俱佚。（据《从乂堂文集》）

上官芬　字滋兰，郡廪生，性端谨，终岁静读，属思未得则中夜起坐达旦，以为常。专于经学，皆有纂述。又著《诗文集》二卷行世。（据采访册）

何高慰　字孟思，道光丙午乡试中式第五。父长聚在《列传》。高祖以烈入前《文苑传》。由截取改授永安教谕。所得脩金，为合族购义山，又为高祖增置学田八十石，其亲亲如此。友人郭某老无嗣，为出资置妾。佃人官某被债主逼，将鬻妻，为出赀全之。素习医，不问贫贱，辄为诊视。尤力者，东西桥毁于寇，不恤劳怨，先后倡复，迄今行人赖焉。其由亲而及人者又如此。天姿敏达，少时趋承庭训，著述并有家法。一赴春闱，旋闻寇警，遂绝意进取，日以典籍自娱，能古文章，诗律尤细，著有《草涧吟企岸诗》文稿藏于家。（录上官纪云撰传）

高熙晋　字进阶。父南阳，在《义行传》。由增贡投效太常寺典簿，少时励古人为已之学，不随时见，勉为古文章，思追从祖澍然之业，其志趣如此。生平寡嗜好而敦惠义，郡城初建试院，慷慨输千金。族祠有需应，所取不吝。贫交有贷无不应，屡负偿，悉坦然也。丁巳寇变时，贼中遗孩七八岁者，辄收养之至长，访其家，给赀送之归。避寇时，途闻舆中妇哭甚哀，询知为夫鬻以偿欠者，亟佽之使返，其行义颇类南阳。晚年尤好学，尝以古文业引诱后进，谓古文随人材质，浅深皆可正心术，导迎善气，以成德业也。著作渐富，严简有法，有《自娱斋文集》六卷，诗集两卷行世。（录《课耕草堂文集》）

毛乘鳌　字步莱，鹤龄孙。事母孝甚，家綦贫，而养母必以珍馐。每冬为母置新棉，妻子悬鹑不恤也。母未睡不敢寝，自少至老无偶懈。尤笃学，不习时见。十三四岁，春秋列国了如指掌，与人谈盲左，至于忘食。凡经史及医卜诸书，无不有钞本，至六七十岁尚勤学如少时。古文辞学欧、苏，诗近陆，以恩贡选授松溪教谕卒。（据《余馨集》）

卷之十八

传卷四　孝友传（重纂）

宋

何　福　何村人，幼孤，行佣养母，乡里称孝，庙祀之。（据《闽书》）

上官超　县治人，母病笃，刲左胁取肝以进，寻愈。知县事张硕名其门曰“孝感”，因以名坊，故光泽旧有孝感坊也。（据旧志）

明

龚仲贤　崇仁人，少孤，长于寡母。母殁，哀思不已，刻像肖母，奉衣服饮食，出告反面如母存，盖十八年不少懈。既卒，妻王氏奉姑像又如仲贤存也。（据旧志）

论曰：仲贤之诚，能使妻延其孝于身后，于是仲贤可以死矣。余窃谓死而有知，仲贤必见母于地下，其乐殆胜于生也，抑其妻亦孝妇哉！

危　孚　字克诚，一都人，任桂阳知州，励廉操，以道远不克迎养二亲，节缩用度，岁时邮俸钱供甘旨，闻母病即乞养归。桂阳父老攀留不能得，衡州知府叙以赠行，其云贤侯去矣，椿萱昆季多欢聚，桂阳父老徒嗟慕，纪实也。（据旧志）

危正位　十六都人，性孝友。兄履祥业儒而荡，父怒，逐居于外。正位竭己赀赡之，父不知也。兄随籍学，始获归，父子兄弟欢聚一堂。诗云：“因心则友，则友其兄，则笃其庆。”正位有焉。（据旧志）

上官倬　字子立，二十四都人，孝性纯挚，由嘉靖选贡任浙江台州府通判。（按：《段志》作“台州判官”。考明台州已升府，宜称府通判，不得称州判官。）属父家居误杀佃，陷重辟。倬闻报即弃官走京师，三上书请代，以乞父命。朝廷喜其诚恳，减死配远方，则尽鬻其产，得八百金赎父

罪，父子偕归，台司暨会城知名士咸作诗纪焉。（据旧志）

陈　恭　由椽曹为广东盐课司官，事亲诚孝，亲死，庐墓三年，昼夜哀号，听者每误为初丧云。（据旧志）

李　性　字绍衷，县治人，倚亲为命。及选乌程丞，甫至官，念亲不已，即乞养。当道嘉其重天伦而轻人爵，为之请以遂其孝。无何，母丧，一恸而卒。（据旧志）

江继澜　十九都人，少失母，有父双盲。继澜奉之微至，遂忘其瞽。每父有所欲往，则亲负以出入，亦不知其疲。妻没，遗两岁儿，身自抚抱长之，不再娶。时通判萧宗元权县事，上其行于巡按御史，御史锡之匾曰“孝义”，故江氏有孝义之堂。（据旧志）

论曰：江继澜勤奉盲父，长两岁失母孩，人以为苦甚矣。不知彼顺其性以和其心，方乐而甘之，奚苦之有哉？表曰“孝义”自有司事，使继澜稍萌是念，必不能甘，且不终矣。故知凡获旌门者，皆其人不欲以为名者也。

吴尚淳　五都人，性行朴鲁，少孤，奉母笃孝，家本贫也，而母无茹荼之苦，终身欣然，不知其孀也。巡按方元彦旌以“纯孝”，纯孝固赖朴鲁哉。（据旧志）

陈　溶　县治人，性孝，居丧三年，哀戚不变于初，见者辄为肃然。（据旧志）

郭　冕　字宗周，县治人。父病漏腮，为吮脓血，人色难之，而冕必如是乃心安，不可强而为也。万历间以贡生任绍兴府教授，母双目骤失明，闻报即乞归，以舌舐之复故。当道旌其门曰“纯孝”，巡按给廪帛焉。（据《闽书》）

饶允中　字完初，县学生，性淳一，唯知事父母。自幼迄壮定省常节，未尝一日违父应斗。以岁贡廷试去家，允中每思父则辍食，母曲谕强食之。母年老病疯，起坐亲自抱持，不假家人，人以其字完初，谓不愧表德云。（据旧志）

龚大鹏　字朝辅，性淳厚。从弟逢时等久异居，家皆不给。大鹏以祖所分己产分赡之，语诸子曰：“人生最难得者兄弟，吾为独子，幸席祖父赀，岂可置同祖兄弟贫困[①]不问乎？尔曹能承吾志，斯吾子也。”一门男妇

---

①“困”，底本作“囷”。

五十余人，无敢异同，雍雍有一家让风焉。子必兆入国朝，充顺治八年岁贡，官训导。（据旧志）

张　拱　字汝翼，本姓李，幼养于姑，随姑夫姓。有二弟李元淡、元端，并着才名，而皆孝友。父母健在，相从定省，兄先弟后，誾誾如也。亲没，聚食一堂，融融而乐，内外不闻恚声，其家风可尚也。（据旧志）

上官世安　字时震，县学生。母病目，以舌舐之而愈。抚弟世昌，婚教皆身任之，世昌亦籍学，族里推焉。岁荒平粜，有贷不能偿者，面焚其券。生平恬淡寡欲，善谈道素，自号侣阳，葺数椽于溪山，放怀鱼鸟，着《娱情集》三卷。（据旧志）

上官世守　少孤，有兄亦蚤世。兄垂没，以遗孤五人托之，世守悉为娶妇，延师教之，皆成立，其费世守赀也。母病疯，起居饮食躬抱持唯谨，子侄请代，曰："此子职也，何可代？"（据旧志）

上官世卿　幼失父即知哀。及长，母病濒危，吁天请代，少间，然累月乃起。世卿刻不离母，药必尝乃进，亦累月始复寝。当道闻其事，奖以匾曰"德门孝行子"。经官江西南城训导。（据旧志）

李廷选　字用卿，性淳厚，事亲以诚。闻人困苦辄恻然，多方周恤。邑宰闻而叹曰："能孝亲而惠于众，即圣贤所许也。"为请于台，给以冠带，复题其庐曰"善人孝子"。（据旧志）

邹　闻　十三都人，少谨愿。母病思肉，居僻乡不能得闻，遂刲股以进，寻愈。（据旧志）

李天德　字惺初，县治人。由太学生任鸿胪序班，迁州同知，未版授即乞养归。兄天植、天锡蚤世，抚其孤，赓赀如己子，后皆成立，而天德四子宾、赞、贯、贺俱知名庠序，人用为德门之庆云。其捐修洪济桥，所费不赀，亦孝友之推也。（据旧志）

国　朝

李克明　镇岭坊人，天性笃挚。父病，诸医缩手，克明吁天求代，病果减。已命家人进肉食，克明念久病不宜骤肉，唯股肉可已疾，即不效亦无损，乃刲以进。父食而甘，遂愈。克明亦无恙。年七十有三卒。（据旧志）

论曰：闻克明卒之岁，一日语家人曰：“我以某月某日死。”其日无病卒，有类通慧者。然方刲股时，知尽吾诚而已，岂预计夫死不死哉？夫惟尽吾诚然后受天之佑，父子均全安，亦非股肉真能已疾也。

郭　任　字斯觉，县治人，郡学生。母年老失明，任日以舌舐，三年复故。人称诚孝。（据旧志）

曾光谟　字仲贻，五都人，父应寰在《义行传》。兄光谱为人陷，变产以资讼费，事得已，因语诸子曰：“人以孝为本，孝又以不忘亲为主。吾不欲子若孙知有己，不知有父祖也。”顺治戊子，山寇充斥，积尸遍野，光谟市棺收葬，其费不减蠲产。人以为锡类之孝，盖由不知有己，扩之有此不匮之思也。子纯敬康熙十一年拔贡。（据旧志）

何起蛟　县治人，笃友爱，与弟起鲤同居，巨细必亲，不以委弟，而岁入则命弟司之，无丝毫入己室。弟亦承以恭顺，与妇相戒毋负，故同居五十年，内外无异言。从弟德渊少孤，起蛟悯而长之，遂籍于学。（据旧志）

黄应中　县学生，性故不羁，日记数千言，善诗而敬事祖母，待弟辈有恩，年三十卒，合邑惜之。（据旧志）

饶　东　字鲁山，允中孙。康熙二十四年拔贡，补教习。以父老乞养，改授教谕。东性纯孝，童年母病，历三载，服侍不怠。两事后母，均得欢心。最后一母有前夫吴氏子，三代止一人，东为娶妻延祀，其母愈感恩，爱有加。岁饥，有邱某、危某将嫁妻全养，东闻概以所得馆谷分赠两家，夫妻获全。合邑颂其不匮锡类，目为真孝子云。雍正元年奉旨祀忠义孝弟祠。（据《段志》）

陈平川　二十七都人。明季山寇窃发，其仲兄止一子，被掳。平川倾金赎归，以己产畀之，曰：“兄有祀矣，我复何求？”竟老于兄子。（据《段志》）

吴　一　县治人，父颜良丧明，寝食起居需人，而家极贫，一日不作苦则无食。一伺父便安乃出，移时即归。久之，薄有所积，或劝之娶。一曰：“与其待有后以奉烝尝，不若留此备甘旨生养我老父也。”卒不娶。（据《段志》）

论曰：吴一之孝其父，至于老死不娶，似与孟子“不孝有三，无后为大”之旨背矣。然必泥其说，当穷约时，几无以为养，忍饥其亲而急谋室家嗣续，可谓孝乎？一曰“与其待有后以奉烝尝，不若留此备甘旨生养我老父”，旨哉言也。斯真善读孟子矣。陈平川既笃兄子，势不克两顾，因而不娶，亦未可厚非也。

曾光远 五都人。明末，父为贼所得，与兄宏甫挟赀往赎，光远度贼凶悍不测，令宏甫速回，身抵贼巢，以赀不餍贼心，请留身释父筹赀。贼并械之。光远间贼月夜会饮，破械挈父逃，父子俱免。（据《段志》）

李 梅 字百占，三十都人。父当耿逆时为贼掳，梅追及之，乞以身代。贼遂释其父，驱梅至建阳，縶诸巢。梅间守者怠，跳去。为诸生食饩，其弟已别居，梅以所得廪饩公之弟，终其身不自私。（据《段志》）

龚联桔 字其晖，茶市人，十七失父。属耿变，余孽未靖，母弟俱遭掠，不知所向。联桔行求，累年得母而弟无耗，复同母觅弟以归，人以为孝感。（据《段志》）

周尚德 字懋功，当耿变偕弟避北乡铅山。贼陈德云闻尚德名，索之急，弟方十龄，道为贼掠。尚德奔贼所求弟，贼闻尚德至，归其弟而胁尚德，使从乱，不屈，贼义而释之。弟没，遗三孤，抚育成立，均以己产。岁征租于乡，乡人曰：“得公来，吾侪喜也。”生平惩己未学，尤好读书人，待师一于厚，里党化之。建安朱秀作尚德像赞云：“己有财而乐人成立，己未学而好人读书。不望报，不邀名，行其心之所安焉。”纪实也。（据《段志》）

何以锽 字云书，父斌在《义行传》。以锽事亲笃孝，妻某氏不善事姑，即出之。念列祖祭田有厚薄，慨然曰：“祖功宗德，奚容轩轾。”以厚者为率，增置如数。康熙五十年邑饥，以锽罄藏粟廪饿者，每岁冬月，多制绵衣苏冻者。人咸歌舞之，则逡巡谢曰：“亡父命为此，小子何德焉？”已而仿朱子社仓法，积谷四百石，经理四年得子谷百石，择乡耆董之。复捐租四百五十称资寒士，其周恤乡里，殆无遗善。乾隆十六年入主忠义孝弟祠。（据《段志》）

论曰：礼称善则称亲，以锽有焉。不宁惟是，其父故好施乡，有善人之目，以锽踵而行之益大，其诸所谓继述之孝欤？

曾应澄 四都人。幼失二亲，以不逮养为憾，每遇忌日及清明上墓，号泣终日。弟应和为贼所掠，无耗。应澄行求二十年，竟得之，均以己产，其孝友殆内诚也。里人有盗其园果池鱼者，见而避去。家人问故，答曰：“我失物，彼失名，孰小孰大？”其存心如此，孝弟为仁之本，信哉！

陈显卿 一都人。父孔振遇族党有恩，而喜急人急。生显卿三岁而没，人或疑善也。显卿稍长，事孀母竭力奉养，虽疏食菜羹，母未食不敢食，母有疾，寝食俱废。及居丧，哀动里左。向之疑善者佥喜孔振有子，谓天之报施善人，果不诬也。（据旧志）

何以铣 字云晶，以镗季弟也。性谦冲，训诸子以娄师德“唾面自干”为言，居亲丧不标异，而惨戚之容三年不衰。方母病时，授白金二百，以铣重违母意，姑受而藏之。母没，托母命散戚属，然不及诸兄者，惧彰母偏爱也。其委曲尽善，不独不私其有而已。他如输谷二百石备荒，捐租五十石资乡会试，访知新买仆为旧家子，赠金遣之，人以为难，而以铣兄弟处饶家，相竞为善，又不足异也。故传其隐孝，以当表微焉。（据旧志）

黄文谟 字启烈，县治人。少孤，事母至孝，日侍母侧，不离左右。年三十五丧妻，或劝之娶，曰：“有子不虑无后，更娶是何心？吾恐孝衰于妻子矣。”知县王吉闻而加礼焉。（据旧志）

论曰：黄文谟纯孝人也。味其言，非念念不忘亲者不能为是语，又乌知其言之旨而强语哉？古人言孝曰思，言养曰顾，若文谟可谓思深微而顾无方矣。

邱　澜 字文波，拔贡生。母病痈，时医缩手，有侯医者负术自高，澜日夕伺其门，侯为感动，处方起之。父暮年患痢，昼夜不离寝所，病革，抱父呜咽欲绝。医在侧叹曰：“至性若此，乃知子道有真也。”体羸不胜丧，子侄为言，澜曰：“使此时饮食起居如常心，先死矣。徒保血肉之躯将焉用？”闻者悚然。从弟沄少失父，澜为长之，及沄没，妾始生子而家难作，复抚其孤，卒获保全。他如捐复始祖祭田，勤修先茔，皆从至性出也。生平视人犹己，家无藏钱，遇窘者质衣资助。义儿许贵为给产婚配而听别居，不终羁其身，盖性孝友而行长者也。（据《段志》）

龚　道 字汝宏，县治人，雍正十年岁贡生。少失母，事继母能得欢心。与弟选同爨式好，终其身。性耽诗酒，而举动端方，言不及非义，人敬信焉。（据《段志》）

李为鼇 县治人。童年失父，其母病偏废，起坐栉沐左右之，数十年如一日。而母性卞善怒，惟为鼇在侧少和，益不忍一日离母舍，奉母外更无事，可谓知本务矣。（据《段志》）

危　峥 字虬伯，一都人，太学生。母病睛突，遍求名医无所遇，乃专治方书，历七年而痊。兄弟同爨五十年，即一味之美不忍先食，二弟亦事之如父。北乡黄某困于病，将鬻妻求活，峥为购药，复给以赀，夫妻获全。家故不丰，遇族邻急难必相济，有亲病无力延医者，弥加周恤，皆孝友之推也。（据《段志》）

李世寿 字名英，一都人。幼失母，以生人礼事之，终其身。父五十患疯，世寿抱之出入者数十年。父性故卞，耄而愈急，少不如意辄怒而加责，世寿奉杖惟谨。由其心惟知负罪引慝，不知其孝也。世寿系出乌洲，真不愧祖风哉！

邓文伟 字国柱，十三都增坊[①]诸生。居亲丧不入内。以弟子多，析产时特厚与弟，其孝友内诚如此。（据《段志》）

论曰：家庭之争由觊求非分，然其一固执分内之理为辞者也。执理为辞，争终不已，是故圣人贵让焉。让者，理宜得而推诸人也。夫生人所恃者，理耳。至理且不恃，唯求性之所安，让之所以为盛德欤！如邓文伟，因弟子多，多与之产，析产之理无是也。然必如是，乃得性所安，则夫执理为辞者，皆由性不足也。理与性固不可一视哉！余故详论之以风世焉。

李飞鹏 字抟北，父奇在《儒林传》。飞鹏事后母，四十年无闲言。有兄三人皆早世，均已产廪诸孤，皆成立。手著《春秋讲义》，盖孝友而儒也。年七十有二，终廪生。（据《段志》）

张坦素 二十八都人，性醇朴，事母至孝，一羹一匕必婉容亲进。年五十三，母殁，哭泣至丧其明，吊者感叹曰："舜五十而慕，于今见之矣。"年八十二卒。（据《段志》）

傅中晨 字希宿，十八都油榨村人。生三岁而孤，稍长，樵采奉母，空腹往，日暮归，寒风烈日不少休。母流涕劳苦之，辄诡词以慰母。当顺治戊子己丑兵荒，百里无烟，窘益甚，日惟一粥，而推稠者食母，母复留饲子而背食糠。中晨察得之，对母泣。自是必待母饱然后食，中年家稍裕，而母已死，自恨曰："无母，何用家为？大不如昔时艰苦之乐也。"见珍馐涕泣不食，居恒亦无欢容，惟与子若孙语前事若有味，其言之盖神游其间矣。不数年亦卒。（据采访册）

论曰：欧阳公云："祭而丰不如养之薄。"千古以为名言。然为是言不难，难其思之发于性也。若中晨所谓"大不如"，思邪？言邪？抑思不已而溢于言邪？必有能辨之者。

①"坊"，底本作"芳"。

毛世品　二十四都毛湛人。家笃贫，母病后思肉食，世品旁皇无所得，刲股以进，母食而甘焉。自是樵采倍常人，冀供甘旨，人怪其盛暑作苦不解衣，强裸之，见刲痕，诘得其故，啧啧称孝子。而世品急理衣，去若不闻也。其孝而不名，可钦也哉！（据采访册）

傅德生　字惟本，十八都油榨村人。兄弟三人各食力，仲、季前死，子不能自存，而德生赀日起，有子六人，或谓产虽丰而六之亦薄，德生竟析为八，以均二侄，且择膏腴畀焉。曰："渠弱不自耕，与以瘠田将不食，非吾矫也。"人咸称善。（据采访册）

论曰：《易》称"裒多益寡，称物平施"，德生之授产，其让众著矣。其平非浅识所知也。而六子不闻有异辞，尤不易得焉。

席文缙　字帝铨，二都人。父殁，抚二幼弟以释母悲。及二弟娶妇，受产于母，群请抽田报兄劳。文缙曰："兄之厚弟之薄也。吾方恨无名以益二弟，乃以世俗赡长说溷乃兄邪？"卒不受。族弟文泰孤贫，族孀黄氏无子当嫁，并收养焉。郡太守魏麐征旌其堂曰"孝友"，盖信之也。（据采访册）

欧阳元　字善行，二十一都人，家县治。幼孝谨，称之者无异辞。既授室，书有妻子则慕妻子于牖间，其师邓权以为念不忘亲，为有道之器，非虚语也。终诸生，年二十六，弟亨手疏其情告哀，庶几不间于兄弟之言者欤？（据采访册）

论曰：《诗》云："孝思维则。"元恐移慕于妻子，时顾牖间，书以弥其隙，可谓能思矣。虽元之孝无迹可纪，而兹传志在表微，余故不得略也。夫孝岂以迹为哉？

游　连　字寅恭，十三都人。幼读书喜睡，父流涕责之，乃刺"承志"字于手。未冠，食饩于庠。游氏世义居，内外九十余口，皆慕其行。连有言，未尝不帖帖服也。年五十八病，呕血。时母尚在，来视连，已不能言，手血书："事母不终，当草葬，不得入先人垄。"以志不孝，今血书犹存。督学张侍郎鳞旌以匾曰"六行勉惇"，允矣哉！（据采访册）

陈世兴　字映南，十二都人。兄弟四人，次居季。伯兄世道早世，时世兴有二子，嫂[1]卢氏请其次子为之后。既毕三年丧，会叔兄世谟家落，言于众曰："吾产已罄，将乞食，盍以吾子易季次子嗣伯氏？"众哗曰："立嗣，礼也。何得如奕棋？"世兴曰："以序则当叔兄子，前立吾子，权也。

①同"嫂"。

礼当更正，无多言。”遂定叔兄子为嗣，娌亦不能难也。已而世谟再以窘告，复赀之，又拨租作外祖父母尝田，戚友贷者无不应，家亦落，而世兴恬如也。得年七十六，与世谟及仲兄世杰相老如童稺，终始无闲言云。（据采访册）

论曰：世谟之欲易嗣，犹管仲与鲍叔分金，以贫故多取，非贪也。故不以序立执言，但曰产尽，可谓能输诚于兄弟矣。君子疾夫舍曰欲之而必为之辞，若世谟之真亦不多见焉。然如世兴又未肯许鲍子为知己也，贤矣哉！

毛凤仪　字世桐，毛湛人，太学生。父病痔，同父起卧，不避恶秽，数十年未尝离左右。父殁，不复娶，独居一室，以方书自娱。族党信其行，训子侄必举以为式，谓孝为百行宗，虽观过可知仁，况一于善邪？而凤仪人见之以为乡人也。（据采访册）

万　栋　字翘楚，邑诸生。父元隆购县役某屋，某贪忍人，得其直而不偿屋，趣之，则酖父于楼，坠残其尸以诬焉。县不察，竟论抵。栋时年十四，匍匐号白父冤。自郡守至台司不得直，因自承，父子并系福州府狱，知府其徇同官，不欲异前谳，迫栋证父，环以刑具，汹汹如沸。栋大呼曰：“父可证即可弑，况冤邪？有如大人为臣者。”知府忌闻余语，遽叱之出，而仍当其父死罪。初，栋系狱时，一老囚惎以白冤要状。潘巡抚思矩治闽，以威明著声，时冬将尽，已封印，栋俟其出，如老囚指遮诉焉。前驱呵逐不退，鞭棰两集，终不去，遂僵于道。巡抚视之，童子也。止舆俟其苏，启握得诉，面允提讯。于是栋出入汤火乞父命盖三年矣，走八百里归报其母，问今日何日，曰岁日也，相与痛哭，已相慰藉，言父更生有望也。明年巡抚亲讯，言案可疑者，再檄本府烝检，酖父者遂遁。元隆始出狱，而酖父者毙于雷，当是时，万孝子之名播一省云。后钦赐副举人，以终年八十六。（录《抑快轩文集》）

论曰：仁不仁之相去，岂不远哉？一酖父以逞贪，一舍身以救父，乃聚于一狱也。原共初一知有已，一知有父耳。及其究也，遂有大美恶焉。《易·坤之初》曰：“履霜坚冰至，可不惧于初哉？”余为此传，不特用以劝，盖兼夫戒者也。

毛鹤龄　字配遐，别字耻庵，毛湛人。少孤，无兄弟，有两叔父，年与鹤龄相近。鹤龄事之如父，而字从弟如弟。其叔父曰：“翼鹏者，以家累亡其产。”鹤龄推己产同之，至乏绝时，又当鬻券成以告，鹤龄但署纸尾，不谁何亦无悒容。如是数年，鹤龄产亦尽，而岁所得弟子脩金，犹先叔父后其家人也。方产尽无可计，适收尝租百余石。众谓宜稍复旧业，鹤龄则买山葬祖母，终事无留余，其诚厚概之于古人何愧。然鹤龄终始未尝自言也。既处贫，益屏去世累，以真草书自娱，其书真朴自遂，能化古人迹，成一家书。然廑有知者，其友何长敦官博野，招之往，遂卒于署，年六十一。（录《抑快轩文集》《毛耻庵先生传》）

李氏二乞　同怀兄弟也。兄德延、弟德迈，初薄有家产，营二亲葬仅存数亩，举而归诸祠，乞设一龛祀父母。族许之而还其田。泣曰："是弃余也。纵诸父兄怜而反我，如终弃何？若得存祠，永作我父母血食供养，受赐多矣。"自是兄弟乞食，每行，兄先弟后，未尝乱次，貌如孪生，非先后行莫辨孰兄孰弟也。由少而壮而老貌不变，而颔无须，类世人绘"和合二仙"状，里人因称之。市儿遥见，群呼曰："和合二仙来矣。"忘其为乞也。一日，弟独乞，有孤另可怜色，询其兄，曰疯疾作，不获同行，语罢呜咽。得食先归奉兄而后尝食。更定，后街凉如水，破屋来月，兄弟互歌，乐也融融。窃叹妻子具而兄弟析，求此一日之乐，不可得也。兄寻殁，弟漠然无所向，亦不食死。（据《山居闻见录》）

论曰：或云二乞非乞，隐于市者也。夫以彼之高，为乞为隐何容心焉？殆全夫天而乐天者欤？盖自父母早逝，天属之亲止有兄弟，于是兄乐有弟，弟乐有兄，谓天所以厚吾生者在此。苟一日不乐其乐，即为负天，故视人世经营衣食、畜妻育子皆足间吾兄弟妨吾乐，必求同行同食同卧起，无营无争终吾身已矣者，非乞莫归也，乞真能念天显哉！

卷之十八

传卷四　孝友传（增修）

龚　懋　字卓儒，号立斋，父德周在《义行传》。庚子总理邑志事，性素严谨，才学丰赡。侯官陈春波，名士也，为邵属广文，见而悦之，召之授业，逢人辄艳称焉，由是名噪一时，闽中才士皆乐与之交。于乾隆乙卯乡试获售，以仲季相次殁，遂灰心进取，一赴春闱而已。父乐义，至晚尤笃，而财力渐匮，欲有义举必曲承其志，未尝以力薄为辞。闻亲病，则旋绕于榻视色察声，经年不懈，故二亲老而善病，病辄累月，医药所投无不获痊，皆以高年终。三子次第入词林，尤勤讲诵，所著《性理精义辑解》《诗书易辑解》《左传旁注》《历代敕表奏疏评论》及《格言》一卷，制艺二卷，诗稿一卷藏于家。晚年倡建义仓，谷二百石为权，其子母积至六百石有奇，岁歉，全活无算，乡民迄今犹见思云。（据《龚氏家谱》）

何以焘　字肇仁，国模长子。幼颖达，博览经史，目五行下，顾不屑为章句学，援例贡以终其身。念父易箦时，尝以列祖祭田微薄为言，于是捐租五十石以益列祖醮，又念族人多贫乏，不能葬祭婚娶以及茕独之可哀者，复置租百石，命诸子分理，岁给其余于族。卒之日，先正衣冠端坐而逝。（据饶于德撰传）

林仕仁　字培修，太学生，二十四都人。母伊氏，乐施与，仕仁承其志，窥所欲与者先备之。母年近九旬患脚疾，呻吟床箦，谴怒不常。仕仁洁滫瀡视汤药，必手治而躬进之，虽妻子不使代，昼夜侍侧，历四五年如一日。及母卒，丧葬皆如礼，乡里钦仰焉。其乐施仍如母在，凡贫者假贷，不责息，质券亦不用尝，以谷售于族贫者多不纳价，复与之，无吝色，人以为不匮之思云。（据采访册）

黄质纲　字念初，太学生，二十一都人。闭户读书不窥园者二十余年，然不求闻达。伯父乏嗣，父命之承祧，授以田租一百二十石。父殁，推

为父祭田，与兄弟同收，人由是知其所学不虚也。（据采访册）

王永顺　字赞元，二十八都人，性至孝。母疾，侍汤药不解衣者三载。诸药不效，医者技穷，绐之曰：“病羸甚，非人肉不愈，何从而得之？”永顺于夜焚香祷于神，潜割左股以进，病果愈。邑令金以“善体母恙”旌其庐。（据采访册）

伊象和　字宗惠，咸丰辛酉拔贡，署永福教谕，父光华在《文苑传》。少孤，母万氏恒述其父言行为训，故不逮事其父而见者以为无不同也。六七岁，春秋祭奠辄泣下。义仆洪锦在侧，亦涕洟，谓主人有子矣。事母爱敬兼至，尝念母青年苦节，而不能早达以显扬之，每抚卷凄楚不自禁。居丧哀毁之容，人皆不忍视。远行出入必诣殡庐，出告反面如事生焉。寡兄弟，侍同祖兄如父，每事必咨询后行，祖业多寡不问，让而不名，其天性然也。生平笃于友谊，喜闻过，有节操。沿山华祝三太史敬之，延为子弟师，观察韶州招之往，遂卒于署。太史致其柩还里，并恤赠其家，为出资购藏其法书，著有《全唐诗人名考》四卷，《金石图书》一卷。（据《自娱斋文集》）

黄安仁　字吉复，太学生，十都人，居县治。天性笃挚，事亲数十年，跬步弗离，依依如孺子慕，三十岁后椿萱凋谢，哀毁尽礼，至鬻产为殡葬费，或讽以称家之说，弗顾也。兄弟三，安仁其次，皆异母出，孟及季均侈放，孟尤甚耗无算。孟殁，有持券索逋者，盖孟樗蒱所负也。仁慨然还之，人哂其愚，答曰：“吾固愚，然兄券在渠，渠无赖，不尔，终为犹子患，且重嫂忧也。”奉嫂如母，嫂治内用无度，绌则令出贷，仁不忍拂其意。未几，债台高逾百尺，嫂与季乃请析产而委债于仁。罄仁所受不足偿，所亲为不平，而仁无少愠。尝措数百金与友合商，一切经纪友主之，既亏赀，友惶惧，仁慰之曰：“宇宙间得失赢绌有数存焉，于子何尤？”仅收所剩金回，余弗问，其大度如此，殆亦孝弟中所衍而出者与？（据李省斋撰传）

上官寅志　字玉台，县治人。生平不臧否人物，不为表襮之行。六龄失怙，父遗产薄，两兄复不持家，遗产遂罄。母恒忧泣曰：“向有积累，复无产足赡，奈何？”寅志昼则灌园，夜则展卷，每闻母言辄惶恐涕泗，手卷皆为湿透。入夜攻苦倍人，弱冠后试辄高等，游其门者亦皆得志以去，遂将夙债尽偿，母始有喜色。两兄死，养母尽欢，兼抚兄遗孤至成立授室，靡不殚力。母殁，家稍裕。每念母愁颜相对时则哀感。感则读益愤，年四十余由恩贡举同治癸酉乡榜，榜发，犹恨母不及见，为之涕泗而不能自已。每一艺出，人皆传诵，然人第知其文艺之工，而不知悉孝思所迫而成焉者也。晚年掌教杭川书院，裁成多士人，谓其品学洵一邑之模楷云。（录《课耕草堂文集》）

傅日恩 字翘仰，十一都人。幼失怙恃，事王父母以诚，祖年耄沾疯疾，左右扶持，未尝偶失。祖逝时，叔甫四岁，长之教之，以迄婚配，各尽其礼。而爱敬叔父，至老不衰，尤人所难焉。（据采访册）

王昌代 字功懋，二十八都人。生平慕万石君为人，性严毅，持家有法，内外肃然。与后母弟昌伦埙篪之爱，老而弥笃。邑令吴赠以匾曰“孝弟可风”，纪其实也。（据采访册）

上官瑞云 字安卿，郡庠生，父芬在《文苑传》。事母至孝，为人简默少言，笃于交道，与曾某友，窥其贫乏辄馈之粟。闻粤匪猝至，急将兄子襁负而走，妻泣弗顾，以兄惟此孤，又母平日所钟耳。妻匿深山，亦免。（据采访册）

陈道成 岁贡生，八岁失怙，孀母训之严，幼时即秉教无违逆。性恶僧道，而因母佞佛，不敢言。遇乡里不平事，辄盛怒切责，闻母喝即默退。惟一弟，友爱备至，析居时，产物任弟所欲取之不较，自少至老，兄弟之间怡怡如也。（据采访册）

何秋实 邑庠生，县治人，生平处事精详，部署有法，如修邑志、宾兴育婴堂诸务，理之井然有条，人无后言。受产仅十亩，而笃于友爱。有妹少孀，岁资钱谷，俾完贞焉。仲弟妇死，给赀为婚，赖以有后。生平无苟取，惟自节其薪劳之费而已。咸丰丁巳，粤匪入寇，率其子芳诒并群从兄弟十余人偕守，均死于难。（据采访册）

黄凤梧 字如川，二十一都增贡生，才士也。六经至老默诵不遗一字，娴于仪节，敏于辞令，时人以为使治宾客。虽仲叔圉复生，不过是也。二亲早逝，伯兄又死，时曾王母犹在，朝夕以恸子与孙，不欲生，而曲意慰解，以释其悲，侍奉至九十余乃殁。家自叠遭大故，益窘，因命子业贾，专为嫂课其孤，嫂归时奁赀厚，兄死，代经理置产，及孤授室入学后，乃使自理，是时已为增田数十石矣。而凤梧守贫自若也。然见义勇为，所居乡有二河，春时水涨病涉，为倡建两桥，里人便之。邻人因贫将醮妇，为敛赀助之，使勿嫁。晚岁食指繁不给，犹好行，其德如此，盖亦孝友之性充溢而不自已者也。（据黄炯撰传）

何高玮　字隽人，增贡生。父长载，在《列传》。性孝友，母病十余年，朝夕侍奉，不少懈。父遗田百余石，以诸弟窘，悉归之。少嗜诗书，有父风。及司铎连江，捐廉购文庙祭器，复兴文、节、孝各祠，连江士人咸钦颂之，亦孝友之推也。（据家传）

裘维三　县治人，年方十岁，闻父被粤匪掳拘以索饷，挺身往赎父。贼怜之，释其父归。贼将他遁，并释维三返，遂以惊悸病卒。（据采访册）

饶继志　字春帆，县治人。父殁时，诸弟幼，室无斗筲，复不屑依人，能使诸弟帖然就训，年三十余犹困。然强干有远识，因屡试不利，弃举业就幕，每为当道所契，渐见重台省，以所积赀投效通判，分发山西，未赴，伤仲弟早殁，诸孤稺弱，归为措置嗣。改任广东，摄琼山、陵水等县，涤烦苛求，实济境内。黎匪蠢动，剿抚兼施，民赖以安。制府张之洞上其绩，得旨以同知升用，加知府衔，旋卒。一生急于亲故，尤深友于，不解私藏，故奔走二十余年依然清宦而已。

论曰：继志自幼师友皆端人，志趣甚高，以早年失怙而序居长，一家食指繁不能退处优闲，遂骋志宦途，以辛劳卒于官，岂其素志然耶？然友于情笃，愈蹇愈奋，此其足以表著也夫。（录《课耕草堂文集》）

高熙翰　字銮坡。父孝祚，在《列传》。年十七，县试冠军，未售。遂篝灯待旦诵不辍，旋籍学食饩，拔同治癸酉贡本科举人。笃内行，母程早卒，以不逮养，言及辄堕泪。奉庶母陈以诚，使陈爱逾所生。有三弟，友爱备至，人不知为异母出也。试礼部，荐而未售，遂以侍奉老亲为乐，修其祖乡贤旧业，间有作，修洁可诵。未几遭父丧，不胜哀，以毁卒。（据《高熙霖行状》）

毛元松　二十四都人，籍武庠。所居近溪，光绪丙戌秋大水，同室及邻挽之避。其母自惭贫乏，不欲依人，坚守不避。松夫妇相随不敢离，松子惧而奔，急止之曰："祖母未去，汝可独去耶？"瞬息水益涨屋，如舟泛半里而没。（据采访册）

论曰：自古忠臣孝子，危急之秋惟知有君父而已，遑恤其他。如元松当日，但知有母，母存则俱存，母亡则俱亡，造次之间不计祸福，惟母命是依，此非平日孺慕之诚固结于中，未有不恤其妻与子者也。顾安得以武夫少之耶？

毛裕后、裕本　二十四都人，裕后援例太学生，裕本为武生。父殁时，年俱幼，遗产甚微，仰承母训，孝友惟笃。凡耕作，兄先弟后，得一钱尺帛皆奉之于母，及后食指繁乃析箸，然有所需无分彼此，一室之内雍雍如也。（据采访册）

邱月芹　字启泮，二十三都人，性敦厚，六岁失恃，哀甚，几不欲生。及长，事父及继母以孝闻。继母生子七，父以食指繁析箸。芹推良产让弟，待之怡怡，式好无尤焉。素好为乡里解纷，终芹之世，村无争讼。妻陈氏能承夫志，芹卒，待诸叔如芹在，叔、季不能娶，以己赀佽之，人以为芹型于之德云。（据采访册）

王增高、增本　皆诸生，为十九都人，昆季也。友爱甚笃，父时产已析，叔乏嗣，以增本为之后。及叔殁，增本遂合产同居，昆季内外两无私蓄，乡里称义门焉。增高著《周易申义》四卷，增本著《君山草堂诗》，均有成，业传世。族人世清亦笃内行，弟殁，为理其产增倍，孤长，悉归之，乡里为难焉。（据采访册）

龚太集　字统三，十九都人，邑增生，以训读餬[①]口。堂兄某早逝，抚其子如己出，教养兼尽，为之授室。无何又死，生一遗腹，复抚育成立。两世恩勤，人咸难之，享年八十九，夫妻同日考终，佥为友恭之报焉。（据采访册）

邱启骐　二十三都人，昆季行次三，失怙恃，后两兄继殁，一幼弟依依左右，而家益窘。遂以苦耕养其弟，及长，为娶室，有子骐，皆教养之。身至老始娶。族人大基幼亦失恃，遭继母虐，而大基爱继母子如同母出，母亦化虐为慈爱，如所生焉。乡人两难之。（据采访册）

高孝辅　字右侯，岁贡生，性豁达。少时羸弱成瘵，遂忘怀世事，静摄复其体。后于季父季母青年苦节，能敬顺以慰之。修治祖墓，露宿山场者三越月。族祠经寇残毁，修复皆独任其事。居室亦为寇所焚，昆季不能营构，则独力新之，复招昆季同居，其孝友盖天性也。（据采访册）

敖寿崇　渠溪人，兄早世，遗一子年幼，家贫，嫂誓守贞。寿崇于是佣工，作苦供养孤寡，皆使无遗憾，乡里称焉。（据采访册）

王彩映　山聚人，家贫，饘粥不给，兄死子幼，苦力长之。及后家稍裕，而兄子食指日繁，彩映复作劳以赡之，至老恩义弗衰云。（据采访册）

王泽康　字克谐，十九都太学生。精儿科，医无不愈。有族子某少孤贫，

①同“糊”。

而身系大宗，性懦不克自立，几欲中绝，为经理所值醮田十余载，始有所积，得起家成室，今大启宗绪悉泽康力也。性喜周恤，乡里至今称之。（据采访册）

王世相　十九都人，事母至孝，年逾六十，母怒辄笞之，受责后欣然，谓人曰：“老而有母挞责，岂人世所易有乎？特恐不可多得也。”尝析薪拾银十余锭，询知失主，即送还之，其介如此。（据采访册）

上官承献　县治人。丁巳寇乱，其父避北乡，道遇寇，已为所获。承献匿林篁中，见之驰出赴贼，冀免其父。驰亟，耳后刺于截枝，血出不觉也。贼并舍之乃觉，然卒以伤殒命，时年十有六云。

论曰：人子当亲急难，使有爱身念存，则忍其亲矣。昔杨香搤虎，岂不知虎之能祸己哉？惟不忍其亲，故生死皆忘也。今承献亦以不忍其亲，奔而赴贼，其视委身虎口者何如耶？（录《寄寓生文集》）

邱大佬　十四都岩下人，平生好行方便，如遇途中荆棘石块，必除之殆尽。佣工二十余载，悉以钱周恤寡嫂孤侄，年七十无病而终。（据采访册）

李同莲　字茂坤，三十都人，寄居下镇岭，素骁勇而性孝。咸丰丁巳，粤匪至，莲谓诸弟曰：“为臣不能救主非忠，为子不能救亲非孝。今事势危矣，母犹居此，宜急负母走。”遂由东桥溃围杀出，所向无前。既出，围莲殿焉。贼初薄城，以数十骑追之，莲呼弟曰：“我不转战，母必不免。汝等善保母，毋以我为念。”乃洗去刀头血，挺立俟贼。贼壮之，劝降，莲曰：“大丈夫肯降贼乎？”遂战死，母及弟俱得远遁。母享年八十余始卒。（据采访册）

李祖欣　三十都人，寄居城内，母傅氏性严毅。寇至，欣劝母避，不允。欣顾诸子曰：“汝等远遁，各自图存，祖母我事之。”城陷，遂殉于难。（据采访册）

黄基敏　字树功，幼失恃，乳于嫂，及长，以母事之。性善怒，惟嫂至辄解，一脔之味必先奉嫂，终身不少懈。尝悯宗谱未修，编录世系，详悉无遗，同宗皆感，以为真孝友云。（据采访册）

张其恭　二十二都太学生。幼读书解文艺，以父死诸弟幼，遂废学。比诸弟长乃析箸，而性慷慨，喜济人急，遇善举急公，无所恡悯。仲弟挥霍不善理家，授产百余石，粥几尽。恭阴以己赀赎之。仲死，呼其孤曰：“汝无以家为忧也。”命子厚良取券悉还之，盖厚良性孝友，亦有父风焉。（据采访册）

卷之十九

传卷五　忠节传（重纂）

宋

危　一　三都虎跳人，靖康元年闻二帝北狩，哭三日，骨立而死。有李炳者吊以诗云："南乡老人危翁一，岁晏两晴扶杖出。惊闻二圣并蒙尘，归阖柴门哭三日。眼空愁绝哭声止，里人唁之翁已死。凛然生气申包胥，万古千秋壮忠义。"祀乡贤祠。（据《八闽通志》）

论曰：金人言北朝岳岳，南朝唯李侍郎一人。鸣呼，亦知草泽中尚有以哭殉如翁者哉？且翁一编氓，义可不死，一闻变遽忘身而殉。彼其心惟知二圣吾君耳。乃亲子亲弟如高宗者，隐忍偷位，不求还二圣，是翁之为，足以上愧高宗，无论诸臣也。盖天爵自贵者，虽至尊有时为之屈，而里俗犹缪加王封号"康济"以宠翁，其亦可谓惑矣！

李　阶　字晋祖（《八闽通志》作正祖，《闽书》作进祖，今依《春渚纪闻》订），深之子也。崇宁二年礼部省试第一，会安惇之兄忱以特奏名对策，言使党人之子魁多，士无以示天下，遂夺出身。遇赦，叙调楚州盐城县尉。建炎初摄临安府比较务。（按：《宋史·职官志》：临安府立五酒务，置监官，此"比较务"当是比较酒务。《邵武府志》改"务"作"婺"，连下州字读，误。）州卒陈通作乱，胁阶叛，阶叱之，遂遇害，事闻，赠右承事郎，与一子官。（据《春渚纪闻》《万姓统谱》《八闽通志》《闽书》）

高　谈　字景遂，县治人。绍兴二年旁邑盗起，一路骚然。谈诸子请移家避寇，谈曰："昔杨子训问避寇于胡文定公，文定语以存心听命，乃格言也。今南去则汀、剑，西去则盱、赣，皆盗区。东去富沙，虽有城壁，吾闻官吏弗纳难民。北去广信，防夫守隶利人囊箧，指为间谍，剿杀之。舍胡公之言，未有他策也。"比盗入境，诸子又请，谈曰："有庙祏在，去将焉之？”乡人素敬谈，闻谈言，皆守不去。盗知谈得众心，拘之至。谈神色不变，问曰：“时和岁丰，何故为此？”盗曰：“吏争虐民，民无所愬，我为直之。”谈曰：“吏不善，胡不挝鼓上闻。尔言欲直民，何又杀之，其谁欺？”盗怒，絷诸室。乡人争遗牛酒钱币请释谈，不听，而好语谈曰：“我欲东破武阳，若得父老如公等，率是乡子弟，吾其济乎？”谈瞋目叱曰：“斯言奚为至我？”唾且骂，遂遇害，而乡人获全。谈平居言动必由礼，故一乡悦服。至闻于盗，其临大节不夺，所由与匹夫慕义者异矣，祀乡贤祠。（据《宋史》本传，《魏鹤山集》）

明

陈英南　字南英，十二都人，为诸生，怀忠义。闻甲申之变，一恸几绝，卒缢而死。邑人鲜有知者。（据《陈氏家谱》）

饶世淳　字景熙，年十五籍学为生，性激昂与众异趋。唐王时，江西贼入寇杉关，守将宵遁，遂长驱薄城。知县谢申之率民兵乡勇御之城西马鞍亭。世淳仗剑偕往，大呼督战，无不一当百，合贼大至，遂溃，城随陷，世淳被执。贼胁之跪，世淳曰：“我当今男子，乃跪尔贼邪？”终不屈，时年二十三，乾隆四十一年，奉旨祀忠义孝弟祠。（据《钦定胜朝殉节诸臣录》）

国　朝

李品奇　字平仲，七都人，县学生。顺治七年，江西贼张自盛寇掠西乡，扎七都。品奇遇二醉盗，呼使搥背，裂眦叱曰：“我天朝秀才，肯为尔狐狗作奴隶邪？”二醉盗大恚，迫令跪，骂不绝口，遂遇害，死时大呼“当为厉鬼杀贼”。贼魁闻之曰：“此烈士也。”为治棺而缚二醉盗，曰：“李秀才未必能为厉，我今杀尔，代秀才报仇也。”就柩前杀以祭之。（据《福建通志》）

论曰：自盛在群盗中号难制，而以顺治七年冬被执，计品奇死才数月，乌知非品奇作厉鬼阴助之邪？或谓二醉盗见杀，憾已平矣，宜不为厉。呜呼，彼所欲杀者，岂区区仇二狐狗，图泄己愤哉！

毛锦生 二十四都人，骁勇饶智略。康熙十三年，耿精忠反，逆党躁躏乡邑，大兵进剿。锦生应募为练总，向前杀贼多首功。一日单骑出，遇贼数百人，遭擒，缚野庙柱上。然贼不知为锦生也，弛备，饮酒皆醉卧。锦生啮缚断，取贼刃尽杀贼而去。于是数百人陈尸庙中，声闻远近，贼相戒避锦生，有“不怕官兵千千万，止怕练总一个毛”之谣。已而贼掠旁村，村人就问计，锦生教阴聚薪而具酒食，纵妇人与贼杂坐酣饮，又皆醉卧，发薪纵火，尽焚死。贼知为锦生谋，恨甚，密设伏于云际关，诱锦生出，甫斗伏发，死之。嘉庆元年录死事，子孙予也职锦生，得世袭千总。（据《福建通志》《怡亭文集》。按：《怡亭文集·锦生传》作江几、杨一豹之乱，考江、杨为郑氏徒党，其乱光泽在康熙十五年耿逆平后，非十三年事。又云锦生送张真人亡印，归道遇贼，山头关死之。据《府县志》《通志》皆作云际关，而云际非送印所经道，疑送印事亦不实。又云江几、杨一豹知精忠必败，欲由锦生以降，不知二贼为郑氏徒党，起耿平后也。盖是传徒据毛族人传语，未详核各志，故有是谀。今《怡亭文集》已刊布，不可以不辨。）

黄　忠 十三都人，不欺然诺，里人有争，就忠决之。康熙十九年，山寇猝至，忠不为屈，遂遇害。（据《福建通志》）

黄　瓒 字君式，县学生。耿逆之乱，方遣党招兵助饷，瓒窜匿山中三年，属江几、杨一豹扰北乡，搜山得之，怒骂不屈而死。（据旧续志）

陈蕴先 五都人，山寇逼境，蕴先道闻寇，驰归，周走溪西村巷，大呼寇至。而己家溪东少远，不虞寇猝至，踉跄抵家，遂遇害。其妻携厨刀走出，连砍二贼，亦被杀。而溪西先闻呼声，皆走免。贼退，感蕴先德，祀于村之通灵殿左，至今不替。（据《段志》）

论曰：呜呼，我光泽被寇乱，至于江几、杨一豹之起，且剧于耿逆矣。若黄忠、黄瓒、陈蕴先，皆死于二寇者也。方巨寇初平，人度更生矣。孰知余孽之祸如是烈邪？《易》之《夬》曰：“无号终有凶，既济曰终止。”列乱求善，后者其念之哉！

传卷五　忠节传（增修）

危禄泰　十六都啸溪茕独老也，身外惟破屋一间而已，然闻寇辄勃然怒，随军勇讨之。丁巳春，寇大至，禄泰守铁牛关，关破，与乡人御诸里，与寇战于前山。寇纵火焚里舍，众溃，贼获禄泰，刳诸山下，死之。（录《寄寓生文集》《庚午续修县志稿》）

李继光　字敦诗，县治人，书生也。然闻不平，眦欲裂，年且四十无所自见。闻粤寇陷邻境，邑令督民守疆，继光领一队往焉。咸丰七年春，贼党入境，继光齿益切，急带佩刀，如将报私，有劝之去者，怒视不语，强则挥谢之曰："吾不畏死，勿以死虑吾也。"已而贼大至，继光与众登陴，然未能击一贼，徒以忠义之气鼓众志耳。二月晦城陷，死之。（录《寄寓生文集》《庚午续修县志稿》）

何长钊　字原夏，恩贡生，为文义手立就，试辄高等。不善治生，家落困甚，不苟取。惟放于酒，有阮籍风。丁巳岁，粤匪入寇，率二子高谦、高履守城，城陷，持梃击贼，至死骂不绝。二子相继死之，得恤如例。（据《何氏世谱》）

陈光发　十六都太学生，贾县治，岁为令市易。丁巳之难，县有漳泉兵千余，练勇千余，绅民千余人，皆登城守陴，贼至败遁。会城中缺钱，令以属光发，数日与钱俱入。贼复大至，围数重矣。众虑食罄，光发指囷曰："吾有粟数千斛，足资守御，勿忧粮也。"于是众心益安，勇力益奋。二月晦，贼穴地实硝磺轰城，城陷，死之。事闻，赠恤予世袭云。（录《寄寓生文集》《庚午续修县志稿》）

上官迎郊　石城人，闻寇入关，即怒发上竖，欲往杀之，或以年老力衰谏，尤切齿言曰："若辈皆有身家，宜奋勇而前。我年虽老，余勇可贾也。"闻者争相赴义，与贼战于环西桥，力竭而死，时年六十六。（据采访册）

王增勉 字有为，十九都太学生。闻粤寇攻县城，急率义民数百人赴援，与贼遇于仙华洲。贼遽止，增勉益进。贼忽张两翼以圜我众，众溃，增勉死之。

王光鉴 增勉子也，遇江宁败寇窜入，胁与俱去，光鉴不从。明日益要光鉴，光鉴弥坚，遂遇害。（录《寄寓生文集》《庚午续修县志稿》）

吴运开 二十七都人，道光己亥武举，咸丰乙卯选授诏安把总，讨粤匪有功，升千总，晋都阃衔。戊午八月，带兵取政和县城，督战阵亡，事闻，赠恤予世袭，祀主昭忠祠。（据采访册）

上官若农 字载卿，事父母能下气柔声，以取悦为快。其弟承令谕办联甲，即日为备器械旗帜，与弟筹划守御。李坊某潜通贼，贼由是出没李坊，联丁多解体。若农扬言于众曰："事势至此，不进亦败，奈何退沮也？"于是率众杀贼，殁于阵。（据采访册）

上官德培 儒士也。闻粤匪构祸，日习鸟枪，与诸猎户游。人初不解其意，及贼犯境，语人曰："是可试吾技矣。"与贼战于环西桥，死之。（据采访册）

龚　谨 字居权，崇仁人，素尚义，凡族友困乏者辄赈恤之。岁饥，出粟减价以售，乡里赖焉。咸丰八年，粤贼入境，有江右某先为泥匠，客崇仁后弃业从贼。一日引贼至，遇谨。谨举手欲击，大骂之。某怒引刀断其手，犹骂不绝。复伤其颅而死。（据采访册）

高孝述、孝项 从兄弟也，皆县庠生。孝述以朴诚重于世。粤匪陷边境，邑侯蒋延为团练董。孝项以友爱称，尝让财于兄弟，与孝述尤契，遂同志御贼。城陷，均死于难。（据《高氏族谱》）

上官毓万 字懋兴，投效从九，县治人，家有藏赀二千余缗。粤匪围城，即罄囊助军输，并身带佩刀，昼夜登城守御，城陷，死之，得恤荫如例。（据采访册）

李友度 县治人，自幼失怙，事母以孝闻。闻粤匪入境，负母避于乡，即偕叔孝义入城助守，城陷，均死于难。（据采访册）

郑　麟 三十都人。咸丰丁巳，贼入境，诸村居民望风披靡，相继窜匿。麟则挺身厉言曰："谁非王臣，忍令邑城困贼乎？"率敢死士，得数十人，奋勇救围。遇贼于镇岭浮桥，身先陷阵，与贼力战。贼悉精锐，于交溪

渡河潜出其后，众知不敌，皆遁，麟愈奋进。久之，贼益众，遂战殁。（据采访册）

上官昞　原名迪，邑廪生，祖曦在《列传》。丁巳粤匪逼境，邑令命总团练，督勇守隘，迭获胜仗。闻贼至城，复入城守御。城陷，死焉。妾黄氏侍姑与嫡同避于乡，闻昞死，即缢以殉。（据采访册）

黄尊庄　八都太学生，宿学未遇，学者宗之。咸丰七年，年已七十，遇寇，令降不从，骂贼至死。（据采访册）

黄学言　八都人，有武力。咸丰七年，领义勇守杉关，尝与贼战，俱获胜，授职额外。继领兵往攻郡贼，阵亡。（据采访册）

高瑞麟　二十三都太学生。咸丰七年，率联丁守云际关，继闻贼由铁牛关入，乃率丁壮守乡险要。及伪帅刘某率党按户索饷，因会各乡联丁杀其头目，乘势追至县城。适驻郡贼来援，乃退至崇仁市，继复率丁进战于九墩山，与同乡联丁百余均死之。（据采访册）

附：殉难官绅军民（增修）

（咸丰丁巳，守城阵亡，有册可稽，已入祀邑中昭忠祠者）

赐进士出身即用知府摄理光泽知县蒋仁瑞、奉政大夫升用直隶州知州原任沙县知县郭余裕、粮台委员洋口通判前署光泽县知县马炳章、光泽县典史章于藩、粮台委员福建候补知县崇□□、官运委员祝耕，统带千总周连标、李献章，统带都司吕□□、守备武进士王太平、郭公胞弟监生郭余禧、邑侯幕友钱桂、何鹤轩、陈建卿，邑侯胞弟蒋仁庆、候选训导龚懋修、廪生高孝述、岁贡生邱玉岷、从九何长胜、邑庠生何秋实、邑廪生上官昞、武举李步升、邑武举泉州把总保升都司吴运开、监生高瑞麟、候选布政使司经历何秋谱、生员高廷觐、州同曾以錞、生员上官懋勷、生员龚润传、从九凌日华、武生郭青、武生李尊麒、生员何高缙、军功六品吴三就、监生黄和仲、从九柴玉林、生员黄登庸、岁贡何高雍、生员何高朗、恩贡何长钊、监生张文煊、监生周士秀、监生吴照堂、六品军功罗昌三、从九陈喜可、千总周承章、从九邱玉玟、监生张万錀、监生林道勤、监生陈文正、监生陈文昭、监生欧阳健、生员王城、生员何秋纶、监生何高占、监生黄从篮、监生龚雷、武生黄宗照、监生万遇勋、六品军功陈龙寿、生员何毓芳、从九裘礼余、武生傅连元、生员何纯修、生员吴锐、监生上官步亨、从九上官厚德、监生危名烈、监生危上鐄、从九上官毓万、生员刘国锽、经历万蕴辉、从九李贵显、监生卢于京、生员危升闻、生员危炳、监生黄忠銮、联首上官秉清、联首戴朝交、联首上官光汤、联首姚国庄、联首毛玉苕、联首王续存、联首王续仪、生员胡忠懋、从九上官撝、监生龚鸣夏、六品军功黄太谷、六品军功李善桂、从九赵祥康、从九欧阳琚、生员傅全灏、从九李尊儒、监生上官正享、监生李贵成、从九万方成、监生杨莹、从九戴维镛、监生王光鉴、监生郭培蔗、六品军功上官寅刚、监生饶旭升、监生裘聆光、从九上官顺、监生何长驹、监生郭培华、监生林国振、监生谢吉孚、武生何飞鹏、监生王增勉、廪生王大猷、生员傅义本、即用知县龚之乐、从九傅义团、监生王有维、从九陈兆华、武生高孝项、尽先即用训导何秋词、候选县丞何秋切、从九黄从云、特恩追赠六品陈光发、从九龚有禄、从九李贵豹、监生余世高、从九李国选、监生黄用忠、监生上官懋炳、傧宾崔斌、武童何高惇、武童刘百懽、文童上官行绍、武童邱才霈、武童邱玉沽、儒生高熙丙、儒生吕周烈、文童高廷佐、耆民上官生杞、武童黄元埙、文童邱玉刚、谢元培、谢元德、黄狮子、林加六、林章燮、徐连孙、胡光秀、胡光锦、胡光全、胡祖训、钱进龙、钱胜初、饶德元、李细掌、李六掌、李有恒、黄学一、郑水生、郑长声、郑长华、李自焕、陈大伎、李毛虫、官胜林、李华清、官吉兰、李尊端、危百子、危振彝、危振谦、危振珊、危长及、危长辅、危长进、龚政衿、江义文、上官传润、上官兴来、上官传赞、李加应、李细凤、李尊文、李全美、李全吉、李全星、李富亨、李全厚、李全升、李玉佩、李玉明、李兆庄、李日东、李兆学、李善辞、李道言、李以安、李泽久、黄部诗、上官德忍、上官应雅、黄明昆、李加品、李绍选、李居仁、李集宝、李德康、李学斗、李多学、李绍庸、李善报、李以栢、李友孙、李学添、李绍高、饶明孙、欧玉友、欧玉升、欧三苟、朱祖天、蔡章蔚、蔡华迎、卢居贱、江上维、江文良、蔡官禄、温光临、管世忠、吴兆英、官字运、李奕永、王增惑、王明九、张三春、王隆枧、王隆穗、王有燏、王接炳、王道英、王接贞、涂进俚、欧佩邻、王曾樓、龚善从、龚有书、龚善循、高廷兰、黄崐山、李青芹、余映学、余映易、周保生、庐居培、庐居良、卢应标、伍启智、胡哑子、朱观林、徐进生、方义静、高庆荣、黄泽开、高廷勇、江世久、邓盛宗、邓定宝、上官德昭、上官德发、上官德享、上官德遂、上官其豪、陆明发、黄细讶、戴全福、应近云、元敬临、元忠传、德心敏、裴玉山、张垂植、张垂栻、张大成、张大才、张大安、张正科、张垂仍、龚善易、黄霭瑞、游树标、游崇德、游凤虹、何暨西、邓细莫、李同连、邓金标、戴天盛、严福春、刘从锋、元细毛、元忈俚、林细任、林四任、翁福康、翁福、黄柏稼、黄忠奎、曾发旺、冯献旺、危寿质、危寿赞、林忈俚、林清清、李连生、黄忠伦、黄子俚、姚腾贵、曾承顺、元紫宽、元细假、余加丁、元思可、元辅可、余兰英、余标、林文光、李有春、李文贞、黄绍子、黄忠魁、伍达文、曹永福、李义珊、李寿丁、黄忠福、黄忠文、黄忠藐、李哑子、庐德顺、元忠兴、元忠培、余应谐、元松、危晄则、余新发、余角则、辜义兴、元忠本、李厚福、余长、黄以发、黄细伍、黄忠志、黄忠和、李国辉、李细广、元世鳌、程子卿、程丽崐、黄长生、黄访严、刘仕传、刘孟希、徐松华、李有恒、元世嵩、元福星、程裕光、程子惠、黄双喜、黄六喜、刘孔来、刘孟田、危永清、危永兴、元世勋、元寿科、杨山、虞登魁、郑瑞庭、徐金生、刘理丹、刘理端、彭宽福、彭天赐、元升顺、元寿朝、杨才院、杨其标、陈鑑鑑、林茂、高绍石、高尧梅、彭恭琳、彭恭俭、元紫墀、元佑、杨志高、杨立言、傅宗胡、李荣升、高绍成、高绍近、赵朝聘、赵朝迓、元紫宫、元长庆、杨根俚、杨细伎、潘璜东、曾新丁、高克训、高绍梅、王泽长、何德双、元紫宸、元长庚、严桂生、杨明光、周发、傅新、李修龄、高和养、王泽煇、王泽培、元佐、元镇周、严凤翔、严凤鸣、洪自求、吴富盛、李世增、高绍盛、王茂书、王续麟、元科、元金麟、朱隆茂、朱崇学、曾长发、高伍则、李永贞、高绍我、夏元升、蓝连福、元茂、元金满、朱丙文、朱健官、蔡华仁、蔡华蔚、李才德、高绍光、夏祥升、夏锦厚、元正奎、元调则、朱铭、朱近宗、余崇、杨志贤、李成厚、高绍嘉、苏先棚、苏先雄、高克俭、苏先煜、元瑞龙、元紫钦、陈添福、朱顺、何国洪、傅义尚、管世忠、苏先煌、吴世有、吴苟则、朱临则、朱德孙、官善富、官章人、罗其贵、高克先、陈良成、陈世源、方科显、吴日通、朱福安、朱福明、张长让、官行福、罗日华、赖胜三、陈经聘、陈经族、吴长、吴丕甫、叶秋芹、叶崇腾、胡李伎、张元昆、温先霖、伍兆良、陈贤发、陈经祥、吴永盛、吴添才、叶安松、叶华彩、饶有润、龚乞、林芳玉、伍启佑、杨应忠、杨献福、方亨长、吴天赦、曹有来、曹添福、黄学益、龚达、何德爽、吴兴福、杨宇春、杨宇生、杨毛重、吴思谦、吴时则、傅义宗、傅启宗、魏菊香、陈德宠、吴大昇、杨明桂、杨宇班、吴礼堂、吴虚奇、傅发有、曹富宗、喻自求、高廷荐、程兴万、吴长发、杨礼生、吴思恭、吴大会、傅自珍、傅义章、席贵生、雷兆怀、张发宗、王接顺、程任同、陈文璧、吴同云、吴高厚、傅全立、傅文笔、卢昆、席顺生、张成荣、王龙海、江玉启、程必成、吴兴能、吴思敬、傅自庚、傅长庆、汪哑则、锺秀囊、张贤春、王占元、江天维、程厚敏、吴祉福、吴仁堂、傅细伍、傅自柏、骆贱、伍志则、翁康仕、蔡官禄、江才安、程任显、吴兴兰、吴信堂、傅三仛、傅恒则、雷迓则、田拣发、翁康振、官兆英、江文良、程任秉、邓觉进、吴智当、傅义勇、傅三、吕霭云、翁太、周家书、王祥瑞、程振远、邓觉立、吴华堂、傅有才、傅庆德、梅子雍、梁太松、杨明黎、龚兆兴、龚新佑、龚兴贵、吴福元、吴清堂、傅升、傅全盛、游崇德、游凤、杨明鸾、龚承敬、龚振贤、龚福同、吴庆余、吴映堂、欧阳晄则、傅高、封贵秋、邹明通、李曾鼓、戴朝壮、曾以彪、杨明覆、吴礼本、吴全堂、欧阳先明、欧阳先成、封捷元、封隆、李曾铁、刘仕邻、曾申文、陈畏成、高熙谐、吴老堂、欧阳先祥、欧阳先镇、范寿万、范贵李、曾钦、高克秀、曾学文、邓定宝、高熙丙、高楙蒲、欧阳先焌、欧阳先麟、童新吉、童新文、李奕熊、蔡伯宗、田通寿、李曾彪、高章程、田宜禄、龚礼贤、方相连、高昌期、高楙德、曾载发、曾作贤、陆柯三、陆三龙、李奕坚、萧荣贵、杨尚珍、黄绍举、高世宾、高彩玉、曾以文、曾加发、熊乾孙、熊呆则、纪忠煇、傅巨仍、龚京鳌、龚福儒、高和尚、高富、曾万高、曾以寿、熊大忈、熊兴孙、姚国轸、朱世才、龚焕才、官继万、高廷献、高元富、曾万寿、曾万有、钱启隆、熊长才、吴庚顺、黄世诵、高廷奇、高廷梅、江连贵、江世久、章华保、钱有子、叶涛、高细孔、高廷全、江长生、江哑则、彭细仛、章谦、吴锦进、李尊端、张加勤、元禄显、高天佑、高富毛、蓝大佪则、蓝细佪则、姚细寿、彭恭孙、邱长五、傅茂则、邓正杨、温雅生、高天佐、高鹤长、蓝青云、蓝步云、姚荣孙、姚福寿、刘伯欢、杨松明、高唐、邱长发、高佩瑝、高细觐、凌兆孙、凌日新、夏清兴、夏三仛、黄名坤、官礼仁、陆明发、高怀彬、高志长、高世顾、凌日暄、凌日祥、聂石梅、夏金友、官其毛、官德亨、官其尚、黄大谷、郭绍堂、高世堪、罗福施、罗洪助、蒋发茂、聂厚俚、邓寿敬、官德发、官德昭、官德遂、郭成祖、郭蓝赐、罗尔茂、罗招喜、蒋发茂、蒋朝进、蔡华亨、邓黑则、邓雅康、陈贾、郭福如、郭祖坚、罗尔芳、罗嘉章、周长星、周盛、吴燿、黄名骏、危寿赞、危禄泰、郭士秀、郭祖望、罗锺音、罗加新、周华顺、周世荣、黄自发、林昆、危庆云、吴让、郭培四、郭祖德、赵善胜、赵善贵、徐亮子、徐培元、余同则、邱才久、邱才桃、黄宗言、郭绍仪、郭培庭、虞登科、虞日高、徐添宗、徐荣宗、黄遴富、廖仁惠、廖寿高、方才福、郭培燕、郭绍序、胡光秀、虞章善、徐盛林、徐寿孙、龚居庆、龚居明、邱玉勋、元和则、郭培條、郭绍求、胡祖训、胡瑞兴、谢长、谢二长、高华升、曾以雍、王有维、邱尚魁、郭培茂、郭绍庭、胡光前、胡光锦、谢成龙、谢梅松、梁福孙、黄懿宗、郭永兴、高天福、郭培因、郭绍遹、饶资洪、裘栻馀、郑新荣、谢梅贞、廖福才、廖世高、魏祥茂、邓金铭、万细佪则、万占勋、饶德明、饶资安、郑天寿、郑大峣、邓佛、谢壶格、邱玉刚、熊来孙、万长新、万德遐、饶德本、饶嘉兴、邓生发、邓茂王、邱元吉、龚仲镇、李果生、谢三长、万宝书、万德孚、饶长发、饶德寿、邓去庆、邓冬德、危政良、陈长兴、杨松栋、高长铨、陈义、万占良、王庆、饶德元、邓琳芳、邓豆查、张春江、王茂林、杨灏、危振望、陈兆华、陈星祥、王福孙、王后发、刘启发、刘仕秀、伊敏、汪秉明、汪秉多、汪淳肖、陈恩、陈星朝、王世钦、王荣华、董明远、董燕约、邱理、唐登瀛、郑明祖、全福、陈豹、陈朝明、王宝俚、游元树、董英隽、董嗣续、过世德、席兴发、吴香山、艾连生、陈太忈、陈永礼、王文霑、王利国、崔荣亮、董明珠、魏八、程冬生、程廷和、过玉喜、陈细苟、陈细忈、王德常、王思仁、崔永良、崔永茂、应桂香、苏仛、王三、王四、陈必贤、陈竹香、王振良、王续熹、崔斌万、崔永兴、余得庐、涂原、刘五、盛华、陈大招、陈宗礼、王招榜、王接保、林道彬、崔晓云、陈元、元福安、张矮子、查天保、陈俊益、陈昇元、王昭富、王公亮、林道胜、林长生、邓兴旺、邓连寿、饶德旺、饶德寿、徐雪保、陈元忠、陈加旺、元寿星、元连子、林大仛、林田、周赦俚、郑四、邓贤才、邓加禄、陈金容、陈必才、元细仛伩、元宗烈、林仛仔、林熙亮、翁福细、刘天赦、刘兴、刘裔寿、张孝高、封允细、黄顶盛、严天伦、范光显、黄接用、刘长全、曾以足、曾载安、张仁良、傅湘孙、邱仕仁、严长琴、王大舍、黄接伏、刘鼎生、曾以科、曾载冬、张仁流、邓映宗、高克安、程国兰、饶世东、黄世芳、邱瑞智、曾良文、曾载荣、张仁治、邓攸则、高绍连、何建孙、陈文董、黄郁典、邱裕能、曾文升、曾以新、戴瑞枢、邓义安、李厚发、孔广传、陈文亮、黄信洪、陈富兴、曾纶文、曾以黎、戴仲次、邓官保、彭智立、杨先明、李德任、黄世楷、陈天舍、曾七文、曾以言、戴仲听、邓佛孙、彭盛林、邓茂顺、田茂盛、黄世元、陈万先、曾星文、曾以绶、戴仲钊、何懋则、黄有元、官光星、田茂盖、黄祖俭、陈官孙、曾圣孙、曾以运、戴仲调、黄经贤、罗细坤、官长门、余礼发、黄祖杜、饶先辉、曾景文、曾以禹、戴仲杨、黄思良、蔡引春、胡石头、余存仁、黄祖丙、饶三元、曾宇文、曾以祥、戴应萧、龚细 则、陈富孙、龚宜宁、林章资、黄祖懿、饶发、曾试文、曾以福、戴应曲、杨大任、龚连顺、傅星曲、龚良团则、黄允兴、曾廷兴、曾乃文、曾以萃、戴应稳、邱富满、杨李攸、傅星雅、黄世荣、黄允珍、曾洪波、曾选文、曾以序、戴应叶、廖仁刚、朱明奎、罗克辉、黄荣孙、黄接缉、曾盛冬、曾卯文、曾以階、戴仲永、毛世达、李五香、罗兴祥、李绍安、黄接尚、吴毛孙、曾爱文、曾以加、戴应梱、纪加才、封广宗、罗永胜、李道言、黄发茂、吴朋、曾斐文、曾以敏、戴应钡、郑文党、龚加全、罗永寿、李九则、黄接冬、吴双玉、曾奭文、曾以莺、戴应柏、童田、黄足承、罗永庄、李善嗣、黄世才、吴迓、曾让文、曾以礼、戴朝再、李曾楝、徐兴书、廖有才、李兆学、黄接盛、吕立华、曾佩文、曾以德、郑联情、李曾良、蔡添孙、廖添福、程细仛、张玉光、吕保、曾员文、曾以会、周荣庆、李照、黄三攸、周保、岳三苟、张焕、高才子、曾恩文、曾以有、高绍连、黄义忠、黄作球、高七仛、岳细苟、揭元泰、高贤曾、曾献文、曾以华、宁英福、陈德、饶克全、高细九、严天贡、揭孟华、黄大仁、方邻子、曾以通、官迓则、陈云、万添才、李尚洪、严思声、高大传、黄闰五、崔毛、曾以钊、余承旺、张日旺、徐福寿、李永友、严思芳、田茂儒、黄丑则、娄书田、曾以升、余礼仁、张子楚、封绍本、黄顶和、严以明、饶廷峰、黄早春、龚加孙、曾以瑞、郭章、周长近、卢长孙、李春苟、邱谟、李必文、黄馀恒、何发生、曾以魁、涂大衢、周长远、徐彪仂、张加新、崔永兴、李友恒、黄攸攸、危久孙、曾以浩、刘祥玉、上官继财、阴有孙、吴明忠、李友会、黄谱孙、钟府周、曾以专、张元贞、上官继凤、上官世兴、元佐仂、邱福喜、上官炳如、黄世清、王怀德、曾以京、熊怀仂、危名扬、彭长寿、陈桂、上官度、饶长寿、黄正标、颜秋生、曾以奎、梅伢苟、危名章、林燮仂、周茶、上官庆、危晄则、叶细仛、官玉柏、曾以题、危大春、邓生发、龚细保、应近云、上官冬则、邱恖保、陈礼孙、李大邻、曾以尧、危丁财、李祖士、王龄、邓九学、上官完则、上官福、陈全、董重春、曾以燿、龚学寿、郭燕、李连招、邓幼学、郭明注、李孝、陈细仛、罗大迓、曾以绍、徐贵孙、姚福寿、邓细德、张明万、王利国、上官林则、陈大仛、林大亮、曾以懿、熊如德、姚荣孙、饶长孙、彭兔则、李和则、邱浣、邱勤心、江禾尚、曾以仲、林友生、傅禹华、危刚德、林接宗、徐二良、陈长贵、洪富孙、徐庆亮、杨挺新、杨福厚、陈兴万、卢正敦、傅龚孙、艾矮子、林科恩、杨贵荣、叶维韬、杨挺秀、杨福禄、叶和鸾、李尊端、龚巽生、饶长于、戈佛寿、元新喜、叶维秀、杨细郁、傅康保、杨长生、邱学衢、危如景、聂东发、卢新发、邱兑生、叶厚升、杨恩良、傅长福、危贰颜、邱维金、傅四华、元九万、卢富孙、杨挺丑、李明福、徐继盛、危九畴、李如松、李南祝、汪全财、元度生、徐助生、杨既盛、龚顺生、吴金相、官芳琪、危清生、元明猷、王德才、何福生、徐瑞寿、杨英生、林发生、徐贵芳、杨新贵、叶旺龄、廖辅炳、上官天早、李春发、徐恭寿、杨锦兴、曾三国、吴太兴、龚书保、张奴才、廖辅导、罗福才、杨十生、陈龚孙、杨添良、叶运升、于桂芳、李成福、徐老伩、何秋鹏、罗花子、叶安松、杨资生、林逢桂、李邹才、徐崇福、吴成斗、邱履高、夏启良、刘乾孙、陈妹伪、廖近宗、张尿杓、郑庆维、沈朝科、吴祖信、叶富奎、夏启盛、王德良、张庆连、温连胜、张寿子、郑庆经、王子京、吴子意、叶富堂、蔡启宗、张长世、郑朋祖、吴长孙、吴善胜、胡传清、廖和尚、吴伯挟、沈思节、蔡义传、李官兴、上官绍文、蒋朝祥、吴善勤、胡礼伩、邱才霈、吴侯伍、曾良周、蔡义曾、李官意、彭长明、邱忍饱、李全端、胡维学、邱玉湖、吴自聚、温尔寿、蔡义昆、黄集横、胡大任、曾任任、李国如、谢清盛、章前安、温京读、曾贤升、蔡义孙、吴光宁、梅吉胜、聂怀闻、丁香、谢清赞、范寿万、杨松栋、朱庭发、蔡义祥、李宗旺、梅子雍、程七仔、龚祚亮、谢学昇、龚善墩、邓振轩、阴延清、蔡细才、李宗才、曾寿、吴堂伪、龚世盛、邓雅康、万藠子、邓振怀、沈思勤、蔡启才、许启万、邱伯陆、邱敏伪、廖三加、危政良、邱细仔则、邱学辅、吴锦富、苏添禄、杨京长、纪花苟、翁大伪、廖顺福、张朝茂、刘长发、邱学寿、吴锦正、苏添洪、萧锦奎、纪全麟、翁寿朋、廖四秉、龚吃、洪荣明、刘天理、邱长发、苏添波、夏正遗、李绍思、江长孙、廖霞煜、李才方、邓觉立、温雅曾、邱长五、郭宗元、夏正厚、董永福、郑运生、廖绍琳、龚长成、邓觉俊、章光友、李澄华、刘宗寿、夏正钦、虞章善、余各伪、廖兆春、吴新斗、邓觉予、郭细任、李连福、刘启富、夏启满、吴添庆、周高升、廖亮宗、吴新岳、邓觉旭、封明室、陆逢应、刘牛则、聂石标、涂祥栋、马维德、寇头、程承恩、陈添福、封绍熙、陆逢咏、邱立宾、李世曾、涂庆江、连贵、石宗盛、钱升、万和、封俊华、田兴来、邱俉伖、范勉俚、涂细寿、江哑子、章华保、汪全才、童成发、封宪表、田复龙、邱才苟、廖寿高、洪体虬、胡二俉、徐福寿、程振镒、童运篪、封绍本、田茂儒、邱才勤、廖三俚、洪体刚、胡成煌、闵云新、刘成祖、朱花子、封允世、田茂魁、邱寿春、廖兆清、郭拐则、胡东、官老曹、程名建、沈思常、封广宗、田茂顺、邱寿清、曹流育、郭信曾、胡和尚、鄢斗孙、程名德、过玉新、杨五铄、田茂玠、彭嗣清、曹忠粦、魏恭春、万五、王大伩、周满、周赦、杨礼伩、罗延清、彭俊官、曹辉庭、魏豸倜则、万春俚、王三仔则、余启龙、润峣则、杨胜言、罗德金、彭长兴、曹明福、聂厚严、郑保、王茂光、施天福、沈标、杨良霄、封秋贵、熊孟华、刘五员、岳贵顺、严三伩、王敬曾、朱五苏、杨澄溪、封长春、熊细舍、刘连山、岳元宽、上官绍勋、王凤、朱久、朱茂、杨至高、封尾受、陆重阳、刘景使、岳元道、郭祖德、王苟则、刘美祖、程名见、朱有福、刘是洪、邱才国、罗世员、傅正生、高大传、朱堪兴、王隆谋、江才安、刘老兄、廖庆宗、罗中音、何秋瑶、梁福孙、傅三立、危名兴、江玉启、李德康、元细贵、黄寿福、何秋璜、黄裔宗、傅芳敏、危名爰、吴大昇、李明、上官黑子、危长康、何高祎、黄东孙、危六斗、陈四乞、吴兴福、李赞、龚世盛、危长庆、何高礼、龚瑞则、官懋文、王鐄玉、吴长发、李善贵、龚世邻、黄元聚、何高儁、官长星、李富寿、万兰生、翁康厚、李大环、吴锦正、黄元高、郑永讲、官长元、元玉和、龚善从、翁康仕、李日冬、邓振扬、龚中林、郑永粒、高祚福、黄细俉、丁长保、陈文必、李加善、傅茂则、上官君寔、郑永胡、官继照、元步辉、张义顺、陈德宠、李加品、饶资雍、上官日明、郑永康、官佳钦、邱玉勋、黄百福、陈兴万、李以荣、欧玉升、邹三俉、郑联喘、官继廪、元玉书、黄细妹、陈必成、李以柏、欧严皮、潘长庆、郑永铁、官继明、高牛嵩、江加官、罗日华、李善捷、刘通、朱德贱、郑联张、官继纶、高华嵩、邓才生、罗奇贵、李全颉、伍能、朱二倜则、郑永铺、吴细黑、陈照、何德爽、杨润、李全升、李全美、朱大倜则、郑永潭、官长潭、高细目、程子惠、赖胜三、官住德、李全吉、龚善易、上官寅礼、范洪吉、元玉顺、邓西交、伍启佑、官享德、李全新、李国林、郑日丰、邓西友、余元亨、雷思龙、伍兆良、危名高、李全厚、陈五得、郑永车、陈细广、吴进贤、雷木生、杨尚珍、何澄文、国富、上官承涝、郑联顿、吴唐、邱贺坤、杨明鸢、何澄厚、黄明昆、上官承迢、郑永祖、雷思龙、邱贺易、杨明覆、廖大苟、黄谷雨、上官承训、郑联稼、喻仁生、邱才豪、何秋瑞、王占元、孙卿良、龚毓进、上官承烈、郑永坤、邱章孙、元江平、何秋珠、王隆海、裘迓、龚兴友、上官继敬、郑永郡、林希胜、元仕继、何秋凰、王接顺、饶细礼、龚振达、上官继驷、郑联叶、林细则、滕清宁、何高文、王祥瑞、黄金孙、官来聘、上官继炳、郑永报、林道柏、滕寿松、何高行、张成荣、何进宝、黄尾福、罗福诗、郑永存、官承达、滕寿万、何高进、张贤春、黄久普、周春明、李承智、郑联教、邱元吉、龚银官、武柏弟、张发宗、官祚福、黄常钦、李成万、刘祥玉、傅自新、龚妹妹、刘细、李永贞、曾载奎、黄常虔、李承安、郑永因、饶厚新、龚国旭、龚承哑、李才德、高必仁、张万洪、李承治、郑永仔、何慎文、龚学端、龚正贤、李世增、吴长城、范朝绅、李希贞、郑永执、何忠恕、饶裕敏、郭绍裘、程正远、饶上邻、危元佐、刘光玉、郑永兴、危祥正、元宗传、郭培桑、程厚敏、李唐、邓三忢、封拜飏、郑永久、武新贵、郭绍炳、叶细毛、程厚义、龚士荣、吴茂、龚庆阳、郑永兼、白忠孙、郭绍统、王三佪则、程任显、高清长、龚祚亮、何绍祖、郑联清、黄荣耀、王道英、戴天盛、程任丙、余老、余何、高扶、杨福禄、郑联仲、黄余发、王道福、吴明锺、程任崇、邓帝城、吴志远、杨福厚、郑永庆、黄腾诒、张荣、王有珊、龚新佑、邓玉明、吴澄江、杨恒昭、郑永点、黄腾辉、全学荣、林石则、龚兴贵、曾细伢、邱金城、叶旺龄、郑永升、黄泉泳、王道德、高扒俚、龚纯厚、曾敦厚、黎可贵、元天良、伍达居、邱骞则、王有熺、周成、龚京傲、曾栾则、黎可贤、杨长生、伍起雄、董嗣述、翁康成、黄礼兴、龚绳敬、曾仲和、吴世亮、黄春生、官延钦、何高冠、诸老二、蔡细兴旺、龚进贤、曾继、唐官作、张义高、万占良、董允德、诸长发、席道钧、龚兆兴、曾载明、危孙、傅康保、余德、卢郑六、诸天佛、席荣光、龚福儒、曾载兴、席元清、陈邦生、余德光、涂六、李孝祥、席会通、龚福熥、曾载佑、席元贞、李希贞、伍起勋、李细光、黄福兴、席元开、龚焕才、曾载传、戴秀山、陈元统、张学针、黄长生、陆洪应、席元寿、林芳玉、曾载端、戴贞文、高忠前、饶梦荣、陈元、邱寿清、席勇行、王天福、曾载吉、戴才开、凌廷举、黄细添、吴顺观、邱顺林、王世发、王元悌、曾载齿、戴德福、邱廷赞、黄金发、饶兴旺、何德财、邱茂、官受袍、曾载祚、戴德行、苏新贵、傅端调、萧元音、朱新荣、傅方韵、官受先、曾载佐、孙洪浩、吴水生、于立亨、凌廷凤、朱福泰、傅衍原、官尧叟、曾载松、何锦升、邓大理、傅英寿、李六长、李宗谱、傅义房、龚承锦、曾载杰、何丑则、李永赞、黄义国、元升、钱学庸、傅全官、李福英、曾载祥、黄祝龄、邱维金、龚有信、吴廼源、余应鹤、傅�республикаn则、张绍闻、曾载叹、黄细才、元名爱、龚善基、傅升、余应葵、傅细华、龚振翘、曾载廉、黄言孙、黄福孙、董承恭、危子华、傅全云、王绪仪、王绪伊、王接宝、王绪长、王绪羊、王绪焕、王接健、王接词、王接敬、王绪存、萧朝宗、官德钦、谢义才、陈清标、朱崇学、朱崇科、吴文行、南阳郡刘细任、丁太度、元如景、何德福、张大才、张细佪则、李细佪则、李细长、何高书、龚尚达、陈干孙、廖世高、元丁才、何肇聘、张大有、张毛俚、李旺、何尚聘、龚尚月、陈声远、丁长攸、元新喜、何五生、张大雯、张爹俚、李爹妹、上官包、龚善齐、陈声洪、丁长林、黄庆云、何发生、张学贤、张连庆、李三伥、上官遇宝、何高棋、陈声文、丁长著、黄玉科、傅恭孙、张元孙、张崇道、李宗才、上官勋、何秋鹭、邱玉田、丁太亨、黄元超、傅四华、张思、张鉴成、李庆祥、上官寅科、何秋甸、邱佑还、丁太成、黄诗礼、傅高先、张长月、张斌、李金荣、上官绍文、何细、何孙、邱璜、丁太总、龚学寿、陈新生、张细、张桂生、李思映、上官德化、何细花苟、邱佪则、丁后资、龚学佛、陈大伥、张崇封、黄元书、李贵顺、上官承缉、何利见、邱显顺、丁长条、龚巽生、陈细理、张学宾、黄意发、李细科、上官敬如、何秋畴、邱寿清、丁长年、龚中发、陈喜孙、张大安、黄寿宗、李孝谦、上官德兴、何芳诏、邱六攸、丁长斗、龚后发、陈德修、张大朋、黄正生、李贵华、上官大吉、何秋臧、邱立山、丁太廷、林接宗、陈新良、黄连舒、黄亨秋、李贵芬、上官驷如、何秋鹏、邱天保、丁长俭、林许孙、陈周茂、黄甲沔、黄寿福、李贵和、上官华、何高豫、邱端望、丁太炎、陆重阳、陈信生、黄裔祥、黄绍崇、李荣、上官纪、何芳檀、邱忠玉、丁太吉、徐度生、陈戴赓、黄裔佳、黄元松、李继经、上官源禀、何杏官、邱水生、丁太福、聂东发、陈林传、黄裔杰、黄风则、李贵元、上官源生、何续官、邱天禄、丁长勤、饶长子、陈臻龄、黄连济、黄才则、李尊素、上官源泳、何高谦、邱才占、丁太连、元清生、陈福庆、黄贤启、黄爱则、李宗衡、上官广懋、何秋省、邱章孙、丁仲云、易才辉、章达老、黄远振、黄开则、李玉山、上官懋希、何秋亮、邱立佑、丁长苏、廖辅道、许绍球、黄远恭、黄细伇、李寿孙、上官寅矩、何长炘、邱立朝、丁长用、石仁凤、邱发曾、黄细糯、黄缺则、李泽惠、上官寅泰、何秋浣、邱正生、丁太英、张庆福、陈招孝、黄绍同、黄桂生、李细来、上官锦恒、何秋湲、邱培国、丁太鸿、黄正镳、陈焕章、黄肇滋、黄元宾、李宗泗、上官福麟、何高淑、邱佑怀、丁太藏、陈李孙、黄长福、黄学贤、黄元富、李因绍、上官顺发、何泽璨、邱玉完、丁太情、叶细任、黄连辉、黄名芳、黄荣则、李贵端、上官顺福、何泽星、龚长炳、丁太绪、方光裕、黄福兴、黄克贤、黄元功、李德明、上官懋贵、何芳详、龚大成、丁正永、游有会、黄邓孙、黄名扬、黄连碧、李逢恩、上官亿、何高木、龚大目、丁后入、刘长发、黄立生、黄元靖、黄连况、李宗春、上官懋书、何高普、龚紫、丁太洪、李开楙、黄言綍、黄元荏、黄大丑、李宗鼎、上官冬则、何高履、龚长卓、丁太盈、杨灿、黄登澣、黄远华、黄寿、李尊伊、上官倬、何秋勤、龚五宗、丁太遂、李孝顺、黄连富、黄长杰、黄雪、李宗龙、上官福来、何秋煌、龚四安、丁太扶、官桂则、罗世长、黄加则、李宗胡、黄新湖、上官寅云、何高携、龚有信、胡礼伇、官金则、王发宗、黄新明、黄哑则、李宗裕、上官国保、何秋保、龚善基、胡和尚、饶光辉、上官世厚、王长寿、黄寿则、李宗效、上官国宗、何高恒、龚大头、邓佛、杨德魁、黄宗远、黄连干、黄连开、李伯谋、上官尚、何秋苹、龚鸦伢、陈九穗、刘牛则、上官寅衷、黄连谦、黄连升、李孝骞、上官帝惠、何秋櫊、龚大任、黄传纪、金麟、何高遇、黄久孙、黄连慧、李贵南、上官帝作、何秋盘、龚三個则、何训春、纪花苟、李启修、黄名金、黄登隆、李宗堂、上官寅猎、何芳诏、龚二個则、章官保、姚三、郭谟、元敬孝、黄登锐、李思仁、上官寅畏、何芳徽、龚恒、陈遐龄、傅全标、元假伇、黄招顺、李树福、上官寅立、何芳椿、龚祚振、陈吾彀、陈声扬、傅文丑、杨任则、黄志甯、李树德、上官寅鹗、何秋濛、龚禄、丁长礼、何高脝、龚祚康、杨兴隆、黄花子、李忠元、上官懋濠、何高瞩、龚王则、傅发喜、黄安峻、龚祚诗、何发旺、黄初生、李瑞福、上官寅义、何秋祥、龚福、邓仁兴、邱玉沽、上官帝眷、杨恩良、黄连纬、李祖英、上官培金、何高璇、龚松龄、李发生、蔡华金、李孝祥、杨添良、黄连煩、李传九、上官培根、何高晴、龚有书、罗昌顺、黄宗海、李贵潼、杨细育、黄连击、李友高、上官懋进、何高杏、龚长寿、洪大来、元敬临、陈璧坚、李春发、黄连篑、李友丑、上官炜、何高梁、龚长奇、褚敬连、何高经、陈声调、李雪桂、黄连看、李绍薛、李安、何高椿、龚善宗、李天发、曾鸿远、何秋峣、李雪香、黄元甯、李友文、李宗珍、何秋符、龚秋才、刘顺兴、上官钧、万年庆、邓国兴、黄德常、李连贵、李东才、何秋粮、龚有章、李连元、李国韶、李国、李双秀、李高希、李六长、上官生临、何秋基、龚善循、何秋炘、何芳栋、龚祚才、龚尚招、黄宗倬、陈文亮、何寿丁、何高扶、吴细仔、傅星迓、孔泽长、邹多保、龚祚诗、黄长祖、陈顿林、何新宗、何泽凤、吴恒生、傅星意、孔贵孙、邹多喜、龚日粦、黄位南、陈龙寿、何如华、何学曾、吴兴堂、傅星旭、孔广厚、邹德章、龚德延、黄远宗、陈文寿、何福生、吴文丰、傅黄�、孔昭杭、邹政平、龚行、黄霭瑞、陈进蛮、何高梯、李寿、吴富有、傅嗣发、孔宪杨、邹炳南、龚福、黄芹堂、黄绞、何洪贵、李吉、吴审俚、吴堕竹、傅学令、孔昭柏、邹绍南、龚忎、黄廷照、黄勤生、黄连生、黄连三、黄连勋、黄侂子、黄登龙、黄尾福、黄红云、黄炳恭、黄耕生、黄连开、黄耀枢、黄和仲、黄连阴、黄杏孙、黄得书、黄作球、黄胜保、黄贵保、黄足成、黄新定、黄临福、黄有福、黄有保、黄礼庆、黄世印、黄太傅、黄树兰、黄彦生、黄继宗、黄天恩、黄学益、黄崇谦、黄春生、黄慎敷、黄诗礼、黄如立、黄崐山、黄呈祥、黄新前、黄老寿、黄吾孙、黄元超、黄缪、黄良寿、黄名有、黄德盛、黄集周、黄集成、黄宗贤、黄子权、黄松粦、黄子盛、黄粦九、黄日新、黄名显、黄名和、危三明、危长庚、危名馨、危政旺、危禄举、危禄修、危禄太、危禄斐、危悖则、危思可、危茂、危中兴、危中本、危名标、危寿赞、危长端、危长明、危寿兰、黄仁美、黄仁义、黄卯仂、黄添仂、黄金发、黄右传、黄财、黄朱兴、黄继宗、黄德、黄添福、黄成翘、黄隆保、黄高福、何玉衡、何细伩则、何朝寿、何友庆、何禾尚、何芳咏、何秋窿、何秋簾、何秋骞、何秋和、何秋勤、何秋其、何秋瑶、何秋官、何秋宫、何秋赛、方有贤、方贤福、方贤坤、方贤成、陈新良、陈新章、陈鐄玉、陈槐修、陈修龄、陈乾孙、陈畏成、陈接理、陈吾苟、陈周谋、陈奏生、陈信生、陈忈、陈瑞、陈云、陈临传、陈柏龄、陈新贵、陈文董、陈昌宁、陈基立、陈邦生、陈春繁、陈修德、陈松龄、陈寿则、李德才、李洪恩、李建章、李云辉、李星仂、李恩荣、李受则、李叔修、李雪生、李才善、李贵龙、李加品、李善行、李善词、李元孙、李寿安、李发孙、李保安、李悦和、李绍安、李绍高、李唐贵、李友聚、李承振、李国陵、上官本松、上官善庆、上官善富、上官行福、上官行苟、上官名封、上官名师、上官名诗、上官德如、上官德化、上官贵则、上官生林、上官承达、上官怡婆、上官福、上官忠则、上官仠、上官方奇、上官文则、上官步月、上官哑子、上官松茂、上官长堂、上官长培、上官华溢、上官茂、吴应瑶、吴应琤、吴仠仠、吴茂、吴文广、吴汉秋、陈凤仪、陈鉴、陈元和、陈添福、陈文衡、陈文信、陈文昭、陈恭孙、陈长桂、危义颜、危步太、危敬廉、危敬孝、危清生、危劝孙、危金堂、危九万、危度生、危如景、危九畴、危佐力、危禄群、危岚辉、危天良、李承治、上官继凤、上官继财、上官章、上官世兴、上官福、夏锦堂、李孝、李招则、李和则、李春德、李连招、李正宗、李槐生、李如松、李承福、李春发、李才方、李国如、李观兴、李宗才、李澄华、李连福、李国彛、傅学令、傅陈春、傅世明、傅财十、傅财九、傅长福、傅秀山、张明万、张元贞、张奴才、张尿杓、张寿子、张长世、张细佪则、张学年、张大临、张大传、张大猷、张大旭、张旭、张标、张忠海、张子传、张起旺、张大振、张忠福、张晓俚、吴佳圆、吴新斗、吴新岳、吴善胜、吴善勤、吴长孙、吴光宁、吴添庆、吴锦富、吴锦正、吴自聚、吴成斗、吴子意、吴伯挟、吴候五、吴峣则、吴张顺、吴细应、吴大应、吴三应、吴大客、吴铄则、吴细其、吴秀兰、吴检生、孔昭明、孔昭柏、孔广济、林卿卿、林明矜、林明化、林章资、林忈、林细仠、林大仠、林仠则、林长贵、林雅苟、林四福、林长发、林振昌、林德发、林二生、林永年、林由养、林召生、林守泰、林惟修、林作修、林顺修、饶明孙、饶中秋、饶维盛、饶德名、饶原瑞、饶资洪、饶加兴、饶逢光、饶先辉、饶大仔则、饶兴俚、饶尚文、饶厚张、傅巨仍、傅贵仔、傅戴伖则、傅细恭、傅高、傅有才、傅茂、傅全仁、傅曾孙、傅彬使、傅连春、傅新喜、邹绍庭、邹垂范、邹锦兴、邓林芳、邓伖则、邓安庆、邓懿财、邓大仠、邓寿宗、邓绍仁、邓新才、邓兴春、邓定保、邓得元、邓远山、邓兴财、邓福安、邓义安、邓应锺、邓义才、邓湘孙、邓佛孙、郑自由、郑民庆、游有念、游元树、游承禋、王豆发、游虺虹、何高豹、何高谦、何细曾、何德有、何继篪、何大吉、何绍祖、高三才、上官芳荣、高光义、高泰来、黄有福、黄仁中、危禄伟、危禄安、陈昌宁、张忠、吴堂仂、高毛则、高克謳、高思楚、高怀斌、高傅任、高发波、高元盛、高天赐、高天寿、高天福、高永年、高狗俚、陈胜、陈春生、陈细七、陈永香、陈文正、陈文腾、陈鉴鉴、陈忎俚、孔广俦、龚茂辉、龚裕宗、龚茂年、龚宜彝、龚树生、龚洪庆、龚曾求、龚忎则、龚瑞则、龚松龄、龚书、曾攸则、曾学礼、曾寿、曾红远、曾再发、曾褕文、曾新荣、曾炳文、曾育文、曾万寿、曾保贵、曾喜贵、曾德茂、曾茂仂、谢荣升、谢赞俚、谢云景、余长、余司阜、余礼发、余仁寿、余世龙、叶元凤、叶全使、叶桂宾、叶升仂、叶国翰、叶士章、邹为鹄、邹义泰、邹早登、邹三行、邹假生、邹秋良、邹善才、邹寿兴、邹步登、邹国明、邹新喜、邹新丁、邹加丁、邹接丁、邹际唐、邹书生、邹瑞生、邹祖参、邹长路、黄远从、黄安庆、许矮子、傅义隣、傅自豪、傅全崟、傅方敦、傅义亨、朱（阙名，江西人）、曾文伸、王道震、王有丹、魏求则、胡光锷、胡光耿、胡光镐、胡祖谆、元明猷、官住德、官享德、官国集、彭礼应、邱云凤、官仰朝、高廷楠、张加庆、黄廷玉、高大罗、陈兴冕、官继志、黄尊庄、黄学言、从九叶椿。

卷之二十

传卷六　良吏传（重纂）

宋

上官拯　字公济，第庆历六年进士，选建宁县丞，折狱明敏，奸无所售。擢知上杭县，益得行其志，治声日隆。调衡州录事参军。（据旧志）

孙行行　第元丰五年进士，知解州，号令明信。（据旧志）

上官基　字子固，第嘉祐六年进士，知将乐县。会寇吴恂起，基募县人廖恩兄弟领民兵歼焉。（据《续通鉴长编》《八闽通志》）子公颖有传。

吴　璋　字南玉，第绍圣四年进士，历官州郡，所至修职，以朝请郎知韶州军州事，士民从化。（据《八闽通志》《闽书》）子汉杰知贺州，有声。

黄　涣　字德亨，游塘人，第淳熙五年进士第一。笃志问学，尝从吕祖谦游，负经世志。既登第，累官知岳州军州事。罢厨传、蠲鱼税、捕淫巫，廉能著声。（据《八闽通志》《闽书》）

李文子　字公谨，自号湛溪，方子弟也。第绍熙四年进士，选建昌军新城尉，调洪州奉新丞，忧归。起宣教郎，知江陵府公安县，就迁通判，差知大安军。适金人来攻，整师御之，上官以擅出军夺两官，授承务郎，寻还旧职。历绵、阆、潼三州知州事。（旧志作潼州路提点刑狱、转运使，按：以州为路始元，宋州安得称路？且州安得有提点刑、狱转运使等官？今据《八闽通志》《闽书》刊正。）治誉蔼然，属蜀盗起，帅赵公彦命兼制置司参议，措诸盗并抚定之，除大府寺丞，留充宣抚使参议官兼运司事，加直宝章阁，主成都漕，以老病乞休，遂以直宝章阁主管建康府崇禧观致仕归。行李萧然，徜徉邑西大坂上，筑室居焉，学者称湛溪先生。（据旧志《八闽通志》《闽书》《府志》）

明

陈本初　一都人，洪武二十三年贡生，任嘉兴知府，尝谓治道期平允而已，任才智者非不赫然著声，其如不平允何？故本初为政无赫赫名，而嘉兴人思久不斁，平允故也。孙璇，海州同知。（据《段志》）

黄孟舟　县治人，应永乐元年辟，任应天府江浦县浦子口巡检，宣德元年权知湖广慈利县事。爱民如子，民亦戴如父母。及卒，邑人肖像祠之，春秋不绝。汉朱邑言“子孙奉尝我，不如桐乡民”，孟舟有焉。（据旧志）

龚　良　字以善，一都人，由椽曹任广东左卫经历，以廉干使满喇咖国，致仕卒。（据旧志）

危　湘　字汝澄，县治人，嘉靖四十五年贡生。任靖江县丞，捕寇获赃金数百，不取，悉申入官，转以此致当道疑，一语不合，投劾归。屡空，晏如也。（据旧志）

邓秀实　十三都人，万历四年举人，知保宁府剑州。民苦矿课，请蠲其半，州之利病力兴除之。性尤廉洁，治逾年，夷税附州，征者乐输如州民。奉檄督云南鹤庆军屯田，武弁馈千金不受，还州病卒。士民哀哭，祠学宫旁。（据《福建续通志》）

上官希稷　字师中，万历十二年恩贡，授嘉兴府通判，职主征发。希稷寓抚字于催科，诸征弛减，损己便民，民感其德，曰：“何可累吾慈父母也？”输将恐后，值岁歉，不待报而发，吏争梶之。希稷曰：“待报则民殍，不待而见责则罢职，二者孰轻孰重，我筹之已熟，无多言。”竟先发，上官嘉焉，不罪也。寻乞休归，著《摄生录》。（据《福建续通志》）

论曰：为政不难，难于忘己。诚忘己矣，何必待民殍始恻然心动？毅然拯之无郄顾哉！不然，未见罢职之能轻也。由希稷之言以考其行，虽以之治天下，无难矣。

李子章　字伯暗，县治人。曾祖恩，字天锡，嘉靖二十一年贡，官建始知县，以清慎闻。子章以选贡授武冈州新宁知县，为政持大体，其署州事，适岷藩争立，子章按谱处分，无敢谰语，以忧归，起补连州阳山县。阳山自昔号难治，至明为苗峒，子章柔顽革嚣，莫不听命，用最擢雷州府同知，会海寇狓猖，子章冒矢石御之，寇退，晋四品阶，寻以劳卒于官。（据《府志》）

李应年　崇祯间岁贡，任福州长乐训导，迁浙江青田教谕。见学倾圮，

捐赀重建。权知庆元，发粟赈饥民，得活者数万，以老乞休，抵家七日而卒，年七十三。（据旧志）

李廷辅　字国士，县治人，崇祯时以邑令荐官龙泉县丞，县经寇乱，又遭岁祲，黎民重困。廷辅多方赈济，日行巡视，凡可裨益民生者，为之无不力。秩满转凤阳府经历，老幼感泣，祖饯属道，称古遗爱焉。（据《段志》）

论曰：廷辅未仕时，喜恤乡里，有贷不能偿者面焚券以安之，其遗爱素所积然也。县令亦知人哉！

饶天显　字汝畏，四都人，由选贡入太学，铨知广东博白县，政教兼美。会当事属取南蛇胆。天显恚曰："是可以苟禄乎？剥民媚人，吾不为也。"随乞休，有司重其方介，数与宾筵。善诗及草书。（据旧志）

国　朝

邓梦禹　字角公，十三都人，顺治十六年岁贡，任江西广昌知县，剧贼犯境，固守甘竹，县不被兵。贼去，加意抚绥，民益德焉。寻被议去。（据旧志）

邹祖顼　字帝宾，十三都玉珮人。幼聪颖，父命业樵，挟策与俱，举康熙四十一年乡贡。时巡抚张清恪公大选名士入鳌峰书院，编宋元明理学书，祖顼与焉。已选江南繁昌县，将出都，闻繁昌猛虎入城，叹曰："有司之罪也。我至自已。"比至，果遁去。其治以兴利除害为急，轻耗减徭、筑水城、广学额、通商惠农、赈灾弭盗，靡不区画详尽。三为同考试，官所拔多知名士，以老病乞休。去之日，合邑如失父母，其后道过繁昌，民馈遗问讯相属，祖顼亦恋恋不能去也。所著有《莲邨燕游草》，莲邨其号也。（据《段志》）

何泽著　字形则，父世玥，分修乾隆己卯志。泽著以拔贡朝考一等官甘肃碾伯知县，碾伯迩青海番，为走西凉孔道，号冲难。泽著貌伟而髯，公清有威，怀柔番汉，咸帖帖受约束。会岁饥，藏谷仅支出荒，大府檄碾伯移粟赈邻郡，泽著曰："焉有舍己赤子而亲邻之赤子乎？"以谷尽报闻，不听，符急如星火，乃之省面陈状，声泪并下，卒得请以归。民扶老携幼迎境，上曰："微我父母，吾属虽有粟不得食矣。"迁山西泽州府同知，擢湖南常德知府，有富孀遗腹生子，族利其赀，控子非所出，彼此均无左证，讼终不解。泽著试以刺血法，乃其子也，众犹嚣然。再试以他母子及非母子，一合一不合，众乃服。其他决狱，必期民服而后成谳。一护岳常沣道印，以属吏短亏不先举，降调陕西耀州知州，卒于官。（据《何氏世谱》）

论曰：余闻泽著精《易》，在楚南与巡抚陆公、方伯叶公讲《易》，二公为折节焉。惜久宦，不克成书惠来学。今求其遗简，亦不可得矣。然观其枧移粟一事，与《夬》“告自邑泰，自邑告命”之旨合，已见诸行事矣，何必有书哉？

张翼翱　字羽苏，二十四都新甸人，举乾隆癸酉乡试，以甲戌明通授永春州学正，用荐擢河南淇县知县，忧归，不复仕。在永春有去思碑，大意谓“崇实学、举实职。世薄教官为冗员，维公得洒其耻”云。在淇县，属金川军，兴淇当过师冲，牛马刍茭并应时办，而民不扰。然翼翱已赔累不可支矣。往时遇差务，民苦派而官且收其赢，至翼翱反其道，故得民心特至。当时有召父之目，盖信臣视民如子，为民兴利而勤力，有方略，故况之也。子其藻乾隆辛卯举人。（据采访册）

黄宗祝　字六良，二十都大里峰人。少奇敏，未冠试县府第一籍学，举乾隆甲午乡贡，丁未大挑一等，分发江西试用知县。宗祝故书生，恂恂退让，未尝以声色加人，佥谓作县不宜。初权上犹，有锺某自刃其婢，诬张某杀狱，而尸在张所。张不得直，亦无供状，故历数令不决。宗祝至，即廉得锺移尸迹，一讯具服，众以为能。而上犹地瘠，民贫多逋赋，前政颇事严酷，民益抗敝，宗祝曰：“是岂宜以柱后惠交困之者？”专务抚字而民畏如严京兆。寻补兴国，未一月解饷四川，旋以内忧归，再补得上犹，民欢曰：“我旧父母也，是能爱吾属者，吾属何可负慈父母。”岁输以完报解，巡抚先福通饬各州县言江西七十六州县惟上犹令课可书上考也。然宗祝故拙于催科，而以抚字得之，可以知政要矣。大吏方谋卓荐，以造兵册逾限，镌级回补上杭教谕，得士心。其善启迪，乃素业，不言而可知也。弟宗祎师事兄，举嘉庆辛酉乡试，江西戊辰榜眼。谢阶树、宗祝分校所取士也。卒年八十一。（据采访册）

高隆程　字抟万，西乡磜面人，少敏于文，日可得十数艺，举乾隆五十九年乡贡，知山东夏津县。县冲要，苦供亿，吏胥肆意科敛，以为囊橐。隆程至，编簿定额，依次甲乙分值。民咸称便。岁修粮船，船厂月纳例金，悉裁之。移知巨野，多盗，盗魁通贿县卒、营兵，多布耳目，积久不治。隆程乃委重寄于民，令联保甲自缉盗，捕获甚众，而盗魁卒不得。隆程廉知匿所，故以它事出至其境，下令曰入擒某盗，不力者以军法从，遂縶以归。巡抚程国仁谓其实心办事，以卓异荐，寻卒。（据采访册）

论曰：隆程历官山左，未尝一携眷，其卒也至无以殓，同官并力，始克成丧，而妻子食贫作苦，自始仕迄殁不知有县君之荣，其清德可仰矣。乃抚军但以实心办事，书考不之及，得毋遗善欤？虽然，人苟不廉，心且内耗，即办事亦乌能实也邪？然则抚军语亦尽之矣。

传卷六 良吏传（增修）

高　迪　字吉清，二都人，乾隆丁酉举人，授连城教谕，到官为革生李朝钦兄弟及他枉褫者辩复，士林德之。己卯连城大饥，米斗千五百钱，而邻邑亦饥，遏籴，民情恟恟。迪悯之，说令发仓，不肯，则谋诸富绅，以白金万两质千石谷。令喜从之，数日又匮，迪请于郡。孙文靖公守汀州，闻之，贤迪而少令，檄令开仓，民乃获苏，建祠报焉。（录《寄寓生文集》《庚午续修县志稿》）

何长敦　字礼门，嘉庆庚申举人，大挑一等，任新城饶阳等县，时值岁凶，挨户亲自赈给，不假胥吏，贫者获苏。北地多盗，以威信督快役及里长，故所隶无劫案。凡民两造，同日投词，即传集鞫，讯不稽时立剖，民咸帖服。莅衡水日，有张烈女为父守瓜田，同村谢魁者欲污之。女拒，以剪败魁面，魁夺剪刺女死，逸去。前任以无左证，事几寝。敦抵任，为访缉讯实，寘之法，而上女烈，获旌焉。所莅以维风俗、正人心为本。才明敏，不自矜。任博野时，闻颜习斋名贤也。抵任即访其遗书，刊行以风世，其端治源如此。生平宗尚汉学，著有《恺乐堂经辨》及诗文集藏于家。孙秋涛，在《列传》。（据《何氏世谱》）

上官懋本　字仪卿，号蓉湖，父曦，在《列传》。幼秉父教，不名他师，性明毅，有吏才。道光乙未登进士，官刑部四川司主事。时有旗人自首斗毙人命愿抵。疑其不情，详鞫之，果受贿顶凶者，部长称焉。川省狱有强奸良女而拟听从律者，察得其实，不肯画诺，当事不欲轻罪改重，照覆完结，慨然曰："比部不可居矣。"乞改官州牧，初权唐县，县多上控案，檄令覆讯，平心细勘，皆得隐情，民心慑服。继权丰润，多告讦成狱，访知城南客舍为讼师垄断地，即严惩而诫谕之，由是讼狱渐少，良民获安。咸丰壬子补晋州，一切推诚相与，风习益厚。常作为官三戒，谓清戒沽名，慎戒废事，勤戒喜功。又谓喜怒不形，成见不设，庶几少所偏惑，其深于吏治固由美于才，亦由得于学也。行年六十，母犹康强，遂告终养，不复出。（据何汉槎撰传）

彭荣诰　字紫封，县治人，由廪贡投效知县，旋举甲午乡贡，春官不第，始诣部，铨得江苏赣榆县，抵任数月，丁外艰归，掌教紫阳书院。服阕，奉部檄知德庆州。是时德庆经兵燹后，民气凋敝，岁征不役，追开书院课士，捐廉佐膏伙，勤甄奖，士气遂振，岁征亦起。初，寇之据德庆也，强殷实绅士充伪官，及寇平，被斥革拖累五十余人。诰矜其情，剖别详覆释之。及瓜求代不可得，遂再任。大府知其洁，特旌百金佐廉。昔同邑何世珖任德庆有恩，民特祀之，至是奉诰生位配焉。旋摄琼山，俗强悍，凡赁居者坐蓐或疾将殆，公立死生所舁之往，不得留赁屋。诰张示厉禁，违者寘之法，其俗始革。县数岁不得科，诰为勤月试，多方启迪。及大比，给琼山德庆卷资，是科琼山中式三人，德庆举二人，两邑合颂焉。有观察某骤增税，民閧击为变，诰驰至始平，其得民如此。调署阳春，未数月卒。（据《彭氏族谱》）

何秋淦　字心农，秋涛从弟，幼颖慧，音乐、弈算、书画靡不精通，以太学生援例典史，分发广东。时同邑邱孝廉官香山，请之大府，调留襄理。值夷匪鸱张，诱胁华民出洋，淦侦知匪首，详办如律，被胁者得释，咸罗拜而去。旋署曲江平圃巡检，地经红匪蹂躏，为之招徕抚绥，民情乃安。境有铁圹，乱后炉商逃亡其籍，营生者以停铸失业，每流为盗，亟为招商承办，失业者皆欢呼。新旧课饷，亦有资焉。檄署翁源典史，翁源民素悍，时同乡某权县篆，以严峻结怨，解组时悍者待于险隘，要截掳去，幕友家丁十余人将寘之死，淦挺身赴救，晓以大义，悍者感其诚恳，乃释所掳归之。大府闻之，将令权县事，方补遂溪捕厅，未抵任遽卒。（据家传）

裘宪璟　字辅卿，绍箕仲子，质直人也。幼侍父京山署中，吏治得失习闻焉。由监生投效知县，仍分发湖北。初任长乐，严察胥役，卒任无敢为奸者。日坐堂皇，有讼至随讯随结，出勘命狱，傔从五六人，每拘缉，遣役必简，惧扰民也。邑素有藉命图诈风，先示诬告反坐，犯者不贷，积弊顿除。旋任保康，减耗费、革陋规、省徭役、平物价，阅四寒暑舆论翕然。权云梦仅三月，乞留，格于例。邑人以三月大治颂之，为立去思碑。大府方拟

卓荐，寻卒。（据赵维熙撰传）

裘宪璘　字吴卿，宪璟季弟，以训导议叙主事，改知县，分发广西权左州，时发逆党王色显者，踞乡为民患，抵任即设策诛之。移署博白，民犷悍多械斗风。有吴、刘二巨族，道光中因忿争相仇杀，历数十载不释。为集二姓绅耆剀谕之，案乃平。甲申年，永安苗民滋事，檄之剿办，驻兵洞外，单骑入，呼集苗长，晓以利害，事遂解。大府奇其才，惜年四十一卒。所历昭平、永福、阳朔等县，严保甲、清积案，或兴义仓，或创宾兴，故李秉衡中丞尝语人曰："裘令，良吏也。"信然。（据唐椿森撰传）

卷之二十一

传卷七 武功传（重纂）

明

黄玉湖 由椽曹任云南吏目，剿贼有功，升江西兴国县主簿。（据旧志）

刘龚显 十二都人，本姓龚，孤贫无家，依族父江西南昌。其居对门有关圣庙，因托庙中为住持虔供香火，扫除净洁。月余来一僧，自号海云，谓显曰：“汝壮士，何不学武？”出书一帙示之，僧倏不见。显私喜为神启，于是投百户刘宝，从击贼。宝女以女而子之，因姓刘，不欲忘本姓，曰刘龚显。嘉靖二十九年，俺答犯京师，龚显率官兵大败之，历官至都督。（据旧志）

国朝

龚贵巽 字首元，二十九都新丰人，有奇气。国初贼逼境，授以伪札，贵巽夜奔郡，白守请兵。因为乡导，奋勇先入，贼披靡，遂得贼首，事平，不受赏，旌曰“义士”。（据旧续志）

邓汉公 十三都人，负奇任侠。当康熙甲寅耿变，县已送款，汉公不愿为耿民，结族戚数十人走江西，遇贼，数十人皆靡。汉公以大义开贼，皆得释。是冬，偕数十人避兵泸溪之大觉岩，会江西贼来攻，岩且破，汉公变姓名窜贼中，得贼委牌以绐贼，贼乃去。乡里至今传诵之。（据《段志》）

论曰：汉公一以义开贼，一以智退贼，其胆气可用矣。使寄一旅乘一障以与贼遻，吾知必能扫欃枪而廓清之，惜夫所用之小也。语曰：“如有所誉者，其有所试矣。”余传汉公武功，窃准斯义焉。

传卷七 武功传（增修）

陈什敖 二十四都人，闻粤匪陷城，愤甚。匪复驻兵扰其乡，因谋诸乡人李国茂，于夜集丁壮杀之。此后贼不敢复至，乡里赖以安。（据采访册）

何长庄 字敬临，长敦兄，由廪贡任诏安教谕。时有海寇数艘突入港，值县令乡征，武弁别调，诸生邀庄远避，庄曰："贤等往言娴武，堪御寇，今何馁也？"诸生曰："城无主，情不一，恐自乱，故不为。"庄曰："我主之，可乎？"诸生曰诺。亟召众部署，悉合权要，相与登陴而贼已抵岸，相持二日夜，贼颇伤，始扬帆遁。学使恩雨堂侍郎韪其能，欲辟为令，寻归。子高衢授汉学，以淹博名世，由举人历浦城教谕，迁汀州教授，训迪士林，培成甚众。（据刘志抟撰传）

邱亮采 字禹畴，二十六都人，由廪贡议叙训导。有才识，勇于为义，乡里皆敬之。凡有争竞辄就质，徐出一二语即帖服冰释。咸丰丁巳，贼据城四出焚掠，亮采请诸当道拨勇数百驻其乡，时至县与贼战，村落资以保全者数十计，城亦赖以复，然费饷已巨万矣，备历艰窘毅然不悔，遂以军需劳顿寻卒。（据《邱氏家谱》）

龚士凤 字梧冈，岁贡生，父文煇嘉庆庚辰翰林，早卒。士凤少负奇气，重节义。咸丰丁巳二月，寇至，率子弟守昂关，寇不敢入。寇旋陷铁牛关，进据县城，分党至昂关，将拘士凤充伪职。士凤阴与族文学浚儒及弟士成、士华、士骐谋诛之，适邻村官桥陈麒率众至，遂夹击之，贼尽殪。于是椎牛酾酒犒众于龚氏祠，时五月十三日也。次日，率众薄城，城贼遁，追至大乾，斩俘甚众，旋驻郡城。贼大至，退归仙华，失利。士凤乃诣贵溪姚步瀛乞援，姚为请之，李帅遣宜春勇助之，因沿路多张旗帜，贼谍知以为官军大至也。会建汀二郡贼皆败，遂遁出杉关。至六月，邑寇遂平。（据《彭锺华杀贼记》）

卷之二十二

传卷八　义行传（重纂）

宋

梁从实　淳熙间遇岁饥平粜，见有饥色者先饷以角黍，路远者遗以饭米，日数百人。州县监司下其事为平粜式，年八十五。（据《武阳志》）

李　穆　字景仁，商于淮，主家病疫，梦祟相谓曰："明日李长者至，吾辈且去。"次日穆至，疫果已。主家出丝麦遗之，坚不受。闻江宁饥，运米数千斛平粜。一夕梦神启曰："速之五羊城。"觉如其言，遇海贾奇货，贱价市之，趋都下，息倍十焉。子劭，官太守。（据《闽书》）

明

李文通　正统中两出粟赈饥，先后输五千六百余石，赐敕褒奖，复其家。同时有玉贵、郑図、周志和、李文让、梅清各出谷千石备荒，并赐敕。（据《闽书》）

龚立极　县治人，万历十九年东南水灾，立极赈谷千石。巡按嘉其义，疏请予旌建坊，免其杂差。（据《闽书》）

吴文茂　县治人，历琼山、保昌二县丞。既投劾归，出粟赈饥，死者与棺槥，复建善利、望仙二桥，各费金数百。其居官虽无考，然可知为岂弟君子矣。（据旧志）

李元奉　县治人，里有兴建悉任之，如谋己事，而赈贫恤死如嗜欲然，乡人呈举乡饮耆宾以表其行。（据旧志）

郭正昇　邑廪生，喜施。遇贫者，赈贷之，不能偿者焚其券；宗族无力娶者与钱，无以殓者与棺。有从兄私卖祭器，阴捐赀赎回，族众不知也。从兄感之次骨。（据旧志）

论曰：正升之嗜义，几于无遗善矣。而缓急等杀，一何从也。其诸所谓不匮之施欤？

李廷本　县治人，心怀利济，舍药施棺，岁以为常。族戚不给者时周之，所在津梁道路无不修复，行旅出其涂者争美里俗之厚，不知皆廷本之为也。年垂六十二，亲健在，常作婴儿戏娱之。值县大夫慎选乡饮大宾，每举，里中士夫佥曰非李某不可，于是两与宾筵也。年八十有三卒。（据旧志）

危国谟　十六都啸溪里人，敦伦纪而好义，乡人目为真善人。盖世假好义为名，而勃溪于家庭者有矣。国谟之义，兹其可贵也。（据旧志）

黄正晃　县治人，家贫不苟取。茶市火，一老人以一重箧付正晃，曰箧内皆银，好藏之。正晃知其悮，姑收以俟取。三日无耗，访其人还焉。弟正标为仇家所陷系府狱，正晃肩负以给，其友叹曰："昔子路负米为亲，今子负米为弟，古今人岂不相及也。"正晃泣谢之。正标入国朝，举顺治甲午乡贡，有传。（据旧志）

王　简　二十八都人，县学生，负才不偶，萧然以山水自娱，而喜周急。族党朋侪之穷乏者恃以无恐，两与宾筵，咸以为允。（据《段志》）

论曰：王简希风人外，类忘世者。而乡里恃以无恐，钱谷出纳，岂云无事，得毋其心未必果萧然邪？不知笃于仁者能轻外，轻外者性必简而情必恬，是乃所以萧然也。

黄国宁　十三都人，家贫而乐施。岁饥，有老人持钱数百从邻邨乞粜不得，归道失钱，哭曰："一家待此而食，今生理绝矣。"国宁慨然留之食，且如数给钱。里人传其事，谓"数百钱，生一家命也"。（据《段志》）

李友辅　三十都人，义士也。捐祭田、助学田以及桥梁道路无不尽力。江西南城万年桥圮，友辅独建一墩，其惠爱且旁霈云。益王旌以匾曰"乐善循理"。信乎其乐之也。（据《段志》）

国　朝

吴其龙　字云从，顺治六年岁贡，性和缓谨厚，久与之处，未尝见其疾言遽色，然大义所系，毅然任之，不挠于利害。与同里龚必兆友善，相切劘四十年，无毫发间。里人重其龙兼美必兆，谓二人乃无愧道义交云。（据

《段志》）

危应宗　字思甯，一都人，贫而嗜义。会明季荒乱，日食二粥，族亲中有孤独无依者辄收养之，曰："与其独饱，无宁同饥。我在，忍令而属失所乎？"人以为仁人之言，而长者之行也。（据《段志》）

黄正标　字伯准。国初寇乱，民苦荒赋，正标著数千言达当道，厥后蠲荒征熟令下，由上官临请而实发于正标也。正标故贫，遇亲知流离者约己周之。举顺治甲午乡贡，授山东青城知县，未上卒。（据《段志》）

蔡旭初　十二都人，比邻张端甫业医，积白金数十两，值耿变身病子幼，以金密付旭初藏之。比死，遗言不及金，家人无知者。旭初以归其子，封识如故也。众皆叹服。已而端甫妻竟他适，人于是知端甫不以金付妻而付旭初，有先见之明也。乃至死不言寄金旭初，行信于人，即一事可征其生平焉。（据旧志）

曾应寰　字体参，五都人，县学生。族人祖墓为豪侵，弱不能愬，应寰毅然曰："族祖犹吾祖也，分内之责，膜外视之，可乎？"出百金代为理，遂得直。后族人来还金，应寰曰："吾固言吾分内责也。"卒不受。（据《段志》）

论曰：语云："借父耰锄，虑有德色。"呜呼！彼直以为分外事也。味曾应寰之言，岂惟伦物间，凡古人劳而不伐，有功而不德者，无他焉，能视为己事，淡然忘之而已矣。然则希报之为方，推为分外事，安望其能忠哉？是谓不诚无物，的然而日亡者也。

黄　末　五都人，家贫。贩盐过高源，拾银包，守待之半日。得失者为四都黄时爱，盖赍银九两还债邵武者，末询得实还之，时爱取其半以谢。末曰："我苟贪则全取，不贪已视为土苴矣。取半奚为也？"闻者高之。（据《段志》）

何　斌　字登水，一字晴川，国模族兄弟。幼失父母，哀毁如成人，长而好善，极喜程子"一命之士，苟存心于爱物，于人必有所济"语。启父遗箧得借券一束，悉焚之。有鬻妻者周以银米，戒弗鬻。有为债迫欲雉经者，代偿焉。康熙三十六年大歉，斌籴麦备荒，计口日给，益之钱以补不足，活者无算。即丰岁有贷谷者，亦不取息，曰本期以有贷无其究，乃以寡致多，非长者之为也。族人乏嗣而产亦尽，无为之后者，斌出田产，取近亲继之。

孤幼则为理其家而婚教焉。他如施棺掩骼、修桥治道，罔不靡其财力。年七十有三，卒之日吊哭填门。相与祠于邑之双门亭。（据《段志》）

子以锽、以镇、以铣，有传。

邱大顺　字易堂，兄弟同爨食，大顺独躬劳苦，无私蓄而好施，凡济饥助婚丧，靡不尽所欲为。康熙甲寅遇贼不屈，破其家，卒年八十有四。（据《段志》）

曾文彩　字彬生，十八都人，县学生，康熙兵荒，学宫颓败，经营一新，族党失学则设义塾课之，不能娶者赀之娶。与弟文斗同居六十年，相勗以善，庭无不率训子弟。邑人数门风及长者行，必及文彩也。（据《段志》）

高必龄　字仁正，磜面人，邨有仁寿桥，屡圮于水，必龄独力建石为梁，前后费逾千金。年登大耄，邨众移桥，名以寿焉。（据《段志》）

何以镇　字云远，斌第四子也。性慷慨乐善，其广祭田、立赡学田，庄苟素封，好行其德者能之。庚申秋奉诏劝输谷裕社仓，以镇慨然出粟三千石，复费白金数百建厫以贮，今县署何氏社仓是也。大成殿楹且圮，独肩其任，复费千余新之。此二事，非负雄心毅气者不能为。乐善固赖雄心毅气哉！（据《段志》）

子世珖有传。

饶寿庆　字奇芳，十五都人，少孤而贫，减食以食饿者，解衣以衣寒者，或目为穷孟尝。寿庆曰："夫子称君子周急，我虽贫，视冻馁者差缓，缓固应周急也。岂如六国公子食客相倾哉？"卒年七十二，子于德乾隆三年举人。（据《段志》）

论曰：缓固应周急，其语一何旨也。非有见于道，乌能为是言哉？偶阅说部载一士人悯其友断炊，将分家储米给之，其妻曰："我米止支二日食，分去明日亦饿死。"士人曰："彼今日即饿死，且顾今日。"亦见道之言也。谁谓义行中无有道士哉？

黄　裳　字上公，二十七都人，遇乡里兴建辄倾囊为之倡，所居里有古柏门，毁于寇，独力复之。族众建宗祠，其基裳业也。姊嫁，遵父遗命拨租四十石助奁，后姊子不能守，别售，复出赀赎归给焉。卒年八十九。（据《段志》）

何思安　字再安，父以镛，斌次子。喜古文，著《知非草》。思安事二亲以孝，闻亲没，经营祠基，不以望诸兄弟。岁祲，捐赀恤贫，乡里称惠，而年不逮志，遗命捐租五十石入学。母有奁租数十石，舅氏黄玑故业也。玑乏嗣，推让无所，亦遗命以玑姓名捐入义学。公己物以利人，而己不自有其名，卓然有古人风焉。其没也，士林惜之。（据《段志》）

王　楫　字圣举，四都人，县学生。有族子病疫，邻左避去，楫代为理，得痊。见其父柩弃荒野，复为营办。舅氏夫妇贫老无嗣，楫迎养于家，丧葬皆任之。妻弟被诬陷狱，楫为申辨，得脱出。乡里称楫于三族无愧心焉。年八十二。（据《段志》）

饶登荣　字子厚，十八都人，性慈祥而尚义，为众所信。郡守戴振河遴正人董东北二桥工役，得登荣专任之。岁饥，当道委以分粜，咸称公忠，盖不徒乡里恃赖，有司亦倚重焉。（据《段志》）

王怀济　字振北，崇仁人。初怀济侨寄汀之永定事寡母，服贾数百里以供甘旨。已为富人，返乡里，值岁饥，竭藏粟以给戚党。又念筹荒当备未然，捐谷数百石，春平粜夏赈秋冬买补，不足复捐赀继之如原数。疾革，犹戒子孙勿隳所为，卒年七十，吊者流涕。（据《段志》）

曾德巡　字宪功，郡学生，舍诗书无所嗜，而事母极孝。邻里有讼，不惜财力已之。贷而不能偿者焚其券，其行如此，可谓能嗜诗书矣。年止三十九，众咸惜之。（据《段志》）

方　英　字伯俊，十六都人，独建宗祠。其振贫恤患，凡足为乡里利赖者，莫不尽力，盖心存济人，非资以为名也，故能无遗便。（据《段志》）

黄宗宪　字绍征，四都人，邑学生，性俭素而过，周恤事则心开，虽倾囊不惜也。里有贫欲嫁妻者，赠钱止之。族人无妻者出赀助娶。岁荒，先期籴谷贵买而贱卖，至施棺槥，碑无主墓，岁以为常。邑令王以“存心利济”匾之，众谓允也，年七十卒。（据《段志》）

危守星　十九都人，后母性卞，守星承顺无违，卒移其性。族弟守发幼孤，产为其母后夫侵卖，守星为代赎，克成有家。船户逋守星银五十，愿以女偿力，郄之而还其券。（据《段志》）

彭祖寿　字明润，邑诸生，事寡母能孝，大母年八十，井忘其耄。素饶干济而勇于义。乾隆元年，邑建奎阁，举祖寿董其事，寻改建学宫门墙及紫阳书院，并仰成焉。工浩事繁，区画有方，积勤两载，次第落成，年

四十四没，闻者悼叹，谓邑中何可无斯人也。（据《段志》）

龚名芳 字文生，在城人，岁贡生。父上策居乡里，有孝义称。名芳董修学宫，晨入夜归，终始不苟。邑有义举，必为之倡。子骏声举乡贡，人以为两世义行之报云。（据《段志》）

李复悦 字铭中，在城人，少孤，事孀母以孝闻。举乾隆戊午副榜，掌教本邑紫阳书院，所得学租数十石，悉捐修书院，而复悦故贫，方资脩脯养亲，乃能如是，其诸见义必为者欤？生平潜心韵学，未竟而逝，士林惜之。（据《段志》）

梁光汉 字功炳，二十都人，生平笃于义。兄象贤死，遗孤四人，婚教若己子，皆籍学。同居四代，礼让相先。邑令马璵匾曰“义门”也。年八十而卒。（据《段志》）

危联捷 字必魁，性喜施而苦乏赀。及二亲殁，以贾起家，凡乡党凶荒力振之，以穷困来告者辄应曰：“使吾不以有余补不足，则前业贾之志荒矣。”年九十有三卒。（据《段志》）

龚周德 字怀仁，二十九都新丰人，祖羽伯。少孤，为江杨二寇所掠，役养之，以智脱去，十龄也。先是二寇有所使，令必如期返，远者逾信宿返，二寇不复疑，竟得逃归。周德性乐善，用朴诚起家为富人，自喜得行其意。兄有遗孙六龄，父死母嫁，收养之，及长，岁拨谷十八石资其衣食，以荡游私卖祭田，周德出己租二十六石补如额。又扩曾祖祭田十八石，约不得私拆转卖，违者以忘祖论。众建宗祠估费三千金，而族捐六百缗，仅当五之一。于是周德独当五之四，或导以改建己祠，不听。祠既成，又拨租十八石勷修费焉。所居乡多贫子，发愿一乡永不食贵，岁减价平粜，不问丰歉，行之数十年，著为家则。邑科资向给公车，倍乡试士。周德言：“计道里当十之，乃允然。”苦不给，捐租十二石为之倡，已复增十石。会道光壬午城乡踵捐，积至二千石，遂定额。于新广租给公车十乡试士，自周德发也。其厚于族里如此，可谓真乐善矣。子懋乾隆乙卯举人，孙文焕翰林院检讨、镇江知府，文炳、文熚并翰林院庶吉士。（据采访册）

刘崇德 字荣修，其先永春州湖阳人，康熙初徙家西乡茅坪，至崇德兄弟三人，事寡母有令闻。崇德念族单，当厚其基，培之自兄弟始，故终崇德世，三人未尝异居。而北乡十八都有刘姓亦自湖阳来家者，传三世仅一孤

童曰毓仁，将委沟壑，崇德访得之，稽其世为族父行，急携归长之，为娶妇，给以田产，今屹然成一家云。（据采访册）

陈学乾　字一经，十二都人，家本丰也，而善散之，必先族而后乡里。族人有能经商者，赀之。本能读者，岁给膏火。不绝无告者，豢于家。陈氏族故繁庶，自学乾起无失所者，一人之为利溥矣。乡人来贷者，计所需多寡应之。垂殁，焚所积券。曰：“无使后人议余为德不卒也。”子腾蛟候选布政司理问，能世其德。（据采访册）

龚孟岱　字岳锺，二十七都人，性慈仁。生平疏财，不下数千金，然所由与好施异。好施或歆其名，孟岱直行其心之安而已。有弟孟隆，屡破其产，至日食不给。乃以前典租二百石还之，不索价。从姪孙曾倬善事孀母而食齿又繁，亦拨租及宅给焉，租值八百金，宅半之，盖千余金也。其他应人求者，不可悉数。里人呼为龚佛云。（据采访册）

论曰：余闻孟岱止一子，亦仁而气弱，至不能举佃租，一岁逋者数百石，家转不给，或目为富室贫人。虽然，天道果有知，其后当有兴者，谁谓仁柔非善气哉?

李绍相　字作寘，二十七都人，产仅中人。有逋其租者听自输，未尝一控县，曰：“彼以不给故逋，益以差扰，徒饱差而彼此俱丧赀，不若我失而彼得，犹不失为楚弓楚得也。”家遂中落，移县治，设肆市药多赊，人曰：“药以活人，岂宜责见钱?”后多不偿，复折。阅至孙盛岐，仅留宅一区授徒，自给一岁无馆谷，窘甚。有高坑小聚延课其子弟，既见，皆樵牧子，郇叟数人前曰：“我属皆先生祖故佃也。计逋租约二百余石，不能偿，亦竟不问，今田久易主，德在人心，故未忘也。爰合谋以微俸为报。”岁终谢去，复约曰：“愿留此席待先生之之。”后盛岐举道光乙酉乡贡，始不往。（据采访册）

论曰：绍相二事，人皆迂之。然迂至不以道止矣。夫子曰：“贫与贱，不以其道得之，不去也。”亦将迂之乎？高坑人图报，数十年后若天启之。又积厚于其孙，遂举乡贡，不复资馆谷，视善理财子孙降为皂隶者如何？然则天固不以为迂也。

毛寿永　字伯龄，毛湛人，性刚正而行岂弟，里人惮其严，未尝不亲其慈也。妻弟子王厚连在襁褓，失父母，收育于家，区画遗产，骤扩数十倍。儿长娶妇，悉归之。王氏族觊其赀，假叔伯无嗣，欲三分之而攘其二，历讼至藩辕。寿永不惜跋涉，为直之。藩伯语王氏族曰："当是子孤露时，尔族何在？苟无寿永，此支已不祀，何论叔伯立谳？以厚连子后伯氏，兼承二祧，叔殇死不必立后。"案遂定。（据采访册）

论曰：王氏遗产殊薄，苟遇他人，但还本而私其赢，族将奈何？寿永可谓仁义兼尽矣。夫举一事，可概其生平，而因以风世者，此类是也。余故特著之焉。

田荆元　二十四都人，性慷慨而善解纷。乾隆己酉岁祲，邻邨半山公市本都毛湛谷二十四石济荒。道梅坪洲为所留，乃率众二百往篡取。梅坪亦备器械、石灰、热汤迎门，并树帜以红白为号，势盖岌岌矣。荆元乃以己粟偿如数，而伪梅坪人致焉。二百人解而归，遂各罢。而二邨初不知其谋，方以能抗夺夸示人，及知荆元所为，均感激，目为义士，以闻于县，旌以匾曰"义烈经邦"云。（据采访册）

论曰：荆元为善于乡，而题额有经邦之目，初疑其不类。然鲁仲连自命为天下士，止曰排难解纷而已。以斯道经邦，尚有兵戈之患哉？荆元其有所试矣。

寇廷枫　字钦宸，十都止马人，为诸生，有名邑贤俊经其里者咸主焉。大寺寨巡检自移驻止马，远近邨人睚眦之怨，亦往行求直，往往破坏人产。廷枫病之，每豫为居间，得不讼者盖十而九。又司员多猥琐，群不逞，士绅聚焉。廷枫一答拜后，累请终不往，亦型俗一道也。岁饥，贵籴贱粜以为常。万安桥圮，一身任之，筹工筹费，须发为白，其行如此，信不妄得名也。（据采访册）

张翼经　字宝廉，父玫有明识，所居新甸自明初黄御史伯珪以文学显后稍替，至玫时益多贾人，不知有学。玫乃建塾月山，使乡子弟共学，而玫子翼翱、孙其藻先后举于乡，其效可睹也。翼经为翱弟，太学生，亦与世俗异尚。族里有善事，若建祖祠、扩祭田、恤里贫、资娶资嫁、凶年转粟济荒，并翼经为之倡。有熊某与为钱通数年一会，皆熊主之。熊故长者，翼经一日觉有异，核之，则已赢银百两，急持还熊。熊请两分之，艴然曰："是不以人视我也。"掷银而返，不复通。或叩之曰："彼前诚误，后分则过，非翼经知己也。"子其刚以廪贡任仙游、漳浦训导。（据采访册）

傅周书　字愈明，十八都油榨邨人，生平好施，来贷者未尝失人意。及病革，取券置诸火，曰："不焚，亦未必偿我，然使贷者怀惭，吾子孙有

所挟，非所以静人心也。”焚之，便一笑而卒。（据采访册）

陈春华 字金堂，十二都举贤人。父元仁与弟元勇并以赈饥种德乡里，邑令谢坛分旌，以额曰“尊德乐义”者元仁，曰“义衍后昆”者，元勇也。春华胚胎先德里中，有疾困婚丧、不能自举者，咸恃以无恐。嘉庆庚辰岁饥，春华已平价罄所藏，犹不给，乃走江西吴城致米三百石贱粜里人，人获苏息。道光甲申再饥，将踵前事，行有日以无病卒。闻者惊悼，谓天不欲活我而夺我里善人也。年七十四，子四，仲子澍嗣叔父，得专所后嗣，乃合本生产均之兄弟，受四之一，人多其让，且踵父为德乡里。比殁，所存产仅余其防云。（据采访册，参《录抑快轩文集·墓志》）

论曰：道光甲午大祲，春华季子兰皋捐租四十石，并元勇曾孙祥云捐二十石，合质钱市米，活族人。既出荒，赎归，作族义田，俾永保享。噫！何陈氏之多贤也。可诣世济其美矣。而陈氏赀日替，仅发一武科，虽兰皋能古文章，尚困诸生，岂天道有可知不可知邪？余读《五代史》，卢程不解草文书，举进士，官至宰相。方檐子入门，庄宗登楼见之，笑曰：“似是而非也。”崔协号没字碑，亦举进士。明宗违众，舍李琪相协，任圜以为弃苏合之凡，而取蜣蜋之转也。若是者，虽荣宠曷贵哉？而李肙伦六世行义，未尝出仕，至号所居为孝义乡仁和里，欧公为作一行传，后之读史者将谁憎谁美，谁去谁从邪？余知善言天道君子，必不以彼易此也。

传卷八　义行传（增修）

何世垂　字恒斋，由庠生投效州同，祖国模在前列传。生平识量过人，见义勇为。先茔年久倾圮，独縻千余金，悉使完固，族人至今称之。乾隆甲辰大饥，人情汹汹，至于闭市，亟请于当事，率先出谷平粜，家储不足，捐赀运诸外境，以赈以施，邑人赖焉。晚年声望益著，自视欿然，惟训子孙秉礼以世其家。（据陈春波撰传）

高南阳　字任卿，郡庠生，曾祖经组，在《列传》。平居以为师法，常居榕城，以百金纳姬，既闻有夫，即舁还之，且不索值，曰："聊助合卺之费耳。"甲午大祲，偶见道旁啼儿凄楚，问诸市，知为流民所弃，遂携之归，慈之甚厚。有故人子寠贫，为人佣书，乖舛特甚，人无受者，遂终岁役之，曰："聊假此为彼衣食资也。"生母病甚，祷神愿代，无何，母起，遂得耳疣之疾卒。（据《鑫园文集》）

夏绍元　太学生，二十二都人。立行方正，尤好行其德于乡，创建义仓，置田租一百石，且置大升以待籴者。邑令觉罗永安以"乡里沐膏"四字旌其庐。（据采访册）

裘廷柱　字海筹，议叙盐库大使，分发河南，以母老不赴，日述邸钞及闾巷琐事博母欢。母登大耋，廷柱亦年逾六十，而食必亲馈，寝必亲视，其天性至老尤笃。生平重交谊，笃义行，凡友求贷无不应，资以有成者甚众。有杨某假赀贸易，微有积，而疾革不能言，惟举手拊床，知其无子，即为择嗣，并妻以女，其笃友类此。时外氏病疫，十口九殂，遗一幼孤，为抚长成室乃遣归。常贾于黎川，适大水溺人无算，为具槥敛埋，空橐而归，不惜也。邑宾兴，是时赀未扩，公车苦不给，慨出白金三百两为助。岁饥则陈赈饥条例于宰，阴为之赞，所济甚溥，其乐义至老尤不倦焉。子绍箕，有传。（据张雪君撰传）

何世琼　字建侯，由庠入监为太学生。爽直仗义，戚属因事涉讼，辄捐赀解纷，事寝勿使觉。见溺女者，力止之，即恤以乳哺费。时乡居病疫，人惧传染，无过问者，慨然往视，且出谷以赙焉。（据采访册）

何长琚　字驭良，太学生。家贫就贾，仅供饘粥，然遇人急，恤之不吝。西乡李某本丱角交，因食指繁不给，每来称贷，积至数百金，度不能偿，愿以居屋作抵，力辞不受，曰："子舍此何归？朋友有通财之义，望偿则不相贷也。"取所借券面焚之。又族姓女抚人为媳，比长嫌婿贫，欲改适，召至，力为开导，助以具并赠合卺费。或谓子非素丰，何暇辨此？曰："我之所急在明日，人之所急在今日。我以今日之余恤人今日之急，即了今日愿耳。"（据区天民撰传）

王沛远　字学来，山聚人。少时耕田养志，使亲心愉悦，及长，为祖立醮田，建宗祠、设义仓、造桥修路，靡不殚力，乡里称善人焉。（据采访册）

上官祥仁　县治人，少孤贫，业贾。母丧，明生事死葬不假兄弟。兄自聘室至抱孙，及弟教养婚配，尽费其财，不少惜。其友杨某、朱某知仁长者，以重金寄。仁不令子知，杨殁，仁为之殡，后其子还丧费，仁以实告，却之。及朱殁，召其子谓曰："汝父虑汝荡，今克自立，可将汝金去。"其不负托如此。识尤练达，盐商脱诸贾债约四十余万金，诸贾与商讼，仁独不与讼，亦不之累。惟于本坊义仓经营独力，至今赖之，乡里称义士焉。（据采访册）

饶盛金　由监生投效江西按察司知事，生平以圭璧律躬，不争胜于流俗。貌粥粥若无能，独好周恤于乡里，捐置义仓，即邑中育婴、宾兴，皆广助田租，以永其事。（据采访册）

危上镛　字笙南，啸溪人，恩贡生。咸丰丁巳，粤匪据城立伪官，或荐上镛，使招之，上镛瞋目叱曰："我岂从若曹作贼耶？"曰："不至，将杀之。"答曰："岂有畏死之上镛耶？"贼亦不能强。生平遇不平事，辄气折之。读书外无他嗜，惟建义举，如创宗祠、设宾兴，则尽力忘倦云。（据采访册及《自娱斋文集》）

何高解　字顺于，长聚从子，候选州同。性孝友，亲殁，待季父益厚。族某不戒于火，援其重赀出，并携归养之，经年饮之，新其宅，始反赀以归之。既为父，置祭田，推之兄弟同收。复为外舅置产，以永其祀。友某负金七百两，见其贫，即返其券。每岁发粟百石平粜于乡邑，有义举辄慷慨输金，生平乐义勇为，绝无吝色。其子秋谱、秋词、秋良，皆端士。丁巳粤匪陷城，兄弟同殉于难，而均邀世荫，足见皇恩之荣施者洵有在焉。（录上官寅志撰传）

裘伯玉　字味兰，父绍箕在《列传》。初由供事议叙从九，从营台湾，克复彰化，保升知县，分发广东，任归善吴川，皆捐廉辟址植桑兴蚕利利民。闻土豪某为民害，惩以法，境内肃然。吴川民贫无储积，为设义仓，有溺女风，为创育婴堂。复建双江书院，置膏伙，月两扃试士，民颂焉。先，海盗屡为商舶患，适捕盗二，见状貌魁梧，知其可用，许擒盗自赎，海境遂安。电白土匪陷县城，大府檄之往，抵任，亟行保甲法，历各乡督办团练剿之，始平。署内不设门丁，凡收发公牍，效刘帘舫置长案法，积弊一清，以卓异荐，调署番禺。钦使营员某被窃，诡以劫报履勘，获盗以实闻。某勒令重办，捧札笑曰："杀人媚人，吾不为也。"亲诣使臣，白其事，改补潮阳，未任卒。生平自奉俭约，而喜周恤，族有贫乏，恒分俸邮赠，乡里义举，知无不为。城西桥圮，助赀千缗以成之。兵燹后，文庙乐器无存，捐賨钱五百算修复。不仅兴利倡义见之当官，其惠于桑梓者亦溥矣。（据杨颐撰传）

何高映　字辉宇，笃修内行。父老患痱疾，以市中药不精，每月至建昌购其精者，往返数百里，忘其劳。邑中义举如修学宫、创试院、储义仓，无不慷慨捐输。丁巳粤匪入寇村庄，贮谷数百石，为人乘寇所攘。乱平后，其人被他案发觉，或劝其乘衅追取，答曰："落井下石，吾不为也。"置不问。其戚党乏嗣者，贫老辄养之终身云。（据采访册）

张正森　二十八都人。贫而业贾，积数百金，为周某所贷，周贫不能偿，谋嫁媳以偿之，闻而止之曰："噫！何子之愚也。偿予金嫁尔媳，忍乎哉？"即取券焚之。（据《何汉槎寿序》）

吴　浡　字康顺，西溪人，廪贡生。性好施，乡里咸受其惠。闻建育婴堂，即捐助杉木，值价四百余千，又捐田租以资经费，其乐善如此。（据采访册）

邱屏周　字钧五，二十六都人，邑庠生，性乐义，每储谷备荒。道光甲午大饥，具帖召远近长老，照村落户口多寡领谷，不收现值，令冬收后如数偿谷而已，贫民赖以全活者无算。所居乡有丛葬处名旂山洲，临大溪，为

环结石坝，得无害。其行义亦性生也，享年七十卒。（据采访册）

刘瑞麟　字效曾，初江右籍，因贾光泽，遂家焉。其为贾与世异，不欺价，不市伪，貌粥粥无能也。素贫，无厚赀，所市赀皆贱值，而一入其手价辄昂，遂以此致富。乡里有贷者无不应，惟自奉俭约，人骤视之，不知其为富翁也。晚岁赀巨万，不解骄人，而人皆悦其诚，亦无欺之者。性好义，当云际关寇警，守关者四百余人，各制棉衣一袭馈之，外复助军输四千两，郡守周旌之曰“急公好义”，参府吴亦颂为“忠厚传家”，皆制匾额于堂，以纪实也。及邑城建东桥，出赀二千余两，卷石一瓮。生平闻善举，无不佽助有成，皆此类也。盖视世之封以自殖者远矣。以子子璜诰封中议大夫，年七十余卒。（据采访册）

李运昌　字克悟，十五都人。因母多病，笃志方脉，既而远近延诊，活人甚众。性慷慨，喜施予。岁终恒给米赈贫，遇岁凶辄平粜，尝捐谷一百四十石为里党倡立义仓，邑建西桥及本都建南浦桥，皆捐重金为助。邑修文昌宫及书院，董事者造门募捐，适外出，其子已题五十金，涂遇运昌，告之，讶曰：“事关文教，讵可以数十金塞责邪？”复题金五十。已而邑令周倡复文庙乐器，捐金五百襄成其美。其豪爽不吝如此。尝慨本宗失祀者众，捐产置祭田，修省坟墓，里中贫而溺女者出赀拯救尤力，平素喜与人解纷，乡里深敬服之。邑令多赠额旌表，年八十二援例县丞，卒。（据采访册）

何永春　字载阳，二十八都儒州人，性刚毅好义。咸丰丁巳，西贼围城，纠乡勇数百屡与贼战，其乐趋王事如此。后贾于乡，家稍裕，凡村中设义仓、施棺木、建桥梁、修道路诸义举，悉倡成之。邑中造东桥独力，与二十四都同建一瓮，费白金千余两，各户捐者短银六百余，又出赀弥缝之，可谓乐善君子也。援例翰林院待诏，卒。（据采访册）

陈弈品　十二都人。家仅中赀，性慷慨好施，尝捐谷一百二十石储之族祠，生殖颇丰，凶年赖焉。（据采访册）

张永坚　二十一都人，从九衔。性质直好义，然诺不欺，造义渡以济行人，捐田租以兴乡学，凡有义举，知无不为，乡里至今称颂之。（据采访册）

高廷辅　十六都太学生。母少孀，及长，事之尽孝，待亲旧笃厚，贫者赈恤周至，处邻里亦然。有江右某负债将鬻妻，事已成，亟出白镪代偿，事乃已。又邻某称贷已立券，未几益窘，焚其券，复周之。素习歧黄术，凡

延诊者无不为治，亦不计谢，乡人至今思焉。（据采访册）

彭显扬 字蓉镜，县治人。由邑增生援例通政使司经历，家丰于赀，其姊适诸生何泽鲁，生二子一女而殁，泽鲁继逝，遂抚三甥于家，与子女均体，子女亦忘其为中表焉。次甥子云龙才独异，延师教之，遂与显扬子先后举于乡。从子荣景死，遗孀孑立，岁廪之，使节老彭门。甲午岁大祲，既出窖藏，又赞邑令市米江西，荒赖以济。所居武陵市，旧无义仓，因出赀倡立之，及卒，邻里皆感泣云。著《春秋捷讲》若干卷藏家。子荣诰，有传。

卷之二十三

传卷九　高士传（重纂）

宋

危昂霄　字次房，危全讽八世孙也。自其高祖杰由江西南城徙家光泽，时光泽初建县，至昂霄当神宗世，邑故家惟李氏、上官氏，渐有仕进者，然亦不大显，而昂霄耻为州县从事。守道养高，躬耕啸溪、渠溪间，自号渠潦，从游者就田间问学，足迹未尝出里閈，学者称为渠潦先生，今啸溪危氏并祖昂霄也。（据《啸溪危氏族谱》）

李　璿　深之弟。深以论斥，时相入元祐党籍，璿遂隐居不仕。稽李氏谱系，深后有阶、有郁；而璿后有纯德、吕、闳祖、相祖、壮祖、方子、文子，其传尤盛。盖火宿之弥壮，雷蛰之弥震，君子之道暗然而日章，则璿隐德所培者厚矣。观文殿修撰李夔铭其墓，今佚。（据朱子撰其子纯德墓志）

论曰：余作《高士传》，宋得二人而事迹均无可考。介子推曰："身将隐，焉用文之？"兹其所以为肥遁欤？

明

邓时通　十三都人，子秀实在《良吏传》。而时通隐于医，家莲花山下，放情山水，时有所得，辄韵于诗。秀实既贵为刺史，而朝市升沉之事及子宦况绝不相关，终日与莲花山相对，唯以医谒者，虽道远必往，殆古涪翁之流欤？（据旧志，参《采访册》）

陈　诚　字杕一，十二都人。日诵万言，为文立就，然不乐仕进，未尝一应有司试，与人言孝言友，诫子弟曰："人己一也，稍生分别心，离道已远，即门内亦多所阂隔矣。"江西益藩闻而慕之，征为世子师。居水云台，所得俸悉颁亲戚贫者，年九十卒。益藩遣使吊祭，谥曰文谟先生。（据采访册）

国 朝

上官铨 字式如，父临在《列传》，铨嗣父德。康熙辛卯大旱，出赀转外米赈里饥，又尝营邑义学，费田数十亩。癸亥戊子两修志，并与执笔焉。盖一邑之柱石也。而铨殊高蹈，施而不名，为而不有，筑别业南城，种竹数千竿，自号竹园子。馆四方，时贤游咏其中。会康熙四十四年诏举山林隐逸文学兼优士，郡县以铨应征，辞不赴。及以岁贡，选瓯宁训导，年已七十五矣。瓯宁距邵武三宿而至，彼邑士素闻铨贤，曰：“是尝辞征命者，必不贪微秩，迪我多士矣。”铨乃曰：“特举非吾所堪，常调而不赴，名为养高乃市高也。”竟行，逾月卒。（据《上官氏族谱》）

论曰：《段志》国朝隐逸无传，时清兴百一十五年矣，岂无一能高者邪？抑慕贵之心虽贤者亦不免邪？如铨辞特举而就常调，视果于忘世者弥高。《段志》以常籍仕，版不列彼，柳下惠为逸民，不三为士师邪？夫高岂以仕不仕论哉？

上官灿 字崇德，铨族孙。性介，不轻然诺，慎取予，因自号介庵，而天怀高旷，早年辍试，不问家人产，萧然名利之外。及出嗣季父，产薄而齿繁，不问如初。年逾五十，犹老布衣，诸子为援例太学生，非其欲也。事所后母及本生亲以诚，不为表暴之行，待人无贤愚，貌如其心，人皆畏其直而感其真。居闲自放于山水间，坦坦施施，宠辱两忘，盖知自贵而有以乐其乐也。年七十有一。子曦道光壬午举人，孙懋本乙未进士，官刑部主事。（节录《抑快轩文集·墓志》）

论曰：上官氏三世儒书而为诸生自曦始，又年五十始得一举，盖科名若斯之难也。而懋本遂成进士，官刑部，人曰：“城南先垄地脉，当得甲科，须至某运发耳。”呜呼，舍人事而功地脉，言已不经，又乌知其先世宿幽光所以劬躬焘后者，其来有自哉？太史公作《蒙恬传》讥恬遇诛归罪地脉，形于论赞。余于是传窃取其义焉。

卷之二十三

传卷九　高士传（增修）

傅全梅　字和羹，恩贡生，十八都人。自少朴诚无欲，制行修洁，不务声华，惟督子弟以立品力行为先。当时邑中名贤辈出，无所争竞，视世俗名利皆淡，离城六七里，无事绝迹不至。孙方祁兄弟相继举于乡，犹朴诚自遂，人不知为老封君也。至今衣冠不绝，可知隐德之锺毓远矣。（据采访册）

上官桢　字干臣，十五都人。三岁失怙，以家贫废学。十五岁遇相士，奇其貌，劝其业儒。二十三岁遂举于乡，邑令刘延入署主讲，有以讼请托者，严拒之，春官不第，时座主某已入阁，有劝其亲老境穷，干谒必有所遇，桢哂之不答。截选期届，自度邑宰任巨，乞改教职，年五十余署福宁教授，知府俞重其廉洁，尝来学署谈文及探历象源委，深为折节焉。以母忧起补长汀，逾年即休志归。（据采访册）

陈道生　字子立，十二都人，岁贡，就职训导。八岁时书楹联辄工，籍学食饩均以书法取，自是名愈噪而品益高。邑令王冕南荐入藩署，总制李抚院王均精于书者，称其真草隶篆上追晋魏，博而能精。尝交延为子弟师。晚年又工于画，有某廉访因案有碍，转求于道生，示以所用图章，曰"闲来写幅青山卖，不使人间造业钱"二语婉谢之。居藩署近十年，不名一钱。上台欲任以本班训导，亦不受，年逾六十辞归。（据上官纪云撰传）

邱宗皋　字念兹，二十三都人。少负隽才，专力于诗歌，甘于淡泊，不求闻达，终日依依孀母，与诸季游咏林间，自谓得天伦之乐，无事他求也。著有《念兹诗集》四卷。（据采访册）

传卷十　方技传（重纂）

元

王振六　字伊平。遇徐州杨伯宗授秘术，遂精青乌家言。初居王湛，后游下山坊，乐其山水，卜徙焉。下山坊旧无人居，自振六迁此，子姓繁衍，世为衣冠之族。所居面七峰，如北斗倚天，尝谓后世必有立功异域者。其孙崇当明初从役鄱湖，夜凿陈友谅舟有功，盖即振六所谓立功异域者。其术亦神矣。（据王莘夫所撰家传）

明

上官喜　号金雨，十五都人，工画及草书，有名于时。益藩遣使礼致之，留八年，所得金帛以周亲友。晚年书画益重，得其片纸者，珍如秘宝，今不可得见矣。（据《段志》）

国　朝

危联箕　字绍南，县治人，性恬澹，以书画自娱。书学锺王，画擅马，与邵武曹洵父子齐名，自号石菴居士。（据《段志》）

周启章　字振先，县治人，工淡墨竹石，号竹石山人。初不知名，有索者滥应之，人以其易得不加珍惜，后遇识者曰："名笔也。"名始重，而前得画家十无一存，更索之，启章已老，不复如向时求之易也。（据同上）

论曰：呜呼，岂独画为然哉？烛之武曰："臣之壮也，犹不如人。今老矣，无能为也。"其言盖靳郑伯，抑知不遇秦师老犹不为人知哉？启章虽老，尚得一真识者，既经品题，人争慕尚，其遇殆优于烛之武矣。然彼前后索者，以人知不以己知，又不如不知之为愈也。

曾（缺名）　字殷六，五都人。喜方书，坐一小楼，日夜冥索，有未了义，签于壁，时去时增，四壁恒满，积三年壁签减半，五年而尽，乃下楼。邑令少子病咯血，延之治，曰："须离署别居，听某所为。"令信之，移榻云岩书院，初服所处方，咯转甚，倍剂再进，愈甚。令惊诘焉，曰："愈矣。"自是不复咯，每医应时立效。无论羸壮虚实，视其方，五积散异君臣佐使而已，或诘之，曰："是方变化无穷，人不能知，我亦不能言也。"其治久病，注服若干剂，缺一辄不效，人以为神，亦患其确云。（据采访册）

论曰：明归熙甫与苏卿论小儿疹。前世称陈文中异攻散，施于江淮间无不效。曾氏之用五积散，殆类是欤？然彼专治小儿疹，此乃如通方一施之，其尤神哉！

龚光室　二十三都甘竹人。精内科，绝少入城，城中不知名而北乡交相迎致，无虚日，谓古之秦越人不能过也。新甸故交张某死，往吊，会其孙病痘惊人，而光室初不习是科，强之治，以承气汤进，主人色难之，则曰："不服是，三日必变某症，不救。"主人既过慎，又以非素业，易它医，至期果变，复强之。光室执笔面故交灵曰："阿翁在天之灵，当护汝孙，我除此方亦缩手矣。"众拟必加剂承气，取视之，理中汤也。竟起，于是人又知光室精痘科也。（据《山居闻见录》）

论曰：吾闻光室起张儿痘，人有以痘蹶之者，卒不为处方，殆所谓善刀而藏者邪？唯然故能恢恢有余，日奏刀而芒刃不顿也。秦越人曰："越人非能生死人也，此自当生者，越人能起之耳。其即庖丁之术欤？"

黄宗三　字参两，号倚数，二十都人，家县治。精星卜之学，言人休咎多验，尝临试为人卜等第，曰："必列高等。然明年四月，当以磨勘降三等末，子其慎诸。"人谓无隔年降等事，阴唾之。后竟如宗三言，故邑人神之，因其号称曰倚数先生云。而宗三故非术者，遇事岳岳，时以公愤与令争，抗首极论，辞气慷慨，令为之屈。有持金要以事者，笑曰："五十年老寡妇，肯蒙耻嫁人邪？子休矣。"其人逡巡袖金退，为诸生五十七年。累赐翰林院检讨，又九年乃卒，年九十一。（节录《抑快轩文集·墓表》）

论曰：余读《后汉书·方术传》，类皆以有道征不就。如南阳樊英、东平王辅，且合逸民、独行一之。蔚宗作论以为后进希之以成名，世主礼之以得众，原其无用亦所以为用也。若倚数先生，岂非其人欤？余故传诸，此俾知方技传中大有人焉，彼托术以猎利者，可以废然返矣。

严守谟 十五都人，邑诸生。负相人术，里人离其名曰“莫言先生”，谓言必中也。后游连城，连城人称之如里人，守谟用自号焉。有邱氏子求相，不答，但曰次月来，人莫解其故，而邱氏子未出月竟死。一日与友倚门语，见有华衣扬长过市者，曰此大骗也。问何由知之，曰：“趾高而视下，肉厚而骨轻，相书不载，余以意得之也。”未移晷而追者至，问有衣某服人过否，为述昨骗上屯曾氏事。令急迹之，已遁去，其言多中，类此。（据《山居闻见录》）

诸生李文镕 少肄业书院，后以贫窘依其师陈滋田先生。于利川县署遇异人，授以望气术，转走川楚，资用益饶，十年而归。遇平昔故人叙契阔，至一友曰高元培家，坐定忽失声曰：“异哉，此宅十日内当火。”元培嗤曰：“此过路僧人筐箧中语，亦来吓老子邪？”文镕正色曰：“尔不我信，我岂尔欺？”拂袖欲行。对门黄步旦亦其友也，时在座，曰：“果尔，我屋亦不保矣。”曰：“无事，止烧一家。”问可禳否，曰：“三日内修方尚可及。”问费若干，曰：“五六缗耳。”元培终以无端费五六缗，不听，至第九日，日且尽，排闼语步旦曰：“文镕妄人也。我姑灭灶，尽明日然后闲执其口。”言未既，家人报突烟焚橑，走视，已及屋，不救，霎时化为荒地，而前后左右家竟无恙，时治晚餐未竟也。事在嘉庆辛未重阳日，其言则九月朔日，自是延相宅者无停晷，文镕不胜乡人嬲，携妻子游楚不返。（据同上）

卷之二十四

传卷十　方技传（增修）

王有周　字景文，性宽厚，立品端方，生平外科方脉无不通，而眼科尤精。有瞳已翳而不见者皆能启之，使明复，不责谢。今子孙繁昌，人以为良医之报云。（据采访册）

邱廷试　二十三都人，殚心岐黄术，脉理尤精。一日族某延诊妻病，病未剧，决其脉必死。某故无嗣，闻其言涕下，止之曰："余往视汝数岁婢，其脉当得两男，纳之可无宗嗣患。"后果如其言。其神断皆类是。素以济物为心，乡里病者无远近，虽昏夜必往，亦不计酬金，乡人至今思之。（据采访册）

传卷十一　方外传（重纂）

宋

何道者　西乡人，家贫为人佣作，茹淡炼真，天禧中得道飞升，乡人塑像祀于真应寺，曰“何公寺”。（据《府志》）

陈佛尚　天禧时人，今十二都陈氏迁祖也。初诞时，室有异香，长善占验，有道术。母病笃，言某日当愈，可弗药，果如期愈。独居邨外南山，有女兄适江西泸溪于姓，语姊曰：“我死，姊家有疑难事，但呼某名则解。”后于族有祈祷亦无不应，故于族至今祠之，称智古佛，言南渡时封号也。墓在十二都白虎隘，闻示寂前三日语家人以二瓻来，至则自去发，端坐而逝。家人遂以瓻载尸，葬所庐之左，题曰“金仙陈公佛尚碑”。（据陈氏谱）

邓紫衣　孝宗时赐紫，因名紫衣僧，以淳熙元年建象山寺，于时僧侣性昌亦以次年建安民寺，二寺规模式廓为一邑最。（据《山居闻见录》）

明

西竺本来禅师　崇仁裴氏子，七岁为僧，十三师一峰甯和尚，居贵溪。七年甯已示寂，定中与师问答，顿悟真谛。之金山，谒慈舟济禅师印可，开堂建昌圣寿寺，迁寿昌兼主邑之福田寺。于时天下缁流望影星奔，甯藩三请出山，不赴，答以书云：“无言可辩，无理可申。大周河界，细入微尘，正是毗卢遮那大境界。”临终说偈曰：“这个老乞儿，教化何时了。颠颠倒倒任随流，是圣是凡人不晓。来来来，去去去，海湛空澄，天清月皎。”溘然而逝。宁藩谥曰“慧光普照顿悟圆通大师”，有《行业记语录》行世，兼善堪舆，光泽故家名地，半禅师迹也。真身初留寿昌，后移福田，今存。正统十二年敕赐石碑二札，亦存。（据《山居闻见录》，参《寿昌寺志》）

国　朝

波　罗　九都云溪寺僧，志在施济，不事私积。康熙初，大当未革，里众尾逋银六十金不能偿，值年者月三比。波罗倾囊完解，邑令王吉旌之曰“可以范俗”。言俗之好善，乃不如方外人也。精医理，亦非俗所知。里人邱某母病，波罗诊之，谓症虽热，然非桂附不为功，服半剂，即病减六七，旋弃其药曰：“此权宜计也。尽剂则误。”易凉剂而愈。又贫士某父病，将属纩，波罗察其症不绝，为处方。某视方泣曰：“已服矣，如无效何？”曰：“昔非其候，今其时矣。”果如其言。（据《山居闻见录》）

李百芳　县治人，年十四遭耿变，为山贼将刘某所掠，某喜其韶秀，许妻以女。百芳阳诺之，乘间逸去，潜观音寺，阻兵不得归，遂祝发依老僧以居。久之，念父母不已，贼平，去家百里，日必归省，人以拒贼婚而不忘所生，称曰孝义僧云。（据同上）

某　僧　不知何自来，居二十八都禅福寺，寺僻而荒，无田以食，恒数日饿，饿则闭门熟寝，不床而席地。时有巨蟒蜿蜒足下，及醒张目，曰：“畜生又来伴老僧邪？”冬夏一衣，不浣而洁。精外科，然不受谢，或问数日不食，何以不饿？答曰：“人何可为腹使？”其言真有味也。（据同上）

传卷十一　方外传（增修）

宋

白云寺僧　失其名，二十一都人。自幼啖素，不食盐，支及为僧，居白云峰寺，尝采松柏子充腹，遂绝粒不火食者年余。晴明则采薪堆空谷，积如屋。忽一日居其中自焚死，而尸不坏，衣亦不毁，远近登山观之，即所焚处为设塔葬焉。（据采访册）

卷之二十六上

传卷十二　列女传（重纂）

贤　明

明

郭　氏　梅继芳妻。正统间出粟千石备赈，朝廷赐敕奖劝，劳以羊酒，命有司树坊，以时存问。（据《闽书》）

潘　氏　十六都游尚伸妻。幼端静，知书史，比适尚伸，佐夫力善利乡里，乡里称内助必举潘氏，曰："是能相夫以道者也。"外家乏嗣，潘氏岁时奉烝尝。旁宅以伸私祭，及尚伸没，长斋绣佛三十年。家人效之，则曰："老人自喜素食，不望尔曹诵佛经也。"故其子以学显，其贤而识大义如此。（据旧志）

危　氏　邑李应宿妻。父席厚赀治奁以百两，女视之泊如也。及嫔于李，鬻以购书，勉夫于学，曰："学成，内足华家，外足华国，衣服在身犹在笥也。不能华笥而能华身乎？"舅恩官四川建始令，以清白宦归，不能治一第，危氏以私财献，始成室，然所治第故公产也。族党咸服其不私焉。（据旧志）

论曰：有旨哉，危氏之言也！予尝论学，由慧生定能轻外者乃能重内，如危氏比衣服在身犹在笥，非慧心所照乌能言之亲切若此邪？其不私财以济公，亦斯志也。《语》曰："智者利仁。"彼诚智者，自轻外而重内，然则为仁固须智者哉！

国　朝

吴　氏　邑黄文楷妻，事姑极尽孝诚。夫兄文模妻死，子幼，抚之如己子。文楷尚交游，坐客常满，然皆知名士。吴氏喜而治馈，曰："是皆吾夫益友也。"客至，咄嗟而办。诸名士咸羡文楷有贤助焉。其教子曰："读书当学作书人。"家有《说部》，悉毁去，不使寓目。亲戚子弟寄学者，时其寒暑与子一体，至有疾不肯家去，恬其慈也。（据旧志）

黄　氏　邑朝议大夫何以镛妻，识大义，祀先极诚。邑有公事，夫所欲为者，赞以成之。年未四十举子四，而有三妾，适所欲恤所苦，三妾恒举以告人，谓世间无此嫡夫人也。八十有四卒，族戚言阃德者悉引为法焉。子世玥，仙游训导；孙泽著，常德知府。（据旧志）

郑　氏　茶焙市陈可材妻。可材病，郑氏遍求医药不效，刲股以进，病竟起，而郑氏以伤重旋卒。可材感其义，不再娶。（据旧志）

论曰：《新唐书·孝友传》载，唐时陈藏器著《本草拾遗》，谓人肉治羸疾。自是民间父母疾，多刲股肉而进，然效者十之三，不效者十之七，岂亦如药石于疾有中有不中欤？窃谓歆于名者恒不效，名亦随灭；动于诚者则否，如郑氏是已！是乃天所以彰其诚，俾身死而名传，非股肉果可起疾也。呜呼！孝岂可以不诚幸名哉？

周　氏　五都吴正滚妻。年十一岁，后母死，遗幼弟甫十月，父闻儿涕旁皇无计，女日则走邻乞乳，夜则糜羹代匮，推干就湿，天未明而起。父长太息含泪劳女，女曰："儿但觉如此是乐，不知劳也。"十九归吴，弟方八岁，呜咽与弟诀，哽不成声。弟号仆舆前，犹抚定弟良久登舆去。二十七而孀，姑老子稚，仰而事俯而畜，曲尽诚恳，其素所裕然也。五十三卒，周吴二族来会丧，皆哭失声，谓二氏典型亡云。（录《抑快轩文集传》）

论曰：周氏以十一岁女子抚十月褓褓弟。语其境，如大地忽冬，百草枯死，一丛幽香冲寒破寂。语其事，如风日暄和，生意满空，小鸟弄音，其春盎盎。惜无善画者图之也。其答父语曰"儿但觉如此是乐"，懿哉！欲寻孔颜之乐，此语可为先导也。世宁复有此女子哉？

丁　氏　十三都邓汝霖妻，性至孝。父鳏，病痈且溃，恶臭难近，女服侍不离侧。人以为难，女曰："不尔则心如藏垢，不能一刻居。窃谓忍身秽易，忍心秽难也。"年十八来归，生子五龄而夫死，亲薪水以抚其子，子稍长又亡，遂独居。年六十穷饿以死。（录《抑快轩文集传》）

论曰：天之降割于丁氏一何酷也？余惧人疑善矣，然如丁氏孝节两尽，虽穷饿以死，乃所谓"存，吾顺；没，吾宁也"。以视心死而身泰，子孙长世者孰得孰失乎？呜呼！丁氏其不疑者矣，其曰"忍身秽易，忍心秽难"，有旨哉！有旨哉！

吴　氏　十六都危进宏妻，家笃贫，以纺绩佐家食。而舅老姑病疯，日夕扶持，不使二老有所觖望也。二老既寝，乃得治女红供朝馔，度不足一日食，不止往往达旦，而吴氏恬然不觉，殆近于安之者矣。（据旧志）

丁　氏　十八都诸生傅文腾母，治家严明，肃若朝典。文腾及弟文良后先夭死，家妇饶氏、介妇危氏年皆未及三十。丁氏忍恸勗[①]二孀节守，并承姑志。于时家无壮仆，一童子供薪水，内外划然，虽至亲相见，止于厅事，其礼教为一邑式。（据旧志）

周　氏　十八都饶廷枫妻。廷枫捐租百石益祭田，会族议建祠而艰于赀。廷枫家亦中落，先买空基为祠址。寻没，周氏曰："此吾夫未了志事也。"召匠兴工，二年而竣，族人义之。先是，周氏年三十不孕，即劝夫置二妾，及孀，妾同守志，人两贤焉。（据旧志）

危　氏　五都太学生曾逢澧妻，母早世，父寿灏贫无子，依女子老于曾氏。危氏痛父不家，祀事将替，请于夫为置妾，割宅居焉。已又不孕，遣其婢侍父，时寿灏年六十矣，竟举一子。寿灏寻殁，危氏买山以葬，而恤其孤寡，克成有家乃归于危族。然危氏不独笃于父，逮事君舅及继姑能谨于礼，抚伯氏失母子女有恩，故曾族亦无违言。盖危氏所为皆关大义，不类世俗女子私其外亲者。而逢澧能终始危氏之美亦难得也。（据《抑抉轩文集·危氏墓志铭》）

梁　氏　文林郎高经纪妻，性简澹无所嗜，而喜周人急。授产二子，区田租四百石，不籍供施与之费，岁终无留余焉。接见族子弟及戚属，必旁询所知苦乐，如闻某家今少康，某翁今得男，某氏子今率德改行，则喜转告语诸妇；否则忧见颜色。有得为者必委曲成全之，然后足于心。其外姻无依来归者，日戒诸妇无缺供，且护恤特至，不令以寄食自疑。综其处心行事，殆性于仁者。年八十九卒，来吊哭者，家人莫测其由。今距卒且二十年，邑人无少长贤愚贫富称之无异辞焉。其生以二月十九日，俗传为大士诞辰，或曰为观世音转世云。（录《重纂福建通志稿·列女传》）

何　氏　邑磜面高名贤妻。名贤故贫，何氏自以产女后久不孕，私忧无子，既以针黹佐家，复节缩衣食而藏其羡积，数年得镪百十缗，为夫置妾涂氏。是时何氏甫三十云。涂氏连举三男子，爱之甚。然不事姑息，三子亦恬共慈而安其教，不以非所出有异也。已而夫死子稚，何氏治丧不忍简于礼，由是益困。伯氏学□者孝友人也，哀季弟中道死，无以业诸孤，谋于仲，停考妣

① 古同"勖"。

祭田百石无轮收，以赡之孤壮乃已。既有成，言矣以语何氏。何氏谢之曰：“伯仲意良苦，其如不可受。何脱更有不幸者，给与不给皆多事矣，愿伯仲无辱命。”闻者两贤之，而尤推孺人明识，谓贤哲男子不过也。初，名贤期教三子为士，垂没以为言，其女夫为筹曰：“焉有贫如是，而三子尚从容坐食，命为士邪？”盍分遣就艺事，稍供旦夕。何氏曰：“非府君志也。”卒教之。长子隆佩籍郡学第一，报至，何氏已寝疾，一笑而逝。今隆佩长子炳坤官教谕，次子炳临举于乡，惜何氏不及见矣。卒年六十有九。（录《抑快文集传》）

张　氏　朝议大夫何泽旭之妾，而即用知府长聚之慈母也。泽旭老而艰嗣，有妾五人，最后李氏生子，即长聚。而张氏于诸妾最贤且长，特命子之。盖泽旭时年六十有六矣，拥巨赀，垂老无所授，今忽有子，众目睽睽，不可即安。其嫡黄氏新丧，室中无主，而儿不数月辄病，病辄惊人，当是时势盖岌岌矣。张氏则日虞非常，眠抱不假他手，饮食药饵必亲而后进，三年中废眠食者无时。稍长又一病濒死，发一夕而白，既瘥，喜出非望，白者转黑，其保护之瘁，虽所谓昊天罔极者能加其德邪？及其慈诸孙也，不以处常弛虑。又泽旭初妾池氏，亦尝生子，其殇也，哀痛如失己子，彼惟知为夫之子，爱即存焉耳，遑问为己子非己子哉！卒年六十七。（节录《抑快轩文集·寿序》）

论曰：晋程婴保赵氏孤，当时传为盛节，历千余年赵宋兴，犹感初祖事，命有司祠之，岁奉烝尝，著为令。若张氏之为何氏子孙，亦宜世俎豆哉！余每见长聚语次及慈母，辄涕泗沾颐不止也。

邱　氏　附贡生人伦女，适即用县丞彭荣诏。年三十三而卒，殓日，在丧侧者面皆涕而声号哑。盖邱氏聪明敦厚，幼时就傅家塾，目不旁视，耳能熟他生所习。及长，操心益密，一言一动惧人瑕疵隐与，察言观色，虑以下人之旨合。故被其接待者无不满其意，于所亲加谨焉，其素所自立然也。而笃孝其天性，念父母中年乏嗣，身为女子不能常侍父母侧，每用自伤，及得庶弟才襄，爱之甚。稍长，闲之严曰：“晚子多匿爱，吾少佐吾父母不逮也。”又自以体羸多病，理不久长，惧伤母怀，阴顺阳逆，又故与父作诀语，冀异时缓二人悲思。盖其用心良苦矣。事舅姑善养志，方寝病时闻姑得暴疾，力起省问，十步九蹶，及弥留犹问姑恙如何，语毕而绝。故死之七日，舅为文以祭，哀动左右，感其孝诚也。夫有二姊，尝语人曰：“吾弟妇殆非世间人，何其行事浃人心，欲稍伺共隙不得也。”先是，以久不孕遣二婢侍夫，既病，闻妾有妊，喜甚，病为少间，不令侍疾，没一月而妾生女，襁褓具俱备，竟不知何时置。二姊云云为是发也。而人以其母高氏有樛木逮下，鸤鸠均平之行，谓母女合德云。（节录《抑快轩文集·墓志铭》）

论曰：呜呼，此余甥女孀贞也。往者尝为之誌，以舒余悲。厦门观察周芸皋先生见而书其尾曰："生平惧人瑕疵，故人不得稍伺其隙，是一生学问。味其言固以贤明许之矣。"今志以贤明，首《列女传》，何可令斯人泯没不闻于里哉！此传之所以作也。

节　孝

宋

李氏姊妹　文子之曾孙女也，及见曾祖，薰其德行。父悦死，无子，母邱氏多病，二女相泣誓终养母竟不嫁。先营父葬，及母以天年终祔焉，而立庵墓侧，朝夕爇香唪经，过之者时闻清磬数声焉。后相继卒，即葬其所。墓在二都石岐山下。（据《闽书》）

论曰：李氏世传正学，号七贤，使二女作男子，岂让德诸祖哉？而出于女子，其尤难得也。余益叹七贤之流泽远矣。

明

邓　氏　郭子成妻。洪武二十年，子成以人才举计偕，京师旅死。邓氏年二十二，二孤在抱，而力纺绩奉舅姑，日不暇给。或劝改适，怒曰："此言何为至我，我夫去时以父母属我曰：'幸善事吾亲，毋使二老人失所也。'方谓此人子离亲常语耳，不幸吾夫道死，是我践约之日也，尔乃为是言邪？"叱之去。后二老以寿终，二子亦成立。营葬毕，感疾，不呼医，家人以药进，却之曰："吾今日可报亡夫地下矣。"遂卒，年五十一。（据旧志）

危　氏　陈宗妻。其姑初无子，鞠宗为嗣，爱逾所生，即宗亦以为真母出也。宗病革，语危氏曰："吾不克终事我母命也，汝能代吾养母乎？"危氏指天自矢，宗没。事姑益谨，妇姑相依为命者数十年。姑八十五告终，始终如宗未亡也。宗可谓知人得所托哉！（据《闽书》）

彭　氏　李天钖妻。年十六来归，未期而孀，初欲从死，及遗腹生男贽，曰："今有所藉手以报我夫，可无死。"遂一意抚孤，逮贽由诸生入国学，选授兵马司副指挥，太夫人未五十也。御史路公旌其门曰"青龄劲节"，得年七十有五。（据《通志》）

叶　氏　廪生黄大缁妻。年二十四而孀，奉八十岁姑，抚三岁儿尚猷，极其敬慎。崇祯七年获旌，而尚猷死，复课二孤孙应中、应吉，并后先籍学。入国朝顺治四年，应吉奉大母避寇于乡，以悸卒。仓卒葬乱塚间，及寇平改葬，失所在，应吉仰天大号，恍惚有人导其前，而棺前和见，人以为生贞死灵云。（据《通志》）

李　氏　何有模妻。有模父本盛，举乡贡，未仕而卒。叔父三人剽悍无人理，本盛异母弟也，谋酖有模，置毒粥中，归而毒作，瞋目语妇曰："酖我者三叔父也。"言未讫而绝。李氏悲愤走愬县不直，愬府又不直，抟膺曰："嗟乎，府县愦愦，若此暴骨何为？且收殓，然吾终不令夫独死，三凶得活。"携五岁儿间关闽道，与家人诀曰："此行再不得白，当击登闻鼓，去必不徒归也。"巡抚朱钦相察其诚，提三凶亲鞫，吐实，置诸法，府县俱得罪。自是养姑训子完节以终。知县俞墨华吊以诗云："梅有寒香竹有�。"谓其清芬劲节，可畏而仰也。（据旧志）

论曰：呜呼，明末王政不纲，在上者直朽蠹居人闲耳。其沉冤不白者，可胜道哉？李氏一弱女子，卒直夫冤，法三凶，雎由朱中丞之明，亦其精诚有以感动之也。然是时，如朱中丞者又岂易得哉？旧志失其名，余特为著之焉。（朱钦相，天启间巡抚福建，讨贼蔡三、钟六等有功，以忤魏忠贤除名。见《明史·侯震旸传》。）

李　氏　邑诸生郭纬妻，弱冠有声胶序，赍志以没。遗二孤宏、毅，夫离襁褓，顾李氏曰："苟二雏异时能光显吾志，我虽死犹不死也。"李氏泣对曰："必如君志。"甫能言，教之识字，宵分未休。稍长，延师课督不懈，益虔。宏、毅果次第籍于学，而李氏旋病垂没，语二子曰："吾将先报汝父，然是区区者，尚非儿辈求息所也。勉为之。"遂卒。（据《通志》）

李氏姑侄　建始县令恩之女及孙女也。姑适施必甫，年二十必甫死，家赤立，力纺绩奉翁姑抚孤子。侍御方公表其门曰"贞节"，奖以诗云："生长名门厌肉糜，谁知纺绩具烝炊。于今抚得孤成立，不数巴清富者嫠。"侄适诸生江笔彩，而艰于嗣，则出奁资为夫娶妾林氏，生子宗海，而妾死，夫又死。时李氏年未三十，宗海方五岁，值兵戈扰攘，朝不谋夕。李氏乃毁容完节，辟纑教子，以克有世。江氏之有后，始之终之者，李氏也。（据旧志）

论曰：何李氏之多贤女子也！其姑得方侍御表章之而显，其侄同登邑志，亦不泯没矣。而建始子妇危氏，有见道之言语在《贤明传》，未知江氏妇即其女与否？然鬻产购书，故宜食诗书之报，侍御目为名门，岂徒以建始尝宰县率奉之哉！

李　氏　陈其谋妻，知书能文。年十九而孀，遗腹生女，不育，乳夫兄子南杰为已子。私自度曰：“乳亦我血所化，以乳我儿，如鸡伏卵，即为其子。然则我真有子矣。”及南杰生子大雅，稍长，亲督教之，籍于学，又曰：“我昔以乳付儿，今以心付孙，尚得判为二体邪？”守节六十二年卒。直指乔公为请旌焉。（据《通志》）

曾　氏　吴卫妻。归三载，生二子，而卫死。誓抚襁褓孤，而事垂白舅姑，如子之存。侍御方公旌其庐焉。（据《闽书》）

黄　氏　邑诸生王钖妻。年十九而孀，节老王门，卒年无未。（据《闽书》）

官　氏　太学生曾约妻。归约期而孀，遗腹生男，长之，及见孙成立乃卒，年八十。侍御陆公奖以诗，有“冰蘖和含几口饴”句。（据《闽书》）

危　氏　在都李彝妻。年十八彝死，无子，誓不嫁，年五十七卒。（据《闽书》）

上官氏　在都李绍义妻。绍义家素丰，见平济桥圮，发愿独修，寻死。上官氏每遇溪涨道绝，哭曰：“嗟乎！天胡不留我夫成是桥，而折之速邪？”已而曰：“未亡人之责也。”适遗腹男生，即名桥以识之，择日鸠工，二年而成，如夫志。所居里再遭火，前后焚二百家，不及其屋，计屋中费与桥抵，天亦巧于报善人哉！为善益力，节老李门。嘉靖癸未潘且奖以诗，有“巍桥高节一般崇”，纪实也。孀时年才二十。（据《闽书》）

何　氏　在都李毓英妻，年二十一毓英死，无子，守节六十一年。（据《闽书》）

施　氏　在都傅政妻。政死于山寇，翁亦被虏。施氏行哭觅夫尸归葬，而竭赀赎翁归。时生子甫数月也。已而翁双瞽，起居须人，子又牵衣啼抱，

则一手扶翁，一手挽儿，见者以为一幅孝妇图也。侍御方公奖曰“苦节”，为请旌焉。（据《闽书》）

危　氏　在都王天实妻。夫死，无子，抚侄以长以教。侍御刘公奖以诗，有“夜雨青灯常课读”句。孀年、卒年无考。（据《闽书》）

黄　氏　在都李子春妻，二十岁孀，卒年未详。而邑合毛志添上其事，复奖以额，可据也。（据旧志）

何　氏　一都彭仲弼妻。十九岁孀，遗腹生男，备茹辛苦，始克成立。侍御徐公旌其门焉。（据《闽书》）

彭　氏　二都高振妻，二十岁孀，无子，誓不嫁。卒年无考。（据《闽书》）

危　氏　二都高明妻，十八岁孀，无子，誓不嫁。卒年无考。（据《闽书》）

王　氏　二十四都官世慎妻。随翁官台州通判任，而世慎卒台州，王氏哭不绝声，闻者泪落。从丧归里，不出堂户，戚党罕见其面。初，台守谭纶吊同官，闻哭声曰：“声哀以思，追而不乱，其节可钦，其德可仰也。”及巡抚福建欲为请旌，以格于年例，特遣使表其庐焉。（据旧志）

王　氏　二十六都黄应斗妻，二十四岁孀。辟纑奉舅姑甘旨，夜以继日仅取裁足。及子长，无力延师，则检嫁时故衣付质家充馈。守节六十五年，卒年八十四。御史崔公、提学道岳公交奖焉。（据旧志）

上官氏　二十七都黄朝鈜妻，十八岁孀。抚孤甲为诸生，有孝称，卒年七十二。侍御江公为请旌焉。（据《闽书》）

国　朝

黄　氏　危必奎妻，幼失父，无兄弟，母女相吊而已。及归必奎，事舅姑如事母。生子二，烘、枢，年未三十而孀。舅姑前没，有邑豪睨其美而欺其茕弱，欲强夺之，黄氏引刀自卫，誓以死殉，豪气夺寝谋。乃携二孤归于母，力纺绩度口，然不足四人食，则与二子噉粥而饭母。母活九十余岁，盖四十年如一日也。郡守汪丽日取其子枢冠军籍学，以“孝节可风”表其门焉。年七十卒。（据旧志）

危　氏　邑诸生李绍中妻。二十七岁夫亡，誓抚孤。三年孤又殇，誓抚侄浚，及浚娶妇有三子，而夫妇又相继死，仰天大号曰：“嗟乎！李家死丧如织，何乃独留未亡人不亡也。”已顾三稚孙，惟长者离襁褓，曰：“是呱呱者何恃以存乎？”于是乞乳以哺，糜羹代匮。年七十，三稚孙于诞日联袂为大母寿，始解颜曰：“未亡人真不亡矣。”无疾[1]而终。（据旧志）

黄　氏　明奉议大夫文魁女孙，娴礼教。适郭蛟甫，二十一岁孀，遗孤三。初欲从死，以父母及舅姑言，一志全孤。值兵荒，里妇仓皇窜匿。黄氏独否曰：“万一道遇贼不得死，其守败矣。不如侍毙于家，以刃自卫，且免抛露也。”后亦无恙。次子任为诸生。年七十有九卒。御史成公旌其庐焉。（据旧志）

邱　氏　邑诸生官养邃妻。二十八岁而养邃死，遗孤则敬。有劝其再适者，邱氏切齿曰：“汝以我为何等人也？我翁姑诞三子，止存我夫，我夫不幸又死，止遗一子。官氏三世惟此而已，弃而他适，汝且谓是人邪？物邪？如存此心，狗彘亦不食。”其人羞惭，逡巡而退。自是毁容作苦，值乱离，其节益厉。逮年七十八卒。则敬且抱孙三代行丧，盈门缟素，一人之关绝续大矣哉。（据旧志）

危　氏　黄尚贤妻。二十一岁夫死，无子且无家，乃托于母，而纺绩自食。寒食上夫塚，岁时伏腊设祭，必祝曰：“我夫有灵来享妾祀，妾死无复有供麦饭者。”闻者酸鼻。年七十五卒，而黄氏祀遂绝。（据旧志）

论曰：黄氏祀曷尝绝哉？吾见今人有不能举其高曾名字者，而黄尚贤因妻牵连得书，虽百世犹知有其人焉。则危氏所以绵夫祀者，亦可谓远矣。麦饭之供否，盖不必计也。

危　氏　黄东日妻。二十八岁夫病笃，属曰：“予病不起矣，母老子幼，若之何？”危氏泣对曰：“事姑抚儿，妇职也。傥有不讳，必不杞负，贻君地下忧。”既孀，一志养姑抚子，不知其他，家人每闻梦呓，止“事姑抚儿，妇职也”一语，盖是语已刻心铭骨，梦寐以之矣。逮姑以天年终，子之屏亦籍学，乃卒，年六十一。（据旧志）

吴　氏　王象贤妻，二十岁夫亡，而事舅姑如其子存。一日，舅姑讽其弟曰：“汝姊年少，不任苦节，盍早为计。”吴氏闻而泣曰：“此心不能剖示两大人，有死而已。”顺治五年山寇起，流离颠沛，其节益峻，舅姑乃欢。年七十五卒。（据旧志）

论曰：苦节犹易，危节实难，吴氏兼之矣。然非丁兹丧乱，安从剖示此心以间执舅姑之口哉？呜呼！岁寒然后知松柏之后凋。如彼舅姑之见者，何

[1] “疾”，底本作“矣”。

可胜数也。

李　氏　黄应元妻。二十岁应元死，无子，属李氏抚弟子正英为嗣，且曰："黄氏两门嗣续，今见此而已，苟有不虞，余憾有终穷邪？"李氏饮泣受命曰："愿与娣同抚儿也。"无何，正英生父死，母不顾，他适，而正英尚未离襁褓。李氏乃糜羹哺儿，一夜数起，儿至长不知有生父母，即李氏亦忘其非己出也。后拮据，为正英娶[1]妇，见生孙乃卒，年六十二。（据旧志）

论曰：余传李氏至儿不知有生父母，李氏亦忘非己出。叹一无母而有母，一无子而有子，不可谓非彼苍善补厥憾也！而李氏及见生孙乃卒，则黄氏嗣续方兴未艾，其将可冀矣。然天道靡常，人事可恃，不遇李氏，其又何能无憾也邪？

吴　氏　邑诸生曾光亮妻，二十岁孀，抚孤纯笃为诸生，卒年六十。（据旧志）

曾　氏　朱文簣妻。二十五岁夫死，有二子而家笃贫，断炊为常，坚忍不夺，卒抚二子成立，能养母矣。贫曷尝累节哉？（据旧志）

李　氏　黄拱妻，十九岁拱死，无子，誓不嫁。遭寇为贼得，行半里许过桥，间贼不意，跃而下，乃干草坡，贼亦随下，强之上，不从，怒刃而去。移时，闻耳畔呼节妇起起，遂苏，刃口乃合。取故道归老母家。年七十二卒。（据旧志）

黄　氏　邑诸生李之桢妻。二十二岁夫死，有一子奇，遭岁连歉，啖糠饼为活。顺治六年，四营贼张自盛掠县城，奇忽失所在。黄氏大号觅死，已闻其子在贼舟，恳里老缓颊，竟得归，时奇十岁也。教之读，曰："汝家世士也，儿大难不死，或可冀乎！"后食饩于学。（据旧志）

吴　氏　邑诸生梅日润妻，二十五岁孀，抚孤奇标为诸生。卒年六十二。（据旧志）

姜　氏　邱应龙妻，二十七岁孀。值兵荒，节益坚，子峻籍学。卒年七十。（据旧志）

高　氏　在都李东阶妻。姑老疯废，起居栉盥皆妇左右之，不一刻离。姑寻死，东阶又死，遗孤志郁二岁，高氏才二十四。近亲欲因为利，谋强嫁之，高氏引刀断发，誓死守孤，恒一日不再食，恬如也。（据旧志）

---

① 底本作"聚"。

丁　氏　十三都诸生邓应鼎妻。二十四岁孀，抚孤梦卜，中道夭，复抚孙士鉴，籍于学。卒年八十四。（据旧志）

上官氏　二十都大里峰梁大言妻，二十二岁孀。顺治五年山寇起北乡，而大里当贼冲，上官氏携子匿深山，已闻贼搜山，惧不免，奔赴水，为同难侣所救。寇平而归，一望斥莽，寻旧址，瓦砾在地而已，盖草屋以居，炊烟屡断，或吊之，则曰："未亡人今为死后余生也，尚何求？"（据旧志）

宗　氏　官加相妻，二十岁孀，卒年四十八。

官　氏　曾宗明妻。二十二岁孀，抚二孤，督训有方，皆成立。守节四十七年卒。

李　氏　高思程妻，二十四岁孀，抚孤继为诸生，守节三十八年卒。

林　氏　李宗圣妻，二十四岁孀，守节三十四年卒。

李　氏　饶柏妻。十七岁归饶，甫期而孀，遗腹生男，忍死抚之，以哀毁卒。

邓　氏　夫失姓名，二十二岁孀，守节六十七年卒。

龚　氏　蓝玉玺妻，二十四岁孀，守节三十二年卒。

李　氏　危经元妻，二十六岁孀。姑耄不能粒食，子生甫周，推乳乳之。守节四十二年卒。

李　氏　诸生饶植妻，二十五岁孀，养姑课子，守节三十三年卒。

沈　氏　郭子麟妻，二十六岁孀，守节四十五年卒。

吴　氏　周尚文妻，二十二岁孀，守节三十六年卒。

龚　氏　十八都饶上祝妻。二十二岁孀，遗孤四月，会夫弟亦死，其妇置所生周岁儿，姒怀去，龚氏于是兼抚二孤矣。后皆娶妇，而己子夫妇又死，遗二孤孙，复抚之，皆成立。盖龚氏一身长四孤焉，其景况可想也，抑其节亦伟矣哉！

（自官加相妻宗氏下并据《通志》）

龚　氏　奉直大夫高觐光继室。来归时前室遗子经纬甫二岁，龚氏曰："此无母儿也，稍有不戒，伊谁之罪？"慈之甚。及孀，又曰："此无父儿也，稍有不善，罪且益大。"督之甚。其姑吴氏惩后母之虐前室子也，颇有遗言，严既疑刻，宽又疑恕，动辄得咎，无所控告，视他穷嫠转难焉。龚氏曰："依违求免，非情也。吾竭吾诚以报夫子，及前夫人地下。"督之如初，经纬卒为善士。孀守四十年，年六十四。知县段梦日为请旌建坊焉。子经组让产于兄，

名在一邑，其母之教也。自有传。（录《重纂福建通志稿》）

危　氏　邑诸生赖斌妻，二十八岁孀，抚侄为嗣，卒年六十一。

邱　氏　拔贡生邱澜女，适黄祖珩，二十五岁孀。素娴门风，谢燕会，不履中庭，至亲罕面，其守贞若处子，而事翁姑代子，督孤子代父，俨然丈夫行焉。无何子又死，偕妇何氏、子妾刘氏长二孤孙。而次孙方授室又夫妇先后死，天属之厄至此极矣。一恸几瞽，已顾长孙大勇曰：“尚赖有此。”督之益严，曰：“天苟不祚黄氏，亦非姑息所能延也。”大勇寻为诸生，何、刘并完节。于是里中，数门风者又在黄氏焉。年七十五卒，乾隆十九年获旌建坊，祠节孝。

梁　氏　邑诸生王继茂妻，二十六岁孀，无继嗣，止一女，卒年六十二。

危　氏　陈宗武妻，二十七岁孀。长三孤极艰，又舅姑多病，百计购药，里人推为贤孝。卒年六十一。

危　氏　王功仰妻，二十三岁孀，鞠侄为嗣，守节四十余年。

张　氏　邑诸生梅玑妻。二十七岁玑死，一恸几绝，移时而苏。姑寝疾三载，能使姑不更念亡子，并忘久病，其孝诚可想也。子泉举乾隆丁卯乡贡，报至，泫然流涕曰：“惜不令儿父见也。”守节四十年，获旌建坊。

邱　氏　诸生彭祖寿妻，二十八岁孀，抚侄为嗣，守节三十余年。

官　氏　茶焙诸生陈晖妻，二十七岁孀，抚侄为嗣，守节三十余年。

官　氏　茶焙龚映广妻，二十四岁孀，长两岁孤大本，守节五十余年。郡守胡以“甘节和凡”奖之。

吴　氏　茶焙方庆妻，二十五岁庆死，遗孤二俱稚。初，庆病瘵卧床年余，吴氏知不起，强和颜侍汤药，退则饮泣。家人恒虑无以处夫死。先事防守，果再觅死不得。于时舅与夫兄弟前没，四丧在殡，姑泣指谕之曰：“无论藐诸孤赖汝存活，是累累者安托乎？安归乎？余老泪已枯尚能禁，汝益我恸邪？”吴氏耸然曰：“荒迷不及念此，此真儿未了责。”忍痛抚孤，力营兆宅，苦赀无出。继以姑丧，逮二十五年始毕，而吴氏积瘁销骨，仅留残喘矣。年五十一卒，尚曰：“死迟矣。”盖二十五年中，无日不办一死，至是克遂也。悲夫！

邓　氏　在都李于兴妻，二十七岁孀，抚孤祖延成立，九十四岁卒。邑令马奖以额曰“贞寿期颐”。

官　氏　在都李于鹤妻，二十八岁孀。其叔娣何氏于鹍妻，二十四岁孀。同志养姑抚子，以双节称于里。官卒年七十，何卒年六十一。

危　氏　在城郭尚镳妻，二十五岁尚镳没于水，危氏闻变，折钗誓志抚孤成立。六十五岁卒，断钗犹在也。

龚　氏　在都何以燮妻，二十七岁孀，事姑有孝行，卒年五十七。其妇官氏子世地妻，二十一岁孀，长遗腹孤，守节五十余年。学使恩侍郎普并妇姑采入《潜德幽光录》，为立传焉。

黄　氏　在城李祖乾妻，二十八岁孀。念李氏六代单传，抚遗孤惟恐失坠，其慈最隆，人皆知天性有真，不专爱子乃然也。卒年七十。

熊　氏　在都李云汉妻，二十四岁孀。乾隆十五年寿百岁，邑令蒋为请旌建坊，曰“贞寿之门”。

李　氏　在城郭驹妻，二十一岁孀，长孤应亨，守节四十三年卒。

官　氏　在城曾子朋妻，二十九岁孀，遗二女，鞠侄为嗣，卒年六十一。

黄　氏　在城官泰龄妻，每产不育，念夫三代一人，劝多置妾，于是二妾周氏、熊氏各生二子，而夫死，时黄氏年二十八。人于是叹黄氏高识，谓非早妾广媵，则官氏一线断矣。二妾感夫人义，同志抚孤，厥后二子皆有世云。

黄　氏　在城邱栋妻，二十二岁生子，甫五月而夫死。时夫兄弟六人同爨，黄氏温良恪慎，忘劳化争，一家称贤，不徒以节名也。三十七岁卒，降年短命，佥叹天道无知，夺我善人之速也。于时五月儿十六岁，众共慈之，以报其母德焉。

论曰：桐城方灵皋学士论女德，言“外悍戾者内易隙，外柔顺者内弥坚”。如黄氏节妇也，人皆称为善人，岂节为仁掩欤？亦仁有以裕节也。学士之说信矣。

程　氏　在城邱模妻，二十二岁孀。长三岁孤，拮据，娶妇，有二周孙，而子夫妇相继亡，又抚稚孙成立。卒年六十六。

高　氏　在城黄洪庆妻，二十七岁孀，守节五十余年。

危　氏　在城诸生黄洪鹏妻，二十九岁孀，守节四十余年。

邓　氏　在都李飞凤妻，二十六岁孀。性恬淡，课子外一无所营。守节四十余年。

吴　氏　在城高鹍妻，二十四岁孀，长两岁孤，守节四十余年。

危　氏　在都国学生何出图妻，二十三岁孀。姑病子稚，势不能兼顾，则襁负其子侍姑起居，往往姑呻吟声与子啼抱声相乱，闻者长太息，如是者历年，姑病起，子亦渐长。则篝灯纺，授子书，书声与纺车声相答，姑闻而乐之曰："不意衰败门庭，得闻钧天广乐也。"

论曰：书声、纺声相答，善矣。即向者呻吟啼抱声相乱，在当局者诚难为怀矣。然视妇姑勃谿，子弟呼卢夜饮，亦不啻闻钧天广乐也。惜不能起长太息者一问之。

黄　氏　在都危日举妻，二十二岁孀，守节四十六年，获旌建坊。

黄　氏　在都郭尚珣妻，二十二岁孀。抚遗腹子绍汾，中武科，官湖州千总。守节五十年，郡守任焕奖以"坚贞可嘉"额，为请旌建坊焉。

陈　氏　在都国学生何底定妻，二十三岁孀，守节三十余年。

官　氏　在城李材妻，二十三岁孀，抚半岁孤克立，守节四十余年卒。邑令李光祚奖以"松筠待植"额。

邹　氏　在都上官醇妻，醇体羸多病，及生子，喜曰："孱夫有后矣。"而醇旋没，邹氏年二十八，抚孤，虽履常如畏以夫前语，昼夜警心故也。后诸孙满列，乡里称福门焉。

戴　氏　在都李德恒妻，二十五岁孀，抚子常元籍于学，守节三十余年。

王　氏　在都李廷升妻，年七十一。邑令吴堂以"节比玉壶冰"奖之，祠节孝，孀年无考。

虞　氏　四都曾庆甲妻，二十二岁孀，长四月孤延祀。

曾　氏　三代单传，其克有世者，虞氏力也。邑令谢绍仁以"桂芳秋月"奖之，卒年六十八。

傅　氏　四都黄国章妻，二十一岁孀，抚孤成立，守节六十余年。

吴　氏　四都曾皋贤妻，二十六岁孀，长二孤备极艰辛，守节四十余年。

郭　氏　四都王翔紫妻，二十岁孀。时舅姑前没，事王舅王姑克尽孝诚，父笃老无依，迎养于家。获旌建坊。

吴　氏　五都曾启书妻，二十四岁孀。有欲夺其志者，怀孤避母家，卒完节以终，寿八十四。

王　氏　五都吴文启妻，二十二岁孀，守节三十余年卒。

冠　氏　五都吴为鼎妻，二十七岁孀，守节三十年，为子娶妇而卒。

王　氏　五都吴楷生妻，二十六岁孀，长二孤，卒年九十。

严　氏　五都吴万生妻，二十六岁孀，长二孤，守节五十余年。

黄　氏　五都吴誉若妻，二十五岁孀。贫极，以属稠者食子女，而自饮其清湩。后稍给朝夕，见子女婚嫁乃卒，年六十五。

黎　氏　五都吴为任妻。二十三岁夫死，家笃贫，遗孤未离褓褓，有以家贫子幼悚之者，黎氏曰："使家温子长不嫁，苟有人心者皆能之。然世之有托而去者，乌知非不耐寂寞而假艰难以自便邪？果尔，虽家温子长，未见其可恃也。我心如古井，水火刀锯甘心蹈之，区区艰难便思移我志邪？子休矣。"节守数十年卒，如其言。

论曰：黎氏之论去妇，可谓推见至隐而自知审矣。国家旌礼节孝，不分贫富有子无子，诚重其志也。志洁矣，何顺逆境之殊哉？余传列女以贤明首节孝，亦非无见也。

吴　氏　五都曾栋来妻。二十四岁夫死，遗孤继殇，一后姑在堂而已。于时叔有子逢陈三岁，而叔夫妇亦殂，吴氏事后姑抚叔子，不惟不生分异心，直并为一体焉。及逢陈生子春元，吴氏祝曰："若更得一子，归后叔氏，未亡人始无憾矣。"悉如其愿。年八十二卒。

论曰：吴氏之事后姑抚叔子，使仅知有夫能不生分异心，而亡未必遂并为一体也。彼以为皆舅之遗爱即存焉。非笃于仁而精于义能若是乎？然则吴氏虽未逮事舅，有以知其孝之独隆也。

李　氏　五都曾鼎妻，二十五岁孀。事姑至孝，子亦有立，卒年六十一。

黄　氏　五都曾逢仁妻，二十六岁孀。孤其祥未几复夭，嗣侄，教以义方，家道成焉。守节三十余年。

邓　氏　七都李学林妻，九十一岁。邑令吴堂以"节寿双高"奖之，祠节孝，孀年无考。

黄　氏　七都太学生李思训妻，二十五岁孀。长二孤而事舅姑，以孝闻，守节六十余年。

李　氏　八都何其焕妻，二十八岁夫死。遗孤二龄，力长之，及冠又夭。

李氏长号曰："嗟夫，吾夫何罪？天既折其年，又斩其后邪？"已而曰："兄弟之子犹子也，择一为嗣，以延夫祀。"年七十余卒。

李　氏　八都黄公荣妻，归六载，生子三月而夫死。姑以哭子双瞽，李氏奉瞽姑，抚三月儿，心危神瘁，不可名状。及姑没子娶，少可息肩矣。而子又死，遗孤儿九龄，复抚之。苦节五十九年，曾元绕膝，每每破涕为笑。人定胜天，非偶然也。

何　氏　八都黄宿海妻，二十六岁有子代栋，而宿海死。先是，其姑亦二十六岁孀，有高节。或劝何氏他适，氏怒曰："吾姑何如人也？汝乃以不肖之行劝我，是禽兽我也。"自是屏诸闻见，侍姑课子外冥然兀坐。或劝其少从容无太自苦，曰："不禽兽其行易，不禽兽其念难。吾惧吾言不终践也。"其纯节如此。年七十五卒，里人合其姑称曰"双节黄家"云。

论曰：何氏姑有高节，旧志不特传而附见今，其姓亦无从访矣。虽欲补之，莫由也。则仍其旧，使人知有黄宿海之母而已。余既不得其高节，而绎何氏之论人禽，其高至于无以加，或者受之姑欤？然亦莫得而考也。

黄　氏　八都何应奎妻，二十四岁孀，卒年六十八。郡守沈奖以"劲节永年"额。

高　氏　九都萧韶蔼妻，二十八岁夫死，半载姑又死，力营丧葬兼抚两雏。佥谓心煎身瘁，理不久长，而寿至八十，非所谓生于忧患者邪？可以观天道矣。

王　氏　九都吴大宪妻，二十五岁孀，长二孤一女，守节三十余年。邑令科钦锦奖以"柏霜兰露"额。

李　氏　九都诸生上官国钊妻，二十六岁孀，欲从死，闻父戒，专意事翁姑终天年，教二子为善士。守节四十年卒，获旌如例。

柳　氏　十都邬元征妻，二十六岁孀，长二孤。其孤宗岐妻彭氏，二十四岁孀。妇姑同志，一门双节，邑令谢绍仁表其庐焉。柳氏卒年七十六，彭氏卒年七十二。

吴　氏　十一都徐伯尚妻，二十一岁孀，抚侄为嗣。卒年七十七。

高　氏　十一都陆杏皆妻，十九岁孀，长三孤，极其艰辛。卒年六十三。

李　氏　十一都诸生高振妻，二十七岁孀，而夫已有妾刘氏生二子，与

① 同"妒"。

妾同抚，皆成立。守节三十余年，其节可仰，其不妬[①]尤可风也。乾隆丙申年获旌建坊。

傅　氏　十一都国学生高峰妻，二十七岁孀，长孤华山甫期，次孤荆山遗腹生。傅氏上事孀姑，下鞠二稚，姑媳母子相依相吊者二十年，而年且五十矣。卒年无考。

龚　氏　十二都陈典平妻，二十六岁孀，长三孤，延师课之，必诚必敬。守节三十余年卒。

邓　氏　十二都陈淑辉妻，二十七岁孀，长三岁孤，事垂暮翁姑，各得其所，守节五十年卒。

魏　氏　十三都邓子俊妻，二十二岁孀，遗孤三岁，无以为家，又老姑在堂，饔飧不给，无论甘旨也。魏氏敝衣垢面，身亲薪水，夜力女红，恒至彻旦，老姑幸免啼饥寒。及死无棺，行乞募化以葬，盖节之极苦者，年七十七。

余　氏　十三都邓汝光妻，以事舅姑乐志，二十三岁孀，有三岁男，后复夭，曰："噫！是天欲我专志事舅姑矣。"闲闲泄泄如夫子在然，或疑其恝，抑知其性顺，其情弥悲乎？果恝夫与子，即舅姑亦不能事也。寻舅姑死，哀痛几绝。守节三十余年。

陈　氏　十四都白（失名）妻，二十六岁孀，守节五十年卒。

宗　氏　十五都官大宾妻，二十岁孀，抚遗腹子光闾。卒年七十，祠节孝。

傅　氏　十五都官（失名）妻，二十八岁孀，抚孤大厚成立，卒年七十八。

李　氏　十六都危天泰妻，二十八岁孀，长二孤登庸、登俊并籍于学。卒年六十八。

饶　氏　十六都诸生危初仞妻，二十九岁孀，长遗腹孤。卒年六十六。

高　氏　十六都危绍虞妻，二十七岁夫没，遗三孤相继殇。高氏次恸曰："是天绝我也。"已又曰："尚有舅姑可事，有夫兄弟子可继，天虽绝我，未亡我也。"抚侄为嗣，以养舅姑为本业，老危氏。

论曰：高氏转语云"天虽绝我，未亡我也"，其所见大矣。抑余犹有进焉。事舅姑可尽吾孝，嗣夫兄弟子可尽吾慈。天虽绝我，后未能亡我性也。即并二者无之，既有性在，何入而不自得哉？然而高氏之言亦尽之矣。

何　氏　十六都方汉祥妻，二十四岁孀，翁姑柩在殡，力营宅兆而事后姑无违言。长孤荣龄，有立。卒年四十八。

龚　氏　十七都谢景荣妻，二十六岁孀。子二，一宏谟四龄，一远谟遗腹生，辛勤长之，皆有立。卒年七十四。

邱　氏　十九都龚尚素妻，二十七岁孀，长一幼孤，事继姑极孝。邑令柯钦锦奖以“维贞厥寿”额，盖时寿七十也。

邱　氏　十九都危赵璧妻，见翁姑冬寒衣单，顾己所有嫁衣数袭、簪珥数事，乃出衣进姑，鬻簪珥为翁制服。二十七岁夫死，益贫，朝夕且不继矣，愈力操作，翁姑得饱食，而己啖粥为常。年九十卒。

吴　氏　二十都黄尔言妻，二十九岁孀，抚子槐为诸生，卒年六十一。

梁　氏　二十都诸生黄镇中妻，二十四岁孀。长二孤，属翁姑皆病，左右扶持，不一刻离，里人目为真节孝。卒年七十，获旌。

李　氏　二十都梁明福妻，二十二岁孀，事舅如父，抚孤侄如子，其遗孤二龄亦克成立，兄弟于于，见者不知非同怀也。卒年八十三，获旌建坊。

曾　氏　二十都梁明礼妻，二十四岁孀，长子居敬在襁褓，次子居深遗腹生。卒年七十八，邑令谢绍仁以“冰霜矢操”奖之。

梅　氏　二十都诸生梁居易继室，二十二岁孀，未育，抚前室子如所生，教养皆赖之。守节四十余载，其子为请旌建坊，不异亲母也。

陈　氏　二十三都邱文炳妻，二十八岁夫死，子七岁，资十指以长。已复辛勤为子娶妇，生孙圣琏甫三岁，而子夫妇又相继死。邻里来唁者佥曰：“是又难于前矣。”陈氏收泪谢曰：“未亡人一日不死，任造物苦我，顺受之而已。”年七十卒，圣琏已娶妇。

王　氏　二十四都毛先焕妻，二十三岁孀，长幼孤，守节三十余年。

郭　氏　二十四都毛伯伟妻，二十八岁孀，唯祖姑在堂，能使祖姑忘耄瞻哀，而抚二孤毬鸣、岐后先籍学。守节五十五年终，获旌祠节孝。

（今本《段志》，是传系窜入，其迹显然。由《段志》漏载，其子孙值举报，世袭补之也。然既请旌，实有其人矣，因之。）

论曰：此忠义毛锦生子妇也。忠义固伟人，其子妇执德秉节者五十五年，诚不愧门风哉！厥后伊氏妇，夫死烈殉，即其五世孙女，其来有自矣。国家予忠义子孙世袭，亦望其世笃忠贞，无忝乃祖德也。为之裔者，可不勉哉！

林　氏　二十七都元纶妻，二十二岁孀，抚孤为仞，中道夭，又抚孙，守节五十余年。

黄　氏　二十七都徐继连妻，十二岁失母，父客外，与弟相守，俨若成人。及归徐，生子三月而夫病笃，属其抱子他适。黄氏泣对曰："君疑妾邪？"夫曰："产薄，食吾父母尚不给，奈何？"曰："君虑父母不饱，激妾邪？妾闻命矣。"及孀，昼夜力操作，奉舅姑甘旨，舅姑日饱黄氏之食。所言薄产，封殖不动，久且式廓矣。综黄氏年十二代父抚弟，二十四代夫养舅姑，且赤手廓产，真人杰也哉！

黄　氏　三十都李思孝妻，孀时二十八岁，老姑在堂，遗孤二，长玙十岁，幼璋一岁，仰事俯畜，并出机抒。玙昼就学叔父思萌，夜归与母同灯火，机声读声相应，觉凄风苦雨中太和满室，亦惟此中人能领略之也。玙后官永福训导。

危　氏　三十都李时益妻，二十五岁孀，抚子复悦举乡副贡，守节五十年，获旌建坊。

（自赖斌妻危氏下，并据《段志》）

裘　氏　邑治黄中德妻，为室女时，方严有气，女伴惮之。十八岁归黄为妇，属中德有子弟之好，屡进规言不见答，姑又性卞，动辄获咎，而裘氏不随不忤。卒移夫荡霁姑威，佥谓新妇温柔善妇道，不知即方严之为也。黄故饶，遭火中落，暂窘，多贷人金，中德度不能偿，郁郁以死。裘氏时年二十六，变有易无，三年偿毕，而遗产荡然矣。乃力女红养姑，姑终始不知贫。及姑死，棺衾皆宿具，见者亦谓不贫，而裘氏力瘁神敝，三十三岁死矣。方窘时，有怜而周之者，谢曰："天之所薄，人无能厚。虽辱高义，徒相累耳。"竟不受。（据《黄氏家传》）

论曰：偏柔者不立，偏刚者不化，皆不足有为也。若裘氏驯暴为从，转败为功，岂无自而然哉？盖方严有气，与温柔并为一德，宜立而立，宜化而化，欲名其为柔为刚不可得也。斯其可贵也夫！

傅　氏　邑治饶原继妻，孀，卒年未详，获旌如例。（据采访册）

李　氏　在都太学生何世土妻，二十六岁孀，守节三十五年卒，子泽润。（据采访册）

饶　氏　在都诸生何泽康妻。曾氏，康弟泽雨妻。泽康、泽雨先后夭死，二孀同处一室，相怜也。已而皆毁卒，相距凡九月，若相要然。然二孀期保孤养舅姑为事，不幸而死，非其志也。自始孀，人强之食则食，有疾为召医亦不却，而哭无时，泪尽继以血，至于瘠竟死。事在乾隆丁亥戊子。饶氏年二十五，遗一子长颖；曾氏二十四，遗一女，而子泽康之兄子长韶。今越七十年，人皆知有何氏二孀也。（录《抑快轩文集·何氏二孀传》）

论曰：余阅纪载，往往有一门而数烈妇者矣。彼奋于一时之义，或所遭非死不足以明志也。若二孀之死于毁，则各极其诚而已。然国旌所不及，乃名之所不存。呜呼！夫惟名之所不存，兹其所以为诚也。

危　氏　在都何泽溶妻，三十岁孀。初，夫患腹痛，医不知疗，危氏旁皇无计，见夫每痛以物贴腹，令实满稍杀，乃立而曲其背抵之，竟日夕始获痊安。每发如之，寻以他疾死。无子，长夫兄子为嗣，卒年七十一，见曾孙矣。人以为苦节之报。（据《何氏家传》）

李　氏　在都太学生何泽平继室，十七岁归，甫六月而孀。舅姑闵其少，属至亲微探之。李氏曰："妇人从一而终，天经也。虽年少，岂容有异志？姆无多言。"于时前室子长升方六龄，而五六年间，夫兄弟四人折其三，二姒又毁死，舅姑老矣，恐创巨痛深不能胜也。但饮泣而不敢哭，又日夜课儿读，令儿书声殷殷和舅姑听，冀省其悲焉。其曲意善体如此。长升事母，至长不失孺慕，一举一动必廪母命而行，则李氏孝慈可知不徒安节而甘也。何氏为邑闻族，而李氏懿德明诚，作一族典型数十年。卒年七十八，获旌建坊。（节《录抑快轩文集·墓表》）

官　氏　在都何泽圣妻，三十岁孀，无子，抚侄为嗣，及娶妇又夭，守节二十七年卒。（据采访册）

曹　氏　在都何长能妻，二十四岁孀，守节四十九年卒。

龚　氏　在都何长位妻，二十九岁孀，守节四十五年卒。子高峥为请旌建坊，祠节孝。（据采访册）

官　氏　在都何长远妻，十九岁孀，其姑亦孀也，倚子为命。方长远寝病，姑卧床不能兴，官氏两处侍疾，忧惧交迫。及夫死，枕尸而哭，一日数僵。然苏时必询婢太夫人安否。剧哀之顷，犹不忘姑，殆性于孝也。生平严礼法，跬步必谨。既孀，日夜在姑所，百计调慰姑，姑色怡如夫再生。稍疾如夫初死，姑亦不能一日离妇，谓往时倚亡儿为命，今视新妇未觉不如也。嗣子高朋，善事母，如母事姑。逮母年如例请旌甚勤，于是知官氏又能以孝

率其子也。卒年六十五。（录《抑快轩文集传》）

论曰：妇于舅姑由夫推恩也，嗣子于所后由祖若父推恩也。其不能推者，母亦其于夫，于祖若父未能衷厥性欤？若官氏母子，可以观矣。余故合论之。

龚　氏　在都何长劲妻，二十七岁孀，守节二十三年卒，嗣子高望、高科。（据采访册）

危　氏　在都何长驪妻，而福清教谕泽凤子妇也。十七岁来归，次年长驪省亲于署，下龙凤滩，舟坏沉水不得尸。危氏闻变惊恸，屡濒于死，诸姒加防焉。时有遗腹五月，危氏曰："遗体在腹而从死，是斩夫祀也，吾何敢？且天扼我夫年，复沉我夫尸，其酷甚矣。所赖一线存者，此遗腹也。天苟悔祸，其生必男，吾何死为？"后果生男，诸姒遂弛备。守节二十五年卒。子高昌已籍学，而舅姑犹健在。垂没，语高昌曰："吾此生有二恨：一不得汝父尸，一不得终事汝大父母，长此已矣。"遂瞑。（据《何氏家传》）

张　氏　在都何长圻妻，十八岁以内侄女来为妇，事舅如父，事姑如母。甫三年长圻死，无子，有弟五人。张氏既惊痛与夫骤诀，念姑为多子累，乞代姑抚二季长整、长胜。及长整生子四岁，其妻没，复代季抚儿，八岁而殇，哀痛如失己子。道光丁酉年且六十，叔长置病疫不汗，医者缩手，张氏偕诸先后问疾出，耦座中庭曰："叔殆不起矣，若之何？"又曰："叔年富有为，何门是赖？未亡人二十以后之岁月皆余生也，偏不死而死叔。"语罢欷歔。是夜为四月望，月高人静，布几筵焚香告天，乞以余年贷叔命，又稽首先龛曰："我舅姑有灵，当请于帝，舍叔勾媳妇去。"旁侍窃闻以告人，皆笑其愚也。无何，叔病竟起，而张氏以月之某日感微疾卒矣。异哉！张氏故冢妇又兼姑表戚，字诸郎如弟，和诸先后如妹，门内欣欣如也。舅姑虽痛长子，顾而乐之。其卒也，二仲合辞泣曰："我亡兄虚祀久矣，幸整弟有二子，其以纶成服即次。"当是时，阖门号恸，如再丧母姑焉。（录《抑快轩文集传》）

论曰：节妇之卒，亦适会其逢耳。而其叔起垂绝之命，则真乃嫂得请于帝也。自古请代者多矣，若节妇以嫂代叔，吾未之前闻也。然乌知非天故显其奇，彰其诚为世人增友爱之重乎？即谓之得代，亦奚不可？彼笑其愚者，乌足与语天道哉？

元　氏　在都诸生何高宽继室，十八岁于归，甫七日，夫迫乡试期，赴省没于旅邸。丧舟至，元氏出迎于郊，哭声凄断，哀感路人，识者曰："此七日新妇也。”莫不涕洟。既殡夫，归即觅死，曰：“吾事已毕，可下从夫子矣。”已顾前室子秋溥在乳母怀，幡然曰：“吾事方始，非吾死时也。”遂一意抚孤，坐卧斗室中，至亲不见，归宁亦绝。曰：“七日为妇，所谓妾身未分明也。”其严洁如室女云。守节十五年卒。（据《何氏家传》）

廖　氏　在都诸生何高佶妻，二十二岁孀，守节三十年卒。（据采访册）

黄　氏　在都李正焜妻，二十五岁夫旅死福州，子国堂方七岁，而家笃贫，力操作长之。娶妇姜氏未育而夭，继室官氏生子孝铭，未弥月而官氏又死，国堂亦逝。三丧在殡，倚一穷嫠，兼抚孤孙，其艰难惨凄情状不言而可知也。又夫弟正灯老鳏无依，病时为代理医药年余，凡伦类之宜尽者，黄氏未尝少谢之也。今孝铭已授室生子，可以息肩，稍寻生人之乐矣，乃不数年而卒。寿虽七十有二，大抵多无告之岁月也，可哀也已。（据同宗《李国焕志》）

上官氏　在都李正莪妻，十九岁孀，守节三十二年卒。（据采访册）

黄　氏　在都太学生李常昭妻，二十四岁孀。守节四十三年卒，请旌建坊。（据采访册）

胡　氏　在都太学生李常度妻，二十三岁孀，守节五十一年卒。（据采访册）

官　氏　在都郭士济妻，二十四岁孀，守节五十八年卒。（据采访册）

邱　氏　在都郭士奇妻，二十九岁孀，守节四十五年卒。学使史致俨以“冰霜完节”表其门。（据采访册）

黄　氏　在都上官松林妻，二十四岁孀，长孤亨有立，守节三十八年卒。（据采访册）

龚　氏　在都上官模妻，孀年未详，乾隆五十一年请旌建坊。（据采访册）

毛　氏　在都上官堃妻，二十岁而堃死。毛氏自夫病亟讫没，濒于死者数矣。其舅灿守正任真，刚直人也。（语在《高士传》）当毛氏除丧，觞其父使询女志，女听未毕，色变气结而僵，家人群集莫测其由。既苏，叩之不答，舅闻而叹曰：“吾几失此妇。虽然，不盘根错节，何以别利器。”闲之益严，而毛氏跬步不苟，从容中仪法，舅姑交贤焉。然随诸姒后治馈上食属属，如畏不以舅姑贤已少弛其敬，盖安节而孝恭者也。所居室密迩姑所，姑病废，起居栉沐大小遗需人，皆独任，性好洁而垢体污手不忌，诸姒请轮值，曰：“姒各有子女，我闲身又所居近，何轮值为？”如是者二载，未尝偶懈，姑亦忘其为妇，语人必曰“吾孝女”云。舅姑既没，依夫叔兄曦以居迄没，事之如父母，曦夫妇亦敬之，如师保也。抚诸子有恩，曦四子懋曾免乳后，即依季母，故立为嗣，抱孙矣。卒年五十，获旌如例。（录《抑快轩文集传》）

论曰：在官而廉，在孀而节，人之常道也。苟违是，即不名为人焉。有乍免非人，乃自矜异至其极也，遂悍于长官、舅姑之前乎？安节而孝恭如毛氏者，可以风矣。抑余谓其舅闵孀媳而不事姑息，得防暂之道，其尤可师也。

危　氏　一都高乃昆妻，乃昆旅死台湾，报至，危氏以有遗腹孤，力节哀育焉。已而遗腹孤殇，危氏遂不食，曰：“吾往时冀长稚孤以归其父骨也，今已矣。”伯氏乃爵嗣以次子而请无死，乃强起食，抚嗣子成立，卒归其夫骨，而危氏寻以疾卒矣，年四十二。（录《抑快轩文集·危孺人传》）

论曰：闻节妇之孀也，每蔬菜和膏豉少许，辄命彻去，其坚忍殆过人矣。然卒夭其天年，国旌不及，其命也乎。呜呼，世之贤人才士扼于年而名磨灭者多矣，独节妇乎哉？

李　氏　一都危景隆妻，父早死，母以孤女置叔姒怀，改适诸生危鹤翔为继室，其前室次子即景隆，年与李氏齿。既长，乃委禽于其叔父娶焉。故李氏母子中散复聚，兼妇姑之爱。不幸良人短命，归甫三年为未亡人，矢贞不嫁。众私度得母为姑，不异女子在室也。然母故善怒，至是变为豁刻，既以倍功责其绩作矣，更杂它役以肄之，又使抚其幼子，稍不如所责，剌剌有言不肯已。已而病痹右，动止需人，性益戾，其女事之益瘁，惨惨失朝昏焉。诗歌“母也天只，不谅人只”，于李氏见之矣。然共姜犹形于诗。李氏自始孀至老，未尝一言母苛己事。或语次及其夫，面犹发赤如室女。其温谨盖天性也。孀年二十一，卒年六十七，获旌建坊。嗣夫兄次子九成，又中道夭，族议继以夫弟景从孙某，曰不可使节妇无后。景从者，李氏所抚母之幼子也。（节录《抑快轩文集·墓志》）

张　氏　一都龚润夏妻，二十六岁孀，守节三十二年卒。（据采访册）

何　氏　一都林元海妻，孀年未详，节守三十三载。乾隆五十三年获旌，祠节孝。（据采访册）

崔　氏　一都太学生林世兴妻，二十八岁孀，妾吴氏二十六岁，同志守节并卒。

夏　氏　一都王佐贤妻，二十岁孀，长遗腹孤，守节三十七年卒。（据

采访册）

傅　氏　一都王导川妻，二十五岁孀，守节四十八年卒。（据采访册）

张　氏　一都万遇葵妻，二十四岁孀，初欲从死，以姑言辍念。后舅姑相继死，贫益甚，乃携子德馨依于父，孀十五年卒。弥留时以子托父母而绝，可哀也已。（据采访册）

官　氏　一都诸生万棠妻，二十六岁孀，守节五十七年卒。学使陈用光以“苦节垂芳”表其门。（据采访册）

徐　氏　一都太学生杨尚锦妻，二十六岁孀，抚夫兄子以祥为嗣，后以祥夫妇又死，遗孤其材等稚弱，恩勤备至，守节三十六年卒。获旌如例。（据采访册）

黄　氏　一都刘启承妻，二十八岁孀，守节三十四年卒。（据采访册）

黄　氏　一都傅昌钦妻，二十六岁孀，守节四十八年卒。（据采访册）

官　氏　一都太学生沈碧焕妻，二十岁孀，守节五十一年卒。（据采访册）

黄　氏　二都席应闰妻，二十八岁孀，屏去男仆，二幼弟司薪菜闺门之内，严洁如冰。后为弟娶妇，弟夫妇以母姑礼事焉。孀时子九岁，后成立，为母请旌祠节孝。邑令吴堂赠额，以为苦节荣旌也。（据《席氏家传》）

刘　氏　二都诸生高骅继室，生子迪四岁而孀。以长以教，家虽贫而令子从泸溪名进士黄堂学，果举于乡，官至建宁府学教授。乾隆三十六年奉旨旌表，孀年、卒年未详。（据采访册）

郭　氏　四都王澜妻，十八岁孀，守节六十三年，嗣子卫良为请旌建坊。（据采访册）

李　氏　四都太学生曾正酉妻，二十四岁孀，守节三十五年卒。（据采访册）

温　氏　五都曾其芬妻，二十二岁夫死，无子。有兄亦艰嗣，众请议所后，温氏曰：“徐之，有待也。”已而伯且六十，复速之，又曰：“岂天终绝我舅姑乎？”出私财佐伯娶妾谢氏，竟举一子，而嫡死谢亦死，时儿甫周也。温氏曰：“有我在，何忧儿不长？”竟长之，伯氏七十四死，儿能执杖成礼矣。乃从众议立从子为夫后。道光元年获旌建坊。（据《曾氏家传》）

论曰：温氏之行，几于知其不可而为之者，而天卒成之，岂非至诚之感乎？夫惧夫不祀，为夫置媵已难得可贵，尚矣！温氏乃推之于伯，以衍舅姑焉。

何其盛哉！何其盛哉！

龚　氏　五都曾其嵲妻，二十一岁孀，守节四十九年，获旌如例。（据采访册）

李　氏　五都曾其筠妻，二十五岁孀，守节四十一年卒。（据采访册）

董　氏　五都曾以春妻，十九岁孀，守节三十一年卒。（据采访册）

曾　氏　五都官廷炳妻，二十四岁孀，守节四十六年卒，嗣夫兄子其侃。（据采访册）

曾　氏　五都石城官廷灿妻，二十七岁孀，孝事舅姑，慈抚子女，率其恒德而已。念石城无书塾，无以业里中秀者，捐赀为倡，至今来学于书塾者诵德不衰。卒年七十九。学使陈用光以“贞松慈竹”额奖之。后孙妇吴氏继以节显人，佥归德于书塾，谓真诗礼人家也。

吴　氏　曾氏孙妇也，夫官宗矩少籍学，以攻书苦病瘵，吴氏归甫一载而死，无子。有幼弟甚慧，吴氏指曰：“是可以卒乃兄未竟之绪也。”以长以教。今在，年五十二，里中并其祖姑号为“德门双节”。

（并据《官氏家传》）

江　氏　五都黄育錞妻，孀与卒年未详。乾隆五十二年获旌建坊。

李　氏　六都危祖意妻，十八岁孀，自以少艾，足不履堂户，至亲罕见，守节三十年卒。

黄　氏　六都危荣晃妻，二十岁孀，教子有立。邑令科钦锦奖以“欧母遗范”额，守节五十年卒。

危　氏　七都诸生邓集声妻，二十一岁孀，守节五十八年卒。

吴　氏　七都邓洪学妻，二十三岁孀，守节四十八年卒，获旌如例。

傅　氏　七都诸生邓毓秀妻，二十四岁孀，守节四十六年卒。

曾　氏　七都邓显爱妻，二十七岁孀，守节四十一年卒。

黄　氏　七都邓寓和妻，二十三岁孀，守节三十八年卒。

黄　氏　七都邓廷礼妻，二十六岁孀，守节三十六年卒。

王　氏　七都邓超群妻，二十六岁孀，守节三十八年卒。

何　氏　七都李光务妻，二十九岁孀，守节三十年卒。

何　氏　八都黄尊达妻，二十岁孀。道光九年，学使陈用光以“台履怀清”表其门。

（自黄育錞妻江氏下并据采访册）

王　氏　九都上官纪妻，二十九岁孀。族有谗子弟善构，多张爪牙，肆其获噬，中产之家往往被害亡其赀。夫兄见假微官，携家避去，而王氏以一妇人挈六岁孤，援绝道穷，能时其刚柔，违难远侮，终凶人之世，不亡尺宅寸田。人皆谓王氏不独其节足称，其才亦过人也。卒年八十六，获旌建坊。（节录《抑快轩文集·墓志》）

黄　氏　九都上官照妻，十九岁孀，守节二十一年卒，无子。（据采访册）

曾　氏　九都上官国煌妻，二十七岁孀，守节五十余年卒。（据采访册）

危　氏　九都李子和妾，二十二岁孀，守节六十六年卒。（据采访册）

潘　氏　十都江桂茂妻，二十三岁孀，无子。已而姑死，遗夫弟四龄，女弟半岁。维时王姑、王叔舅姑同爨食，而王叔姑未育，不二年舅又死。于是两门三世唯望一数龄儿而已。潘氏抚二稚如己子女，哀恐并心。而王姑王叔舅继逝，一王叔姑独在，送死养生，力绌身瘁，二稚又牵衣啼抱，不肯刻离，其困苦极矣。卒长二稚，毕婚嫁，而数龄儿且三十，生二子也。潘氏乃请于族，以夫弟嗣王叔舅，所生长子归后其夫，于是两门并见四世孙，方兴未艾。而潘氏以积劳死，年止五十三，悲夫！（据《江氏家传》）

危　氏　十都寇孔玉妻，二十五岁孀，无子，抚孤女事老姑为职志。越十八年，夫弟次子廷枫生，喜曰："吾夫有后矣。"又三年，夫弟死，其长子廷箕止八岁，危氏交抚之，皆有立。卒年七十一。（据邓中美撰传）

官　氏　十都危星柿妻，二十一岁孀，守节六十七年卒。（据采访册）

周　氏　十都上官元魁妻，二十五岁孀，守节四十一年卒。（据采访册）

寇　氏　十一都傅日志妻，二十岁孀，三十八岁卒。（据采访册）

黄　氏　十一都白富祖妻，十九岁归白，八月而孀，有遗腹。其夫弟某觊兄产，乘遗腹未生，迫嫂嫁。黄氏矢死殉，及生男，即抚孩媳双乳之，某知不可夺，不复逼，遂安焉。卒年七十二。（据采访册）

危　氏　十二都陈文英妻，二十一岁夫死，遗三孤，长之。其仲子未娶而殇，长子娶李氏，生子三岁又死；季子娶危氏亦死。一门三孀相命相戒，为一乡清门。姑守节二十九年卒。其二妇，李以二十二岁孀，卒年四十九；危以二十四岁孀，卒年五十一。（据《陈氏家传》）

邓　氏　十二都太学生陈焰妻，三十岁孀，长遗腹子兰绮，家贫而好施。

道光甲午大祲，见里人多宛转死沟壑，恒减己食食之。其训兰绮常曰：“无论有余不足，徒孳孳为己身家计，非丈夫也。”卒年六十七。（据《陈氏家传》）

单　氏　十二都陈润华妻，二十一岁孀，止一女在抱，视夫含殓毕，揭衾视女方熟寝，遂自经。姑闻声坏门入，令老妪急抱而己解其结，嘘气良久始活，开目见姑哀惨战栗，形色非人，跪于姑前曰：“不孝媳知罪矣，不敢复作死计矣。”自是嗣夫兄子澍，一志事翁姑，以孝闻。卒年四十五。（据《陈氏家传》）

丁　氏　十二都陈多男妻，十六岁来归，翁姑前没，遗二夫弟，一五龄，一三龄。属祖姑又死，二幼孤益无依，故多男早婚，盖以抚孤叔重寄责新妇也。无何，多男复夭，结褵[①]才一岁，有遗腹。丁氏哭曰：“天乎！一块肉累我不得早从夫君地下也。”既生男，家人加防焉。丁氏曰：“两世三孤将焉托？我之来妇，为二孤叔也。其不得从死，天也。天可强乎？”后抚二孤叔，皆有世，而遗腹孤两娶不得孙。及丁氏卒，其孤夫妇相继死，竟不祀。（据《陈氏家传》）

论曰：丁氏十七岁孀，五十七岁死，苦节四十年卒。不祀，则是节妇始之终之为二孤叔也。夫古之论纯臣曰“公而忘私”，以己孤视孤叔，孰公乎？孰私乎？吾知丁氏且含笑九泉无遗憾于中心矣。

韩　氏　十二都陈雅恒妻，二十二岁孀，遗腹生男，而前嫡有女已嫁而贫，分田赡之，或以为过。曰：“使是女为男，能不与之产乎？使嫡夫人尚在，欲畀之田，敢有异议乎？吾以事死嫡如生嫡，以嫡出如己出，待是女而以为过，吾见过之有在矣。”卒年三十六。（据《陈氏家传》）

龚　氏　十二都陈仲祥妻，二十七岁孀，性喜赈贫乏，乡里颂德，守节五十三年卒。

林　氏　十二都陈盛兴妻，二十九岁孀，守节四十年卒。

吴　氏　十二都陈继祖妻，二十岁孀，守节七十年卒。

黄　氏　十二都诸生陈国达妻，二十九岁孀，守节四十二年卒。

谢　氏　十二都陈隆酉妻，二十九岁孀，守节四十五年卒。

傅　氏　十二都陈淑芷妻，二十七岁孀，守节三十六年卒。

曾　氏　十二都陈新龙妻，二十九岁孀，恐翁姑不胜悲，怡色奉侍，退辄饮泣。卒年四十二。

---

① 同“缡”。

谢　氏　十二都陈邓毛妻，二十二岁孀，家赤立，能长其子为农，守节五十年卒。

黄　氏　十二都陈眉清妻，二十二岁孀，守节三十六年卒。

邓　氏　十二都陈树寅妻，二十岁孀，事舅姑和诸，先后皆以诚，非务外观也，教子亦然。守节三十七年卒。子道成、孙兰秀并为诸生。

戴　氏　十二都陈召南妻，十九岁于归，二十岁孀。父母欲夺其志，遂绝归宁，而父母犹不肯已，百计撼之，剧哀之时，重以危惧，竟感疾卒。同里哀之，年止二十一。

黄　氏　十二都陈兆康妻，十一岁为抚媳，既婚而孀，欲从死，姑嗣以冢孙慰安之。亡何嗣子又殇，姑加防焉，曰："儿已许姑不死矣，敢食言邪？"初，黄氏父劝女适人，以嗣立而止。及是托故逆以归，谋强嫁女，为女觉，走姑所以免。自是悲愤成疾，却药物。姑责前语曰："儿且食言矣。"泪涔涔下。黄氏亦泣曰："儿今死疾，天也。"竟不服药死，年二十一。

论曰：黄节妇可谓善处死矣。嗣子不禄，生我不仁，而姑有子，夫妇承欢，其死不为激与恝也。以尝诺姑不欲食言，至愿死于疾，观其却药答姑，视烈死何异哉？乃不唯不得烈之名，即节亦几几以年促不显不重，可悲也乎？此传之所以作也。

魏　氏　十二都龚致和妻，二十二岁孀，守节五十年卒。

傅　氏　十二都龚遇宝妻，二十五岁孀。育一子，已娶而夭，遗二孙。守节五十一年，及见曾孙。人以为苦节之报。

高　氏　十二都蔡怀登妻，二十六岁孀，守节三十六年卒。

蔡　氏　十二都谢孝生妻，二十七岁孀。或有以舅老子幼劝之他适者，蔡氏曰："此语是励我志也。岂有舅老子幼转忍舍之乎？"劝者愕然。守节三十七年卒。

高　氏　十三都邓玉彩妻，二十岁孀，守节五十一年卒。

危　氏　十三都邓应邦妻，二十二岁孀，守节四十八年卒。

林　氏　十三都邓应望妻，十九岁孀，抚侄梦眉为嗣，克有树立，守节五十三年卒。

傅　氏　十三都邓鸣岐妻，二十三岁孀，守节三十年卒。

魏　氏　十三都邓时可妻，二十一岁孀，长二孤，守节四十五年卒。

游　氏　十三都邓克慎妻，二十四岁孀，贞德自恒，而于里人疾病死丧乐于周恤，固一家之砥，亦一乡之恃也。守节五十六年卒。

游　氏　十三都邓近伯妻，二十一岁孀，守节四十四年卒。

陈　氏　十三都邓京伯妻，二十六岁孀，守节六十三年卒。

龚　氏　十三都邓悦行妻，二十五岁孀，守节四十六年卒。

李　氏　十三都诸生邓天玺妻，二十四岁孀，守节五十八年卒。

邹　氏　十三都邓汉碧妻，十七岁孀，守节三十六年卒。

李　氏　十三都邓浣妻，归数月，夫客外而没。长遗腹孤仁，两娶止生一女。守节五十余年卒。

丁　氏　十三都邓树美妻，二十六岁孀，守节三十七年卒。

郑　氏　十三都邓永年妻，二十二岁孀，守节四十二年卒。

陈　氏　十三都邓经元妻，二十二岁孀，守节五十年卒。

吴　氏　十三都邓廷柱妻，二十二岁孀。事病姑，朝夕不离左右。老训诸孙，幼者润芳籍于学。守节五十八年卒。

邓　氏　十三都诸生邓梅妻，二十七岁孀，守节四十二年卒。

李　氏　十三都邓光纪妻，十八岁孀，守节五十二年卒。

魏　氏　十三都邓有三妻，二十五岁孀，守节四十六年卒。

魏　氏　十三都邓耳雍妻，十八岁孀，长遗腹孤，守节五十七年卒。

曾　氏　十三都邓大洪妻，二十四岁孀，守节五十九年卒。

封　氏　十三都邓纬耀妻，二十三岁孀，抚孤为诸生。守节四十五年卒，获旌建坊。

江　氏　十三都邓振才妻，十九岁孀，守节四十九年卒。

萧　氏　十三都邓鳌妻，二十四岁孀，守节四十八年卒。

魏　氏　十三都邓范九妻，二十二岁孀，守节三十八年卒。

丁　氏　十三都诸生邓之狷妻，二十五岁孀，守节四十年卒。

周　氏　十三都邓陈庆妻，十八岁孀，守节二十四年卒。

危　氏　十三都邓浓若妻，十九岁孀，守节三十四年卒。

邹　氏　十三都邓抡元妻，二十六岁孀，守节四十六年卒。

傅　氏　十三都邓宜男妻，二十岁孀，守节三十四年卒。

邓　氏　十三都邹作梅妻，二十四岁孀，守节六十年卒。

邓　氏　十三都太学生邹廷书妻，二十六岁孀，长稚孤翼曾为诸生，守节五十四年卒。

魏　氏　十三都邹宇豪妻，二十六岁孀。学使汪润之以“冰湛霜清”表其门，卒年七十。

邓　氏　十三都邹任宗妻，二十四岁孀，守节五十八年卒。

邓　氏　十三都诸生邹宜曦妻，二十八岁孀，守节四十八年卒。

魏　氏　十三都邹书生妻，二十七岁孀，守节五十年卒。

（自陈仲祥妻龚氏下并据采访册）

李　氏　十三都游斯陶妻，二十七岁孀，长遗腹孤而赀日起。会本支宗子无嗣且无家，捐租十三石二斗赡旁支为之后者。先是，无人肯嗣，得此而宗子始不绝，其功在一宗云。卒年五十九。（据《游氏家传》）

论曰：李氏祖母黄氏以节显，其父永福训导玙，有长者之行。而李功在一宗，虽烈丈夫，何以加哉？可以考诗书之泽也。

徐　氏　十三都游绍庸妻，十九岁孀，无子而笃贫。夫弟绍曾少善属文，徐氏喜曰：“游氏之兴，其在斯乎？”力女红供堂上甘旨，以其余佐绍曾从师问学，后果举于乡为副贡。绍曾感嫂德，为请旌建坊，其费皆授徒所储也。可谓嫂叔济美矣。守节五十五年卒。（据《游氏家传》）

黄　氏　十三都游偲妻，二十七岁孀，长孤廷勲为太学生，守节五十八年卒。

林　氏　十三都黄寿兴妻，三十岁孀，守节五十年卒。

丁　氏　十三都黄绍九妻，二十九岁孀，守节四十五年卒。

邓　氏　十三都黄首奇妻，二十五岁孀，守节五十五年卒。

卢　氏　十三都黄廷爵妻，二十二岁孀，守节二十七年卒。

邓　氏　十三都黄凤简妻，二十九岁孀，守节三十七年卒。

吴　氏　十三都陈迺议妻，二十八岁孀，守节五十二年卒。

严　氏　十五都上官裴妻，二十一岁孀，守节二十五年卒，获旌建坊。

黄　氏　十五都上官正平妻，二十四岁孀，八十余卒，获旌建坊。

寇　氏　十五都官伯英妻，二十四岁孀，守节五十三年卒。

危　氏　十五都上官继麒妻，二十五岁孀，守节三十九年卒。

黄　氏　十五都上官尔殷妻，二十五岁孀，卒年未详。邑令王瑶有“劲节可风”额。

黄　氏　十五都上官华旦妻，十九岁孀，守节四十二年卒。学使吴椿有“节孝流芳”额。

寇　氏　十五都上官正亮妻，二十四岁孀，守节六十年卒。

龚　氏　十五都李淳星妻，二十二岁孀，从姑守志，历三十余年卒。邑令何璠以“双节竞秀”表其门。

高　氏　十五都李开慈妻，二十二岁孀，守节五十一年卒。

陈　氏　十五都高光禄妻，十八岁孀，守节七十一年卒。邑令单去非以“铁面千秋”额奖之，为请旌焉。

方　氏　十六都刘毓登妻，二十四岁孀，守节四十九年卒。

李　氏　十六都诸生刘砥柱妻，二十五岁孀，守节五十年卒。

曾　氏　十六都刘天柱妻，二十七岁孀，守节四十二年卒。

吴　氏　十六都邓逢荣妻，二十八岁孀，守节五十余年，获旌如例。

曾　氏　十六都邓仕官妻，二十二岁孀，守节四十年卒。

（自游偲妻黄氏下并据采访册）

方　氏　十六都危位立妻，二十四岁孀，守节六十二年。子璟为诸生，皆其母自课，冬绩夏纺，宵分乃休，其先后靳曰：“冬资棉夏资葛，姒何勤而无所也？”答以“事豫则立，不豫则废”。已顾璟曰：“小子识之，学亦犹是也。”邑令单去非以“获教可风”旌焉。（据陈滋田所撰传略）

关　氏　十六都诸生龚有明妻，二十九岁孀，抚侄表为嗣，后籍于学，守节三十四年卒。（据采访册）

邓　氏　十六都方荣龄妻，二十四岁孀，妾黄氏二十岁，同志守节。邓卒年七十，黄卒年八十二。（据采访册）

黄　氏　十六都高隆建妻，十七岁婚，数月而夫死，遗厚赀，无期大功亲可嗣。而曾祖支下得嗣者非序当立，嗣子生父某惧久中变也，谋嫁黄氏，专其产。已遣媒，有成议矣。黄氏觉，闭阁深匿，虽至亲存问，亦谢不见。会曾祖姑诞辰，某度黄氏当随班上寿，乃主称觞致黄氏而阴约娶者。是夜舆来，黄氏觉，未晡辞祖姑去。然其谋益急，将以众破闼篡取。黄氏见势不可已，出控于县，县不为理，翦发掷公庭，走诉郡。郡太守黄宽方厉名教，礼节妇，过坊则式，闻贫孀则致钱米。得黄氏诉，立勾对簿，令黄氏肩舆上堂，就帷内取供，亲书“青松劲节”额赐其家。而薄惩某以全谊，依序增二嗣，析产授之，以杜争远贪。自是里龙无吠，霜帏晏然，字育二雏，克立有世。迄节妇之卒，岁时伏腊奉尝黄太守不绝也。卒年六十二。（据采访册）

论曰：人佥言贫孀不易居。呜呼！孰知富孀之得祸尤烈哉！盖贫者天困之，玉其成也。富者人觊之，高明之，家鬼瞰其室也。一难于自坚，一虽自坚祸犹不肯已，是重赖有司矣。如黄太守者，岂易旦暮遇哉？余故附著之焉。

上官氏 十六都元位华妻，二十四岁孀，年九十三卒。（据采访册）

黄　氏 十七都邱人儒妻，二十七岁孀，事舅姑谨于礼，教子及妇闲以义。夫从兄有抚媳方稚，翁以姑死家窘，欲转售，已与媳外氏有成言矣。黄氏闻之曰：“是乌可收养。”于家教之纺绩，及长遣归与从子合卺，抚其背曰：“儿今能自食，无劳尔翁费寻思也。”（据《邱氏家传》）

饶　氏 十七都邱沄妾，嫡郭氏无子，饶氏生子榑，甫二岁而沄死，遗厚赀。族之群不逞，间内衅谋篡取榑。饶氏匿榑床下，嘱儿弗声，仅而免。后内衅不作，外谋乃寝。及榑有立遂卒，年五十，孀年三十。（据《邱氏家传》）

李　氏 十七都邱炘妻，二十六岁孀，守节四十八年卒。（据采访册）

梁　氏 十七都诸生邱爕妻，二十九岁孀，守节四十三年卒。（据采访册）

王　氏 十七都太学生吴份妻，二十三岁孀，守节四十九年卒，获旌建坊。

游　氏 十七都诸生丁梦松妻，二十九岁孀，年五十八卒。（据采访册）

龚　氏 十八都傅先恩妻，二十七岁孀，有孤六龄，育四年殇，抚夫弟之子文世，复夭。然志百折不回，茕独以死。族人哀之，傅家谱叹天之报施善人无凭也。抑知身绝而名存，家亡而族思，其大公之道在人心，如此可凭。夫孰非天之所以报施也邪？（据《傅氏家谱》）

高　氏 十八都傅先鹏妻，于归时舅姑前没，以不逮事为憾，与人语无舅姑辄流涕。人以妇于舅姑未曾识面，不解其涕之从出也。年二十而夫死，其悲不加于前，抚夫兄子，已抱孙矣，而颜色戚戚不异初孀。或疑其有泣病，近于不祥，而嗣子与孙竟相踵死，遂失祀。可悲也。（据《傅氏家谱》）

李　氏 十八都傅正纲妻，二十九岁孀，长三岁孤中晨，而家赤立，以粥饲子，自咽糠，不令子知，人亦莫之知也。同里朱氏闵其苦节，谓其后必昌，以女归其子焉，可谓仁且智矣。惜不得其名为慨也。李氏卒年亦未详。

李　氏 十八都傅文韬妻，二十七岁孀，里人以其为果斋先王裔孙，谓死者复生，生者不愧节妇当之，其懿行可想见之也。卒年未详。

黄　氏　十八都危永茂妻，二十四岁孀，育子一又富为太学生，守节五十三年卒。有二侄少失怙恃，黄氏抚之如子，历十数年不少异，盖孝之推也。

欧阳氏　十八都危六一妻，二十岁孀，守节五十八年卒，获旌建坊。

傅　氏　十八都戴光寿妻，二十一岁孀，守节三十九年卒。

邱　氏　十九都武举黄瓒中妻，二十八岁孀，守节三十九年卒。

吴　氏　二十都黄世法妻，二十九岁孀，教子槐为诸生，有声于庠。卒年未详。

宗　氏　二十都黄宗望妻，二十六岁孀，守节四十二年卒，获旌建坊。

危　氏　二十都黄滜年妻，逾七旬，孀年未详。学使恩普以“潜德幽光”表其门。

李　氏　二十都黄宗一妻，二十三岁孀，无子，至五十始得夫弟子重国为嗣，守节六十年卒。

李　氏　二十一都张元金继室，十九岁孀，守节三十年，获旌如例。

彭　氏　二十一都张元端妻，二十岁孀，守节三十年，获旌如例。

危　氏　二十一都吴熈南妻，二十三岁孀，守节七十年卒。

邱　氏　二十三都高忠源妻，二十八岁孀，守节五十余年卒，年八十有奇。

伍　氏　二十三都苏敬平妻，二十六岁孀，卒年五十五。

陈　氏　二十三都黄仲谋妻，十九岁孀，长遗腹子，守节七十六年卒。

黄　氏　二十三都邱廷书妻，二十五岁孀，守节五十一年卒。

（自傅正纲妻李氏下并据采访册）

王　氏　二十四都毛有斐妻，二十二岁孀。其舅拥厚赀而弱，宗人利其财者，阴伺强夺角出。王氏遗腹生宗笔，数岁忽失所在，微闻嗄咿声出瓮中，急觅得诸别室，掀数被乃见，气息仅属，自是防益密。然诸不逞犹不肯已，有谋迫之嫁者。乃携孤依母家，逮宗笔长而饶干济，能御内侮，始家去。守节五十年卒，获旌建坊。（据孙抟昊撰行略）

郭　氏　二十四都毛宗炳妻，二十三岁孀。长周岁孤世玨，已娶而夭，其妇叶氏二十一，有子玉诜。妇姑相依，同抚孤孙。郭守节五十二年卒，叶守节十六年卒，并获旌建坊。方世玨之死，两世存一襁褓，今孙曾林立，知双节所培者厚矣。（据采访册）

官　氏　二十四都毛彩生妻，彩生死于贼，官氏年二十，长二子，有立，守节六十五年。邑令谢绍仁奖以“劲节凌霜”额。（据采访册）

王　氏　二十四都毛世瞻妻，二十二岁孀，守节六十余年。（据采访册）

官　氏　二十四都毛先桂妻，二十四岁孀，有三子，勗以义方，守节六十二年卒。孙曾济济一堂，四代福祉之盛，有自来矣。（据采访册）

高　氏　二十四都张其通妻，十九岁孀，遗孤三月，老姑在病，保抱迎承，不遑安息，至哭夫亦无余隙。见者谓赖此得少节哀，然泪痕在衣，与儿溺相渍，外人那得知也。守节五十二年卒。（据《张氏家传》）

论曰：闻高氏夫兄分产，尽占膏腴而不与较，人多其让。余曰：“彼亦有所争，即其夫兄所让者。不然，病姑非无子，且尚有妇，何为独勤一孀媳哉？观其所争即其让，可知也。”

官　氏　二十四都张翼邦妻，二十一岁孀，守节五十一年卒，获旌建坊。（据采访册）

危　氏　二十四都张翼龙妻，二十三岁孀，守节五十八年卒，获旌如例。（据采访册）

危　氏　二十七都诸生黄元方妻，二十七岁孀，抚二子，长仕选又早世，妇龚氏亦二十七岁孀，而孙妇于氏为仕选次子翼叙妻，又二十三岁孀，于是三世皆以节闻。学使张鳞以“累世贞孝”表其庐。危氏卒年六十八，龚氏卒年八十一，于氏嗣夫兄子鲤登，今存。（据《黄氏节略》）

叶　氏　二十七都黄有临妻，二十六岁孀，折钗誓志，育周岁孤，有立，守节五十三年卒。（据采访册）

官　氏　二十七都太学生黄垂青妻，二十二岁孀，守节十七年卒。（据采访册）

傅　氏　江西泸溪女，适邑二十七都危钦五，二十五岁孀，育周岁孤。未几，夫兄弟俱死，伯无子，季存一遗腹，而伯季二妇并夺丧再醮，季且以遗腹孤托焉。当是时，内外无期功亲，乡里易其茕弱有欲夺其志者，乃怀二孤奔母家以免。无何，子甫娶妇，夭，妇亦去帷，相依为命者，交抚之犹子耳。年六十一卒。生平辛勤，节缩数百金悉以贻之，及犹子生子敏清，曰：“吾今有以报母德矣。”以敏清为其殇子后，而归其金曰：“此伯母故物也，善守之。”（据泸溪林策撰传）

傅　氏　二十七都元英著妻，二十三岁孀，抚一岁孤。而英著兄嫂相继死，遗孤三岁，复抚之。二孤克立，遂卒，年四十九。

聂　氏　二十七都龚孟峻妾，无子，二十六岁孀，竟节老龚门，得年七十五。

游　氏　二十七都陈拜扬妻，二十四岁孀，守节四十九年卒。

陈　氏　二十八都张文烱妻，二十九岁孀，长二孤，次垂翔籍于学，守节五十八年卒。

官　氏　二十八都张文焰继室，二十八岁孀，子垂昆三岁，以长以教，皆仰十指，守节三十六年卒。

曾　氏　二十八都黄元梁妻，二十四岁孀，家事一委叔氏，人多其让。守节三十七年，道光三年获旌建坊。

危　氏　二十八都黄日生妻，十九岁孀，守节六十三年卒。

何　氏　二十八都王祥义妻，孀年未详，道光十三年获旌如例。

吴　氏　二十八都王庚丁妻，孀年未详，嘉庆元年获旌建坊，年八十四卒。

龚　氏　二十八都高兆彭妻，二十五岁孀，长周岁孤，事垂暮翁姑，节老高门，年五十七卒。

邓　氏　二十八都郑思逊妻，二十二岁孀，守节三十六年卒。

张　氏　二十九都龚克胜妻，二十岁孀，长三岁孤松龄，守节二十年卒。

翁　氏　二十九都龚梦熊妻，十九岁孀，育周岁孤文俊，守节四十六年卒。

官　氏　二十九都龚云龙妻，二十八岁孀，教养三孤，皆有立，守节四十年。邑署令董启埏奖以“节孝可风”额。

（自元英着妻傅氏下并据采访册）

方　氏　三十都饶德宜妻，伉俪极笃。偶归宁，闻夫病，待舆不至，徒步奔归侍疾，十余日眠食俱废，夫竟不起。每哭气不属而僵，移时始苏，一日间死者十数矣。家人忧之，以子幼家多难劝其节哀。方氏曰：“哀可节，情亦可断，于心安乎？”劝者曰：“哭殉安矣，如死者不安何？”自是哭有时，僵亦少减，讫终丧始平。然暮年与子妇道夫往事，犹流涕，语不能竟，殆以哀终始也。孀时二十九，卒年七十六。子二，积崇、积嵩。（据《饶氏家传》）

论曰：丧事不敢不勉，圣人犹曰“何有于我”，可知节哀极难也。方氏以哀终始者，又每哭辄僵，其性厚，其情挚矣。然一闻劝语，哀为少杀，何化之速欤？彼思慰安长逝者之魂，不敢不勉，其少杀也，乃所以为哀之至。惜夫！无有施之父母，而让斯嫠独千古也。

吴 氏 一都梅密林妻，十九岁孀，守节七十一年。今存，年九十。

黄 氏 十七都邱孟泰妻，二十二岁孀，有遗腹孤四月。于时一发千钧，今曾元绕膝，年八十八，犹健在，一人关盛衰之交如此。

曾 氏 七都李高鹤妻，二十四岁孀，守节五十八年。今存，年八十二。

龚 氏 二十都黄宗桢妻，二十九岁孀，育三孤，皆有立。孙名卿，籍于学。守节五十余年。今存，年八十。

葛 氏 十三都游殿华妻，二十三岁孀，守节五十六年。今存，年七十九。

陈 氏 二十五都杨明顺妻，二十九岁孀，无子。立夫兄子灵九，已娶而夭，遗孤一。其妇王氏甫二十六，与姑同志，卒长其孤。杨氏之有世，双节为之也。陈年七十九，王年五十七，并存。

傅 氏 十三都游懿恭妻，二十四岁孀。育子豪楚，已娶而夭，遗孤孙，其妇黄氏二十六岁，姑媳同志。今傅氏七十九，黄氏六十，并健在。白首相对，门冷如冰，其节可钦，其景状可图也。

官 氏 二都宁英协妻，二十八岁孀，长遗腹孤，守节五十年。今存，年七十八。

黄 氏 十八都戴光显妻，二十七岁孀，守节五十年。今存，年七十七。

吕 氏 七都李攀英妻，二十一岁孀。今存，年七十六，获旌建坊。

高 氏 十三都黄宜权妻，二十三岁孀。今存，年七十五。

李 氏 二十一都蔡良玔妻，二十岁孀。今存，年七十五。

何 氏 二十二都邱天顺妻，二十八岁孀。有子燕贻，已为夫兄后。后燕贻生子，以一归后。守节四十六年。今存，年七十四。

吴 氏 十五都李仪表妻，二十八岁孀。今存，年七十三。

钱 氏 十三都邓礼曾妻，二十岁孀，守节五十三年。今存，年七十三。

（自梅密林妻吴氏下并据采访册）

危　氏　二十七都龚孔瑭妻，二十六岁孀，有子曾集。其夫兄孔珏前死，无子，然实家嫡也。族人以孔瑭夫妇年方盛，继嗣有待，悬而未议。及是议嗣曾集，而危氏初孀，止一子，议者嗫嚅莫肯先发。危氏慨然曰："何可使伯氏无后，天若不绝吾夫，使是子多男，以其一归后焉可也。"曾集既壮，有室生四子，以二孙归后，如危氏志。若危氏，可谓明大义而能人所难能矣。今存，年七十二，获旌建坊。（据《龚氏家传》）

夏　氏　十二都陈志妻，二十九岁孀，知大体，治家可则。今存，年七十二。（据采访册）

吴　氏　九都官国锷妻，十九岁孀。今存，年七十二。（据采访册）

谢　氏　十八都傅全岳妻，十九岁孀，抚夫兄子义权为嗣。性喜施，其后家中落，或以为言，谢氏不悔也。守节五十余年，今存，年七十。（据采访册）

郑　氏　二十七都元荣野妻，二十七岁孀。长五岁孤，中道夭，遗一孙，复抚之。守节四十三年，今存，年七十。（据采访册）

杨　氏　二十九都龚文魁妻，二十二岁孀，守节四十八年，有曾孙。学使吴以"兰质松心"额奖之。今存，年七十。（据采访册）

揭　氏　在都何长傅妻，二十六岁孀，守节四十四年。今存，年七十。（据采访册）

曾　氏　十一都太学生白受采继室，二十八岁孀，长二子常佩、殷器为士夫。夫同族有穷嫠黄氏，抚遗腹孤，困极，曾氏屡周之，相期共守，竟完节老白门，其遗腹孤且生孙矣。曾氏以子常佩援例营千总，称太安人。族从佥曰："黄氏固贤，非太安人与人为善，即不易节，亦母子同为沟瘠矣。"盖贤之也。今存，年六十九。（据元作桢传略）

曾　氏　十二都陈宗韶妻，二十七岁孀，守节四十二年。今存，年六十九。（据采访册）

林　氏　十三都黄高仰妻，三十岁孀。今存，年六十九。（据采访册）

黄　氏　二十八都王祥仪妻，二十九岁孀。今存，年六十九。（据采访册）

周　氏　十八都危鼎妻，二十九岁孀，守节四十年。今存，年六十九。

李　氏　十八都邓以成妻，二十五岁孀，长二孤，守节四十四年。今存，年六十九。（据采访册）

李　氏　二十八都王安寿妻，二十五岁孀。今存，年六十八。（据采访册）

高　氏　二十九都龚尚立妻，二十二岁孀，子俊良甫三岁，辛勤长之，有孙六。守节四十五年，今存，年六十七。（据采访册）

何　氏　一都龚履和妻，通诗书，行事识机宜，十五岁来归，即善事舅姑。会夫兄艰嗣，舅姑望孙殊急，乃于归之二年为夫置媵，及妾方妊而履和死，时何氏年二十也。已而妾生女，何氏搏膺曰："天乎！是再死我夫也。"于是日望夫兄生子以慰舅姑，久之，杳然。乃抚从子润文为后，然犹出己赀佐夫兄买妾，又不育，再佐之，不数年而夫兄死矣。何氏曰："嗟乎！是并绝我舅姑也。"他如置县试桌凳、广祖祭田、本邑科资及备修圣宫田，皆所谓行事识机宜也。诗书之益人神智，允哉！今存，年六十七，获旌建坊。（据《龚氏家传》）

张　氏　二十九都龚惠妻，既孀，抚子文粮，冠而夭嗣，孙士成郡学生，曾孙二，已请旌如例。今存，年六十六。

何　氏　二十九都龚懿妻，孀年未详。子职员文煐、诸生文爔为请旌如例。今存，年六十五。

王　氏　二十六都邱敬妻，二十八岁孀，守节三十七年，获旌建坊。今存，年六十五。

邓　氏　十三都邹华衮妻，二十四岁孀，守节四十二年。今存，年六十五。

黄　氏　十二都蔡国南妻，二十九岁孀，有妾毛氏，二十四岁，同志守贞。训二子义方，有过流涕加挞，并为善士，家亦暂起，乡里称之。今黄年六十四，毛年五十八，并存。

魏　氏　十三都邹华祝妻，二十二岁孀，守节四十二年。今存，年六十四。

吴　氏　十六都刘振孚妻，二十八岁孀，守节三十六年。今存，年六十四。

徐　氏　二十四都雷世駡妻，二十四岁孀，守节四十年。今存，年六十四。

熊　氏　二十六都邱学偃妻，二十四岁孀，守节三十九年，获旌建坊。今存，年六十三。

叶　氏　二十四都张廷资妻，二十九岁孀，有三子，守节三十四年。今存，年六十三。

封　氏　十二都太学生陈寿祺妻，二十九岁孀，长孤琮，教之为士，籍于学，守节三十四年。今存，年六十三。

邓　氏　十三都游承姬妻，二十六岁孀，守节三十六年。今存，年六十二。

官　氏　二十九都黄绍清妻，获旌建坊，年六十二，有曾孙。今存。

邱　氏　三十都元明伦妻，二十六岁孀，守节三十六年。今存，年六十二。

蔡　氏　十八都傅全缙妻，二十三岁孀，长子三岁，次子遗腹五月，而笃贫，力操作长之，及二子长，家暂裕，犹作苦如故操，守节三十八年。今存，年六十。

陈　氏　五都曾其秀妻，十八岁孀，守节四十二年。今存，年六十。

官　氏　十都危恩吉妻，二十一岁孀，守节三十九年。今存，年六十。

杨　氏　十二都陈新禄妻，二十八岁孀，守节三十二年。今存，年六十。

王　氏　十八都丁友吉妻，二十七岁孀，守节三十三年，获旌建坊。今存，年六十。

危　氏　二十七都太学生黄元亮继室，二十五岁孀，遵夫遗命教子以大其世，长子旦华获举于乡，守节三十五年。今存，年六十。

（自龚惠妻张氏下并据采访册）

姚　氏　江西新城人，十六岁适邑九都东山村李光寿，五载夫病，典嫁衣资医药，既剧，泣请从死。夫曰："从死固佳，能事我母尤吾心也。"既孀，视殓毕，遂缢。姑急救得苏，稍定，以夫后命责之，默无语。曲意事姑，如其子在焉。久之，夫弟有子明桂，抚为嗣。又典嫁衣市书教之读，意甚勤也。今存，年五十九。（据《朱逢源传略》）

黄　氏　十二都陈云程妻，二十七岁孀，哭无度，泪尽继以血，终丧稍平，事舅姑谨于礼，同里式之，守节三十二年。今存，年五十九。（据采访册）

陈　氏　二十九都官尚德妻，十九岁于归。翁姑前没，事祖姑克尽妇职。三十岁孀，抚夫从兄子兆兴为嗣，有四孙。守节三十年。今存，年

五十九。（据采访册）

官　氏　十五都高国馨妻，十九岁孀，守节三十九年。今存，年五十八。（据采访册）

李　氏　二十三都高绍言妻，二十一岁孀。今存，年五十八。（据采访册）

李　氏　三十都元光宗妻，二十一岁孀。今存，年五十八。（据采访册）

黄　氏　在都何长煋妻，二十五岁孀，家贫艰养，以纺绩钱供姑饔飧，而己恒啜粥，即所售多可二人食亦然，谓后难继也。或有馈米者，婉谢曰："未亡人啖粥惯，不欲老姑食人食也。"今存，年五十七。（据《何氏家传》）

张　氏　七都邓守助妻，二十四岁孀，守节三十三年。今存，年五十七。（据采访册）

谢　氏　十三都封朝诰妻，二十九岁孀。今存，年五十七。（据采访册）

伍　氏　二十九都江绍裘妻，三十岁孀，有二子。今存，年五十七。（据采访册）

翁　氏　二十九都龚显松妻，二十九岁孀，有三子。今存，年五十七。（据采访册）

李　氏　一都高洞然妻，长夫三岁，故年二十二始于归，乃婚甫半载而寡。晚嫁早孀，缘慳命薄。所居室逼井所，方夫属纩时，小语曰："乞缓须臾，与妾同去。"径走井所，家人未觉也。幸井浅，遇救不死。由是内外加防，越十日，其姒黄氏归自樵城，开之曰："二叔支子也。娣亡则祀斩，异时寒食谁为浇墓土供麦饭？"人言未既，李氏起谢曰："姒言良是，从今不复觅死矣。"逾五岁，夫弟次子孝辅生，时君舅前卒，祖姑命孝辅为之后，兼受产焉。会外家骤贫，屡索赀助，李氏叹曰："此高氏钱也，与则私妨公，不与亦义伤恩，如之何其可已？"又曰："高氏用有常经，我计一人衣食，岁费若干而力节缩之，以其赢奉私亲，庶两全欤？"自是岁以钱二万算给焉，而己粗衣菲食，傫然贫孀也。不宁惟是，孝辅体素羸，十岁前不时辄病，病辄为废眠食。及长籍于学，身加健，可以少息矣。而前后两娶妇并瘵死，大抵此三十年间忧患日多，安乐日少。故年甫五十，颓然六七十岁人也。内外宗咸敬之。今存，年五十六。（录《抑快轩文集·事略》）

黄　氏　五都官其惠妻，二十二岁孀，守节三十四年。今存，年五十六。

危　氏　十五都高光伦妻，十八岁孀，守节三十六年。今存，年五十六。

何　氏　二十七都诸生黄鼎新妻，二十六岁孀，抚孤鸣岐籍于学，守节三十年。今存，年五十六。

王　氏　二十九都官尚元妻，二十四岁孀，守节三十二年。今存，年五十六。

叶　氏　三十都元光曙妻，二十八岁孀。今存，年五十六。

危　氏　在都何高驺妻，二十七岁孀。今存，年五十六。

陈　氏　在都上官力箦妻，二十六岁孀。今存，年五十五。

（自官其惠妻黄氏下并《据采访册》）

李　氏　六都吴光璧妻，二十五岁夫亡，遗孤甫周。未几，舅姑继逝，遗幼叔才二龄。李氏左携儿右抱叔，一食一衣先叔后儿，及长，婚教如之，不知者误叔侄为兄弟。闻其风者，虽未尝面而辨焉。今存，年五十五。（据《吴氏家传》）

周　氏　五都曾文秀妻，二十二岁孀，守节三十三年。今存，年五十五。

蔡　氏　十七都邱人简妻，二十四岁孀，守节三十年。今存，年五十四。

官　氏　七都李心培妻，十七岁孀，殡夫后自矢曰："我为妇日浅，遽遭大痛，虽姑宽而怜我，不责以事，我岂可不尽心乎？"日侍姑不离左右，执事恪恭，姑劝以少休，则泣曰："在姑所，觉身有倚而心有着，否则冥冥思卧而已。"噫！听其言，盖以姑为性命者，可谓孝矣。守节三十八年。今存，年五十四。

邓　氏　十二都陈和宗妻，十八岁孀。今存，年五十三。

陈　氏　二十八都王有亨妻，十九岁孀。今存年五十三。

熊　氏　一都太学生裘广万妾，二十六岁孀，长二子有立，获旌如例。今存，年五十三。

江　氏　在都何长坦继室，二十五岁孀。今存，年五十二。

江　氏　六都孙功良妻，十七岁孀，守节三十五年。今存，年五十二。

李　氏　六都危祖吉妻，二十八岁孀，守节二十五年，有贤行。今存，年五十二。

邱　氏　七都诸生邓洪新妻，二十一岁孀，守节三十一年，长子诗观为诸生。今存，年五十二。

李　氏　一都陈长易妻，二十岁孀，守节三十二年。今存，年五十二。

晋　氏　一都万年禄妻，二十五岁孀。今存，年五十一。

吴　氏　八都何世瑜妻，二十五岁孀。今存，年五十一。

（白曾文秀妻周氏下并据采访册）

邓　氏　邑诸生德心怡妻，二十一岁孀，家赤[1]立。有舅笃老且病，邓氏曰："人皆乐生，我独乐死，然舅在如何？"每得勺米，则作糜以稠者供舅，而自啜其清湳，无则终日饿。而赊胡饼数枚进舅，舅不忍独食，则诡以有余饼对。若邓氏诚无忝孝嫠哉？郡守陆我嵩行部至光泽，旌其庐，以银币给焉。今存，年五十。（节录《抑快轩文集·劝赈孝嫠邓领人文》）

黄　氏　在都何长清妻，值家落，与夫依其父以居，二十八岁孀，力针黹长二子高梯、高准。今存，年五十。（据采访册）

龚　氏　一都梅仰富妻，二十五岁孀。今存，年五十。（据采访册）

李　氏　一都刘延龄妻，十六岁孀。今存，年五十。（据采访册）

何　氏　十七都邱才盖妻，二十三岁孀。今存，年五十。（据采访册）

谢　氏　十八都傅全庚妻，二十七岁孀，无子，继嗣亦无人，业履而食。稍有所积，业如故。不知有生人之乐，亦不类遭失偶之悲。盖心纯而天全也。卒为夫立后，遇可为则为之，不可为亦不强，其行如此。今存，年五十。（据《傅氏家传》）

傅　氏　二十六都邱明炯妻，二十五岁孀。今存，年五十。（据采访册）

徐　氏　二十七都叶迎春妻，二十六岁孀。今存，年五十。（据采访册）

何　氏　二十九都龚兆凤妻，二十岁孀。今存，年五十。（据采访册）

章　氏　二十四都官体祥继妻，二十四岁孀，存没未详，子成远。（据采访册）

---

① "赤"，底本作"亦"。

本家未送稿由簿档补入二十人：

黄环仰妻梁氏、龚文宗妻李氏、李华椿妻陈氏、危精一妻高氏、曹应吉妻饶氏、李光长妻上官氏、龚梅挺妾高氏、上官瑶妻吴氏、李光皓妻何氏、曾应颉妻饶氏，凡十人乾隆间旌表。

陈曜妻周氏、龚润云妻杨氏、邱维栋妻德氏、黄悠仪妻德氏、何均厚妻万氏、龚（名阙）妻上官氏，凡六人嘉庆间旌表。

饶英偃妻官氏、黄尚佑妻曾氏、丁启贤妻危氏、黄绍泰妻官氏，凡四人道光间旌表。

梓竣后补入：

吴　氏　牛岭农家女，为三都朱溪黄仁万童养媳。未婚而夫死，父母欲赎归改适，女曰："儿黄家妇也，虽与郎君未合卺，我舅我姑已妇我十年矣，不得缘在家从父义责儿也。"不听，则搥胸曰："嗟乎，奈何受人十年抚字恩不思报，作妇不终，反向陌路人称舅称姑邪？儿有死而已。"父母不敢强。自是蓬首垢面，终岁作苦，而依舅姑为命。舅姑既殁，作苦如故，或劝之少休，曰："我黄家老婢也，受主人豢养，敢偷安邪？"今存。

论曰：此于法当列贞女，然味吴氏之言与受聘父母家者，不可同日语，其辨义精矣。余无以易也。矧吴氏不愿更妇陌路人，彼且视童养舅姑如天亲，守死而不去，其节奇矣，其孝尤至也。兹余所以列节孝欤！

李　氏　十六都高名言妻，二十五岁孀，家丰而无子，请于伯氏以仲之子隆尊为嗣。已而隆尊死，遗孤元健方离襁褓。族之蠹者睒其赀，以孤童不保厥产，当立长嗣为言。李氏曰："是谋可破也。"择从子中方正有守，为族敬畏曰道清者，手付以藐孤并产籍曰："恣入出不问，如有异言，未亡人亲唾其面。"争遂息而产加扩。族佥谓李氏能知人善断也。元健亦成立。

论曰：高氏之先有争承祧亡数家产，至所争之产亦随尽。呜呼！让为兴基，争与败邻。自然之应，而愚者不知，可悲也！若李氏之为，不唯保厥产，并保争者之产，其诸所谓曲突徙薪者欤？然道清不负所托，亦贤而智者，不然何以唶群愚之口哉？故附著于篇。

李　氏　十六都高隆清妻，二十二岁孀，教二子元春、元培，并籍学。元春出嗣，从父隆建、嗣母黄氏亦以节显者，语具本传。李氏以嘉庆六年获旌如例。

廖　氏　十九都王泽丰妻，婚日泽丰已病，请于姑别寝，泽丰亦不强侍疾，二十日而孀，犹然处子也。父母劝之改适，答曰："儿身虽未分明，故王家妇也。"一意事姑，偶归宁，信宿而反，其自闲严甚。侍姑退，闭处一室，虽夫党卑幼罕面，曰："我妇而女也，礼当引嫌。"同室诸娣姒聚语笑声闻外，廖氏嘿然而已。闻嗣子增九呼以母，面恒发赤，其温谨如此。年四十一卒。

论曰：世多论守贞不嫁非中道，若廖贞妇其何以称焉？盖贞女贞妇皆成于性，而贞妇所谓知和，而和以礼节之者尤可贵尚也。不然，率性之谓道，何以立？教犹待于修哉？

方　氏　安徽旌德人，其翁吕滨占籍光泽，命仲子伟侯反故里委禽焉。三月而孀，讣至，滨以伯子伟人次男周烈遥嗣之。方氏念翁老嗣幼，远父母只身归新籍。而翁寻卒，依伯氏佐姒督家政，不辞劳瘁，内外咸宜之。周烈既娶，生二孙，爱之如命。已而长孙殇殒，积哀成疾。于是姒亦病且剧，则曰："姒如不讳，家散矣。我无日不可死，力疾露祷，愿以身代。"姒竟瘳，而方氏殒，人以为得请云。孀守二十三年，卒年四十四。

吴　氏　二十六都邱学偃妻，二十九岁孀，守节三十余载，年六十三卒，子屏楹。

高　氏　在都何长饫妻，二十七岁孀，守节二十二年卒。

陈　氏　十都寇琼山妻，二十一岁孀。今存，年五十。

李　氏　五都官宗书妻，十八岁孀。今存，年四十二。

吕　氏　五都官宗良妻，十九岁孀。今存，年四十五。

于　氏　在都何长瑗妻，二十五岁孀。今存，年五十六。

赵　氏　十都危垂晋妻，二十七岁孀。今存，年四十六。

黄　氏　十都何配宗妻，二十八岁孀，守节四十余年。

陈　氏　在都黄洪铣妻，二十岁孀，守节二十一年卒。

包　氏　十一都何有德妻，二十三岁孀，守节六十六年卒。

官　氏　十六都高正行妻，二十七岁孀，守节二十九年卒。

周　氏　九都上官国荣妻，二十四岁孀，守节二十七年卒。

危　氏　在都李宗梓妻，二十五岁孀。今存，年五十三，子功竣。

薛　氏　十四都官国永妻，二十三岁孀。今存，年四十六。

陈　氏　三十都元光国妾，二十八岁孀。今存，年五十三。

官　氏　十一都白贵廷妻，二十岁孀。今存，年五十一。

曾　氏　五都陈承季妻，十八岁孀，守节二十二年卒。

王　氏　一都龚履素妻，二十七岁孀，守节四十四年卒。

王　氏　十一都白思善继室，二十七岁孀，守节四十四年卒。

黄　氏　三十都李玉福妻，二十二岁孀。今存，年四十二，嗣子堂。

官　氏　在都何长春妻，二十七岁孀，守节五十三年卒。

吴　氏　在都何长禄妻，二十九岁孀，守节四十一年卒。

李　氏　七都严鲁波妻，二十九岁孀，守节十七年卒。

高　氏　三十都元长祐妻，二十九岁孀。今存，年四十二，有子二。

陈　氏　二十四都张其暟妾，二十四岁孀。今存，年六十八。子廷炯，邑诸生。

张　氏　一都陈宗畅妻，二十八岁孀，卒年七十二。

传卷十二　列女传（增修）

贤　明

叶　氏　邑廪生何长韶志继室也。长韶性孝友，常割己租百六十石田均之兄弟，又为妹长其子女，且为婚嫁。长韶殁，叶克绍其志。甥妇黄氏孀，翁欲其改适。叶召养之数十年，使卒完其节，且为长其二子。凡戚之贫难自存者，辄有馈遗，一如长韶在。其姑常贤之，以序居长，命诸娣皆以母事焉。（据采访册）

王　氏　二十四都毛玉鉴子妇也。玉鉴以祖锦生荫得官，历任泉州台属千总，迁安海都司。氏少抚长于姑，得姑欢心。姑有恚怒，劝之则解。生一女，无子。玉鉴夫妇寻殁而家日贫，其夫将嫁之，已遣媒有成说，觉而逃之母家，时年三十耳。力女红以糊口，无怨辞。有谓其夫无依不如他适者，则觍然曰："吾舅何人也？吾他适何以见舅姑于地下乎？"及老不能操作，赖婿家时有馈遗，得以寿终。（据《毛乘鳌撰传》）

孔　氏　贡生何长化继室，袭爵衍圣公昭焕女也。翁泽传官山东廉访时，闻孔族称其贤孝，为长化纳聘。妇事前，室母氏甚谨，又建别寝祀父母像，朝夕拜奠以伸孝思。翁解篆归，事之尤尽欢。庶姑病，彻宵不寐，侍奉过劳，因死于产。翁每语人曰："是女真不愧为圣裔也。"恒念之不忘云。（据《何氏世谱》）

危　氏　上官瑞云妻。性喜流览经史，尤讲读书立品，不仅欲以女学士自矜云。及笄，适瑞云。姒氏已殁而姑老侄幼，奉是抚养悉尽其诚。姑陈氏并贤孝，故族邻言阃德者必举以为法焉。（据采访册）

邱　氏　何太守长聚之配，髫时善读，数过了了。《列女传》《幼学》诸编义理砉然。届笄于归，诸姑集于堂，委蛇奉侍，能无轶乎礼节，而各洽其性情。室号"素封"，而太守宦燕北客苏东，家政悉畀中壶，卒能之纪之纲，井井不紊，其淑慎练达如此。于归时，太守年十四，劝之力学，遂以古文词赋卓然植规一时。太守好行义，尝出粟赈贫乏，又捐建育婴堂，赞佽之无悋[①]色。平昔荆布蔬粝，自持若寒素，而青精饷士、玉馔御宾，类陶母之遗焉。性淡静，畜众妾。以子良德坦，抚庶子如己出。一门之内肃肃雍雍，盖深樛木之化者也。荐食以时，不亲祀如不祀。课儿虽中宵不辍，丙午冡[②]子高慰登贤书，而庭训如严父不少恕。己酉岁惨嫠，幼子嘻嘻，顾谓孝廉曰："毋令废学，堕宗绪也。"命岁给膏伙以佽之居。常喜说因果，或讽古今诗词消闲中寓姆教。家运隆炽，产多男，每洗儿日绷，告于祖曰："若才也，顾庇相之，否则愿早殇之。"一生心事，兢兢以隳家声为虑。丁巳乱后，财物俱尽，临卒惟勉诸子自励，无取非义财，慎保先人令名，谆谆于大义而已。（节录王冕南所撰家传）

黄　氏　监生元基女，幼时元基授以经籍，辄悟解不忘。性尤孝，母病，医药不效，封股以进，药遂起。及笄，适崇仁袭政意，内助称贤。年二十八夫死，家贫无子，毁容茹素，矢志坚贞。父怜之，赡以田数亩。父寻卒，而家中落，遂以田还弟，以训蒙度日。有恶少某欲挑之，乘间投以诗，将诗诉诸乡老，痛惩之，其凛冽如此。书塾中常供奉一囊，书父母翁姑及夫名氏，朝夕参礼。有妇女来访，必劝以善，并讲说古今贤淑，以故闺门多受其化。四子书尤熟，言论间多所征引，里人称之为女先生云。今存，年六十六。光绪十一年题请旌表。（据采访册）

黄　氏　丁懋修妻，年三十不子，劝夫置妾，及夫殁，族议建祠而艰于赀，黄曰："此夫志也。"独任其事，召匠兴工，再期而竣。又捐建东桥钜赀。邑令罗旌以"台筑怀清"匾，深慕其行类巴氏云。生平粗粝自甘，喜奉佛，不茹荤，惟建庙宇、修桥路诸善举闻之皆慷慨佽成，其乐善好施至老弥笃。夫从子四，列籍学宫，均仰栽培焉。（据采访册）

黄　氏　为化州知州黄宗傑女，适内阁中书高澍然。当化州之官，尽室以行，方六岁，母已前卒。性甚慧，事化州敬慎备至。后化州获谴，能使稍减忧戚者，恃有女也。既长，益加敬慎，遂以孝名。及妇高氏，事姑如侍化州，家人交贤之。（据《高氏族谱》）

①同"吝"。

②同"蒙"。

杨　氏　县治裘维照妻。幼端慧，四子书及女史皆熟读，而性孝。翁病休息痢，侍奉备至，不登枕者数阅月。医者谓粪分咸淡，药始效，遂尝之以告，投剂乃瘳。年三十余夫殁，教其二子读，检嫁时衣付质以佐膏火，至今书香不替，由杨氏启之也。（据张雪君撰传）

吴　氏　训导何高玮之妻，性柔顺，不苟言。归时姑患怔忡疾，闭户塞牖以处者数十年，吴氏左右侍奉，药必亲尝，寝不安席。姑常语人曰："得此贤媳，吾无忧矣。"待妾以恩，夫有善举必赞成之，年八十乃卒。（据《何氏族谱》）

邓　氏　十二都岁贡生陈道成妻，性端凝，寡言笑。年二十归，相敬如宾。遇事辄规道成，敬惮之。事孀姑得其欢心，乡里言阃德者，举为法焉。年七十一，无疾而终。（据采访册）

黄　氏[①]　邑庠生何芳诰之媳，安浆黄氏女，十三岁抚归，事舅姑即如成人，计归何二十余年，而奉舅如父奉姑如母，未尝少懈。姑病月余，昼夜不离侧。及殁，哀毁人骨，事舅弥加恭慎，冬为温被，夏为扇桃，舅不寝亦不敢假寐，闻声即起问恙。夫读未卒业，家又贫，惟励女红蓄甘旨奉舅。生平寡言笑，处上下悉如礼，伯叔姑舅无不贤之。以误药不克产卒。叔舅芳谐妻官氏亦孝，姑病疯十八年，举动需人，事之朝夕无怠容，戚党咸以为难焉。（据采访册）

节　孝

李　氏　在城何泽年继室，年二十一夫死，子长瑚甫晬，李一志抚孤，赖以有世守。五十三年卒，嘉庆十六年获旌如例。孙高瑞顺天举人。（录《寄寓生文集》）

李　氏　在城人太学生上官慎之妾也，年十六来归。归七年，子璿五龄，而慎与嫡同日逝，嫡子瑶亦十岁耳，李字之不异璿焉。已而瑶复没，李与瑶妻李氏再抚遗孤。守六十四年，嫡孙籍学，璿弄孙乃卒。（录《寄寓生文集》）

---

① "黄氏"，底本脱。

刘　氏　在城举人何长阁妾也。年二十三生一子而孀，与诸妾熊氏偕守。未几，子与熊俱死，熊遗二子，幼者才数岁，刘字之如己出，至老不衰焉。守四十余年卒。（录《寄寓生文集》）

上官氏　在城饶廷玓之妻也。年二十六而廷玓死，廷玓家故窘，有兄早死。上官誓无他，绝食亦不告贷，惟终日兀坐而已。其兄悯之，告诸戚党，相与馈米，其兄饮焉。年六十余，守三十余年卒。（录《寄寓生文集》）

方　氏　在都何长璇妻。三十岁孀，时子六龄、女二龄，母年七十尤健，而弟游荡弗养，困甚。方愀然曰："家无斗筲，已为双孤累，何堪顾老母？然何忍见母之饿死耶？"力疾操作，以一人佐三人食，弗给则减己餐，并督其子学，遂籍于庠。守十九年卒。（据《何氏世谱》）

上官氏　县治董嗣徽妻，刑部主事上官懋本次女也。幼出抚于董，年十八合卺，二十三岁孀。时老姑在堂，家贫复无次丁，惟日以女红博升斗以养姑。姑死，力营丧葬，皆如礼。守三十一年卒，获旌如例。（据采访册）

揭　氏　县治陈思明妻，年十九思明殁，无出，痛甚。翁姑命抚夫兄之子为嗣。揭性柔婉，事翁姑得其欢，人恒称之。抚孤甚慈，然遇过辄谴责不少贷，居恒纺织惟勤。翁殁，奉孀姑如母，竟先姑逝。守四十年，获旌建坊。（据采访册）

陶　氏　监生何高轩之妻，二十一岁孀，守节五十九年卒。其娣曾氏，高轩弟高昺之妻，常刲股疗姑病，病愈，秘不言，久而始觉。二氏皆进士秋涛叔母也。陶氏节，如例获旌。曾氏，为请貤封恭人以报焉。（据《何氏世谱》）

高　氏　县治李孝黉妻，年二十九孀。抚孤友度，及长以丁巳守城殉难。氏形影相吊，女红自度。守五十四年，年八十三卒。（据采访册）

危　氏　县庠生高孝赓妻，年二十一孀，遗产仅给。因节啬衣食，积十余载产渐增，择季姒三岁儿为嗣。儿善病，自幼迄壮眠食与俱，保之常如婴时，前后为三娶妇，家遂落。无何，所嗣死，遗一孀二孤，长五岁，幼未离乳。姑孀相吊，呜咽未一载遂卒，年七十七。同治癸酉请旌如例。（据《高氏族谱》）

黄　氏　在都何长清妻，二十八遂孀，家赤立，依外氏居。事父以孝称，以女红长二孤，性慈善，抚卑幼内。外宗病者，黄为审声察色，量药称水，粗工之医弗逮也。年七十三卒。（据《企岸文集补传》）

高　氏　县治上官寅和妻，二十二岁夫死，无子，家贫。自食其力，奉继姑深得其欢。节俭累积置田产数十石，为夫立嗣。守二十三年卒。（据采访册）

彭　氏　在都何长榛妻，二十九岁孀，守节三十年卒。（据《何氏族谱》）

上官氏　在都何世仪妻，年二十九孀，守二十六年卒。（据采访册）

熊　氏　县丞裘维炘妻，二十五岁孀，守四十年卒，获旌如例。（据采访册）

张　氏　知县裘绍箕妾，二十三岁孀，守二十三年卒，获旌如例。（据采访册）

龚　氏　儒士裘懋余妻，二十岁孀，守四十九年卒，获旌如例。（据采访册）

黄　氏　县治上官寅渭继室也，归八年而孀，一孤生才四月耳，翁已及耄，贫甚。夫族长者窥其志坚行洁，资之粟，复励女红，始得上养衰翁，下抚弱稚。丁巳寇警，而翁旋逝，遂携子避寇母家。乃母氏又贫，窘极。时恒忍饿，饭其子焉而已。苦节十年卒，同治十三年获旌如例。（据《课耕草堂文集》）

刘　氏　知县裘伯玉妾，二十四岁孀，守十年卒，获旌如例。（据采访册）

李　氏　在城何高恢妻，二十岁孀，守节三十八年，咸丰四年旌表节孝。（据采访册）

万　氏　在都文童何秋艮妻，年二十五孀，遗孤甫晬。夫叔祖长聚悯其贫，拨田以赡之。孤长未及婚而夭，于是依夫兄以居，而兄七十余岁，亦以儿女死亡忧疾结心，不省人事，幸万扶持惟谨，稍解寝食。未几，万以忧劳卒，年六十一。（录《课耕草堂文集》）

龚　氏　县治何芳东妻，自幼抚归何氏。年十二而姑亡，夫兄弟繁，长姒未几又死，一家之饮食、衣服、烹饪、缝纫之事，自黎明至夜分未能一刻休息。年二十八孀，夫昆季渐次俱夭，衰翁积忧成愦，动辄得咎，而龚侍奉惟勤。守十二年卒，有一子。（录《课耕草堂文集》）

张　氏　监生高熙韩妻，年二十五夫死。夫故支子，张遵夫遗命，忍死待嗣终丧，力营兆宅。先人二棺在殡，并买山卜葬。素娴礼节，族戚交贤之。外氏三侄幼失母，悉致之家，抚育长成以归。久之，夫从弟有子，张以序乞为夫嗣，字之如己出。守三十三年，现存。（据《高氏族谱》）

龚　氏　庠生何秋泗之妻，二十一岁孀，光绪六年获旌。现存，年

八十四。（据采访册）

上官氏 县治人，大母、诸母皆以节孝闻，故自少严重焉。同里黄太学闻之，聘为仲子肇章妇，年二十于归，二十八孀。舅悯其无男，嗣以伯氏子基贞。基贞卒，遗孤生三月，上官且六旬矣，以养以教，卒使孤孙有成乃卒。年九十有一。（录《寄寓生文集》）

龚　氏 在城太学生上官楚继妻也，年十九归，二十二夫死，恸夭无嗣，未亡人无所依托，数欲从亡。其姑晓之曰：“汝冢妇也，吾戒众子妇以先生者后楚。”龚乃不死。未几，仲姒生璜，龚承命子之，于是侍姑字璜，迄璜籍学乃卒。孀守三十七年。（录《寄寓生文集》）

何　氏 在城庠生上官桢之妻也，年二十七孀，茕茕者惟六岁孤琮耳。既抱孙，而琮与孀妇踵逝，遗三孤孙，幼者甫免乳，何恸悼亡者，几丧其目。已念诸孙罔依，则又揩泪抚恤，恩勤毕至。及年八十，曾孙成行上寿，何始解颜一笑。逾月卒，守五十三年。（录《寄寓生文集》）

黄　氏 附生何长亨妻，三十岁孀，苦节三十八年。（据《何氏族谱》）

陈　氏、曾　氏 知府何长聚之妾。陈氏孀年二十七，有二子，长七龄，幼才数月耳。曾氏无出，年又最少，嫡邱恭人悯之，命抚其幼者，并析之以产，与嫡兄授室者均。曾素知书明大义，遂矢志与陈交长其孤。陈课子严，敬师礼尤挚，而曾抚其幼独慈，然二子皆秉教有成，先后籍于学焉。陈守十五年卒，曾年六十一，守四十一年卒。均获旌如例。（据《何氏族谱》）

吴　氏 县治王兴余妻，二十九岁孀，抚长二孤，守四十五年卒。（据采访册）

朱　氏 在都王绍梁妾，年二十九岁孀，守三十六年卒。（据采访册）

周　氏 在都王绍梁妾，年二十五孀，守四十四年卒。（据采访册）

吴　氏 在都王绍椁妾，二十九岁孀，守四十年卒。（据采访册）

杨　氏 在城上官琼继妻，年十八归，归九年而孀。时琼未有子也，琼弟玙以长子超嗣焉。未几，玙妻死，子女幼者再周，杨悯其无母，皆为长之。继而超又死，妇弃孤去，于是携弱腹稚，杨力益瘁，愁惨益甚矣，迄毕婚嫁乃卒。守四十九年。（录《寄寓生文集》）

张　氏 何高舒妻，二十五岁孀，苦节三十六年卒。（据采访册）

王　氏　县治上官寅宪妻，年十七合卺，未一周夫病，累年调护维谨，病始瘳。孀年二十八，遗产薄，乃节俭积置田数十石，因请族为夫定嗣焉。守三十七年卒。（据采访册）

饶　氏　候选县丞何秋良妻，二十三岁孀，守三十一年卒。光绪十八年请旌如例。（据采访册）

何　氏　黄登昤妻，三十岁孀，守四十三年，存年七十四。（据采访册）

龚　氏　在都何高礼妻。咸丰七年，高礼守城殉难，氏年甫三十。守三十八年卒。（据采访册）

曾　氏　在城监生高仲几妻，二十五岁孀，现存，年六十二。（据采访册）

李　氏　登仕佐郎何高肃之继室也，二十一岁孀。夫遗产薄，恒一日一饭，或终日不食。夫兄孝廉高慰深悯之，命择族中所爱为嗣。嗣定即督之读，以所积给膏火，而自苦犹昔，及子籍学始恢。今年六十，现存。（据采访册）

何　氏　在城郭培焸妻，年二十六夫死，无子，归依于母。母旋逝，父年六十，余幼弟南晬。孟弟夫妇继逝，遗二孤，皆数岁。于是奉老父抚弟侄，劳瘁备至，及弟侄长，积赀为之婚。夫无嗣可立，年七十九卒于母氏。（据采访册）

王　氏　何秋枫之妻，二十八岁孀，光绪初年获旌。现存，年七十四。（据采访册）

上官氏　县庠生林燮妻，性闲静，知礼节，姑严刻不能摘其非。燮死，翁姑继殁，上官年二十九，遗孤甫周岁，无产不能给，乃提孤依其兄。兄亦贫甚，上官役十指以佐之。无何，兄死，嫂不能守，弃孤去。上官为抚之，而力益困。族党哀其志，为之告助而输金焉，稍济燃眉，而周岁孤病死，于是抚其侄成立授室以老。现存，年六十九，请旌如例。（据采访册）

黄　氏　廪生高来仪妻。来仪少负隽才，自期远甚，年二十七病殁，黄年甫三十，遗三子一女。舅熙晋姑上官氏并诗礼家，父凤梧又才士，故自幼秉夙慧，习闻诗礼，是以居孀虽极忧郁，能敬承堂上欢，训三子均籍学，且抱孙。年届六十犹事奉舅姑，秉礼尽敬如初。现年六十三，存。（据《课耕草堂文集》）

何　氏　在都龚有禄妻，二十五岁孀，守节四十年，获旌如例。（据采访册）

刘　氏　在都儒士龚有爵妻，二十六岁孀，守节四十年，获旌如例。（据采访册）

黄　氏　县庠生高熙观妻，二十八岁孀，抚三岁孤至十岁而殇。黄恸夫冢子无后，矢志以待。阅数载季姒生子，始定嗣，以产薄苦自节啬资之读。现存，年五十四。（据《高氏族谱》）

高　氏　在城元植贤妻，十八岁孀。现存，年五十七。（据采访册）

沈　氏　在都故刑部主事何秋涛妾也，二十四岁孀，遗孤三龄。而嫡与诸妾先后殁，遗二女三子，皆稚弱，沈视犹己出，茹苦抚长之，为次第毕婚嫁。守节三十四年，现存，光绪十八年获旌如例。（据采访册）

林　氏　上官毓万妻，十九于归。归十年，邑适有粤寇之难，偕翁姑避于乡。闻县城陷，毓万死节，泣欲从亡。姑婉谕之曰："尔孤长八龄，次五龄，三三龄，兼有遗孕在怀，我二老已就衰，若从死，诸孤教养谁恃耶？"因以不死。未几，翁姑死，以养以教，诸孤俱已有成。现虽含饴弄孙，而辛勤持家犹昔焉。孀年二十八，守四十年，现存。（据采访册）

李　氏　在城龚善继妻，二十九岁孀，现年五十八岁。（据采访册）

李　氏　县治监生万由增继妻，年十九孀，惟前室一子德昌，堂上则六十余老姑耳。当李归由增时，德昌方五龄，提携顾复，恩勤备至，德昌亦忘为后母也，恋慕如所生。及失怙，德昌才八龄，李待之益慈，当督责亦未尝挞，惟对之终日泣，婉言谕之而已。而君姑寝兴食息，虽有娣姒，必需李侍，似见李即如见由增，而李善慰姑，久之，姑亦忘其丧子之悲焉。侍姑十五载，曲惬姑意，姑尝于戚党前美之。姑殁，为德昌授室，而德昌素羸弱，虽授室，于饮食衣服寒暑必察保护之，未尝或疏。故德昌感其慈，出告反面，事之终身，未常或忤也。卒年八十一，同治八年获旌如例。（录《课耕草堂文集》）

余　氏　县治郡增生何高显之妾，二十九岁孀，子六龄耳。夫无遗产，惟以十指给朝夕，子长命就傅以绍夫业，遂籍于学。苦节三十余载，现存。（录《课耕草堂文集》）

张　氏　在都董明谐妾，二十一岁孀。咸丰七年城陷殉难，时年五十一。（据采访册）

叶　氏　监生何秋筌继室，二十四岁孀，守十载卒。（据采访册）

曾　氏　在城登仕佐郎何秋彬妻，十九岁归，二十七岁孀，守二十三年卒。（据采访册）

上官氏 在都何芳麟妻，二十一岁孀，守三十五年卒。（据《何氏族谱》）

黄　氏 在城余应奎妻。丁巳之变，应奎死于贼，黄年二十七，闻凶耗不欲生，人以姑老子幼为劝，而家无担石，乃勉起操作，养其姑。已而姑逝，子十余岁，督之力作，困乃渐纾，今已为娶妇生孙矣。孀守四十一年，现存。（据采访册）

欧阳氏 县治何高梁妻，年二十四孀。现存，年六十五获旌如例。（据《藩档》）

黄　氏 何高晨妻，二十八岁孀，苦节五十一年，现存。（据采访册）

江　氏 县治候选府经历何秋谱之妾，年二十一孀。现存，年六十一。（据采访册）

黄　氏 在都何秋隆妻。咸丰七年，秋隆守城殉难，氏年甫三十。现年六十九，获旌如例。（据采访册）

周　氏 儒士吴成玉妻，二十五岁孀，现年八十二，守五十八年，获旌如例。

詹　氏 何以云妻，二十二岁孀，现年八十二，守六十年，获旌如例。

梁　氏 儒士陈上杰妻，二十三岁孀，守五十五年卒，获旌如例。

张　氏 千总衔陈绍曾妻，二十五岁孀，守四十三年卒，获旌如例。

黄　氏 龚政懿妻，二十二岁孀，现年五十二，守三十一年，获旌如例。

陈　氏 儒士元培翰妻，二十三岁孀，守三十六年卒，获旌如例。

王　氏 监生上官家馨妻，二十八岁孀，守二十三年卒，获旌如例。

黄　氏 上官世贤妻，年二十四岁孀，守四十七年卒，获旌如例。

刘　氏 儒士蔡臣升妻，年二十七岁孀，守二十九年卒，获旌如例。

卓　氏 庠生刘笔峰妻，年二十五岁孀，守三十五年卒，获旌如例。

黄　氏 张善全妻，年二十五孀，守三十七年卒，获旌如例。

廖　氏 李信厚妻，年二十八孀，守三十七年卒，获旌如例。

陈　氏 万长智妻，二十四岁孀，守三十六年卒，获旌如例。

（自吴成玉妻周氏下并据《藩档》）

伍　氏 在都上官懋儒妻，年十八岁孀，守节二十九年卒。（据采访册）

郭　氏 一都黄其孙妻，三岁抚归，年二十七孀，守四十九年，现存。（据采访册）

曾　氏　一都万年禄妻也，年十九归，事姑如事母焉。及孀，子钊生十月，而家计萧然。曾忍隐以和诸姒，伯氏悯之，为理其家，俾给教养。苦节四十九年，年七十五，子获乡举乃卒。道光二十二年旌表如例。（录《寄寓生文集补传》）

傅　氏　一都万德刚妻，年二十归，事王姑君姑咸得其欢，如有疾，调护备极忧劳，一家称焉。夫死，年二十五，守十五年卒。（据采访册）

欧阳氏　一都傅汝奎之妻也，年十七归，归三载，生一子甫晬而汝奎死，于是家赀益落，欧阳量入而节出之，会其余为乃孤聘妇。晚闻粤寇将至，携子妇远居僻乡，惴惴焉以死自期，卒免于难。守五十五年，存年七十五，获旌如例。（录《寄寓生文集》）

邓　氏　一都李在瑛妻，二十五岁孀，守三十余年。（据采访册）

郭　氏　一都儒士范光信妻，年二十二孀。现存，年七十有三，获旌如例。（据采访册）

黄氏二孀　一龚氏，二都上小源黄肇漉之妻；一则肇漉季弟肇修妻梁氏也。梁、龚中表姊，于姒为睦。肇修卒，梁氏未育，龚悯之，嗣以仲子。逾年，龚亦孀，与梁偕守孀，年皆三十，各守十九年卒。（录《寄寓生文集》）

黄　氏　二都危甫成妻，二十六岁孀，守四十年，现存。（据采访册）

官　氏　二都危寿兴妻，二十五岁孀，守二十八年，现存。（据采访册）

席　氏　二都上官继良妻，年十九孀，守五十九年，现存，获旌如例。（据采访册）

何　氏　大坡上席元达妻，二十八岁孀，守节六十三年，九十一岁卒。（据采访册）

席　氏　二都黄溪官继梁妻也，年二十一而夫死，遗所后田租百余石，诸舅败及尝田，不听立后，盖欲夺其志而析其资也。席知之，益严自闲。窃售其租过半，亦不较，惟悯鬼馁。岁时，具鸡黍往荐于祠曰："鬼而有知，姑免枵也。"诸舅死，席割半田赂诸伯仲，然后许嗣，而所余不足兼食矣。嗣定，席曰："吾志毕矣。"遂自毒，遇救不死。守三十二年，存年五十三。（录《寄寓生文集》）

龚　氏　二都官继志妻，年三十孀，守三十八年卒。（据采访册）

官　氏　二都章秀蛟妻，二十八岁孀，守二十八年，现存。（据采访册）

揭　氏　二都黄基鹦妻，年二十六岁孀，守三十九年，现存。（据采访册）

叶　氏　二都邑庠生席焜之妻，年二十九孀，守三十余年卒。（据采访册）

高　氏　上小源赵新祺妻，年二十四岁孀，守四十七年卒。（据采访册）

黄　氏　三都徐家坪张焕寿之妻也，年二十六夫死，遗孤甫晬，舅姑既没，产已不给。夫弟皆无赖，度黄志不夺，各析去，无复有怜孤寡者。于是黄益窘益自厉，手艺葵藿，和饘以长其孤，弄孙乃卒。年七十四，守四十八年。（录《寄寓生文集》）

黄　氏　三都揭文华妻，年二十一岁孀，守四十年卒。

江　氏　三都揭元义妻，年二十六孀，守五十七年卒。

胡　氏　三都揭善华妻，年二十三孀，守三十五年卒。

黎　氏　三都揭富兴妻，年二十三孀，守二十五年卒。

官　氏　三都揭龙彪妻，年二十五孀，守三十六年卒。

吴　氏　三都揭既明妻，年二十八岁孀，守三十七年，现存。

陈　氏　三都揭既昌妻，年二十七孀，守三十六年，现存。

周　氏　三都揭金贤妻，年二十八孀，守三十八年，现存。

梅　氏　三都刘其雍妻，二十五岁孀，守三十七年，现存。

黄　氏　三都张孝维妻，年二十一孀，守四十一年卒。

叶　氏　三都张仁贵妻，年二十六孀，守四十三年卒。

揭　氏　三都邱明亮妻，二十五岁孀，守二十三年卒。

傅　氏　三都张庆妻，年二十四孀，守四十三年卒。

曾　氏　五都上官传修妻，二十一岁孀，守节十五年卒。

曾　氏　五都上官传畤妻，年二十七孀，守十九年卒。

刘　氏　五都上官传朗妻，年二十六孀，家贫。父母欲夺其志，不从，守节二十余年，现存。

黄　氏　五都儒士曾文明妻，二十岁孀，守二十六年卒。

何　氏　五都举人曾载衡妻，二十五岁夫亡，家亦中落，苦节三十余年卒。（自揭文华妻黄氏下并据采访册）

黄　氏　五都曾载枞妻，年十八于归，仅七十日而夫亡，守五十余年卒。

周　氏　五都儒士上官传初继妻，年二十四孀，抚孤诚佐，以养以教，及长，娶媳曾氏。曾年二十八而诚佐复殁，曾感周清操，亦守义不嫁，奉养弗衰。周守三十六年卒，获旌如例。曾年五十六，现存。

周　氏　六都林盛吉妻，二十四岁孀，守三十七年卒。

林　氏　六都危泽贤妻，二十六岁孀，家贫子幼，纺绩度日，守节五十年，存年七十六。

李　氏　六都徐代江妻，二十五岁孀，守十年卒，获旌如例

（自曾载枞妻黄氏下并据采访册）

陈　氏　七都儒士李因富妻，二十五岁孀，守四十二年，蒙学使冯旌以“慈竹寿蘐”匾。

官　氏　七都李高益妻，二十三岁孀，守节三十三年卒。

王　氏　七都李连让妻，二十一岁孀，守七十年，获旌如例。

官　氏　七都李高本妻，二十一岁孀，守三十年，获旌如例。

官　氏　七都李高金妻，二十四岁孀，守四十六年卒。

吴　氏　七都儒士李因广妻，二十一岁孀，守三十六年卒。

曾　氏　七都李因寿妻，二十岁孀，守四十七年卒。

何　氏　七都李高闰妻，二十四岁孀，守四十八年卒。

张　氏　七都监生李拔攀副室，年十九孀，守五十年卒

官　氏　八都周盛仪妻，二十八岁孀。善事舅姑，抚遗孤至成立，翁姑乃逝，而夫弟俱幼，为之教养，次第授室乃卒。卒年六十四。

陈　氏　八都黄隆增继室，二十一岁孀，无嗣。姑曾氏素以贤，着命次子之子嗣之。今孙已绕膝，年犹五十余耳。

陈　氏　八都周盛祥妻，二十四岁孀，侍奉翁姑，抚养一子一女，靡不尽力，享寿已七十有余矣。

（自李因富妻陈氏下并据采访册）

王　氏　八都何金泉妻，二十九岁孀，守节三十九年。夫死时，子七岁，资十指以长，已复为子娶妇生孙，靡不殚其劬劳焉。享年六十九卒。

曾　氏　八都黄思宏继室，二十五岁孀，现年七十有五。

萧　氏　八都庠生黄隆嵩妻，二十七岁孀，守二十七年卒。

周　氏　八都黄兴墀妻，二十九岁孀，守二十七年卒。

官　氏　八都黄盛金妻，十八岁于归，半载而寡，即为夫立嗣。嗣甫离乳，而恩勤顾复不啻所生焉，抱孙勤鞠不倦。迄今年近八旬，而慈爱犹昔云。

李　氏　八都黄盛唐妻，年二十六孀。夫故贫而食贫教子，井然有

序。三子既长，次第婚配，俱不愆时。迄今子若媳侍奉亦无违焉，今存年六十五。

（自何金泉妻王氏下并据采访册）

邓　氏　九都太学生上官金彪妻，年二十四孀，守三十七年卒。

章　氏　九都廪生上官紫云妻，二十九岁孀，守二十余年卒。

曾　氏　九都上官相达妻，二十三岁孀，守二十八年，现年五十一。

何　氏　十都太学生寇隆晖妻，年二十七孀，惟翁在堂，孤锡恩甫七龄，痛不欲生。时顾儿泣曰："丈夫宜早立志，毋嬉戏以遏佚前人光。"请翁以厚赀延师训之读。及翁殁，积赀买山葬翁姑及夫，艰辛备尝，而课儿甚苦。迨锡恩入泮，授室生孙，心始慊焉。现年六十有三。

王　氏　十都文童陆辅虔妻，二十六岁夫死，现年五十五，有一子。

周　氏　十一都附生傅文蔚妻，年十七归，月余夫故，守节十余年卒。

席　氏　十一都太学生傅东茂继室，年二十二孀，守四十九年卒，获旌如例。

（自上官金彪妻邓氏下并据采访册）

谢　氏　十二都陈以思妻，二十四岁孀，无子，姑亡，事衰翁以孝称。守三十四年卒。

黄　氏　十二都陈文成妻，年二十八夫死，三孤皆稚，抚长授室，督之耕作，家乃小康，乡里贤之。守三十六年卒。

黄　氏　十二都龚诗友妻，年三十岁孀，守四十年卒。

魏　氏　十二都陈梦焕妻，二十八岁孀，守三十一年卒。

李　氏　十二都蔡应瑞妻，三十岁孀，守五十一年卒。

吴　氏　十二都陈梦鲤妻，年二十八始嫁，逾年而夫死。无子，抚夫兄子为嗣，延师课之读，废学辄涕泣不食，悔悟乃喜，因之籍于学。守三十一年卒。

邓　氏　十二都蔡元隆之妻，二十八岁孀，守十四年卒。

邓　氏　十二都陈梦辇妻，年二十九孀，哀毁骨立，一子年方九龄，惟日以针黹给饔飧。时涕泣，人慰之，则曰："未亡人苟且偷生，欲为亡夫存此孤耳。不然，夫岂欲生哉？"守四十一年乃卒。

郑　氏　十三都儒士陈兆桐妻，年二十一夫死，守三十七年卒。

彭　氏　十三都儒士邹巽行妻，夫死于寇，氏年二十二，守节三十三年卒。（自陈以思妻谢氏下并据采访册）

魏　氏　十三都邹旭堂妻，二十八岁孀，守四十五年卒。

李　氏　十三都邓骏希妻，年二十六岁孀，守四十四年，存年七十。

魏　氏　十三都游宏宗妻，二十八岁夫死，守节三十一年，存年五十九。

邓　氏　十三都太学生陈耀芳妻，年二十四岁孀，守三十二年，存年五十六。

彭　氏　十三都黄文藻妻，二十七岁孀，年六十，现存。蒙学使曹咨部获旌如例。

（自邹旭堂妻魏氏下并据采访册）

高　氏　十四都吴世爵之妻也，归数岁而孀，年二十三，守三十六年卒。孀时遗孤再周，高厉志教育，俾列士林，子援例成均以慰其志，既而次孙游泮。学使邵侍郎闻之，以“冰霜励节”表其庐焉。（录《寄寓生文集》）

廖　氏　十五都戴锦清妻，年二十五孀，守四十七年卒。（据采访册）

龚　氏　十五都上官光弼妻，年十八归，岁余举一子，子三岁而光弼死，死后三月产一遗腹子。家贫食不给，携二子就食母家，春去冬归，如是者十余年。日夜纺绩运筹，戛积稍得自赡，长孤力穑籍武学，幼者业儒，即明经紫诰也。尝语紫诰曰：“吾以经教汝，汝不以经教子，非吾子也。”紫诰因以经督子绍书香焉。学使邵赠以“坚冰画荻”字额于堂。孀守五十二年卒。（据采访册）

上官氏　十五都严长对妻，年二十二孀，守五十六年卒。（据采访册）

上官氏　十五都危位魁妻，年二十七孀，守三十七年，现存。（据采访册）

高　氏　十五都吴屯杨长俊妻也，年二十二夫死，一孤羸弱。夫姊子鬻为僧。高闻之曰：“是有子而无后也。”亟为出赀赎之。二妹皆贫，岁时各有所饮，未尝少衰，人以为难焉。盖遗产仅给，高节啬已用，留瘠孤药饵外，悉以赒恤，意在保孤也。孤果成人，生四孙矣。守四十一年。（录《寄寓生文集》）

张　氏　十五都危三妻，二十四岁孀，守三十二年，现存。

戴　氏　十五都危顺官妻，年三十孀，守四十六年卒。

危　氏　十五都上官华仕妻，离母腹即乳于姑。华仕因丧父不节哀，寝苫嗽血，终丧不愈而卒。危年二十九，侍奉孀姑，相依为命，自幼至老五十余载，爱敬弗衰。平时自奉甚约，惟周急敬师不少惜费。子桢英年举于乡，孙曾先后籍学。学使邵以“劲节古稀”表其庐。享年八十有二乃卒。

陈　氏　十五都黄兴宗妻，夫死时年十五，未合卺，为成服守志，年六十二卒。咸丰六年申请旌表。

危　氏　十五都饶本谦妻，年三十孀，守五十年，现存。

徐　氏　十五都邱才谨妻，年三十孀，守四十年卒。

元　氏　十五都李绍巽妻。咸丰丁巳粤匪入境，夫为所掠，家窘乏嗣，年二十余耳。或劝别为之所，元拒之曰：“夫去存亡未卜，倘他日归，何面目相见。况妇人从一而终，老死李家乃吾所也。”终不夺其志。守二十六年卒。

（自危三妻张氏下并据采访册）

严　氏　十五都李铨勇妻，年三十遗一孤而夫死，守四十年卒。

周　氏　十五都官墩上官光旸妻，年二十四孀，长孤再周，次犹遗腹，而家徒壁立，勤织以长二孤。守二十二年卒。

黄　氏　十五都太学生张真儒妻，二十九岁孀。道光壬寅年获旌如例，年八十八卒。

上官氏　十五都李绍镔妻，二十八岁孀，现年五十九。

席　氏　十五都上官继良妻，年二十一孀，现年八十有八，获旌如例。

张　氏　十五都上官承墉妻，年二十九岁孀，现存，年九十。

庐　氏　十五都官墩监生上官华峩妻，年二十六孀。初，华峩产甚薄，得庐内助差自给，厥后所嗣生齿日繁，教养婚配，庐理之裕如也。现年六十六，存。

叶　氏　十六都危赞新妻，年二十九孀，事翁姑以孝，训子以义，乡里称之。现年八十有七。

上官氏　十六都罗良孙妻，二十八岁孀，性谨朴，尤慈祥，翁姑笃爱之。年六十六卒。

傅　氏　十六都龚祚进妻，年二十五孀，抚长九岁孤，守四十三年卒。

（自李铨勇妻严氏下并据采访册）

上官氏　十六都啸溪危位华之妻也，生四子而孀，一犹在胚，时年二十八耳。夫死家益窘，姑与叔仲皆早死，惟颓然翁在。上官乃役十指力女红，易升合为糜以奉老翁，己与诸孤啜其余渖也。诸孤既长，督以勤俭，家

遂渐裕。年九十四，及见曾孙乃卒。孀守六十七年。（录《寄寓生文集》）

官　氏　十六都龚祚豪妻，二十九岁孀，长二孤，守三十四年卒。

何　氏　十六都龚有功妻，二十五岁孀，遗孤五岁，抚长之，现年五十有五。

江　氏　十六都邓盛辉妻，二十八岁孀，守四十二年卒。

谢　氏　十六都邓兴千妻，二十九岁孀，守三十二年卒。

熊　氏　十六都邓雅轩妻，年二十三夫亡，抚长五岁孤，已娶妇生孙矣，现年六十一。

李　氏　十六都邱廷爵妻，十七岁孀，守三十九年卒。

羊　氏　十六都登仕郎何长顺妾，二十一岁孀，守四十年卒。

黄　氏　十六都何长兴妻，二十七岁孀，守四十年卒。

饶　氏　十六都何绍宗妻，三十岁孀，守三十二年卒。

张　氏　十六都敖贵养继妻，二十一岁孀，守五十一年卒。

李　氏　十六都戴名杰妻，二十五岁孀，守节三十八年，现存。

傅　氏　十六都戴光寿妻，二十一岁孀，守三十年卒，获旌如例。

（自龚祚豪妻官氏下并据采访册）

罗　氏　十六都啸溪危名全妻也，归十年生四子而孀。其舅珍友爱人也，尝以贾赢分兄弟，故名全虽独子，产亦仅给。罗事舅姑惟谨，无何舅踵逝，姑患足痹，于是稚孤甫离抱，复拥抱老姑矣。性严明，诸孤有过，不少假。然教养有法，毕诸孤婚娶，遗产无绌，族里皆敬惮之。年六十卒孀，守三十三年。（录《寄寓生文集》）

欧阳氏　十六都危上锜妻也，年十八归，归三载而上锜死。时王姑病其宅，诸娣姒来起居，欧阳曰："娣姒皆有子女，我惟孑然一身，侍王姑有余力，毋庸娣姒数至也。"娣姒虽不听，然益感赖之。未几，家中落，藉女红资给，然终始以礼自闲云。年六十，守四十年。（录《寄寓生文集》）

饶　氏　十六都危上錀之妻也，年十八归，逾年而孀。时伯氏子寿鼐生二岁，饶乞为夫嗣，自是抚摩顾复皆身任之也。无何寿鼐又死，妇揽帷去，遗二女，皆长而嫁之。循守礼法，老犹不衰，族党至其家罕面之者。存年七十一，守五十三年。（录《寄寓生文集》）

张　氏　十六都罗良材继室，二十一岁孀，守十七年卒。（据采访册）

饶　氏　十六都罗良同妻，二十八岁孀，守十八年卒。（据采访册）

饶　氏　十六都危名高妻，年十九夫死，奉翁姑至老无惰容，卒年七十有七。（据采访册）

江　氏　十六都上官行本妻，年二十八孀，守三十八载，现存。（据采访册）

上官氏　十六都危名传妻也，归三载，生一子而夫死。夫故独子，家又极窘，至是恒忍冻馁，怀襁中孤与孀姑相慰吊而已。伯舅珍以时周之，而后得长其孤。已而孀姑又瞽，上官不离其侧，以为之目焉。存年六十，守三十九年。（录《寄寓生文集》）

章　氏　十六都王沛德妻，二十五岁夫亡，守节四十年卒。学使黄奖以“松筠劲节”匾。（据采访册）

丁　氏　十六都危政乃妻，年二十六孀，守三十年卒。（据采访册）

朱　氏　十六都危禄丰妻也，年十七归，未育而夫死，朱年二十八耳。时叔姒多子，朱事舅姑余暇为分育之。姑悍嫠也，无故寻虐诸子妇，里族皆不平，朱恬然安之。然年甫四十已顶白步颤如六七十人。叔感其德，以子子之。守十九年卒。（录《寄寓生文集》）

陆　氏　十六都邓彬骥妻，年二十孀，守四十六年卒。（据采访册）

廖　氏　十六都邓先平妻，年二十七孀，现存，年六十七。（据采访册）

何　氏　十六都朱远守妻，年二十九孀，守三十六年卒。（据采访册）

黄　氏　十六都沙坪上官敦儒妻也。敦儒依其戚高隆程官山东死，黄氏为未亡人，年二十四耳。毁容屏处，终身不出，戚党至其家罕见其面者。守三十四年卒，无子。（录《寄寓生文集》）

陈氏二氏　一曾氏，十六都费头陈世洪之妻也。世洪死，曾年三十，舅姑早没，遗产不能给，仰给世洪之弟世厚而已。世厚死，其妻廖氏年二十有七，与曾偕守。族人不逞者侵二孀产，二孀几不终从，舅不平为控于县，族人乃戢。曾年八十四，廖年九十，皆完节于陈门。（录《寄寓生文集》）

黄　氏　十七都丁太轩妻，二十九岁孀，守三十余年，现年六十二，获旌如例。

龚　氏　十七都陈顺勉妻，二十四岁孀，守四十余年，现年六十四。

邓　氏　十七都吴廷翰妻，二十岁孀，守四十余年卒。

叶　氏　十七都李贵桐之妻，二十五岁孀，守五十五年，年八十卒。嗣子武生李元忠，禀请学使孙给“清徽励俗”匾。

危　氏　十七都儒士廖名成妻，二十五岁孀，守七十余年，享年九十余。生平重道尊师，曾孙廖鸿翥等叠列胶庠。光绪八年，蒙学宪昆题请旌表，赐匾“巾帼完人”四字。

邱　氏　十七都官位明妻，二十九岁孀，守四十余年，享年七十有余。

何　氏　十七都邱玉鼎之妻，二十一岁孀。咸丰七年城陷殉难，守三十一年。

李　氏　十七都吴钟秀之妻，年二十岁孀，守五十年，卒年七十。

黄　氏　十七都邱才鼎之妻，年二十二岁孀，抚遗孤，守十二年卒。

郑　氏　十七都丁联冈之妻，二十二岁孀，抚孤成立，守四十年卒，获旌如例。

（自丁太轩妻黄氏下并据采访册）

龚　氏　十八都傅全初妻，年十九归祇。事舅姑凡饮食汤药皆躬先娣姒，始终不懈。姑偶缘事迁怒，辄长跪以请，必俟色霁乃起。二十八孀，抚孤成立，并省啬衣食，赒恤乡里，人咸嘉其孝，并盛传其节云。

龚　氏　十八都傅义汉妻，二十岁孀，现年六十，获旌如例。

张　氏　十八都傅义着妻，十九岁孀，守三十年卒，获旌如例。

陈　氏　十八都文童傅方熙妻，年十六孀，现年六十九。蒙学使王给“懿德介寿”匾。

郭　氏　十八都庠生何乘麟妻，二十一岁孀，现存，年六十。光绪十七年，蒙学使陈给“苦节贞心”匾。

李　氏　十八都叶联美妻，二十一岁孀，现年七十五。

邓　氏　十八都何德新妻，年十七孀，守十年卒。

傅　氏　十八都饶隆和妻，年十九孀，现年六十有四。

章　氏　十八都宋代政妻，年二十九孀，守三十四年，获旌如例。

危　氏　十九都严有庆妻，二十二岁孀，无子，年七十五卒。

李　氏　十九都崇仁村龚守连妻，二十四岁孀，守四十一年卒。

王　氏　十九都安浆村黄长星妻，二十二岁夫死，年六十九，现存。

王　氏　十九都池湖危懋修妻，二十九岁孀。君舅病疯，举动需人，氏奉事惟谨。姑早亡，继姑中年目双瞽，谨事之如舅，终其身无倦容。家壁立，纺绩自给。现年七十二，族党礼敬之。

邱　氏　十九都崇仁村儒士龚居本妻，二十八岁夫死，孤甫三岁，抚长即延师训之读，既与童子军未售而殁，氏苦节至七十一岁卒。

龚　氏　十九都崇仁村王光润妻。咸丰丁巳，光润遭粤匪害，氏年甫三十，茹苦矢志。今年六十九，存。

（自传全初妻龚氏下并据采访册）

黄　氏　十九都崇仁村龚居忠妻，二十九岁孀，守节三十六年卒。

裘　氏　十九都安浆村黄长赓妻，二十五岁孀，今存年六十四。

伍　氏　十九都崇仁村邱方来妻，二十四岁孀，守三十六年卒。

吴　氏　十九都崇仁村黄伯超妻，二十二岁夫死，守节六十年卒。

谢　氏　二十都黄宗科妻，二十七岁孀，抚育二孤，守节三十四年卒。

廖　氏　二十都李信厚妻，二十八岁孀，守四十一年，现年六十九。

傅　氏　二十都龚政绪妻，二十六岁孀，遗三孤皆幼，悉抚之成立授室。而治家有法，色笑不苟，操作惟勤，苦节数十年，而家亦渐裕。三子悉遵母教，乡人交贤之。

（自龚居忠妻黄氏下并据采访册）

李　氏　二十一都蔡文玔妻，年二十而夫死，无子，以夫兄之子为嗣。当嘉庆癸酉六月，连村大水，合宅成池，而李寝筦簟独无恙，村人异之。水退，村中古井数日弗澄，诸父老相与谋曰：井臼乃妇人所司，试以节妇祝之。佥请李往祷，毕，即莹然澈底，天之彰其节如此。享年八十七，亲见元孙乃卒。获旌如例。（据《蔡氏族谱》）

吕　氏　二十一都蔡国乐妻，端重不苟言。咸丰丁巳粤匪掳其夫去，氏年二十九，一子方数岁，苦节长之。光绪十八年获旌如例，现年六十九，存。（据采访册）

陈　氏　二十一都郡增生蔡纯之妻，年二十一夫死，无子，现年五十二，获旌如例。（据采访册）

李　氏　二十一都黄正居妻，年二十五夫死，无子。事舅姑尽礼，抚诸子如己出，叔夫妇咸敬之。年七十三卒。（据采访册）

刘　氏　二十一都黄世绩妻，年二十五孀，遗一孤，甫长而夭。奉侍老姑如母，姑死只影十余年。年七十五卒。（据采访册）

邵　氏　二十一都贡生黄质芳妾也，年二十九孀，操作犹他日，长二嫡孙而勉其学。二孙母之，报抚字也。邵有女甚贫，时省归，未尝私遗。有从子贷其赀未偿，闻不能度岁，复解裘使质，族党益重之。守二十有一年卒。（录《寄寓生文集》）

何　氏　二十一都太学生黄凤占继妻也，年二十八夫死，遗孤锴数龄，何氏授书使之就傅。及锴籍学，学使章赞善闻之，以孝思亮节表焉。守四十三年卒，年七十有一。（录《寄寓生文集》）

官　氏　二十一都刘宗烺之妻，年十九夫死，族人咸称其节，现年六十一，存。（据采访册）

陈　氏　二十一都刘家善之妻，年二十三夫死，年八十七岁卒，获旌如例。（据采访册）

曹　氏　二十二都儒士刘世兰妻，二十二岁孀，守三十余年，现存。

吴　氏　二十二都邓世增之妻，二十六岁孀，守四十六年卒。

郭　氏　二十二都吴文标妻，二十八岁孀，守四十九年卒。

余　氏　二十二都邱经议妻，二十四岁孀，守五十一年卒，获旌如例。

曹　氏　二十二都邱玉光妻，二十四岁孀，守五十二年卒。

官　氏　二十二都黄长训妻，二十四岁孀，守四十八年卒。

龚　氏　二十二都张诗所妻，十九于归，二十一夫死无子，抚侄为夫嗣，年八十有二卒，获旌如例。

李　氏　二十二都张诗情妻，二十六岁孀，守四十一年，现存。

吴　氏　二十三都高盛锟妻，年十九而挽鹿车，甫五载而分鸾镜，孝以事姑，勤以教子，及见诸孙林立，名列胶庠，年登七旬乃卒。

彭　氏　二十三都李友聚妻，二十四岁孀，守四十年，现存。

王　氏　二十三都高松苓妻，年二十一孀，遗孤生八阅月耳，抚至成立。年七十二，孙曾绕膝乃卒，获旌如例。

（自刘世兰妻曹氏下并据采访册）

刘　氏　二十三都陈经东之妻也，年三十夫死，产仅中人赀。女婿某乘其孤稚，阴耗数百缗，于是刘不能自给。族党皆为之危，而刘益自励，以女红佐家食，长其孤，弄孙乃卒。守四十一年。（录《寄寓生文集》）

毛　氏　二十四都上官禄荣妻，十九岁孀，守三十七年卒。

毛　氏　二十四都郑民有妻，二十五岁孀，守五十七年卒。

郑　氏　二十四都何承谐妻，二十九岁孀，守三十五年卒。

王　氏　二十四都张廷宽妻，二十四岁孀，守五十一年卒。

李　氏　二十四都上官普继妻，二十九岁孀，守二十六年卒。

（自上官禄荣妻毛氏下并据采访册）

黄　氏　二十四都林清富之妻也，子生百日而孀，黄年二十八耳。有以子稚家贫讽其别为之所者，黄拒之曰：“子长未必终困，老死林家，乃吾所也。”托外事于其弟，而苦身以长其孤，孤长，家果裕，守至八十余，弄孙乃卒。邑令赵奖以“贞寿流芳”匾，获旌如例。（录《寄寓生文集》）

华　氏　二十四都何承令妻，二十八岁孀，家贫不得食，尝自饿惟食其子而已，族人怜其苦节，拨产赡焉。现年五十四，存。

官　氏　二十四都毛堂奏妻，二十一岁孀，守四十七年卒。

何　氏　二十四都毛堂历妻，二十一岁孀，守三十六年，现存。

王　氏　二十四都毛玉斐妻，二十七岁孀，守三十八年卒。

（自何承令妻华氏下并据采访册）

王　氏　二十四都毛玉步妻，二十六岁孀，性婉淑娴礼度。结褵三载，夫得异疾，呻吟床席五阅寒暑，无同梦之甘，有侍奉之苦，凡饮食药饵必以躬亲。及夫卒，哀恸不自胜，一日数僵，膝下惟一女，茹苦怀清，里党贤之。守三十三年卒，获旌如例。（据采访册）

李　氏　二十四都上官福健妻，二十八岁孀，守二十九年卒，获旌如例。

张　氏　二十四都王隆诂妻，十九岁孀，守五十三年卒。

何　氏　二十四都毛堂泮妻，二十二岁孀，守三十年卒。

张　氏　二十四都上官光璧妾，二十九岁孀，守四十九年卒，获旌如例。

（自上官福健妻李氏下并据采访册）

谢　氏　二十四都毛玉屏妻，年二十九孀，现年六十五，存。（据采访册）

李　氏　二十五都郡庠生伊象安妻，象安固贫士，氏针黹佐读，使象安无内顾忧。年二十九，姑与象安继殁，家益窘，为夫立嗣，抚长授室，今虽抱孙而饔飧益不继矣。现年将七十，视之若八九十岁人也。（据采访册）

李　氏　二十五都罗长安妻，十九岁孀，守节四十余年卒。（据采访册）

蔡　氏　二十六都邱新瓛妻，年十九孀，守节五十三年卒。

何　氏　二十七都徐干友妻，二十九岁孀，守节十三年卒。

梁　氏　二十七都儒士李梦龙妻，二十七岁孀，守节四十三年卒，学使曹奖以“贞节可风”匾额。

陈　氏　二十七都黄宗孟妻，二十九岁孀，守节二十一年卒。

李　氏　二十七都邑庠生黄辉蟾妻，二十八岁孀，守节二十三年卒。

游　氏　二十七都陈逢泰妻，二十二岁孀，守节五十年卒。

危　氏　二十七都太学生李常青妻，二十九岁孀，守节四十八年卒，学使邵奖以“柏操松龄”匾。

吴　氏　二十七都饶荣秀妻，二十九岁孀，守节五十五年卒。

黄　氏　二十七都贡生龚曾任妻，二十九岁孀，守四十年卒。学使曹给匾“流芳”。

黄　氏　二十七都张家富妻，二十八岁孀，守三十一年，学师奖以“冰清玉洁”匾额。

傅　氏　二十七都危扬祖妻，伉俪极笃，夫病则寝食俱废。二十二岁夫死，翁姑知其将以身殉，极意止之，乃以孝事翁姑，闻于乡里。今存，年五十三。

何　氏　二十七都龚绍秀妻，二十九岁孀，今存年七十八。

龚　氏　二十七都业儒杨鸣球妻，二十九岁孀，现存，年六十八。

邱　氏　二十八都庠生吴鼎妻，二十八岁孀，抚长二孤，年六十八，现存。（自邱新瓛妻蔡氏下并据采访册）

黄　氏　二十八都儒士王道迪妻，二十三岁孀，守三十七年，现存。

邱　氏　二十八都黄顺章妻，二十二岁孀，守三十七年卒。

陈　氏　二十八都罗正旭妻，二十一岁孀，现年五十二，存。

吕　氏　二十八都黄朝滨妻，二十一岁孀，守四十二年，获旌如例。

江　氏　二十八都王正通妻，年二十六夫死，子方五龄。及授室生孙，而子与媳俱殁，又抚长诸孙，年九十余乃终。邑令谢旌以匾曰“懿德延年”。

黄　氏　二十九都陈元尹妻，二十五岁孀，今存，年五十一。

王　氏　二十九都龚士龙，妻年十七于归，二十岁孀，守二十四年卒。

毛　氏　二十九都江玉岑妻，年十八于归，二十二岁孀，守三十年，现存。

王　氏　二十九都邱熺彩妻，二十六岁孀，守五十七年卒。

王　氏　二十九都龚士腾妻，二十八岁孀，守二十四年卒。

李　氏　二十九都龚连赐妻，十九岁孀，守五十年卒。

上官氏　三十都饶瑞麟继室，进士谦孙妇也。随夫寄居建阳，二十一岁夫死，无子，抚夫前室子如己出。家贫，姑欲夺其志，氏矢志不移，愿以针黹供养。姑衰老多病，氏操作愈力，以女红易汤药，及病笃，昼夜侍奉，衣不解带者十阅月。姑死丧葬毕，携子依前室外家，积资始返为子授室焉。然久以辛劳焦虑致疾，年三十六卒。

（自王道迪妻黄氏下并据采访册）

高　氏　三十都李祖翼妻，二十六岁夫死，事寡姑，抚孤子，居贫晏如，言笑不苟，三尺之童非呼不入中堂。现年七十六，存。

傅　氏　三十都诸生元长铮妻，十八岁孀，自缢者数四，翁姑力慰之乃止。后翁死于寇，敬养其姑，及姑死，傅亦卒，年三十三。孙学使以“节义可风”表其庐。

黄　氏　三十都元长晅妻，二十五岁孀，无子，以纺绩度日。闻邻妇秽语即掩袂退，其严栗如此。今存，年六十五。

廖　氏　三十都诸生危长楫妻，二十三岁孀，抚三岁孤，与夫兄同爨。已而姒氏亦寡，相期守志，敬事姑嫜，数载姑殁，敬姒如姑，族人称之。卒年三十九。

黄　氏　三十都诸生元振禔妻，二十四岁孀，娴于礼，无事不履中庭，非亲不觌面，其守贞如处子。抚一岁孤，至长为纳婚，才一载而孤亡，遂以忧愤卒。守二十五年。

上官氏　三十都诸生危振本妻，二十九岁孀，抚二孤俱稚，因恸绝者数四。人劝曰：“死者不复生，殉节固美，其于二孤何？”乃勉起抚孤，其季孤今入文学矣。卒年四十有二。

郑　氏　三十都危家承妻，二十四岁孀，抚五岁孤，教之，籍于学。夫兄弟四同爨，氏温柔任劳，一家化之。及后分爨，戛积渐丰，而诸孙绕膝矣。今存，年六十有三。

（自李祖翼妻高氏下并据采访册）

邱　氏　三十都卢居本妻，于归数载，夫与翁姑相继逝，时年二十二。家赤贫，织履度日，终日以涕泪洗面，旁观睆其容，未尝不为之太息也。夫族喜其励节崇俭，以夫兄子嗣焉。今存，年六十六。

吴　氏　三十都李尊咏妻，二十六岁孀，今存，年六十二。

官　氏　三十都李思胜妻，十九岁孀，抚孤至十二岁，被贼掳去，笃志守贞，以待子归。今存，年七十二。

邱　氏　三十都胡德耕妻，二十二岁孀，今存，年六十一。

李　氏　三十都胡德招妻，二十岁孀，今存，年五十三。

吴　氏　三十都胡庆嵩妻，二十八岁孀，守十七年卒，获旌如例。

黄　氏　三十都元振谦，妻二十四岁孀，今存，年六十五。

黄　氏　三十都诸生元振禔妻，二十四岁孀，今存，年七十一。

饶　氏　三十都王文烈妾，二十八岁孀，守四十年卒。

万　氏　三十都郡增生元振爔继室，二十四岁孀，能敬事舅姑，守十年卒，获旌如例。

（自卢居本妻邱氏下并据采访册）

高　氏　县治儒士何高瑨妻，二十三岁孀，守节十年卒。

张　氏　县治廪生裘宪增妻，孀，存，年五十三，获旌如例。

蔡　氏　一都龚善榕妻，二十四岁孀，守二十九年卒。

陈　氏　一都龚善权妻，二十一岁孀，守十九年卒。

傅　氏　一都郭世兴妻，二十八岁孀，守节三十二年卒。

高　氏　一都林希本妻，二十八岁孀，现存，年六十八。

何　氏　一都儒士伊光基继室，二十四岁孀，守三十七年卒，获旌如例。

万　氏　一都庠生伊光华妻，二十九岁孀，守四十三年卒，获旌如例。

（自何高瑨妻高氏下并据采访册）

何　氏　一都廪生伊光墀继妻，二十七岁孀，守三十一年卒。

陈　氏　一都彭荣景妻，二十三岁孀，守节五十年卒。

易　氏　一都黄希贵妻，二十二岁孀，守节三十九年卒。

吴　氏　二都章明通妻，十七岁孀，守三十八年卒。

邓　氏　二都章明亮妻，二十一岁孀，守三十四年卒。

黄　氏　二都章明司妻，二十七岁孀，守四十三年卒。

林　氏　二都席会试妻，二十二岁孀，守十四年卒。

何　氏　三都余茂祥妻，二十六岁孀，守节四十五年卒。

毛　氏　五都曾以熹之妻，二十三岁夫死，守四十一年卒。

江　氏　五都曾载祥妻，二十岁夫死于寇，守三十余年卒。

傅　氏　五都殉难儒士曾以钊之妻，二十七岁夫殁于阵，抚三孤俱成立，守四十三年卒。

陈　氏　五都曾其秀之妻，十八岁孀，守四十年，学使李给匾表其庐。

李　氏　五都吴映五妻，二十五岁孀，守四十七年，现年七十二，学使邵给匾旌表。

（自伊光墀妻何氏下并据采访册）

白　氏　五都曾文伸之妻，二十六岁孀，现存，年七十一。（据采访册）

吕　氏　五都上官宗良妻，十九岁夫死，孤诞未弥月殇，泣曰："夫死子丧，无用生为矣。虽然，吾自十二岁归官氏，于兹八年，俨妇也而子矣，堂上俱就衰，养生送死，以未亡之身终之，庶存殁两无憾乎？"于是操作倍昔，翁姑亦爱若所出，为置腴田六十石，授之曰："以此为宗良祭产。"后诸姒有子，抚之如所生，诸子女争趋就，率呼以母焉。卒之日，夫兄弟问所欲得，答曰："妇人所欲得者子耳。吾非无子，自有而之无，命也！割人之爱以为己爱，其奚忍为？惟祔先人墓侧，鬼不致馁，即吾夫妇所深幸也。"言毕而逝，诸子及妇皆成服，乡里来吊者亦百数计。学使黄公赞汤为表其墓云。（据《采访册补传》）

傅　氏　七都李联球妻，二十岁孀，守三十年卒

李　氏　七都刘廷玉妻，十九岁孀，守五十二年，寿七十三卒，获旌如例。

官　氏　七都李高暖妻，二十九岁孀，守十余年卒。

危　氏　七都邓开振妻，三十岁孀，守三十五年卒。

黄　氏　七都邓廷曾妻，年二十四岁孀，守二十七年卒。

黄　氏　七都邓显拔妻，年二十二岁孀，守四十六年卒。

张　氏　七都邓诗祥妻，年十九岁孀，守三十年，现存。学宪沈旌以"节凛冰霜"匾。

吴　氏　七都李高勋妻，年二十二岁孀，守十二年卒。

李　氏　七都邓金玉妻，年二十九孀，遗孤才七十日。家赤贫，以纺织易升斗，每以饭奉舅姑，以稀粥食子，己啖余渖而已。苦节四十余年卒，年七十。

上官氏 七都诸生邓维桢妻，年三十孀，遗孤数岁。家赤立，力纺绩，每至漏尽，或忍饥终日，绝不告乏于人，抚孤成立授室，今已弄孙矣。存，年七十有七。

（自李联珠妻傅氏下并据采访册）

龚　氏 九都赵寿官妻，十九岁孀，守五十九年卒。

何　氏 九都虞章保妻，二十七岁孀，今存，年六十六。

张　氏 十都罗时懋妻，二十七岁孀，现存，年五十。

黄　氏 十都熊新道妻，三十岁孀，守五十四年卒。

黄　氏 十都危垂勋妻，二十九岁孀，现存，年七十二。

高　氏 十都危象熙妻，二十七岁孀，现存，年五十五。

朱　氏 十一都白文燕之妻，二十岁孀，守节四十六年卒，获旌如例。

何　氏 十二都陈兴荣妻，年三十岁孀，抚长二孤，皆成立，守二十五年卒。

（自赵寿官妻龚氏下并据采访册）

雷　氏 十二都陈盛发妻，年二十二岁孀，守三十三年卒。

陶　氏 十二都陈基甲妻，二十九岁孀，守四十七年卒。

徐　氏 十二都陈若文妻，三十岁孀，守五十三年卒。

邓　氏 十二都陈接福妻，二十六岁孀，守二十六年卒。

蔡　氏 十二都陈接清妻，二十七岁孀，守二十二年卒。

龚　氏 十二都陈基烟妻，二十八岁孀，守二十四年卒。

李　氏 十三都邹妻，二十五岁孀，守四十八年卒。

熊　氏 十四都官泰容妻，二十六岁孀，抚遗腹孤至成立，守五十五年卒。

邱　氏 十四都官泰勤妻，十九岁孀，遗五月孤，抚至成立。今存，年七十六。

（自陈盛发妻雷氏下并据采访册）

官　氏 十四都全文茂妻，二十九岁孀，守五十四年卒。

黄　氏 十四都胡元彪妻，十九岁孀，守节六十五年卒。

刘　氏 十四都胡新乾妻，二十六岁孀，守二十五年卒。

管　氏 十四都何兆文妻，二十一岁孀，守六十年卒。

何　氏 十四都官必唐妻，二十七岁孀，守节四十七年，享寿七十有三。

陈　氏　十四都儒士官应崇妻，二十六岁孀，遗腹数月。上奉翁姑，下抚三雏，拮据卒瘏，难苦备历，苦节四十二年。享寿六十有八。

徐　氏　十四都官德灿妻，二十九岁孀，守三十一年卒。

邱　氏　十八都傅义显，妻二十四岁孀，今存，年五十四。

丁　氏　十八都何德礼妻，二十二岁孀，现存，年五十。

谢　氏　十九都沈久廉妻，三十岁孀，清白之操，乡里称羡，立嗣承祧，今抱孙矣。存，年七十有三。

（自全文茂妻官氏下并据采访册）

邓　氏　十九都王泽咸继妻，年十九孀，抚嗣子如己出，待娣姒如兄弟，偶以事拂意，闻君舅至辄解，其敬畏尽礼如此。卒年三十三，邑侯马为申请旌表焉。（据采访册）

李　氏　十九都龚文宗继室，相夫起家而夫遽殁，氏上奉舅姑，下抚遗孤，视前室子如己出，已五子一体教养有成，族党称贤助，复号慈母焉。性好义，闻邑人欲建奎阁，即命子捐其遗址，当事者为勒碑，岁给以胙。乾隆十二年旌表入祠，享寿八十三卒。（据《采访册补传》）

官　氏　十九都监生龚大本妻，年十九孀，守五十二年卒，嘉庆九年旌表入祠。（据《采访册补传》）

梁　氏　二十都庠生黄皓斋妻，二十八岁孀，长二孤，守节五十一年卒。

上官氏　二十都傅茂胜妻，二十二岁孀，守三十年，邑侯马给匾“流芳”。

张　氏　二十都罗亨拾妻，二十六岁孀，守四十二年卒。

毛　氏　二十都杨奇祖妻，二十八岁孀，守三十余年卒。

傅　氏　二十都邱立镃妻，二十八岁孀，守二十余年卒。

危　氏　二十都廪生吴炳照妻，三十岁孀，家贫无子，为夫立嗣，守三十余年卒。

（自黄皓斋妻梁氏下并据采访册）

官　氏　二十都黄元埙妻，三十岁孀，今存，年七十一岁。

危　氏　二十都黄鹤鸣妻，三十岁孀，守四十一年卒。

易　氏　二十都黄聚奎妻，二十三岁孀，守五十年卒。

李　氏　二十都黄体乾妻，二十六岁孀，守三十八年卒。

李　氏　二十都黄钟乾妻，二十五岁孀，守六十年卒。

邱　氏　二十都黄宗禋妻，三十岁孀，守五十年卒。

宗　氏　二十都黄宗旺妻，二十一岁孀，守五十五年卒。

蔡　氏　二十一都陈居恩妻，二十三岁孀，现存，年五十五。

钱　氏　二十一都上官连高妻，二十八岁孀，守四十七年卒。

黄　氏　二十一都张嘉资妻，二十四岁孀，守五十一年，年七十五卒。学使邵奖以“志懔冰霜”匾。

（自黄元埙妻官氏下并据采访册）

吕　氏　二十一都蔡华恕妻，二十九岁孀，守四十六年卒。

黄　氏　二十二都邱思联妻，三十岁夫死。晚年，邑侯蒋旌以“彤管流辉”匾。

杨　氏　二十二都吕祖孟妻，孀，卒年未详，获旌如例。

谭　氏　二十二都饶玉诗妻，孀，卒年未详，获旌如例。

黄　氏　二十二都饶盛祺妻，孀，卒年未详，获旌如例。

吕　氏　二十二都蔡华曙之妻，二十九岁孀，翁姑早逝，家綦贫，氏苦节四十六年卒，年七十五。

（自蔡华恕妻吕氏下并据采访册）

上官氏　二十四都毛堂琴妻，年二十九岁孀，守三十三年，现存，年六十二。（据采访册）

李　氏　二十四都积谷岭雷先贞妻，年二十二岁夫甫冠而逝，遗腹子世续。氏勤俭持家，教子有方，世续业精岐黄，活人甚众。今孙子林立，人以为守节之报云。（据《雷氏家乘》）

黄　氏　二十六都邱集章妻，三十岁孀，守四十八年卒。

余　氏　二十六都邱集衡妻，二十九岁孀，守二十七年卒。

黄　氏　二十六都邱集敬妻，二十六岁孀，守二十七年卒。

王　氏　二十六都邱维枢妻，二十岁孀，守十二年以忧疾卒。

何　氏　二十六都邱明烱继室，二十三岁孀，守十四年卒。

王　氏　二十六都庠生邱鸿春妻，三十岁孀，现存，年六十一。

王　氏　二十六都邱养吾妻，三十岁孀，守三十三年卒。

蓝　氏　二十六都李恩勋妻，二十三岁孀，守二十五年卒。

傅　氏　二十七都县丞衔熊梦兰妻，二十九岁孀，守三十三年卒。

傅　氏　二十七都熊太平妻，二十八岁孀，守四十年卒。

邓　氏　二十七都熊太和妻，二十五岁孀，守三十五年卒。

危　氏　二十七都杨福寿妻，二十六岁孀，守三十八年卒。

魏　氏　二十七都黄功表妻，二十八岁孀，守三十一年卒。

何　氏　二十七都龚维友妻，二十二岁孀，守五十七载，年七十九卒。

（自邱集章妻黄氏下并据采访册）

吴　氏　二十七都郭天喜妻，二十三岁孀，育子一士铠，苦节三十二年，现存。

龚　氏　二十八都王隆樫妻，二十八岁孀，守三十六年卒。

黄　氏　二十八都王作松妻，二十八岁孀，子七龄，抚之成立，年七十四乃卒。

元　氏　二十八都王昌益妻，二十三岁孀，家贫无子。或有讽其再醮者，氏泣曰："饿死事小，失节事大。且余在，夫不患无子。余去，而夫祀斩矣。"乃抚侄隆贵为嗣，守四十三载，年六十六卒。

宗　氏　二十八都王天年妻，二十五岁孀，守四十六年卒。

毛　氏　二十八都王绪奎妻，二十九岁孀，现存，年六十。

龚　氏　二十九都从九品江玉瑚之妻，二十七岁孀，今存，年六十三。

（自郭天喜妻吴氏下并据采访册）

上官氏　一都国学生李贵潢妻，二十九岁孀，守三十一年卒。（据采访册）

李　氏　七都徐厚培妻，二十七岁孀，现存，年六十四。光绪十四年，蒙学使陈奖以"松柏仝荣"匾额。

万　氏　十都黄镇妻，三十岁孀，守五十一年卒。

黄　氏　十七都儒士危敬修妻，二十八岁孀，守三十七年卒。

谭　氏　二十二都增贡饶玉诗妻，十九岁孀，守节六十八年卒。

杨　氏　二十六都邱屏翰继妻，二十九岁孀，守四十五年，获旌如例，年七十四岁卒。

林　氏　二十六都邱以觐之妾，二十六岁孀，现存，年七十有五。

陈　氏　二十六都邱以觐之妾，二十七岁孀，守三十五年卒。

吴　氏　二十六都儒士邱元鼎妻，二十岁孀，守四十四年卒

（自徐厚培妻李氏下并据采访册）

刘　氏　九都上官金启妻，二十一岁孀，守三十九年卒。（据采访册）

严　氏　九都上官金舄妻，二十七岁孀，守三十五年卒。（据采访册）

王　氏　二都太学生上官家馨之妻，二十八岁孀，守二十三年，获旌如例。（据采访册）

曾　氏　六都江学瑄之妻，二十四岁孀，守三十余年卒。（据采访册）

赵　氏　十都危垂进之妻，二十六岁孀，守三十六年卒。（据采访册）

传卷十二　列女传（重纂）

贞　烈

元

危　氏　朱温妻。至正二十年，江西贼陷杉关，大掠西乡，温携妇窜匿，道遇贼，缚危氏而杀其夫，驱之去。危氏喷血骂贼，并遇害。后人因名其地曰“衔恨岭”。（据《闽书》。按：旧志作“邱朱温”“监恨岭”，今从《闽书》。）

李　氏　上官成一妻。至正二十五年，江西贼逼近郊，民走匿乌君山，会贼搜山得李氏，缚之，挽绳以行，经龙床石崖，李氏间贼不意，力曳绳投崖下，贼亦死。（据《文献通考》。按：旧志作“上官城一”，今从《文献通考》。）

论曰：李氏一死歼贼，可谓智勇兼之矣。然当势穷地迫，率其烈性，亦止于完身不污贼而已，更出其明算以歼贼，非从容暇定蹈死而甘者不能是，即其仁之熟也，岂但兼智勇哉？

陈　氏　危萱妻。至正二十五年，萱携陈氏及子垲避寇深谷，遇贼隐将岭，索金帛无所得，遂杀萱，胁陈母子去。陈氏戟手骂曰：“狗奴随人作贼，有何颜面？我岂从狗奴求活邪？汝是好汉，便都杀却。”竟杀之，垲方七岁，伏父母尸，浴血而号，贼携之去，不知所终。（据《八闽通志》）

国　朝

李　氏　诸生上官亮妻，父中宪大夫李子章（见《良吏传》）。亮母病疯废，卧起悉李氏左右之。顺治五年，贼掠北乡，亮携家西徙，阻水无渡，命家人觅筏，忽江西贼道杉关突至。李氏闻嚣声暂逼，以五岁儿付婢曰：“速逃生去。”仓皇赴水死，而贼由对岸径过，一家皆免。人共惜李氏，苟缓须臾无死，可以共脱，不知彼志先定，惧求死不可，不敢以金玉之身行殆也，

可谓烈之裕而节之严矣。是日，李氏弟妇聂氏亦烈死。（据旧志）

聂　氏　子章次子云汉妻，十八岁归李。甫数月遭乱，亦奔西乡，道遇江西贼，驱以去。聂氏厉声叱之，贼刃其口，噀血大骂，连被十一刃死。同难侣匿丛莽中，窥见以告，即李氏死水日也。里人目曰“双烈”。（据旧志）

曾　氏　七都诸生李思为妻。舅品奇死于贼（语在《忠节传》），盖顺治七年七月也。是月，曾氏避寇田庄，闻寇猝至，自缢死。（据旧志）

邓　氏　十二都陈开妻。康熙十八年遇贼，拥逼之去，坚不动，贼抽刃恐之，引颈摩刃而死，怀中犹卧襁褓儿也。（据旧志）

饶　氏　十八都太学生饶孔安女，许从母子龚德仪。甫纳币而德仪病，咯血，女隐隐有忧色，及凶问至，佯若不闻。父母察其异，阴加防守。一夕早寝，托旦日往探某氏姑，留钥付母，母信不疑。中夜婢起溲，一灯向烬欻，见女床侧黑影，失声大呼，家人群集，缢死矣，距孔仪死旬有八日也。邑士合辞吁请题旌建坊，曰“贞烈”。（据《段志》）

论曰：饶氏闻丧，不履龚庭，嘿嘿而死，视走死夫家而名显者，益难能矣。盖饶所许为从母子，当引嫌远别，故不相闻，其事几晦，其心弥甘矣。乃显者望塚兴慕，晦者过坊生肃，又以叹大公之道行，而暗然之必章也。

梁　氏　十九都邱惟宪妻。康熙甲寅，年十七归邱。一月，值耿变，贼陈大头掠崇仁，翁自朗见贼至，急投屋后戴家，并死贼欻。见梁氏少艾，挟之行，梁氏绐贼曰：“我自行，毋挟我。”经火烧桥跃而下，贼用长矛勾其衣裙，入水愈力，三日尸浮，神色不变。乡人犹记其死日，盖是年九月二十五日也。（据《段志》）

伍　氏　农家女，嫁吴某，亦食力为活。然吴不事事，坐困日甚，辄思嫁伍氏。伍氏知不可挽阚夫，出自经于床。夫归，但见周岁儿宛转敝席上，呱呱啼抱而已。（据《段志》）

郭　氏　诸生郭任女，许何国权，未婚而国权死。女闻丧即行，尸体犹温，出两环与国权分佩，曰佩此为黄泉相见验也。殓殡毕，以姑前死不得留，乃语舅曰：“他日卜葬郎君，幸留一块土与儿妇。”颡再拜起而返于母，毁妆垢面，终日哭而不声。母加意防守十数日，视女旷若无事，但中夜起挑灯为舅作履，诘之曰：“新妇见舅姑礼有贽，今俗进舅姑鞋亦贽也，儿不可阙。”既进履，仍阳阳如平常。一日薄暮，母闻阖户声，急坏闼入，已缢死矣。麻葛在身，左手持环，右手握尸还何氏字。母遣婢告其舅，舅以尸归，以麻葛殓，垂佩焉，而葬之治南青山，与夫合塚。至今过者犹目为鸳鸯塚云。其死距国权没三十四日。（录《抑快轩文集传》）

论曰：贞烈之死，早定于奔丧授环之时，而徘徊于制翁履，迟一月余乃引决，岂一履必不可阙，因而缓其死邪？抑防急求死不得邪？呜呼，是乃贞烈善处死也。夫礼未备而行疑于奔，既嫁殇而反于母疑于归，其名未正也。以一履贽翁，示已成妇矣。其死有名矣，斯亦亡于礼，之礼变而不失其正欤？故曰善处死也。

吴 氏 金陵山农家女，适在都何长谷，二十二岁生子高增，甫一月而孀。视夫殓殡毕，即绝食，暂至委顿所，亲知不可，常语劝，面一月孩曰："儿今好觅汝母黄泉路上去也。"嗷然哭失声，吴氏立自责曰："昏瞀几忘襁褓物，谨受教。"遂起强食，然儿体羸多病，家贫，不时得药，夫兄稍资之，苦不继，则减己餐，豫储以待，盖怀忧赍惧，辛勤抚儿者七年，儿竟殇矣。犹手抱死儿，望复活久之，委诸床曰："儿误我，儿误我。"遂不哭，同室察其异，环守之。明日日禺中，守者稍懈，见户闭，急破扉入，言已饵毒。有觅解药进者，挥去，移时绝，犹视，夫兄撝门语尸曰："以次男嗣汝夫。"遂瞑。年二十八，道光十二年八月日也。（录《抑快轩文集传》）

论曰：水性缓流而不舍直达于海。火性猛，一发焚如压抑之，其热四溢。烈与节之判也，乃吴氏孤存则抚孤，孤亡则行其志。与时消息，不亟不徐，殆兼水火之德欤？乃出于农家女，未尝学问，其诸所谓醴泉无源，薪火传于指穷者哉？

李 氏 一都诸生陈风妻。二十九岁，风馆北乡舆病归，不数日，称笃医者缩手。李氏忧煎无泊，豫储毒以待，夫不知也。病革语妇曰："我死，生计益艰，汝何恃以守？"李氏泣请先死，夫未及答，遽走出，仰药讫旋入，夫已不能语，两目犹视，而李氏已宛转死床下矣，与夫同瞑。事在嘉庆丙子六月。（录《抑快轩文集传》）

论曰：死生亦大矣！昔宋太宗论范质为名相，惜欠世宗一死耳，可知慷慨捐生，虽贤丈夫犹难之也。乃李氏见夫病，亟蓄毒待毙，竟与夫同时骈尸，何其趋死如逐利哉？孟子曰："所欲有甚于生者。"彼诚欲之，斯乐之也。不然，贤丈夫之所难，女子何以易哉？吾于是知天下纵难为之事，不能阻人之欲之矣。

高　氏　一都太学生高明征女，许适程宗耀。宗耀之父继予，江南旌德人，用贾家光泽因聘焉。女年十八婚，有日而宗耀死，泣告其母曰："儿闻程郎死矣，葬乱塚间，不为位，是弗子也。儿将往妇程氏，存程郎，否则有死而已。"其母亦孀而贤也，悲其志，许焉。继予乃为宗耀设位迎高氏，久之，姑病侍疾，累月以积劳死。适三年之丧毕也，年二十，邑令石鼎为请旌表曰"贞孝"。继予乃买山以葬，而迁宗耀柩合焉。以宗耀弟子某为之后。(录《抑快轩文集传》)

论曰：归熙甫作《贞女论》，据礼以非之。及作《张氏贞节记》，亦以孔子称夷齐者拟之。贞孝不忍歿其夫，以藐身存之，岂非求仁得仁者乎？经常之礼，乌可概焉。

张　氏　桐瑞里人，适邑治高汸然。汸然十七岁以痘死，张氏稽首夫兄前，欲语而气迕不任声。伯氏澍然曰："以次男孝衔嗣汝。"乃再頟起，孝衔方痘不获，即次张氏请书嗣子名于重。既殓殡为位，视重悲啸之。姑所侍食良久，既退，小女奴见其提带入旁室，走以告，则缢死矣，年十八。嘉庆十九年十一月二十日也。旁室有汸然题楹联云：明目张胆作事，顶天立地为人。缢所即顶天立地句下。呜呼，此其心岂出于一时意气而然邪？张氏喜书史，所读悉朱墨其人贤否，节烈则朱加密焉，盖天性然也。（录《抑快轩文集·季弟汸然妻张氏烈殉事略》）

涂　氏　一都傅昌鋐妻，幼读书，通训诂，能识大义，二十一岁孀，矢志从死。有姑在，曰："弃姑从夫，是显夫旷于礼，而自比私昵也。"及姑以天年终，送殡归，一恸而绝，身犹服，斩衰未脱也。距夫歿三十三年矣。或传为自经死，不得其详。一子前死，有孙四。（据采访册）

论曰：涂氏之死，以为殉夫则过。时以为殉姑，于义亦无处焉。然此三十三年间，苟一日忘夫，则此志汩矣。君子悲其志，与以烈可也。学使恩侍郎锡以"潜德幽光"额，有见哉。

邓　氏　十三都邓继芳女，父母为媒欺，许配非类，及觉欲悔，女思嫁则失身，悔则失义，有死而已，竟缢死。（据《邓氏家传略》）

黄　氏　十三都邓秀岑妻，二十四岁孀，以烈死。（据采访册）

邓　氏　十三都邓琪女，性至孝，念无兄弟，自矢不嫁，养父母终其身。以所遗产创再兴诸寺，为亡亲祝来生福寿，其孝而愚哉！然守贞不字，

非寻常女子所及，不可使无传焉。（据采访册）

龚　氏　十七都邱才荐妻，十八岁孀，有遗腹，力节哀待免，已而生男，未周岁殇，曰：“是无可望矣。虽然，夫丧不可不终也。”及夫大祥，哭奠升祔毕，仰药死。（据《邱氏家传略》）

毛　氏　二十四都毛世瓐女，嫁梅坪伊绍勋，一年而绍勋死。临殁握毛氏手曰：“我死，汝肯从我地下乎？”毛氏指心以答，家人加防焉。毛氏屑金蓄毒，卉间守者懈，咽之，皆以救不死。其父谕以无从夫乱命，而终事舅姑，女嘿然垂泣，卒经于床。至是凡三求死，乃得死，距夫殁逾月，年二十。（录《抑快轩文集传》）

论曰：毛烈妇之死，盖夫命之矣。至于再三求死不悔，可谓不欺其志也。假令如其父之言，亦谷梁所谓违而道者，然未必其心果信也。呜呼，如烈妇何可议哉？

陈　氏　许一都黄兴宗，十五岁兴宗死，即誓不嫁。今存，守贞盖三十年矣。（据采访册）

才　淑

国　朝

上官氏　邑诸生黄道开妻，幼习儒书，遂博通诸经，既相夫成名，训子若孙，每事必引古义，其子建极髫年籍学。邑令姚侯旌以额曰“书帷香雪”也，年八十三卒。（据旧志）

龚　氏　邑治诸生曾芳声妻，少失母而父幕游不家，挈以行，所历山川名胜，流连光景若有会心。父异之，惑古书与读，日一起居，其父即闭阁吟诵，拈管覃思，谡谡有林下风。幕中诸女伴群，呼为女学士云。十六岁归曾，良人亦温雅，相征古事，赌多少为笑乐。福慧不齐，人天难问，伉俪六年，顿作未亡人矣。所幸遗孤娟好玉立，款款母前，已解问字。乃洁一静室，书先师位，粘室北楣，领五龄孤儿脱重服，九叩首，行释菜礼，礼毕呼曰：“儿来前，此儿今日受书始也。去汝幼志，开汝灵府，以大我曾氏之门。”由是晨窗初曙即闻唤儿，漏下三商，絮絮宣讲。昔为女学士，今为女祭酒。然回忆前尘往事，便思骨化形销，相从夫子地下，盖忍死督孤，怀哀慰逝，弦声在户，泪痕渍枕矣。儿十三龄遣就外傅，五经已成，诵四子书，通训诂，学作五字诗，解对属。先生叹曰：“不意画荻之风再见今日也。”儿后为诸生，传父业。守节三十四年卒。（据《段志》）

黄　氏　五都诸生曾瓘来妻，工诗，与良人唱和，有琴瑟静好之风。二十八岁生子，逢正六月而孀，作诗誓志曰：“身是未亡心骨悲，孤儿半岁对凄其。纷纷脂粉多浓艳。白玉无瑕誓不亏。”自是绝笔不为。偶展旧草，见夫迹凄然泪下，或讯近作曰：“寡妇丝可复鼓邪？且谁听之谁和之邪？”故传者绝少，而瘦骨支愁，清容浣泪，鸣机课读，洁瀡承欢，慧质冰心，又造一番宇宙矣。年五十八完节曾门以终。（据《段志》）

论曰：龚黄二妇，皆才而节也。一韬笔弗宣，一晨夜讲授，其迹异，其未尝须臾忘夫一也。范蔚宗传蔡文姬列女，才则才矣，如不节何？今余传才淑以光斯志，而无蔚宗之失者，赖有二孀也。后数十年又有王氏焉。

王　氏　在都李常裕妻，幼有夙慧，父诸生某（失名）授以唐诗，教之对属，曰：“诗非女子事也。”授以女《论语》，又曰“四书五经岂专教男子邪？”父奇其言，授以四书，为讲训诂，次及五经。后见四书文，谓足发明四书义也。学为之，呈稿于父，父颔之曰：“汝欲应试作女秀才邪？”曰：“图作女教授耳。”笄而归李，文已成体，有法度。二十八岁孀，长三岁孤，尊训教以制艺，不竟所学，援例太学生。王氏叹曰：“本期一卵伏雏，今乃毈邪？”及次孙贵波长，曰“孺子可教也”。为点窜课艺，遂籍学贡成均，一艺出，咸惊为老宿，不知出于重帏指授也。年七十余卒，郡守周克昌以“德媲敬姜”表焉。（据采访册）

论曰：古今女子工诗词书画多矣，工制艺者未之闻也。王氏独志夫此，以传其孙，而己完节，师表人伦。信哉！四书五经非专教男子也。

何　氏　字淑蘋，博野知县何长敦女，少学诗，有隽才。已随父宦直隶，遍行吴越齐鲁郊，又其父历宰新城、盐山、饶阳、博野，皆古燕蓟地。女既耽诗，所至模山范水，极命草木。侧身怀古，蒿目伤今，皆于诗发之。会从父刑部郎长聚至，叩其业，出质品曰：“儿才大异，但风格尚为慧业掩耳。”女瞿然请所向，曰：“盍以选体，固存之。”遂学选体，兼及骚经，其诗益遒解音律，琵琶筝篴少涉辄工。从父曰：“是不足怡情也。”贻以琴，授古操数阕，一月能传其音。每值衙斋昼静，谯漏宵沉，时闻泠泠琴声，袅香风度绮阁。

从父叹曰：“会心处恐急索解，人未易得，而琵琶之属蛛网尘封矣。”性慧而孝，父久宦，思南味，女手调饮馔以进。时际夏初，小雨过云，嫩晴送暖，女倚栏曰：“此熟梅候也。”父触所嗜，曰：“余久不尝盐渍青梅矣。”数日盘餐进是品味之梅。讶问何自来，女笑曰：“青李也，以意治之，聊慰吾父莼菜乡思，但不时之果，吾父宜少食。”其善承亲如此。年十九，其舅吴其携子就婚博野署，既礼成，事舅曲尽，俾旅寄如归，而缄愁寄恨，呵壁书空，病骨恹恹，药炉消日，不复唱渭城矣。未二年竟殂于署，年二十一，有《琴北诗钞》行世。（据何长聚撰墓志）

论曰：余传里女才淑，得五人焉，而有集者何氏一人，何天赋才之悭而传之之艰也？顾彼四人，虽少孀，犹获长世，以节显，而何氏独夭死。假令无传业长此已矣。又以叹彼苍之善持平也。呜呼！人生有涯，唯名可久。乌知此五人或孀或夭，非即天之培之邪？夫富贵福泽为造物覆倾之具，亦已久矣。

卷之二十六下

传卷十二　列女传（增修）

贞　烈

邓　氏　县治何高杰之妻，年十九孀，翁姑相继殁，无子。是时邑中叠遭粤寇，忽讹言寇至，举家仓皇议避。邓素知书，密书翁姑夫婿名讳生终，用布系于胸，赴大河死。及旦，讹言息，得其尸于交溪，而所书了了可辨。时咸丰庚申三月二十一日，距高杰死适周丧也。（据《何氏世谱》）

孝女邱闰姑　父玉珊，广东试用同知，因事罣[①]误留粤省。光绪三年二月间病，闰姑躬亲汤药，衣不解带者数月，旋刲股和药以进，至秋知父病不起，吁天祈代不得。父卒日，潜服酖以殉，时年二十一。所亲在粤省禀报请旌焉。（据采访册）

烈妇广东冯氏女　聪慧知书，邑孝廉彭荣诰宦粤，聘为长子英伟继室。于归时，有婢年十四，自幼事冯，从之来。彭数月孝廉卒于官，冯佐夫治丧旋里，抵里数日而英伟死，无子。冯哀恸，视殓毕，阴饵毒，再拜于灵，死之。婢于夜缢以殉。冯年十八，归彭才期耳。婢姓某（失考），名崇喜。（据《课耕草堂文集》）

上官烈妇　父懋本知晋州，提其夫王有胜往，会粤匪寇晋，有胜不戒，被执，胁之去，不从，杀之。烈妇得讣，恸不欲生。初，有胜北行邑，以外警戒严，烈妇密蓄毒卉，备不虞。及是饵之，不死。再饵，以觉获救。潸然曰："夫死义，妇从夫，正也。苟得其正，奈何不死？"或以姑喻之曰："小郎力可养姑，未亡人身无所出，视息人间，奚属也？"言已大恸，属得父耗，将致有胜榇归。于是闭处一室，日盼丧至。及闻道梗，榇已就瘗，嗷然哭曰："迟我不死，冀一见夫丧也。而亦不可得。天乎！天乎！"卒饮毒死，时年二十九。（据《菉园文集》）

---

① 同"挂"。

烈妇上官氏 年十八归镇岭王锦章为妻，归三载，锦章死，无子。叔父往吊之，稽颡叔父曰："儿不能终事吾姑，闻姑外氏素丰，足以养，愿托焉。老母贫孀，不能无望于叔父也。"语罢哽咽不他。及次日，经于床，外服嫁时衣，内袭夫寝衣，素履去钗环。（据采访册）

伍　氏 县治监生高熙瑞妻，年十八归，归三载，夫病瘵。伍惴惴侍疾，衣不解带，夫病革，与夫诀曰："妾旋来奉君，相别不远矣。"视殓毕，毁容入室，时当严寒，不围炉不就寝，垂泪兀坐月余，届盈七日，绝粒。家人悯之，进以羹，不饮，饿数日死。县令赵亲诣上香，旌其庐为"烈完正气"云。（据《自娱斋文集》）

范烈妇 郡增生高来�之妾，归时年十五，来筠祖母已病疯，饮食起居需人，范侍奉惟谨，迄殁不少懈。旋来筠病年余，朝夕侍汤药并解慰嫡忧，而复饰容以迎堂上欢，故一家上下悯其劳，复爱其慧也。时年十九，来筠死，惟诞一女，因将数月孩寘嫡室，引刀自刎，遇救不死。越旬，防守懈，潜服毒，强步至庭下侧室，而踣救之，坚拒，遂殉。距来筠死旬有九日耳。（据《课耕草堂文集》）

李雪梅 邓家边人女，年及笄，许缨同邑高姓，未及婚而高从戎口外，八年失耗，讹传高死，父将他字。梅知之，阴蓄毒置密处，禀父曰："愿待高郎归，不幸客死，儿为望门守，不然亦当以死殉也，况郎之生死未卜乎？"父谕之曰："世之处子再字者多，于义何害？且吾家綦贫，今以儿为富人妇，父母亦得资以老，不愈于望门之守耶？"梅终不可，年益长，父母遂决夺其志嫁之，梅知之，因仰药死焉。后十数年高以从戎功，擢知县，冠盖而归，人始服女之卓识云。（据李心芬撰传）

官　氏 王世锦妻，与夫同庚，夫年二十四死，无子，即自缢以殉。邑令刘为申请旌表入祠。（据采访册）

邱庶仁 可坑边长琦女。长琦贸易邻村青塘，女从定省。丙戌春夜，有盗窥其多金，聚伙劫之。邻出救者俱伤，佣工王某走呼救，杀于田。长琦据钱柜，盗举刃刺之，女趋抱父曰："钱货任取，毋杀吾父。"盗伙喧哗莫辨，遂刺女，并刺其父胁，女负痛承以背，背伤，又劈其父首，女以手格，手遂断，父亦中刃，俱仆地。盗启柜掳金去，父女遇救，始苏。然女以伤重旋卒，时年十四云。（此传当列贤明，误载于此。据采访册）

上官氏　四都黄重勋妻，年二十二夫死，至四十九日奉栗主祔于祖，吊客未散，闭户自缢以殉。人咸钦其从容就义云。（据采访册）

萧　氏　九都上官国明妻，夫死翌日，自缢以殉，年方三旬，而室号素封，决志捐躯，亦巾帼之完人也。（据采访册）

吴　氏　十五都李仪表妻，年二十九而夫逝，性凛烈，抚育三遗孤，严明有法。丁巳岁粤寇入都，氏避于邻村，为寇所获，骂不绝口，遂遇害，时年九十二。（据采访册）

李　氏　西乡吴发则之妻，年十七于归，归数月而夫病，渐见病殆，药不下咽，往厨下持刀自刎而死，夫同时亦死。时粤匪入寇，人以为知几云。（据采访册）

孔　氏　二十一都黄裔华妻，归黄氏十五载，无子，秉性严毅，与人语不假声色，奉舅姑以礼。夫性躁急，刻责之，亦不怒。侍夫病，不解带者累月。方夫弥留时，语夫曰："君死必邀我。"夫曰："果有志，我死盈七日，当邀尔也。"届期阴治平日针黹之具，附所具夫之冥箱内，豫焚焉。是夜方就寝，姑闻氏呻吟声，问何为。曰无之。继闻声加疾，急热火起视，已服毒仆床下死矣，内外殓衣服之井然，时年二十九。光绪二十二年获旌如例。（据《自娱斋文集》）

吴　氏　二十一都廪生蔡沆妻，素伉俪。沆病笃，即假治病购洋药藏之，沆气绝，即服药而哭其尸，未逾时骈死焉，无子。（据采访册）

上官氏　任诏安把总晋都阃衔吴运开之妻也。运开自有传。咸丰八年，氏随任诏安，闻运开攻政和县贼阵亡，即投井而殉。（据采访册）

贞女江氏　幼抚与四都曾章焕为室，年十四未合卺而章焕死，遂坚志守贞，以事翁姑。人咸嘉其孝，守贞二十三年卒。（《据采访册》）

王　氏　汉溪女，仙华黄居义妻也。闻寇入云际关，王间道避汉溪，至北塘适遇寇，诱之不从，兵之益坚，伤十数刃死。死犹固操衣带，挺坐不僵，家人抚之乃柔解受殓。（《录寄寓生文集》）

饶　氏　十六都高用光妻也，避寇危家塘，寇至，饶与邻妇赴水，贼出之，饶复窜入，死之。（录《寄寓生文集》）

郑　氏　二十九都龚其荣之妻，年二十二于归，夫病半年，奉侍汤药不少怠。荣自知病不起，谓氏曰："待我死周年，任女他适。"氏曰："君何言至此？我生死俱为龚姓妇。”治夫丧，不甚哀毁。或疑其有他志，一夕仰药卧床，救之坚拒，遂殉，距夫死三旬，卒年二十五。（据采访册）

程　氏　幼许字四都张文煊，未及婚，适粤匪入境，文煊以督战阵亡。程年十九，遂望门守贞，终老母家，年五十余卒。（据采访册）

陈　氏　二十七都杨日辉妻，戊午岁粤寇入都，猝不及避，欲强污之，骂不绝口，饮刃而死。（据采访册）

高　氏　县治龚善循妻也，闻城陷夫死，闭户拒贼，贼破棂入，高氏猝起击贼，贼中刃反僵。其党曰：“光泽女子亦崛强不畏死耶？”然不敢窥其牖，环攻其户，户破，高氏骂贼，与从子妇铭妻张氏死之。（录《寄寓生文集》，见奏案。）

廖　氏　县治上官寅敦妻也，寅敦死，廖年二十七，姑亦独孀也。相守十六年矣。闻寇入境，姑率与出，廖不可强之，乃登舆比至，则死矣。盖廖志死久而恐不得当，一闻寇入蚤饵毒也。（录《寄寓生文集》，见奏案）

黄　氏　县治庠生上官懋才妻也，夫死，无子，年已七十三矣。闻寇辄泣于堂，同堂悯之，约与俱去，辞曰：“老妇非求生也，然生岂可必耶？惟求造次时得死所耳。”寇亟同堂使速黄，黄曰：“吾闻正命内寝，死犹有别，吾志决矣。”竟不去，闻城陷，缢诸室，死之，从孙收而合诸夫焉。（录《寄寓生文集》，见奏案）

龚　氏　县治上官寅刚妻也，避寇乡庄，闻城陷夫死，遂饵毒死之。（录《寄寓生文集》，见奏案）

上官氏　一都龚五润鼎妻也，夫死无子。闻寇穷无所之，乃待死于家焉。寇至胁从，上官厉声曰：“汝曹叛逆无道，戕贼天民，吾有死而已。吾岂忍耻偷生从汝贼者耶？”贼怒加害，上官死之。（录《寄寓生文集》，见奏案）

王　氏　二十四都廪生王大猷长女也。闻贼将至，大猷授兵诸女妇，令避岩曲，曰：“遇贼则击之，等死耳，与其徒死，不如杀贼也。”遂率壮丁拒守，与二子死于贼。贼至女所，女剚之，洞腕，视嫂妹自投崖矣。女从之藉嫂妹，贼创且怒，拜矛以刺，多中女。贼去，嫂妹藉草苏，而女死之。（录《寄寓生文集》，见奏案）

池　氏　在城王思仁妻也。闻思仁死于寇，与王思诚妻方氏偕避郡城，郡城旋陷，与方氏皆自缢死。（录《寄寓生文集》）

饶　氏　十七都北塘谢清洪妻也。倏闻寇，抱三岁儿出，而寇已逼，度不免，离其子赴河死之，子从没。（录《寄寓生文集》）

吴　氏　四都水口张志荣妻也。夫出，贼猝至，要吴氏，吴绐以浴，贼喜纵吴，吴取厨刀自刭，贼惊舍去。明日夫返，死之。（录《寄寓生文集》）

龚　氏　镇岭坊郑维相妻。咸丰丁巳二月，闻寇至，走避回顾，贼已及，遂投河死，时年三十七。（据采访册）

刘　氏　二十都庠生黄继唐妻，年二十于归，挑灯佐读，事夫甚谨。丁巳之变，携子避寇，贼适至，刘置子麦禾中，自投于溪。逾日贼去，尸浮水面，如生。（据采访册）

贞女郑氏　十六都儒士上官彩行妻，抚归未合卺而夫亡，守贞三十八载，年五十卒，请旌如例。（据采访册）

陈　氏　十三都邹金堂妻，二十六岁孀，守节至六十三岁，遇寇不及避，骂贼而死。（据采访册）

邱氏元贞　二十三都廷骥女也，幼字商人褚兴贤之子。褚携眷客苏杭，舟次汉江，全家覆没。氏年十二，闻报即闭户号泣，誓不再字。稍强之则终日不食。褚故孤姓无亲戚，氏更无兄弟，井臼躬操，奉事二亲，终其身。长斋绣佛，未尝一发笑，亦未尝一入戏园，数十年如一日。乡里交赞之。现存，年六十二。（据采访册）

龚　氏　在都上官寅谷妻。咸丰七年寅谷守城死难，氏时避寇于乡，闻耗即缢以殉。九年，汇请咨奏报闻。（据《官氏族谱》）

包　氏　十二都六品军功陈善妾，事嫡甚谨，夫病革，涕泣许以死殉。夫死届七日，仰药死，时年三十。（据采访册）

烈妇李氏　二十一都太学生刘士方妻，夫死，氏年二十八，哀恸不欲生，屡觅死遇救。将届期，除夫灵床，乃不食而死。（据采访册）

白　氏　十一都大坑庄龚高廪妻。年三十一高廪死，氏期以身殉，母女日夜防之。将近百日防渐懈，遂更衣服毒，救之不效而殉。（据采访册）

王喜兰　二十八都王厚连之长女，年及笄，未字人，以其哑而弃之。女闻而怒，自是矢志不适人，亦不事膏沐，惟奉养父母，襄理家务。久之，人皆称其孝，并嘉其贞焉。年七十二，老死母家。（据采访册）

伍　氏　三十都陈须惠妻，有美色。咸丰丁巳从夫乘舟避乱，三月初四

日贼追而围之，氏抱儿泣，与夫曰："我先死，毋贻汝羞。"语毕，即跃入江。贼见之，夺其舟以去，夫与子皆获全。（据采访册）

丁　氏　二十八都庠生王天爵之妻也，三龄丧母，自幼抚诸弟有恩，年十七归天爵，善事姑，以孝称。天爵乡闱病归不起，母呼天求代。丁含悲劝姑，谓无母代子之理。已而天爵死，丁先一时自缢，盖劝姑时，已欲自代也。事闻，郡守旌以匾曰"谅节可贞"，邑令旌以匾曰"孝思可矜"云。（据采访册）

高　氏　十都危垂璋继室，避贼山林，贼适至，欲污之，氏厉色骂之，遂遇害。（据采访册）

才　淑

上官紫凤　字灵仙，朝议大夫何高华之妻，刑部主事秋涛之母也。性端凝而敏慧，工针黹，通文翰。秋涛五经四子书皆其口授，及秋涛成进士，就养京邸，尝织金鳌玉蝀并山川锦绣图，诸宦眷传观，共叹针神焉。著有《八角楼诗集》十二卷，又《岐园标雅诗余》四卷。道光二十六年封宜人，三十年封恭人。女名如兰，亦才，适工部主事邱寯，著有《绮余阁诗稿》四卷，待梓。（据采访册）

附：殉难妇女

（咸丰丁巳城陷死烈有册可稽，已入祀邑中昭忠祠各姓氏）

叶景阳妻何氏
龚有书妻刘氏
龚品山妻何氏
徐盛林母何氏
危三德妻丁氏
邓金堂妻陈氏
游中和妻龚氏
邓禹堂妻林氏
李奕烈妻林氏
邓寿宗妻黄氏
黄素位妻陈氏
高富毛母□氏
张大安母范氏
李言庸母吴氏
邹茂华妻黄氏
邹寿荣妻余氏
李必文妻官氏
邹贵发妻徐氏
王思仁妻池氏
马邑侯妾孔玉懿
邹早洪妻邓氏
曾大罗母孔氏
潭松照母范氏

傅文丑妻吴氏
龚有来妻张氏
方简人妻梁氏
邓创业妻陈氏
邱立朝母何氏
李细光女李氏
危文德妻黄氏
黄家奇妻高氏
郭祖德妻官氏
邱立朝女锦妆
陈福保妻吴氏
高富毛妻□氏
张毛俚母□氏
张毛俚妻□氏
张大林妻元氏
张正科妻何氏
邓鸣罄妻陈氏
曾直刚妻孔氏
何高冠母余氏
邓鸣玉妻张氏
张垂仍妻何氏
章华保妻黄氏
潭松照妻官氏

封尧忠妻周氏
严贵生妻陈氏
上官寅敦妻廖氏
叶文中妻李氏
龚细寿女龚氏
上官寅刚妻龚氏
朱逢源妻元氏
朱逢源女朱氏
郭祖德女有喜
官其会妻黄氏
黄裔祥母李氏
张大茂母万氏
李言庸妻官氏
黄元宁妻元氏
黄元功妻元氏
郭成祖妻邱氏
邹鼎新妻陈氏
万占英妻官氏
沈土生妻李氏
邹新良妻陈氏
董嗣述母官氏
王梦松妻方氏
万遇程妻上官氏

邱玉昆妻卢氏
龚有书母刘氏
曾寿孙妻周氏
王大猷女王氏
叶华彩妻许氏
王思成母危氏
万占勋妻叶氏
游崇德母官氏
黄寿福母何氏
王振梁妻饶氏
黄初生妻萧氏
何高预妻吴氏
上官继发妻黄氏
张垂栻妻龚氏
上官懋才妻黄氏
傅文华妻吴氏
傅全标妻高氏
何秋容妻高氏
高世顾妻余氏
董嗣述妻吴氏
邱立宾母何氏
黄廷照妻邓氏
危长庚母黄氏
邱慎显妻罗氏
陈金容妻周氏
张垂倬妻范氏
黄寿福妻彭氏
傅义妆祖母陈氏
黄寿福女黄氏
张志荣妻吴氏

何高腾妻□氏
罗德金妻王氏
吴恩诏继妻官氏
欧阳煐妻彭氏
黄宗照妻元氏
高廷载母□氏
何高鹏妻李氏
游崇德妻陆氏
何高淳妻□氏
邱细章妻罗氏
李宗孝妻杨氏
黄东坚妻曾氏
李续宾妻饶氏
江连贵妻杨氏
郭祖旺妻□氏
黄立生妻夏氏
官德修妻梅氏
孔广济妻陈氏
龚妹则妻李氏
李成怡妻傅氏
张大朋母虞氏
李茂绩妻龚氏
高细孔妻官氏
高佩瑝母曾氏
张垂植妻曾氏
林章资□马氏
傅贵生母梁氏
周长星妻佑氏
张垂仍妻何氏
张正科妻何氏

黄爱则母邱氏
黄继唐妻刘氏
聂长清妻吴氏
吴步堂母王氏
封新春妻黄氏
张长月妻□氏
郑传生妻邱氏
郑占丰妻邱氏
上官扬妻黄氏
黄立生妻官氏
龚善循妻高氏
张学宾妻□氏
何长钊庶母潘氏
上官其会妻危氏
张细团则妻龚氏
黄宗照妻危氏
黄梦云妻元氏
熊有仪妻张氏
万占良妻叶氏
何秋骞妻蔡氏
何芳祥妻蔡氏
陈鉴礼妻□氏
江连贵妻杨氏
高天恩妻危氏
张垂植妻刘氏
陈宗祖妻罗氏
陈居考母刘氏
张垂栻妻龚氏
邱茂松妻王氏
万贞英妻官氏

万遇程妻官氏	龚有绅妻张氏	龚善易母李氏
万遇刚妻危氏	万占勋母□氏	王绪梃母官氏
高廷觐妻裘氏	孔长泽妻□氏	陈进寇妻刘氏
高元奎妻陈氏	傅全魁妻高氏	傅方荣母王氏
傅方柏母何氏	傅方立母陈氏	游树德母官氏
游乔田妻彭氏	游崇德妻陆氏	周生妻杨氏
龚五妻官氏	邓培媳郑氏	黄良妻李氏
黄茂妻官氏	龚本母谢氏	邱申母□氏

杨凤娇	谢饶氏	危全仗	官梅氏	高饶氏
黄细仗	张朱氏	张蔡氏	吕邱氏	梅江氏
梅龚氏	席翠氏	李黄氏	万虞氏	华高氏
席金氏	龚王氏	蔡周氏	冼李氏	黄陈氏
吴秀兰	叶宋氏	龚陈氏	元严氏	龚熊氏
元黄氏	龚罗氏	曾李氏	官黄氏	曾李氏
邱黄氏	董黄氏	董章氏	王陈氏	吴郑氏
官邓氏	崔曾氏	聂谢氏	夏某氏	李梁氏
吴邓氏	黄元氏	陈林氏	吴邓氏	陈林氏
邓孙氏	饶备玉			

录卷一　宦绩录（重纂）

宋

上官均　元丰元年知县事。有巫托神为人祸福，均焚其像，杖出诸境。其立义社得古制，相友相助，遗意盖贤者，偶尔谪寄，不苟其政如此。（据《宋史》本传）

江　逌　元祐间知县事。时置县未久，经界不正，逌首政及之既定，民无扰而争顿息。（据《闽书》）

王以咏　绍兴间知县事。尝诵昔人“治公家如私家，恤官物如己物”语。故终任未尝妄费一钱，又不肯献羡余，曰：“以民膏脂媚上，吾不为也。”（据《八闽通志》）

张　硕　乾道间知县事。勤恤民隐，而于赈济尤加意，故天虽降灾而民不害。可谓知政要也。（据《闽书》）

张　䜣　绍熙间知县事。立社仓，贮米千二百斛以济民之无盖藏者；附仓建屋，以居行旅之病而无归者。又籍没入之田，助民举子，不足，买田扩之，岁收三百斛。经画皆精美，民歌舞焉。（据《朱子文集·光泽义仓记》）

王介雍　绍定间丞。刻志励操，道遇冻民，解衣衣之。秩满，襆被徒归。（据《闽书》）

包　恢　绍定间主簿。时汀州盗晏头陀犯邵武，分扰诸县，恢率民兵击走之，光泽无盗。后官至资政殿学士，卒赠少保，谥文肃。而初任末僚，其风概已可想见也。（据《宋史》本传）

元

况　逵　泰定间任县尹。故事巨室豪绅为长吏信任者，县官开阁延见，待以上宾礼。逵独不纳，惟日引诸生与之讲学而访政焉。学工兴，富人请出财佐工费，不许。会修云岩书院，复来请，曰：“自侯之至，吾属无杂役，遂多余力，请作书堂以成侯志。”始听之，而社学义仓同时并建，皆宽为之制，民不扰而坠政悉举。其听讼已得其情，曰：“吾非不能立决，但决则伤尔闾里亲戚。”闻者往往不终讼，求释。有兄弟争田，则曰：“吾视若等貌非不友恭者。”授以《伐木》诗，为之解说，皆感泣互让以退。移尹高安去，有去思碑，祀名宦。（据虞集《云岩书院记》）

明

何昌言　成化间知县事。创预备仓，增儒学舍，以养以教，无者建之，不足者补之，而政化以成。（据《闽书》）

刘　俊　字君佐，成化间知县事。以戢奸植善为首务，凡境内庵院私创者，悉撤其材以葺学宫坛壝。俊本由御史改县，民以为不愧严执法，咸知所向方，使久其政，虽移风易俗无难矣。正德十三年，诸生吴文玑等上其治行，祀名宦。（据《闽书》）

魏　默　字本纯，弘治三年知县事。锐意变俗，冠服文物一新，而延闽士有文行者课其邑俊秀，士益劝于学，彬彬臻儒雅焉。（据《江西通志》）

王　俨　字子敬，弘治十八年知县事。持己严方，为政简恕，经其指画，人才辈出，当道书其考曰：“学行兼优，政教兼举。”历官五年，始终如一，擢南京工部主事，民怀之，如失慈父母焉。（据《闽书》）

钟　华　字善彰，正德十一年知县事。县旧无志，文献荒落，华旁搜博采创为之，至今赖以考证者，华之力也。他所兴建，皆文以记其儒雅风流，迄今三百余年，犹慨想于无穷，盖其政其文并合，足系人思也。祀名宦。（据《闽书》）

吴国器　嘉靖三十八年知县事。县故无城，山寇窃发，掠治西，西隅一空。国器承郡檄董造，周六百四十一丈。民方被寇，复有城役，不无怨咨，而一劳永利，怨去爱存，至今溯城始事，咸知有吴国器也。（据《闽书》）

姜桂芳　万历四年知县事。资身简约，不妄费民间财力，傔从恃劳颇肆，立驱出之。（据《闽书》）

林树熏 万历七年知县事。县有学田久为奸民隐没，又无发其事者，树熏但捐赎锾为月考资，又捐以助贫生，而赎锾不多，终以为歉。会布政使下傅尚谋买寺田事到县鞫实，即前隐没之学田。初为寺僧据，继为傅得者，遂判入学，而田始复。士竞颂之。（据《郝志》）

刘一中 万历十一年知县事。前政断寺田还学未久，复为傅尚谋占。一中廉得之，罪傅尚，而田复归学。（据《闽书》）

陈宗谏 万历二十年知县事。实心爱民，克喻民志，御水救荒灾而不害，天亦若悔祸之，延报以丰登。去日，士民涕泣以从，不知道之远近也。其入人心，殆动于天，不能以已。今去思碑犹存，祀名宦。（据旧志）

程 寰 字仲辅，万历二十四年知县事。不受常例，革吏宿弊，复民兵，蠲滥税，新政焕然。见民无盖藏则立义仓，见民椎鲁少文则立义学，政教并举，复创章相会，课士之俊秀者。其他兴建，不可殚述，而程公桥最著，即今东桥也。有去思碑。（据《闽书》及《去思碑》）

李际熙 万历二十五年知县事。为政简易，独勤课士，严捕盗，以故四民乐业，枹鼓不惊，而弦歌之声不断，观风者目为名区乐地云。（据旧志）

汪正谊 万历四十年知县事。百废具举，最系人思者，莫如建学修志，盖二者皆邑坠典，赖侯而复也。（据旧志）

程家相 万历四十五年知县事。政尚宽恕，赋役均平，而视民如伤，捐赀拯贫，施药苏疫，有犯法者当予杖，流涕施刑而遣之。其待士有恩，至剔水碓培地脉，盖望之切而溢为愚情，其尤可感也。（据旧志）

王道焜 崇祯中知县事。属妖氛为寇，道焜已奉檄迁南雄同知，特留办贼。单车入营，谕以利害，贼皆解散，一邑以宁。（据《浙江通志》）

陈子良 永乐间教谕。以经术教，而黜浮文妨要之士，故资其造就者多通经彦云。（据旧志）

段 永 宣德五年教谕。好古守礼，条教严明，当为□经师人师兼云。（据旧志）

吴 举 万历四十年教谕。待士款款有恩，士亦乐亲之，课文恪守先正，士藉以知向方，谓微先生，几虚读一世书也。（据旧志）

黄应朋 崇祯中教谕。言行不苟，足为诸生式法，其教士善则进之，不善则婉导之，期其化而后已。十四年祀名宦。（据旧志）

朱　徽　宣德初训导。有文学，尝修邑志，虽未成书，实钟志之讬始也，其功不可没云。（据旧志）

王谦先　万历十四年训导，性坦□宽平。贫士称贷不能偿者，焚其券。有小偷窃其盐米者，见□曰：“留少许给我。”其雅量如此。（据旧志）

欧阳勋　字懋忠，万历十七年主簿。革输粮户及都里就役金，收粮一准实额，不入奇赢诸所。禁罢，省民八百三十金、五十五石米。罚锾，无力入者贷之，能入者亦减逾半。其治尚清简，日与二三俊髦讲学论文，恂恂有儒吏风焉。（据邑人黄文魁《惠政记》）

国　朝

姚宸中　字寰仰，顺治十年知县事。县罹兵燹，田荒税重，逋负岁积。宸中察知荒熟并征，田赋不相应之，故力请于台郡，阅实其数，计一岁征解经费各若干，率三分之一以为差，自是民稍苏息。精章草，自为一家，邑人至今艳称之。而宦绩鲜有道者，盖国家承平久矣，乌知其初艰难缔造大有人哉？特列之为名宦首。（据旧志）

王　吉　字枚臣，康熙九年知县事。前政征收无艺，奸弊丛生。吉设立花户册，每图三起，一存署，二分存粮吏、里长，岁赋征讫，各注户下，推苗改户，以时登记，年终合要而封贮之，自是飞移诡寄弊绝，至今赖焉。他如豁浮丁，消额引，皆关民瘼。暇日为民讲乡约，为士说诗书，而学校书院诸工并举，则渐于化民成俗之孅矣。先贤李方子后裔李振夷于伍伯，特免其役而拔之。既去，民祠于学宫之左，今祀名宦。（据旧志）

柯永新　康熙十二年知县事。有巨猾董子亮潜引江西寇徐仲常、周正所刻期为乱，永新诣府镇请兵，设奇计捣其巢擒之，贼党解散。明年，山贼李宏龙等诈称伪吴命入署，永新伏兵两庑，擒戮于市。而是年耿精忠反，以永新为才，遣党逼降，不从，械赴省，防守严密，永新道不食，死。（据《府志》）

金鸣凤　字竹亭，康熙十六年知县事。时耿逆已乎，山寇未靖。鸣凤率乡勇剿捕尽净，而杨一豹之降，亦由之。于是拯恤难妇，招徕流亡，蠲荒田税□□骑通行郊野。视贫不能耕者，分给牛种，民始复业。乃置买学田，

建启圣祠、浩镇岭舟梁、天平石桥，殆无遗便。观其敷政次第，盖无一日不在民，其以循能著闻，有以也。（据旧志）

张　彭　康熙二十四年知县事。县北乡接壤江西，夫役烦费，彭力除积弊，民获宁处。既建常平社仓，以备不虞。复申豁盐筴溢额饷银，并减浮引积累，其兴除悉厌人心如此。（据《府志》）

王之宾　字介宾，康熙三十三年以邵武丞来权县事。革除杂派，加意劝学，野有栖亩，室无盗警。去日，士民为之赋乐只焉。（据旧志）

梁绍素　康熙三十七年知县事。革漏规、减水脚、免牛税、宽匠班，治止半年，遗思至今不替。斯所谓用拯马壮者欤？何论久暂哉！（据《府志》）

马　玙　康熙四十三年知县事。前政苏迴奉文革大当，而奸胥犹倚为囊橐。玙痛惩而力禁之，一切漏规尽绝。去日，远乡穷谷咸知大当根株去，由马府君沿途泣送，竟日不息。有去思碑。（据旧志）

王授位　康熙五十一年以府同知权县事。承华令废弛，后衙蠹蟠结，授位痛绳以法，其势少戢，而清庶狱、减征徭、输将正以法马权概，期年大治。里人建祠东门外祀之。（据《府志》）

吴　堂　字介石，康熙五十七年知县事。倡捐义谷，分立文、民二社，一以饩士，一以养民。县旧多粮弊，堂设印券，各给一纸，名蚨玙票，其有苗无田者，立天知户，官为代输，或有曰“无粮即于天知户推补，自是无空户赔累之苦，亦无任意私割之弊”。辛丑铅山小警，地毗北乡，皆窜徙山谷，堂率义勇守要害，贼不能犯境，赖以安。（据《府志》）

谢绍仁　字希统，雍正九年知县事。岁饥发常平仓，活者万计。十三年奉文清军田，绍仁力请免丈，民戴之如二天。北乡有妻杀夫者，已灭其迹，亦无人指控，绍仁一鞫得实，置诸法，一邑皆惊为神。去日，士民即其姓名缀联赠行，曰“谢神明，仁父母”云。合王授位并祀东门外，所谓王谢二公祠是也。（据旧志）

王　瑶　乾隆二十五年知县事。就汀仓废址作书院，首捐三百金以倡，得千金，鸠工庀材，因县水名额曰“杭川书院”。又以童试旧在县署，人各持桌，不便，即于书院两廊左右扩买民居，创为考棚。邑之有考棚，自瑶始。其县东西两桥屋，其上为廛舍，岁收其僦值作士乡会试资，其勤于士，殆不遗余力矣。而通邑陂泉，足资灌溉者，汇流西北二溪，或壅或决。

瑶相形势，悉疏浚而防之，分别其陂其泉，灌田若干亩，民不忧水旱，而争端亦息。西乡水口通杉关要冲，工商辐辏，旧有桥，久圮，无赖子借津渡牟利，行旅不便。瑶出赀复其旧，长五丈，广一丈云。在任六年，四民乐业，于其去作诗歌美之，名曰“爱思吟”，而祀于书院之东，所谓工公祠是也。道光四年祀名宦。（据采访册）

单去非　乾隆五十二年知县事。慈祥恺悌，民乐亲之。属林爽文乱台湾二载，飞挽军糈，悉道光泽，夫船之费不可数计。贫者惧役，富者惧累，人心皇然。而去非未尝派民一钱，且夫船并准民价而无一日闲废，转而小康，咸称为单菩萨，菩萨之称达于上官矣。六十年，清查案起，去非以迎送军糈亏公帑罢职系狱，时去非离光泽六年矣。士民闻以亏逮系，争出责代偿，乃得归。（据采访册）

张文彬　江苏常熟人，嘉庆十八年权光泽。是年六月，北溪大涨，破民田产无算，文彬闻报，即提银履勘，视灾轻重赈恤，不动国帑，民庆更生。次年双刀会起，聚徒千人，白昼劫掠。文彬侦城中窝主为康王庙老衲，拘之来，讯得渠魁所止，即夜提民壮兵往捕，并就缚，而首名丰三逾五日亦俘，以归叙功，晋秩通判。去县，士绅祖饯绎属，前时灾黎跪送者塞道。其新杭川书院，筑回龙关断路，皆不科民财而办，亦其遗迹也。（据《山居闻见录》）

周　琦　字味兰，江苏无锡人，举乾隆壬子乡贡，嘉庆二十三年由当塗知县丁忧起复知光泽。自言在官之守，如门内外之有限焉，稍移足侵其限，虽欲艮其趾不可得，吾谨吾限而已。故身负当涂重累，而守益厉。又言以私智为明，果敢为决，必有所执、有所徇、有所操、有所纵，是讼者两造，听者又益一造也，两造曲直虽纷犹易析，益以听者一造乃棼矣。故琦决狱称平允，从前明决载声者，皆不如也。前后宰光泽十四年，是作是若，不弛不惊，驯强柔顽纳于无争，民亦安其政、服其教，久而益亲。其他治状如扩科资二千石，由台达廷，俾久勿坏。书院旧无膏火，岁靡己白金二百代焉。要以琦清心慎虑求之，是犹其粗迹也。方道光己丑引见归，甫受事，而署火，民争出赀鸠工庀材，如谋私宅，其得民心亦至矣。甲午以老病归里，其遗思至今未替焉。（节《录抑快轩文集·周侯七十寿序》）

滕子玉　字蓝郇，山东昌乐人，由庶吉士散馆令平和，寻罢，旋复解军饷台湾，叙功加州衔权光泽，道光十四年也。是岁五六月大饥，斗米累至八百算犹不已，子玉于米初翔时，知民间尚多藏粟，虑下游荒甚，逗漏易竭，禁民不得负斗米出境，舟验始放行。其劝粜，冒暑遍历诸殷户栉比者，舍舆而徒，又定价视中则而赢，于是藏粟不漏亦不匿。计户俵粜，委成邑贤者，不以属吏。于时同郡三县抢夺日报，我邑晏然。已而藏粟亦空，城中且食尽，势盖岌岌矣。会前时遣人往江西买米六百石适至，民欢声如雷，曰："活我者吾父母也。"寻新谷出田，外米续至，其荒顿平。西鄙故困敝，而光泽商贷至二十六万银有奇，岁当给子钱三万二千，以故益罢。大府不得已，定议分八年还本，谓民财无失而商得少纾，符县施行。子玉执安民之见，力持不可，遂夺职，八月也。民交吊涕洟曰："何夺吾父母之速邪？"逾岁，念子玉无他奏，还旧职，而以前办荒亏仓谷千余石留滞，故治民曰："乌可以累吾父母？"立输无阙。又二岁引见，道卒，问至则共为位紫阳书院哭奠，以其赙百数十千助丧，其得民心之盛，前未闻有是也。然治光泽甫七阅月云。（节录《抑快轩文集·滕侯惠政记》）

卷之二十七

录卷一 宦绩录（增修）

盛朝辅 字翼卿，思南名进士，负经世才，任光泽，年逾壮。初政以严，大启县门，决事有干名，义者先责，其弃亲犯上，而后讯曲直。有系人心风俗者，犯虽小必究。凡游民叫嚣城郭，市贾水米肉诳人，妇女入庙游观，并严厉禁。其莠民莠士蠹法者，博访而籍之，以次逮治。继念齐以刑尤宜齐以礼，乃立东西二门学，一月六课，养书院生以百计，弦诵之声溢郛不绝。见上丁释奠礼乐弛废，谨遵制按图兴器，维明维备。凡邑中形势之宜复者，拨羡以修之。科资不敷者，给款以益之。举宾兴搜遗逸，礼贤者，渐易严而和，于是士庶彬彬知向方焉。（据《抑快轩文集·盛侯兴学颂》）

蒋仁瑞 字一樵，余姚进士，咸丰五年权县篆。是时，粤匪窜江右军书旁午。邑以久治，民未知兵。仁瑞虽书生而鼓励民气，日夜训练丁壮，筹划军输，闾阎恃以不恐。七年二月，寇至围城数匝，城中军民共五千余人，防守十余昼夜，乘间出城与贼战，斩馘甚众，至城陷，无一言降者，可知教养之意深矣。贼初破铁牛关，闻报即引兵进战于大禾山，是夜失利，次晨贼薄城，复开城大战，贼竟败遁。贼三千余人，我兵千余人，以少胜多，遂谓贼不足平。不虞其数日后，竟合三十万骑至，而我兵未尝加多，合城守之兵不过二千余人，大半皆绅民，奋志荷戈，相与巡城而已。闻仁瑞与前令马炳章、沙县知县郭余裕、粮台委员崇（缺名）等各引都司吕（缺名）、守备王太平、千总周连标，分守四城。仁瑞闻城陷，即返署整衣冠，坐堂皇，骂贼死，其亲戚及幕宾死者数十。若仁瑞之死，诚为不苟矣。乱靖后，邑人醵赀建昭忠祠祀之，以城守及阵亡者附焉。（据采访册）

马炳章 字笠生，由县丞权邑篆。书法颇劲，求书者无不答，既卸篆，以委办军务佐蒋令。闻贼将至，命妾孔玉意曰："汝年十五事我未匝月，我无恩予汝，汝可去。我受上台知己绾正印，当效死以报也。"孔答曰："君以身殉国，妾即以身殉君，何如？"见贼大至，孔即仰药死。炳章弗悲，彻宵巡城上，城陷为贼所缚，大骂贼，贼益缚之，固求死不可得。次日遇旧识，哀求所吸洋药，入夜服之乃死。与蒋令仁瑞并祀昭忠祠。（据采访册及《企岸诗集》）

卷之二十八

录卷二　寓贤录（重纂）

宋

戴复古　字式之，天台黄岩人，居南塘石屏，因以为号。初从雪巢林景思、竹隐徐渊子学诗，后登放翁门，诗益进。南游瓯闽，至邵武得严粲、严羽，结为诗友，并交羽友光泽李贾，因往来二县。其居光泽溪上，有晓来新得句，寄与故人看句，谓贾也。后反天台，有《江上怀严仪卿李友山》诗，仪卿即羽，友山即贾也。其《初别》五律云："此行堪一哭，无复见诸君。"其恋恋故人，黯然魂销，情见夫辞焉。（据《石屏诗集》）

按：《府志》《县志》流寓并不及石屏，今据其集补入。

叶　采　字仲素，其先温州永嘉人，父味道，从朱子学，乃迁建阳。建阳与光泽比壤，故采来受业李果斋门。先是果斋游太学，井研牟子才从之游，而子才为名臣，采亦继父为淳儒。于是果斋后有牟、叶二家传其学。淳祐中，采知邵武军，祠果斋光泽，而以师若父，并出朱门特祀朱子，以果斋配，不忘所自也。今祠基无考。邑令李光祚建紫阳书院配以果斋，踵采之为也。（据《府志》参《宏简录》）

按：《段志》据《宏简录》并子才亦入流寓。子才蜀人，远在六千里外，安得至光泽？据《宋史》果斋先生本传载，先生游太学，学官李道传屈官位、辈行就谒之，道传亦井研人，而子才与先生并第嘉定进士。其受业当在先生游太学时也。故删之。

明

画网巾先生　不知何许人。明季往来邵武光泽山寺。入国朝，不剃发，阔袖网巾游市中，为光泽防将吴镇俘至郡。副将池凤鸣叹曰："噫！此胜国遗民也。”戒部卒焚其网巾而佚之。他日再见，则画网巾在额焉。凤鸣呼语曰：“如不速去，将不尔客。”先生曰：“此大明制也，乌可去？”会总兵官王之纲剿贼驻泰宁，乃自言与之纲有旧，遂送诸辕，既见，不识也。之纲愕然久之曰：“是欲我成竖子名也。”先命两黥徒挟之剃发，先生张目叱曰：“蠢汉，网巾尚不肯去，况发邪？何不斩我头去？”遂杀之。诸生谢韩收其尸，葬之曰“画网巾先生墓”。时有怀庆马耀图以侠游窜卒伍中，私语人曰“先生姓冯名生舜”云。（据《府志》）

国　朝

黄　龙　永春人，状魁伟有力，年十二父母双亡，闻族父家光泽，匍匐往依之，居十余年。初业筏，为水败。业圃，不给一人食。叹曰：“如此生涯，将死沟壑不负此七尺躯邪？”走省城求编伍籍未得，佣骑兵家。会台湾有警，骑兵当行，挟与俱命守爆，戒曰：“毋擅发。”某夜贼来劫营，一军皆卧营门外，柝声中继。贼大喜，衔枚斗进。龙偶遗火爆，轰杀贼无算。其魁谓有备，溃去。帅录其功，授广西千总。龙乃回光泽，别族父，娶某氏女以行。屡立战功，积官南澳总兵。微时伍伴来者，皆有厚赠。子文辉以文学起乙科，官山西雁平道。（据《段志》）

陈鹏年　湖广长沙人，康熙初游学至光泽，乐其山水，时九龙庵未圮，寓焉。自谓兹游乐而忘其身之旅也。后再至，为僧作《重修九龙禅院记》，文采斐然，楚南之隽也。（据《段志》）

刘廷瑛　字定岩，直隶永年人，康熙中由进士知江西庐陵县。曲溪沙坑决口，近邨为墟。廷瑛蠲岁租三之一，又倡俸复其堤，民德之，号刘公堤也。寻以催科不力夺职，寄孥光泽，居洪济坊二十年。邑令待以寓公礼，岁时存问，而廷瑛一无所干，里人敬焉。后归省墓，妾未偕行，属比邻火，妾闻人呼之，出答曰：“吾主在，尚不昼出。今孤女乃夜出邪？死是屋而已。”竟不出，火亦旋灭。人以疑宋伯姬，而又叹刘公之教能行于家也。（据《段志》）

黄　慎　字恭寿，号瘿瓢，宁化人，以画名大江南北，中岁笔益雄豪，喜作怪石危松、扁舟孤雁、骇泪惊涛、断厓千尺。晚客光泽，又喜作李铁拐刘海、钟馗聋哑图，真气弥满，变化不名一格。今故家所藏皆是也。岁暮一归，必载年糕冬酒去，谓二品味妙天下云。兼工草书，邑士何泽人仿其笔，几欲乱真，而泽人自言远不及也。每作画，喜自题，其诗饶天趣，盖一身而兼三妙云。（据《山居闻见录》）

黄　堂　字禹传，号秋水，江西泸溪人，第乾隆辛巳进士，候铨知县，以丁亥戊子馆光泽高氏，从游者先考腾（师前弟，名当书名）、先叔考搏曾、韶、高、迪四人，而韶举庚寅，先考与迪同举丁酉。堂贺诗曰："一榻两居兰若地，四人三上孝廉船。"纪盛也。堂学有渊源，高骋琼厉与学者语，皆当时塾师未闻者。诗学义山，骎骎乎上窥老杜，有《秋水集》行世。平生至交唯广昌何鹤年，二人者并抗志古人，不可一世，视科目蔑如也。然丁亥时清兴百二十年，光泽得科者止九人，戊子逮今七十年，得科者四十六人，得第者七人，佥曰邑文之盛，自黄秋水先生来教始。于是知笃古者未尝不宜今也。后选安徽宿松知县。（据《山居闻见录》，参《秋水集》）

金荣镐　字帝京，号芑汀，建宁人。时朱庶常仕琇，倡学濉溪，而荣镐其高足也。立说喜异先儒，然常发前人所未发。有《大学解》《易经解》《诗经解》行世，制艺几掩前明陈大士，海内宗之，称金先生以配正希，号二金，制艺诸生。时馆光泽高氏，与高海樵、曾夔堂、上官犹石为深交，并以道义文章相劘切，从游之士咸斌斌知向方焉。举乾隆庚子乡试第二，踵庶常主本邑书院，讲以终。（据《山居闻见录》，参《重纂通志稿·文苑传》）

陈春波　字滋田，闽县人，第乾隆庚子进士，主光泽杭川书院，讲十数年。故事讲院一月二课外间，然无人。而此十数年院舍恒满，成就亦甚众，决策发科者，半先生弟子也。及官利川归，年且七十，囊橐萧然。大府欲得善馆地处先生，先生曰："昔廉颇思用赵人，某愿得光泽而已。"又主讲三年乃归。先生德性坚定，笃厚而温良，官利川，值军兴旁午，以守城功钦加知府衔，然人视之羸然书生也。道光壬午冬，叶抚军访名德，亲至门起先生为鳌峰书院都讲，以老疾辞，寻卒。光泽门生义故存问其家者，至今不绝。（据《山居闻见录》）

陈　绩　字桂馨，号凝甫，学者称石涯先生，建宁人，与金芑汀先生同受业朱太史门，皆为制艺名家，有金陈之目论者，谓视正希大士不愧也。后芑汀先生九年来馆光泽，高氏澍然兄弟同受业焉。先生为人简重质朴，而陶然天放，无城府，亦不知人世有机械。每春秋佳日，夕阳满山，江月近人，辄邀生徒出游，曰：“尔诸生亦知‘随时爱景光’乎？”有戆者答曰：“上句乃‘努力崇明德’也。”先生笑曰：“尔崇明德，我爱景光，愿偕者从不尔强也。”书法宗二王，人得其小幅，宝如拱璧云。（据《山居闻见录》）

李祥赓　字舜廷，建宁人，今祀乡贤古山先生也。自幼有志圣贤之学，尝言《论语》首揭学字，所学何事？天德王道也。故其学期于经世，而孝友其天性也。父严，偶不怿，辄长跪，色霁而后安。弟病郡邸，先生自福州奔赴舁归，往返千余里，足踵尽裂。其师朱太史仕琇稔其学行，延教诸孙。临卒，戒家人无易他师，谓人师难得也。故先生馆朱氏最久，年跻五十始来馆光泽，主高氏先生故豪饮喜吟，时母丧已逾期，不饮酒不作诗，讲学外亦不多谈，遇后进士不必门弟子，每因材造就之，唯恐不及。其才士轶出绳尺者，亦不弃而曲成之。故人畏其方严，而亦乐其和易，学者比之于元儒许衡。邑士毛鹤龄、何长诏负异才，不可一世，惟先生柔之，就其范焉。其治经必求之于心，于先儒说不苟为随，亦不苟为异，于《易》尤邃，著《易学慎疑》十卷，又古文诗集各十卷，并行世。先生隐德及经世之略不胜书，书其客光泽者。（据《山居闻见录》，参《重纂通志稿·儒林传》）

张　绅　字怡亭，建宁人，为诸生。少慕豪杰之行，及长病瘵，自分必死，遂弃人事，习静三月而病已。由是折节为儒，肆力诗古文，造其单，微其著，淳古冲淡，而孕奇气。同里李古山祥赓谓其诗文继朱太史梅崖、李山人枥园，兼其美。道光壬午馆光泽高氏绣草庐，与澍然为兄弟交，所识并邑中贤豪，宴会交错，如座无怡亭，诸贤豪皆不欢。怡亭亦忘其身之在客也。丙申母卒，遂徙眷赁上官氏宅居之，不二年修志省城，归隐邵武天成岩，有终焉之志。乃反眷故里，而光泽无复怡亭迹矣。年五十七卒于岩下友人王臣鹄别宅，有《怡亭文集》八卷，诗集六卷行世。（据《山居闻见录》，参《重纂通志稿·文苑传》）

卷之二十八

录卷二　寓贤录（增修）

张际亮　字亨甫，建宁人，诗名满天下，所交皆贤士。尝游光泽，与高祖望、何长诏最契。少负大志，有经济才而时人不识也。惟林少穆、卢厚山、姚石甫诸人称之。生平风节矫矫，不解趋迎，凡喜面谀承奉者，辄投书责之。因为当道所忌，故终身不第。易名亨辅，始举于乡。当时名公卿皆艳其才而忌其口，乃其气骨嶙峋，百折不能挫焉。若为所交，长者礼之必恭，少者诱之恳。至光泽，一时名辈无不重之。自祖望、长诏殁，一岁中或数至，常悒悒感念不忘，其敦笃类此。年四十五卒于京邸，所著《思伯子堂诗》三十二卷，桐城姚濬昌为之梓以传世。（据《思伯子堂诗集》）

王臣鹄　字莘夫，邵武宝积人也。尝客光泽，与邑贤士交，多主何氏眠琴绿阴亭，或高氏绣草庐。性沈静，不染俗纷，折节读书，手不释卷，所造往往闯古作者之室。沔阳周铁臣观察守邵武，喜与樵人士酬唱，尝题其诗谓有流水落花意，闲云野鹤心也。延至延津道署，相与论古。及卒，复为立传，称其品行学诣，实有超然物表，无惭纯粹之修者。为刊其诗于《蕉堂同咏集》，复著烬余《留杭诗钞》五卷行世。（据周揆源撰传及张绅题词）

录卷三　杂　录（重纂）

逸　事

逸事传之柢也，柳子厚作《段太尉逸事状》，新旧唐书并采焉。其不曰传者，唐非史臣不为达官立传，以达官应入国史也。而体与传异者，征事而不详其人首尾耳。要其事固宜得传也。是录首逸事，不欲使是志有遗善，故书所知，以备异时传柢，乃内之，非外之也。

宋

王氏子　佚其名，骁勇善战。属宋季群盗入境，王氏子率众鼓行破贼。无何，贼大至，众寡不敌，为贼得，不屈，死，身流白血三日。贼惊为神，遂去。里人思之，立祠三都新坊。或曰县治旧有庙，今址存，即祀王氏子也。（据《段志》）

明

陈　泰　幼为邵武曹氏养子。既贵，邵武为立陈都宪祠。落成日，指挥齐某言于众曰："某尝从保国公巡边易州，州家皆祀陈公木主，询之，曰：英宗皇帝北狩，也先来寇我州，参赞军务陈公侦知太监喜宁在虏中，登城呼宁骂曰：尔致主上蒙尘，恨不生啖尔肉，若能探主上所在，具安否报朝廷，放尔一生路。虏惊问为谁，公抗声曰我都御史陈泰也。虏即解围去。吾人德而祠之也。"先是，郡人朱埙客易州，主人烹鸡饷埙，先奉一龛前曰：都堂陈公享此。闻此始释然，余事具列传。（据《府志》）

国朝

曾　光　字学成，武生也，而能古今文。邑士著门籍者百余人。上官瑗、龚裕权，其高弟也。光兼通医，瑗、裕权并传其术。然三人者，以德业相期许，其游亦如家人父子。然某岁，瑗寝疾，光与裕权并主寒剂，戚医某言剂入即毙。瑗家人惑之，切切耳语。光叹曰："疾不可为矣。将阴易吾剂而阳言已服也。"裕权曰："如此危甚。盍守诸？"曰："客主不敌，不如移病者别墅。"裕权赞其事，即日移焉。瑗家人故严事二人，不敢争。二人并屏去家人，量水称药，日夜守护，数日而瘥。戚医乃屈服。瑗恒语人曰："生我者，吾师与吾友也。"裕权举乾隆甲午乡贡，抑为副，遂隐于医。瑗自有传。光活至八十而终，瑗家人至今能言之。（据《山居闻见录》）

陈大斌　字思谦，乾隆中历官兵马司正指挥，官南城一年。获剧贼，当迁本城御史。曹某遣人道意曰："与我三百金则升官，否则虽功不叙。"大斌曰："缉盗，职也。叙不叙，朝章也。大斌虽赀郎，不愿由包苴进。"告者逡巡退。御史遂奏曰："剧贼某窝屯南城一年，指挥陈某毫无觉察，自应罢黜。但念所获系著名贼首，似可将功折罪，抑量加一级，以示鼓励。伏听圣裁。"旋奉旨准部议，加一级而官不升。读御史奏，似为大斌地道者，抑知即所以断绝升路哉？而大斌答语具见风采。录之。（据《山居闻见录》）

郭绍汾　字英祥，以善射挽强中乾隆丙辰武科。明年会试，与海内健者角艺德胜门外，无右之者。惟是科状头某与相当而力尚如骖之，靳叹曰："吾作第二人矣。"缪与绍汾善日治酒食集同人，设罚爵赌挽强。一日酒半，阴易损跗弓于当跗处，约皮寸许。故绍汾不察，取先挽弓败，手裂不得试，遂罢，而某以第一人及第。闻绍汾少时牵马过市，遇群斗塞路，不得前，乃手举马置人禺，策斗者属目，惊散道开。其好自标异类此，宜为人所中也，惜哉。（据《山居闻见录》）

上官桥　貌朴愿，寡言笑，自署号曰弗非。而从兄某饶干济督公产，目桥为痴人。乾隆甲辰大祲，抢夺日报，且声言某日抢某氏庄，上官公产庄与焉。某方在庄理旧欠，闻蜚语走归桥，曰："噫！庄谷休矣。"某曰："尔谓我不归，能使庄谷不休邪？"曰："不必老兄，如弟便可。"某笑曰："痴人，问钱谷数尚不知，便思了公家事邪？"旦日竟单骑至庄，即下教曰："本日开仓平价，无钱者听赊，不责息。"甫枭半而群不逞至，为首者方指挥肆掠，桥用数语解散。粜如故，三日而庄谷尽发。归报兄，曰：“痴人竟了公家事已。”自悔曰：“弗非何无涵养若此。”更诣兄谢，退处一室，善刀而藏焉。（据《上官桥墓表》）

裘　源　字昇万，由江西新城占籍光泽，为光泽人。乾隆三十一年大水，有至交赵某居滨溪，首受患。源驰救至洪济桥，水不及梁者一寸，众柅之不听，甫就岸而桥陷。先是，有相者相源曰：“君行至丙戌，当遭水厄。”源漫应之，后贾临川，拯一溺妇。贾崇安，收一无主尸。询逆旅，知为泸溪某。曰：“是亦同乡也。”亲致诸其家。相者复见曰：“君阴骘文见，必行阴德事。不惟免厄，且种厚福矣。”源亦漫应之。至是免厄语果验。盖是年即丙戌也，享年七十有五，今孙曾数十人，孙绍箕举道光辛卯京兆试，而厚福语亦验。（据《裘氏节略》）

上官质　新甸人，习拳棒三十年，自言无敌，有结党暴平人者，恒畏质不敢动。垂暮双瞽，咸思伺间报前忿，家人戒质毋轻出，不听。一日携幼孙立田间良久，孙忽呼曰有数十人持白棒至矣。质稔知立所有危磡，挟孙跃据之，而匿孙袴下，徒手与众搏，得一棒，众皆披靡，颠磡下，一哄散去。质徐抱孙归。余谓虽古之独眼龙，不足多也。（据《山居闻见录》）

邱　熏　字复旦，少孤而席厚赀，母党诸舅聚焉，呼卢声妓无不为，又导熏为之，产日耗而母不闻。会质田，请母署诺，立自责曰：“嗟乎，非人哉！乃以此事烦寡母。”谢诸少年并诸舅，闭阁理前过，叹曰：“周处何如人也？益折节敦质。”行母性卞，与妇何氏不相中，命熏别娶，而何氏故婉顺贤女子也。熏重违母，终岁不入内，亦不别娶。久之，母稔妇贤，停前命，然后复寝。邱氏三世传独子熏，父在抱遭家难几殒，赖生母饶氏力护得全。已饶氏外家亡遗一孀，携孤女茕立无归，熏曰：“我祖母再造之恩，不可无以报也。”厚奁嫁孤女而养其母终身，又自伤己亦孤，鲜兄弟，凡族从贫者，时其困乏而周之，每春秋会食，见者谓亲兄弟不翅也。俗忌尸丧入大门，熏祖父母、父母五棺在殡，既得地，悉迎祭于堂，然后行。当是时，人交口怵以凶害。熏曰：“为人子孙，敢私其室乎？”不听，卒亦无恙。初，熏三世一身，今屹然成一大家，一悔之力也。（录《抑快轩文集传》）

黄肇周　字步且，累试无遇，传父业为良医。故令无锡周琦最知肇周，屡招入署，处方间访讼者，曲直不答，固问之，曰：“公以医召某，某知医而已。”卒无所言，令叹曰：“真正人也。”其待人通简乐易，所知半邑中，容众矜不能，未尝加人声色，故人皆乐亲之，方疾作来问讯者日数十，左右侍医药者满室。及剧，诸妇女犹不得前。既卒，皆哭失声。故事吊赙一二日毕，肇周自始死迄百日，治斗酒只鸡哭奠灵前者，无虚日，或不告姓名而去。以居士而得人心，未有如肇周之盛也。（节录《抑快轩文集·墓志》）

吕　濵　字海洲，由旌德贾光泽家焉。一日，拾遗票注金四百，语其子曰：“拾金可坐守还人，拾票何从觅失者？彼失多金而不可迹，必觅死，迟恐不及矣。”急诣票家门，或冀其来。逾时一船户踉跄至，曰：“洋口某商付我票，征责今失去，有死而已。”濵诘其月日金数，皆合，还之。船户叩头曰：“金有主，不能割谢长者，愿留姓名，奉长生位供养。”濵笑曰：“尔船户能荷四百金重寄，我乃不如而望报邪？”不告而归。然至今建河往来船户，尚能道其事也。（据《山居闻见录》）

高隆佩　字朝聘，兄弟三人行居，季失怙，嫡母何氏惧无以业诸孤，会其女夫来商焉，则请遣三子改业艺。隆佩惨然色沮，母察其异，叩之，泣对曰：“儿居幼执艺，职也。如娘苦节无望。”何母泣数行下，曰：“吾负尔，吾负尔。”自是不废学，寄食僧寺，每中夜觉，感念母负尔之言，号泣起读达旦。僧曰：“郎君读良苦，书声何悲也？”值荒，屑麸作炊，月余始得米，语僧曰：“今始知饭奇香。”已念濩落如此，恐不克竟学，负阿母，复大哭。僧愕不敢问。嘉庆丁巳试，同寓者述隆佩拒室女事。又寓庐有死儿，暴一日无收者，隆佩佣主人仆埋之，阴尾其后，至无人所，褫儿衣委儿中野却去，欻见隆佩，伏地请死。隆佩令反儿衣，偕之乱葬冈坎，深实土而归。是岁籍学，时母已寝疾，闻报，三日卒。意二阴德事已达天听，故使垂绝之母得及身亲见儿隽，且以报其勤也。有仇者死，遗孀孤五人，母命不仇，然卒不通庆吊。已而五人误食毒菌，委床待毙，隆佩怀秘方往起之，活四人。四人相率诣门谢，避不见，使人语曰：“若父与吾家有怨，然罪不至绝，我有秘方当救人，何谢为？”不礼如初。（节录《抑快轩文集·墓志》）

李　道　字贻谷，以困童试，念不得慰二亲，遘易疾，闭阁自匿。居母丧，三年不入内。其父尝撰励学文督诸子，家人闻道哭声作，谓易疾常态，不知乃手父是编也，年七十犹然。世指目易疾为颠，若道之为亦蒙是名。呜呼，吾见颠之有在矣。（据《山居闻见录》）

伊　富　字非求，其先宁化人，少从父贾光泽梅坪，家焉。梅坪贷钱与穀，重息成俗。富以轻为倡，语其子曰：“我岂不知免息尤善，然事求己可继，与人可从。免息一人之善，轻息众人之善也。”自是一乡均轻息，贫者以苏。叔母孀，留故里，薄有产，苦无可嗣者。富遣一婢侍左右，请女蓄之，曰：“可得其心与力，嫁则易幼者，而礼嫁者婿，行之既久，假女盈室矣。”叔母从其指，果不寂寞。富老犹岁一归省墓，又虑异时子孙不能也。于祭田外区一百石，约曰：“不归省者，不得收。”子四人，次子川，年且八十，犹四岁一归云。凡此三事，皆可为法笔之。（据《伊氏行述》）

邱光美　北乡人，居近溪，有母八十，双瞽，病卧床，遇骤涨水侵床尺许，光美急呼母起，母曰：“速救尔妇，毋以我为念。”促之，坚不起，绐以背负母而手挟妇，可两全乃起。亟缚母于背径走，母闻妇宛转水中，大号杀二命，颠播欲下而结不解，力击子头，子负痛不顾，竟免其母。旋觅妇尸，则转入小堵伏泊碕岸，救之而苏，逾月生一子。母呼杀二命者是也。噫！洪流挟尸走，势何能曲曲，亦何能泊，殆天也。天嘉其孝，感于顷刻。其孝可劝，其人可传也。事在嘉庆十四年。意！其人尚在，姑录于此，以俟后修者补入焉。（据采访册）

古　迹

亭　阁

半空烟雨亭　在云岩，李果斋先生游息之所，久圮。

瑞竹亭　在县署，宋元祐中上官均来令，有竹生亭阶，一株四干。元至正二十四年，朱万初来复生，因构亭曰“瑞竹”。雷机有记。

杭川胜概亭　在治东二里，明正德中令钟华建，久圮。

迎恩亭　在县东交溪侧，明初令庐充闾因元故址建。永乐十八年邑人黄孟舟改建，为楼名“钟秀”。参政杨鼎书额，后圮。国朝知县边靖仍建为亭。

环山阁　在新甸街，明黄伯珪读书于此。

祠宇

上云岩书院　在云岩山巅，由半空烟雨亭陟后移山下，址存。

玉佩隐居　在城西百里乌佩山下，相传后唐光州人邓璩以仆射镇邵武，后去官，卜居于此，子孙家焉。元至正间，裔孙良贵为老氏之学，筑室于此，仍曰玉佩，著祖德也。翰林杜本有记。

梅树湾　在城北镇岭坊，宋李巽读书所，于隈曲处遍栽梅树，名梅树湾。

黄茅营汛　在邑西北黄茅岩前，其地为盗区。顺治十年，知县边靖请设千总于此，后归分防把总，营汛遂辍。

杉关石砦　明末元体中建。

坟墓

（《段志》入建置，不合古迹。以迹存人，生有第宅，没有坟墓，无异，故入此。然宜严收，不可滥。其宜入而无考者阙之。）

仙人墓　在仙人峰平衍二里许，有墓。相传仙人葬此。

仙人塚　在黄茅岩，有石楼七重，楼后有仙人塚，乡人岁旱，于此祷雨。

危全讽墓　在县西龙兴寺右，有碑。（按：全讽与吴周本战没即有墓，当在江南，此不可信，姑存之。）

宋

李西山先生郁墓　在县北黄岭，朱子为撰墓表。

两浙运使李巽墓　在县北二十五都。

李炯斋先生闳祖墓　在县西三都。

李果斋先生方子墓　在县西五都管密邨。

惠应侯墓　在县西关圣庙左，有碑。侯姓陈，名思孟，字尧道，宋泉州通判，敕封惠应侯。

明

监察御史黄伯珪墓　在二十四都柳家宿。

国朝

烈女郭氏墓 在城南云岩山右，与夫何国权合葬。

烈女饶氏墓 在高源鸿门亭，与夫龚德宜合葬。

仙 迹

仙人脚迹 在十五都马鞍石上。

仙人炉、鼎丹灶 在二十九都昂山。

龙马迹 在崇仁镜石上。

按：自无之有，又自有之无，是谓古迹。盖人事维多焉。岩洞天作之者，无始无终，莫擅其有，以为古迹，孰迹之也？《段志》古迹拦入岩洞，傎矣。故详山略删此。

新 语

顺治五年，左营参将鲁云龙破贼，得邑民妇于贼巢，有殊色，询其夫，泣曰："遭乱相失，恐膏贼刃。"云龙怜而收之，嬖焉。有男子自称某，诣帐求赎归，云龙喜其夫不死，立遣妇。妇贪恋富贵，作色曰："夫已死贼中，何处妄男子强来认妇？"云龙遽命缚索妇者，某急指妻暗记乞验。云龙愕然，即大怒，立斩妇而慰其夫曰："汝妇不义，我故杀之，以警天下恋新贪故者，且以脱汝祸也。"其夫感谢，请妇尸。云龙叹曰："真义士也。"棺以归之，又赠白金三十，令别娶。云龙于是举，可谓无遗义矣。而余不难其后斩妇，而难其初割爱，非所谓自胜之勇邪？呜呼！此真将军也。（据《山居闻见录》）

康熙十三年，耿精忠反，伪前军都督易明领兵驻城西，而寄马百余匹于学，丹墀下、两庑游廊满焉。是夜，有虎自南门入，攫一马去，良马也。明日易严兵，储火器以待。夜中，风萧月黑，诸校闻虎啸皆靡。凡三夜，伤十余匹，乃迁马郊外，虎不复至。或曰："圣人之灵也。"余谓敬我者福之，不敬者祸之，岂惟先圣之灵不屑屑于此，贤者亦不尔也。盖至严之地，诸神翊卫，降福降灾，自有主者。余于是知今之效诚于学宫，恒食其报者，皆主者之为也。（据《段志·丛谈》）

雍正间有富室儿死，饰以金冠，瘗诸南郭外。是夜有微月，忽大风雨震电击，一人手携儿冠跪瘗所，天高听卑，间不移晷，可畏哉？（据《山居闻见录》）

高某，江西人，贫无理赖，觅佣主光泽。道遇斗者，问知，欠逆旅饭钱，曰：“我所有适，足代偿。即留之，仅供一顿食，不如丐。彼可以解厄。”付之。是日，得佣主，供事三年，薄有所积，去而种山北乡上百礤，携妇结茅居焉。日薄暮，大风雪，有冻者旁皇门外，止之宿，让床温之，而夫妇烧败叶禁寒，彻曙未寝，客起曰：“子夫妇善人也。”为示作灶方，广狭面背一一标识，出门去，径封鸟绝，弥望皑然，倏不见，以为真仙降。如方作灶，而赀果日起。即蓬起厦，依灶位堂室，奥祚为富人。上百礤旧无居人，至是始名于县。传二世，灶如故方，里人犹指目曰“仙人灶”。而家骤落，几不保堂构，岂仙迹亦有盛衰，时验时不验邪？无亦视德厚薄为差，积则厚，不积则衰，仙迹并不足恃邪？求多福者宜知之。（录《抑快轩文集·解惑》）

乾隆五十五年，邑令钱塘沈沆善折狱，有告族党逼书淫乱革谱字者，令啫曰：“尔罪已实，尚何言？速具供告者。”仰天呼冤，杖之数十，供状卒不可得。令乃折之曰：“本县以刑迫尔，尔尚抗拒，乡老数人能逼尔书邪？”其为奸所双获，图脱身何疑？始吐实。昔鲁永清守成都，判和奸狱类此。然此不待两造，具备已明，稽古之力也。宰相须用读书人。信哉！（据《山居闻见录》）

邑北乡梅坪有不养其母日事饮博者，母恒呼雷，警之不省也。一日大震，自博所提跪当道，焦其发及额，气息仅属。众以其不死，掖之若有物胶然，走告其母。母掖之随起，自是绝饮博，奉养母终其身。余友上官信之，亲见其人，年五十余，其事已三十年，雷所焦宛然。余因叹天下无不可化之人。其陷于罪网者，皆无所警而觉之者也。悲夫！（节录《抑快轩文集·记雷》）

嘉庆间，镇岭有瞽者，偕哑妇行乞，所至唯闻哑妇“吁吁嘎嘎”索钱米，其夫故能语，转如喑。妇携之行则行，携之去则去，若不能自活然。而妇故整洁，虽同群乞宿破庙荒亭，凛不可犯，事瞽夫严之如君舅，保之如婴儿，即古贤女不过也。然吾闻二人由嫁娶非野合，而哑女无嫁理，嫁时其夫未瞽也，不弃其哑而食力以蓄之者十数年，其恩义视妇，何多让焉？呜呼，方娶哑妇时，岂知异时双瞽，即赖妇以活哉？行一义便食一报，可知自求多福，至厄于天，如乞者犹足恃也。人奈何自求祸哉？（据《山居闻见录》）

嘉庆十三年夏五月大水，西桥涨，不尽一板。桥中墩祀真武祖师别庙，祝奉香火晨昏一至而已。是时，桥居者走且尽香火。祝某转趋桥，考钟伐鼓，乞神保桥，不去。水忽南越，决其右墩，而中墩屹然无恙，或曰神之力也。胡不并保右墩，使不决哉？百年香火，不如一念之诚！是故君子诚之为贵。（据《山居闻见录》）

嘉庆十八年六月二日，邑北乡大水，坏田产强半，而儒洲溪束狭，扼上流，患益剧。去溪南一里有土山，吴氏三兄弟居山下，仲季各有妇。是日仲远出，伯季方午食，水逼其母殡室，不尽一咫，食如故。仲妇朱氏、季妇施氏则走溪壖望姑殡长号，誓同殉。水忽少却，而山积雨暴崩土其庐，伯季骈尸而二妇以走姑殡所免。呜呼！彼岂知之死不悔乃所以生哉？天日陟降，人心祸之适，伯季所从来矣。（据《抑快轩文集·记吴氏二妇》）

道光八年六月十二日，邑令陈鼇到官，甫浃旬，盐枭不便所为，率徒党哄署，篡逐令至城东三里。时四天无云，忽雷一震，若击物然。文庙大成门梁裁竖三日，无故堕，佥谓天怒，实然。余曰："非怒也，教也。"今民之畏官，徒束于法，法弛则变生，由不知天泽之义也。自伪泰誓有虐，我则仇语，其义益晦，奸民借口，乱遂相寻。是日一震一梁堕，所以辨上下、定民志者，不亦微而显乎？次日郡将参府以兵卫令回县，捕魁王孔明及徒党数十人，斩绞军流有差，而法亦行。（据《山居闻见录》）

道光十四年大祲，有远道乞携二子至长山，骈毙于路，内一子约三岁，体尚温。邨童戏唾其口似能受，再唾似能呷，于是群儿交唾，觉喉间有声，目睫微动，乃以饭汁徐喂之，竟活。其地环居，高族曰嗣崘者，富无子，或劝子之嗣。崘念假子，不齿于族，意不欲。高族合辞曰："果子是儿，准入谱与族，食如亲儿。"遂收育焉。今八岁受书矣。余闻而叹曰："长山真仁里哉！诸儿之能仁，繄长者之教也。而世或以乱宗訾高族，抑知众著其事，虽乱犹辨哉？若高族斯举，盖所谓可与权者也。"（据《山居闻见录》）

东山下有滩，名猴子，险利数坏舟。道光初，邑众鸠工平之，凿数石得一石肖猴首，深目赤鼻，而锐口耳披于颊喉，下有二管，见者谓真不翅也。乡人拟选香木为身，镶其首祠之。先送东山塔寺供养，会何焕奎读书是寺，语众学子曰："彼屡害舟，多杀无辜，断其首不足蔽罪，今又续之，是奖恶而乐祸也。盖乘彼议未决，残而弃诸厕。"众学子咸嘿，焕奎大怒曰："何娓娓无丈夫气。"直提下殿，力擿之，石完好而焕奎手血逆涌，众汹惧，力阻，益怒曰："是何敢尔？"连挏数十，竟碎分，投圊中，无事。余不异焕奎能勇，而异猴未露，滩名已与之合，孰使之然邪？传曰：妖由人兴，乌知不名在前而肖形在后邪？事有不相谋而相应者，多矣。使竟如乡人续而祠焉，其为崇可胜道哉？然则焕奎岂但能勇，亦可谓智甚矣。（录《抑快轩文集·解惑》）

康熙间，有浙客三人入乌君山，业香菰，结蓬以居，冬来夏去为常。某岁十月再至，见二乳虎偃仰蓬内，骇极反走。一人曰："日莫去何之？倘遇牝虎，吾三人休矣。我斧利刃二虎子易耳。"回瞰虎子骈卧，两毙之。亟闭门，而牝虎衔一野猪至，不得入，以臀排门，门闯然开，力斧虎后，虎负痛狂奔，衔脱不顾，未里许头触牡虎。牡虎出不意，与斗相啮死。一时而尸四虎，又得一野猪，奇矣。然视彼人非能搏虎者，用力少而成功多，盖有天幸焉。使备戎行，安知不为汉卫霍邢？呜呼，李广数奇，卫霍天幸，胜败岂足论英雄哉？（录《抑快轩文集·记虎》）

十五都吴屯有桥，累圮累复，而中墩犹前明初造遗迹，故老言中有《金刚经》镇焉。道光初，桥复毁于火，好事者发中墩石启验，有瓦盎贮积灰，覆以小铁釜，意积灰即所焚《金刚经》也。已而铁釜亡，积灰露，无盖，风扬雨渍不少耗。及盎为流，乞取去，遇涨遂决，经力之大如此。然贮者本期保全桥，乃收效一墩，一墩虽完，于桥何益？则佛之神通亦狭矣哉？（录《抑快轩文集·解惑》）

北乡某胆力绝人，家山下。一夕，虎自山跃攫其猪，猪圈逼池，陷池中，猝不得岸。某闻，促甥起，以刀从，自没水搏虎，扼其要害，大呼刀来，甥仓皇奏刀，误中某背，大骂庸奴，如此伎俩辱我门户矣。手其刀，贯虎腹，虎立毙，池水为赤。里众闻声，缊火至，见某背浴血，曳虎上，烛之背，刃痕入半寸，竟不觉痛。可知古之纳肠，再战矢贯手及肘，不敢言病

者，今尚有其人也。（录《抑快轩文集·记虎》）

山魈善搬运，邑何某家。一日，几布石灰厚仅一分，其光如镜，亦置之，后偶启闲屋见一盒垒鸭卵，高齐屋桷，审视，每尺许二尖相接，而上叹其工。致计所垒不止千卵，扬言曰："我家不受攫来物也，速还原处，否则不汝客矣。"次日启视，一盒存焉，而魈亦去。余于是知守正以驱邪，其符速于笼虎山真人万万也。（据《甲夜纪闻》）

丛　谈

道士徐仲山，不知何时人。采药今乌君山，遇暴风雨迷失道。欻见一大宅类府州，廨有锦衣人称监门使者萧衡，延之入，一女郎双鬟，衣青文罗衫绛赭裙，左手执金柄麈尾，右执羽幢旌，传呼仙官召郎君。仲山愕然，随女郎进，堂南一叟白鬓须，戴纱冠被白罗银缕帔，迎语曰："知卿精修有年，我有息女，夙缘合为君妻。"又曰："吾三男二女，为君妻者最小女也。"仲山方逡巡谢，叟遽命陈酒殽与郎君洗尘，食已，闻环佩声，妆女出拜，天人也。礼毕，诸兄姊以次见，皆不类人间子女。三日巡行旁屋，至西向一舍，见衣桁悬乌皮羽十，内一称为白乌皮，又翠碧皮十四。再步西南一舍，益多皆鸺鹠皮，数之得四十九，私怪之，欲至室中，妻问曰郎行何所见，又笑曰："凡神仙轻举，皆假羽翼，不尔，何能乘风梯云，瞬息千里？"仲山因问曰："白乌皮谁衣？"曰："大人之衣也。""乌皮谁衣？"曰："新妇兄弟姊妹之衣也。""翠碧皮谁衣？"曰："常使通引婢之衣也。""鸺鹠皮谁衣？"曰："司更巡夜者衣，即监门萧衡伦也。"语未既，诸兄姊仓皇入曰："去去，惜未与徐郎造得衣，今日之别殊匆。"遽悉取皮羽分飞，屋舍一空。见猎者方指挥烧山耳，旁犹闻天半啾啁声也。因名其地为乌君山。（据小史）

与仲山同祀仙圣庙者曰王河判，不知何时人，亦采药入乌君山，堕雷洞，见一老母曰："雷我子也，我送尔出，无畏。"既出，行未数武，霹雳一声，来径击断。（据同上）

《广莫野语》载，明成化时，福建光泽民某妻妾十一人，生百子后父故，诸子争产，告县。有欲依子数分者，有欲依母数分者。令惊异，判云："母有嫡庶之分，所生有多寡之异，其依子数析。"既成谳，而以其瑞上闻，获旌门焉。（据《坚瓠集》）

五都庵头郡高某，生女柔类无骨，育至十三岁犹匍匐蹒跚以行。某畜意除之，屡为妻阻。康熙六十年三月十四日，竟乘醉投于池，而某以次年是日死于虎。岂死女冤报，必待匝岁始得请于帝邪？盖是女系其家戾气所钟，如灾异志人痾。乃不及时修德改行，而惟女是仇，宜其及也，何冤报之有？（据《何敬斋文稿》）

猎者曹尊一，畜一班犬，貌似驯，不以从猎。一日，尊一与众户会猎于山，其犬嗥跃前行，叱之不去。至猎场，欻见虎登高嵊，诸犬辟易，是犬潜尾虎后，已近骤跃咬虎外肾，虎反身咥犬，犬宛转尻下，不得咥，而肾在犬口不释，虎负痛力渐，自投山麓，猎户群毙之，而犬为虎压亦僵，逾时乃苏。貌驯者固不可测哉。（据同上）

邑九都吴公德，家贫蓬居，饲鸭为活。一日放鸭，仙人隘遇二老入奕，遗以桃半颗，食之，胸顿开朗，循旧径归。见邻叟讶曰："子何之，一去七载。"公德笑不答，自是言人休咎，无不验。年七十五死于篷，见梦于宗人智生，言已仙去，可葬我遗蜕篷侧后，人就葬所祠焉，名其地曰"吴公嵊"。（据旧外志）

龚祐成，崇仁人，贩盐为生。遇骑而过者，请以马易盐。祐成审非，妄易之，引至狮子河洗焉，则鬣内隐隐见鳞甲，大惊以为龙马，深自秘匿。偶有事福州，平明骑出关，抵家日未中，计往返已千六百里。又遇人授以剑，奇光溢目，亦非常佩，益自负。稍聚里中无赖，剽掠诸郡，远近附者益众，君县不能制，购其首千金。有甥某出入卧内，伺熟寝，取其首以献县，境以宁。初，祐成发难据险为巢，官兵即之，祐成期来日战。是夜，壤山为城，分兵五队，队各千人，祐成仗剑骑马，陈兵城外，甲仗旌旗五色耀目，金鼓之声震动山谷，官兵骇退。既授首，剑飞东山，其首没，石马亦失所在。今操军坪马迹当踶处，深入寸许，樵者至今见之。（据同上）

江西新城人某，佣邑白云峰僧寮（俗呼三仙嵊）。资佣直养母而苦道远，迎母寄县治，月数归省。一日昼卧，梦神授以一衣一簿，曰："衣此，如簿行。"佣视衣作深碧色，簿记虎食人姓名，骇极而号，九叩首以母老辞，语哀而声惨。神曰："孝子也。"命力士别勾一人，至则老媪也，问识字否，曰："不识。"授衣遣去。是日峰下大岭郎，一老媪拾深碧色衣于菜圃，衣以归，忽病卧床，不言不食，子妇时闻血腥，牙吻有声如噉物，而外间哗黑虎杀人。佣乃累记所食，皆如簿，最后又食一人。佣叹曰："老媪愦，愦当获谴矣。"虎果毙于弩，忽失所在，而媪死，胁下一孔，血缕缕如箭伤，觅深碧衣，亡矣。人皆神之，然用不识字，人操杀柄，神亦眊矣哉？彼老媪何罪？（据同上）

甘竹郎有山，广二十里，杉木蔽天，有徽州人领百余客作入山伐木。内一人司饭极朴谨，每会食，候众食毕取盂余饭，沃以汤尽之。一日大雷雨，见犬衔一物出，冒雨追及，而山骤崩，压死诸客，作司饭者免。（据同上）

康熙初，耿藩商人庄子英领办邑盐，用刻剥致赀巨万。其死，家人修佛事忏除罪业，游灵十庙。过施家巷，忽屠者市一猪，从后街来，恰相值，猪已啮索断，随奔城隍庙，伏神案前，驱之不动。家人知其异，倍值买归，送江西寿昌寺，以老知其事者，呼子英名，即摇尾出苙。虽幸免一刀，已被千人看杀矣。（据同上）

二十一都大青有积贼某，屡窃七姑仙庙僧衣物，僧不能谁何。一日薄暮，僧见某负白袱度岭来，戒徒宵警。夜半，牧人报牛生犊，有白毳一道，由左肩斜达右前足，如薄暮所见。笑曰："某来偿贼赃矣。"既长驱以耕，兼二牛功。及老，力不任，货于石盘范氏犹得若干钱，而牛是夜死，殆所偿满欤？但不知范氏牛值又谁偿也？（据同上）

有郎叟须数茎，微班而发全白，日唪《三官经》，积数年，发额相际忽黑一道，如白章黑缘。后黑渐阔，合前如鬓，积更阔，与白相半，如画黼。久之，无白莪，茂然黑头矣。人以为异。又何焕奎慈母张氏因焕奎病笃，疑不起，一夕发变而白，及愈复故。人益异之。余谓叟之徐变，张夫人之迭变，皆一念之诚为之也。诚由形而著、而明、而动，动则变，变则化，言诚道由人而天也。一念之诚，何独不然哉？如以叟事归德三官经，余甚惜是经

不作于周，为颜氏子祈天永命也。（据《鑫园杂记》）

闽中多魈，以独足亦名夔。西乡某氏楼有魈，不为害而文甚。里俗持牟尼珠串宣佛号曰念佛始为者，亲友馈斋以贺某氏，方受贺，楼上忽作人语曰："告居停我，有一联代斋馈，乞纳。"飞一纸下，曰："念佛念心心念佛，为人为善善为人。"不谓此魈解作此道学语，道不可离，虽魈亦然哉。（录《抑快轩文集·解惑》）

北乡仙人拱，极高，四山环峙，竹树蒙密，行者多逢不若。邨人王某入山樵采，见赤髯绛袍高八九尺，执竹节鞭自山半奔下，快如逸马，所至草偃木叶纷脱，某相距尚半里，几为所及，至家悸死。又邑人上官仁喜夜游，遍行城巷，四鼓归寝。一夕行至本族竹园，少憩石磴，忽闻谡谡橐橐声，见赤帻红袍方皂韠神道自东而西，其行甚驶，以为火神，力追之至南门松林，不及而反。所见与前樵者同，而一死一无恙，此无他。追者我为政，被追者彼为政，胆有勇怯，而客主之势异也。（据《鑫园杂记》）

道光戊戌夏，雷击一人西郭外，其家距城百里，暴三日无收者，肉浮起处如画，胸成字曰"暴殄天物"，背成字曰"抛弃遗孩"。字大径寸，如篆籀，而天字空二寸，位如双抬然。后问家人二事，皆信。（据同上）

官墩上官某妻某氏，有女适某姓而孀，其家故丰可守也。某氏托伴，女兼经画，入出累有乾没，不数年产尽，导女嫁人，而己反夫家绩麻为活。一日禺中，门不启，众疑有异，坏门入，某氏已焚死胡床上，自腰至足成炭，头亦异处，焦痕划然而身不仆，两手犹作绩麻状。询左右比邻，皆言不闻声臭，又言所隔薄板壁穿处漏灯光，而烟一缕不走，洵不可解，盖死婿之冤报也。要之，此婿亦鬼雄哉。（据《甲夜纪闻》）

邨某甲，山行中道逐狸，得死鸡，却归付妇烹，旋去。其邻某乙妻方亡鸡漫詈，已闻甲夫妇语，乘妇拾柴出，径入其家得鸡，而怒未已，并毙其六月儿，以为窃有赃不敢较也。甲妇猝见死儿，无暇问鸡，哀惧交迫，自投于水，遇救不死。夫归，亦不知乙妇所为，但呼雷者三，忽霹雳一声，提乙妇震死甲户外，狸亦击死，明甲非偷。众启视乙釜中，鸡未熟也。（据同上）

何成远，年且七十矣。道光己亥送门人应武科，归舟次洋口，梦已故二子高暾、高昉与数人搏，叱之，答曰："彼欲害老父也，幸我兄弟随来，无能为忽闻邪？"许声惊醒，天已大曙，舟解缆行矣。未里许，上粜米滩几沈，幸无恙，乃知二子所搏溺鬼乘乱攘替也。或问二子果随来乎？曰："死犹不忘父，其神灵宜在人闲哉！"（据同上）

何斌妻黄氏，乐善周贫，仅一子生数岁殇，号中庭。一乞者来慰藉曰："此非夫人子，夫人后有五子当大夫人门。"黄氏以乞作好言赚食也，转内盛饭出，乞已不见。后果生五子，是谓五云，云州云远孙官至司道。（据《山居闻见录》）

油溪傅某，粗人也，得服气法，刻意吐纳止于会仙岩。终日冥坐，至数月遂能避谷，厨冷无烟，双睛炯炯凡三月矣。诸生上官晋挈榼来游，与之言不答，与之食不食，百计苦之，终不声。乃以香熏鼻而蒙其首，久之。失声曰："何苦来，既发声，便饥不能忍。"晋故匿其榼，乃攘而食焉。自是朝暮食如常人，而晋归中道病癫，医祷无灵。本高才生，坐是潦倒以终，此可为坏人苦道之戒。（据同上）

镇岭诸生柯某，累世一身，望子切，连溺二女。至第三产，妻与外舅外弟阻之，乃以畚携至菜圃，溺以积溲，方举科，女忽张目言曰："我三投胎终不我活，忍哉？"某恚甚，卒溺之。逾岁，妻又当产，某在馆，夜梦女来曰："我今为尔子，然未必尔福也。"醒以告其友李某，并述前事。旦日家人报产男，心殊不怿，而儿瓠白韶秀，婉婉可爱，顿忘前梦，珍之甚。某岁乡试病归，儿已三岁，得急疾殇。某病遂剧，不数日死，妻嫁柯氏，祀遂斩。（据同上）

花之变者有海棠、芙蓉，菊未闻也。余从子青阳宅有一本号醉鹤龄云。先是，菊纯白花，时起楼子，而最耐久。方冬月，天风憭栗，野草枯黄，是菊犹翛然篱落间，与寒梅斗艳。初名白鹤翎，言如云中白鹤也。后易翎曰龄，言后诸菊谢如鹤之算也。然偶与父执毛鹤龄先生同名，当时未之觉，及先生过花所，流连竟日，询其名叹曰："此夙因也。"命移于下榻之室。先生性爱菊而豪于酒，每饮酹之醉吐，狼藉盆间，醒时相对淡与泊，遭次年竞

变纯红，作颜酡代。先生再过，曰："噫！此一幅醉鹤龄图也。"因名之。未三年，花与先生并化陶家土矣。（据同上）

有覆姓子某不孝其祖母及母，二母方溺爱，屈曲护之，而某不孝弥甚，二母饮泣而已。未二十病瘵，疾中虐使其母，汤水稍迟，厉詈不可已。忽有神附其身曰："我判官也，来治不孝子。"母哗，于是历数其詈母罪，曰当赴拔舌狱，即舌堕肉如片血涔涔下；又历数其饥馁二母，自制美食，詈曰当入饿鬼道，即索食食至不能咽，其状甚苦；又历数其无人理状，曰当变狗，即作狗吠，又曰当变猪，即作猪狗。如是者三昼夜。忽曰当入阿鼻狱，即寂然，视之绝矣。噫！此人间地狱，眼前轮回也。可惧哉！事在今九月，二母絮絮告人，遂传于外。（据同上）

邑城隍神最灵应，鸡初鸣庙祝必起击鼓四，曰退堂鼓。偶一夕忘起或迟限，则梦神挟旦示人，棒疮满焉。有夜，盗神藏金者（凡塑神，用五金五榖八宝实神腹，俗曰神光）天晓被获，言夜半来既得藏金，欲走，四面皆墙壁，及晓痴立，为所缚。又嘉庆甲戌正月迎神，假杭川书院为行台，是夜书院火，有市儿四人若神启，急入援神出，轻如无物。时邑令张文彬在郡，梦幞头红袍人立床头曰："杭州有难，烦君措置。"归而悟杭州谓杭川也。感神言，捐廉俸新焉。（据同上）

县治康济庙签最灵。一士人问小试，得一签曰"一箭两中，一双两好，只恐末稍变成烦恼"，后骑试光邵并售，以违例并黜。又一人问妻产，亦得是签，果孪生男女，数月而殒。又三士同时得一签曰"日有重光，月有重轮"，一本年入学为乾隆甲寅一年两试（向来未有），有重轮象；一迟至七十入学，为道光壬午即以是年钦赐副举人，有重光象；一嘉庆元年岁试入学，是年纯庙内禅睿庙。即尊所谓"日有重光，月有重轮"也，奇验如此。（据同上）

邵武大乾庙祈梦最灵。邑士占科名者记三人焉，一邹祖顼梦神授一卵，命钉诸壁，果以乾隆丁卯举乡贡；一何长栻嘉庆辛酉梦拔大树，身随木倒，果得收贡，以会考旅死；一饶作霖道光壬午梦左手举双人牌，右手撮数棋子，私念举人牌，明言举人而双人，二八一十六或八八六十四，果中本科，大十四名。举人后作县浙江，为数旗人所札镌级，而撮数棋子亦验。又占童试者亦记二人，一吴翔云梦神授以翦，后报新学政姓初，曰梦验矣，易名必遇，竟得售，以初字衣旁刀为裁衣翦也。（翔云又言建宁同年生某言十八岁时，梦神授以沈初字不解，后报新学政姓沈名初，以为必售，乃历十五科，年且四十始得进，神盖言初试在沈，入学在初也。而梦年初尚未第，神已知之，其神妙乃尔，附记于此。）一陈昀梦神授以笛，后由岁试佾生入场，坐东律七号，曰梦验矣。豫买银顶果得售，以佾生司乐舞笛乐器，而七孔音备六律怡符坐号也。（据同上）

一生岁试，揲筮卜等第，占“坤上六：龙战于野，其血元黄”，骇曰见血，其以四等受挞乎？后列一等第二，而是榜一等止三名，首姓元，用朱点，末姓黄，用朱勒，所谓其血元黄也，可谓匪夷所思矣。（据同上）

镜听之奇有二。一生卜入学，至一门闻内呼曰：“细毛里中，小儿乳名，毛者极伙，兄弟以大毛细毛别之，俗加立人作凭无此字，有甚想头，尚不睡觉。”而门外伏听者亦此名，眊矂而返，竟老童试。一群学子同卜入学，至一门闻内方爆豆，群儿哄食，一长年者曰：“坐者有是。”时门外有立者、蹲者、坐者，果坐者得。（据同上）

生生数排比所成然。余与邑士所占，往往奇验，姑举一二最奇者。乾隆间一生卜入学，得一数，有空空如也。句以为绝望，而是年题乃“我叩其两端而竭焉”，竟得售。嘉庆辛酉乡试，余与友何金鱼同得一数，曰顿尔开胸，明月清风，白衣送酒，喜事相逢。余获举而金鱼死。据第二句明月十五而盈，应中名次。清风无形无踪，则应死。第三句尤奇，一用王宏事应重阳日宴鹿鸣，一白衣哭奠，则应死。又是数余专问，金鱼附问。先祖以十月十二日弃代，余道闻凶，问白衣奔丧，即主余亦无一字落空也。（据同上）

江西万某善测字，嘉庆中客光泽，有半仙之目。一人书“鲍”字，问家人病，曰：包有鱼无咎。一人书“也”字，问可理家否，曰：地无寸土何能理家？一人书“以”字问等第，曰：形象上人一等，第一也。后皆验然，此犹不足奇。余一日偕数友往观，见一人书一圈作半月形，叩终身。曰：君非告给武庠乎？问何以知之？曰：半月弓形也，无弦弛弓也，故知之。旁一人亦书一圈断续如布点，问先生知我作么生。曰：形如练，县捕也。又旁一人亦书一圈，圆甚，问如前。曰：形如满月，月老也。询之皆是。余戚何友于初援例未入流，亦书一圈如凸字，问科目，曰：字如品，官也，形如银锭，入赀得也。何科目之问，问何官。曰：品形具而画不全，其未入流乎？问何出身，曰：似张弓而矢出弸，其武庠乎？问异时官何省，曰：高者山而居中，中岳也，其河南乎？问何时补缺，曰：字成品而内体空，暂署而已，不能补也。问可得钱否，曰：形成银锭而内白，邀敷用而已，不能积也。后皆如其言，神矣哉！（据同上）

道光戊子乡试，或拈一"黄"字问邑士中式多寡，余友上官寅斋曰：共四人，并在城内。以"黄"字上下合为"共"，中"田"字一方藏四口也，后果然。又己亥乡试卜珓文昌祠，得"枯桂衰兰一遍春"句，是科南北闱各隽一人，皆年逾五十，"枯桂衰兰"验矣。而兰有国香，又曰为王者香，则指举北闱言，谓北闱合天下角艺而题，由钦命也。（据同上）

测字无他术，浑成而不辛合，完满而不欠缺，便有奇验。余非操是术者，然偶戏为之，竟无不应。记嘉庆庚申县试，余友上官寅斋两覆皆第一，指"师"字问得案首否。曰：不得，然必进。左为"以"，官氏无头也；右为"币"，一巾现成也。榜发，第二本科籍学。又丙子送子弟试，余妹夫龚继圣为县案首，同寓或指"全"字问寓中进几人。曰：只案首进。"全"，人王也。复指"贤"字覆问，曰仍是。继圣进，"贤"，继圣也。道光癸未，朱启彬临发案，指"牛"字问案内有分否。曰：无分。朱氏，无人也。乙酉科试，余从兄又渠指"無"字问祖孙有科举名否。曰：皆无。俗以三等为海，"無"字上下藏鱼头鱼尾，兄鱼头浮海面，令孙鱼尾落海底，而海面则三等第四，以第三有科举名，小县三名不为海，即不为鱼。又無字中藏三横四直也。壬辰乡试或指"春"字问通邑。曰：日在人下，无光也。无光则光漏榜矣。三人者，一监临主榜，二主考定榜，抑使无光，故压日上也。丁酉选拔，余子孝祚列一等十二名，已绝望，日晡发案前数刻，或指"晴"字问谁得。曰：孝祚得也。隔半时，（日为时字之半）十二名成丹矣。（上"主"字藏十二，下本丹字也。）以上一一巧合，无少舛错，虽宋谢石恐未之或先也。尤奇者，己亥县试初进场夕，余与何焕奎同听鼓其家之养正斋，焕奎指楹帖“茶”字问乃郎高慰名次，先自测曰：人在廿与十八闲意正，案当在十九。余曰：人在十八上，乃十七非十九也。廿为草头，乃草案，非正案也。问正案。曰：天五生土地，六成水草木，生于土而成于水，其由第五而第六乎？后三次招覆并十七，最后第五遂发正案第六，如余断测“茶”字语。次又指“画”字问余子孝（易文）。余曰：羲易以一画开天说文，以一画建首依字，当有案首之望。而字内若五似五若三，若聿五三相贯为八，若十若口，卜家以口为老阳，老阳九数若一，皆数也，其草案所历乎？后初案第一应下，一次第三应中，三次第五应上，五次第十应田内，十次第九应田外，口次第八应聿，正案第一如余断，分合细碎几无遗算，要止是说得浑成完满耳。（据同上）

道光癸巳，焕奎与二彭一高同时投效付赀江西商，久而无耗，二彭父随挈租档指“篇”字以问焕奎，曰：册在户部内，尚未领诏，然止二个在户外，亦止二个未上兑也。问二个为谁？曰：君问我测，则君子与我也。问我二子知为谁？曰：次公与我连襟，而二个字并头则次公也。问究竟如何？曰：终当上兑，已近户部也。问何时可到？曰：收冬可到，字出租档也。后一一如断。又寅斋门人朱启彬指“真”字问县试名次？寅斋曰：正案第八。问“八”字已明，“直”字何属？曰：团案圆写，正案直书也。二测并浑成完满，故验。（据同上）

卷之二十九

录卷三　杂　录（增修）

逸　事

黄基峻　字崇冈，岁贡生，候选训导，性谦抑，虽晚辈起立，亦逊让不敢当礼，而束躬严整有法度。丁巳之难，避居于乡，仓卒贼来执，理以责之，贼见其老，不与校，继搜其箧，得品服，疑为达官，要其金，益怒詈，贼亦怒，将加害，会为他贼引去，得免，时年八十。逾月卒，子远来谨厚如父，而天资高卓，为学甚笃，父为聘谢氏女，未婚而病跛，母欲为别聘，固争之乃止，年念四以郡廪生卒，闻者惜之。（据采访册）

王有信　二十八都人。咸丰丁巳寇至，索殷户金，无所得，怒，欲焚其乡里。信长跪哀之，贼怜其诚，获免，乡人感焉。（据采访册）

上官华坚　十五都人。咸丰丁巳寇至，负母走茶树中。贼追杀之，挥刃误中树，拔刀不得出，坚负母急走，得免。人以为孝思所致云。（据采访册）

陈庆春　不知何地人，寄居三十都里窑。咸丰丁巳粤匪攻城，都中集壮丁数百由七里赴县救围，至镇岭浮桥，见贼势众，各有难色。春挺身直前，连斩数贼，于是众始进。春已两被创，战犹力，继受一创几踣。时都中官善荣李承庥救之，挽春奔，春曰："未可奔也。"急将桥板曳去，截贼追路，贼初至城，亦不敢追，获免。（据采访册）

李荣祖　三十都人，积学未遇，援例从九。痛父母早逝，不逮孝养，事祖母邱曲尽其诚。咸丰丁巳西贼陷城，荣请祖母远避，邱以年老不欲徙。亟请不允，荣遂只身侍奉，不离左右。一日贼至，村虚无人，惟荣与邱扃门以居，贼破闼入，问何不走，荣以祖母年老告贼，义释之。生平仗义且饶干济，如襄办团练，倡捐募勇，无不竭力。郡守娄锡以"急公好义"匾表其庐云。（据采访册）

蔡章荐　庠名以庸，优廪生，二十一都人，性友爱，尚朴素，居贫嗜读，守正不阿。丁巳贼入境，强富室受伪职，村中有以巨金贿荐代受者，却之曰："予读圣贤书，顾可以是浼我乎？"不顾而遁，寇退。设帐龟山，不计修金，远近从游甚众，教人先品行而后文艺，一时黉序蜚声之士多出其门云。（据采访册）

吴长盛 梅溪人，家贫，中年病目，惟一线之明。遂终日修整崎岖要路，以利行人，十余年如一日，目患顿失，了然如初。（据采访册）

卷之三十

录卷四　叙　录（重纂）

光泽县志讬始明宣德初，训导朱徽见、正统间郡人上官佑序其后，有正德戊寅志（按：《段志》作甲戌，是年撰志之钟华尚未知光泽县，何便有志）、万历癸丑志。入国朝，有康熙癸亥志、康熙戊子志、乾隆己卯志。当己卯，明志已亡，然尚存康熙癸亥戊子二志。今则止存乾隆己卯志矣。其纂修，正德则顺德举人钟华，万历则安居举人汪正谊，康熙癸亥则广宁监生金鸣凤、沁水监生张彭，戊子则南宫举人马玙，皆邑令也。乾隆己卯则广昌举人魏洪，而知县事乐平拔贡生段梦日总成事而已。

其分修分校可考者：

康熙癸亥分修则教谕侯官副贡生张霍，训导侯官贡生林旭，邑贡生陈南贤、郭毅、饶世道、龚名芳，诸生危枢、上官诠、黄英灿、龚映治、龚荣邦、黄应吉、何国森。分校则诸生龚骏声、黄正谊、饶济。

戊子分修则教谕晋江举人陈方升，训导福安贡生陈达行，邑举人邹祖顼、龚骏声，拔贡生饶东，岁贡生危枢、上官诠。分校则诸生龚正芳、高抡甲、黄云昭、饶植、万其邦、李一巽、黄琮、黄玑、孔宪章、上官章。

乾隆己卯分修则教谕侯官拔贡生李大烈，训导漳平贡生邓国亨，邑贡生何世玥、饶廷相，诸生邱檎、李思萌、曾光。分辑则贡生何泽人，诸生危鹤鸣、黄沄、李作新、上官斌，监生高经组、张逢干，儒士龚行已。分校则贡生何泽可、黄秉彝、黄芹，诸生郭嗣振、黄天祺、张映奎、陈时、龚德着、上官宜、李薪传，监生陈善韬、饶增、饶炜、李东亨、危继虞。

其序，癸亥有鸣凤、彭霍序，戊子有玙序，己卯有权邵武守长白撰文及梦日序，凡六篇，皆不详作志之旨，犹之未作也，不录。今上道光十有五年乙未澍然总纂通志成归里。归安胡侯国荣权县事，与前令故昌乐进士滕侯子玉、前教谕古田林君调梅合谋修志，以属澍然及邑举人诰封奉直大夫刑部四川司主事上官曦，曦固辞不至。胡侯寻去，县长白觉罗永侯安以莅事三月，开局于学之东堂，会经费未集，采访有待，至丁酉冬始属草，讫庚子夏成三十卷，为道光庚子志。距前己卯，盖八十二年矣。于时，知县事嘉善进士曹侯衔达、思南进士盛侯朝辅为总裁，邑举人诰封朝议大夫镇江知府龚懋、刑部陕甘司员外郎即用知府何长聚为总理，诸生何乘爔、龚廷诏分校兼采访，诸生何秋实督经费，诸生龚有元、儒士上官昇图城郭山川，都里儒士李孝铭、何高科誊稿，而纂修则内阁中书高澍然也。澍然既受事，约举纂修大旨，昌言于众，曰："志与史同体，周官四方之志与邦国之志并掌于史臣，而通名志，是方志即史也。太史公变编年为纪传，后史因之，方志亦因之，其异者无本纪耳，若表、若志、若传，固得为也，今通志卷首恭录。"

列圣诏谕之，颁本省者名之曰典，亦本纪类。虽其法不施郡县志，而元张用鼎《金陵新志》创通纪，载历代因革，古今大要见称于世，即纪亦似得为也。既所为与史同，而载笔每与史异，或拘俗法，陈陈相因；或创私见，纷立名目，未尝不勒为成书，列于掌故，如不典何哉？往者修通志力持是议，而接办总纂稍后不得尽如其意，因知方志成于众手，言人人殊，口众我寡，其多所牵掣，不克复于古者，势也。作者何尤焉？澍然辱前后贤宰推笔，俾专其寄无牵掣之患，亦作者不易得之遭也，可不勉哉？惟是旧志，体不当律，辞多失职，积字成章，踵缪累轶，第其优劣，且不得与他志齿，何论史笔？董子曰："譬诸琴瑟不调，必改弦而更张之。"其重纂斯得，佥曰："谨如画。"爰竭知毕虑，往复商搉，不矫不随，唯史是则。阅二年半成，四表十略十二传四录，都为三十卷。古地志名为图经，今图并入舆地略，不列目，图亦略也。十略不曰志者，以本书名志，疑混，故易之也。录亦志之属，以体在志传间，犹史传后有载记焉，故列传后也。

叙曰：

维史有纪，如纲统目。方志无之，如辐脱毂。粤考诸纪，大事必录，禨祥、寇警均登是牍，纪何容冒？（《金陵新志》创通纪记大事，若纲在纲，其法甚善。然史家以纪配表、志、传，是纪为述帝王专门，虽无本字而次表、志、传前，即为混冒。且表、志、传皆有分目，而通纪止一，无合无分，亦苦不配，故不可用。）法则可复，寓纪于表，昔无今独。作时事表第一建首。

洋宁唐镇，县于宋初。厥令可纪，断自祥符。代沿不变，弼我皇舆。丞簿以下，有建有除。诞稽往载，迹半模糊。（旧志秩官，不详出身，并里贯亦阙有，类子虚乌有。今合各省通志选举对核补注，虽不获全载，已得十之七八矣。）今易为表，（旧志无表曰秩官志）准史汉书。作官师表第二。

逢掖临官，翘秀蔚起。辟昧纳文，无忝青紫。春秋赋才，限年贡士。（拔贡亦限年，不专岁贡，若副榜贡、优贡，已该秋赋内。）选举斯名，以毗治理。前志不裁，开帙目眯。（旧志援例之廪、增、附贡、俊秀贡及捐职者，并入选举志。至乡宾耆寿，亦滥焉殊混。）区之剔之，还真去似。作选举表第三。

起家赀郎，相如次公。三老遮说，乃发汉聪。此中有人，亦代天工。何必选举，始见可宗。表以恩例，匪创匪逢。我仿班史，表恩泽封。作恩例表第四。

宋既作县，里以十别。袁燮创图，都图通设。数典忘祖，里名漫灭。（旧志无里名，一似北宋已有三十都。）我图十里，以补前缺。开方正向，分合就列。物产之纪，雷池不越。（旧志物产皆他县同有者，且每件加注亦疏，体非志体，既可掇而来，又可移而去，不作可也。今专志土产以同有者，汇于篇末。）作地舆略第一。

志山循脉，志川求源。源混脉棼，如钱朽缗。（旧志水虽导源，然多舛漏。山则依方，横列如记账簿，而账簿尚有来去，此则全无交代。又方有四正四隅，独缺东南西南，如志疆域亦缺此二到，殊不可解。）时有章步，氏曰上官。分支别派，本本元元，助我张目。成兹信编，一仿山经，一祖道原。作山川略第二。

兴甿裕食，政先水利。双溪建瓴，泽农得地。山泉可陂，高下碁置。憬彼单氏，滚疏七二。区都载名，当详觱沸。前志阙如（旧志止载陂名，及灌田顷数亩数，不及水源，固令阅者茫然，不得其地。其闲有注者，又不分别溪源山源，益迷头误影。乡里争陂成讼者不少，分合疆界亦宜厘清，旧志多缺），请征斯记。作陂塘略第三。

嘉禾既荐，人告其心。解苛散浇，良吏是任。树风模古，挽澜砥今。是变是革，哗俗坐喑。具疏于篇，少赞鸣琴。岁时土风，无劳噜噜。（风俗以人心为本，岁时土风，如某令节作某事供某食，行之者不过依样葫芦，非心所存，何关厚薄，而哓哓邪？然凡郡县志皆然，邑旧志亦一邱之貉耳。今专载时风礼俗之关人心厚薄者，以识从，违余悉从删。）作风俗略第四。

学周寰宇，制奠于一。删同录专，记邑学式。（旧志学校胪列配享从祀诸贤，何学无之，而待我志？即通志志学校亦不宜尔，无论郡县也。乃上溯汉以来，追封孔子及崇祀本末，直是宣圣考非学校志矣。盖缘家藏阙里志，倚为兔园册子，尽行抄入，以骇俗目，而不知为张冠李戴也。）社学义学，学之分出。书院亦然，宜笔则笔。顾瞻乡贤，一家祠七。先喆[1]未遥，宜如何力。作学校略第五。

文教备矣，次及兵防。西北天险，一军扼吭。东南趋郡，其流汤汤。易野无壁，守在四厢。皇风南洽，化兵为甿。有备无患，民歌乐康。作武备略第六。

什一中正，天子有道。征地免丁，驾周追皞。官改折输，凉法谁肇。邑多贤宰，百年无扰。银翔价平，益大有造。愿祝来者，世世永保。作赋役略第七。

建置关政，宜识重轻。载笔亦尔，除妄存经。洛阳有记，伽蓝是名。何关兴罢，方志谈并。（方志载寺观，莫滥于宋梁文靖三山志，几及其书十之三。推求其故，由当时县计皆仰寺观，广有田亩，其副在县，不得不详，今则成闲墨矣。乃邑旧志于一寺观兴罢，至五六次者一一疏明，岂此公为诸寺都长老兼叙勋僧邪？何其不惮烦也？今悉从删，止存其概。）姑存大略，其工不程。今筑城垣，则喜观成。作建置略第八。

汉志艺文，分家别部。散编诗文，敦收孰去。矧参外作，纷宾亡主。（旧志艺文书名止一叶，而录诗文至厚二寸，无论不合史法，即依俗例亦进退无所据。将谓录其佳者？其人全集皆佳，如何去取？将谓录有关本邑山川人物桥亭政事者？仍是志前四者不是志艺文？此立穷之道也。况滥及异乡人诗文，尚得名为光泽艺文志邪？或谓汉书志艺文为汉人著者绝少，何以名汉艺文志？曰彼志故府所藏，非志本朝著作，乃国史体也。若如子言，一邑藏书并登艺文，曰吾学汉书，可乎不可？）是谓无知，轻偭前矩。区方录目，以复于古。竹垞经考，义法兼取。作经籍略第九。

金石入志，澉水（《海盐志》以地有澉浦，故名）嘉禾。吴郡续记，博拟宣和。吾邑晚建，惟宋入罗。石喜未泐，无金则那。一有一无，名得毋差。有史可据，管蔡世家。（管叔绝封，蔡叔传国，其世家亦一有一无，而曰管蔡世家与此，无金书金一例。《汉书·古今人物表》有古无今，亦同。不宁惟是，《史记十二诸侯年表》载国十三而表名十二，《汉书王子侯表》下与上表皆同姓，侯皆不书姓，而于下标目，于首曰号谥姓名不书姓，而目

[1] 同"哲"。

姓与上表曰号谥名异，皆有义法，非误笔也。）作金石略第十。

史家作传，以列为正。汇而不列，如爵徒幐。是谓不经，急宜更定。（史家别标目为汇传，以收偏至之行。其于列传犹五行之自四余，六律之有六间焉，相辅而行，不相胜而夺也。旧志有汇传无列传，是有四余可以无五行，有六间可以无六律，有是理乎？虽汇传所入有非列传可及者，此如夷、惠、尹皆称圣，究为偏至。七十子止称贤，可附中行，岂能相胜哉？或谓《宏简录》亦无列传，不知彼标宰辅、台谏、侍从、庶官，特依官编次，与儒林文苑异，皆列传也。其下儒学准儒林，文翰准文苑，乃为汇传，何不细考也。）列传所收，不尽卓行。志洁履端，可与其进。守令方伯，皆绾正印。作列传第一。

汇传之立，以偏至甄。儒林汇首，重古经神。西山公晦，抱德全纯。宜列正传，其道乃尊。前志无识，惑元史臣。（元史臣作《宋史》创道学传，尊宋儒也。然史传标目者，为汇传以收偏至之士。彼虽以道学标目，要不脱汇传体。夫大儒如周、程、张、朱，不特传而汇传，降与偏至之士同科，是欲尊宋儒，适以卑之也。且尊宋儒特标道学内道也，而道为统辞，不可以标目，标目而断自宋儒，是摈宋以前周以后，遥遥千载皆道外学而道外人矣。道不可须臾离，乃可千载离乎？然道外之学道外之人已自有千载，则道不惟可离，亦不足贵？是欲内道，适以外之也。前志无识，仿而作理学传，冠于传首，亦欲以尊李氏七贤也。试思为孔子作传，将名以理学为尊乎？抑不标目为尊乎？王介甫论孔子不宜世家，宜列传孔子，且可列传，岂不可位置西山、公晦二先生乎？故今志并入列传而删道学目，标儒林以李氏诸贤之纲，斋时可二先生为朱门传经弟子，列其间，则各当矣。）今为正之，有等有伦。作儒林传第二。

西汉风古，曰儒文见。东京稍靡，文苑专传。抽心缕道，声理绮烂。不问升沉，道不可贱。名山是藏，何必金殿。侧闻国史，时文弗蔓。作文苑传第三。

里选法行，孝友遂衰。树的为招，伪者交驰。即真孝友，外着中漓。此为内行，何与人知。暗然日章，乃可人师。吾为兹传，在于表微。作孝友传第四。

当官效节，死焉其分。啬夫樵子，奚感而奋。惟无所感，其节乃峻。吾乡少宦，半出寒畯。浩气在胸，呈身甘刃。大义无逃，覩此益信。作忠节传第五。

以能收声，声尽无称。以爱留思，思久弥馨。吏尚悃愊，其化烝烝。为明为察，莫与争能。仇览有言，宁凤无鹰。闻其风者，百世犹兴。作良吏传第六。

武功特传，昉邵宏简。以配儒文，虽创亦典。为国杀贼，有进无反。堂堂男儿，义不苟免。奋臂一呼，电掣云卷。得传四人，尝鼎一脔。作武功传第七。

五党悬教，曰使相赒。若任若恤，六行所收。补天之陷，分吏之忧。欲为斯为，不待功修。是曰公善，愚智同求。有为而为，得报亦优。作义行传第八。

鸿飞冥冥，弋人何篡。歆饵而下，不殊斥鷃。天空谁阏，竟罗于豢。惟无欲者，逍遥霄汉。何谓肥遁，去营去羡。苟慕名高，已落畔援。作高士传第九。

日者龟策，史公是开。范传方术，其所由来。或进夫道，或竞其才。或托而隐，居材不材。有士如此，岂不称佳。始儒终艺，汇传已该。作方技传第十。

梁志释老，史氏之泰。后并一谈，通传方外。仰视儒林，如韩伍哙。有述弗为，宣圣垂戒。我欲汰之，人谓我隘。姑从旧书，等诸自郐。作方外传第十一。

惠妻□诫，其一靡他。蔚宗传女，滥收胡笳。我修四目，蔽曰无邪。阐□攀烈，兼表贞鬘。（旧志不解文法，阅所撰绪传，虽有如无。而列女传尤劣，每传止见节厉冰霜，柏舟自誓，□□而已，今全行刊定□百世下，想见其人。）殿以才淑，亦学大家。守经如诚，贤明莫加。作列女传第十二。

区方为志，首辨强索。载必地事，传必土著。名宦有传，殊失斟酌。滥及生平，六州铸错。易传为录，有笔有削。笔则留爱，削则汰驳。作宦绩录第一。

寓贤亦□，□□传官。传官留绩，传寓投闲。名贤戾止，山川改观。光我井里，主□敦□。紧之以录，遥契古欢。史有载记，可一例看。作寓贤录第二。

诸编已酾，余思□酝。罗愿新安，文长吴郡。并登杂录，以供采捃。胜迹留往，逸事搜烬。毁语拾闻，善听成训。全书缀此，如岁之闰。作杂录第三。

马班成书，终序家门。起受姓初，逮于己身。我祖我考，名幸不湮。传因通志，明非私言。若余小子，何敢纷纭。叙作志旨，尊我前闻。作叙录第四终焉。

跋（增修）

光绪乙未夏，郡守王公琛倡修府志，饬各属采访及筹经费。经费当于邑宾兴试赀内提缴讫，惟采访延至丙申秋始得，汇稿送府而王公将解篆矣。邑令李侯麟瑞即倡增修县志，筹款交紫阳书院长邑举人傅朝旭及杭川书院长邑优贡何秋奚，以采访柢稿授笔邑廪贡何秋渊，于九月开局杭川书院，并谕各乡举董集经费兼加采访，以增贡何秋闽、廪生上官承周誊校，又以邑绅上官纪云、高士铨、高秉忠、黄钧、何秋颢等襄理，而李侯麟瑞及今钮侯承藩则总裁其成焉。惟因经费难集，急期竣事，所幸庚子重纂志原板具存，第补刊舆图而已。于是秋渊将采访诸稿删繁去复，准以前志体裁。至丁酉八月遂增订成帙，计增十万余言。但丁巳殉难诸人当载，建置昭忠祠，注以名氏，太多不成卷帙，又不忍遗弃，故载于忠节、贞烈二传后。今九月锓增修各板已毕，恰历一周，厥功告成矣。忆同治庚午，前令刘侯永昭倡修邑志，开局采访，自二月至十一月卒，以经费不集而罢。今李侯、钮侯前后济美，遂令庚子迄今丁酉五十八年事迹彰著简册，垂之久远，不诚懿欤？在局及各都董士，俱详卷首，其题赀姓名仍附于后。

捐输者名单

捐输姓名附后

方志之设，所以志一方土地、人民、政事也。而讬始于邑乘，故通志、郡志因之焉。光泽志旷八十年未修，而旧志荒芜，不合体制，其宜重纂亟亟矣。然王心斋、陆莱臧二郡伯倡修郡志，无一应者。通志萃一省之力，乃以缺费堕于垂成，其筹经费尤不易哉！今县志且告成，喜吾邑人留意文献，能见其大赞勷之勤不可泯没也。所有捐输姓名附梓志后，为异时重修之劝。比诸学、庙、城、桥诸役，附书于碑阴之义，明有所受之，而非创也。

前邑侯滕（名）子玉　拾元
前学官林（名）调梅　拾元
合顺馆（洪济坊）　壹百元

在　都

李叔华彦贰拾元	李希敬拾陆元	李茂山陆元	李常实陆元
李常栋肆元	李常守肆元	李英禄肆元	李危氏肆元
李官氏叁元	李尊樊叁元	李尊善贰元	李振芳叁元
李正扬叁元	李　峦贰元	李贵禄贰元	李殷盘贰元
谢富廷贰元	上官昌隆拾元	上官武如拾元	上官犹石拾元
上官曦拾元	上官亨贰元	池化龙叁元	黄元煌贰元
黄舜夫贰元	吴兴祉肆元	龚善懋叁元	龚润传贰元
崔连胜贰元	崔永忠贰元	郭志恒贰元	何默庵祠叁拾元
何捧亭贰拾元	何泽凤肆元	何泽鹄贰元	何长葵肆元
何长义陆元	何长煋贰元	何长聚叁拾元	何高朋贰元

何高峥贰拾元　何高解拾元　黄鍕智贰元　三元宫善利坊叁元
将军庙澄清坊廿元

一　都

龚履和贰拾元	龚成庵捌元	龚　理陆元	龚振麟叁元
张　淇叁元	颜致发叁元	高澍然拾元	高濬然贰元
高孝辅贰元	高青阳拾元	高南阳拾元	高孝衎贰元
高孝顼肆元	杨共材本拾元	符云光贰元	陈辉山贰元
陈辉冈贰元	陈长模叁元	陈宗蕃肆元	陈大鸿贰元
黄兴鳌肆元	刘品元伍元	刘延龄陆元	刘启承拾元
伊益谅拾陆元	胥新华叁元	邱宗茂贰元	揭兴琮拾元
揭兴宏叁元	揭新日贰元	王维和贰元	王廷瑞肆元
王绍梁贰元	傅维德陆元	傅汝坤贰元	傅汝均陆元
元应宗叁元	元景从叁元	万朝治贰元	万遇禧捌元
万埙房捌元	万年禄贰元	裘澹园廿四元	裘广万肆元
林国华贰元	彭显扬贰拾元	吴文爝陆拾元	吕　滨拾元
杨四怡肆拾元	饶祥林拾贰元	董汉广贰元	

二　都

席兆吾贰元　席登庸肆元　高戴祠拾贰元

三　都

易尚清肆元　叶胜章贰元

四　都

李正球肆元	潘吉盛贰元	寇景韩肆元	黄久振叁元
黄周氏贰元	曾祥譓肆元	曾文忠肆元	曾大成捌元

五　都

黄育桂廿肆元	黄育舒贰元	曾仲绅叁拾元	曾其嵲贰元
曾文富贰元	曾逢福贰元	官其怡贰元	官廷灿贰元
官宗矩叁元	官劲庵伍元	官宗仪贰元	官宗良贰元
江长富四元			

六　都

聂兆吉肆元	孙功信肆元	危斗壁廿肆元	危祖吉肆元

七　都

李明章捌元	李德宾肆元	李聚标肆元	李玉标贰元
李联柏贰元	李因凯贰元	李高素叁元	李攀彩贰元
李敦敬贰元	邓羲民祠贰元	邓洪禧伍元	邓洪新伍元
邓寓和叁元	邓显允叁元	邓廷易贰元	邓光澄弼濂拾肆元
邓洪昌叁元			

八　都

元忠贵叁元	□奇凤叁元	黄弥仰叁元	黄鹤程捌元
黄尊仪伍元	黄鹤翔伍元	何世瑜贰元	张象春叁元

九　都

张锦盛肆元	上官儒肆元	官辑瑞肆元	官光清叁元
官秀山陆元	官孟章肆元	上官资贰元	上官逊贰元
上官凤贰元	上官骥叁元	上官龙贰元	官黄氏肆元
上官驳贰元	官子茂肆元	吴元恭肆元	朱祥彬贰元
朱启彬贰元			

十　都

何达山肆元	何世和肆元	危德吉叁元	危汉智肆元
刘胜元肆元	罗昆山肆元	黄存真拾元	饶嘉惠叁元

十一都

黄学健拾元	黄绳祖拾元	白受采肆元	白　珩肆元
傅锦盛拾肆元	陆明欢肆元	彭凤仪拾元	

十二都

蔡黄氏守恒母肆元	蔡毛氏守恒生母肆元	蔡守恒贰元	蔡永章贰元
蔡荣四祠叁元	龚端七肆元	龚琢珊贰元	龚照邻陆元
龚胜九祠叁元	陈三畏贰元	陈一经贰拾元	陈腾蛟拾元
陈人骥陆元	陈四配贰元	陈云程贰元	陈元勇肆元
陈世焰叁元	陈世禄贰元	陈　律贰元	陈其馨贰元
陈敬福肆元	陈元仁拾元	陈春华拾元	陈兰皋陆元
陈云祥叁元	南山寺廿贰元		

十三都

邓善九祠廿陆元	邓思渺贰元	邓　璸贰元	游月山祠叁拾元
游　泗肆元	游　连肆元	游绍曾叁元	游光表贰元
游廷勲贰元	黄侃六肆元	黄邓氏贰元	黄则彭贰元
黄　忠贰元	黄政二肆元	邹千六祠贰拾元	邹款华肆元
邹华祝叁元	邹华衮贰元	邹世荣肆元	邹廷表贰元
邹廷驹贰元	邹垂猷叁元	邹星弁贰元	封朝诰拾元
黄成发贰元	邹懋章拾元	邹德浚章拾贰元	陈万三贰元
陈宽十肆元	陈迁诹肆元	陈禹注贰元	陈乃议贰元
陈禹昌贰元			

十四都

陈文光贰元　官元德肆元　长生桥贰元　白羊寺捌元
崇安寺贰元　吴奕禩肆元　官仰朝叁元　官国健叁元
官泰谱叁元　官国柄叁元　官国葵叁元

十五都

上官欐拾元　上官恕肆元　上官嵩贰元　上官橄贰元
上官椿贰元　官黄氏椿标祖母贰元　上官金贰元　官敬安贰元
上官信贰元　上官据贰元　上官晟伍元　上官度贰元
上官长年肆元　官祥仁拾元　上官经陆元　李燕宜贰元
李子华捌元　李超群贰元　李新也肆元　李久也贰元
李健行拾贰元　李崇西贰元　李子实贰元　李子英贰元
黄吉生叁元　黄回四贰元　高饶公叁元　高光悬贰元
高鸣辛贰元　高应仁叁元

十六都

危伯实拾元　危淑芳桢陆元　危懋清捌元　元　璟贰元
元上铨肆元　方金模伍元　游凌远拾贰元　邓贞元贰元
邓彬文肆元　邓逢春肆元　邱才亶贰元　龚忠恕贰元
刘崇德拾元　高隆佩拾元　龚肇宗肆元　高元健拾贰元

十七都

王世儒叁元　元　定贰元　谢学仪肆元　丁永瑠捌元
丁茂林肆元　丁长着贰元　邱复旦陆元　邱载魁肆元
邱才官叁元　邱人德贰元　邱才涣贰元　邱连五贰元
邱才颖捌元　邱光本贰元　元发章肆元

十八都

傅映春拾贰元	傅鼎璠肆元	傅义霖贰元	何圣谟贰元
吴闳祖肆元	丁崇节墀拾元	危又富肆元	戴家礼贰元
戴家声肆元	曾吾与贰拾元		

十九都

郑官旺拾贰元	严春霆拾元	严鸿纪叁元	黄长度叁元
元　亮肆元	元雅所贰元	李景富肆元	大窠庵肆元

二十都

梁民安陆元	罗运福陆元	黄宗杏贰元	黄召什贰拾元
黄金声肆元	傅占春肆元		

二十一都

林　培肆元	欧阳湘贰元	饶明赐贰元	黄元基贰元
蔡文标陆元	欧阳敦拾元	张鸣冈拾元	张洪宗肆元
张洪义肆元	张元柳贰元	张长萃贰元	张长俊贰元
张继龄肆元			

二十二都

傅声度贰元	傅占魁贰元	张其惠叁元	张其恭贰元
吕喜元叁元	吕春元贰元	吕自敦陆元	傅占皋肆元
邱燕诒贰元	饶凤照肆元	饶宗邵叁拾伍元	

二十三都

高忠源拾陆元	高允孝肆元	高忠汉捌元	高忠孚伍元

高忠惟贰元	官碧发叁元	宁远盛陆元	邱廷仰陆元
刘庆麟贰元	伍鼎元贰元	黄良丰贰元	黄元彩贰元
刘学成陆元	刘光彩贰元	彭显荣叁元	伍昌贵伍元
苏光遴叁元	郑廷云贰元	杨叟胁贰元	陈淳彝贰元
陈淳元贰元			

二十四都

毛江颖贰拾元	毛宗道贰元	毛　佩贰元	毛学正肆元
毛先桂肆元	毛宗传贰元	毛锦生捌元	毛宗程陆元
毛世隴肆元	毛世驹陆元	毛世壚贰元	毛玉诜贰元
毛彩生贰元	雷正麒肆元	张朗斋陆元	张廷谟贰元
张廷恩肆元	官皓龄伍元	官成远陆元	官德钟肆元
纪忠鼎叁元	李孔端贰元	谢朝万伍元	陈达禧贰元
郑民敬肆元	田荆元陆元	雷宣化陆元	雷昌典贰元
何思谦伍元			

二十五都

伍显球拾元	林友谅肆元	林伯元肆元	林仕珵叁元
林友信肆元	林仕昞贰元	褚仲宗陆元	刘学贵拾元
刘德洪柒元	杨泰彝陆元	金兴旺叁元	金兴发贰元
金兴德伍元	金竺庵贰元	杨泰有贰元	涌莲庵贰元
邱世进贰元	罗永鸿贰元	袁福智贰元	

二十六都

陈瑞扬贰元	陈瑞吴贰元	陈瑞发贰元	邱屏周贰拾元
邱维孝贰拾元	邱以觐肆元		

二十七都

龚孔琇拾元	龚曾集肆元	龚孔经贰元	龚　倬贰元
黄　沄肆元	黄志刚贰元	黄金鳌贰元	黄树勋（未缴）贰元
黄鲤登贰元	黄元仰贰元	黄元亮贰元	黄元凯肆元
危揆堂肆元	危敏清叁元	元赤文肆元	元占魁肆元
陈爱珍叁元	陈盛二拾元	叶祝南贰元	何邦彦贰元
何洪五贰元	吴忠德贰元		

二十八都

黄廷杰肆元	彭礼忠叁元	曹启茂肆元	黄奇城贰元
黄元栋贰元	王　璋肆元	王　简肆元	王昌儒贰元
王祥义陆元	王道学贰元	王接治肆元	王有本陆元

二十九都

龚达辉伍元	龚玉根伍元	龚明儒肆元	龚宏才肆元
龚鸿德贰元	龚逸儒叁元	龚大儒贰元	龚周德叁拾元
龚玉奎贰元	龚文锦叁元	龚腾熙贰元	龚福通陆元
龚懋辉伍元	龚文俊伍元	吴尊爵肆元	吴尊德肆元
黄先发肆元	刘士明陆元	陈隆海贰元	陈隆胜肆元
陈文元肆元	江绍裘贰元	上官兆兴贰元	上官约文贰元
难河桥肆元	莲花庵叁元		

三十都

胡友中陆元	胡松鹤肆元	饶德刚拾元	胡嘉麟贰元
饶维岳肆元	危孟隆拾元		

丁酉增修捐输姓名

邑侯李名麟瑞　捐洋银壹拾柒两柒钱肆分
学官王名登琦　捐洋银伍两玖钱贰分
汛官张名继忍　捐洋银肆两肆钱肆分
捕厅温名让　捐洋银叁两柒钱

在　都

上官藻叁百贰拾两	陈紫浩伍拾两	彭绍群先共柒拾两
裘五和肆拾伍两柒钱	饶拜扬壹拾肆两捌钱	何芳谷柒两肆钱
危先承柒两肆钱	洪济义仓伍两壹钱捌分	裘宪成叁两柒钱
何秋澍贰两玖钱陆分	何密房伍两壹钱捌分	何秋渊柒两肆钱
上官承周贰两玖钱陆分	周克纯柒钱肆分	龚又粦肆两肆钱肆分
高伯恭壹两肆钱捌分	杨肆怡贰两贰钱贰分	育婴堂贰两玖钱陆分
陈国炎贰两玖钱陆分	何炎壹两肆钱捌分	杨延鸿柒钱肆分
何秋颢壹两肆钱捌分	上官寿房壹两肆钱捌分	上官亨房柒钱分
上官寅骥壹两肆钱捌分	裘章端壹两肆钱捌分	邓廷标贰两玖钱陆分
周泰本壹两肆钱捌分	万贞房柒钱肆分	欧阳谷生柒钱肆分
何秋奚贰两玖钱陆分	高秉忠贰两玖钱陆分	黄钧贰两玖钱陆分
高作霖贰两玖钱陆分	彭信诚贰两贰钱贰分	吴荣祥壹两肆钱捌分
何秋源壹两肆钱捌分	万德昌伍两玖钱贰分	高邦彦贰两玖钱陆分

二　都

丁永松壹两肆钱捌分	上官承志柒钱正	官声万柒钱肆分

郭贤付柒钱肆分
梁安据壹两肆钱捌分
李增全柒钱肆分
刘仁集柒钱肆分
高景顺柒钱肆分
刘仁信柒钱肆分
温端亨柒钱肆分
江福有柒钱正
梁居简陆钱正
黄基鹏柒钱正

三　都

共捐洋银壹拾壹两捌钱肆分

四　都

陈中正壹两肆钱捌分
席添福柒钱肆分
李进贤柒钱肆分
邹进福柒钱肆分
李高兴柒钱肆分
董贤胜贰两玖钱陆分
董贤友壹两贰钱
黄富五贰两玖钱陆分
董壹宗玖钱柒分
董锦文柒钱肆分
曾文亨贰两肆钱
曾冠贵壹两肆钱捌分
易福生柒钱肆分

五　都

曾仲绅陆两玖钱陆分
曾载湘壹两肆钱
曾载奎壹两肆钱
曾其固壹两肆钱
曾载橙壹两肆钱
曾载应壹两贰钱九分
吴文辉壹两叁钱肆分
官鹤年壹两肆钱
官劲庵壹两肆钱
曾以鼎壹两肆钱
曾载梁贰两捌钱
黄长才罚捐柒两肆钱

六　都

林惠友贰两玖钱陆分
曲尺桥贰两贰钱
徐德亮叁两正
危秉祥伍钱正
聂心匮贰两捌钱
危泽祥伍钱正
聂先贵贰两五钱
桂培高柒钱肆分
聂荣修壹两捌钱
周书锦柒钱肆分
聂英发壹两叁钱
傅智诚柒钱肆分
聂世诚壹两贰钱肆分
曾惟善柒钱肆分
徐厚雅壹两壹钱
芮长兴陆钱肆分

七 都

李松善贰两捌钱
李因何壹两肆钱贰分
李爱房柒钱肆分
李攀蕊柒钱肆分
李因贱柒钱肆分
李祝林柒钱肆分
李攀坤壹两肆钱捌分
邓承志肆两肆钱肆分
李树星柒钱肆分
徐厚培壹两正
李富兴柒钱肆分
李星荧壹两肆钱
邓诗祥壹两肆钱捌分
李因礼柒钱肆分

八 都

黄中道伍两玖钱贰分
何镜台壹两贰钱
江焱森陆钱正
龚炳南陆钱正
周盛德陆钱正
黄秀旭陆钱正
何飞鹏陆钱正
黄抡元陆钱正
张瑞爵陆钱正
何志春壹两肆钱捌分
何财生陆钱正
黄中行壹两贰钱
吴大清陆钱正
张镛壹两正
何联德壹两捌钱
黄榜开陆钱正
黄谔臣陆钱正
何盛生柒钱肆分
胡仁寿叁两陆钱
黄连添陆钱正
彭贵寿陆钱正
黄祖畅陆钱正
周少成陆钱正
周礼芳陆钱正
周礼新陆钱正

九 都

吴黄社义仓贰两肆钱
吴道文壹两贰钱
傅来照壹两肆钱
官相培壹两贰钱
黄德绍壹两肆钱捌分

十 都

寇奂若陆钱正
寇昌印陆钱正
吴元瑞壹两贰钱
吴行有陆钱正
寇昌曾壹两贰钱
寇隆官陆钱正
吴元贵陆钱正
危敬超陆钱正
寇昌珏陆钱正
寇隆绍诰共陆钱正
吴元富陆钱正
吴层陆陆钱正

大浔阳社陆钱正
陆名贵陆钱正
陆名早陆钱正
熊有诚壹两贰钱
熊先德陆钱正
王国勋陆钱正
马文星陆钱正
官圣魁陆钱正
刘箕亨陆钱正
罗福椿壹两贰钱
五福社叁两正
黄尊良陆钱正
余文广陆钱正
周信恒壹两捌钱
谢庆福陆钱正
吴元高陆钱正

十一都

高泽瑛壹两肆钱捌分
大团峰壹两肆钱捌分
危高员壹两肆钱捌分
邱兴发柒钱肆分
邱志文柒钱肆分
陆辅付柒钱肆分
陆辅厚壹两肆钱捌分
何世吉壹两肆钱捌分
白日红壹两肆钱捌分
白贵易壹两肆钱捌分
高昌良壹两肆钱捌分

十二都

蔡元焕伍两玖钱贰分
陈星伦柒钱肆分
陈吕轩肆两肆钱肆分
陈有龄柒钱肆分
蔡友兰贰两贰钱贰分
张新发柒钱肆分
李景传壹两肆钱捌分
蔡旺兴柒钱肆分
陈律壹两肆钱捌分
蔡鸿昌柒钱肆分
陈廷璧壹两肆钱捌分
陈逢春柒钱肆分
陈如璋壹两肆钱捌分
陈兴学柒钱肆分
陈诗和壹两肆钱捌分
陈桂芳柒钱肆分

十三都

邓茂显壹两贰钱
邓新景壹两贰钱
黄玉卿陆钱正
黄平友陆钱正
黄金财壹两贰钱
黄细兰壹两贰钱
邓逢新陆钱正
邓松园陆钱正
邓序生陆钱正
邹积行贰两肆钱
邓顺二公陆钱正
陈纲二公壹两贰钱
游月山公陆两正
邓树轩叁两陆钱
黄明良壹两贰钱
邓银顺壹两贰钱
陈雨朋公壹两贰钱
封绍盘壹两贰钱
封国智公壹两贰钱
邓绍端壹两贰钱
邓德庆陆钱正

邓本立陆钱正
黄朝阳壹两贰钱
黄有名壹两贰钱
傅九成壹两捌钱
邓国安陆钱正
邓明春陆钱正
傅文章公陆钱正
陈佛生公陆钱正
傅青云陆钱正
邓祝伩陆钱正
黄玉贵陆钱正
邹兆珍陆钱正
黄德良陆钱正

十四都

吴继武伍两壹钱捌分
白羊寺贰两贰钱贰分
上官祖成贰两玖钱陆分
上官癸乙贰两玖钱陆分
上官廷表壹两肆钱捌分
上官祖欢柒钱肆分
何连顺壹两肆钱捌分
胡新乾壹两肆钱捌分
元时达叁两柒钱
危高生柒钱肆分
邓学邻柒钱肆分
龚礼书贰两玖钱陆分
官太宽柒钱肆分
胡玉华柒钱肆分
高凤来柒钱肆分
上官诰柒钱肆分

十五都

上官桢壹两贰钱
李运昌壹两贰钱
李泽书陆钱正
吴承恩壹两贰钱
李泽兴陆钱正
李道书陆钱正
上官长琭壹两捌钱
上官继想壹两贰钱
上官长璋陆钱正
危长达陆钱正
危玉彩陆钱正
上官继栋陆钱正
上官秉庸陆钱正
龚寿达陆钱正
郑茂桂陆钱正
黄长祝陆钱正
危禄俭陆钱正
危炳光陆钱正
危位祥陆钱正
严天本陆钱正
严天宗陆钱正
高国泰壹两贰钱
危名拱肆钱正
岳发成陆钱正

十六都

共捐洋银柒两肆钱

十七都

大园义仓壹两叁钱陆分
大洋坪义仓壹两叁钱陆分

定源义仓壹两叁钱陆分
百庆堂义仓壹两叁钱陆分
江家窠义仓壹两叁钱陆分
张缙云柒两肆钱
张鸣冈贰两捌钱
张元召壹两肆钱
丁懋修伍两肆钱
陈顺言壹两肆钱捌分
谢廷印壹两贰钱
危常祠壹两叁钱
危永茂壹两叁钱
廖材栋壹两贰钱
江文著壹两捌钱
邱才魁壹两肆钱
邱人载贰两陆钱
丁太古壹两肆钱

十八都

龚诗彪贰两贰钱贰分
宗清腾柒钱肆分
张仁恩壹两正
傅方镛柒钱肆分
林广兴壹两肆钱捌分
傅方地柒钱肆分
叶联忠柒钱肆分
傅方驹柒钱肆分
齐天庙柒钱肆分
傅方熙柒钱肆分

十九都

王诰壹两肆钱
邱李氏陆钱叁分
王震中柒钱肆分
龚政诠柒钱肆分
王有终陆钱壹分
龚文宗柒钱肆分
黄农圃柒钱肆分
危时顺陆钱正
邓逢圭壹两贰分
沈帝佑柒钱肆分
黄金厚柒钱肆分
大窠庵柒钱肆分
黄行发陆钱正

二十都

黄召十贰两玖钱陆分
黄子远贰两贰钱贰分
黄金声壹两肆钱肆分
黄若圣柒钱肆分
陈厚发柒钱肆分
黄鼎国壹两肆钱捌分
太平桥叁两柒钱
永福桥柒钱肆分
杨春和壹两肆钱捌分
吴启瑞壹两肆钱捌分
罗会旭柒钱汉肆分
汉坑义仓壹两肆钱捌分
僧绩勋壹两肆钱捌分
梁民安贰两贰钱贰分
陈待赤柒钱肆分
乐济义仓壹两肆钱捌分
逢源义仓壹两肆钱捌分
邱会增壹两肆钱捌分
罗会斌柒钱肆分
罗会勋柒钱肆分
同安桥壹两肆钱捌分
永济义仓贰两贰钱贰分
张昌才肆两肆钱肆分
杨必先壹两肆钱捌分

东坑桥柒钱肆分
七政桥壹两肆钱捌分
顾洪保壹两肆钱捌分
顾州文柒钱肆分
王复兴柒钱肆分
游维光柒钱肆分

二十一都

林邦桢柒两肆钱
郑明瞭柒钱肆分
黄志仁柒钱肆分
陈信玉贰两贰钱贰分
黄卓而壹两肆钱捌分
龚太富壹两肆钱捌分
李承厚壹两肆钱捌分
蔡诗篇壹两肆钱捌分
邱树云柒钱肆分
刘克昌柒钱肆分
蔡国兴壹两肆钱捌分
蔡增柒钱肆分
刘仕惠柒钱肆分
陈全镇壹两肆钱捌分
黄卓满柒钱肆分
陈文赞陆钱叁分
李忠炳柒钱肆分
蔡诗评贰两贰钱贰分
蔡钟麟柒钱肆分
蔡㨪贰两贰钱贰分
李省三柒钱肆分

二十二都

傅朝旭贰两玖钱陆分
龚正祠柒钱肆分
张书咏壹两肆钱捌分
夏绍元柒钱肆分
张李氏壹两肆钱捌分
饶祖珠柒钱肆分
张书高壹两肆钱捌分
胡友信柒钱肆分
刘子德壹两肆钱捌分
饶祖树柒钱肆分
龚钟秀柒钱肆分
高茂敬柒钱肆分
邱世宽壹两肆钱捌分
邱树森柒钱肆分
邱国材柒钱肆分
萧荣培柒钱肆分
邱鹏高柒钱肆分
邱维馨陆钱正

二十三都

董晋源贰两玖钱陆分
郑兴达叁两正
伍尚志壹两肆钱捌分
蓝茂显肆两肆钱肆分
王康旺陆钱正
何接亮陆钱正
傅英才壹两贰钱
林期新贰两肆钱
伍献禄柒钱肆分
黄学坤陆钱正
冯羽隽柒钱肆分
邱圣琏贰两玖钱陆分
邱文灿贰两玖钱陆分

二十四都

毛国鸿陆两正　雷若卿贰两玖钱陆分　毛堂郁陆两正
陈恒亨柒钱肆分　毛元基肆两捌钱　郑瑞章壹两肆钱陆分
毛乘驹壹两贰钱　龚振明陆钱贰分　毛乘坤壹两贰钱
郑炳辉壹两贰钱　毛祥富壹两贰钱　何廷璧壹两贰钱
毛元芹贰两肆钱　何敬修贰两壹钱　毛元调贰两肆钱
何敬贤陆钱正

二十五都

刘子瑜贰拾壹两　张有怀伍两玖钱贰分　伊肇建壹两肆钱捌分
夏德盛肆两肆钱肆分　刘明浩伍两玖钱贰分

二十六都

邱位众肆两肆钱肆分　邱元宰壹两肆钱捌分　邱道南壹两肆钱捌分
邱元幹壹两肆钱捌分　邱鸿文贰两玖钱陆分　邱寅壹两肆钱捌分
邱鸿炳贰两玖钱陆分　邱元鼎壹两肆钱捌分　邱屏楹壹两肆钱捌分
邱轩柒钱肆分

二十七都

登瀛社伍两玖钱贰分　好生社叁两柒钱　昇平桥柒两肆钱
十排众贰两玖钱陆分

二十八都

高宜和柒钱肆分　何昌言壹两肆钱捌分　李正元陆钱正
王接闰贰两贰钱贰分　谌贤举柒钱肆分　王树兰壹两肆钱捌分
王友孚道华共贰两玖钱陆分　邱贺义柒钱肆分　邱隆碧柒两贰钱贰分
邱松乾柒钱肆分　傅长孙壹两肆钱捌分　龚汉礼壹两肆钱捌分
高宜程壹两肆钱贰分　王祥致壹两贰钱贰分　何茂林柒钱肆分

何学黎壹两肆钱捌分　吴世胜柒钱肆分　张久生贰两贰钱贰分
张日显顺共壹两肆钱捌分　张日缓柒钱肆分　黄生和贰两玖钱陆分
仁者寿柒钱肆分　李正兴柒钱肆分　林万泰壹两肆钱捌分
王诚璋壹两肆钱捌分　王天毓壹两肆钱捌分　王宗旺叁两陆钱

二十九都

龚文焕贰两玖钱陆分　杨载文壹两肆钱捌分　龚士楷壹两肆钱捌分
吴嘉会贰两贰钱贰分　龚济成壹两肆钱捌分　吴大年贰两贰钱贰分
龚文爔壹两肆钱捌分　吴龙壹两肆钱捌分　龚士锦壹两肆钱捌分
吴焕壹两肆钱捌分　龚士奎柒钱肆分　吴梓辉壹两肆钱捌分
龚士成柒钱肆分　吴熙壹两肆钱捌分　龚濬儒壹两肆钱捌分
吴渤壹两肆钱捌分　龚善兴壹两肆钱捌分　吴杰壹两叁钱壹分
江玉珖壹两肆钱捌分　上官长明壹两肆钱捌分　杨光府壹两肆钱捌分

三十都

李运昌柒钱肆分　李上官氏柒钱肆分　李招勋柒钱肆分
胡邱氏陆钱陆分　胡绍怀柒钱肆分　胡庆笔柒钱肆分
胡祖仁柒钱肆分　福兴义仓壹两肆钱捌分　廖京元柒钱肆分
庐正全柒钱肆分　上官必发贰两贰钱贰分　罗亨义柒钱肆分
罗福安陆钱正　李泽富柒钱正　罗亨志柒钱肆分
元焕文贰两贰钱贰分　曹洪生柒钱肆分

图书在版编目CIP数据

光泽县志：光绪 / (清) 李麟瑞, (清) 钮承藩,
(清) 何秋渊增修、增纂；胡志明点校. --福州：福建人民出版社, 2021.7
ISBN 978-7-211-08589-7

Ⅰ. ①光… Ⅱ. ①李… ②钮… ③何… ④胡…
Ⅲ. ①光泽县—地方志—清代 Ⅳ. ①K295.74

中国版本图书馆CIP数据核字(2020)第267726号

光泽县志（光绪）
GUAGNZE XIANZHI

作　　者：（清）李麟瑞　钮承藩　增修　（清）何秋渊　增纂
胡志明　点校
中共光泽县委党史和地方志研究室　整理
责任编辑：黄须友　**电　　话：**0591-87533169(发行部)
出版发行：福建人民出版社　**邮　　编：**350001
地　　址：福州市东水路76号　**电子邮箱：**fjpph7211@126.com
网　　址：http://www.fjpph.com
经　　销：福建新华发行（集团）有限责任公司
印　　刷：福建众印数码科技有限公司
地　　址：福建省福州市鼓楼区西洪路528号印江山
开　　本：700毫米×1000毫米　1/16
印　　张：39.75
字　　数：630千字
版　　次：2021年7月第1版　2021年7月第1次印刷
书　　号：ISBN 978-7-211-08589-7
定　　价：298.00元

ISBN 978-7-211-08589-7
9 787211 085897